国家出版基金项目
NATIONAL PUBLICATION FOUNDATION

国家出版基金资助项目
国家“十三五”重点图书出版规划项目

现代中国经济通论

XIANDAI ZHONGGUO JINGJI TONGLUN

王树春 吴练达 王俊 等著

中国财经出版传媒集团
中国财政经济出版社

图书在版编目（CIP）数据

现代中国经济通论/王树春等著. —北京：中国财政经济出版社，2019.4
国家出版基金资助项目 “十三五”国家重点图书出版规划项目
ISBN 978 - 7 - 5095 - 8612 - 9

Ⅰ.①现… Ⅱ.①王… Ⅲ.①中国经济—研究 Ⅳ.①F12

中国版本图书馆 CIP 数据核字（2018）第 253362 号

策划组稿：周桂元　　特约通读：卢关平
责任编辑：周桂元　　责任校对：徐艳丽
封面设计：陈宇琰　　责任印制：张　健

中国财政经济出版社 出版
URL：http：//www.cfeph.cn
E - mail：cfeph @ cfeph.cn

社址：北京市海淀区阜成路甲 28 号　邮政编码：100142
营销中心电话：88190406　北京财经书店电话：64033436　84041336
北京富生印刷厂印刷　各地新华书店经销
787 × 1092 毫米　16 开　37.25 印张　592 000 字
2019 年 10 月第 1 版　2019 年 10 月北京第 1 次印刷
定价：110.00 元
ISBN 978 - 7 - 5095 - 8612 - 9
（图书出现印装问题，本社负责调换）
本社质量投诉电话：010 - 88190744
打击盗版举报热线：010 - 88190414　QQ：447268889

前　言

随着中国经济几十年的高速发展，“中国道路”在世界中的影响日益扩大，其政治制度、经济制度、发展模式、发展战略与相应的政策都引起了国际上的高度关注。中国在改革开放的过程中与许多国家形成了合作共赢的关系，但与个别国家也发生了摩擦。因此，如何认识中国，成为一个国际热门话题。其实，早在20世纪90年代，随着新自由主义思潮在世界范围内影响的扩大，自由化浪潮几乎席卷全球，导致一些转型国家如拉美和亚洲的一些发展中国家经济发展陷入困境。唯独作为转型和发展中国家的中国由于奉行自己的独特发展道路即“中国道路”，受影响甚微。这引起了人们的反思和一些国家改革模式的调整，以至于有人提出了所谓的“华盛顿共识”与“北京共识”，引起了世界范围的反响。进入21世纪的2007年所爆发的全球性金融与经济危机，更是触目惊心，而中国的表现却是令人叹服。惊讶与叹服之余，所思考的必然是“为什么中国发展这么好？是中国的特性还是代表了某种一般性甚至人类发展的未来？”以至于在2010年9月23日的第65届联合国大会一般性辩论会上，中国国务院时任总理温家宝发表了题为“如何认识一个真实的中国”的演讲。可见，对中国经济发展历史、现状、未来进行分析总结与预测，具有重要的意义。

2004年，笔者承担了天津商业大学政治经济学专业研究生关于转型经济的课程，授课过程中深感涉及领域复杂，尤其是对于中国，并非仅仅是计划经济体制向市场经济转型能论证清楚的，这引起了笔者的深刻思考。期间，天津商业大学与国际教育合作的领域不断拓展，合作的国际方纷纷要求增设有关中国经济的授课内容或开设独立的课程。天津商业大学时任校长刘书瀚教授也敏锐地注意到了这个问题，他提出有必要从理论的高度对中国经济发展进行全方位视野的思考与总结，创立一个属于国别经济的中国经济（学），并通俗化为一种适用教材，使之不仅适应对外本科教学与外国研究生培养，也应该在本国相应专业的本科和研究生教育中贯彻实施。讨论中笔者提出，把中国经济作为特定研究对象，恐怕不是一两本著作或教材能够描述清楚的。因此，建议先期策划四部具有特色的著作或教材，分别是：《现代中国经济通论》《中国产业经济发展》《中国区域经济发展》《中国经济发展战略与政策》。其中《现代中国经济通论》（以下简称本书）是一部学术性较强的、探索性的著作。

所谓“通论”，其意就是进行一番全面通达的论述。因此，本书是对中国现代经济发展史从纵向与横向两个方面进行探索，试图把中国现代经济发展脉络与经验教训进行总结的一部专著。本书以马克思主义基本理论和习近平新时代中国特色社会主义思想为指导和理论基础，以中国共产党各个时期的具体理论、路线、方针、政策及其发展为线索，同时吸收现代经济理论的合理内容。在研究方法和内容结构上力求有所突破与创新，分析问题时要有坚实理论依据，进行评价时要以真实数据或事实为依据。据此，确定本书研究的内容是对中国晚清以来至今中国经济的演变路径、制度选择、发展模式、发展战略、经济绩效进行分析。

本书的研究坚持两个基本点：

一是确立好着眼点与切入点。一方面，放眼整个人类社会，放眼整个世界。从世界近现代史看，随着资本主义的产生发展，人类的生产、生活方式发生了彻底的转变，同时也标志着真正国际化的开始。国际化的过程是对传统的生产、生活方式与经济社会制度的冲击和融合，人类经济社会发展进入“大转型”时代，其中必然带来各种冲突。各个国家的制度变迁乃至转型都已经脱离不开国际背景，从中可以反映出不可逆转的一般性趋势（如商品经济或市场经济）。另一方面，每个国家，又有其特殊的国情，不同国家或民族的文化、民族性、价值观、发展阶段、资源约束等决定其具体特性的存在，并与一般性的制度规定和价值观不断产生冲突与磨合。不同国家或民族的经济演变路径、制度选择、发展模式、发展战略、经济绩效必然存有差异（如各国的具体社会经济制度和发展道路不同）。因此，是从一般与个别（特殊）的关系上认识人类社会经济的发展，阐述其共性与个性的关系，以解释世界存在具体制度与发展道路多样化的必然性，为中国特色的制度选择、发展模式与发展道路的分析总结奠定哲学基础。

二是坚持马克思主义历史唯物主义和辩证唯物主义哲学观。什么是代表人类社会一般性的规律和价值观？什么是资本主义经济制度和资本主义的价值观？什么是社会主义经济制度与马克思主义？资本主义制度与价值观是普世的吗？谁也不能说完全掌握并代表了社会发展的一般规律。社会是矛盾的，就必然在矛盾中演化，就必然有冲突。国家有强弱，文化有多元，道路有多种，发展有跨越。我们不仅要看到在共同发展过程中的冲突，更要看到冲突过程中还有相互的吸收与融合，在这个冲突、演化过程中孕育着更有生命力的制度。我们主要探索的是经济的发展与转型，但必然涉及社会文化等上层建筑领域，从立体的综合的角度探讨经济发展与转型才符合辩证唯物主义。中国发展的成功，应该预示着中国特色社会主义制度的优越性和生命力。以此为揭示中国特色社会主义制度优越性、中国经济发展的相对成功奠定哲学基础和理论依据。

由此，自然也确立了本书的基本结论或阐释方法。关于“中国道路”问题讨论的核心，恰恰说明一个问题，即为什么现代中国特别是新中国成立以来在没有亦步亦趋地遵照西方国家主流经济学理论的前提下，走出了一条明显不同于西方发达国家但又取得良好经济绩效的发展道路。这是因为，中国在经济转型的历史起点上就与西方国家存在显著的差异性。所以，理解这种差异性，对中国经济转型问题的考察就不能以 1978 年改革开放为时间起点，必须将考察中国经济转型的历史起点大幅向前延伸，必须回到 1840 年鸦片战争前后，在近代以来中国经济、政治、社会、科技、文化全方位转型的框架下思考中国经济转型问题，理解“中国道路”的特殊性。一旦将中国经济转型问题研究的时间跨度拉长，中国经济转型与经济发展道路不同于西方发达国家的事实也就不言自明。当代中国所走的发展道路之所以不同于西方，并非中国人的突发奇想，而是近代以来中国经济转型与经济发展道路自发延伸和持续演化的结果。自新航路开辟以来，人类社会就进入了一次空前的经济、政治、社会、科技、文化的“大转型”（即所谓“国际化”的开始）。在这次深刻的“大转型”中，几乎所有的民族、国家和地区都卷入其中，但不同民族、国家和地区在这次“大转型”中的境遇却大为不同。西方国家把握住了历史机遇，通过工业革命率先实现工业化，通过资产阶级革命和改革率先实现市场化，通过殖民扩张和侵略在全球化进程中占据了主导地位，形成了以西方国家为中心、广大亚非拉地区发展中国家为外围的世界经济体系。在这一次人类历史上规模空前的“大转型”中，包括中国在内的众多亚非拉国家却没有那么幸运。以中国为例，古代中国经济曾长期处于世界领先地位，但自新航路开辟后的几百年时间里，中国经济却在小农经济、地主制经济和专制主义中央集权的制约下长期处于停滞状态，商业、手工业发展缓慢，资本主义萌芽几无成长，自由民主观念难以传播。以至于当1840年英国殖民者的坚船利炮叩开中国大门之时，做惯了天朝上国梦的中国统治者才逐渐开始意识到中国已经远远落后于西方列强的现实。

客观地说，西方发达国家在人类社会“大转型”中确曾扮演了先行者和探索者的角色，中国等亚非拉国家都在这次“大转型”中失去先机，沦为落后的国家和地区。因此，当1840年中国被迫卷入人类社会“大转型”的进程时，摆在中国人民面前的首要任务是必须在西方殖民者的步步紧逼下谋求民族独立和国家富强。“追赶”而非“开拓”，是近代以来中国经济、政治、社会、科技、文化全方位转型的目标；实现中华民族的伟大复兴，是近代以来中国经济、政治、社会、科技、文化全方位转型的主题。这也就决定了近现代中国经济转型与经济发展的主要任务是多重的，即要在技术变迁维度上实现社会生产的工业化，在制度变迁维度上实现资源配置的市场化，在理念变迁维度上实现发展理念的现代化。三重任务相互交织、相辅相成，共同构成了近代以来中国经济转型与经济发展的主旋律和总体性目标。

工业化、市场化和现代化，是人类社会“大转型”在经济领域的具体体现和达成的一致目标。从这个角度来说，近代以来中国经济转型与经济发展的总体性目标是具有一般性和“普世性”的。但是，这种体现了人类社会经济发展的一般性规律，并不妨碍中国经济转型与经济发展走上适合中国国情的特殊道路，中国经济转型与经济发展必定会因中国的特殊国情而体现出具体性和特殊性的一面。中国经济转型与经济发展的具体性和特殊性，首先就体现在近代以来中国经济转型历史起点的特殊性上。当1840年中国卷入人类社会“大转型”进程之时，已经不再是领先于世界其他地区的先进国家。彼时的中国，在工业化水平上已经远远落后于那些完成或正在进行工业革命的西方国家，在市场化水平上也由于资本主义萌芽的胎死腹中而落后于西方列强国家，在现代化水平上更是因为先进经济思想的匮乏而使国人对中国经济的未来茫然无措。总之，近代中国并不具备西方国家经济转型开始时具备的技术、制度和理念基础，近代以来的中国无法复制西方国家的经济转型与经济发展道路。

回顾历史，“拿来主义”也确实没有适应于中国近代特殊国情下的经济转型和经济发展。洋务运动单纯的技术模仿没有相应的政治制度和经济基础相匹配而宣告失败；戊戌变法试图实行政治体制变革却因缺乏社会与经济基础同样是惨遭败局；辛亥革命推翻帝制建立民国，轰轰烈烈全面效仿西方制度，在自然经济基础上全面开放，结果是陷入军阀混战、分裂割据，中国独立走上资本主义道路的可能性也被彻底断送，并形成了残酷压迫、剥削中国人民的帝国主义、封建主义、官僚资本主义的“三座大山”，成为近代中国经济转型与经济发展的沉重负担和最大阻碍。虽然先后发动洋务运动、戊戌变法、辛亥革命的先辈们的初心也是试图实现中华民族的复兴，但是，事实证明他们选择的道路是错的，至少是没有完成其历史使命。所幸的是，就在中华民族陷入深重灾难的时期，诞生了中国共产党。中国共产党不仅以振兴中华民族为伟大历史使命，并积极勇敢地探索实现这一伟大使命的正确道路。中国共产党从中国实际出发，经过艰苦卓绝的奋斗，终于推翻了“三座大山”，建立了以工人阶级为领导、以工农联盟为基础的社会主义新中国，实现了民族解放、国家独立，为中华民族复兴和中国独立自主的经济发展奠定了坚实的政治基础。随即中国也进入了社会主义经济建设与发展时期，从大历史的角度看也即进入近代以来应该进入的中国经济转型和经济发展时期。但是，作为后发国家，其经济转型与经济发展总体性目标往往是分阶段、分步骤实现的，很难完全同步。换句话说，经济转型阶段性目标相对于总体性目标的暂时和局部偏离，并不是对总体性目标的否定，相反却会因某一时期经济转型阶段性目标任务的完成，使得阻碍总体性目标实现的矛盾和瓶颈得以解决。通过总体性目标与阶段性目标的区分，在近现代中国经济转型进程中看似被分割成不同阶段，甚至在战略和政策上出现某些冲突的各个历史时期，可以被视作是一个连续的历史演化过程。

基于对近现代以来中国经济转型总体性目标与阶段性目标的认识和区分，我们在本书中试图通过区分中国经济转型的总体性目标和阶段性目标，一方面对中国经济转型各个历史时期的阶段性目标加以分析，建立每个历史时期经济转型阶段性目标达成与否的评价标准，并对每个历史时期阶段性目标达成情况进行判定和评价；另一方面则通过对中国经济转型总体性目标的认识和理解，建立中国经济转型总体性目标达成与否的评价标准，在阶段性目标达成评价的基础上判断当代中国经济转型总体性目标的达成度。通过这一系列的评价，可以清晰地观察到近代以来中国经济转型的历程虽然起起伏伏、曲折前行，但每个历史时期的阶段性任务都基本完成，并为下一历史时期阶段性任务的完成奠定了基础。

由此，一方面，我们得出新中国成立以来经济发展与转型的一个基本看法，即改革开放前 27 年的计划经济时期，充分利用集中资源和计划配置资源的优势为中国建立独立的工业体系与国民经济体系奠定了基础，也为改革开放奠定了经济基础。但是因其没有市场机制，致使其经济在发展的基础上面对需求多样性和资源约束的情况下，显露出配置活力与效率不充分，引入市场配置资源就成为了必然选择。改革开放 40 年来，由于党中央提出了工业化、城镇化、市场化的总体目标，可以说中国经济发展进入了全面转型的叠加并存期。即计划经济向市场经济的转型、二元经济向一元经济的转型、传统发展模式向可持续发展模式的转型。正是因为这种叠加的特殊性、长期性，为我们的改革发展提供了巨大的潜力和空间，同时也使我们的决策面临极大的复杂性，这或许也是西方一些人士唱衰中国或对中国发展判断屡屡失误的重要原因所在。另一方面，我们更深刻地认识到，当前中国经济转型中面临的现实问题和主要挑战以及未来一段时期内中国经济转型的阶段性任务和主要内容更艰巨复杂：在技术变迁维度上，工业化、信息化、城镇化和农业现代化的协同发展仍有待突破种种瓶颈；在制度变迁维度上，市场调节和政府调控的有机结合仍是值得长期探索的问题；在理念变迁维度上，中国经济学理论体系的构建和完善仍是艰巨的任务。中国特色社会主义发展已经进入新时代，根据当前中国经济转型的阶段性目标，中国在未来几十年内还需要加快完成四重转型任务，即计划经济向市场经济的深化转型、二元经济向一元经济的全面转型、传统发展模式向可持续发展模式的创新转型和关系型社会向规则型社会的法治转型。我们坚信在习近平新时代中国特色社会主义思想指引下，中国经济转型与发展的总体性目标和中华民族伟大复兴的中国梦一定会实现！

简言之，基于上面的阐述，本书的整个分析基调和基本思路是：从纵的方面看，洋务运动—戊戌变法—辛亥革命—社会主义计划经济—社会主义市场经济，这一演变路径与制度选择，是历史的必然的探索过程，是由中国的国情决定的；从横的方面看，每个阶段所面临的国际国内环境不同，解决的具体问题不同，人们所做的探索也都有值得肯定与总结之处。这样的认识才是客观的，这也是中国人民英雄纪念碑碑文的含义所在。中国的近现代史是中华民族无数仁人志士与革命先烈为民族独立、国家富强不断探索、奋斗、牺牲的伟大史诗。

由此决定了本书研究的内容与逻辑顺序：从纵的方面按照历史发展的阶段确定先后次序；从横的方面，对每个时期的分析从国际背景、制度变革、发展模式、发展战略、经济绩效等角度进行全方位的剖析。全书分为五篇：第一篇：总论，介绍本书主题的研究背景、研究现状、研究对象、研究方法、逻辑结构，交待对现代中国经济的总思考；第二篇：近代中国经济转型与发展；第三篇：现代中国经济转型：计划经济时期的探索与实践；第四篇：现代中国经济转型：改革开放以来的探索与实践；第五篇：回顾与展望：中国经济转型的评价、挑战与趋势。因此，本书研究的重点还是新中国成立以来特别是改革开放以来的中国经济转型及其发展。

本书的总体思路与写作大纲由王树春提出，承担各部分撰写任务的作者是：第一篇，吴练达、王树春、王俊；第二篇，梁辰、王玉婧；第三篇的第六、七章，李海伟；第四篇的第九、十章，高建伟、赵怡虹；第三篇的第八章、第四篇的第十一章及第五篇的第十二章和第十四章，王树春、王俊；第五篇的第十三章，王树春、吴练达、王俊。全书由王树春、吴练达、王俊修改完善，最后由王树春统审定稿。

本书从开始动议到完成，历时十余载，期间得到了天津商业大学原校长刘书瀚教授的大力鼓励与支持。我的学生张爽、刘炜娜、王斌、庄文、刘敏、郭新玲也先后参与了资料搜集等辅助性工作。要提出感谢的是南开大学经济学院何自力、景维民两位教授，在本书的撰写过程中多次给予了指导与中肯的建议。尤其是中国财政经济出版社经济理论出版中心主任周桂元编审，在得知本书思路与基本观点之后，给予了积极的鼓励和热忱的帮助，多次提出修改与完善的具体建议，形成了更为准确、合理的逻辑结构和论述体系。

本书试图通过对近代以来中国经济转型历史的考察，梳理中国经济转型进程中客观存在的历史规律，加深对当前中国经济转型历史任务的理解，预测中国经济转型与经济发展的趋势，以期为中国经济学理论体系的构建提供一些有益的启示。说来本书是集体研究成果，但也属一家之言。因其研究的历史跨度比较大，其资料搜集难免有疏漏之处，有些提法或观点或也需要进一步推敲乃至引起争议和商榷。在此欢迎专家和广大读者就本书内容提出真知灼见和批评建议。

行百里者半九十。随着中国特色社会主义进入新时代，中华民族距离实现伟大复兴又近了一步。更好地认识中国经济发展历程，发现中国经济发展规律，指导中国经济发展实践，是摆在中国经济学界面前的一项不可回避的任务。笔者愿与所有致力于中国经济学理论体系建设的学者一起努力，为中国经济学理论体系完善和中华民族伟大复兴贡献一份绵薄之力。

王树春

2018 年 8 月

目录

第一篇

总　论

第一章 研究对象与研究现状

第一节 本书确立的研究对象
——兼论创立中国经济学的学术正当性

一、写作的缘起

在前现代社会，中国经济曾经辉煌过。根据安格斯·麦迪逊的研究，在宋朝时期，中国人均 GDP 曾经雄踞世界第一位。就是在鸦片战争前的 1820 年，中国的 GDP 依然占全球 GDP 的三分之一。根据李约瑟的研究，当时中国也具备产生工业革命的技术条件。可是，工业革命并没有在中国产生。西方列强不仅借工业革命之力迅速打开中国大门，而且快速崛起，将中国远远甩在身后。自 1840 年至 1979 年，中国虽然发生过一系列重大历史事件——洋务运动、戊戌变法、辛亥革命、北伐战争、抗日战争、新中国成立，虽然争取了民族独立和解放，但民族复兴似乎还是一个遥远的梦想——因为 GDP 一路下滑，中国在 1979 年竟然只占全球 GDP 的 5%。自 1978 年改革开放以来，中国的生产力如同埋藏地下的岩浆发生了井喷一样，经过 30 多年的时间一跃成为世界第二大经济体。按照目前的发展速度，成为世界第一大经济体似乎也是指日可待的事情。因此，理解和认识中国就成为全球性的热门话题。

近些年来，天津商业大学在国际合作教育的领域不断拓展，影响也日益增大，合作的国际方纷纷要求增设有关中国经济的授课内容或开设独立的课程。时任校长刘书瀚教授早在这之前的两年前就以高度的国际化视野，敏锐地注意到了这个问题，并将其思考深化了一大步。他认为有必要从理论的高度对中国经济发展进行全方位视野的思考与总结，创立一个属于国别经济的中国经济学，通俗化为一种适用教材，翻译成多种语言，使之不仅适应对外本科教学与外国研究生培养，也应该在本国相应专业的本科和研究生教育中贯彻实施，形成一个特色品牌课程。为此，他亲自协调组织策划了关于中国经济及其相应著作或教材的编写计划。基于上述机缘，本书的作者萌生了写作本书的想法，并在多年准备之后将最近几年来思考与研究的成果形成文字。

二、大历史和全方位地透视中国经济——本书的研究对象和创立中国经济学的学术正当性

本书的名称《现代中国经济通论》实际上已经表明了本书的研究对象，即全面系统地介绍和研究现代中国经济。现代中国经济所涉及的内容非常广泛，作为通论性质的本书不可能面面俱到地将所有的中国经济现象都进行研究，只有那些在整体上足以体现中国经济特征的经济现象才可能进入本书研究的视域。与此同时，由于本书毕竟是通论性质的集体论著，而不是集体参编的教材，因此，具有学术价值的中国经济现象是本书研究对象的另外一个约束条件。哪些中国经济现象既具有学术价值，又足以在整体上体现中国经济特征呢？笔者认为以下几个方面的问题是《现代中国经济通论》值得研究的问题：

（一）解释中国经济奇迹和客观介绍中国经济面临的问题以及解决问题的路径

自改革开放以来，中国经济已持续高速增长30多年。目前，就经济总量而言，已成为仅次于美国的第二大经济体。同样值得提及的是，中国经济奇迹是在国际经济学界普遍不看好的条件下取得的，是国际经济学界难以根据新古典框架进行理解的奇迹。在改革开放之初，国际经济学界普遍不看好中国的改革。他们认为市场经济应以私有产权为基础，资源应该完全由市场配置，而中国经济并非如此，国有企业没有实行私有化，资源配置实行的是双轨制，国家计划还在资源配置中发挥重要作用。他们认为计划和价格双轨制会导致效率损

失、寻租行为和国家机会主义等方面的问题，是比完全计划经济还要糟糕的制度安排。因此，许多经济学家认为中国社会的转型会因为改革不彻底而夭折。相反的是，他们普遍看好俄罗斯和东欧国家的改革，因为这些国家是完全按照新古典经济学理论的基本原则进行改革的。这些国家推行“休克疗法”，即完全放开价格，由市场决定；大规模且迅速地推行私有化；消除财政赤字，维持宏观经济稳定。国际经济学界普遍认为，这些国家推行“休克疗法”以后，经过一年或半载以后，就会形成一个“J”形的发展曲线。据此，他们认为俄罗斯和东欧国家改革虽然比中国起步晚，但由于他们方法正确，因此会很快超过中国。可是，他们却没有看到俄罗斯和东欧国家改革奇迹的发生，反而见证其长期的衰退——经济发展经历的不是短暂的下降接着快速增长的“J”形的发展曲线，而是先急剧下降而后长期疲软的“L”曲线。[①] 这引起了人们的反思和一些国家改革模式的调整，以至于有人提出了所谓的“华盛顿共识”与“北京共识”，引起了世界范围的反响。而进入21世纪的2007年所爆发的全球性金融与经济危机对世界经济发展产生了持久的消极影响，但中国在2008年之后的经济表现则是令人叹服，成为全球经济增长的主要动力源之一。虽然我们基于中国经济存在的问题和面临的挑战不赞同所谓“北京共识”，但我们依然认为：中国转型的表现与俄罗斯和东欧国家转型的表现作为重要的经济事实与新古典理论存在矛盾之处，既能够说明新古典理论不是说明和解读经济转型的合适框架，也说明基于中国经济改革实践创立中国经济学的必要性——也就是新发展经济学创立的必要性。新古典经济学理论之所以难以指导转型，根本原因在于它是一个尘埃落定之后的理论，而不是一个指导“尘埃如何落定”的理论；新古典经济学理论描绘的是河对岸的景象，而不是指导如何“摸着石头过河”的理论。此外，如果我们所要过的“河”并不是新古典经济学理论所描述的那条“河”，那么照着新古典经济学理论去“过河”，则很有可能误入歧途。因此，恪守新古典经济学理论原则的改革和转型同样也是教条主义。

既然中国经济奇迹是难以用新古典框架进行分析，那么随之而来的问题必然是：为什么会产生这样的经济奇迹？这个经济奇迹可否称为中国经济模式？21世纪属于中国吗？是中国的特性还是代表了某种一般性？如果是中国经济

① 林毅夫．解读中国经济［M］．北京大学出版社，2013：242－243.

模式，是否可以由此引申出相应的经济理论？与此同时，中国历史上也不乏盛世，当今中国的经济奇迹是否也是昙花一现式的盛世？如何避免历史的重复，如何做得更好进而实现中华民族的伟大复兴？

（二）从大历史的视角看，改革开放以来的中国经济表现只是自鸦片战争以来整个中国社会大转型的一个部分

改革开放以来的中国经济表现之所以如此优异，从一定意义上讲，既是因为中国为社会转型已经交了足够多的“学费”，也是因为中国在改革开放以前的转型为改革开放提供了条件。这些“学费”和条件只是因为遇到合适的机缘才产生了巨大的收益。没有解放以后所争取的民族独立，以及“两弹一星”之类的高新技术捍卫独立，改革开放就难以有安宁的外部环境；如果没有新中国成立以后的教育普及和医疗条件的改善为改革开放储备所需要的人力资源，改革开放的经济绩效肯定要大打折扣。阿玛蒂亚·森在比较中印之间建国以来的成就时，客观公允地指出：“我们现在认为印度确实要多向中国学习。但是重要的是要清楚中国成功的基础以及它的麻烦和问题的根源。首先当然必须区别——和对比——不同时期的中国经验，尤其是1979年实行经济改革之前和之后。除此以外，注意不同时期各项成就间的相互依赖也很重要。我们认为，特别是改革前中国在教育、保健、土地改革和社会变化方面的成就，对改革后的成绩作出巨大的积极贡献，使中国不仅保持了高预期寿命和其他相关成就，还为基于市场改革的经济扩展提供了坚定的支持。发展识字和基础医疗保健有助于促进以市场为基础的国际企业的成长，这可能与毛泽东自己的意愿相去甚远。但是改革前的这些结构性成就显然是对改革后中国经济繁荣的直接而有价值的投资。”[①] 因此，要真正理解中国的经济现象，有必要走进历史深处，基于经济学的视角总结鸦片战争至改革开放前的那段历史。

（三）“李约瑟之谜”与中国王朝周期性兴衰

明末清初之际，曾经领先于世界其他国家的中国经济迅速衰落了，没有及时跟上先进国家转型的步伐，还依然演唱王朝更替的老戏。什么因素制约中国难以走出王朝更替的怪圈，难以步入现代社会，这对于还处在大转型之中的中

① 阿玛蒂亚·森，让·德雷兹．印度：经济发展与社会机会［M］．北京：社会科学文献出版社，2006：70.

国而言依然具有现实意义。当今中国虽然发生了巨变，但毕竟不是在一张白纸上绘制最新最美的图画，历史因素依然会以文化遗传的方式作用于当下中国，并通过制度的路径依赖影响中国的转型。具体而言，这里所说的历史因素主要是指价值观念和制度。价值观念和制度是文化的核心，变迁的时间单位甚至要以千年为单位计算。正因为价值观念和制度难以变迁，因此，我们才能够理解中国转型的漫长和曲折。

在阐述中国经济学的研究对象时，我们虽然涉及了创立中国经济学的学术正当性，但毕竟过于简略。具体而言，创立基于中国转型事实的经济学还出于以下几个方面考虑：

第一，以林毅夫为代表的一批经济学家始终坚信“中国经济现象是经济研究的一个大金矿，研究中国的经济问题有可能产生一批世界级的经济学大师”。“我的信念源自经济理论的作用在于解释经济现象，其贡献的大小由所解释现象的重要性决定。在现代社会中，各国经济紧密相联，发生在世界经济中心的经济现象影响远大于发生在周边小国的现象。所以，自亚当·斯密出版《国富论》，经济学成为一门独立的社会科学以来，世界级的经济学家大多先后产生于作为世界经济中心的英国和美国。中国的经济规模很有可能在21世纪30年代超过美国，中国将有可能逐渐成为一个新的领导经济学思潮的国际中心。如果我的乐观预测是正确的，中国经济学界的第一个诺贝尔经济学奖获得者，最有可能是来自于从事制度经济学研究的经济学家。”①

第二，西方主流经济学是以有效的市场制度为前提建立起来的理论体系，并没有提出从发展中国家到发达国家的经济研究框架。虽然主流经济学家已经将制度作为内生变量来进行研究，但发达国家本身的制度已经相对成熟、稳定，鲜有值得研究的大的制度变迁。与此同时，由于工作在发达国家的经济学家受到文化和历史知识的局限，很难把握大的制度变迁的实质。因此，制度的研究，尤其是一个发展中国家的制度结构如何向一个现代化的市场经济制度演进的研究，就是一个有待突破的问题。②

---

① 林毅夫．“当代制度分析前沿系列”总序［Z］．安德鲁·肖特．社会制度的经济理论［M］．陆铭，陈钊，译．上海：上海财经大学出版社，2003：1.

② 林毅夫．“当代制度分析前沿系列”总序［Z］．安德鲁·肖特．社会制度的经济理论［M］．陆铭，陈钊，译．上海：上海财经大学出版社，2003：3.

第三，中国具有作为大规模制度变迁的范本的可能性。新中国成立以来，中国一直处于制度和技术快速变动时期。各种资料相对来讲保存得比较完备，这就给制度变迁研究以及不同的制度如何影响经济发展，提供了一个非常难得的机会。“研究中国特有的经济制度和技术对经济发展的影响及其变迁的原因，将不仅能为中国的改革发展服务，而且对经济发展理论本身也是一个贡献。”①

第二节　研究背景与研究现状

改革开放四十年来，中国社会发生了翻天覆地的变化，经济持续以非常高的速度增长，人均 GDP 已突破 7500 美元，成为世界上第二大经济体。面对具有世界影响力的中国所发生的巨大变化，中外经济学者和其他学科的学者都将其视为一座富矿，力求从各自的需要出发采掘其所需的矿藏，呈现百家争鸣的学术奇观。要对各家观点一一评点，肯定是本节篇幅无法容纳的，于是，按照某种标准对这些文献加以归纳总结就势在必然。鉴于经济学有实证和规范两种研究路径，于是，基于这两种研究路径进行归纳总结就成为本节对这些文献加以归纳总结的基本标准。

对于中国所取得的经济成就的看法或认识，基于规范研究的视角，从价值判断的角度看，大体包括以下四种观点：（1）只看到中国经济所取得的巨大成就而忽视中国所面临的问题，因此，视中国经济增长现象为奇迹，并对中国何时在 GDP 上超越美国进行预判。（2）看到中国经济所取得的巨大成就，与此同时，也正视中国所面临的问题，并坚信中国政府有能力解决所面临的问题。《增长的极限》作者之一乔根·兰德斯说：“我有一位中国公务员朋友，他告诉我，他先花了两个星期的时间看政府报告，觉得充满自信，一切都非常美好。接下来两个星期，他上网，发现满眼腐败和负面消息，感觉非常沮丧。而我觉得中国的真实状况恰恰在这两者中间的状态。没有网上说的那么差，也

① 林毅夫．前言［Z］．制度、技术与中国农业发展［M］．上海：上海三联书店，上海人民出版社，1995：5.

没有官方有时宣传的那么美好。”“我依然认为中国现在的权力集中体制是非常有效的，它解决了让大多数人富裕起来的难题。一旦人们富裕起来并开始追求金钱以外的价值的时候，这种体制下的民众参与度将会变得更高，自身也会变得更加民主。单纯的民主制度最大的缺点在于它的低效，在民主国家，最小的决策都要耗费大量的时间。而在一个瞬息万变的时代，迅速作出决策将会非常重要。”他在2013年出版的《2052：未来四十年的中国与世界》一书中虽然涉及中国的篇幅寥寥无几，但却对中国的未来给予了最乐观的期待：美国迟早会失去超级大国的地位，而中国则毫无悬念地替代美国的地位。乔根·兰德斯坚定地认为：“在未来四十年中，中国最有可能成为一个可持续发展的国家。比起西方，中国更能担任拯救世界的角色，首要原因就是有更高效的体制和强大的政府。”乔根·兰德斯还认为：中国从农业国家成为富裕国家的过程中，比如不平等、社会冲突、腐败、污染等问题是不可避免的。出现问题并不意外。重要的是，中国中央政府看到了问题，并且愿意采取措施尝试从根本上解决问题。而单纯的民主社会很难做到这一点，因为资本主义不愿意为这些昂贵的环保投入埋单，它要利润最大化，宁可扩大消费。而中国不会这样，相对集中的权力和行政体制，愿意将资本和人力投入到超短期利益的根本工作中。[①]（3）承认中国已经取得巨大的成就，与此同时，也认为中国的经济成就却并非历史上从未出现过的现象。中国会成为亚洲经济的领头羊，但中国不会改变整个世界的面貌，不足以成为挑战资本主义模式的新模式。持这种价值判断的学者比较多，如学者乔纳森·安德森从政治经济关系、人口老化、银行坏账、社会矛盾、增长模式以及中国与世界互相影响等方面揭示了中国所面临的问题，并得出中国不会改变世界的七个理由：中国不会改写世界经济增长的历史；中国不会吞噬全球的制造业、窃走高端的工作岗位；中国不会买光全世界的资产；人民币不会成为下一个世界货币；中国不会成为世界上通货紧缩的输出源头；中国不会把其他发展中国家边缘化；中国不会破坏“华盛顿共识”。[②]（4）中国崩溃论。持此种观点的人只看到当今中国所面临的问题，而看不到

① 朱红军．你何以对中国如此乐观？对话《增长的极限》作者乔根·兰德斯．南方周末［N］．2013－09－26（C16）．

② 乔纳森·安德森．走出神话：中国不会改变世界的七个理由［M］．北京：中信出版社，2013：207－239．

中国改革开放所取得的巨大成就以及中国人为解决问题所付出的努力。[①]

从实证研究的角度看，关于中国经济发展状况的研究大体包括以下方面：

第一，中国迈向市场经济的历程。此类研究大多只是事关中国经济发展的资料汇编，但也有例外，如科斯和王宁合著的《变革中国：市场经济的中国之路》。在这本书中，两位研究者既真实地再现了中国迈向市场经济的历程，也从制度变迁的视角解读了中国经济的奇迹。就中国经济转型制度变迁的性质而论，作者认为：引领中国走向现代市场经济的一系列事件并非有目的的人为计划，其结果完全出乎意料。中国的这一经济转型是哈耶克的人类行为的意外后果理论的一个极佳案例。[②] 作者认为，要判定中国转型的自发性质，关键在于正确区分国家引导的改革和草根改革。作者指出：中国经济转型中，国家引导的改革和草根改革的双重存在是毫无疑问的。如果无法正确认识中国改革中的二元结构，我们就无法理解“我们时代最伟大的故事”。改革的草根性往往被人们忽视，很多人没有将它与政府引导的改革区分开来。对民间改革的错误定位，让不少人在整体上误读了中国改革，错误地以为中国的市场化转型是由政府推动的。[③] 作者之所以强调中国转型的自发性，原因在于：“我们对边缘革命的强调表明，80 年代中国市场化经济转型主要是由非国营经济引导的，而国家引导的改革并没有成功拯救失去活力的国营经济。但这种‘增量改革’并非来自中国政府的战略。中国政府确实逐步放松了对农民和城市无业居民的控制，但是很难相信当时中国政府希望这些人成为经济增长的主要驱动力，因为政府依旧认为社会主义要依靠国家所有制才能够成功。”[④]

第二，以中国的经济发展状况为背景，在事实资料的基础上，阐释改革开放以来中国经济发展的原因。为寻求中国经济奇迹产生的原因倾注了众多研究者的心血，原因有两点：一是中国经济现象很难套用以私有制和市场经济为前提的主流经济学来进行解释；二是中国经济奇迹又的确是人类经济发展史中的

① Chang，Gordon H. The Coming Collapse of China. New York：Random House，2001.

② 罗纳德·哈里·科斯，王宁．序［Z］．变革中国：市场经济的中国之路［M］．北京：中信出版社，2013：1.

③ 罗纳德·哈里·科斯，王宁．变革中国：市场经济的中国之路［M］．北京：中信出版社，2013：214.

④ 罗纳德·哈里·科斯，王宁．变革中国：市场经济的中国之路［M］．北京：中信出版社，2013：215.

重大现象，需要经济学进行解释。一如张五常针对朋友对于中国的非难时所言："不要告诉我什么不对。我可以在一个星期内写一本厚厚的批评中国的书。然而，在有那么多的不利的困境下，中国的高速增长持续了那么久，历史上从来没有出现过。尤其是，不要重复某些人相信的：贪污对经济发展有利。朱镕基的肃贪行动早就把这个假说推翻了。中国一定是做了非常对的事才产生了我们见到的经济奇迹。那是什么呢？这才是真正的问题。"① 有众多的研究者都涉猎过这一方面的研究，具体而论，这一方面的研究就所涉及的范围大小和时间跨度长短而论，可以做以下几个方面概括：其一，就中国经济改革的某个方面进行研究，如农村联产承包责任制②、国有企业改革等；③ 其二，基于比较视角，从改革模式的维度来解读中国的经济奇迹。20 世纪 80 年代以来，除了中国进行改革以外，苏联和东欧国家也纷纷进行改革。可是，从经济绩效看却有天壤之别。于是，基于改革模式的不同，试图揭示中国经济奇迹的研究就普遍展开。在相当长的时间内（20 世纪末的最后十多年里），国内外经济学家对中国经济改革是采用两分法进行解释的（渐进和激进）。对于采用两分法解释中国经济奇迹的分析模式，周振华从改革模式的三种不同的具体含义出发进行了具体的评析：所谓渐进和激进的第一种含义是：针对改革速度而言的，渐进是部分改革，是分步和逐渐展开的过程，所谓激进改革是一揽子改革，是一步走、总体推进的过程。从改革的形态特征看，中俄改革的确具有渐进和激进的特征。但从这样的特征出发却难以解释中俄经济改革的绩效，一是这种解释停留在表面而没有揭示不同改革方式的本质差别；二是难以解释俄罗斯在进行"休克疗法"之前所进行的"渐进式改革"非但没有促进经济增长，反而导致经济状况的恶化。渐进改革和激进改革的第二种含义是：增量改革是渐进改革，④ 存量改革是激进改革。⑤ 周振华一方面承认从增量改革和存量改革的视角可以比较好地解释经济体制改革与经济增长的关系，另一方面又认为这样

① 张五常．中国的经济制度［M］．北京：中信出版社，2009：117.

② 林毅夫．制度、技术与中国农业发展［M］．上海：上海三联书店，上海人民出版社，1995：16－241.

③ 林毅夫．充分信息与国有企业改革［M］．上海：上海三联书店，上海人民出版社，1997.

④ North，Douglas C. Institution，Inshitutional Change and Economics Performance，Cambridge University Press，1990.

⑤ 樊纲．渐进改革的政治经济学分析［M］．上海：上海远东出版社，1996.

区分没有考虑到旧体制内所发生的渐进式的制度变迁。以中国经济发展状况为整体进行研究，试图揭示中国经济奇迹和问题存在的原因。渐进改革和激进改革的第三种含义是：渐进改革是从微观经营机制入手，进而发展到宏观政策环境改革的方式；激进改革是直接从宏观政策环境入手，一开始就进入到价格改革和资产存量改革的方式。① 在周振华看来，第三种含义比第一种和第二种含义更能够涵盖渐进改革的内容，有利于揭示两种改革方式的本质区别，不足之处则在于该观点侧重于实证层面的描述，没有进一步上升到理论高度。②

具体就中国经济奇迹所产生的原因解释而论，最主要的观点可以概括为以下几种：

第一，林毅夫等人的观点——从资源比较优势说到企业自生能力再到新结构经济学。虽然研究中国转型的学者非常多，但力求将中国转型的经验和教训升华为一般经济理论的学者以及终身致力于中国转型经济研究的学者则不多，林毅夫则是致力于中国转型经济问题研究并力求将这种研究推向于一般经济理论的代表性人物。关于中国转型问题的研究，林毅夫形成了自己的理论体系，具体而言包括资源比较优势说、企业自生能力和新结构主义三大部分。林毅夫用资源比较优势说既解释了新中国成立以后推行重化工业战略导致经济发展缓慢的原因，又解释了改革开放以后经济发展的原因。资源比较优势理论认为改革开放以前中国发展缓慢的根本原因在于推行了重工业优先发展战略，因为该战略与当时中国资本稀缺资源禀赋状况形成矛盾；改革开放以来经济得以迅速发展的关键则在于改革三位一体的传统经济体制（所谓三位一体的传统经济体制是指一旦选择了重工业优先发展战略，必然会相继地形成扭曲的宏观政策环境、高度集中的资源计划配置制度和没有自主权的微观经营制度），使中国所具有的资源比较优势能够发挥出来；③ 姚洋、郑东雅通过一般动态均衡模型的模拟研究，为重工业优先发展模式提供了相对折中的观点。他们的前提是，重

① 林毅夫．中国的奇迹：发展战略与经济改革［M］．上海：上海三联书店，上海人民出版社，1994.

② 周振华．体制变革与经济增长——中国经验与范式分析［M］．上海：上海三联书店，上海人民出版社，1999.

③ 林毅夫．中国的奇迹：发展战略与经济改革［M］．上海：上海三联书店，上海人民出版社，1994.

工业拥有对轻工业的技术外部性，而这些技术外部性在经济发展初期更显著。他们的模拟结果显示，虽然以补贴的形式支持重工业发展是必要的，但中国历史上的实际补贴略高于最优补贴，而补贴持续的时间大大长于最优长度。[①②]企业自生能力的观点则是对资源比较优势理论的进一步深化和补充。所谓自生能力是指在一个自由、开放、竞争的市场中，一个正常经营管理的企业，在不需要外力扶持保护下，即可预期获得可以接受的正常利润。自由是指可以自由进出市场，开放则是指国内和国外市场相联系，竞争是指没有垄断，正常经营管理是指经营管理没有问题，正常利润则是指市场可以接受的平均利润。所谓没有自生能力则是指即使企业经营管理没有问题，在一个自由、开放、竞争的市场中也无法获得正常利润。没有自生能力的企业之所以能够存在，是因为有外力的保护和支持（主要是政府的保护和支持）。自生能力和比较优势概念高度相关，但有区别。自生能力着眼于企业，比较优势着眼于产业。比较优势只适用于开放经济，自生能力则适用于开放和封闭经济。有了自生能力概念，就能够比较容易理解“最优产业结构”的概念：符合要素禀赋结构特性的产业结构就是最优产业结构。既然一个国家的最优产业结构内生于要素禀赋结构，那么要提升一国的产业和技术结构必须从改变要素禀赋结构着手。在面对市场竞争的条件下，企业能够根据价格信号，不断改变自身的要素禀赋结构，进而提高自身的竞争力。反之，如果不去改变要素禀赋结构，而是实行赶超战略，通过政府干预去改变产业和技术结构，则违反了最优结构水平，从而使企业变得缺乏自生能力，经济发展效率低下，付出高昂的代价。在比较优势和自生能力的基础上，林毅夫则基于中国经验和其他发展中国家经验，力求突破以往的发展经济学的局限，为理解经济发展提供新的分析框架——新结构经济学，强调在发展中国家经济发展过程中，政府在经济发展中的作用。[③④] 具体而言，新结构经济学可以概括为以下几点：其一，一个经济体的要素禀赋结构会随着发展阶段的不同而不同。因此，一个经济体的产业结构也会随着发展阶段的不

---

① 姚洋，郑东雅．外部性和重工业发展［J］．南开经济研究，2007（2）．

② 姚洋，郑东雅．重工业和经济发展［J］．经济研究，2008（4）．

③ 林毅夫．繁荣的求索：发展中经济如何崛起［M］．北京大学出版社，2013．

④ 林毅夫．新结构经济学：反思经济发展与政策的理论框架［M］．北京：北京大学出版社，2013．

同而不同。每一种产业结构都需要相应的基础设施（包括有形的和无形的）来促进它的运行和交易。其二，经济发展并非只有“穷”与“富”这种两分的情况，而是一条从低收入的农业经济一直到高收入的后工业化经济的连续谱，经济发展的每一个水平都是连续谱上的一点。因此，发展中国家产业升级和基础设施改善的目标，未必就是发达国家现有的产业结构和基础设施状况。其三，在经济发展的每一个水平上，市场都是自愿得以有效配置的基本机制。然而，作为一个动态的过程，经济发展必然伴随着产业升级以及“硬件”和“软件”的基础设施（包括有形的和无形的）相应的改善为内容的结构调整。这种升级和改善需要一个内在的协调机制，对企业的交易成本和投资回报具有很大的外部性。这样，在市场机制外，政府就需要在结构调整的过程中发挥积极作用。[①] 值得指出的是，始终关注中国经济发展状况，并以研究中国制度变迁为使命的林毅夫的尝试及其理论，我们可以商榷，但这种尝试本身说明基于发展中国家的经验和教训，完全有可能在经济理论上对于后发国家的发展问题作出一般性的经济理论概括。这种一般性的经济理论概括之所以能够成功，原因不在于李斯特和林毅夫等人进行过类似的尝试，而在于作为现代化的非原发性国家有与原发性现代化完全不同的条件约束。问题不在于现代化的非原发性国家是否要走市场化之路，而在于现代化的非原发性国家应该如何基于自身的条件约束走一条适宜的现代化路线。

第二，地方政府试验说。钱颖一等人则从中国计划体系的独特之处（财税体制在集权和分权中徘徊、始终存在黑市、生产运作引入激励机制等）出发，认为中国的计划经济是 M 型结构而苏联模式则是 U 型结构。在 M 型结构下，改革能够在基层实现自然的属性匹配，分权使得地方政府挑起制度创新的大梁，财政独立和晋升激励则使得地方领导时刻关注各种经济发展机会，进而进行地方实验，因此，相对于集权体制，分权体制下实行渐进式改革是必然结果，并因此而产生良好的经济绩效；与地方政府试验说比较相似的则是张五常的县的竞争说，[②] 以及科斯与王宁的区域经济竞争说。[③]

---

① 林毅夫．新结构经济学：反思经济发展与政策的理论框架［M］．北京：北京大学出版社，2013：12－13.

② 张五常．中国的经济制度［M］．北京：中信出版社，2009：141－170.

③ 罗纳德·哈里·科斯，王宁．变革中国：市场经济的中国之路［M］．北京：中信出版社，2013：214.

第三，泛利性政府说。对于钱颖一等人的观点，姚洋则提出了补充看法。姚洋认为，地方政府试验说的最大软肋在于：为何中央政府愿意采纳成功希望最大的地方试验?[①] 从意识形态看，此问题格外重要。此外，提高效率的改革可能会损害利益集团利益，因此可能会遭到他们的反对而告终。为了解释钱颖一等人的观点中存在的问题，姚洋通过将奥尔森泛利性组织概念扩展到泛利性政府概念，提出了用泛利性政府来解释中国经济奇迹。所谓泛利性政府是指政府利益和社会整体福利利益大致重合的政府。姚洋从政治基础、政治和经济联盟、信念和外部竞争四个维度论证了中国政府是泛利性政府，并通过模型的建构解释了中国经济奇迹的产生。[②] 值得指出的是，姚洋的泛利性政府说与“发展型政府”概念有雷同之处。在20世纪中后期，东亚若干经济体，如日本和“亚洲四小龙”成功地赶上了发达国家的经济发展水平，被称为，“东亚经济奇迹”。为了解释这一奇迹，国际学术界，尤其是政治经济学为主的比较发展研究学界，自20世纪80年代以来形成了“发展型政府”学派。

第三节 研究方法、研究视角与基本价值坐标

除了坚持马克思主义的哲学经济学分析视角和分析方法以外，笔者认为还有以下一些分析方法可以为本书的研究提供借鉴、吸收和支持。

一、多学科交叉综合研究方法

每一门社会科学都有其与现代化概念以及社会转型相联系的兴趣所在，但一个社会在现代化时所发生的变化却是不考虑学科边界的，正如经历社会转型的国家都已发现的那样，要获得自己所期望的现代化，比如建立市场经济体制，同时又避免在其他方面经历深刻而且出乎意料的影响，实际上是不可能的。就中国向现代社会转型而言，除了异常显著的经济现象外，同样也是多重因素耦合的结果，既有历史传统因素，也有来自中国之外的因素的影响，还有

① 姚洋．作为制度创新过程的经济改革［M］．格致出版社，上海人民出版社，2008：22.
② 姚洋．作为制度创新过程的经济改革［M］．格致出版社，上海人民出版社，2008：84－105.

处于特定时空之中的决策者和行为者主观的努力和意向。因此，要准确地解读中国经济现象，除了经济学以外，还必须借助其他社会科学的知识如社会学、心理学、伦理学、历史和哲学等。

二、理想类型研究方法

理想类型的研究方法是在分析转型前后的中国社会特征而采用的方法。在笔者看来，转型前的中国是以权力崇拜为核心同时又以具体的人际关系为联结的关系型社会。理想类型研究方法是马克斯·韦伯所提倡的研究方法，原因在于社会现象过于复杂。面对过于复杂的社会现象，在进行研究时，研究者必须对社会现象有整体和系统的把握，对于那些不关乎社会现象本质的关系不予以考虑。面对异常复杂的转型现象，在进行转型前后的制度体系比较时，同样需要采用理想类型方法，即抓住制度体系的本质进行比较。关系型社会和规则型社会就是笔者为转型前后的中国所定义的带有制度整体特征的社会类型。

三、深描和解码的社会学研究方法

在中国学者韦森看来，不刻意遵守“经济人”的“理性最大化”的维度来分析人的行为，而是力求将人的行为置于特定历史时空之中进行“深描”，这样的研究视角可能代表着制度经济学的发展方向。韦森指出：“可以想象，未来的经济学，尤其是其中的作为经济运行社会脉络之‘深描’的经济学的制序分析，将会趋向于在文化氛围和场景中进行‘描述’和‘解码’。至少它们的理论建模，将不再会只有新古典主流经济学派和博弈论经济学家所长期恪守的‘经济人’的‘理性最大化’这一维度，而是将其理论分析和模型建构置放在人类诸社会实存的文化场景中人们的真实（包括经济与文化）行为的理解基础上。简单来说，未来的经济学的制序分析，将会变为文化场景中的理论深描。”①

在一定的历史条件下和相应的制度框架即文化场景中，对历史人物的言行进行理论深描和解码是研究中国转型所采用的基本方法。所以采用这样的研究方法，不只是因为这样的研究方法能够客观公允，还因为笔者认为：必须警惕思想界自转型以来所逐渐形成的全面反传统和过于冒进的思维习惯。由于中国

---

① 韦森．文化与制序［M］．上海：上海人民出版社，2003：23－24．

的转型必须面对强大的传统惯性，于是，新事物必须踏着反传统的鼓点开进我们的家园。这样的开端，随着实践经验的积累，就成为学者们的研究重心和研究路径。这不仅造成我们的知识者在过去的每一个时刻，所怀抱的理想都比实践能够提供的要多，期望的进步速度比实践要快，而且因失望累积把对外的情绪（对西方压迫者的情绪）转化为对内的情绪即对社会管理者或前台操作者的情绪。进而在对整个社会的生理机能或运转规律缺乏清晰认知的条件下，一味拔高工作任务指标或奋斗目标。当困难和挫折出现以后，他们常常把民族的、文化的、历史的必然性看作政治的、技术的偶然现象。由于知识的引进、思想的启蒙就是为了解决紧迫的现实问题，导致本应与现实保持相应距离的知识者和思想者，常常危险地与实践和现实贴身相处，不能如远观者站在高山之颠描绘一条大河弯曲中静静前去的景象，而是像一个涉江者，满目都是惊涛骇浪，浑身都是“挽狂澜于既倒”的道德激情。于是，道德成为永远绝对的旗帜，理性则是道德的附属品。① 因此，客观公允地看待中国转型期所发生的种种事件、功绩和过失是笔者研究的基本立场，在对先贤和仁人志士改造中国的任何努力予以诚挚敬意的同时，也客观公允地指出其历史局限，对于所谓的顽固或保守行为也不一味地批判，而是抱以同情的理解——回首向来萧瑟处，亦无风雨亦无晴。

第四节 内容与逻辑结构

本书所涉及的内容虽然包括四个方面：转型前的中国、转型的中国、转型的中国面临的问题和挑战、未来 20 年中国经济发展趋势的预测，但在具体写作的过程中则是按照总论、转型的中国、转型的中国面临的问题和挑战、未来 20 年中国经济发展趋势的预测四个模块进行设计的。就总论而言，主要包括两个方面的内容：基于制度演化视角对转型前的中国制度特点和社会特征进行了比较详细的阐述；对中国转型之路则进行了概要性的分析和介绍，其中转型前的中国构成总论部分的核心内容。对总论进行这样编排，是基于以下两个方

① 麦天枢．天国猜想：认识中国的一条新路径［M］．北京：三联书店，1998.

面的思考：（1）转型前的中国是本书的逻辑起点。虽然本书的立足点在于研究现代中国经济现象，但如果对转型前的中国没有一个比较全面而又深刻的认知，则难以理解现代中国的转型现象。只有分析和解剖了转型前的中国，才能够回答我们“从何而来，向何而去”的问题；只有分析和解剖了转型前的中国，才能够从制度变迁的视角分析转型中面临的巨大制度惯性，才能够理解转型中所面对的各种问题以及转型的艰难。自1840年国门洞开以来，中国面临“千年未有之变局”、面临亡国灭种之危险，无法再用诸如王朝更替之类的办法来解决中国所面临的问题。要解决自近代以来中国所面临的问题，就必须转型，在大规模制度变迁的基础上重铸华夏文明，使之获得生存和发展的机会。自洋务运动以来一直到现在，中国社会一直处于转型之中。中国转型时间之长，道路之曲折，也与转型前的中国社会状况和制度结构密切相关。与此同时，中国在历史上也曾经有过辉煌，生产力的发展也曾把中国推向了工业革命的门槛。可是，中国并没有迈过这道门槛，工业革命与中国失之交臂。如果历史能够假设，如果中国率先进行了工业革命，那么也就无所谓中国转型的问题。因此，只有充分理解转型前的中国，才能够理解中国的转型以及转型中所经历的沟沟坎坎。（2）对中国转型之路之所以只进行了简要性的介绍和描述，不仅因为对转型期中国社会经济现象的研究是本书的核心内容，而且还在于总论部分的写作目的就是在对转型之路艰难性进行概要性介绍的基础上，从转型前的中国与转型关系的视角，解释转型前的中国社会的性质对中国转型道路的影响，即试图寻找中国确立的转型路径的历史原因。

关于转型前的中国，本书并没有面面俱到地进行论述，而是在对中国历史上的主要朝代和主要历史事件进行简要介绍和分析的基础上，以制度的演化为核心铺陈中国历史演进的脉络，对中国社会基本特征进行归纳总结，回答现代中国“从何而来”这一重大历史问题，为理解中国转型提供历史前提。转型前中国社会的基本特征同“李约瑟之谜”之间的关系是本部分内容的核心。从华夏文明源头出发，揭示出转型前的中国社会基本特征是权力支配下的关系型社会。由于转型前的中国社会是权力支配下的关系型社会，因此，社会活动围绕着追求权力和寻求权力庇护展开，所有社会资源都围绕着追求权力和寻求权力庇护进行配置，形成从下至上的系统性寻租现象（所谓“大鱼吃小鱼，小鱼吃虾，虾吃泥沙”就是这种现象的通俗表述），进而导致社会资源流向权力系统的分配格局。当大部分社会资源被权力系统掌控以后，社会分配必然两极化，进而导致消费的两极化——奢靡性消费和维持生存性消费两极格局并存（通俗的表述就是“朱门酒肉臭，路有冻死骨”）。在分配和消费格局两极化条件下，转型前的中国技术演化路径也呈现两极化特征，即技术演化沿着不计成本的工艺性技术和以劳动替代资本的劳动密集型技术路径演化。与此同时，由于缺乏相应的需求条件，资本替代劳动、面向大众需求的工业革命则无法成为转型前中国技术的演化路径，于是，工业革命就与中国失之交臂。

论述转型中的中国构成本书内容的第二部分。它包括四个方面：清末的社会转型、民国时期的社会转型、新中国成立后至改革开放以前的社会转型、改革开放以后的社会转型。在展开分析时，我们始终围绕着转型前的中国社会特征、门户洞开以后的世界格局变化以及中国转型中的问题展开。我们既分析转型前的中国社会特征和世界格局变化对于中国转型的影响，也探讨转型中的问题如何推动中国进一步转型。就转型前的中国社会特征和世界格局变化对于中国转型的影响而论，我们分析的着眼点在于：转型前的中国社会特征和世界格局的变化，如何影响中国社会的转型以及造成了哪些转型问题；就转型中的问题而论，我们的着眼点则在于转型中的问题如何进一步推动中国社会的转型。虽然本部分的内容涉及清末、民国时期、新中国成立后至改革开放以前、改革开放以后四个时间段，但改革开放以后的中国社会和经济状况则是本部分内容的中心。改革开放以后的中国社会和经济状况包括两个方面：一是关于中国改革开放过程的客观阐述；二是基于“制度—行为—绩效”框架解释中国奇迹产生的原因。

问题与挑战构成本书内容的第三部分。在本部分既全面分析了中国社会所面临的问题，也从中国社会特征、世界格局的变化和改革开放中的问题出发，指出中国转型的复杂性。中国转型是多重转型交织在一起的四重转型，而不只是从计划经济向市场经济的单一转型。具体而言，除了前一个转型以外，还包括从权力支配的关系型社会向权利平等的规则型社会、从不可持续的经济增长模式向可持续发展的经济增长模式、从二元经济结构向一元经济结构的转型。

未来 20 年中国经济发展趋势的预测构成本书的第四部分内容。作者基于当今中国经济发展的实际状况，从经济体制、经济规模和经济结构等维度对中国经济发展趋势进行了预测。

第二章　历史背景与总体考察
——现代中国经济的总思考

陈旭麓有一句名言："中国不是自己走出中世纪的，是被轰出中世纪的。"紧接着又说了一句很重要的话："即使轰了，也仍然不太情愿走。"① 陈旭麓之言，可作如下解读：近代中国社会的转型是无奈之举，是外力作用下的结果，是外生型现代化。因此，要真正地理解中国的转型，必须知道我们"从何而来"。否则，我们既无法理解中国面对西方挑战所做的艰难转型，也不知道我们应"向何而去"。

本章的主要内容包括三个部分：（1）在对中国历史上的主要朝代和主要历史事件进行简要介绍的基础上，以制度的演化为核心铺陈中国历史演进的脉络，为理解当代中国转型提供有意义的借鉴。（2）就中西经济发展的历史比较而言，中华民族曾经有过辉煌，中国经济在世界经济中的比重曾高于现代西方国家所达到的水平。因此，要研究中国经济问题，就必须回答如下两个问题：为什么我们曾经有过辉煌？为什么我们在后来落后了？这两个问题就其实质而言是"李约瑟之谜"的另类表述。于是，破解"李约瑟之谜"就构成了本章的核心内容。破解"李约瑟之谜"的目的不仅在于对"李约瑟之谜"作出全新的解读，更在于对中国转型的艰难和中国转型的目标作出"背景性"的解读，使读者能够更好地理解中国转型的艰难道路和转型目标。如在本书第十三章，我们提出中国的转型是四重转型，其中第四重转型就是从关系型社会

---

① 王宗范. 百年颠沛与千年往复［M］，上海：上海远东出版社，2001.

向规则型社会的转型。我们之所以认为中国社会的转型应该包括第四重转型，是因为我们在解读“李约瑟之谜”的过程中，发现关系型社会既是中国曾经创造辉煌的原因，也是阻碍中国向现代社会转型的主要原因。（3）中国的转型之路。在本部分中，扼要介绍中国自鸦片战争以来的转型之路，并力求对中国艰难的转型原因作出简要解释。

第一节　曾经的辉煌与沧桑——转型前的历史背景：事件、制度、经济

一、关于历史背景写作的几点说明

（一）写什么

中国具有悠久的历史，要把华夏文明从古至今长达五千多年的历史一一道来，既是本部分不可能完成的任务，也无必要——许多历史事件和有些历史朝代对于华夏文明的影响而言不过是历史长河中溅起的浪花，难以对整个历史的演进产生实质性的影响。按照“历史年鉴学派”的观点，具体历史时空中具体历史人物活动的时间和发生的事件，不是抽象的历史时间，而是个人的历史，即事件的历史。这种历史所表现的只是表层的运动，如同大海表层的浪花，是以人的生命自然界限来衡量和感受的历史；这种历史时间是传统史学的历史时间，因此，传统史学著作大多只是历史朝代事件的菜单，或曰“帝王将相”的家谱，是短时段历史。与具体历史时空中的人物事件相比，社会、人口和经济运动的时间则属于第二个层次，属于中时段历史；地理与生态环境的时间，文化与心态结构时间、经济与社会结构时间，这些时间以世纪为单位运行，属于长时段历史。① 在历史长河中，绝大部分人物和事件都是河流表面的浪花，是匆匆过客，无法驻留于历史长河的深处而形成一个社会的结构，对社会未来走向无法产生实质性的影响。因此，所谓主要历史朝代与重大历史事件不是指中国历史上曾经出现过的所有朝代和所有重大事件，而是指那些对中

① 何兆武，陈启能．当代西方史学理论［M］．北京：中国社会科学出版社，1996：518－520.

国社会的制度形成和变迁产生过重大影响的朝代和历史事件。至于为什么要围绕制度来阐述中国的历史朝代和重大事件，原因在于，对于经济发展而言，制度的重要性已成为经济学界的共识；制度具有路径依赖特征。因此，只有理解了中国历史上的制度，我们才能够理解中国经济曾经有过的辉煌和沧桑，才能够知道我们“从何而来，向何而去”。一如基思·托马斯（Thomas）所言：“一切历史研究的最重要的理由，必须是它可以提高我们的自觉，使我们能够透视地看待自己，帮助我们自我认知而迈向更加自由的境界。”①

（二）**如何理解制度**

在经济学研究中，对于什么是制度、如何理解制度这一问题，不同的经济学流派有着不同的答案。本书在对中国经济转型问题进行研究时，必须给出我们对制度的理解。在笔者看来，理解制度的关键不在于对制度作出自己的界定，而在于对制度作系统、历史和整体的理解。制度的确是行为规则，但制度决不是一堆彼此毫无内在联系的规则所形成的松散集合体。具体的制度固然存在生命周期和变迁，但制度作为一种社会现象则始终与人类社会相伴随。只要存在人类社会，就必然存在制度现象。因此，必须对制度进行系统和整体的理解，必须将其置于社会形成和发展的历史中来理解。社会是由一系列交往活动而形成的具有某种整体特征的秩序，形形色色的制度则是服务于这种秩序的结构。就任何具体的行为秩序而言，制度都有型构行为秩序的功能，但就制度与一个社会的关系而言，制度则必须具备型构社会整体秩序的功能，不仅能够体现一个社会的整体特征，而且必须解决或回答一个社会“因何而建”、“如何建立”和“应如何建立”的问题。② 因此，制度不只是型构具体行为秩序的规则，而且还是共同型构具有某种整体特征的社会秩序的规则系统。就制度具有共同型构社会秩序的整体特征而言，制度有其核心和灵魂。其中，回答一个社会“因何而建”“如何建立”和“应如何建立”的问题的价值观念体系和基本原则构成制度体系的核心，笔者称之为社会秩序观。

具体而言，社会秩序观包括以下内容：首先，社会秩序观是组建一个社会

① Thomas，K. History and Anthropology [A]. Past and Present [J]. 1963 (24)：18.

② 社会中的人是来自五湖四海的，共同的需要把他们结合成社会。没有共同的需要，社会是不可想象的。

的基本价值原则，表现为一般的思想习惯和流行的精神态度，是每一个社会成员对人类怎样生活才是正确、善良、合宜和美好的共识与信念。[①] 社会秩序观与价值观念的区别不在于它们是否都是价值观念，而在于社会秩序观是组建一定社会秩序的基本价值观念。其次，社会秩序观是一个社会的制度观，它有两个方面的含义：一是指一个社会关于制度的信念，即回答一个社会中的人相信什么是制度的问题；二是指关于社会秩序应该如何建立的程序性基本原则，即回答一个社会的制度经由何种程序建立才具有合法性和正当性的问题。最后，社会秩序观与自然科学知识的范式相类似，是制度性知识的内核。[②] 一如科学知识需要有共享的范式作为建立科学知识体系的核心一样，制度也需要社会秩序观作为一个制度体系的核心和逻辑前提。总之，制度性知识也和科学知识一样，也是基于共享的价值信念的知识体系，而不是一堆毫无内在关联的规则集合。

概而言之，制度是围绕着社会秩序观而形成的规则系统，由社会秩序观和具体的规则构成。其中，社会秩序观是制度体系的核心，与具体的行为规则一起构成一个社会的制度体系。

二、转型前的历史背景——制度与事件

制度是组织和整合社会的结构，体现了一个社会的本质特征，决定着经济行为的绩效。要了解一个社会，就必须了解一个社会的制度。要了解转型前中国社会经济运行的状况，同样需要了解转型前中国的社会制度。因此，对转型前中国社会历史背景的论述将围绕着这个时期中国社会的制度和造成制度变迁的事件展开。具体而言，本部分的内容将包括以下两个方面：（1）转型前社会秩序观内容的介绍、转型前社会秩序观演进的历史以及基于中西制度比较视角解释其生成原因。这些内容是本部分的重点，原因在于以社会主流价值观为主要内容的社会秩序观不仅型构了社会运行的体制特征，而且决定着一个社会转型的路径和轨迹。一如诺斯所言："有关经济变迁过程的一个简单描述是直

① 有关社会秩序观的内容与凡勃伦给制度所下的定义类似。在笔者看来，凡勃伦对制度所进行的界定实际就是社会秩序观的表述。

② 汪丁丁．在经济学与哲学之间［M］．北京：中国社会科学出版社，1996：63.

截了当的。一个政治经济体系的‘真实面貌’永远不为人所知，但人类确实构造了有关这个‘现实’本质的精巧信念——这种信念既是政治经济体系运行的实证模型，也是它应该怎样运行的规范模型。”① 因此，要了解一个社会的各方面状况，必须把了解该社会的秩序观作为逻辑起点。（2）结合具体历史朝代，以具体制度演进为线索，在具体介绍政治、经济、人才选拔制度演化的基础上，以重大历史事件为节点，分析转型前的中国是如何走上权力支配社会的道路。

（一）转型前的中国社会秩序观、演进史及成因

1. 转型前的中国社会秩序观核心内容

马克斯·韦伯指出：“直接支配人类行为的是（物质上及精神上的）利益，而不是理念。但是，通过‘理念’创造出来的‘世界图像’，经常如铁路上的转辙器一般，规定了轨道的方向，在这轨道上利益的动力推动着行动。人们借着这种‘世界图像’试图解答下列的疑问，我们愿意‘从何’得到解救，解救之后又‘何所去’，而且——不可忘记——要如何才能获得解救。”② 社会秩序观就是一个社会通过“理念”所创造出的“世界图像”，既规定了一个社会演进的方向，也决定了具体的制度安排和相应的社会结构，进而决定了政治经济运行状况和相应的绩效。一个社会之所以要转型，根本原因就在于该社会的先贤以及社会民众所集体建构的“世界图像”在面对外界挑战时无法再指引该社会走向未来，需要创造出新的“世界图像”来引领未来。与此同时，社会在创造新的“世界图像”取代旧的“世界图像”的过程中，旧的“世界图像”并不会自动消失，以或显或隐的方式影响社会的转型。一如马克思所言：“人们自己创造自己的历史，但是他们并不是随心所欲地创造，并不是在他们自己选定的条件下创造，而是直接碰到的、既定的、从过去继承下来的条件下创造。一切已死的先辈们的传统，像梦魅一样纠缠着活人的头脑。”③

中国转型前的社会秩序观可以概括为：基于天人合一的思维模式，以天道

① 道格拉斯·诺思．理解经济变迁过程［M］．钟正生，邢华，等译．北京：中国人民大学出版社，2008.

② Max Weber. Gesammelte Aufsätze zur Religionssoziologie［M］. Tübingen，1972（RS Ⅰ）：252.

③ 马克思．路易·波拿巴的雾月十八日［M］．中共中央编译局编译．北京：人民出版社，2015：9.

观作为人间秩序合法性和正当性的前提，思考人与天以及人与人的关系。所谓“天人合一”的思维模式，就是指主客体不分，客体即主体、主体即客体，物我交融。一旦采用“天人合一”的思维模式来思考自然现象和社会现象时，不仅会自然混淆主体和客体之分，而且还会把天道（自然规律）和社会治理之道混为一谈。长期主宰中国意识形态的儒家堪称典型代表。在儒家看来，不仅“王道之三纲，可求之于天”，而且所谓的天道就是儒家所阐释的以“上下尊卑”和“三纲”之类的纲常伦理，所谓的社会治理不过是上天委托君王依据儒家的纲常伦理来管理社会而已。上天与君王之间是委托代理关系，上天委托君王治理天下，君王对于治下的土地与子民拥有完全的治理权，是具体的社会制度的制订者和最终执行者。一如荀子所言：“礼起源于何也？人生而有欲，欲而无得，则不能无求，求而无度量分界，则不能不争。争而乱，乱而穷。先王恶其乱也，故制礼仪以分之，以养人之欲，给人以求，使欲必不穷乎物，物必不屈于欲，两者相持而长，是礼之所起也。”

君王又分设百官治理子民，官作为君权的代表，对于民又具有绝对的权威性。与此同时，对于君主而言，官也只是一般的子民，君主同样具有生杀予夺的大权；在“皇权不下郡县”的乡村，聚族而居的村落里的家族事务和家庭事务同样依照儒家学说由家族和家庭自治。所谓家族和家庭自治也是相对的，而不是绝对的，其前提条件是：要按时交纳皇粮国税以及地方政府的各种摊派外，不能有任何谋反行为或言论。因此，在转型前的中国社会秩序观里，家国同构，治理之道就是儒家的三纲五常原则。由于“三纲原则”赋予了“上、尊、长”者绝对的权力，因此，传统中国自上而下有一系列权力中心，整个社会治理的结构性因素就是命令控制——王对官的控制、官对民的控制、族长对家族其他成员的控制、家长对家庭其他成员的控制。其中，王权高居于权力结构的顶端，既具有控制官员的权力，又具有控制家族和家庭的权力，就此而论，转型前的中国是王权支配社会，是一个权力崇拜的社会。如果说西方走出中世纪要告别神权崇拜，那么中国走出前现代社会则要告别对世俗权力的崇拜。这是中西社会秩序根本的差异所在。

如何建立和重建儒家理想中的社会秩序同样构成转型前中国社会秩序观的一个重要方面。在儒家看来，君王应该遵循天道（即儒家所阐释的纲常伦理）来治理天下，从而达到儒家所说的“君君、臣臣、父父、子子”的“和谐社会”。在尧舜之时，儒家认为天下的治理应该按照儒家的理想（内圣外王）来建立社会秩序，因为“尧、舜、汤、文、武、周公”等都是内圣外王的统治者，是“道统和治统”系于一身的统治者。在三代以后，由于“道统和治统”发生了分离，所以就可能会出现不按照“道统”治理天下的君王。于是，如何解决“道统”与“治统”的分离就一直是儒家关注的核心问题。这个问题的通俗表述就是：拥有绝对权威的君王“不以德治国，造成社会失序”应该如何处理？通过什么路径来解决无德之君所造成的社会失序问题呢？为了解决“道统和治统”分离所产生的问题，儒家又基于天人合一思维模式构建了“天命观”。在儒家看来，天命无常，只有“德配天地”才能够承载天命、替天行道。因此，一旦君王无道，不遵循“天道——儒家的纲常”来治理天下，那么君王就违背了天命，上天就会重新选择“天子”来重构儒家理想中的社会秩序。因此，基于天道观的“天命观”本身就是一把双刃剑，既可以为统治权提供合法性证明，也是统治权合法性的潜在威胁。天命无常，为德所依。获得统治权固然能够用“天命所归”进行解释，挑战统治权和失去统治权同样也能够用“替天行道”与“有违天命”进行论证。对于“治乱循环”，儒家也有深刻的认知：“人主居崇高之位，持威福之柄，百官畏惧，莫感仰视，万方奉承，所欲随得。苟非畏道义，所养如此，其祸可知。中常之君，无不骄肆；英明之主，自然满假，此自古同患，治乱所系也。”可是，由于儒家囿于天道观——“天不变，道亦不变”，因此，儒家除了通过教育君王“以德治国”来实现儒家心目中的社会秩序外，从未想过可否通过制度的大规模变迁来实现社会的长治久安。与此同时，由于儒家将整个社会的治理原则凝固为“三纲”，并将君权以及“尊、长、贵”者置于至高无上的地位，仅依靠外在的“天”和“德行”对统治者进行软约束，仅依靠德对“尊、长、贵”者进行约束，因此，除了以暴制暴之外，没有任何制度安排可以制止权力任性使用和侵犯权利的现象。此外，转型前的社会秩序观也堵塞了内生出限制权力和保障权利的措施和相应的制度安排的通道。瞿同祖在《中国法律和中国社会》一书中指出：“法律所注重的是伦理问题而不是是非问题。戴震说：‘尊者以理责卑，长者以理责幼，贵者以理责贱，虽失谓之顺；卑者、幼者、贱者以理争之，虽得谓之逆。于是天下之人不能以天下之所同欲达之于上，上以理责下，而在下之罪人不胜指数。人死于法犹有怜之者，人死于理，其谁怜之！’可谓抉微究隐，将其中道理尽行道出。”当法律赋予“尊、长、贵”者至高无上的地位时，处于“君父”位置的人在社会发展和家庭事务中就具有一言九鼎的地位，而“卑者、幼者、贱者”则无权独立、自由地基于自己的认知和价值目标开展创造性的活动，社会制度变迁缺乏内在动力，结果必然是王朝周期性更替，但社会制度几乎没有任何实质性的发展——“历代都行秦政法”。

2. 转型前的中国社会秩序观演进

基于天人合一的思维模式而形成的“天道观”不是一蹴而就的，而是经历过漫长的演化过程。具体而言，包括以下几个阶段：

（1）萌芽期。西周是“天道观”的萌芽期。商代是一个崇拜神与上天的时期，所谓“国之大事，在祀与戎”。[①] 在殷商时期，人们崇拜很多的神，崇拜的目的只在于对吉、凶、祸、福做出判断和选择，而不具有道德意义。[②] 西周取代殷商以后，对殷商敬神有因有革，这表现在“祈天永命”和“以德配天”的有机统一上。其中，“祈天永命”是对商朝观念的继承，“以德配天”则是周朝的独创。周武王在伐殷之时，曾做《泰誓》三篇，其中，《周书·泰誓上》曰：“天佑下民，作之君、作之师，惟其克相上帝，宠绥四方。……商罪贯盈，天命诛之。”此外，还有基于“天人合一”的思维模式而产生的民本思想——“天矜于民，民之所欲，天必从之”。由此可以看出，殷周之际的先民已经开始运用“天人合一”的思维模式来思考人间秩序问题。与此同时，这种“天人合一”的思维模式下的“天道观”仍然极为粗糙，依然没有从理论的角度回答为什么“天命靡常，惟德居之”的问题，亦即“天命”与“德”之间的关系问题——为什么无德者就应该失去天下，有德者就该承载天命？由于没有真正打通“天命”与“王德”之间的联系，因此，无论是“天人合一”的思维模式，还是该思维模式下的“天道观”都极为粗浅。同样值得一提的是，就社会秩序观和基本治理制度确立而言，殷末周初之际，权力支配社会的治理框架开始形成，因为除专制的制度尚未定型以外，政治秩序已经有一只脚踏进了专制门槛，因为王权应该控制社会的基本信念已经形成。“礼乐征伐出自天子”和“普天之下，莫非王土；率土之滨，莫非王臣”

① 左传［M］. 长春：吉林人民出版社，1996：336.

② 刘泽华. 王权思想论［M］. 天津：天津人民出版社，2006：28.

就是这种信念形成的标志。

（2）形成期。春秋战国时期是“天道观”的形成期。从春秋战国到秦始皇统一中国，经历了长达五百多年的战乱，大大小小的战争发生了866次。[①] 面对战争和异常混乱的社会秩序，诸子百家风起云涌，所有的学说几乎完全聚焦于这样一个问题——如何实现国家的统一，如何恢复正常的社会秩序。具体到所谓的“天人合一”思维模式的演进，可以认为儒道两家对其发展都有推动作用。老庄主张天人合一，认为“道”既是宇宙万物的根本，也是人之根本。《老子》中讲：“人法地，地法天，天法道，道法自然。”《庄子·知北游》中讲：“汝身非汝有也。……孰有之哉？曰：是天地之委形也。”在道家看来，人的一切皆非独立于自然，而为自然之物。因此，人要绝圣弃智，通过感悟达到“天地与我并生，而万物与我为一”的“天人合一”的境界。至于儒家的“天人合一”的境界则与道家有所不同，不同之处在于将“天与人间秩序”联系在一起，这一不同，既源于儒家对西周思想的继承，也有孔子和孟子的发挥。孔子强调“君子三畏”，用天命的神秘性保证世俗政权的正当性，进而强调统治者品德的作用。所谓“君子三畏”其思想渊源虽可以追溯到西周立国之时，但孔子对此有原创性的表述：“君子有三畏；畏天命，畏大人，畏圣人之言。小人不知天命而不畏，狎大人，侮圣人之言。”孔子本人亲身感受过春秋时代礼崩乐坏的局面——人们无所畏惧地颠覆一切。因此，如何重建秩序就成为孔子关心的社会问题。在孔子看来，社会秩序的稳定需要人心秩序、政治秩序与生活秩序三者的相互维持，因此，对于制约人的行为最为有效的天命、承担天命的大人、阐述天命的道理都要有所敬畏才行。此外，孔子看到人的活动虽然受制于人际关系的约束，但对于人的理智活动而言，最为关键的还在于人的心理的内在力量，只有在心理上制服了人的嚣张气焰，遵守一定的社会秩序才是可能的。人之所以敬畏不是敬畏人可以把握的东西，而是敬畏人难以琢磨、无能为力的东西。这种无能为力的东西在当时的历史条件下，就是神秘莫测的天命。基于上述认识，任建涛认为，“我们可以将孔子的三畏理解为：敬畏人类行动必须尊重的自然秩序（天命），敬畏人类社会政治秩序的人格代表

① 赵鼎新．东周战争与儒法国家的诞生［M］．夏江旗，译．上海：华东师范大学出版社，上海三联书店，2006：20.

（大人），敬畏人类生活的人心秩序的阐释者（圣人）。三畏的关系是：畏天命是根本，畏大人是中介，畏圣人是落点。”①

在一定程度上，虽然孔子的“君子三畏”思想对于“天人合一”思维模式下的“天道观”有所发展，但是，真正将“天人合一”思维模式清晰表达出来的则是孟子。一如张世英所言：“中国哲学史上的‘天人合一’说起于孟子。他主张天与人相通，人性乃‘天之所与’，天道有道德意义，而人禀受天道，因此，人性才是有道德意义的。人之性善有天为根据。”

（3）完善和发展期。这一阶段发端于孟子，经过董仲舒的推广，到朱熹集大成。在这一阶段，也就是将天理变为儒家的道德人伦，又将道德人伦上升为天理，并因此而真正实现所谓的“天人合一”的阶段。到了秦统一中国以后，董仲舒进一步发展了儒家思想，成为上承孔孟、下启朱熹的关键人物。董仲舒的核心思想可以概括为两句话，即“屈民而伸君，屈君而伸天”。所谓“屈民而伸君”就是要求国民都要服从君王。为了论证这一观点，他抬出了天，认为“王道之三纲，可求于天”。易言之，服从君王乃是天经地义的。所谓“屈君而伸天”，则是强调帝王必须服从于上天，目的在于限制专制。秦朝虽然统一了，却由于过于专制，也一样导致天下大乱。董仲舒提出这个问题，是从另一个方面总结了历史教训。那么，天意又如何被感知呢？他为此提出了所谓天人感应的学说，认为人的行为尤其是帝王的行为是与天相通的。具体而言，上天用灾害来警告批评皇帝，如果皇帝因此而改错，灾害就会消失；如果皇帝一意孤行，上天就要重新选择天子；如果皇帝行为能够被上天赞扬，那么所谓祥瑞就会出现。所谓天是根据儒家理论构建的，因此，听从天的意见就是要尊重儒家的学说，用儒家学说作为治理国家的指导思想，上至帝王，下至百官万民都要遵循儒家思想。于是，“罢黜百家，独尊儒术”的主张就自然而然地提出来了。

在汉武帝时期，儒家学说就成为了唯一正统的意识形态。儒家学说之所以能够在多种意识形态之争中脱颖而出，主要是因为儒家学说对统治者本身极为有利。随“王道三纲”而来的“屈民而伸君”为君主限制民众的活动提供了正当性。此外，因为君主在财力和武力上的优势，可以让“屈民而伸君”的

---

① 任建涛．敬畏之心：儒家立论及其与基督教的差异［A］．哲学研究［J］，2008（8）：50.

观念由理论上的可能性变成社会现实。与此同时，所谓“屈君而伸天”只是观念上的软约束，不可能对王权构成实际的威胁，至多只为下一次的治乱循环提供“替天行道”的借口。除了儒家学说本身有益专制统治以外，当时的情境也为儒家学说提供了机缘。汉武帝在位时，不仅要内防国内诸王的叛乱，还要出击匈奴巩固边防。在这样的情况下，汉初的清静无为的黄老之术显然不合时宜，中央政府必须通过集权解决内外问题。于是，历史的偶然性和必然性在此交汇。自此以后，儒家的思想和法家的严刑峻法就构成了国家治理社会的“软刀子”和“硬手段”。①

虽然儒家学说在汉武帝以后就取得了正统地位，但真正从哲学高度完成“天道观”论证的则是宋明理学。宋明理学以前的儒家学说中关于“天道观”的思想存在两个方面的缺陷：一是极不系统且夹杂过多的荒诞不经之言，如天人感应说；二是难以应对极为系统化和哲学化的佛家学说。佛学自汉末传到中国以后，其玄妙之处不仅催生魏晋南北朝时期的玄学，而且对理论性不强且过于“形而下”的儒家学说构成了挑战。因此，如何改进自身缺陷、如何吸收佛学优点，就成为关系儒学能否保持正统地位的关键。以朱熹等为代表的理学家，以太极、乾、坤、理、性、气、道等为基本概念，不仅从哲学高度系统化地整合儒家学说，而且阐述这些基本概念之间的内在关联——天理即儒家纲常伦理，儒家纲常伦理就是天理。对“天道观”进行系统化、理论化表述的是宋代的理学家，张载的《西铭》堪为代表。“乾称父，坤称母；予兹藐焉，乃浑然中处。故天地之塞，吾其体；天地之帅，吾其性。民，吾同胞；

① 自从汉武帝以后，儒家学说虽然取得了意识形态上统治地位，但专制王权并没有真正打算按照儒家的思想观念来治理社会，只是要利用儒家的“三纲”之类理论为其统治正当性提供证明，实际的社会治理则完全承袭秦代的重刑寡恩和职守严明的法家传统，强调“法”“术”“势”，至于儒家思想中重要的“民本”思想则完全被抛弃。无论是从事实际政治运作的帝王，还是著名的儒家代表人物都曾坦率地发表过类似的观点。《汉书·元帝纪》中宣帝与元帝的对话就反映出王朝政权外儒内法的特征：孝元皇帝，宣帝太子也。……八岁，立为太子。壮大，柔仁好儒。见宣帝所用多文法吏，以刑名绳下……尝侍燕从容言：“陛下用刑太深，宜用儒生。”宣帝作色曰：“汉家自有制度，本以霸王道杂之，奈何纯任德教，用周政乎！且俗儒不达时宜，好是古非今，使人眩于名实，不知所守，何足以委任!”（班固．汉书［M］．杭州：浙江古籍出版社，2000：68－69）雍正是历代帝王中最坦白宣扬孔子（事实上是通过程朱诠释后的孔子）对专制皇朝的功用的。试读他1727年7月的上谕：人第知孔子之教在明伦纪、辨名分、正人心、端风俗。亦知伦纪既明，名分既辨，人心既正，风俗既端，而受其益者尤在君上也哉!?（［清］《世宗实录》，卷五十九，20－21页）至于秦至清的那段王朝史，毛泽东的评点则最为精妙——“历代都行秦政法”。

物，吾与也。大宗者，吾父母宗子；其大臣，宗子之家相也。尊高年，所以长其长；慈孤弱，所以幼其幼。圣，其合德；贤，其秀也。凡天下疲癃残疾，茕独鳏寡，皆吾兄弟之颠连而无告者也。于时保之，子之翼也。乐且不忧，纯乎孝者也。违曰悖德，害仁曰贼，济恶者不才。其践形，唯肖者也。知化则善述其事，穷神则善继其志。不愧屋漏为无忝，存心养性为匪懈。恶旨酒，崇伯子之顾养；育英才，颍封人之锡类。不驰劳而底豫，舜其功也；无所逃而待烹，申生其恭也。体其受而归全者，参乎！勇于从而顺令者，伯奇也。富贵福泽，将厚吾之生也；贫贱忧戚，庸玉女于成也。存，吾顺事；没，吾宁也。"①

总之，在对传统中国的社会秩序观演进和发展进行了上述阐释以后，可以认为，农耕文明孕育了天人合一思想，春秋战国时期出于动员社会资源的需要而设立"编户"和乡亭制度则为王权支配社会提供了组织条件，儒家则在王权支配社会的现实格局下用天人合一的思维来思考社会秩序问题，并用儒家道德伦理作为"天理"连接"天与人"的中介，为建立王权支配的社会秩序提供了意识形态上的合法性基石，也为一般的社会秩序的形成提供了儒家伦理支持。自此以后，"天地君亲师"的神圣性和绝对权威性就构成了中国社会秩序的基本信念。

3. 社会秩序观形成原因的探讨与中西社会秩序观的差异②

任何一个民族在其起始阶段，都有一套处理自身与自然关系的思维模式，并将这种关系折射为人与神的关系，进而形成各具特色的宗教。人类一旦作为一种类存在物与自然界相区分开来，人类就必须通过某种形式来将自己对于人与自然关系的认识表现出来。在人类社会最初的发展阶段，人与自然的关系主要表现为人的生存在很大程度上仍依赖于自然、受自然束缚，这就使得难以在现实世界的此岸驾驭自然、利用自然的早期人类，不得不在精神世界的彼岸塑造出神的虚幻形象，在早期人类的精神世界中扭曲地反映出物质世界里人依赖于自然、受自然约束的客观事实。能够将人与自然的关系转化为人与神的关系，从而创立出原始的宗教信仰，并以宗教信仰将人们组织起来，使之成为与自然相对独立的类存在物，则是人类社会形成的重要标志。一旦人类社会形

① 张载．张载集［M］．北京：中华书局，1978：62－63.

② 参见吴练达：《制度、行为与经济发展》（D）．东北财经大学博士学位论文，2010.

成，就必须有制度将人类个体组织起来形成社会。因此，就一个制度体系的起源而言，基于人神关系而形成的宗教信仰是将人类个体粘合成人类社会。对于人类社会的先民而言，宗教信仰既是原始社会的宪章，也是人类先民活动的实用指南。没有超越于个体生存的“神圣的超验物体”的启示，人类社会根本就无法走出“动物世界”。作为一种类存在物，人类与动物的差异就在于人类能够寻找到超越于“个体生存”的价值，超越于个体生存的价值最初就是由宗教信仰赋予的。从人类社会的进化和发展过程中可以发现，所有的文明在其起源时都有自己崇拜的神。神在原始社会的出现不只是人类先民蒙昧无知的表现，同样也体现了人类先民告别“动物世界”的努力，即人类先民意识到有比“动物式生存”更崇高的神圣事物值得人类去追求。正因为有比生存更加重要的神圣事物值得人类去追求，所以，人类才能够摆脱纯粹的动物本能，围绕着“神圣事物”建立人类社会。因此，宗教信仰既是社会何以可能的最初源头，也是制度形成的基石。

既然就所有的文明起源而言，人类的先民在处理自己与“神圣的超验物体”的关系时，都没有将其视为“不存在”，都是围绕着“神圣的超验物体”的启示而建立人类社会的，那么人类文明和社会制度在演进的过程中为什么出现那么大的差异呢？我们固然不能否定自然条件在人类文明和社会制度演进中的作用，但是宗教信仰等意识形态因素在形成和塑造人们的心智理念，进而形成和塑造人类文明和社会制度演进的路径方面，发挥着更为重要的作用。既然我们认定必须从宗教信仰中发现文明的差异，既然人类文明的分野不在于是否有宗教信仰，那么我们应该如何从宗教信仰中发现人类文明的分野呢？在笔者看来，文明分野和制度体系间的差异，体现在如何处理人与“神圣的超验物体”之间的关系上，即不同的文明在处理人与神的关系时有自己的特色。

就华夏文明而言，是在天人合一的思维框架下，思考人间秩序与神的关系的。人与“神圣的超验物体”（天）之间呈现委托代理式的关系。“天”委托“天子”治理人世，于是，人间的君王就是所谓的“天子”，是“天命”的承担者。世俗政权不仅因此而获得治理人间的神圣性和正当性，而且因此获得发号施令的合法性。“天子”采用什么规则来治理社会则是天子的事情，上天并不过问——荀子云：“礼起源于何也？人生而有欲，欲而无得，则不能无求，求而无度量分界，则不能不争。争而乱，乱而穷。先王恶其乱也，故制礼仪以分之，以养人之欲，给人以求，使欲必不穷乎物，物必不屈于欲，两者相持而长，是礼之所起也。”“上天”至多只在“天子”不守“天道”而引发天怒人怨之时，再选派另一个替天行道的“真命天子”。因此，在中国人的心目中，规则不神圣，神圣的是能够制定规则的人，人治和对权力的崇拜由此而生。时至今日，对权力的崇拜仍然在人们的行动和语言中有下意识的流露。10年间为50个贪官做过辩护律师的钱列阳指出，贪污腐败惩治不尽的原因就在于：贪官对法律缺乏敬畏。在贪官看来，有权就不用害怕法律，因为一些政府官员滥用职权干预司法已成习惯。① 因此，在中国社会中，权力不受制约不能不追溯到天道观，以及在该信念基础上形成的权力支配社会和权大于法的格局。

就西欧文明而言，是以人类与“神圣的超验物体”签订契约的方式来处理人类与神的关系。早在古希腊时期，就有自然法理念——自然法超于人世之上，是人人都应该遵守的规则。到了中世纪，基督教也依然是以这样的方式来处理“人与神”之间的关系。《圣经》之所以被称为《旧约》与《新约》，是因为《圣经》乃是人与神（上帝）之间签订的契约。既然契约是人类共同体与上帝签订的，那么规则对于基督教徒而言就具有神圣性，是人人都必须遵守的。规则的神圣性是法治精神的源头，因为规则必须被信仰，否则形同虚设。因此，西方在走出中世纪时，只要揭开披在规则信仰上的神权面纱，就能够从容走出中世纪。中国走出中世纪则没有那么容易，因为世俗权力既有天道保证其神圣性，又可以通过其对社会资源的实际掌控来维护权力的神圣性——权力的神圣既是理想中的图像，又是现实生活的写照。

为什么中西方在处理人神关系时会出现如此迥异的思维模式并由此生发出不同的社会秩序观呢？在笔者看来，这与中西两种文明产生的自然环境和生存条件有内在的关联。思维模式和社会秩序作为一个社会的上层建筑的重要部分不能够脱离包括自然环境在内的生存条件而存在。在人类文明的起始阶段，由于人类驾驭自然的能力还很弱小，自然环境就构成人类生存条件的最核心的内容并成为建构上层建筑的物质基础。马克思指出：“在不同的财产形式上，在社会生存条件上，耸立着由各种不同的，表现独特的情感、幻想、思想方式和人生观构成的整个上层建筑。整个阶级在其物质条件和相应的社会关系的基础

① 钱列阳：制度缺失导致贪官多［N］. 人物周报，2009-08-17（1-2）.

上创造和构成这一切。”[①] 因此，要探寻中西方在认识人神关系时思维模式迥异的原因，必须走进历史深处，走进文明的源头，走进人类的生存条件中去。

由于具体的自然环境和生存条件——相对封闭的地理空间和易于耕种的自然条件，华夏文明起源后不久，就呈现了农耕社会的特征。这一特征在《尚书·汤誓》中就有证明。“在誓词中，汤针对士兵中有不顾农忙而调他们去讨伐夏桀的怨言说：‘今尔有众，女曰：我后不恤我众，舍我穑事而割征夏。’”此外，商的一个首领冥就曾经做过夏朝的水利官，也反映出商的农业有一定的基础。[②] 农耕文明有四大特征：一是农业与自然（天）之间有非常密切的关系，天气的任何变化都对农作物的产量有非常大的影响，因为农业收成是由人的劳动投入和自然界共同作用的结果，是人力与天气变化交互作用的结果；二是农业生产经验与农业劳动者年龄之间存在正相关的关系；三是由于农业生产必须依赖的土地在空间上具有不可移动的特征，使得自由的迁徙成为非常困难的事情；四是农业生产在很大程度上是体力活儿，男女不同的生理特征决定男人干农活儿比妇女干农活儿更具有比较优势。这四大特征事实上也为中华文明的演进奠定了基础。就农业与天气密不可分的关系而言，是形成天人合一的思维模式的基础，马克斯·韦伯指出：“农民特别受制于自然，依附原始力，他们的整个经济存在就是这样。因此，巫术特别适合于农民。”[③] 就农业经验与年龄之间存在正相关的关系而论，为强调长者的作用尤其是强调男性长者的作用提供了现实条件。由于农业耕地具有不可移动性的特征，既限制了大规模自由迁徙，也为聚族而居提供了物质条件，当人口与土地之间出现紧张关系以后，围绕着先前的驻地向四周缓慢扩散就是必然选择。农耕文明安土重迁、聚族而居的特性，为形成关系社会提供了土壤，也为“圈子文化”和“山头主义”提供了社会温床。就干农活儿而言，由于男性在体力方面具有优势，这一事实则决定了男性在家庭中比女性更有地位。因此，从一定意义上讲，农耕

① 马克思．路易·波拿巴的雾月十八日［M］．中共中央编译局编译．北京：人民出版社，2015：37－38.

② 李学勤．中国古代文明与国家形成研究［M］．昆明：云南人民出版社，1998：391.

③ 马克斯·韦伯．韦伯文集（下）［M］．韩水法，编．王容芬，译．北京：中国广播电视出版社，1998：391.

文明是奠定中国社会秩序观的基本平台和最初源头，因为构成社会秩序观的四大要素（专制的政治体制、强调人与人之间直接互动的社会关系、强调长者的地位、强调男性在家庭中的地位）都与农耕文明有内在的关联。

就西方文明的发源地古希腊而言，优越的地理位置使得其一开始就有发达的商业文明。首先，希腊位于地中海，连接欧亚非，优越的区位使得古希腊成为了商业中心。独特的地理位置孕育了古希腊的商业文明。商业文明是基于商品交换而形成的文明，在交易的过程中，必须有交易规则保证彼此的利益。与此同时，商业文明又是流动的文明，仅仅依靠人的交往所形成的直接互动关系不足以保证彼此的利益，必须依靠独立于彼此关系的由第三方执行的规则。此外，商业中心的出现为古希腊人谋生提供了非常优越的条件，可以通过交易轻松地过上富裕的生活。在这样的条件下，古希腊人既不需要面朝黄土背朝天去辛勤劳动，也无须祈求苍天恩赐五谷丰登的年景，更无须依附权贵过上清闲自在的生活。因此，古希腊人有“闲情逸致”去仰望星空，以从容客观的态度对待所要研究的大自然和社会现象。其次，狭小的疆域和特殊地形地貌造就了古希腊城邦民主制。商业文明培育了古希腊人注重平等的思想理念。而古希腊过于狭小的疆域和特殊地形地貌，使之不具备形成庞大的官僚机构的条件。在古希腊，人人（指自由人）都可以自由地参与政治，无须依附于官僚来表达自己的思想或观点，也就不会考虑用知识去兑换金钱和权力的事情。因此，在古希腊，人们可以不为各种功利目的进行求知，而是因对人、对宇宙和世界的好奇而进行探索，追求知识、探明真理本身成为古希腊人求知的终极追求。古希腊时期大体与中国春秋战国时期处于同一个时间段，其求知范围不仅远远超过当时中国的知识阶层，其求知目的与当时中国知识阶层也有很大不同。

由于中西文明产生的初始环境有极大的差异，导致两者在认识和处理人神关系时各具特色，这种特色使中西文明的走向和制度的演进在人类文明拉开序幕不久后就产生了大分流。古希腊文明经过基督教文明的洗礼，走向民主制度和市场经济；华夏文明则在农耕文明的基础上，经过春秋战国时期的长时间的战争，逐渐走向专制和小农经济。

（二）历史朝代中的重大事件与制度演进

若不拘泥于细枝末节的历史事实和意识形态框架，则可以将发展至今的中国历史划分为四个阶段①：原始氏族社会、商周的封建时期、秦至清的专制王朝时期、鸦片战争至现在的转型期。在商朝以前，华夏文明虽已有过漫长的发展时期，但毕竟由于年代过于久远且缺乏文字记载，“烟波微茫信难求”，只好存而不论，不放在讨论和研究之中。商朝时期出现了华夏最早的成熟文字——甲骨文，甲骨文的出现以及相关的历史记载，让我们有可能管窥商朝时先民的社会生活状态；与此同时，从商朝至鸦片战争（公元前 16 世纪—公元 1840 年）是一个非常漫长的历史时段，时间跨度长达三千四百多年，符合历史年鉴学派对于长时段的界定，足以分析和研究转型前的制度的形成和变迁。因此，转型以前的历史背景的时间跨度是上至商朝，下至鸦片战争。

1. 商周时期的封建社会

在具体地介绍商周的情况以前，有必要对封建社会的含义先进行一番介绍。封建一词的含义虽然极其含混，但英文 feudalism 是封土的意思，和我国封建子弟受民受疆土的意义相仿。商周时期，尤其是周代的西周时期，封建子弟受民受疆土成为正式的政治制度。② 考虑到社会制度有产生和消亡的周期，因此，我们将商周时期统称为中国历史上的封建社会。瞿同祖指出：“如果说殷代不是封建社会，则确已有许多封建基础；如果说是封建社会，则还不曾以封建为中心组织。我们应该注意到殷代只是酝酿时期，是兴云而未雨的时期，是形成的时期。到了周代，才以政治的方式大行封建，封建成为社会的中心组织，是大雨倾盆的时期，是完成时期。”③ 对于商周时期的封建社会，我们将其划分为三个时期：商代的萌芽期、西周的完成期、春秋战国的衰退消亡期。

（1）殷商时期（约公元前 16 世纪—公元前 11 世纪）。虽然中国有案可查的历史早于商代，但对中国历史的考察我们将从这里起步。商王国在公元前 16 世纪建国，到公元前 11 世纪结束，享国五六百年之久。④ 虽然考古学将商分为

① 长期以来，中国史学界的主流观点是：夏商周属于奴隶社会，秦至鸦片战争属于封建社会，鸦片战争至 1949 年属于半封建半殖民地时期，1949—1956 年属于社会主义改造时期，1956 年以后则属于社会主义时期。关于这种分期，我们不作过多评论。笔者认为，基于中国历史事实和研究的需要，将中国历史划分为四个时期比较合理。

② 根据李学勤的研究，商代仍然属于原始社会，即处于从母系社会转变到父系社会的阶段。参见李学勤. 中国古代文明与国家形成研究［M］. 昆明：云南人民出版社，1998：383.

③ 瞿同祖. 中国封建社会［M］. 上海：上海世纪出版出版集团，2006：383.

④ 李学勤. 中国古代文明与国家形成研究［M］. 昆明：云南人民出版社，1998：383.

先商、早商和晚商三个部分，但有关商文化的主要材料出自安阳的殷墟遗址，年代为公元前13世纪和公元前11世纪，绵延二百余年，亦即盘庚迁殷以后的殷商历史。因此，对商朝的介绍主要就是介绍晚商。关于晚商，值得提及的主要包括以下几个方面：

首先，华夏最早的成熟文字——甲骨文。虽然中国文字的源头早于殷商时代，但中国文字的象形、形声、指事、会意、假借、转注六项造字原则大都已见于殷墟出土的卜辞，就此而论，甲骨文堪称中国最早的成熟文字。

其次，王权已经压倒教权，成为主导社会的根本权力。商王的王权本是与占卜主持人的教权相辅，但到晚商，王权不仅已经压倒教权，而且商王取得了“下帝”的位置，以与“上帝”相对。商王国的统治机制有几个圈子：大邑商、畿内商王亲族与王后的封地、王国的土地、服从的诸侯、四周的方国。

最后，农耕文明初形成。根据考古学者的有关研究，晚商时期中国已经摆脱游牧社会，进入定居的农耕时代。从地理学的角度看，以安阳为中心的晚商领地，无论是气候条件还是土壤肥沃的状况都非常适宜于农业生产。这或许是晚商进入农耕时代的自然条件。

（2）周朝时期（约公元前11世纪—公元前2世纪）。关于周朝时期，我们拟分为西周和春秋战国两个部分来阐述。在具体的阐述以前，我们必须指出，周朝时期为整个华夏文明举行了奠基礼。就文化形成和核心价值观的塑造而言，中国最主要文化典籍就是在这个时期写成的。这些文化典籍在20世纪上半叶以前，仍然是大部分有教养的中国人的必读之书。即使在当代，《易经》、《诗经》和《周礼》以及诸子百家之书依然滋养着中国人；就周以后的专制王朝形成而言（乃至计划经济而言），春秋战国时期的战争也是中国步入专制社会的重要推手。

首先，西周时期（公元前11世纪—公元前771年）是中国封建社会的完成期。在这一时期，最值得提及的是“天命”观念的形成。根据商人卜辞，周本只是商的小方国。周虽然只是商的一个小方国，但经过古公、文王、武王的三世经营，居然击败了强大的商王国。周没有因为胜利而冲昏头脑，《尚书》中的几篇周初文献对此进行了反思。周人认为，商朝道德败坏如酗酒、荒淫、不恤民力等是其失国的原因，于是，他们总结出“天命”观念：天命靡常，惟德是亲。自此以后，“天命”就是王朝正统性的理论基础。从“天命”观念起码可以引申出两点：第一，统治必须符合一定的道德标准；第二，超越的力量亦即上天，对人间秩序有监督和裁判的权力。每一个朝代的兴起和灭亡都蕴含在“天命”观念之中。“天命”观念对一个朝代而言是一把双刃剑，既是兴起理由，又是被推翻的依据。造反一旦失败，就犯下了滔天大罪；造反若成功，则是顺应民意，代表天心。“天命论”出台以后，如何制衡政治权力任性和滥用以及维持政治秩序稳定，就只有两条路径可选，一是强调“以德治国”，依靠统治者的德行而自觉地限制权力的滥用；二是依靠“上天”选择“真命天子”来算总账，进而导致王朝周期性的更替。总之，缺乏制衡权力的机制和由此产生的王朝兴衰已深埋在华夏文明的基因里。

周人小国寡民且位于偏僻西部，在击败地域广袤的商朝以后，如何统治东部的广土众民就成为周人必须面对的现实问题。如何解决这一问题呢？那就是实行“封建亲戚，以藩屏周”的制度。该制度包括两个重要方面：一是分封子弟与亲戚于紧要的地点戍守，彼此援助，构成一个庞大的控制网络；二是笼络不同文化的族群，寻求合作。该制度在执行过程中，除了各个封国之间在军事和经济方面相互支援协调处理对外关系外，彼此之间则主要是依赖血缘关系结成的家族纽带进行维系——封君与周王室之间，则基于“孝道”用祖先崇拜的繁缛礼仪，以朝贡、觐见、馈赠、通婚、封赏……来加强家族纽带关系。这种基于“人际关系”而运行的封建制与基于契约关系的西欧封建制有本质的区别。虽然基于“人际关系”而运行的封建制在周以后解体了，但是强调“人际关系”并基于“人际关系的远近”来处理人际交往（包括经济交往）的运行模式并没有解体，反而构成了中国社会运行的基本模式。就此而论，将周以及周以后的中国称为“关系型社会”并不为过。

为什么中国在西周之际会形成基于“人际关系”而运行的封建制而没有形成基于契约关系的封建制呢？为什么基于“人际关系”而运行的封建制在解体以后，而基于“人际关系的远近”来处理人际交往（包括经济交往）的运行模式并没有随之而解体呢？根本原因在于，农耕文明构成了华夏文明的底色，是孕育和维持关系型社会的温床。在殷商晚期，华夏民族就进入了定居的农耕文明。与此同时，发轫于陕西岐山的周朝，在取代商而建立周朝之前本就是典型的农耕文明。根据史书记载，周人的祖先（后稷）被称为华夏农耕文明的鼻祖。就此而论，周取代商反而进一步加强了华夏农耕文明的特性。农耕文明是人与土地密切联系在一起的一种文明形式。在农耕文明的条件下，人因为土地不可移动性而难以四处流动，这与人可以自由流动的商业文明和与人可以定期移动的游牧文化有本质的不同。就此而论，强调安土重迁就构成了农耕文明的本质特征。长期固定居住在某个地方或村落从事农耕活动的人们，要很好地维持生存，就必须很好地处理家庭内部以及家庭与邻里的关系。就家庭内关系而言，必须处理好父子、兄弟之间的关系，只有处理好这些关系，才能够齐心协力去耕种家庭所拥有的土地，家庭维系才有物质基础。与此同时，由于农业收成与天气密切关联，一家一户难以抗拒天气变化所产生的风险，需要邻里的周济；农活儿具有季节性特征，因此，聚集在一起的人都需要彼此帮忙才能够顺利地完成农活儿；此外，还有其他的社会活动（如婚丧之类的活动）难以依靠一个家庭完成，同样需要邻里帮忙。因此，农耕文明的特性让华夏文明很早就呈现出关系型社会的特征，并以家庭为中心形成由内而外的差序格局。

其次，春秋战国时期（公元前771年—公元前221年）既是封建制日趋消亡的时期，也是中国历史发展的重大转型期。公元前771年，西周灭亡，平王东迁，自此以后，在550年的时间里，再也没有一个与西周王室相提并论的足以统一中国的核心。在此期间，西周时代的封建制崩溃瓦解，中国进入“礼崩乐坏”和群雄争霸的时期。在这一时期，最为突出的历史事件包括两个方面：一是绵延不断的战争，催生国家对社会的严密控制，使“普天之下，莫非王土；率土之滨，莫非王臣”的理念转化为现实的操作；二是出现百家争鸣的局面，中国文化最核心和最基本的典籍形成于此时。

从春秋战国到秦统一中国，经历了长达五百多年的战乱，大大小小的战争发生了866次，[①] 几乎两年就有一场战争。这些战争异常惨烈，根据《春秋》一书记载，从鲁隐公到鲁哀公的两百多年时间里，灭亡的诸侯国就有52个之多！[②] 战争的频繁和战争的残酷都对西周灭亡后所产生的林立的诸侯国提出了共同的要求——调动一切社会资源去赢得战争的胜利。为了能够调动社会资源，封建制下形成的资源调配模式必然要发生变革。否则，难以充分调动资源

① 赵鼎新．东周战争与儒法国家的诞生［M］．夏江旗，译．上海：华东师范大学出版社，上海三联书店，2006：20.

② 许倬云．万古江河——中国历史文化的转折与展开［M］．上海：上海文艺出版社，2006：20.

赢得战争的胜利。因此，春秋战国时期又是社会制度大变革时期。那些曾经在春秋战国的历史上有一席之地或曾强盛过的诸侯王国，都曾围绕过国家控制社会资源的目标进行过变法。偏居于一隅的秦之所以能够在群雄争霸中最终胜出，究其原因在于：秦不仅在变法的过程中善于学习其他诸侯国的经验和利用他国的人才，而且在于秦能够长期不懈地持续变法，因而变法更加彻底。为了达到国家充分控制社会资源的目标，秦国主要采取了以下几个方面的变革：首先，废领主制，行地主制，即领主世袭的封地可以为一般平民拥有；废世袭制，行任命制，即官员职位由世袭变为流官；废封建制，行郡县制，用地方行政机构取代封建领主的封邑，从而扩大王国的税基，为在群雄争霸中能够最终胜出奠定了物质基础。经过这样的改革既提升了国家控制社会资源的能力，也为中国进入专制王朝时期锻造了相应的组织机构。同样值得指出的是，依靠武力征服竞争对手也催生和培育了中国人策略思维，凡事不论是非曲直，只讲成王败寇。

春秋战国时期，同样是中国文明发展的黄金时期。面对频繁的战争和异常混乱的社会秩序，诸子百家风起云涌，所有的学说几乎完全聚焦于这样一个问题——如何实现国家的统一，如何恢复正常的社会秩序。各个流派为社会的重新整合提出了各自的见解，有提倡“兼爱非攻”的墨家，有提倡“无为而治”和回到“小国寡民”状态的道家，还有强调“克己复礼”回到西周体制的儒家，诸如此类，不一而足。诸子百家关于政治、哲学和经济学的许多重要思想则影响着未来中国的发展，尤其是法家和儒家的治国思想。

2. 秦至清（公元前 221 年—1912 年）——专制王朝时期的基本制度及其演进

自秦统一中国至清朝灭亡，中国处于专制王朝时期。在这漫长的两千多年里，中国经历过的主要朝代参见表 2－1。

表 2－1　　　　中国的主要朝代及首都

时间	朝代	首都
公元前 221—前 206 年	秦	咸阳
公元前 206—前 8 年	西汉	长安
公元 23—220 年	东汉	洛阳
公元 220—589 年　帝国分裂		
589—617 年	隋	长安
618—906 年	唐	长安

续表

时间	朝代	首都
906—960 年 帝国分裂		
960—1127 年	宋	开封
1127—1234 年	北方的辽（契丹）、金	北京
1234—1279 年	北方的蒙古（元）	大都
1127—1279 年	南宋	杭州
1279—1368 年	元（蒙古）	北京
1368—1644 年	明	南京/北京
1644—1911 年	清（满族）	北京

资料来源：赖肖尔、费正清（Reischauer and Fairbank，1958），Hacker（1985）和《剑桥中国史》。

从秦至清经历过 10 个主要朝代，历史长达 2133 年，要对发生在其间的事件都一一阐述既不可能，也无必要。与此同时，这长达两千多年的历史虽然有许多变化，但总体的运行制度并没有发生根本性的变化，至多只是专制的社会制度在外部重大事件的冲击下日趋完善。因此，阐述专制王朝时期的社会制度以及对专制制度的演进构成影响的事件就构成了本部分的基本内容。

（1）专制制度的形成和演进。自秦统一中国以后，一个专制的农耕社会就开始形成了。自此以后，专制和威权一直是中国社会的基本特点，不是王权支配社会，就是国家政府的权力支配社会。在专制王朝时期，民众都是帝王治下的子民，必须向帝王代表的朝廷缴税。这与西欧中世纪出现的封建王朝有本质的区别，具体表现在两个方面：西欧封建时期的国王实际上只是封建领主的盟主，实际权力有限，而且在“我的附庸的附庸不是我的附庸”的规则下，国王实际上只拥有一些封臣而没有中国意义上的臣民，甚至没有“皇粮国税”可以征收而依靠自己的领地为生。此外，中世纪的西欧虽然也不乏贵族争权夺利的战争，但西欧的王统非常稳固，没有中国专制时代经常出现的“你方唱罢我登场”的王朝更替。虽然从理论角度看，是所谓君权天授，帝王受天命而进行统治；上天选择天子的标准是帝王是否遵循一定的道德标准。但事实上，王朝的更替是通过军事征服实现的。从一定意义上讲，通过武力争夺政权和周期性的王朝更替构成了中国专制王朝时期社会的一大特点。

秦王嬴政，循秦国三世经营征伐。公元前 230 年至公元前 221 年，十年之内，扫灭六国，终于统一了当时中国文化涵盖的地区。秦朝虽然是一个短命的王朝，但在中国历史上却占据了划时代的位置。秦朝治下，确立了郡县制，统一度量衡，书同文，车同轨，自此以后，中国便进入了专制王朝时期。秦朝所确立的专制制度既是秦国战时体制的延续，又以法家的严刑峻法作为治国的基本理念和手段，因此，过于严厉而缺乏宽容。这种过于严酷的制度，在七国争雄的战争年代有其存在的合理性；在国家统一以后，就必须进行改革，因为马背上可以得天下，而不能够马背上治理天下。正因为秦代的专制制度过于严酷，因此，秦朝二世而亡。引发秦朝灭亡的陈胜、吴广起义之所以会出现，是因为秦代的专制制度过于严酷——“失期法皆斩”。因此，秦虽然确立了专制制度，但专制制度在秦朝时尚未发育成熟，只是在治理结构（郡县制）和思想观念（君权天授）方面初步具备了专制王朝的特征，但与成熟形态的专制王朝还存在一定的距离。

秦以后历史的总体走向是皇权的不断加强——由集权而专制，由专制而独裁，但是，这不是一蹴而就的历史过程，而是专制的皇权不断与试图对抗中央权力以及抗衡皇权力量的各种势力博弈的结果，是历代的专制王朝在不断总结前朝兴衰的经验教训基础上不断加以改进的结果。具体而言，秦以后的专制皇权的不断强化是沿着如下两条路径展开的：在吸取前朝教训的基础上，通过具体的制度安排，不断打压各种可能对皇权造成威胁的力量，加强中央权力，并将其集于帝王一身；通过各种制度安排，源源不断地从社会吸取经济资源、人力资源和思想观念来拱卫中央权力和皇权。

就不断打压各种可能威胁专制王权的势力而论，自汉至清朝，加强中央集权和王权是沿着三条路径展开的：

首先，不断打压各种可能威胁中央集权的地方势力。

就加强中央集权而论，从汉一直到北宋是以打压各种可能威胁中央集权的地方势力为主要任务来展开的。西汉初年，刘邦迫于形势，不得不调和折中，在天子直辖区内设立郡县，在畿辅之外封王侯。这种制度就其实质而言，是封建与郡县并存的制度。这种制度给汉初的中央政权带来不小的麻烦，动乱不断甚至危及中央政权。于是，有高祖不封异姓王的“白马之盟”，晁错的“削藩之策”，直至汉武帝采取“推恩令”（分封番王子弟以削其权）才算真正解决了封国与中央政权的冲突。

汉武帝以后一直到唐朝初年，消除士大夫宗族势力亦即士族就一直是专制王朝加强中央集权的基本任务。汉代的士大夫宗族势力日趋强大，成为足以与中央权力相抗衡的地方势力。造成这种现象的原因是多方面的，首先，在汉代以后，“孝”的价值跃升为伦理观念之首。这一转变既与宗族组织发达有重大相关性，也促使宗族势力的发展。同一地区的宗族，以“孝”的理念维持其凝聚力，又通过婚姻与友谊结成家族同盟。其次，汉初的各种措施使得宗族成为抗衡中央权力的唯一力量。自汉武帝以后，汉初功臣集团和番王势力日趋减弱。此外，汉武帝的经济政策扼杀了富商大贾的发展空间，三选七迁的政策已将地方富户和有影响的势力（如游侠、豪强）彻底铲除。最后，汉代的官制也是形成地方士族的重要推手。汉代地方官员是政府任命的流官，且实行回避制度，当地人士不得在本地担任地方长官。因此，地方行政长官要治理好一个地方必须与当地势力联合。

就官员选拔制度而言，汉代实行的是察举制与文官制度相辅而行的吸纳人才参与国家治理的制度。就制度本身而论，察举制比世袭制具有优越性，因为察举制更加开放，能够吸引更多的治国人才。可是，由于察举人才的权力在各级政府官员的手中，于是，该制度在执行的过程中逐渐变质，演变为门阀士族制度，形成“上品无寒门，下品无士族”的变相世袭制。与此同时，也使王朝吸引人才服务于专制统治的愿望落空——“举孝廉，不知书”。因此，本为解决世袭制而行的察举制从两个方面对专制皇权产生影响：一是培育足以与中央势力抗衡的门阀士族；二是吸引人才服务于专制王朝的目的难以实现。庞大的门阀士族自汉末至唐初始终是与皇权相抗衡的重大地方势力，国运衰微之际往往也是争夺皇权的重要力量。因此，如何解决由察举制而生的门阀士族是汉末至唐初的王朝都必须面对的问题。除了对门阀士族进行直接打击以外，隋朝创立的科举制无疑是巩固专制权力消解门阀士族的重大制度创新。科举制始于公元 607 年（隋大业三年），终于清朝覆灭前夕的 1906 年（清光绪三十二年），长达 1300 年。无论科举制对未来中国的社会发展产生什么样的消极影响，但就其能够有效抑制门阀士族的势力和维护社会稳定而言，无疑是影响中国社会走向的重大制度变迁。

封建皇帝在财权、兵权和行政权方面，极力压制地方政府，使“军政财”三方面权力集中于中央。自汉末一直至唐末，中国历史上时常出现地方势力坐大甚至取代中央的情形；或曰，地方势力或执掌军权的将领时常乘社会动乱之际，伺机窥探神器。这种局面真正被打破，应该归功于宋太祖。宋太祖黄袍加身以后，已经意识到重建中央集权体制的重要性和紧迫性。他问赵普："天下自唐季以来，数十年间，帝王凡易八姓，兵革不息，生民涂炭，其何故也？吾欲息天下之兵，为国家建长久计，其道如何？"[①] 赵普回答道："唐季以来，战斗不息，国家不安者，其故非他，节镇太重，君弱臣强而已矣。今所以治，无他奇巧也，惟稍夺其权，制其钱谷，收其精兵，天下自安矣。"[②] 为了解决地方势力坐大所引发的社会动荡，宋太祖采取了一系列措施——"以文臣知州，以朝官知县，以京朝官兼临财赋，又置运使，置通判，皆所以渐收其权。"[③]

其次，削弱相权，巩固皇权。

在解决地方势力可能对抗中央权力的同时，许多帝王也通过一系列制度安排解决中央大权旁落问题，力求实现君主专权。因此，秦汉以后，与中央集权趋势相并行的另外一种趋势是朝廷的权力日益掌握在帝王之手，形成专制和独裁。在西汉初年，中央既未过度集权，皇帝也难朝纲独断。军国大事，由三公（丞相、太尉、御史大夫）大会决定，皇帝批准。因此，三公是实际的执政者，帝王只不过是"橡皮图章"。这种制度很快就被汉武帝破坏了。汉武帝为了能够朝纲独断，在宫廷之内另设政府，由大司马主持工作，叫"内朝"；三公主持的政府（公府），则叫"外朝"。这不仅形成一个国家两个政府，而且造成内朝权倾中外、外朝形同虚设的局面。于是，"由集权而专制，由专制而独裁"即从此始。

汉武帝这样的"有为之君"虽然破坏了三公会议制度，但在汉唐之际，丞相的权力依然非常大。根据钱穆的研究，汉代的丞相是设"国务总理"的"领袖制"，唐代则是不设"国务总理"的委员制。[④] 不设立"国务总理"，显然是为了削弱相权，加强皇权。但是，经由"国务委员会"所形成的决议却是定稿，叫"熟拟"，皇帝只能够在上面画圈叫"印画"表示同意。与此同时，皇帝同意的事，"国务委员会"也可以驳回，叫"涂归"。概而言之，唐代宰相，虽然权力没有汉代集中，但依然具有决策权和否决权，皇帝反倒只有同意权。

---

① 《续长编》卷二，建隆二年七月。

② 《续长编》卷二，建隆二年七月。

③ 《宋史纪事本末》卷二《收兵权》录引。

④ 钱穆．中国历代政治得失［M］．北京：三联书店，2001：30－34，40.

到了宋代，决策权和否决权都归于皇帝，宰相上朝也只能够站着，不能够“坐而论道”；到明清之际，宰相制度干脆被废除。在明朝时，朱元璋废丞相设六部，皇帝以国家元首身份兼任政府首脑，直接领导各部。在清朝雍正年间，则通过设立军机处而废除宰相制度。因此，明清时期有所谓“宰相”称谓的“内阁大学士”（明）和“军机大臣”（清）事实上只是帮助帝王草拟的秘书。[①] 总之，专制而又独裁的王朝所需要的各项制度安排在宋代已基本建立，明清之际的政治制度不过是沿着专制的路径走得更远而已——愈来愈专制。

最后，不断打压各种不利于王朝统治的思想观念。

就消除可能威胁专制王朝的思想观念而论，自秦至清一直没有停歇过。具体而言，包括以下几种手段：一是对敢于散布威胁专制王朝的思想观念进行直接镇压，秦朝的“焚书坑儒”和清朝的“文字狱”堪称典型例证。二是选择最有利于专制统治的思想观念作为朝廷支持的意识形态。自汉武帝“罢黜百家，独尊儒术”以后，儒家学说就成为历代专制王朝支持的意识形态。雍正是历代帝王中最坦白宣扬孔子（事实上是通过程朱诠释后的孔子）对专制王朝的功用的。试读他 1727 年 7 月的上谕：“人第知孔子之教在明伦纪、辨名分、正人心、端风俗。亦知伦纪既明，名分既辨，人心既正，风俗既端，而受其益者尤在君上也哉！?”[②] 为了维护儒家学说的垄断地位，采取了两个方面的措施：一是改造各种与儒家学说相冲突的其他思想，如对于佛教所进行的中国化改造。就礼制而言，三界之外的沙门是不必礼拜王者，而中国的统治者是“天子”，其他人都是其臣属，僧人又怎么能够不礼拜王者呢？此外，僧人出家，有悖孝亲的儒家伦理。为了调和佛教与中国名教的矛盾，慧远提出了调和理论，主张区分出家的僧侣和在家的信徒，而出家人既已出世，即不受世法的约束，而为了顾及中国文化，慧远指陈，“忠孝之义，表如经文”。经此论辩，专制权力容忍了佛教僧侣的相对自主权，免除其服役纳粮的义务。但是，自唐代以后，僧侣依然要受到政府专设的单位管理。至于出家与孝道之间的冲突，

① 关于君权与相权的消长。可以参见钱穆．中国历代政治得失［M］．北京：三联书店，2001．也可以参看，余英时．“君尊臣卑”下的君权与相权［A］．中国思想传统的现代诠释［M］．南京：江苏人民出版社，1998：100－124．

② ［清］《世宗实录》，卷五十九。

根据慧远的说法，一人得道，其功德“泽流天下”，即使内乖亲子的关系，也“不违其孝”。本来佛教的因果报应只是个人的事，但在中国家族伦理环境中，竟然演变为代代承负果报。例如，连目救母，不论故事，抑或仪式，都已将孝道观念纳入因果报应观念之内。[①] 二是通过科举考试将儒家学说列为教科书使其深入天下读书人之心。同样值得指出的是，儒家学说虽然在汉武帝以后获得了正统的地位，但对于专制的权力而言，其学说中可能威胁专制统治的因素依然无法脱离被改造的命运。汉武帝以后，儒家获得正统地位，许多儒生也试图以天道阐释者自居，其言与行对专制权力构成了内在威胁。西汉晚期，纬之说盛行一时，也常于政治权力斗争场合被人用作宣传天命归属的工具。东汉皇室不愿思想界有威胁皇权的潜在机能，两度举行学术讨论，钦定儒家思想的范围。在宋代，朱熹这样的大儒也曾因言获罪。到了明代，《孟子》中民本思想也被朱元璋删除了。

秦汉以后的专制王朝，除了在官僚机构内部通过各种制度安排打压各种能够威胁皇权和中央集权的力量外，还通过各种制度安排从社会汲取所需要的经济、人力和思想资源为其统治服务。

（2）专制王朝时期的财政制度。就汲取经济资源的财政制度而言，在秦至清的专制王朝时期，可以从两个方面来看：一是中央政府的财政制度；二是地方政府的财政收支状况。

就中央政府的财政制度而言，其汲取资源的手段主要包括以下两个方面：

第一，基于家天下的理念，向臣民征收田赋。在封建制改为郡县制以后，原来封建领地的子民就成为了专制王朝的子民，缴纳“皇粮国税”就成为他们应尽的义务。在不同朝代，如何缴纳田赋有一定的差异，但总的趋势是日趋加重。每当入不敷出之时，总有法外开征之举，并且法外开征的名目在下一个朝代就正式地纳入田赋，造成田赋日趋加重，这就是所谓的“黄宗羲定律”。黄宗羲在考察历代田制时指出：“何谓积累莫返之害？三代之贡、助、彻，止税田地而已。魏晋有户调之名，有田者出租赋，有户者出布帛，田之外复有户

① 许倬云．万古江河——中国历史文化的转折与展开［M］．上海：上海文艺出版社，2006：125－126.

矣。唐之初立租、庸、调之法，有田则有租，有户则有调，有身则有庸，租出谷，庸出绢，调出缯纩布麻，户之外复有丁矣。杨炎变为两税，人无丁中，以贫富为差，虽租、庸、调之名浑然不见，其实并庸、调而入于租也。相沿至宋，未尝减庸、调于租内，而复敛丁身钱米。后世安之，谓两税，租也，丁身，庸、跳也，岂知其为重出之赋乎？”①

第二，垄断关系民生的重要资源。国家控制重要资源由来已久，早在春秋时期，管子就提出过“官山海”的思想；在汉武帝时期，汉武帝为了抗击匈奴和为建立一条稳固的北方防线提供稳定的财政基础，采用了桑弘羊等人的建议，不仅通过“卖爵、贷假、榷酤、算缗”等手段开辟财源，而且实行盐铁国家专营。汉武帝去世以后，汉昭帝继位，从全国招来60位贤良、文学等中下层知识分子，与桑弘羊等高官就要不要实行盐铁专卖展开辩论。争论双方的观点都如实记录下来，反映在《盐铁论》一书中。贤良、文学主张政府不要与民争利，桑弘羊等人则认为贤良、文学主张过于迂阔，认为贤良、文学所谓的“民”只不过是垄断一方利益的豪门。争论的结果是主张实行盐铁专卖的一方占据了上风。之所以会出现这样的情况，原因在于专制王朝实行重要资源垄断经营的目的就是既要防范可能危及国家政权的民间经济力量，又要利用重要资源所得的收益来维持和保护国家政权。自此以后，一直到清朝，关系到民生的盐铁等重要资源始终都掌控在朝廷的手中，其差异只在于掌控形式的变化。

在自然经济年代，与一般民众日常生活最密切相关的商品不外乎盐和铁。掌握了盐和铁的专卖权就等于控制了两只会下金蛋的鸡。朝廷掌握食盐之类的重要资源，不仅使专制王朝获得巨额税款，而且还能够使整个官僚集团获益——因为任何试图取得食盐专营权的商人都必须耗费大量的时间和物质资源与官僚阶层周旋。明清时期的盐商为了获得食盐经营的垄断权，必须向以皇权为代表的官僚阶层缴纳三种费用：一是盐课，属于正常的税收；二是“输献”（明朝时的称谓），清朝时叫“捐输”和“报效”，主要用于国家的军费、重大工程以及皇家庆典活动，这种费用可以说是盐商取悦于最高统治者的人际交易费用；三是与具体管理盐业事务的官员以及其他部门的官员结交

① 黄宗羲．明夷待访录［M］．北京：中华书局，2011：105．

的费用，这可以看成是盐商与一般官员的人际交易费用。此外，盐商还必须为自己的宗族事务大量捐款。盐课之外的如“捐输”和“报效”以及结交官员的费用是属于乱收费项目，盐商与具体官员结交的费用因为属于地下交易，无法具体统计，数目应该不会太少；至于“捐输”和“报效”则可以进行统计，“据初步统计，乾隆朝共捐银36865708两，其中因‘十全武功’捐银18250000两，占军费123520000两的14.77%，占总捐数的49.5%。”乾隆十八年（公元1753年），国家的财政收入是4069万两，其中地丁银2991万两，盐课税701万两，榷关税430万两。[①] 盐商用来“捐输”和“报效”的银两，最终只能够通过两种途径来分摊：一是通过提高盐价，由一般百姓分摊，如果我们以乾隆在位60年计，那么一般百姓等于每年多交了六百多万两地丁银（不考虑时间贴现因子的情况下）——清政府在康熙年间就实行了“摊丁入亩，永不加赋”的国策。二是在盐价不可能上升过快的情况下，压缩盐商的利润空间。无论是将负担转嫁到一般百姓身上，还是压缩盐商的利润空间，都使用于生产领域的投资减少。盐商虽富裕，但也经不起中央政府的乱摊派（中央级的陋规）。《清盐法志》曰：“盐商夙号殷富，而两淮尤甲天下。当乾隆时，凡有大工大役，靡不输将巨款……加以水旱偏灾，何岁蔑有，几无已时。”[②] 研究明清时期徽商的学者王振忠也指出：康熙六度南巡，尤其是最后两次，造成了江南巨大的亏空，从而对两淮盐政产生了巨大影响。[③]

专制王朝时期的地方财政可以概括为两点：中央极力压缩地方财权，迫使地方政府法外开征。自宋代以后，由于“军、财、政”都收归中央，因此，在宋以后时期，没有地方财政。地方政府所收的赋税几乎要全部上缴国库，由中央统一支配。“今郡县之赋，郡县食之不能十之一，其解运至于京师十有九。”[④] 可是，地方政府除了要维持日常运转以外，还要处理诸如维护地方治安、征收赋税、迎来送往、修桥补路和治理河道等方面的事宜。

① 常建华．清代的国家与社会研究［M］．北京：人民出版社，2006：127.

② 《清盐法志》卷一五三“杂记门·捐输”。

③ 王振忠．明清徽商与淮扬社会变迁［M］．北京：生活·读书·新知三联书店，1996：18.

④ 黄宗羲．明夷待访录［M］．北京：中华书局，2011：98.

不妨以清代地方政府为例，来考察一下地方政府的收支状况。[①] 就地方政府的正式收入而论，也只不过是中央政府拨付给地方官员的一点薪金，即给地方政府为数不多的在编在岗的官员发放薪金。在一般情况下，就一个县而论，这些在编又在岗的人员包括知县1人、知县助理官（县丞1人、簿记官1人），书吏首领官（典狱官1人，县丞、簿记官不在衙门时代行其职），杂职官若干名，此外还包括两名教育官员（学正、训导）。可以说，在清朝历史上，州县地方政府在编的人员非常少。如果根据这些人员的数目来统计官民比例，那么肯定比我们现在公务员与群众的比例要小得多。可是，若只做这样的比较肯定误读了历史，因为在清代地方政府有大量在岗不在编的人员，有许多中央政府不发工资的自我创收人员。这可以从地方政府的支出上反映出来。

就支出而论，地方政府的支出大体包括以下几个方面：

第一，地方政府必须支付大量在岗不在编的人员的工资。这些人包括幕友、仆从、衙役等，他们对于维持一个地方政府的运转是必需的。幕友的人数一般来说有三至十几个不等。他们的工资从州县主管官员的薪俸中支付。幕友是清地方政府实际行政工作的执行者，负责协理司法、协管税赋，具体办理赋税征收、负责登记、负责通信、管理簿记以及掌管红黑两种毛笔眷录。州县主管官员之所以聘用他们，是因为他们有处理行政事务的能力和经验，对于地方事务各方面信息也熟练掌握。他们所具有的才干恰恰是一心只读圣贤书的州县官不具备的，离开他们，州县具体事务就无法正常运转，因此，州县主管官员对他们非常尊重。幕友的工资在清朝不同的阶段有较大的变化，早期只有三五十两，在1750年，一名幕友的年薪金200两左右，到1800年就升至1500—1900两。而一个州县主管官的工资又有多少呢？在顺治、康熙年间，州县主管官只有名义薪俸，到雍正年间才有养廉银（津贴）。知州每年的名义薪俸是80两银子，知县在首府者年俸60两，在外地者年俸45两。知县的养廉银在各省有地区差，从200两至2259两不等。从知县的收入看，基本上只能够支付一个幕友的薪俸而略有盈余。除了幕友之外还有衙役，一般来说大县衙役上千人，小县几百人；有些地方如四川巴县曾经有7000名衙役，知县刘衡到任

① 有关清代地方政府的资料，未做特别说明的，均出自瞿同祖所著的《清代地方政府》一书，该书由法律出版社2003年出版。

一年后，因为许多人不再能够得到足够的钱养家糊口，只好辞职，留下的大约只有 100 人。

第二，大量的迎来送往的活动的支出。州县的地方官除了要侍候好过境的上司外，就连上司的仆从也要打点。对于自己的顶头上司，有些州县官甚至在省城设立办事处，在逢年过节、婚丧喜庆的时候，专门处理给上司送礼的事宜。一个州县官每年的费用（包括付给幕友的薪金、伙食费、日费、招待费）约在五六千两至一万两。

第三，为支持朝廷的中心工作的支出。朝廷的中心工作有：帝王的大寿、登基多少年纪念、大婚、战事以及河工等，这些中心工作在展开的过程中都要求地方政府报效。所谓报效是指遇到皇家庆典时向各省商人、中央和地方官员摊派和勒索。如，乾隆五十五年庆典，拟订耗银 1144200 两，收报效银 996205 两。[①] 因此，从地方政府的收支状况看，起码能够得出这样一个结论：中央政府迫使地方官员从其他路径来弥补收支亏空。

地方官员是如何弥补亏空的呢？那就是以各种名目乱收费，瞿同祖称之为陋规，吴思称之为潜规则。以陋规形式出现的乱收费，本只是用于公事，而不是用于官员私人创收。事实上，通过乱收费而获得的资金有相当一部分落入地方政府官员的腰包。否则，也不会有“一任清知府，十万雪花银”的诗句。

除了以陋规形式存在的乱收费，还有各种各样的敲诈勒索行为和贪污受贿行为。这些行为在法律上是不被允许的，但在现实中却也是司空见惯的。概而言之，在皇权统治下，平民百姓和商人必须承受三种来自官僚系统的收费：一是国家规定的赋税（如地丁税、盐课等）；二是各种各样被中央政府默许的陋规；三是要承受官府的敲诈勒索。在这三种收费的共同作用下，大商人（如盐商）、一般商人和平民百姓都无法积累资金，一般商人和平民百姓更是处于温饱线边缘。

总之，在转型以前，实行王朝专制制度，皇权支配一切活动。因此，专制王朝时期的经济制度可以概括为：

第一，官商勾结，共同把持重要资源。在专制王朝时期，臣民需要缴纳皇粮国赋，重要的经济资源始终掌控在国家手中，商人为了获得重要的经济资源

---

① 常建华．清代的国家与社会研究［M］．北京：人民出版社，2006：130.

的经营权，在贿赂掌控重要资源的王朝官员与其保持良好的人际关系基础上，必须缴纳一定的费用获得相应的许可，否则，难以获得经营权。

第二，私人产权始终难以得到有效保护。虽然土地等基本生产要素早在春秋战国时期就开始实行私有制，但在强大而又专制的公权面前，在“率土之滨，莫非王土”理念的作用下以及儒家伦理引入社会治理的条件下，以皇帝为代表的公权阶层把整个中国作为自己可以为所欲为的私家花园。就赋税而言是随意征收，是因需而征，形成了“黄宗羲怪圈”。就农耕社会最重要的生产资料——土地而言，“土地国有制的阴影一直笼罩着中国传统社会的上空，使私人土地所有制黯然失色，大土地私有制带有浓厚的政治气息，具有不完全私有属性。”① 至于四民之末的商人，其财产就更得不到保护了。

第三，专制制度造成人力资源系统性错配。所谓人力资源系统性错配包括三个方面：一是指专制王朝通过科举制等制度安排吸引大量优质的人力资源为专制王朝服务，致使“天下英雄入吾彀中”；二是通过科举制的内容安排，致使整个知识阶层将几乎全部的注意力都集中于儒家的几本经典著作上；三是行为者的全部资源的投入都是围绕着如何建立良好的人际关系展开的，而没有将其放在与职业分工相关的本职工作上。在专制型社会中，由于“上尊下卑”，因此，存在着许多可以对处于卑下位置的行为者任意施加具有外部性行为的其他行动者，因此，处于卑下位置的行动者为避免负外部性对自己产生的伤害和获得于己有利正外部性，不得不将大量的人力资源和物质资源用于建立人际互动的信任关系上，用在与分工所形成的职业工作无关的活动中。于是，一个社会的大量资源都投向非生产性领域，这就是所谓的资源错配。在一个人治的关系型社会中，上级本身就是制度的化身，下级为了避免上级给自己带来的负外部性和获得正外部性（核心交易），不得不耗费大量的人力和物力与上级建立人际互动关系（辅助交易）。在进行核心交易的过程中都必须进行辅助性的交易是人治的关系型社会所具有的基本特征。

（3）专制王朝时期的人才选拔制度的变迁。在中国漫长的历史时期内，用人制度几经变化。早在封建时期，主要采用世袭制；进入战国以后，这种情况逐渐发生了变化。一些国家的君主和贵族，开始通过新的途径来选拔人才，

① 王家范．百年颠沛与千年往复［M］．上海：远东出版社，2001：172、7.

有的将一批有才干的人供养起来，以便随时选用，曰之为“养士”；有的则从立有军功的人中选拔，曰之为“军功”；有的君主还从其他国家引进人才，称之为“客卿”。自秦统一中国以后，中国便进入专制王朝时期。在专制王朝时期，由于封建世袭制被废除，因此，要维持王朝运转，必须有一批忠于王朝的官僚队伍。于是，如何选拔治理国家和维护专制统治的人才，就成为任何一个王朝都无法回避的问题。一般而言，由于专制王朝基本上都是依靠武力征服前朝而建立的，因此，任何一个王朝在初建之时，主要是依据对新王朝建立所立下的功勋大小（主要是军功）而安排相应的职位；在王朝建立以后，选拔机制则有所不同。具体而论，汉至隋大业三年以前，王朝建立以后所采用的主要选拔制度是察举制和征辟。所谓察举制是由州、郡等地方官员在自己的辖区内进行考察，以孝廉、茂才、贤良方正等名目推荐给中央政府，经过考核，任以官职；征辟则是由皇帝或地方长官直接进行征聘。由于察举和征辟主要为地方官员把持，由于地方官员察举和征辟中存在徇私舞弊的道德风险，于是，到东汉末年，广纳人才的察举制和征辟所选拔的人才竟然是无才无德之人——“举秀才，不知书；举孝廉，父别居”。[①] 魏文帝采纳了吏部尚书陈群建议，实行“九品中正制”。中央选派“贤有识别”的官员在地方担任中正官，其职责是把辖区内的人物划分为上上、上中、上下、中上、中中、中下、下上、下中、下下九等。中央则根据中正评定的等级授予官职。从“九品中正制”的实施可以看出，它也不过是察举和征辟制的变种。一旦中正官为豪门把持，必然产生“上品无寒门，下品无势族”的积弊。不仅造成足以威胁中央政权的世家望族，也会让寒门子弟发出“贵胄蹑高位，英俊沉下僚”的慨叹，造成社会阶层的固化。

隋统一中国以后，也曾经采用过“九品中正制”。汉末至隋统一中国，中国长期处于战乱之中。战乱不仅使得士族势力日趋没落，而且使得庶族势力得以增强。此时，再坚持以门第高低作为选用人才标准的“九品中正制”显然不合时宜。为了适应社会发展的需要和扩大政权的阶级基础，更为了加强中央集权制，在文帝开皇年间（公元581—600年），终于以分科举人取代魏晋以来的“九品中正制”。开皇十八年（公元598年），“以志行修谨、清平干济二科举人”；在隋炀帝大业三年（公元607年），分孝悌有闻、学业优敏、才堪将

---

① 葛洪．抱朴子：卷十五，审举。

略等十科举人。这里的“二科举人”和“十科举人”，还只是偶尔为之，并没有形成一种制度，但科举这一名称却与分科举人有关，科举制度自此开始了。唐朝建立以后，一直到清朝灭亡前的1906年，科举制则成为历代选拔人才的基本制度。在这长达一千多年时间里，科举制同样也经历了一个发展变化的过程。具体而言，包括以下两个方面的变化：

第一，科举科目和取士范围日趋缩小，考试内容和形式则日趋固定化和僵化。唐代考试的科目，分为常科和制科。每年分科举行的称为常科，由皇帝下诏临时举行的称为制科。其中，常科分为十个科目，有秀才、明经、俊士、明法、明字、明算、一史、二史、开元礼、举道、童子等。从常科的科目看，科举的取材范围异常广泛。到了宋代以后，科举科目日趋缩小。王安石变法以后，只设进士和明法科。其中，进士考试的主要内容就是儒家经典。每个考生在《易》《诗》《书》《周礼》《礼记》中选治一部，兼治《论语》《孟子》。到1086年，进士分为经义、诗赋两科，明法科则取消了。至于制科和武科则受到冷落。到了元代，科举考试相对衰落并停考多年，但从考试内容看，朱熹的《四书集注》已经占有相当地位。明朝建立以后，科举考试在形式和内容上就有了重大创新，解决了明朝以前科举考试形式和内容方面经常变化的问题，在形式和内容上解决了“如何考”和“考什么”的问题。“《大学》《论语》《孟子》《中庸》内出题，并用朱氏章句集注，复以己意结之。”也就是说，科举考试的内容是儒家这四部经典著作，朱熹的《四书集注》则是标准的教科书和考试用书。究竟在考试中如何阐发儒家经典的微言大义，很简单，那就是按照朱熹的解释来做文章，并形成固定的考试作文程式，即所谓的八股文。自明以后一直到科举考试的终结，用八股文的形式考《四书》就一直是明清两代选拔人才的考试模式。

第二，科举考试的程序和规则日趋规范化，建立了严格的考试制度，对杜绝舞弊行为发挥了较大的作用。在隋唐之际，科举考试是达官贵人推荐与考试相结合的考试，因此，徇私舞弊时有发生。为了防止权贵干扰，杜绝师生结党和徇私舞弊现象，宋代对科举考试进行了一系列改革，实行锁院、糊名、誊录制度。所谓锁院，就是考试期间，将考官与外界隔离开来；糊名，就是将考生姓名、籍贯等密封起来；所谓誊录，就是将考生试卷另行誊录，使考官无法辨认考生笔迹。与此同时，对于已经查出的“徇情取舍”的舞弊行为，进行严厉打击。因此，宋代以后的科举考试还是比较公平的。就考试生源而言，隋唐之际并没有严格的规定，既有在校生，也有非在校生。前者经考试合格者曰之为生徒，后者经考试合格者称为乡贡。取得生徒和乡贡资格后，方才可以参加科举考试。因此，唐代的科举考试，是两级考试制度。宋朝初年，也是实行两级考试制度，即州府举行的取解和吏部举行的省试。在公元973年，宋太祖在召见新科进士武济川等人时，发现他们并没有什么真才实学，与此同时，下第进士徐士廉控告翰林学士李昉在省试中徇私舞弊，并建议举行殿试，由皇帝亲自考察。宋太祖采纳了徐士廉建议。自此以后，三级考试制度被确立。到了明代，科举制在沿袭前朝章程的基础上，进一步完善。在明代，进学校成为了科举考试的唯一途径，学校与科举密切联系在一起。朱元璋认为：治国以教化为先，教化以学校为本。不仅在州、府、县设立学校，而且设立专门的管理教育的官员——提学官。提学官三年一任，任内举行两次考试，岁考和科考。岁考和科考，都按照成绩分为六等，三等不赏不罚，三等以上有奖，三等以下受罚。尤其重要的是，科考列一、二等者（俗称秀才），才有资格参加乡试，才能真正步入科举之路。明代的科考，分乡试、会试和殿试三级。乡试地点在南、北京府和各布政司驻地。录取名额由朝廷决定。会试由礼部主持，在乡试第二年在京师举行。会试在明初取士时，不按地域录取。在1452年以后，按照地域分配名额，南人占十分之六，北人占十分之四。殿试是最高级考试，凡是会试通过者都可以参加。殿试名次分一、二、三甲，主要是确定一甲三名，其余名次无关紧要。一甲只有三人，即状元、榜眼、探花；二甲若干，赐进士出身；三甲若干，赐同进士出身。凡是参加殿试的，都能够获得进士，都是天子门生，如果没有被选拔为庶吉士，都授予官职。清代的科举考试基本和明朝相同，鲜有变化。科举考试除了通过人才选拔为专制王朝提供了管理社会所需要的人力资源以外，还从多个方面影响了专制王朝的政治生态环境，并对中国向现代社会转型起到阻碍的作用。

总之，专制王朝通过具体的制度安排，既打压了可能直接威胁皇权的力量，又通过人才选拔和财税制度吸收社会资源巩固皇权。

（三）何以如此——中西制度变迁大分流的比较

吉尔伯特·罗兹曼指出了中西制度大分流的现象。所谓中西制度大分流是指欧洲自文艺复兴以来，立宪对君主专制独裁的制约不断加强；而中国王朝的政治制度则朝着相反的方向演进，“掌握政治权力的帝王不断地强化了中国君主制度的独裁性质。到明清两代，帝王们差不多已经建立一种地道的独裁政体。”① 至于中西政治制度何以会发生这样的大分流，《中国的现代化》一书未作详细的解释。因此，有必要对此进行解释，使我们对于转型前的中国有更加精准的理解。

中西政治制度大分流影响因素不是单一的，而是多重因素耦合在一起的结果，既有中西文明初始形成的环境条件所型构的社会秩序观的影响，也有重大历史事件的外在冲击以及有为之君据此对具体的制度安排所进行的调整。具体而言，可以从以下几个方面加以探讨：

第一，社会秩序观在制度体系中处于核心位置，类似于科学研究的范式或共同纲领，具有长期稳定性特征，并决定了制度体系和具体制度安排的演化路径。一旦文明在其起源之时所面临的自然环境和生存条件基础上形成了比较稳固的社会秩序观，则其具体的制度就确定了演化路径。只要这个文明所面临的生存条件没有发生根本性的变化，则其社会秩序观也不可能发生根本的变化。华夏文明是典型的农耕文明。自文明起源后不久，一直到转型以前，农耕生活一直是华夏文明占主导地位的生产和生存方式，因而生发于农耕文明所形成的社会秩序观（天人合一的思维模式以及天道观、天命观等）一直都有其存在的社会基础和条件。依“天委托天子基于儒家‘三纲（天道）’”原则来治理天下的社会秩序观，赋予了帝王统治臣民的神圣性、正当性和至高无上性。一旦“三纲”作为构建社会秩序的基本原则，则必然以人与人之间的政治权利不平等为前提来构建社会秩序，并将“三纲”作为设定具体制度安排的基本原则。瞿同祖在《中国法律和中国社会》一书中指出：“法律所重的是伦理问题而不是是非问题。戴震说：‘尊者以理责卑，长者以理责幼，贵者以理责贱，虽失谓之顺；卑者、幼者、贱者以理争之，虽得谓之逆。于是天下之人不能以天下之所同欲达之于上，上以理责下，而在下之罪人不胜指数。人死于法犹有怜之者，人死于理，其谁怜之！’可谓抉微究隐，将其中道理尽行道出。”当法律赋予“尊、长、贵”者至高无上的地位时，处于“君父”位置的人在社会发展和家庭事务中就具有一言九鼎的地位，而“卑者、幼者、贱者”则

① 吉尔伯特·罗兹曼. 中国的现代化［M］.《比较现代化》课题组，译. 南京：江苏人民出版社，2003：45.

无权独立自由地基于自己的认知和价值目标开展创造性的活动。基于“三纲”原则来构建社会秩序，则必然会产生“权力支配社会”的专制政体。

第二，重大历史事件的冲击作用。对于社会秩序观而言，重大历史事件的冲击作用体现在两个方面：一方面，重大历史事件的发生会进一步加固已有的社会秩序观，让具体制度的演进沿着社会秩序观所引导的方向前进；另一方面，重大历史事件的发生会冲击既有的社会秩序观，导致整个社会的转型。具体而言，在华夏文明遭遇西方挑战以前，中国历史上所发生的重大事件对已有的社会秩序观总体上都起到了加固的作用。这些重大历史事件包括春秋战国时期的连年战争以及秦统一中国后所形成的儒法国家、汉末和南北朝时期所形成的门阀制度以及唐末所形成的五代十国的割据局面。春秋战国时期，诸侯争霸，战争连绵不断。诸侯国要在争霸之中取得竞争优势，就必须变革封建时期所形成的松散管理，通过制度变革整合社会资源用于战争，于是，以中央集权为特征的高度集中的管理体制就开始形成了。春秋战国时期所谓的变法几乎都是围绕如何控制社会、如何扩展和聚集社会资源而进行的，管子的变法是如此，商鞅的变法也是这样，其间分野只在于高度集中的管理体制在集权程度上存在差异而已。自秦统一中国以后，以中央集权为特征的专制王朝所必须具备的基本制度框架就开始形成了。汉末和南北朝时期所形成的门阀士族制度对于中央集权具有潜在威胁，依照门阀高低选拔王朝官员不仅会堵塞一般社会阶层的晋升之路，而且还会形成与中央政权相抗衡的世家望族。隋朝建立以后，实行科举考试来选用政府官员。科举考试的实行和不断改进则从两个方面稳固了中央集权，一是铲除了可能威胁中央集权的门阀制度；二是可以在更大范围内选拔忠于王朝的政府官员。科举制真正起到维护专制帝国的作用则是始于宋朝。宋太祖赵匡胤依靠军事政变夺取了政权。这一人生经历使其意识到：依靠军事将领和其所握有的军权能够获得政权，但无法借助军事将领和其所握有的军权来维护和巩固政权。独特的人生经历和唐末所形成的五代十国的割据局面促使赵匡胤以及继位者从两个方面来着手解决维护和巩固中央集权的问题：一是削弱军事将领的兵权，把地方政府的财权、兵权和用人权收归中央，从人、财、兵权三个方面制约地方政府；二是全面改进科举制，通过科举取士解决帝国运转所需要的代理人。与隋唐之际的科举制相比而言，宋代的科举从多个方面进行了改进：唐朝的进士科是要考诗赋的，这不但要有天赋、才华，还要有修养，对大多数贫寒子弟而言则很难接受这样的教育和熏陶。王安石变法以后，儒家经学成为官方唯一指定的考试内容，大门向所有人打开。技术进步导致读书成本的下降。雕版印刷虽在唐代就已经发明，但活字印刷和大量印刷图书却在宋代。大量图书的出版导致书籍价格下降，寒门子弟因此受惠。革除隋唐之际考试的诸多弊端和腐败，使考试变得相对公平。此外，自宋以后，进士的待遇和发展前途都好于隋唐。宋代各种大兴科举的制度安排和技术进步使得做官之门向所有人敞开，以追求官员身份为价值标准的官本位形成了，自此以后，读书做官就成为一种普遍的社会心理和价值取向。对于专制集权的巩固而言，宋代以来面向社会各阶层科举取士有如下的益处：彻底铲除了使用以往办法选拔官员（如世袭制、军功制）可能形成的割据势力，通过考试进入仕途的文官，作为个人，既没有雄厚的社会基础，也缺乏强大的军事实力的支持，难以造反；长期浸淫于儒家忠君爱国思想的儒生，也无法产生犯上作乱的思想。说得更直接一点，科举官员并不想黄袍加身，只想永保富贵，而这一“理想”又只有君临天下的帝王能够给予。对于专制王朝而言，科举官员和君临天下的帝王是一枚硬币的两面，君临天下的帝王需要科举官员维护其专制集权，科举官员则需要君临天下的帝王为其提供俸禄和显赫的身份地位。因此，自宋朝以后，专制王朝所必须具有的基本制度都已经定型，因为中央集权、官员代理和伦理治国三大支撑帝国大厦的支柱已经建立起来了。至于明清之际，则是进一步完善已建立的制度，并从削弱相权方面进一步加强专制统治。

西方自近代以来，社会政治制度则朝着民主和法治的道路上前进。这一制度演化路径不是偶然形成的，同样也是一系列重大历史事件冲击的结果。早在古希腊时期，强调规则的意识和理念就已经形成，自然法理念就是典型的例证。进入罗马帝国时期，以元老院为代表的贵族民主依然有古希腊民主的遗风。罗马帝国衰亡以后，基督教成为主导欧洲的意识形态，并一度成为足以主宰世俗王权的力量以及世俗王权之外的独立势力。基督教的盛行从多个方面限制了世俗王权“一股独大”的可能性。《圣经》剥夺了世俗王权具有神圣性的可能。从《圣经》内容看，至高无上的只有上帝，所有人间的政权和掌握政权的人都不可能神圣。人间出现人类祖先违背与上帝所签订的契约，被上帝逐出伊甸园的结果。《圣经》的原罪说从另外的视角继承了古希腊自然法的传统，强调“规则”、“契约”的神圣性——规则、契约面前，人人平等，作为上帝之子的亚当也不例外。与基督教的盛行相并行的事件，则是欧洲进入封建社会。在封建社会时期，王与诸侯、领主之间是基于契约关系搭建彼此联系的，并且基于“我的奴仆不是你的奴仆”来建立契约关系的。在整个中世纪，西欧王朝从未建立一国范围内的税收体系，未能真正地掌控一国的资源支配权力。在封建庄园的管理中，也是采取集体决议的形式，庄园主也不具有一言九鼎的权力。在封建社会后期，有三件大事值得一提：一是在各个封建领地的缝隙间由商人所建立的自治城市。商人所建立的自治城市类似于西欧近代国家的微缩，有自己的议会和管理城市的机构，为建立近代民主国家提供了相应的制度借鉴。二是英国《自由大宪章》的颁布，奠定了“王在法下”的法治宪制原则。三是马丁·路德的宗教改革，使得教会权威荡然无存，为建立世俗的近代国家打开了方便之门。西欧在文艺复兴之前所发生的上述重大事件，都有力地推动了西欧政治体制朝着民主法治的道路上前行。

三、转型背景——经济发展状况与经济运行

（一）经济发展状况概览

关于转型前中国经济发展状况概览，我们除了选择人均 GDP、粮食产量、城市人口这三个数量指标来进行阐述外，还结合中国历史的实际发展情况与运行状态进行分析。

早在 1776 年，亚当·斯密在《国富论》一书中就指出中国经济因为制度的局限而长期处于停滞状态，可以说是经济学界首次基于制度的视角对中国历史上的经济状况进行了简要的总结和猜测。斯密指出：“中国似乎长期处于静止状态，其财富也许在许久以前已完全达到该国法律制度所允许的限度，但若易以其他法制，那么该国土壤、气候和位置所可允许的限度，可能比上述限度大得多。”① 安格斯·麦迪森则用中欧人均 GDP 数字说明了中国经济的长期停滞和西方世界的兴起，中国人均 GDP 在 1300—1700 年没有任何变化，而欧洲（不包括土耳其以及俄罗斯等国家）在 1300—1700 年间则有比较大的变化。按 1990 年美元购买力计算，中国人均 GDP 在 1300 年是 600 美元，在 1700 年还是 600 美元；

① 亚当·斯密．国民财富的性质和原因的研究［M］．郭大力，王亚南，译．北京：商务印书馆，1996：87.

而欧洲在1300年是576美元，在1700年是924美元。[①] 具体参见表2-2。

表2-2 公元1—1700年中国及欧洲人均GDP水平

(1990年美元)

年份	1	960	1300	1700
中国（美元）	450	450	600	600
欧洲（美元）	550	422	576	924

注：欧洲不包括土耳其以及俄罗斯等东欧国家。

资料来源：见 Madison（2007），Contours of the World Economy（即将出版）。

从表2-2我们还可以看出，从公元960年到1300年，中国经济领先于欧洲国家。此时，中国大体处于宋朝时期（公元960—1276年）。中国经济在宋朝时期领先于欧洲国家绝非偶然。首先，经过宋太祖的改革，中国专制制度已经成熟定型——成功地解除了自汉末以来威胁中央政权的地方势力和门阀士族，中央完全掌握军、财、政三个方面的权力；科举制日趋完善，解决了官僚队伍的选拔问题。从社会转型的角度看，虽然专制制度的成熟和定型将阻碍社会转型，但就当时的历史情境看，地方势力的解除则为社会经济发展提供了稳定的社会环境。[②] 其次，中央政府放松了对于乡村和城市的经济活动和日常生活的控制，实行抓大放小策略，社会微观领域比以前更有活力。具体体现在以下几个方面：均田制下的土地国有制解体，土地可以自由买卖（公元600年时，官府还不承认契约，只是使用官方登记账簿记录土地所有权）；[③] 政府放松了市场管制，民间买卖契约获得政府承认；皇权不下郡县，礼下庶人，乡村生活依儒家原则自治。与此同时，西欧则处于封建时期，封建社会固有的庄园经济和自给自足的特征，使得整个西欧经济交往异常稀少——从表2-3可以看出，在公元1000年时，西欧万人以上的城市为零。根据麦迪森的乐观估计，欧洲也仅有4座城市，且分

① 安格斯·麦迪森．中国经济的长期表现：公元960—2030年［M］．伍晓鹰，马德斌，译．王小鲁，校．上海：上海人民出版社，2008：19.

② 王健指出：对于赵宋政府的中央集权制度，不能简单地以专制主义批判了之。实质上，它至少具有三重的历史与现实的合理性。一是将武力和政治权力相剥离，以避免强藩恃强兵从上下两个方面瓦解国家和社会。所谓上，即威胁和挑战中央的政治权威和统调能力；所谓下，即破坏民间的社会秩序，并将维护强藩的高额制度成本转嫁到民众身上，摧毁民计民生。……二是有利于形成文官执政的管理形态。……三是在战乱之后，恢复统一的政治体制和社会秩序，为重新调整和配置社会资源提供了制度载体。参见：王健．在现实真实与价值真实之间——朱熹思想研究［M］．上海：华东师范大学出版社，2007：25.

③ 韩森．传统中国日常生活中的协商［M］．鲁西奇，译．南京：江苏人民出版社，2008：1-2.

布在意大利（见表2-4）。就此而论，我们是拿一个壮年与儿童做比较。

表2-3　德弗里与麦迪森估计的公元1000—1800年欧洲城市人口

年份	拥有万人或以上居民的城市的人口占总人口的比重（%）	拥有万人或以上居民城市的数量（个）	平均城市规模（千人）	德弗里估计的欧洲总人口（百万人）	麦迪森估计的欧洲总人口（百万人）
1000	0.0	（4）	Nag.		45.0
1500	5.6	154	22	61.6	72.3
1650	8.3	197	31	74.6	90.9
1800	10.0	364	34	122.7	149.6

注：德弗里建立了由379个潜在的城市组成的数据库，然后在他的7个基准年份前后，选定一个最近的时期进行集中的文献调查，以鉴定人口规模，其中1500年、1650年及1800年的估计已经在上面列出。他将所有城市按照规模分成6类。对1500年，他确认了96个拥有万人或以上人口的城市，共有人口2494000人。对那一年来说，有87个地区的人口无法确定。但是从其他的证据中，他认为其中的58个地区可以被划分到他的具有6个层次的城市结构中，这使他的城市人口总数达到了3441000人。对于1650年，他确认拥有万人或以上人口的城市共有156个。同时在缺少直接的人口规模证据的情况下，他推测出73个地区中的41个地区的人口数量。对于1800年，在拥有万人或以上人口的所有地区中，只有3个地区缺少直接证据。对于1000年，他并没有做出估计，但他认为在意大利之外不存在万人或以上人口的城市。在那一年欧洲城市的平均数为零。然而，麦迪森相信有大约4个意大利的地区可以划分为城市。第四列显示出德弗里样本中的16个城市或地区的所有人口。最后一列显示出麦迪森对欧洲总人口的估计（不包括1990年时苏联和土耳其地区）。

资料来源：安格斯·麦迪森．中国经济的长期表现：公元960—2030年［M］．伍晓鹰，马德斌，译．王小鲁，校．上海：上海人民出版社，2008：31.

表2-4　罗兹曼与麦迪森估计的中国唐朝中期至清朝晚期的城市及人口

朝代	参考年份	罗兹曼估计的城市人口占总人口的比重（%）	拥有万人或以上居民的城市的人口占总人口的比重（%）	拥有万人或以上居民的城市数量（个）	拥有万人或以上居民城市的平均规模（千人）	罗兹曼估计的中国人口总量（百万人）	麦迪森估计的中国人口总量（百万人）
唐朝中期	762	4.7	3.0	50	60	100	52
宋朝中期	1120	5.2	3.1	91	41	120	78
明朝中期	1506	6.5	3.8	112	44	130	124
清朝中期	1650	6.8	4.0	136	44	150	123
清朝晚期	（约1820）	5.9	3.8	310	48	400	408

资料来源：对应有关朝代的数据分别来自（Roman，1973）的第279页、第280页、第282页、第282页及第102页。①

① 罗兹曼根据城市等级制度的分析给出了城市统计标准。他并没有将其分类的最底层算作城市，而是算作“标准的集市，它由于定期集市的存在而不同于一般的村落”。他仅列出了这些集市的数量，并没有就人口数量进行估计。倒数第二层由“中等市场”组成。他把其中的一半做为城市，但是其平均人口只有1000人。他把这两个底层类别算作城市系统的一部分的理由可能来自斯金纳（Skinner，1964，1965，1966），因为斯金纳认为，这种乡村市场存在一种系统化的标准。罗兹曼的第三层次城市拥有3000—9999个居民。麦迪逊假定平均有4000—5000个居民。

就表2-5而言，我们可以看出中国农业有日趋过密化特征，因为人地关系日趋紧张。在人地关系日趋紧张的情况下，在不存在大规模的对外贸易的条件下，增加人力资源投入，进行精耕细作的农业可能就是唯一的选择。

表2-5　　1400—1952年中国农业的重要指标

年份	人口（百万）	粮食总产出（千吨）	种植面积（百万公顷）		粮食单产（千克/公顷）
			粮食	全部作物	
1400	72	20520	19.8	24.7	1038
1650	123	35055	32.0	40.0	1095
1750	260	74100	48.0	60.0	1544
1820	381	108585	59.0	73.7	1840
1952	569	162139	86.3	107.9	1879

资料来源：安格斯·麦迪森．中国经济的长期表现：公元960—2030年［M］．伍晓鹰，马德斌，译．王小鲁，校．上海：上海人民出版社，2008：27.

（二）经济运行模式

在转型以前，中国经济在总体上是农耕文明基础上的自给自足的自然经济，但随着社会发展，市场因素有日趋增加的趋势。在宋代以前，由于人地关系还不过于紧张，可以实行均田制，因此，“大部分农民自给自足，除了食盐以外，很少从当地市场购买东西。政府严格管理市场，每10天确定一次市场价格，并监督度量衡”。①在宋代以后，随政府管制的放松和民间自治的发展，以及土地的自由买卖，市场日趋活跃。“自11世纪开始，历宋一代，中国社会越来越多元化，其经济也越来越受市场的驱动，并越来越多样化。”②具体而言，商品经济在宋代至鸦片战争前，具有如下特点：

第一，日常的经济交往主要在熟人圈子中进行，赶集是进行经济交往和社会交往的主要模式。旧中国的乡村像一个蜜蜂窝，每个蜂窝都以一个市镇为中心，由此向四方伸展出一些小路或水路通向村庄。所有村庄与市镇不过十几里路而已，可在一天内从容来回。大多村庄不到百户人家，基本上是聚族而居。各村的居民、镇上的掌柜、工匠、地主、寺庙里的僧人形成大约

① 韩森．传统中国日常生活中的协商［M］．鲁西奇，译．南京：江苏人民出版社，2008.

② 韩森．传统中国日常生活中的协商［M］．鲁西奇，译．南京：江苏人民出版社，2008.

1500户或7500人的社会。镇上的集市定期举行，行商则经常往来于城镇之间。①

第二，商品买卖契约的签订也是普遍现象，主要是关于土地买卖、债务、婚姻、继承四大类。“10—14世纪的400年间，现今残存的契约大约只有30件。其中，大部分是有关购买土地的契约，均来自同一个地方——今安徽省的徽州。”② 从1427年至1637年，徽州保存的38份契约看，涉及田地纠纷的有14件，涉及山林纠纷的有10件，涉及主佃纠纷有6件，涉及坟葬纠纷的有4件，涉及钱债纠纷的有2件，涉及盗窃的有2件。从这38件契约涉及的纠纷调解模式看，以保长、里长和甲长等乡绅组成的半官方团体是最主要调解力量（调解14项），其他则是族长、长者等进行调解的，也有当事人的自愿和解、没有官府直接调解（只有官府间接调解5项）。③

第三，随着江南经济的发展，市场在明清之际有了进一步发展。明清时期江南地区商品经济的发展虽然总体没有脱离传统资源经济的樊篱，但市场有进一步发展。同以往时期和其他地区的市场相比，明清江南地区的商品市场打破了“墟”“集”“场”的时空限制。发达的水路交通，将江南经济联为一体，使其以整体面貌出现。随着江南地区专业化分工的发展和丝棉经济区的出现，江南地区商品市场的专业化趋势得到加强，出现了许多的手工业品、农产品的专业贸易中心。与此同时，丝棉经济区的出现，使务农为本的农民卷入了商品经济风险之中。像“若花米踊价，匹夫洗手而坐，则男子亦窘矣”的棉农和“贩者居夺傲里闾，村姬束手哭蚕房”的蚕户，与处于日出而作、日落而息的自给状态农民有较大的不同。部分生产资料和生活资料的全国性市场的形成，冲击了江南地区的农本为主的经济结构，导致了江南地区经济结构的改变④——江南地区似乎出现了市场经济的萌芽。

第四，重要资源如盐等，依然掌控在国家手里，并因此而形成官商。此外，朝廷有专门部门负责生产和采买皇室用品。

---

① 费正清．美国与中国［M］．张理京，译．北京：世界知识出版社，2008.

② 韩森．传统中国日常生活中的协商［M］．鲁西奇，译．南京：江苏人民出版社，2008.

③ 韩秀桃．明清徽州的民间纠纷及其调解［M］．合肥：安徽大学出版社，2004：49－119.

④ 张海英．明清江南商品流通与市场体系［M］．上海：华东师范大学出版社，2002：162－164.

第五，商品经济的发展并没有改变重农抑商的传统，国家财政收入主要还是依赖于田赋。

（三）经济运行的特点

1. 周期性兴衰

中国经济在历史上虽然曾经有过辉煌，但主要特点却是周期性的兴衰。根据复旦大学葛剑雄教授在《普天之下——统一分裂与中国政治》一书中给出的基本结论——一部中国历史，分裂、分治的时间与统一的时间几乎一样长，[①] 可以看出中国历史始终在治乱循环摇摆，在统一和分裂中循环。每当社会处于动乱之际，也是社会经济大破坏时期。具体而言，表现在以下几个方面：一是人力资源遭损失惨重。根据葛剑雄主编六卷本《中国人口史》，可以看出中国人力资源在历史上的损益状况。根据该书各卷的研究，西汉末年与新莽大乱中，人口从 6000 万人降至 3500 万人；东汉末年大乱，人口再从 6000 万人降至 2300 万人；隋唐之际大乱，人口从 6000 万人降至 2500 万人；安史之乱至五代，战祸连绵，人口从 7000 万人降至北宋初年的 3540 万人；宋元之际大乱，中国（指宋辽金夏之地总计）人口从 1.45 亿人降至 7500 万人；元明之际，从 9000 万人降至 7160 万人；明末大乱，人口从近 2 亿人降至 1.5 亿人，清初顺治至康熙初年的战争中损失的人口大约 2000 万人。以太平天国战争为中心的清末咸、同大乱，人口由 4.36 亿人降至 3.64 亿人。如果我们考虑到战争主要是以精壮劳动力为主体进行的，如果再考虑到中国是一个以农耕文明为基础的社会，那么战争对社会经济的摧残就更为严重了。二是社会物质财富存量急剧减少。战争期间发生掠夺和破坏行为，使许多耗费大量资源而建立起来的城市建筑、宫殿及用于生产生活的大型基础设施等几乎破坏殆尽。几乎历代在兴起之时，都要耗费大量的人力物力来重新建设。

2. 经济长期停滞——人均收入长期保持不变

在中国社会转型以前，长期的经济停滞也是经济运行的一大特征。所谓长期停滞不是指经济总量不增长，而是指人均收入长期没有增加。这种长期停滞和现代经济条件下的大停滞是有重大差别的。所谓现代经济条件下的大停滞是指经济长时间（以十年为单位）缓慢增长。根据泰勒·考恩的研究，美国现

---

① 葛剑雄．天地玄黄——葛剑雄书话［M］．杭州：浙江人民出版社，1997：136.

在处于经济大停滞时期，因为自1973年到2004年的30多年间，只增长了22%。[①] 所谓长期停滞则是指人均收入长期（以百年为单位）没有增加。根据麦迪森的研究，从1250至1850年这六百年间，中国人均GDP几乎没有多少变化。在公元1500年，中国人口约为1.3亿人；在公元1820年，中国人口约为3.8亿人。虽然人口发生了巨大变化，但人均收入依然是600单位国际元（按1990年的国际货币单位进行换算）。[②] 根据哈佛学者帕金斯的研究，中国从明朝开始直到20世纪60年代末的600年当中，人口与粮食的增长速度的平均水平几乎是完全一致的。[③] 考虑到中国在转型之前是一个农业国，人均粮食产量可以近似地看成是实际收入，那么人口与粮食的增长速度的平均水平几乎是完全一致就意味着实际收入增长长期停滞。

现代经济大停滞的原因和中国历史上经济长期停滞的原因并不相同。造成现代经济大停滞的原因可以概括为两点：一是由于“低垂的果实”已经摘完，最初的红利已经耗尽，再往上爬必须经过艰苦的努力；二是美国已经进入了“科技高原”区，许多重大发明已经完成，除了计算机以外，几乎没有划时代的发明，科技进步停滞了。专制王朝时期经济长期停滞的原因则要复杂得多。若一言蔽之，则应归结为制度，即经济发展遇到了制度的“天花板”。

第二节　工业革命的特点与“李约瑟之谜”

一、“李约瑟之谜”的相关研究

关于“李约瑟之谜”的解读和引述有许多不同版本，李约瑟本人也曾经在不同场合对同一谜题有过不同表述。林毅夫[④]和许倬云[⑤]就将“李约瑟之谜”

---

① 泰勒·考恩．大停滞？科技高原下的经济困境：美国的难题与中国的机遇［M］．王颖，译．上海：上海人民出版社，2015：53－77．

② 安格斯·麦迪森．中国经济的长期表现：公元960—2030年［M］．伍晓鹰，马德斌，译．王小鲁，校．上海：上海人民出版社，2008：19．

③ Perkins D. H. Agricultural Development in China：1386－1968［M］. Chicago：Aline，1969.

④ Lin，Justin. The Needle Puzzle：Why the Industrial Revolution Did Not Originate in China?［A］Economic Development and Cultural Change，1995，41：269－292.

⑤ 许倬云．中国文化与世界文化［M］．桂林：广西师范大学出版社，2006：75．

表述为：(1) 中国为何曾经领先于其他文明？(2) 中国为何现在不再领先世界？又如，文贯中根据李约瑟所著的《传统中国的科学》一书的观点，将“李约瑟之谜”解读为四个子问题：(1) 为何中国在公元2世纪之前并未领先于世界？(2) 为何在其后的14个世纪期间仅在实用技术方面走到了世界的前列？(3) 为何从16世纪起，中国即使在实用技术方面也再度落后？(4) 为什么现代科学，也即实验性的哲学，只产生于欧洲的文化之中？[①] 破解“李约瑟之谜”的文献大体包括三大类：

1. 沿着外在的资源约束和技术约束路径来探讨“李约瑟之谜”

从外在的资源约束和技术约束来探讨“李约瑟之谜”的学者主要是来自于经济学界。中国经济学者中，较早关注“李约瑟之谜”的是林毅夫。早在1995年，他就基于发明模式与经验积累和人口数量的关系，指出依靠经验积累而进行发明的模式中，人口规模是决定性的变量——人多点子多。[②] 随着技术进步依靠科学实验和科学理论以后，中国这种发明模式就丧失了自己的人口优势。可是，科技史告诉我们，工业革命依靠的还是经验积累，科学与技术的结合只是第二次工业革命时的事情。因此，林毅夫的结论错在把第一次工业革命看成是科学与技术结合的行为，而没有看成是制度变迁和市场扩展的结果。姚洋在规范Elvin思想的基础上指出，在人口增长服从马尔萨斯规则的条件下，由于工业生产存在规模效应而农业生产没有规模效应，中国人多地少的状况，使得土地的回报很高，进而陷入高水平陷阱。[③] 姚洋的观点存在这样一个问题，高水平陷阱只是中国没有发生工业革命的一个非常微小的原因，所谓工业存在规模效应也只是一个“马后炮”式的前提，是结果而不是原因。问题的关键在于市场为什么能够在西欧扩展到全社会，进而要求扩展到全世界，易言之，市场得以不断扩展的制度环境是关键性的变量。张宇燕等则从地理大发现导致的美洲金银大量涌入西欧这一外在冲击出发，认为这一外在冲击是西方制度变迁和新兴阶级兴起的初始条件。[④] 这一解释西方世界兴起的观点存在两个

---

① 文贯中．李约瑟之谜与经济地理学的启示［A］．经济学（季刊）．2006（1）．

② Lin，Justin. The Needle Puzzle：Why the Industrial Revolution Did Not Originate in China?［A］Economic Development and Cultural Change，1995，41：269－292.

③ 姚洋．高水平陷阱——李约瑟之谜再考察［A］．经济研究［J］，2003（1）：71－79.

④ 张宇燕，程高．美洲金银和西方世界的兴起［M］．北京：中兴出版社，2004.

不能够自圆其说的地方：什么样的动机驱动西方去发现新大陆，这一动机从何而来，与郑和下西洋的动机一样吗？中国在明朝时也出现类似的外在冲击，为什么我们就不能够转型呢？① 此外，还有王国斌②、文贯中③、李伯重④、彭慕兰⑤、黄宗智⑥⑦等人从要素禀赋着手，解释中国未能走入现代化的原因。应该承认这些学者在研究“李约瑟之谜”的过程中作出了自己的贡献，但由于研究的切入点存在问题，致使他们的研究未能达到应有的高度。这些研究者都是从西方国家寻找中国不具备的外在因素来阐释中国不能够步入现代化的原因。在笔者看来，从资源约束和技术约束都有不尽如人意之处，经济史和技术史都表明，在英国开始工业革命的前夕，中国在工农业技术方面都不比英国差，经济总体水平也不比英国差。因此，从制度的观点来看“李约瑟之谜”和西方世界的兴起应该是比较可取的视角。

2. 基于中外文化比较的视角对“李约瑟之谜”进行解释

从这一视角进行研究的基本上都是哲学、历史学和社会学等领域的学者。这些学者可以分为两大类，其中一部分学者在“李约瑟之谜”没有提出以前，就已经觉察到中西文化的巨大差异，并试图揭示中国为什么没有走上现代化道路的原因。如新儒学“八大家”之一的梁漱溟先生，在对中西文化进行比较的过程中，既指出西方文化中征服自然和科学方法以及社会生活方面的民主都是中国文化所没有的，又得出了如下结论：“我可以断言假设西方文化不同我们接触，中国是完全闭关与外界不通风的，就是再走三百年、五百年、一千年也断不会有这些轮船、火车、飞行艇、科学方法和‘德谟克拉西’精神产生出来。这句话就是说：中国人不是同西方人走的一条路线。因为走的慢，比人家慢了几十里。若是同一路线而少走些路，那么，慢慢地走终究有一天赶得

① 值得指出的是，张宇燕、程高在《海外白银、初始制度条件与东方世界的停滞——关于晚明中国何以“错过”经济起飞历史机遇的猜想》一文中，又回过头来考虑初始制度与外在冲击的关系，从一定意义上修正了自己的观点。该文发表在《经济学（季刊）》2005 年第 4 卷第 2 期。

② 王国斌．转变的中国：历史变迁及欧洲经验的局限［M］．南京：江苏人民出版社，1998.

③ 文贯中．李约瑟之谜与经济地理学的启示［A］．经济学（季刊）．2006（1）．

④ 李伯重．江南的早期工业化（1550—1850）．北京：社会科学文献出版社，2006.

⑤ 彭慕兰．大分流［M］．南京：江苏人民出版社，2003.

⑥ 黄宗智．华北的小农经济与社会变迁［M］．南京：江苏人民出版社，1998.

⑦ 黄宗智．经验与理论——中国社会、经济与法律的实践历史研究［M］．北京：人民大学出版社，2007.

上；若是各自走到别的路线上去，别一方向上去，那么，无论走多久，也不会走到那西方人所达到的地点上去的。”[①] 又如韦伯，他的着眼点也与李约瑟不同，他不是基于技术比较的视角，而是基于不同的精神层面。他认为，就资本主义的发展特性而言，传统中国与西方社会在物质条件上并没有重大差异，但在精神条件上却大异其趣——与基督教新教相比，儒家的价值体系缺乏资本主义发展的有力动因。[②] 因此，这些观点与李约瑟的观点存在差异。另外一部分学者则是直接针对李约瑟问题而去的，如著名历史学家许倬云。他认为，李约瑟一生虽然编了十余本科技史，但主要是为了两大问题而去的：（1）在 1500 年以前，为什么中国科技工艺（指应用到实际生活中的工艺以及科学技术）发展得很好？（2）1500 年以后中国为什么不能够单独发生一次科技革命？他认为，从方法论角度看，李约瑟所提的问题犯了严重的错误：一是可比性问题，二是比较的方法问题。他认为正确的提问方式是：什么样的条件造就了欧洲的工业革命？什么样的条件又造就了中国前半段发展？在做了这样的辨析以后，他又对李约瑟本人提出的有关中国科技前半段发展的回答做了批判性的分析：李约瑟认为中国的地理环境和农耕文明决定了中国需要一个庞大的官僚机构来管理水利工程，进而发展出与灌溉密切相关的应用技术。许倬云则认为李约瑟的这一解释的理论依据是魏特夫的东方专制理论观点，而魏特夫的东方专制理论是根据对东方一般性的误读而产生的；李约瑟认为中国的“理”就是理性，由此，李约瑟推论中国很早就摆脱了宗教束缚并因此使中国科技得到发展。针对李约瑟的第二个解释，许倬云则指出了李约瑟对于中国“理”的误读。[③] 中国人所谓的“理”是指“三纲”之类的“天理”，而不是理性的“理”。这些来自非经济学界的学者的论述虽然与经济学解释存在学科分工问题，但他们的研究视野异常开阔，使笔者坚定了这样的信念：中西文明从起源时就在不同的路径上运行。

3. 黄仁宇先生从中国地理环境和制度分析出发，结合中国历史事实，得出中国无意于发展资本主义的结论[④]

黄仁宇指出：“我们再问：为什么中国不能产生资本主义？其答复则是

① 梁漱溟．梁漱溟集［M］．北京：群言出版社，1993：157－158.

② 韦伯．韦伯文集：下［M］．韩水法，编．北京：中国广播电视出版社，2008：85－207.

③ 许倬云．中国文化与世界文化［M］．桂林：广西师范大学出版社，1993：74－77.

④ 黄仁宇．资本主义与二十一世纪［M］．北京：三联书店，1997：15－26.

‘一只走兽，除非脱胎换骨，否则不能兼任飞禽’。中国是大陆型的国家，重农抑商已久，是传统政策，重生产不重分配。不仅整个领域自给自足，而且各府县也要遍种桑稻。加以中央集权，长期实行科举取士，使中国这个国家与社会表现出它独特的性格，所有知识分子的人生观也要根据这高层机构之需要而调整。”[①] “为什么中国不能产生资本主义？因为她志不在此。她不仅不能产生，而且一向无意于产生。到鸦片战争战败以后她仍不愿放弃中国本位。此种观点要到康梁百日维新之后才有剧烈更变。”既然经济发展是一定制度体系下人们行为的结果，那么为一定制度体系所决定社会群体的行为意向性必然对经济发展产生根本性的影响。

二、工业革命的本质[②]

“李约瑟之谜”的表象是技术变迁问题，实质则是制度与经济发展问题。无论是工业革命抑或其他的革命，都是人类行为的结果。有什么样的制度，就有什么样的行为，进而就会产生什么样的结果。在一定的社会制度下，制度必然会通过人类行为以非常隐秘的方式投射在技术变迁的历程中。要破解“李约瑟之谜”，除了对制度与技术变迁的关系有整体的把握外，还必须认真分析工业革命的实质。只有进行这样的分析，才能够真正把握制度与技术变迁之间的隐秘关系。几乎所有的研究者在研究“李约瑟之谜”时，注意力都放在工业革命作用于经济发展的光芒上，而没有认真分析工业革命的实质和真实含义。这一误区不仅使得后发国家把注意力放在引进技术和进行科学研究上，而且使得制度与经济发展关系长期处于被忽视的状态。

（一）从技术变迁视角看——工业革命只是一场技术革命

工业革命通常是指一种综合性的技术革新，即通过机器替代人工、用非生物力代替人力和畜力，实现从手工工业向机器大生产的转变，并由此导致现代经济的产生。当然，还可以在更加广泛的意义上来使用工业革命一词，用其表示任何突如其来而又意义深刻的技术变革。工业革命还有一个特定的含义，即专指人类历史上第一次从农业、手工业经济转变为工业和机器大生产居支配地位的经济

① 黄仁宇．资本主义与二十一世纪［M］．北京：三联书店，1997：26.

② 吴练达．制度、行为与经济发展［D］．东北财经大学博士学位论文，2010.

的历史性突破。这次革命发端于英国，由那里波及欧洲大陆和其他地区，其影响至今依然余波未尽。本书所指的工业革命，就是指这次特定的技术突破。

从工业革命的一般含义和特定含义可以看出，工业革命是技术上的革命。

（二）从制度变迁的视角看——工业革命不只是一场技术革命

工业革命不只是技术革命，更是一场波及经济、社会、政治和文化等各个领域的大转型，必须有与之匹配的经济、社会和政治制度以及文化信念。技术本身不能够保证人们如何应用它，如航海用的指南针变成中国风水师手中的罗盘。即使面对人类的物质短缺，科学家和工程师总能够找到解决问题的办法，也无法保证应用新技术的人能够足够明智，"即不仅在有效挖掘生产潜力的意义上，还要在有效适应物质资料和人类环境的实现的更大意义上，使由此产生的浪费、污染、社会矛盾以及其他各种'外部成本'达到最小化。也就是说，存在各种非经济的外部因素，首当其冲的是人之不能善待他人的问题，我们不能保证这些因素不会对整个社会的结构产生毁灭性的影响。"① 因此，技术需要与之匹配的制度，生产力的发展需要与之匹配的生产关系。

工业革命是面向大众需求的规模化生产，普遍存在的大众需求是工业革命得以产生的经济前提。罗森堡和小伯泽尔指出："西方经济增长有一个特征：尽管经济增长让一些人变得极为富有，但富人生活的改善，远不及不那么富裕的人。这个特征根源于西方经济创新的性质，即追求利润的最大化。降低生产成本的创新不会明显改变富人的生活方式，因为在创新之前，他们一样能够消费得起相关的商品和服务。最有利可图的新产品是那些市场广阔的产品，这也决定了规模化生产的主要方向。因此，最早的纺织厂生产的是富人不需要的低质量的纺织品。"②

总之，工业革命自身的运作和工业革命得以产生的经济条件都注定了必须基于制度的视角寻找西方社会产生工业革命的动因。

（三）从发展理念变迁的视角看——工业革命实质上是经济上的民主革命

所谓工业革命实质上是经济上的民主革命。其含义是指，工业革命大规模

---

① 大卫·兰德斯．解除束缚的普罗米修斯：1750 年迄今西欧的技术变革和工业发展［M］．北京：华夏出版社，2007.

② 内森·罗森堡，L. E. 小伯泽尔．现代西方社会的经济变迁［M］，曾刚，译，中信出版社，2009：21.

生产的特性决定了工业革命的产品是面向大众的产品，存在于大众的有效需求是工业革命得以进行的需求基础和前提条件。

大众需求的程度则依赖于其在收入分配中的地位，亦即在GDP这块蛋糕中所占的比例。如果普通大众在GDP这块蛋糕中所占的比例过小，所得的可支配收入仅够养家糊口，那么就只能依靠男耕女织自给自足的方式来解决衣食问题。

要使大众有足够的收入，就必须有保障大众权益的制度。就此而言，工业革命发生的制度基础是保障民众权益法律的建立，工业革命只不过是立于其上的“上层建筑”。保障民众权益的制度早在工业革命以前就在西欧建立。自1075年的教皇革命以来，西方社会的运行规则开始发生了一系列变革。到1517年的新教改革时，从市场经济运行的角度看，现代社会所需要的法律制度在这一时期已经基本形成。① 1517—1555年的宗教改革，则是意识形态领域的一次革命。自此以后，宗教在世俗生活中的作用则逐步转变为型构资本主义理性精神的一部分，②，世俗的活动在上帝面前获得了正当性。③ 1640—1689年的光荣革命，标志着实行民主政体的资本主义国家的形成。自此以后，现代社会所需要的基本制度和社会结构已经形成。这些现代社会所必须具备的基本制度和社会结构经过不到100年的试运行以后，终于结出了工业革命的硕果。

三、中国为什么不能够产生工业革命——破解“李约瑟之谜”

（一）古代中国不需要工业革命——基于工业革命的本质和中国技术演化路径的视角

综观中国技术演进的历史，有两条主线非常明确：一是满足官僚阶层的工艺化技术不断发展；二是精耕细做的农业技术和家庭手工业不断发展。在公元11世纪以前，代表华夏技术发明杰出成就的四大发明已基本完成；在公元11世纪以后，随着中国经济中心的南移、江南地区的进一步开发和水稻等农作物

① 哈罗德·J. 伯尔曼. 法律与革命［M］. 北京：中国大百科全书出版社，1996.

② 马克斯·韦伯. 新教伦理与资本主义精神［M］. 彭强，黄晓京，译. 西安：陕西师范大学出版社，2002.

③ 吴练达，刘思良. 市场经济兴起和发展过程中的伦理转换［J］. 东北师范大学学报，2009（2）：63－67.

的广泛种植，中华帝国的技术朝着精耕细做的农业和副业（手工业、经济作物种植业）家庭化方向发展——在11世纪以后，中国的技术就农业而言主要是围绕着精耕细作展开的（如双季稻的栽培、集约使用农家粪肥、南方的苗床和插秧技术、北方的条播技术等）；手工业生产也以农村家庭为中心展开，纺织、制衣、皮革制品等方面的生产大部分都是由家庭完成的；榨油、碾米、茶叶的制作、蜡烛、桐油、酿酒等活动也是以家庭为中心展开的——“新的研究成功地证实了明清经济中市场的整合。在稻米、棉花、茶叶等商品交换中无疑存在着‘民族市场’。……然而，我们还知道明清间的棉纺织生产并不在城镇作坊进行，是在小农家庭中进行，与农耕相结合。”① 无论是精耕细作的农业还是家庭副业，都有一个共同的特点，那就是劳动密集型技术，并且以家庭为单位进行生产。

如果细究11世纪后的技术发展趋势，还能够发现其具有日趋“过密化”的特点，亦即总产出在以单位工作日边际报酬递减为代价的条件下扩展。② 在南宋至明朝早期，水稻栽培已经达到高产平衡，进一步追加劳动力变得无利可图；为了使进一步追加劳动力变得有利可图，劳动力则进一步投向更为密集的经济作物如棉花和蚕桑，以及在此基础上发展起来的家庭手工业。一言以蔽之，明清之际，有市场整合趋势，但技术发展则以家庭为单位展开——农业技术朝精耕细作化方向发展，手工业朝着家庭化方向发展。这种现象被黄宗智视为悖论现象，称为“分散的自然经济与整合的市场”。③

满足官僚阶层需要的工艺化技术也有了长足的进步，如南京的织锦技术和景德镇的陶瓷技术等。这些工艺化技术所具有的特点包括两点：一是为生产精美的物品而不计成本。无论是精美的宋版书，还是宣德炉，抑或是为皇家生产的瓷器都具有只求精美、不计成本的特征。二是日趋精美化，体现在衣、食、住、行和墓葬等各个方面。

① 黄宗智．经验与理论——中国社会、经济与法律的实践历史研究［M］．北京：中国人民大学出版社，2007：71－72.

② 黄宗智．经验与理论——中国社会、经济与法律的实践历史研究［M］．北京：中国人民大学出版社，2007：38.

③ 黄宗智．经验与理论——中国社会、经济与法律的实践历史研究［M］．北京：中国人民大学出版社，2007.71－72.

反观西欧，手工业则随着城市的兴起而在城市里朝着作坊化方向发展，并与农村形成了一定程度分工。这种技术发展趋势说明了什么问题呢？抛开其他原因不论，起码可以说中国的农村非常贫困，而西欧的农村则相对要富裕得多。正因为中国的农村比较贫困，所以只好用劳动力来替代资本，并尽力发展劳动密集型技术（精耕细作的农业和家庭手工业）；正因为西欧的农村在中世纪中晚期比较富裕，所以农村需求能够形成一定的市场规模，能够为城市手工作坊的发展提供市场。因此，英国的工业革命只是以生产技术变迁为表象的一场技术革命，就其实质以及所生产的产品而言，是一场面向普通大众需求的经济民主的技术革命，普通大众的需求是这场革命的市场支撑点。普通大众为什么有这样的需求呢？原因在于：在利益分配过程，制度在一定程度上保证了普通民众的权益。于是，工业革命的流程图是：制度—分配—普通大众需求—工业革命。工业革命不是明成祖修故宫和派遣郑和下西洋，不是景德镇的官窑不计成本地为帝王烧制精美绝伦的瓷器，更不是江南的纺织工匠不惜耗费十多年工夫为皇帝编织一件缂丝龙袍，工业革命的产品是面向大众的产品，它以纺织技术突破为核心，生产的是普通民众所需要的纺织品。从这一层面上讲，工业革命是普通大众的诉求。因此，普通大众何以会有这样的需求才是揭开“李约瑟之谜”的关键。易言之，普通大众手中有“闲钱”才可能有这样需求。如果没有“闲钱”，就只能是“男耕女织度光阴”的内涵式发展，因此，破解“李约瑟之谜”的关键在于追问一个简单的问题：中国百姓为什么长期勤劳而不富裕？是什么样的制度让中国大众低下的生活水平长期不能得到改善？这个追问既是历史的追问，也是现实的追问。有资料显示，在初次分配中，劳动者的工资收入占比从 1997 年的 51.4% 下降到 2007 年的 39.7%，居民收入的占比从 1992 年的 68.6% 下降到 2007 年的 52.3%。与此同时，1998—2007 年，税收收入的增长速度是 GDP 增长速度的 1.5 倍以上，使得政府收入在国民收入分配中的比重每年提高将近一个百分点。[①] 当然，在党的十八大以后，这种状况及整个民生状况有了极大改善。

（二）“李约瑟之谜”的解读——基于制度经济学的视角

“李约瑟之谜”的经济学含义在于这样一个事实：曾经经济和技术并不落

① 辜胜阻，杨武，武兢．中国改变消费短板须具备两大前提［A］．新华文摘，2010（6）：30-32.

后于西方的中国为什么在明朝中后期就开始落后于西方呢？因此，要破解“李约瑟之谜”必须回答两个问题——什么原因造就了曾经的辉煌，什么原因使我们后来落后了。

制度经济学的合约理论认为，交易规模比较狭小的时候，熟人社会自然形成的“人际关系”即非正式合约能够完成经济交易的任务；在交易规模扩大以后，必须签订正式的合约由中立的第三方保证交易的执行，否则交易无法扩大，市场无法拓展。中立的第三方一般由政府充当，而政府又是一个垄断暴力的机构，因此，政府为什么愿意充当不偏不倚的第三方成为问题的关键。要使政府能够充当不偏不倚的第三方，必须通过某种机制约束政府行为和防止政府滥用权力。因此，市场扩展的通道非常狭窄，既希望政府的保护，又担忧庞大利维坦的伤害。就此而论，市场的扩展，经济的发展，关键在于形成民主制度的国家。只有市场扩展了，经济发展了，以机器大生产为特征的工业革命才有需求基础。于是，解答“李约瑟之谜”的关键又在于回答这样一个问题：封建社会以后，为什么民主制度能够在西方形成，而中国则一直走在皇权专制的道路上。

根本原因在于，中西文明形成的外在条件不同，① 外在条件的不同使中西文明在处理人与神的关系时采取不同的方式并进而导致中西社会秩序观的差异。宗教信仰之所以能够造成中西社会秩序观的差异，原因在于，在蒙昧的时代，制度的正当性和神圣性必须从宗教那里获得论证。宗教信仰固然不能够完全与制度等同，但现实的制度若要行之有效，那么它在任何时候、任何情境下都无可避免地要以一种社会意识认可的形式表现出来。当宗教表现了社会中个人普遍遵循的一种思维模式、一种共同的道德直觉的时候，宗教与制度之间就出现了一种必然的同构性：有什么样的信仰就有什么样的制度。②

中西宗教信仰的差异具体表现在：在处理人与神的关系时，华夏祖先认为人与神之间是委托代理关系，因此，“天子”神圣，治理社会的规则也只是因为“天子地位的神圣”而带有“神圣性”。与“天子”位置的神圣性相比，规

① 初始环境条件决定了华夏文明是农耕文明，古希腊文明（西方文明的源头）是商业文明。

② 方钦．经济制度的信仰之维——制度演化分析视角下的宗教之维［D］．复旦大学博士学位论文，2008（6）．148.

则的神圣性永远处于第二位。只要搞定了天子或处于“三纲”位置中的人，则违法乱纪就不是问题；只要违背“三纲”原则，具体规则都是形同虚设。就此而论，中国是典型的关系型社会。在处理人与神的关系时，西方世界的先民认为，神是依照一定的规则治理这个世界的，因此，规则在西方人的心目中处于神圣的地位。因此，在展开交往的过程中，必须先确立规则。总之，中西宗教信仰的差异既造成中西社会秩序观存在根本差异，也造成社会形态的差异——中国的关系型社会，西方的规则型社会，并进而造成行为和交往模式的差异。

在进行了上述分析以后，我们就可以回答为什么民主制度的国家能够在西方形成，而中国则在皇权专制的道路上行走。

在人类社会发展的初期，由于生产性知识的积累需要时间过程，因此，社会经济的发展也需要时间过程。在经济发展的早期，由于生产力水平极端低下，因此，交易还局限于狭小的范围内。此时，无论是关系型社会还是规则型社会，非正式的合约都能够解决经济交易问题，因此，就经济发展而言，生产性知识的极端匮乏是阻碍经济发展的主要原因，交易费用在此时还不是阻碍经济发展的主要原因。在社会发展的初期，规则型社会之所以不采用正式合约，不是因为规则型社会在此时没有形成规则神圣的信念，而是因为在经济发展初期，局限于狭小范围的市场交易还不需要中立的政府来执行正式的合约。

当经济交易发展到需要正式的第三方来执行非人际关系交易阶段时，即需要中立政府时，在规则型社会里，深入到普通民众骨髓中有关规则神圣的意识和信念自然就会发挥作用，人们就会自然联想到如何利用规则限制政府的行为。① 虽然在一个规则型社会里，中立政府的出现也不是没有摩擦力的转型过程，② 但是，我们可以断言：如果一个社会没有规则神圣的观念，那么在面临历史岔道时，该社会绝对不可能向民主的规则型社会方向转型，也绝对不会产生中立型政府。

---

① 西欧在近代进入民族国家之际，政治学家和法理学家呈现出井喷现象就是这种情况的例证。

② 如英国在建立规则型社会中就经历过“光荣革命”，流过血，但是，我们不应该忘记这样一个基本细节：国王虽然被送上了断头台，但却是法庭审判的结果。笔者在阅读《克伦威尔传》时深为这个细节所震惊，中国的农民起义领导可不是这样来对待自己的敌人的，而是“我花开后百花杀”，因此，结果是“天街踏尽公卿骨”。（参见：查尔斯·弗斯．克伦威尔传［M］．王觉非，左宜，译．北京：商务印书馆，2002）

从古希腊的城邦民主制，经由罗马帝国和封建社会到近现代西方民主国家，虽然发生了重大的制度变迁，但是有一点始终没有变化：那就是盛行于西方社会的规则神圣的信念。因此，近代民主国家的出现，早在古希腊时期就已经埋下了伏笔。只不过因为我们不愿意脱离“经济人”的樊篱，试图从“经济人”出发推出民主国家或中立政府的出现，可是，又无法推出民主国家或中立政府的出现。因此，在经济学家的眼中，近代民主国家的出现是“人间奇迹”。其实，这并非什么奇迹，而是西方社会沿着规则神圣的信念向前自然演进的结果。规则型社会的制度体系在其演进和发展的过程中，同样有一个完善的过程，即规则本身向普适于所有人的方向发展的过程。从古希腊的城邦民主制到近现代的民主宪政社会不过是规则型社会从比较初级阶段到比较高级阶段的历程。诺斯本人在《理解经济变迁过程》一书中意识到这个问题，所以强调信念的作用。①

在关系型社会中，人们除了可以通过自然形成的“关系”来达成交易外，还可以通过刻意营造的“人际关系”（如官商勾结以及其他各种“缘”所形成的“关系”）来扩大交易范围，进而推进市场规模的扩大。因此，从市场交换的角度看，关系型社会在其起始阶段和一定的发展阶段并不一定就比规则型社会落后，② 甚至还可以通过刻意营造的关系而迅速地扩大市场规模，造成所谓的盛世。

当经济发展到需要中立政府为市场经济保驾护航时，关系型社会则无法产生民主的政府，市场扩展和经济发展因此而受阻。首先，专制王朝无意于充当中立的第三方来执行正式合约，也不可能生发出不侵犯私人产权和保护私人产权的意识。在天道观下，天下乃天子的天下，皇帝让官僚有点财产和民众有口饭吃，不过是让其更好地服务于专制王朝；从理性经济人视角看，被上天赋予无限权力的君王也不可能自觉地约束权力。此外，正忙于与权贵结交的商人也不需要这样的政府，怕因此失去存在于“人际关系”中的获益机会。在权力

① 道格拉斯·诺思．理解经济变迁过程［M］．钟正生，邢华，等译．北京：中国人民大学出版社，2008.

② 因为就市场交换而言，在市场规模还比较狭小的时候，非正式契约关系同样在规则型社会中盛行。之所以如此，原因不在于规则型社会不信仰规则的神圣性，而在于狭小的市场不需要正式的契约，自然形成的熟人关系足以保证交易的顺利进行。

系统无意于充当中立型政府的情况下，在大商人希望通过官商勾结发财致富情境中，市场扩展和经济发展所需要的民主政体又如何产生呢？易言之，关系型社会没有约束权力和保障权利内生的力量，只会期盼出现明君圣主或清官良吏，靠道德和人格的力量来约束制定规则的人。

在规则型社会里，人们普遍相信规则神圣，对外在于人际关系的规则持有坚定的信念，认为任何人和机构都应该遵守规则，因此，在规则型社会里，当经济发展以后，人们就会想到用规则约束政府的行为。关系型社会则不然，由于人们普遍信奉制定规则的人才神圣，并对交往中形成的人际信任持有坚定的信念，因此，人们不会想到用规则约束政府的行为，只会期盼出现明君圣主或清官良吏，靠天道和人品的力量来约束制定规则的人。此外，在关系型社会中，由于权力不受制约，权利不受保护，神圣的皇权系统（帝王与官僚机构）可以肆意地侵占和大肆挥霍本该投入到生产领域的经济资源，致使社会分配和技术发展两极化。由于社会普通民众遭到权力系统的过度盘剥，所以，社会普通民众长期生活在贫困之中。为了能够生存，缺乏资本的普通民众用劳动替代资本，不仅导致生产性技术朝劳动密集型方向发展，而且造成经济内卷化效应；统治阶层的奢靡之风则引导技术向工艺化方向发展。以规模经营为出发点，以赚“穷人钱”为目标的工业革命就在内卷化效应和工艺化技术之间不经意地溜走了。于是，技术似乎先进的中国却不能够产生工业革命。因此，从制度经济学角度看，“李约瑟之谜”并不是什么谜，而是只单纯进行技术比较的李约瑟为自己设置一个误区而已。可以用一个简单的图表来来揭示“李约瑟之谜”（见图 2－1）。

（三）“李约瑟之谜”的进一步解读——为什么奢侈性消费不能催生中国的资本主义

桑巴特在《奢侈与资本主义》一书中提出：“不管从哪一方面说，有一点是公认的：奢侈促进当时将要形成的经济形式，即资本主义经济的发展。正因如此，所有经济‘进步’的支持者，同时也是奢侈的大力倡导者。”西欧的奢侈产生了资本主义，为什么有悠久奢侈传统的中国却不能产生资本主义呢？

1. 封建社会奢侈性消费的本质和由此引发的经济后果

在封建社会，以封建朝廷为代表的官僚阶层用来进行奢侈性消费的资金大

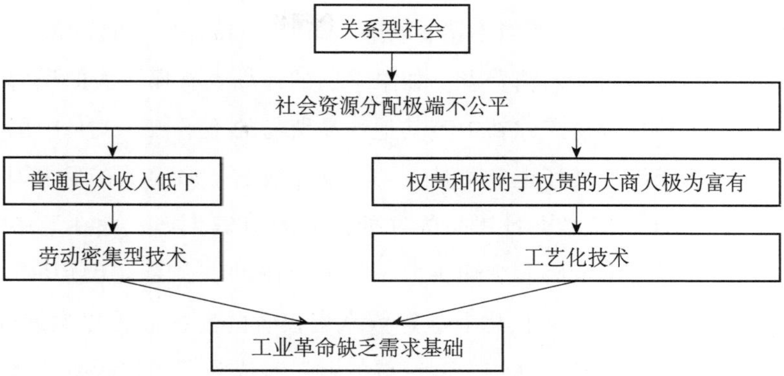

图 2－1　“李约瑟之谜”简要解释

多不是本应征收的税赋，而是通过种种陋规挤占平民百姓的生产和消费资源所得来的钱财。这些本该用于普通民众生产和消费的资源被官僚阶层在奢侈性消费过程中挥霍掉了，因此，封建社会官僚系统的奢侈性消费不仅导致资本积累数量的下降，而且导致生产领域投资不足。在这样的外在约束条件下，广大民众只好用劳动力投入的增加来弥补资本投入的不足，由此导致了精耕细作的农业和手工业家庭化现象。这不是什么“高水平的陷阱”，而是低水平的重复，是广大民众的权利没有得到保护的结果。

封建官僚阶层拥有大量可用于消费的资源而广大民众只能靠更加勤劳才能够求得温饱是封建中国历史上普遍存在的状况。这一状况从两个方向引导中国的技术变迁：①精耕细作的农业技术日趋成熟和手工业家庭化。无论是精耕细作的农业技术还是手工业家庭化都是用劳动替代资本，这是资本积累极度不足在生产领域的表现。②满足奢华需求的技术有极大的提高。无论是明代的宣德炉，还是景德镇瓷器以及苏州的织锦都称得上精美绝伦的工艺品。要制造这样的产品必须不惜成本，因此，这样的产品只有帝王之家和财力雄厚的官僚阶层才消费得起，而寻常百姓家无法问津。就四大发明而论，没有哪一个发明是冲着广大民众需求而来的，它们基本上都是围绕官僚阶层的需要而发明的。封建中国生产领域的积累严重不足，导致技术发展呈现两极化的特征，注定了专业化和规模化的工业技术不可能得到发展。这不是中国人不能够进行专业化和规模化的生产，而是缺乏有效需求为专业化和规模化的生产提供必要而充分的条件。早在鸦片战争以前，有一个英国商人在考察中国市场以后，发出了这样的感叹："中国有四万万人，假如每人买一顶英国产的睡帽，英国的纺织工业将长盛不衰。"这个英国人的逻辑不错，但他忘记了经济需求不能够看人数的多少，而应该看有多少实际的消费者。如果中国的市场真有那么大的潜力，英国人又何至于利用鸦片贸易来弥补中英其他物品贸易的不平衡？就是中国大门被打开以后，自然经济的破坏也并不是一朝一夕完成的，原因不在于中国百姓不识"洋火"与"洋布"之类日用品的好处而非要自家生产，而在于中国百姓在官僚阶层的盘剥之下没有多少购买力。的确，在封建中国的历朝历代也不乏大商巨贾，但这样的商人又有几个不是依靠当权者的庇护而得以发展呢?！只要当权者觉得入不敷出时，这些大商巨贾的财产就成为了当权者首先觊觎的对象，因而所谓的大商巨贾在封建中国所起的作用不过是为当权者暂时保管财富而已。在替当权者暂时保管财富的过程中，固然可能因此过上几年或几十年奢华的日子，但最终都逃脱不了"君子之泽五世而斩"的命运。活跃于明清时期的徽商尤其是两淮的盐商就是鲜明的例证。徽商作为一个商邦在中国历史上存在了两三百年，但两淮的盐商所积累的财富在康熙皇帝、乾隆皇帝多次南巡以及各种各样的捐输报效中被挥霍一空，甚至连盐商多年积累的本金也被消耗殆尽。在官僚集团内部，虽也有不少官僚可以凭借着权势聚敛财富，但在强大的皇权面前依然无力维护凭借着权势聚敛的财富。皇帝对于权臣基本上是想什么时候来惩处就什么时候来惩处，想什么时间抄家就能够在什么时间抄家。所谓权贵阶层聚敛财富对于帝王而言也不过是可以随时取用的存钱罐而已，由此观之，所谓权贵阶层的奢侈也不过是依赖皇权过几年好日子而已。概而言之，历代君王对民众和手下的官僚实行的是"取之无遗、无定物、无定数、无定时"的掠夺制度，王毅称之为"恶税制度"。在这样的制度下，没有人能够形成稳定的预期和积累财富；在这样的制度下，所有的人都希望能够形成稳定的预期，于是在整个封建社会从上至下轰轰烈烈地耗费人力和物力制造人际信任关系的资源错配运动没有停止过，原因在于权力支配社会的人治格局始终没有发生根本性改变。

2. 规则型的西方社会奢侈性消费的本质及其作用

规则型的西方社会奢侈性消费与中国封建社会的奢侈性消费有明显的不同。在中世纪中后期，西方也刮起了奢侈之风，但用来进行奢侈消费的资金是国王和领主领地内的产出和通过比较固定的税率从商人那里征收的税收，而不是对民众财产随意剥夺而来的资金。这种情况的出现，与西欧在中世纪就是规则型社会有内在的关联。正是因为西欧在此时已经形成了规则型社会，所以人际互动的规则平台得以建立。人人都应该遵守规则，在中世纪的西欧已经是普遍盛行的基本信念，就是国王也不例外。教会“为了更有把握地使国王进行公正地统治，规定国王必须同意一项誓约即加冕誓词，那可清楚地反映出国王权力的契约和封建的性质。按誓约，国王的责任是：执行正义而自己也服从法律。如果他未能这样做，契约就可以作废；而他的臣民是有权撤销这个契约的。按封建法律，一个附庸有权对他的宗主甚至国王作战，如果后者拒绝了正义。反之亦然，领主可废止对他附庸的保护关系并对附庸挑战。”中世纪的西欧也有许多战争，但是，这些战争是围绕着维护权利和反侵权进行的。人们之所以要发动战争，是因为人们尊重法律而法律又不能够发挥足够的力量时迫不得已的行为。中世纪的战争和中华帝国的农民起义有本质的不同，前者为权利而战，后者则是为生存而抗争。除了战争这种极端的维权方式外，更多的是依据彼此都遵守的规则来解决纠纷。在中世纪，商人有维护自己权益的商会组织。这些维护自己权益的商会组织在迫使领主和其他权力中心遵守规则方面发挥了巨大的作用。“大约在1050年，西西里的穆斯林统治者对进口到西西里的马格里布商人的货物征收10%的关税（取代在伊斯兰法中规定的5%的关税）。商人们自己做出了反应，他们实行了贸易禁运，并把货物运到与西西里竞争的贸易中心突尼斯。贸易禁运的效果是明显的：一年后，西西里的统治者取消了额外的关税。”在中世纪尤其在中世纪的中晚期，人们为了维护自己的权利而围绕着彼此都应该遵守的规则进行的各种各样的博弈是常见的现象。这种现象的出现，是因为规范行为者的各种规则在当时已经建立起来了，而人们普遍坚信人人都应该遵守规则。正是因为存在这样的信念，所以一般民众可以与领主、教会、国王进行讨价还价的博弈活动；正是因为存在这样的规则和信念，一般民众可以依照这样的规则与领主、教会、国王进行不懈的斗争。因此，到了中世纪的晚期，商法已经是在西欧普遍实行的法律规则，普通法也成为在英国普遍通用的法律。由于这些法律在西欧中世纪晚期得到了普遍执行，所以一般民众的财产在中世纪的西欧能够不被权贵阶层随意剥夺而得到比较好的保护，因此，一般民众就有了一定的积累和生产剩余，这无形中为专业化生产和规模化经营提供了潜在的市场需求。与此同时，也为从事生产活动的一般民众提供了稳定的预期。这一点，斯密在《国富论》一书就注意到了。斯密在该书中指出，在中世纪中晚期的英格兰，在租期未到的情况下，如果地主要改佃，必须赔偿佃农的损失。因此，佃农可以放心地进行土地改良，可以建造粮仓。在该书中，斯密还指出，在中世纪的欧洲工商业还没有发展起来的时候，国王、领主们的资金主要用于大宴宾客，待工商业发展以后，则主要用于自己奢侈性消费。

概括地说，中国封建社会上层奢侈性消费的主要资金来源是对普通民众劳动剩余的过分掠夺，可以称之为“杀鸡取卵”式的奢侈性消费，这样的消费方式导致生产活动朝着劳动力替代资本的方向发展，并使技术沿着两个方向演进：一是农业精耕细作化和手工业家庭化，反映了从事生产活动的农工商业者积累普遍不足；二是技术沿着不计成本的工艺化和精美化方向演进，反映了以皇帝为首的权贵阶层通过压榨农工商业者积累了大量可以挥霍的财富。至于中世纪的西欧虽也曾刮起过奢靡之风，但用来支持这样奢靡消费的资金是领主们自己领地内的产出和按照比较恒定的税率征收来的税收；此外，中世纪的法律对贵族阶层的活动有明确的规定，如贵族不能够从事商业之类的经济活动，因此，也就不存在什么与民争利的行为。这与中国形成了鲜明的对照，西欧中世纪的贵族阶层所进行的奢侈性消费面临了收入方面的硬约束。由于面临预算硬约束，许多贵族（包括国王在内）不得不出卖自己的权利来维持自己消费，如领主允许农奴缴纳一定的赎金就可以获得人身自由，又如领主要求商人缴纳一定税费而允许商人在其领地上经商。再如国王可以像出卖或分赠他所拥有的土地那样，出卖其特惠权和特权。每种特权在授予以后，就等于承认受惠者可以运用国王的特权。在西欧中世纪中晚期，贵族因为奢侈性消费而破产的事例也不鲜见。“在12世纪时，差不多各地的贵族都已迁往乡间。……在12世纪时，贵族收入减少，苦于经济拮据，这种情况不会不促使他们离开城市。他们在城市拥有的土地，由于变成建筑房屋的地面，价值已经大大地提高，他们一定认为将这些土地卖给市民是有利的。”正因为有清晰界定彼此权利的规则，所以一般民众在规则的保护下获得了一定的积累，为工业革命打下了需求基础。

总之，奢侈品消费促进资本主义产生的机理不在奢侈品本身，而在于消费者用来进行消费的收入来源。如果消费者消费的只是自己的财产，而不是凭借握有的权力对生产者横征暴敛所得来的金钱，那么奢侈性消费能够促进资本主义产生和市场经济的繁荣；如果消费者消费的钱财来源于对其他生产者积累的掠夺，那么奢侈性消费只能够以大众需求的萎缩为代价来获得市场的畸形发展，如传统中国专制社会的官僚阶层奢侈性消费所带来的市场畸形繁荣和技术沿着不计成本的路径上发展。中国之所以不能够产生工业革命，之所以有令人困惑的“李约瑟之谜”，根本原因就在于工业革命所产生的规模经济和专业化生产必须有规模市场与之匹配。工业革命就其实质而言是一场经济上的民主革命，它的产品供给的对象不是王侯将相和才子佳人，而是“引车买浆者流”和千千万万的普通人。以纺织技术革命为核心的工业革命所生产的是面向大众的纺织品，而不是江南织造为帝王生产的绛丝衮服。

（四）“李约瑟之谜” 解答的历史意蕴和现实意义

中国落后于西方的不是技术，而是制度——华夏祖先在文明起源伊始所定立的那些制度，形塑了华夏民族的心智理念，这些心智理念反过来影响了中国古代社会的制度变迁，形成了以关系型社会为特征的制度变迁路径依赖。以关系型社会为特征的制度变迁路径依赖在漫长的农业社会中与当时社会居于主导地位的农耕生产方式基本相适应，故通过周期性王朝更替还可以暂时地缓和制度体系的深层次矛盾，避免经济绩效受到更大范围的影响。这种“兴，百姓苦；亡，百姓苦”的王朝更替现象其实早就有人指出来，但由于我们局限于自己的社会秩序观，缺乏其他文明的制度体系作为参照系，所以，我们难以觉察到这是制度体系的低效率路径依赖问题，而只认为是缺乏明君圣主和清官良吏，因此，一味强调品德的重要和思想改造也就不足为怪了。但是，一旦先进生产力的发展已经要求摆脱农耕生产方式的束缚，逐渐实现由农业文明向工业文明转变之时，华夏文明中的以关系型社会为特征的制度变迁路径依赖就难以适应这种转变的需要，制度体系的低效率路径依赖问题变得非常突出，成为阻碍中国独立发动一场工业革命的制度掣肘。

改革开放以后，中国之所以能够产生经济奇迹，根本原因就在于通过一系列的制度改革让老百姓手中有了余钱，尤其是长期处于贫困状态的农民有了钱。但这种持续让百姓增收的状况，随医疗、住房和教育改革，在 20 世纪 90 年代末已经日趋减缓，所以中国经济的发展只得依靠世界的“大胃”。美国出现了次贷危机，中国经济的内需不足就随之显露出来了；只有尽快提高普通民众的收入和共享改革成果，中国经济才有希望。诸多资料显示，中央政府的财政收入增长的幅度远远超过国内生产总值和普通民众收入增长的幅度；地方政府出让土地的收入超过地方财政收入也屡见不鲜。显然，摆脱华夏文明以关系型社会为特征的制度变迁路径依赖的影响，重塑我国制度变迁的路径，是近现代以来中国经济转型和现代化探索中最为艰巨的任务。

第三节　艰难的转型

1840 年的鸦片战争，是一道分水岭。从此以后，中国社会自上而下发生了前所未有的变化。鸦片战争以前，中国是东亚最典型的高度中央集权的国家，政治生活以皇帝为中心，完全由一个职业的官僚系统垄断。当然，这个官僚系统也不过是皇权的附属品。因为，中国皇权的来源是“天命”，具有无可辩驳的合法性。至于社会和经济则是“伦理社区”和“亚细亚生产方式”。鸦片战争以前的历代中国政治的变迁，实质上只局限于一朝一代、一家一姓的变迁，而不是政治秩序的根本变迁，政治制度一直是王朝专制，而没有推陈出新的质变过程。清朝的统治，也是“历代都行秦政法”的一种翻版，所有行政权力都集中于皇帝之手。而地方的省、道、府、县四个级别的官员，都直接对皇帝负责。不过，清政府对于基层的里社、保甲的控制没有那么严密，行政权力基本无法下延到基层中去，只是凭借地方士绅和家族间接统治。

鸦片战争虽然已经宣告“你方唱罢，我登场”的王朝更替的大戏落幕，但是此时无论是舞台上的主角、还是试图演主角的台下看客普遍都没有意识到这是“数千年未有之大变局”，是中国告别中世纪迈向近代的开端。从历史的角度看，可以把鸦片战争视为中国迈向近代社会的开始。可是，从认知、学术、思想、社会演进以及当时国人的心理状态看，鸦片战争无法将“过去”和“现在”截然分开。鸦片战争之后的“现在”不是无法脱离鸦片战争之前的“过去”在一张“白纸上”描绘“最新最美的图画”，而是以“过去”为“底色”描绘“新的蓝图”。一如麦天枢所言：“过去所谓‘近代史’和‘现代史’的划分，对我们的认识并没有什么有益的帮助。这个似乎公认了的、并非出于思想和学术而是出于政治的区分，是我们深刻地认识我们历史的重大障碍。'鸦片战争'当然可以作为一个醒目的标志，但是，从那时以来的我们民族自己的生活，从原因到实质都血肉相联密不可分，是一个延续到今天还没有终结的同一个过程。"[①]"然后我们还需要认为：那个从形象到实质都被模糊了的'原本的'我们自己——鸦片战争之前的中国，还姿颜祥和、眉目清晰、声气可辨地存在着。"[②] 在转型之际，鸦片战争之前"姿颜祥和、眉目清晰、声气可辨地存在着"的中国则构成走向近现代中国的真实起点，西方列强所赖以战胜古老中国的"现代化"则构成中国转型的目标。姑且不论当时中国是否具有向现代化演进的内在动力，但起码可以认为鸦片战争之前的中国则没有向现代化演进的迹象（现代化所要求具备的系统化的科学知识、政治制度、经济体制等都没有出现）。因此，对于鸦片战争前夕的中国而言，中国的转型之路注定崎岖异常，这样的转型就好比是"两条发源地不同的河流，各自以自己的姿态、自己的节律、自己的方向流淌着。然而，在我们以我们的感受或遭遇划定'近代史'开始的地方，一条在身不由己同时艰难地向另一条靠拢，这条痛苦地自裁般地改变自己航向的巨龙，颈项处皮骨破损，血肉模糊，好像就要身首两处……"[③]

一、清末的转型之路（1840—1912 年）

（一）"民族丧失二十年光阴"[④]（1840—1860 年）

鸦片战争是一场注定要爆发的战争。资本主义迅速发展的英国急于向外扩张，以寻求原料和市场，自然觊觎远东的这块沃土。早在鸦片战争爆发之前，大英帝国就曾以给乾隆祝寿的名义派出了以马嘎尔尼勋爵为代表的庞大使团，分乘五艘船只，浩浩荡荡，经过 10 个月的航行，于 1793 年 7 月底到达天津大沽港口外，并于 9 月 14 日在承德避暑山庄觐见了乾隆皇帝。马嘎尔尼来华之际，"英国懂得：科学技术的进步、国家的强盛都来自于贸易。尽管它只有不到 1000 万人口，但已表示出胜者的骄傲。它决定在全球扩张。它拥有最大的商船队与令人生畏的海军舰队；……它懂得统治全球的将是世界上——现在已

① 麦天枢．天国猜想：认识中国的一条新路径［M］．北京：三联书店，1998：4.
② 麦天枢．天国猜想：认识中国的一条新路径［M］．北京：三联书店，1998：5.
③ 麦天枢．天国猜想：认识中国的一条新路径［M］．北京：三联书店，1998：16.
④ 蒋廷黻．中国近代史［M］．上海：上海古籍出版社，1999：15.

经发现、今后将相互依赖的世界——最为开放、最为灵活和无处不在的那个社会。”[①] 与此同时，“乾隆统治下的中国显然是人类历史上最大的帝国。它的本土被向它进贡并作为它前沿阵地的属国包围。和睦的中国覆盖了从里海到琉球群岛、从贝加尔湖到孟加拉湾与暹罗湾之间的广大地区。这辽阔的土地被无法穿越的沙漠与高山以及海盗横行、波涛汹涌的大洋保护着，被万里长城、被无法根除的偏见组成的精神上的长城、被那种认为中央帝国孕育着‘天下唯一的文明’的信念保护着。这领土之外的人民则是一些粗野的外夷（除非他们因‘向往文明’而来顶礼膜拜）。”[②] 这场鸡同鸭讲的对话尚未开始就注定要失败，因为双方都在断言自己文化优越的立场上展开对话。学者争议已久的马嘎尔尼觐见时是否下跪的问题不单纯是一场礼仪之争，而是两个文明的碰撞，具有深刻而又鲜明的象征意义。马嘎尔尼来华的目的不是纳贡称臣，而是挟工业革命的优势试图以平等的国家往来谋求中国市场的开放——“乔治三世希望传播英国的先进技术，并同中国进行技术交流，希望在澳门—广州的贸易正常化并使之扩大到其他港口，改善欧洲人的居住条件，开辟新的市场。”[③] 乾隆则认为马嘎尔尼来华是纳贡称臣，是天朝恩泽远方的表现。乾隆在致乔治三世的复信中，将各自的分歧、天朝大国的态度和立场阐述得非常清晰：“天朝抚有四海，惟励精图治，办理政务，奇珍异宝，并不贵重。尔国此次赍进各物，念其诚心远献，特谕该管衙门收纳。其是天朝威德远被，万国来王，种种贵重之物，梯航毕集，无所不有。尔之正使等所亲见。然从不贵奇巧，并无更需尔国制办物件。”[④] 因此，这场中英双方对话自然是无法形成共识。虽然这场对话是双方只知己而不知彼的言说，但其所持立场亦都有各自的依据。英国在率先实现工业革命之后当时已是西方的第一强国，不仅在世界各地拥有大量殖民地，而且已经形成了庞大的“日不落”殖民帝国。当时中国，虽然鼎盛时期

① 佩雷菲特．停滞的帝国——两个世界的撞击［M］．王国卿，等，译．北京：三联书店，1998：618－619.

② 佩雷菲特．停滞的帝国——两个世界的撞击［M］．王国卿，等，译．北京：三联书店，1998：619.

③ 佩雷菲特．停滞的帝国——两个世界的撞击［M］．王国卿，等，译．北京：三联书店，1998：332－333.

④ 佩雷菲特．停滞的帝国——两个世界的撞击［M］．王国卿，等，译．北京：三联书店，1998：332－333.

已过，但却一直是东方的第一大国，仍然统治着辽阔的疆域和庞大的人口，周围许多国家对这强大的邻国依然俯首称臣。中英对话的失败不仅让清帝国失去一次历史机遇，而且也为未来的鸦片战争和国家民族陷入危难之境埋下了伏笔。清帝国闭关坚守的决绝和维护朝贡体系的决心固然暂时使英国资本无法实现其扩张愿望，但却无法阉割资本扩张的本性。马嘎尔尼来华之际，“欧洲与亚洲的贸易逆差越来越大。除了一些小挂钟和小加工成品外，欧洲产品在中国几乎没有市场。而中国则向欧洲出口更多的茶叶、瓷器、丝绸和工艺品。因此欧洲不断增加的进口要用出口工业品来平衡。假如中国的大门打开了，就不必要从印度走私鸦片了。在这之前要用走私鸦片的收入来支付进口茶叶的支出。”① 自此以后，英国资本为了打开中国市场，在采用种种手段无效以后，终于找到可以解决对中国贸易逆差的办法——大规模向中国走私鸦片。从历史视角看，英国对华鸦片走私已经拉开了战争的序幕，是柳宗元寓言《黔之驴》中的“老虎”向“驴”发动进攻之前的试探。

鸦片战争中清王朝的失败则是必然的。“鸦片战争失败的根本理由是我们的落伍。我们的军器和军队是中古的军队，我们的政府是中古的政府，我们的人民，连士大夫阶级在内，是中古的人民。”② 在第一次鸦片战争之时，虽然中国的 GDP 依然雄踞世界第一，但经济结构和经济形态却是前现代的。因此，鸦片战争是前现代国家与现代国家的交战，是基于小农经济而武装起来的军队与基于机器大工业而武装起来的军队的交战，清朝战败不可避免。“从民族的历史看，鸦片战争的军事失败还不是民族的致命伤。失败以后还不明了失败的理由力图改革，那才是民族的致命伤。”③ 鸦片战争失败后，中国人依然没有从中吸取应有的教训，战前战后一个样，麻木不仁，妄自尊大。直到第二次鸦片战争，英法联军攻入北京以后，才有少数人开始觉悟，“知道非学西洋不可”。④ 此时距离第一次鸦片战争差不多已经有二十年了。如果将 1860 年曾国藩在安庆创办的军械制造所看成洋务运动的开始，那么学习西方则整整推迟了二十年，民族则丧失了可以奋起追赶的二十年光阴。如果把马嘎尔尼来华看成

① 佩雷菲特．停滞的帝国——两个世界的撞击［M］．王国卿，等，译．北京：三联书店，1998：10.

② 蒋廷黻．中国近代史［M］．上海：上海古籍出版社，1999：15－16.

③ 蒋廷黻．中国近代史［M］．上海：上海古籍出版社，1999：16.

④ 蒋廷黻．中国近代史［M］．上海：上海古籍出版社，1999：16.

是鸦片战争的序幕，那么民族则丧失了可以奋起追赶的近七十年光阴。历史学家和政治学家佩雷菲特对马嘎尔尼来华一事进行了这样的评论："中央帝国拒绝了本来可以使它进入国际生产秩序的贸易协定。但它无法使它的臣民不受消费的诱惑。这下中国不是作为一个贸易和工业大国而是作为毒品的消费者进入到世界市场。它在 1793 年拒绝开放，这就注定了它要遭受以后的侵略。"①"如果这两个世界能增加它们间的接触，能互相吸取对方最为成功的经验；如果那个早于别国几个世纪发明了印刷与造纸、指南针与舵、炸药与火器的国家，同那个驯服了蒸汽并即将驾驭电力的国家把它们的发现结合起来，那么中国人与欧洲人之间的文化交流必将使双方都取得飞速的进步，那将是一场什么样的文化革命呀！"②

为什么在鸦片战争失败以后，国人还不开始奋起直追？蒋廷黻将其归结为三个方面：

第一，中国人守旧性太重。中国文化有几千年历史，根深蒂固，要国人承认有改革的必要不容易。其实，与其把原因归结为中国人守旧性太重，莫如归结为文化或文明体系具有自我保护性。任何存在几千年的文化或文明体系决不会因为一次偶然的冲击就改弦更张（除非该文明体系是在学习其他文明中成长起来的，不具有原发性和原创性的特征，如日本文化），其长期存在于世的事实就构成了其继续存在的理由。与此同时，任何可以存在几千年的文化或文明体系在其存在和演进的过程中肯定也遇到过各种各样的外在冲击，如果它能够经历这些外在冲击而存活下来，那么它同样有理由相信：再次面对外来冲击时，它依然能够存在下去。在鸦片战争以前，封建王朝所建立的国际关系体系是以中国为核心的朝贡体系。在该体系下，封建王朝始终以天朝大国自居，其他国家或民族则被认为是未开化的蛮夷。在此心态支配之下，教化蛮夷是中华帝国的义务，学习蛮夷则不是天朝大国的责任。无论是乾隆给乔治三世的回信中说的"天朝物产丰盈，无所不有，原不借外夷货物以通有无"，还是慈禧太后在中国被日本挫败以后所高喊的"谁知倭贼竟敢犯我？"都隐含着一种信

① 佩雷菲特．停滞的帝国——两个世界的撞击［M］．王国卿，等，译．北京：三联书店，1998：632.

② 王国卿，等．译者的话［Z］．佩雷菲特．停滞的帝国——两个世界的撞击［M］．王国卿，等，译．北京：三联书店，1998：3.

念：中国可以自给自足。[①] 既然天朝大国无所不有可以自给自足，那么向国外学习自然不被重视。因此，可以认为，不向国外学习是鸦片战争以前就固有的一种民族心态。这种心态不仅阻碍着国人在鸦片战争以后即时向国外学习，而且在未来的相当长的阶段甚至新中国成立以后还在阻碍国人向外国学习（“不学ABC，照当接班人”）的心态，并造成向国外学习所需要的语言条件普遍缺失（缺乏精通外语的人才储备）。无论是洋务运动时开设同文馆，还是改革开放以后的“外语热”都是因为长期封闭自大而引发的应急之举。正因为长期封闭自大，所以，“我们的前辈不可能在鸦片战争开始或结束的那天突然具备两种文字翻译的能耐的。在更为久远的日子里，由于另一个世界‘发现新大陆’的天生的主动性，不是我们自己，而是那个意志坚定的他人，开创了语际沟通的新天地。”[②] 长期封闭自大不仅养成拒斥学习和夜郎自大的习惯，而且还会造成对外界一无所知。一旦因拒斥学习和夜郎自大对外界一无所知，则在面对外在冲击之后依然难以奋发图强。对大清帝国而言，第一次鸦片战争只不过是投入到传统习惯大海中的一枚石子而已，不足撼动异常沉重的传统和封闭自大的国民心态。

第二，中国文化不仅是士大夫阶级的生命线，而且也是华夏民族之所以为华夏民族的根本所在。因此，文化的动摇，不仅关乎士大夫的饭碗，也将动摇华夏民族之基。鸦片战争以后，中国文化如果立即改弦更张、实施大转型，那么社会不仅要承担整个士大夫阶层所获取的“知识”几乎面临整体性“报废”而生成的沉没成本，而且还要付出难以承受的重新学习西方文化而支付的学习成本。因此，鸦片战争以后，不立即学习西方文化，不只是士大夫阶层维护自己利益的本能行为，而且也是维护民族根基、具有经济合理性的理性选择行为。

第三，中国士大夫阶层缺乏独立的和大无畏的精神。纵然有人能够看出其间弊端，但因害怕清议，也往往沉默不言，林则徐就是一个好例证。[③] 在蒋廷黻看来，林则徐有两个，一个是国民和士大夫阶层心目中的林则徐，另一个则是真实的林则徐。前一个林则徐主张“剿夷”，采用中国古法，可惜因琦善陷

① 佩雷菲特．停滞的帝国——两个世界的撞击［M］．王国卿，等，译．北京：三联书店，1998：636.

② 麦天枢．天国猜想：认识中国的一条新路径［M］．北京：三联书店，2002：15.

③ 蒋廷黻．中国近代史［M］．上海：上海古籍出版社，1999：16.

害而被驱逐。英人在林则徐没有离开广州之前不敢开战，既去林之后，当然就开战。因此，中国士大夫认为中国失败不是古法不行，而是因为奸臣误国。此外，林则徐在奏章中所表现的自信也加强了中国士大夫的误读。“林没有机会与英国比武，难怪中国人不服输。”[①] 真实的林则徐则远远没有他在奏章中所体现的自信，也没有他在诗词中所体现的大无畏精神——“苟利国家生死矣，岂因祸福避趋之。”到广州以后，他知道中国军器不如西方，且积极购买外国军械和收集西方资料。这些材料他后来送给了魏源，被魏源编入《海国图志》——该书提出师夷制夷的观点，被传入日本，促进了明治维新。虽然林则徐深知中西不是势均力敌的对手，但他始终未公布他给友人私函的观点——必须办洋务，因为不办洋务就无法取得胜利——“不此之务，即远调百万貔貅，恐只供临敌之一哄。”[②] 主张“抚夷”的琦善等人虽然看到了中外实力的悬殊，也对此进行过公开宣传，但整个士大夫阶层并没有看到鸦片战争是“数千年来未有之变局”，以为鸦片战争和历史上游牧民族经常性地骚扰中原的战争并无二致，因此，主张“抚夷”就成为第一次鸦片战争以后的社会主流思想和主要的御外之招。黄恩彤的《抚夷论》道出了“抚夷派”的主张。在《抚夷论》中，黄恩彤在分析了“夷”的优势和劣势的基础上，得出了所谓的驭夷之法：“捐释前嫌，示之宽大，裁减陋规，明定税则，无事则抚以恩，有事则折以信，彼既灼然知用兵之害，通商之利，自当伏首贴耳，歌咏皇仁，不复有盗弄横池之事矣。”[③] 除了蒋廷黻所概括的三点以外，值得提及的是，第一次鸦片战争所带来的损失还不足以警醒国人。从第一次鸦片战争所波及的范围看，它只是波及范围非常小的局部战争，对帝国的打击并不严重。从战后的结果看，它对庞大的中华帝国所造成的损伤也不是伤筋动骨的。根据中英《南京条约》可以得知：战争的后果不过是增开了几个通商口岸、赔了几百万两白银和租借弹丸之地香港而已。这点损失并不比汉初和宋代北方游牧民族的侵扰所造成的损失更大，既然汉宋都能够通过“和亲”“纳币”和“互市”之类的“抚夷”之策解决问题，那么大清帝国上下同样有理由相信“抚

① 蒋廷黻. 中国近代史［M］. 上海：上海古籍出版社，1999：17.

② 转引自：蒋廷黻. 中国近代史［M］. 上海：上海古籍出版社，1999：17.

③ 黄恩彤. 抚夷论［A］. 张勇，主编. 中国思想史参考资料集：晚清至民国卷（上编）［R］. 北京：清华大学出版社，2005：6.

夷”和“剿夷”的古法可以应对强横的“西夷”。因此，面对西方的挑战，在1860年以前，清朝依然在“剿夷”和“抚夷”的古法中摇摆，且整整摇摆20年之久，“让民族丧失二十光阴”。当然，我们不应苛求前人，因为数千年历史聚集而成的治平之术、政治智慧，倘或不是遇到了前所未见的对手，焉知不会照旧有效呢？

（二）“只建第三层楼”[①]——洋务运动（1860—1895年）

在经历了两次鸦片战争的惨痛教训以后，随着“洋枪洋炮”在镇压太平天国起义军中的广泛应用，当时中国领导层（尤其是依靠镇压太平天国运动而起家的中兴名臣们）初步意识到，为了应对“数千年未有之大变局”，必须“师夷长技以制夷”。这种自变、自强思想可以说是中国最早的现代化思想。在这种思想指导下，中国开始了以军事工业为起点、为核心的洋务运动。

洋务运动的失败是必然的。

首先，洋务运动是一场理论严重滞后于实践的现代化运动。这种滞后表现在上层知识分子并没有普遍意识到：中国传统文化需要经过创造性转化，从思想观念、政治制度和经济体制上实现大转型，从而解决时代所赋予的“向何而去”的大课题。“近代中国救亡图存的第一乐章，是仿效器物层面的‘师夷长技以制夷’。提议者是林则徐、魏源，推行者为李鸿章、左宗棠等一线工作的地方督抚，具体操作者多为捐纳出身的商人买办。中枢虽有慈禧、奕䜣的支持，却未得到上层知识分子的关怀，甚至为羽毛洁白的士大夫所不齿。这就造成新旧嬗递的年代，思想界与操作层的完全断裂。”[②] 在地方督抚开始推动洋务运动之际，中央政府依然没有就开展洋务运动达成共识。两次鸦片战争失败的事实虽然明显地宣告技不如人，但依然有朝廷重臣公开反对洋务运动，依然沉浸在天朝大国无所不有、无需向西方学习的梦境中。大学士倭仁说：“立国之道，尚礼义不尚权谋；根本之图，在人心不在技艺”；“古今来未闻恃术数而能起衰振弱者也。天下之大，不患无才，如以天文、算学必须讲习，博采旁求，必有精其术者，何必夷人，何必师事夷人？”[③] 针对倭仁的言论，奕䜣进

① 《百喻经》中有一个故事，有一个富人看见邻家有一栋三层楼很漂亮，于是，要求工匠也建造这样的一栋楼。工匠建好楼后，这位富人大发脾气：“只要第三层楼，为什么要建一、二层呢？”

② 姜鸣．天公不语对枯棋：晚清的政局和人物［M］．北京：三联书店，2006：65.

③ 姜鸣．天公不语对枯棋：晚清的政局和人物［M］．北京：三联书店，2006：11.

行了针锋相对的驳斥："夫中国之宜谋自强，至今日而亟矣。识时务者莫不以采西学，制洋器，为自强之道。……今不以不如人为耻，而独以学其人为耻，将安于不如而终不学，遂可雪耻乎？"① 倭仁的言论虽遭到驳斥，但同时也表明地方督抚自发开展的洋务运动并没有得到上层知识分子与朝廷大部分高官的普遍理解和支持。在此情形之下，上下一心办洋务尚不可求，又如何希求对中国进行全面的改革呢？因此，地方地方督抚所自发进行的洋务运动必然是一场并不彻底的现代化运动。洋务运动所提出的基本口号是"中学为体，西学为用"，基本目标是通过"变"实现"保"——保种、保教、保国、保民。在"保"的前提下实现"变"，就是在中国的旧"体"的框架内引进西方的器用。这种"体用"二分的现代化，既是用中国传统哲学的思维框架所得出的结论，也是只拿人家"先进之物"和"吸其精华，去其糟粕"思想观念在学习西方过程中的具体体现——与《百喻经》上那个只想盖第三层楼房的富人类似。洋务运动虽是一场并不彻底的现代化运动，但若置身于当时的文化场景之中，则可知这样的现代化运动能够展开就非常不容易。自古以来，天朝大国无所不有，只有四夷学习华夏的先例而没有华夏学习四夷的情况发生。因此，在此历史条件下，洋务派让保守派接受洋务运动已是勉为其难，若要让保守派放弃古已有之的典章制度则是异想天开。与此同时，作为握有实际最高权力的慈禧出于驾驭群臣、维持政治生态平衡的需要，也不可能让哪一方过于压倒另一方。因此，洋务运动必然是一场折中型的现代化运动——在专制的地基上建造现代化大楼。

其次，在办理"洋务"的过程中存在重大失误。现代化是一个系统过程，既要考虑到传统与现代之间的传承关系，又要考虑到现代工业部门之间的内在联系。以军事工业为起点、为核心的洋务运动要能够持续发展下去，必须有两大前提：一是要有强大的经济能力为支持，否则，军事工业难以为继。集一国之力建造几杆洋枪、洋炮并不难，难的是"洋枪、洋炮"持续建造必须有相应的经济基础支持，农耕社会的田赋是无法支撑现代军事工业的。易言之，军事工业的创办必须获得民营企业的资金支持。虽然洋务运动的后期，地方督抚

---

① 黄恩彤．抚夷论［A］．张勇，主编．中国思想史参考资料集：晚清至民国卷（上编）［R］．北京：清华大学出版社，2005：6.

为了解决资金困难，虽也开办了一些民用产品工厂，但大多采用官督商办的形式并把官僚机构的运行机制横向移植于企业。这种横向移植不仅导致效率低下，而且将不计成本的官僚作风带入企业。长此以往，新创办的民营企业必然难以维持，军事工业也难以获得需要的资金。二是相应的辅助性产业的支持，比如必须有钢铁、煤炭等行业做军事工业的基础。就当时中国情况而论，这两方面条件都不具备，因此，洋务运动的军事工业大抵只能是“形象工程”，甲午风云则吹倒了这一形象工程。洋务运动的主将李鸿章指出：“我办了一辈子的事，练兵也，海军也，都是纸糊的老虎，何尝能实在放手办理？不过勉强涂饰，虚有其表，不揭破尤可敷衍一时。”①

最后，洋务运动并不是国家行为，而只是封疆大吏的独立和自发的行动。具体企业都是由地方某些热衷于洋务的封疆大吏倡导和支持的结果，因此，这些企业与地方官员之间关系密切，地方官员对企业具有相当大的控制权。一旦官员任职有变化，这些企业随时都可能因为缺乏支持而发生倒闭或掠夺的危险。②

总之，“19 世纪 60 年代开始的自强运动，是在中国传统思想的框架中认识世界的大变局和中国的大变局的。不论是‘自变’也好，‘自强’也好，都是从《周易》的变易观和儒家的自强不息思想来推动器用层次上的改革，向西方学习是在排外、非外的心态和思想情绪支配下被迫进行的。”③ 洋务运动是一场“理论落后于实践”的自强运动，是希望在“旧屋基”上建新房的行为。正如罗荣渠所言，“理论严重落后于实践，早已构成中国现代化运动的重大弱点之一”，④ 洋务运动就是典型的例证。中国社会的转型屡屡出现理论滞后于实践的现象，因此，有必要“解剖洋务运动这只麻雀”来分析产生这种现象的原因。

产生理论滞后于实践的原因是多方面的，具体而论，可概括为以下几个方面：

---

① 姜鸣．天公不语对枯棋：晚清的政局和人物［M］．北京：三联书店，2006：25.

② 陈锦江．清末现代企业与官商关系［M］．王笛，张箭，译．北京：中国社会科学出版社，1997：97－101.

③ 罗荣渠．现代化新论——世界与中国的现代化进程［M］．北京：商务印书馆，2004：363－364.

④ 罗荣渠．现代化新论——世界与中国的现代化进程［M］．北京：商务印书馆，2004：363.

第一，华夏文明自诞生之日起，就没有形成独立的学术传统，学术始终从属当下政治权力。士起源王官之学，周衰败以后就散落到民间并大多为春秋战国时期的各个诸侯国所圈养，春秋战国时期学术思想虽然十分活跃，出现百家争鸣的局面，但学术的指向则非常清晰：为结束战乱或富国强兵而支招。这种服务于现实政治生活的学术研究导向，与古希腊人出于兴趣爱好而进行学术研究的导向有本质的差别。造成这种差异的原因在于中西学术研究的初始条件存在根本差异：华夏文明是农耕文明，农业收成既取决于勤劳又取决于天气，在科技不发达的传统社会里，依靠农耕谋求生存实属不易。因此，在农耕社会里，既要谋生又要有闲暇追求学术的士，若要开展学术研究必须依附于控制社会剩余产品的统治者，并让学术为权贵阶层服务，否则，不能够“不稼不穑”而取禾三百廛兮。古希腊文明是商业文明，与农耕文明相比较而言，人们谋生则相对容易得多。在商业文明中，收益和利润不取决于辛苦劳作，而取决于对市场机会的把握。只要能够把握机会，则一次或几次成功的经商就能够使人一生衣食无忧。当拥有一定数量的成功商人和衣食无忧的有闲阶层，若这些人中又有一些有志于从事学术研究的思想者或知识者，那么学术研究则可以脱离权力的干扰基于比较超然的立场，从自己的兴趣爱好出发去进行探讨。秦统一中国以后，由于学术买方垄断的形成，士的生存空间进一步压缩，如何炮制更能维护统治者统治的学问，变成买卖双方共同的需求。士若不能够做出为统治者所需要的学问，则士就会失去饭碗，统治者则失去可以维护政权合法性的意识形态。因此，自秦统一中国以后，中国学术的演进则朝着维护政权合法性的路径行进。自汉武帝“罢黜百家，独尊儒术”以后，中国学术演进就开始锁定在儒家学说上。科举考试及其将儒家纳为考试内容，则彻底地将中国整个知识阶层的注意力资源完全锁定在儒家经典上。与此同时，自秦统一中国以后，任何有违专制秩序的言论都会遭到打压，不是因言获罪，就是受到指责。以儒家学说为主体内容的中国传统学术实际上也无法脱离政治，因为儒家经典都只是一些以纲常伦理为内容的所谓“治国平天下”的大道理，掌握这些大道理的儒生，不货与帝王家，又能够在何处寻找到市场呢？“由于走在思想前沿的知识者并不掌握大规模思想建设的物质资源，社会在这个方面的投资通常有着与思想本身的需要相反的意图，在经历了一再的历史性洗刷之后，关心思想或有能力从真正知识者的角度关心思想的人们也不可能具备必要的物质力量，这就使得许多紧迫的思想、文化建设工程成为不可能的设想。综合性的历史条件就是这样不断地使我们处于两难之中：有价值的思想向来规律性地表现为个人的行为和行为的果实，而思想的条件又是如此严重地依赖思想者之外的补偿可能。”① 对于中国的学术，吕思勉曾经进行过总结：“吾国学术，大略可分为七期：先秦之世，诸子百家之学，一也；两汉儒学，二也；魏、晋以后之玄学，三也；南北朝、隋、唐之佛学，四也；宋、明之理学，五也；清代之汉学，六也；现今所谓新学，七也。七者之中，两汉、魏、晋，不过承袭古人；佛学受诸印度；理学虽辟佛，实于佛学入之甚深；清代汉学，考证之法甚精，而于主义无所创辟；最近新说，则又受诸欧美者也。历代学术，纯为我所自创，实止先秦之学耳。”② 就吕思勉的总结而言，中国转型以前的学术，要么是积极入世的儒学，要么是出世的学问（玄学、佛学），要么是与世事无涉的考据之学（汉学）。中国学术之所以呈现这种态势——不是谋求与政治结盟，就是试图逃避政治，主要是因为学术研究没有独立自主的传统，没有确立自身固有的价值坐标。在学术要么俯就政治、要么远离政治的环境下，中国传统学术不可能把政治现象或社会治理作为客观研究对象，因而作为社会科学分支的政治学就必然不可能出现。在社会尚未遇到大转型的挑战时，这种政治和学术不分的现象还不是致命的缺陷。一旦遇到大转型的挑战，则往往猝不及防，无所适从。罗兹曼说：“晚清的改革者没有下功夫去批判作为帝国或政权合法性基础的天命原则，却大力求助于像《孟子》或者其他儒家早期典籍中蕴含的自由主义因素。中国之所以没能在19世纪中叶及其以后获得更彻底的改革，部分原因似乎就在于人们普遍不愿完全抛弃古老的道理，而是趋向于对这些道理作部分的重新界定。”③ 其实，国人普遍不抛弃古老的道理是有原因的：对于以农耕文明立国的华夏民族而言，儒家所总结的纲常伦理与其生活和生产方式具有契合性。限制变革，把“三纲”视为万古不变的“道”是维系农耕文明的内在要求。

第二，在社会转型之际，由于士大夫还只是作为依附统治者的阶层，因而

---

① 麦天枢．天国猜想：认识中国的一条新路径［M］．北京：三联书店，1998：45.

② 吕思勉．先秦学术概论［M］．上海：东方出版中心，1996：1.

③ 吉尔伯特·罗兹曼，主编．中国的现代化［M］．国家社会科学基金《比较现代化》课题组．南京：江苏人民出版社，2003：47.

无法批量产生如亚里士多德、霍布斯、洛克、卢梭等这样的政治学巨匠和大思想家。就转型之际的中国而言，即使具备了产生这些大家的经济、政治和思想条件，要产生可与霍布斯、洛克、卢梭等比肩的政治学巨匠，对学者自身的主观条件的要求也是异常苛刻的——“他们必须具备另一个世界提供的基本知识，但又必须从那个知识的束缚中挣脱出来；他们必须立足于前辈着意为我们修建的登梯，但又必须卸下前辈无意中加给我们的负担；他们必须借助于人类已有的思想工具——包括门类庞杂的学科体系，但又必须赋予这些工具新的灵魂；他们必须以那个阶段性地但又现实地处于支配地位的西方作为基本参照系，但又必须真实也踏实地面对自己的土地；他们必须具备知识思想者的从容宽怀，又必须考虑社会现实不断累积的紧迫感……”① 此外，“我们还需要知道，知识者在过去长久的自家院落里，只承担社会安全而决不承担——决不主动承担社会‘发展’的任务。就是说，它除了从道德的角度，关心朝政清廉和民间疾苦这些社会稳定祥和的天然迹象，决不会成为任何新事物的饲养人。甚至，作为一个阶层或意识整体，它还积极主动地介入对任何‘发展’的动机——尤其是在物质生活方面发展的动机的有效控制。知识和知识者的这一自觉状态，即是我们的文明之所以这样而不是那样定型的原因，又是这个文明以它自己的方式走向成熟的结果。”②

（三）找到了真问题但错失了良机的变革——戊戌变法与清末宪政（1898—1912 年）

从洋务运动走向戊戌变法是历史的必然。洋务运动是一场并不彻底的现代化，局限于在器物层面向西方学习的现代化。现代化是基于一定思想观念、制度安排并以器物为表征的系统工程，其中，思想观念、制度安排是该系统工程的基础。仅重视器物层面的变革，而不注重思想观念、制度安排的转变以及人格精神的培育，依然不能够有效地驾驭器物。甲午战争中国战败的结果则表明了只重器物而忽略思想观念和制度安排的洋务运动的失败。在甲午战争中，中国战败从表象上看似乎是器物层面的差异所造成的结果，但实际上则是思想观念、制度安排没有转变而带来的必然结果——“尚未现代化的人”是不能够

① 麦天枢．天国猜想：认识中国的一条新路径［M］．北京：三联书店，1998：44.

② 麦天枢．天国猜想：认识中国的一条新路径［M］．北京：三联书店，1998：28.

有效驾驭现代器物的。就在北洋海军面临覆灭之际，1895 年 1 月 23 日，丁汝昌收到了日本海军司令的劝降书。这封劝降书可谓千古奇文，虽写于百年以前，但仍然值得当今中国人在夜深人静之时在灯下细读：“大日本海军总司令官中将伊东佑亨，致书与大清国北洋水师提督丁军门汝昌麾下：时局之变，仆与足下从事于疆场，抑何不幸之甚耶？然今日之事也，国事也，非私仇也；则仆与足下友谊之温，今犹如昨，仆之此书岂徒为劝降清国提督而作哉？大凡天下事，当局者迷，旁观者审……清国海陆二军，连战连败之因，苟能虚心平气以察之，不难立睹其致败之由也。夫取士必由考试，考试必由文艺，于是乎执政之大臣，当道之达宪，比由文艺以相升擢；文艺乃为显荣之阶梯耳，岂足济夫实效？……前三十载，我日本之国事，遭若何之辛酸，厥能免于垂危者，度阁下之所深悉也。当此之时，我国实以急去旧治，因时制宜，更张新政，以为国可存立之一大要图。今贵国亦不可以不去旧谋为当务之急，亟从更张。苟其遵之，则国可相安；不然，岂能免于败亡之数乎……”[①]其实，对于变法，国内有识之士也早有呼吁。早在洋务运动之时，郑观应、王韬等人在办理洋务的过程中，就已经感受到制度对于社会经济发展的制约作用，进而意识到富强之道不在坚船利炮，而在于社会制度——“育才于学校，议政于议院，君民一体，上下同心”。[②] 因此，他们主张应该更加广泛地学习西方，全面改革中国的社会制度，并认为学习的重点应该从科学技术转移到社会政治学说。可是，由于国内上层知识分子和相当多的当权者还沉浸在传统文化的优越性之中，因此，他们的主张并没有得到社会的响应。中国在甲午战争失败以后，以康有为、梁启超为代表的维新派觉得仅仅依靠办理洋务不足以解决中国积贫积弱的问题，必须进行制度改革。在维新派的推动下，终于有了 1898 年的戊戌变法。光绪皇帝在 1898 年 6 月 11 日至 9 月 20 日间的 100 天里，颁布了许多改革措施：向国外派送留学生；公开预算；废除八股；创办京师大学堂；设农、工、商、铁路各总局；颁布有关发明与实业的法律；重组衙门；把不用的军队所占有的土地分给农民；鼓励开办政治性报纸；帝国所有臣民都有权上书言事等。光绪皇帝的这些变法措施并没有得到以慈禧为代表的保守派的支持，反而遭到

① 王树增 . 1901 年一个帝国的背影［M］. 海口：海南出版社，2004：32.

② 郑观应 . 郑观应集：上册［M］. 上海：上海人民出版社，1982：234.

囚禁。戊戌变法以悲剧收场，清王朝最后的机会也随之消失了。

戊戌变法虽被扼杀在摇篮之中，但清末宪政运动（与戊戌变法类似的改良）却在多种力量的推动下清朝行将灭亡之际而迅速开展。1905 年，科举制废除，斩断了中国传统文化与官僚政治的关联；清廷于 1906 年 9 月 1 日颁布上谕，在全国范围内确立了实行预备立宪的基本国策。1907 年 12 月 25 日，慈禧要求宪政编查馆大臣会同民政部大臣，参考西方宪政国家的法律，为大清帝国制定一部涉及“言论和结社自由”的相关法律——“言论自由”，在此之前，这四个字只意味着谋反。应该说，此时慈禧的思路很明确：按照政体变革的一般规律，言论自由是必需的前提。① 1908 年 8 月 27 日，慈禧死前两个月，清廷颁布了《钦定宪法大纲》和《逐年筹备事宜清单》，宣布以九年为期召开国会。清末宪政运动开展至此，可以说已经完成了戊戌变法希望完成的任务。

历史上造化弄人的一幕在中国近代史出现了——多年前被否决的戊戌变法在多年以后却又以清末宪政运动的面目出现了。促使清廷最终决定改弦更张，实行君主预备立宪，最主要原因有以下几个方面：

第一，1904—1905 年间的日俄战争的推动。日俄战争按照常理应该是“强大”的俄国胜和“弱小”的日本败，然而事实却是立宪的日本战胜了沙皇俄国。这种结果给中国主张实行立宪体制提供了依据。

第二，内忧外患的加剧。自 19 世纪 90 年代以来，革命派开始走上舞台，发动了一系列旨在推翻清王朝统治的活动。《辛丑条约》签订以后，列强加紧了对中国的掠夺和瓜分，在中国划分势力范围，如日本将东北三省划为自己的势力范围，英国将西藏作为自己的势力范围，等。针对革命党的活动和当时的内忧外患，立宪派认为必须实行立宪挽救危局。在立宪派看来，立宪有三大好处：一是“皇位永固”，在君主立宪制度下，皇帝虽没有绝对权力，但无论政府机构如何变动，都不涉及皇帝。二是“外患渐轻”。各国之所以歧视大清国，除了国运衰微外，还因为政体陈腐。张之洞应对慈禧的问话可以看出士人对列强瓜分中国的担忧。张之洞曰：“臣恐革命党为患尚小。现在日法协约、日俄协约、大局甚是可危。各国视中国之能否实行君主立宪，以定政策。臣愚以为，万万不能不速立宪者，此也。”② 三是“内乱可弥”，认为立宪将会弥补

① 王树增 . 1901 年一个帝国的背影 [M]. 海口：海南出版社，2004：209.

② 孔祥吉 . 张之洞与清末立宪别论 [J]. 历史研究，1993 (1).

革命党人借皇权专制造谣生事。[①]

第三，权力之争。自从太平天国运动以后，地方督抚势力日趋强大，清廷总是力图加以削弱，地方督抚对此深怀不满，多次发生对抗行为，义和团运动时的“东南互保”即是一例。于是，清廷力求通过“新政”消减地方督抚的权力，这又加深了地方与中央的矛盾。随着国际形势变化，地方督抚看到清廷朝不保夕，便向清廷施加压力，要求清廷尽快实行君主立宪，以图获得更大权力。

第四，朝野立宪派的大力推动。戊戌变法虽然由于缺乏群众基础和决策者的失误而失败了，但是以此为契机，人们加强了对西方的社会政治学说的学习、研究和宣传，从一定程度上为清末不成功的宪政改革提供了理论支持。20 世纪初，由洋务派和维新派发展而来的朝野立宪派对清廷的这种只关注枝节的改革日益不满，通过对中外体制的比较，对中国的专制体制的腐朽性有了更加深刻的认识。要废除中国的专制体制，只有革命和改良两条路径。对于革命，朝野立宪派当然不赞成，于是，他们就对实行君主立宪的主张进行了大力宣传和积极呼吁。

清末宪政运动虽然在各种力量作用下开展起来了，但对于清王朝而言，清末宪政运动则错过了改良的最佳窗口期。如果说戊戌变法是民族的悲剧，那么清末宪政运动则是清王朝的笑剧。马克思说得好：“黑格尔在某个地方说过，一切伟大的历史事变和人物。可以说都出现过两次。他忘记补充一点：第一次是作为悲剧出现，第二次是作为笑剧出现。”[②] 与洋务运动一样，清末宪政也是迟来的改革。虽然两者都同样晚了二十年，但对清王朝而言，其意义却迥然有别。洋务运动推迟二十年对清朝并不是致命的错误，变法推迟二十年对清朝而言则是致命的错误——使满清王朝失去了变法图强的最后一次机会。与此同时，也极大地推迟了中华民族步入现代化的进程。戊戌变法之际，革命派尚未形成气候，立宪派则一心一意拥护王朝变革。此时此地，若实行变法，则可能在保持相当的君权条件下实现变法。在二十年后实行变法，则会受到革命派和立宪派的双重夹击。对革命派而言，不管清廷是否变法，由于其推翻清王朝的目标已是既定方针，因此，清王朝任何行为已经难以赢得他们的支持；对立宪派而言，随着对社会政治认知的深入，要求实行“虚君的立宪制”必然是其

---

① 王树增. 1911 [M]. 北京：人民出版社，2011：166.

② 马克思. 路易·波拿巴的雾月十八 [M]. 中共中央编译局编译. 北京：人民出版社，2015：8.

不二的选择。就清廷答应预备立宪的目标而论，已与立宪派向往的立宪差距甚远：第一，清廷的立宪是要实行日本的“二元君主立宪制度”，而立宪派是要仿造英国的“虚君立宪制度”。第二，清廷的立宪，主要目的是作姿态，没有确切的时间表；而立宪派则主张速开国会，及早立宪，并对朝廷官制改革中回避国会和责任内阁制表示强烈不满。① 于是，对于强调君权的《钦定宪法大纲》，“无论是革命派还是立宪派，都感到极大的不满意。立宪派批评《钦定宪法大纲》‘仍不脱专制之遗臭’。他们不满意的原因很简单：立宪派的政治理想是民权宪法而不是君权宪法。革命派更是迎头痛击，说《钦定宪法大纲》假借立宪之名‘以巩固万年无道之基’。”② 由于立宪派、革命派对清廷的立宪都不以为然，因此，清末的立宪运动注定是马克思笔下的“笑剧”——清廷自以为让步很大的改良行为，不仅没有赢得喝彩，反而受到立宪派、革命派的一致嘲讽。

站在大历史视角和客观公正的立场来评价清末的变法改良（戊戌变法和宪政运动），基于当时的历史环境和文化场景去分析决策者行为，我们对前台操作者之不易还是应该抱以同情与理解。改良决策是否正确固然要以历史演进的方向为评价标准，但改良决策可否推行则不取决改良措施是否代表了历史演进的方向，而取决于各方力量的对比以及彼此的妥协。改良和革命虽然都涉及利益调整，但两者的差别是明显的：“根基于体制内的‘改革’，讲求的是妥协，有理也要让三分；这与源自体制外的、颠覆一切、打倒一切、使用简单直接的暴力手段清除反对力量的‘革命’，是有根本区别的，革命讲求的是‘有理三扁担、无理扁担三’，自己永远伟大、正确，错误永远只属于他人。改革与革命，虽然都是根本利益的调整，但在政治烹饪术上，一个是‘慢炖’，即使锅有点漏了，修补修补继续熬，能将就则将就，不能将就的创造条件也要将就；而另一个则是‘爆炒’，能不将就则不将就，即使能将就的、也要想方设法让它不能将就下去，完全是砸烂旧锅另起炉灶。显然，从实际操盘的难度看，改革的‘技术含量’高多了，这也需要改革者即使在策略方面也要比革命者更为圆润、老到。”③ 操作技术要求极高的改良，要求在采取措施进行利

① 吕峥．被稻草压垮的大清王朝［J］．文史参考，2011（10上）．

② 王树增．1901年一个帝国的背影［M］．海口：海南出版社，2004：215．

③ 雪珥．“开闸泄气”大讨论［A］．国家人文历史，2017（7）：94－95．

益格局调整时，必须把握好：如何和何时动“奶酪”，动多大的“奶酪”，先动和后动何处“奶酪”等涉及改革技巧的问题。清末的变法改良，就其是符合历史轨迹演进的方向而言，无疑是正确的。清末的变法改良之所以失败，固然有所谓的历史必然性因素的作用，但前台操作者的操作失误也是非常关键的原因。就戊戌变法而言，前台操作者的失误主要体现在前台操作者心态过急，光绪帝在短短的百日之内就抛出了一系列与传统相冲突的法律，不仅动了“全体知识分子的奶酪”，而且也动了当权者的利益，是中国近代史“大爆炸”式的改革，是扮演堂·吉诃德的光绪帝携带康梁师徒挑战传统的大风车。因此，戊戌变法失败以后，慈禧大骂光绪是“痴儿”还是有几分道理的。就清末宪政而言，其最大的失误不在于革命派和立宪派所讥讽的假立宪，而在于错过了改革的最佳时期。清末立宪思潮源于日俄战争，因此，仿效日本的政治制度，在文化、民族心理结构上，不能够说不对。《钦定宪法大纲》虽然强调君权，但其间依然体现了保障民权、限制君权的法治思想。“《钦定宪法大纲》的某些条款，确立了有限政府与权力分立的原则。在帝制政体下，政府衙门权力无限大，到了可以任意践踏臣民生命财产的地步。而在《钦定宪法大纲》中，这样的无限权力终于受到限制。……《钦定宪法大纲》第三款规定：‘凡法律虽经议院议决，而未奉诏命颁布者，才能见诸实行。’它的实际含义是：法律必须经议院议决后，才能由皇帝批准颁布。也就是说，议院是立法的主体，议院才能议决法律，皇帝只能起到‘批准颁布’的作用，这就是对皇权的明显限制。……法治原则显现于《钦定宪法大纲》：‘夫宪法者，国家之根本法也，为君民共守，自天子以至于庶人，皆当率循，不容逾越。’”① 由此观之，立宪派讥讽清廷所做所为是“假立宪”，也不甚确切。就立宪派而论，由于《钦定宪法大纲》还有非常强调君权的一面，他们感受到专制君主制的危险也非妄言。其实，无论是地方乡绅组成的平民立宪派，还是地方督抚组成的官僚立宪派，抑或是清廷贵族所组成的立宪派，虽然存在分歧，但依然有共同的出发点，那就是建立一个既能够安上全下，又能够统筹全局、效率显著的中央政府。在此目标的统领下，若假以时日让朝野有充裕的时间博弈和磨合，那么一个法治中国的建立是值得期待的，历史的演进轨迹可能就是另外一番风光了。

---

① 王树增．1911［M］．北京：人民文学出版社，2011：215.

纵观清末的转型过程，可以看出其转型之艰难，每次革新的时间点选择总是比应该革新的时刻慢半拍。洋务运动是在1840年鸦片战争爆发20多年后才开展的，《钦定宪法大纲》的颁布则比戊戌变法晚近20年。上苍待清王朝不薄，给过多次机会，但清廷却屡屡丧失机会并招致革命的爆发，令人扼腕叹惜。在革命和改良的赛跑中，革命虽作为改造社会的武器最终胜出，但中华民族为此所付出的代价也是异常巨大的，不仅造成长时间的分裂（1912—1949年）、内战和亡国灭种的危险，而且也长时间中断了国家法治和民主化的建设进程，并因而导致中华人民共和国在富强、法治和民主的目标追求中经历了漫长而曲折的道路，致使当下中国人依然在为建立富强、法治、民主、文明的中国而奋斗。

清末不能及时转型，使国家民族陷入危难之境。究其原因是多方面的，既有历史必然性因素，也有历史偶然性因素的作用。具体而论，可从以下几个方面加以分析：

第一，传统中国阻碍转型的机理分析。自从秦一统中国以来，家天下一直是统治传统，"君君、臣臣、父父、子子"的社会秩序则是全社会所追求的价值目标。虽然在专制王朝统治的历史传统中出现过长时间的分分合合、出现过多次的外部冲击，但专制王朝的统治传统和根基依然没有动摇——农耕文明和伦理社区。在此情形之下，面对鸦片战争所产生的外部的冲击，国人当然有理由相信：立基于农耕文明的专制体制、伦理社区以及"君君、臣臣、父父、子子"社会秩序是万古不变之道。与此同时，导源于古希腊文明的西方商业文明是作为外在的楔子钉入中国的传统农耕文明中的，沿江沿海的局部地区虽然体会到欧风美雨的强劲，但广大的农村社区依然按照传统的伦理规则在自给自足的生产和生活状态中生存。换言之，作为专制社会根基的广大的农村社区并没有发生根本性的变革。在此情形之下，变革改良同样缺乏社会或广大民众的支持。同样值得讲出的理由还在于：在传统的农耕社会里，依赖经验而生活的民众生活也不是一无是处。在农耕社会里，"我们社会的一般性生活，是既不需要理论也不需要知识的，在稳定的生活中，代际传承的经验，就足够人们使唤了。就是说，我们的知识在它们形成之后，就俏装丽扮地站在阁楼的纱窗后面，供基础社会的人们翘首仰望。农家院落除了与皇家宫廷结合起来几乎一劳永逸地为知识拴上伦理的缰绳之后，便放任这个娇客在它自己的圈子里撒欢，很少互相缠绵磕碰在一起。”[①] 无论是农家院落还是皇家宫廷都是基于“上下尊卑”和“内外有别”的原则来进行管理的，除了代表皇权连接“农家院落”与皇家宫廷的官僚系统通过税赋、劳役干预“农家院落”外，“农家院落”与皇家宫廷几乎都一致地遵守着所谓的儒家伦理规则。只要代表皇权连接“农家院落”与皇家宫廷的官僚系统不过分地干扰“农家院落”，农家大体就能够过上“日出而作，日落而息”的自由自在的农耕生活，并能够“丰年留客足鸡豚”。这种不谋求“发展”但恬淡而平静的生活虽也间或地因为王朝周期率而被打破，但往往也能够在明君盛世中成为现实。因此，在进行中西对比的过程中，不能够一味以彼之长攻己之短，要对传统抱以温情而又同情的理解；在社会大转型之际，不能仅局限于先进与落后的视域，一味地批判祖宗，一味地批判传统会使民族的发展丧失立足之基。“一味的‘批判’是要让人恐惧的。这种状态在社会意识的领域里意味着破坏，或者说它的后果一定是破坏。这样的破坏只制造瓦砾，最终全民族都不会有新房子住。”[②] 同样也不能在先入的“阶级”和“阶级斗争”的意识下，想当然地认为只有皇上或依附皇上的某个阶级才能过好日子，民众完全没有过好日子的可能或希望。事实上，皇上也不可能单独地、一厢情愿地过自己的好日子，如同他并不能也不是仅仅依赖着作为人口少数的那个“剥削”阶级就能够做皇帝一样。[③] 与此同时，也应该承认，广大民众在社会承平之时也同样具有过好日子的可能，否则无法解释民众期盼明君圣主和清官的心理情结以及华夏文明转型的艰难。正是中华传统文化有其值得留恋之处，华夏文明才转型艰难。传统之所以值得留恋，是因为生活于其间的人似乎都有“好日子”过。“我们相信，好日子一定是好日子，并且首先是那些已经化作尘埃的当事人的好日子——一定有着不错的感受，人们才如此上下同心地认同并坚守同一个活法，才在相似的圆环道上‘不思进取’。这样的‘逻辑’总是存在的；数千年制度性的立体的不思变更的生活，就其自身而言，首先不是包含了哪些我们今天需要反思的不合理性，而是首先包含了更多的我们今天需要靠理智地面对的合理性。”[④]

① 麦天枢．天国猜想：认识中国的一条新路径［M］．北京：三联书店，1998：17.
② 麦天枢．天国猜想：认识中国的一条新路径［M］．北京：三联书店，1998：37.
③ 麦天枢．天国猜想：认识中国的一条新路径［M］．北京：三联书店，1998：71.
④ 麦天枢．天国猜想：认识中国的一条新路径［M］．北京：三联书店，1998：70.

第二，清朝正处于王朝周期的衰退期，难以形成强有力的中央政府去实施变革。自嘉庆年间白莲教起义以后，清王朝就无法逃避历史的“周期率”，开始步入衰退期。自鸦片战争以后，清王朝除了面临王朝衰退的内忧以外，还面临着前所未见的外患。太平天国起义时，清朝若没有曾国藩、左宗棠和李鸿章之类“中兴之臣”的辅佐，则提前结束了统治。曾国藩、左宗棠和李鸿章之类的“中兴之臣”虽然延长了清朝的国运，但也导致了地方势力的坐大，使社会转型所需要的政令畅通的中央政府难以形成，进而为清朝灭亡以后的军阀割据埋下了伏笔。在内忧外患逼迫下，若是明君圣主掌握权柄尚可一搏，然而不幸得很，清朝后期的帝王不仅在位日短、体质虚弱、能力有限而且缺乏雄才大略，在清王朝历代帝王排名中都处于中下的位置（见表2－6）。① 可惜，历史不能够假设，如果道光之后，由恭王继承帝位，那么根据表2－6所列指标进行评分，学者姜鸣认为，奕䜣可以得到115分的高分，在清朝历代帝王排名中超过乾隆而位居第二。② 此外，根据奕䜣在支持洋务运动中的表现和言论，若其能够手握天下权柄，则其会全力支持洋务运动，类似如日本的明治维新是可以期待的。然而，不幸得很，清末的实际掌舵人恰巧是一个善弄权柄、文化有限、见识短浅、身处深宫而无法抛头露面的慈禧。于是，历史的偶然性和必然性在晚清汇聚在一起，使清王朝屡屡错过转型的窗口期。

表2－6　　清代帝王综合评价表

	资质	本性	体格	教育	责任感	统驭	应变	私生活	机遇	得分	名次
顺治皇帝	上	中	中	中	中	中	下	下	中	83	8
康熙皇帝	上	上	上	中	上	上	上	上	中	117	1
雍正皇帝	中	下	中	中	上	上	上	上	中	107	3
乾隆皇帝	上	中	上	上	上	上	上	中	上	110	2
嘉庆皇帝	中	上	中	中	中	中	中	中	中	95	4
道光皇帝	下	中	中	中	上	下	下	上	下	85	7
咸丰皇帝	上	中	下	上	中	上	中	下	下	93	5
同治皇帝	中	中	中	下	中	下	下	下	中	68	9
光绪皇帝	中	中	下	中	中	中	下	上	下	87	6

以上各项，上等为15分，中等为10分，下等为5分，私生活及机遇两项另有加减分，私生活上等加2分，下等减2分；机遇上等减15分，下等加5分，“本性”指仁厚，“机遇”指国运及个人得位之机会。

① 姜鸣．天公不语对枯棋：晚清的政局和人物［M］．北京：三联书店，2006：7.

② 姜鸣．天公不语对枯棋：晚清的政局和人物［M］．北京：三联书店，2006：7.

清末的转型虽然充满曲折，但清末的转型却找到了中国转型的真问题——改变自秦以来所形成的专制体制以及权力支配社会的格局，即通过宪政和法治限制政府权力、保护民众的权利。

二、救亡压倒启蒙（1912—1949 年）

辛亥革命的爆发是清末改良拖延的必然结果，可是，辛亥革命的爆发，一个统一的民主国家并没有建立起来，反而引发了中国的分裂和巨大的混乱。一如费正清所言："到了 1912 年，在此之前就已经像海啸一样席卷了全世界的经济、政治、社会、思想和文化方面的巨大近代化转变，开始将中国文明碾为齑粉。那些从当时起经历了这一前所未有的时代的中国人经受了每一个层面上个体或是公众、实践或是理论上的大混乱。没有任何一处地方对一种新秩序、一种民族力量的复兴和国民生活重塑的探求，比在中国受到更长时间的拖延和更多的挫折了。"① 在辛亥革命至中华人民共和国成立这段时间里虽然发生了许多重大事件，但总体可以用启蒙和救亡来概括。

自从推翻清王朝以后，一个法治和民主国家并没有建立起来。临时大总统袁世凯在接管了清帝的主要行政职能以后，并未能建立一个民主国家，反而很快卷入与革命党人的权力之争。刚刚建立的中华民国实际上面临了多重任务，既要完成清末改良未完成的任务——启蒙民众，建立民主和法治国家，又要建立一个高效而又具有权威的政府，统领全国改革事业，救亡图存。不努力建设民主和法治国家则无法赢得革命党的支持，而努力建设这样的现代国家则又缺乏相应的民众基础，而民众基础的培育又非一日之功，需要长时间的宣传、教育和操练。与此同时，专制王朝虽然作为革命的目标被打倒了，但富强的目标依然没有实现。为了实现国家富强的历史任务，则又必须建设一个高效而又富有权威的政府，否则既无法解决自清末以来地方势力坐大的问题，也无法推行有益于国家富强的各项改革措施。在富强图存的现实目标的逼迫之下，从容建设民主和法治国家与建立高效而又富有权威的政府的确存在不兼容之处。富强图存的现实目标要求高效而又富有权威的政府能够及时抓住机会去制定和实施富国强兵的方略，从容建设民主和法治国家则要求慢工出细活，不仅要求通过

① 费正清．中国：传统与变迁［M］．张沛，译．北京：世界知识出版社，2002：490.

宣传和教育启蒙民众，而且要求彼此诉求不同的各方代表能够就国家大政方针心平气和地进行讨论和争议以求取共识，在求得共识的基础上，将共识转化为治国方略，并按照一定程序颁布实施。在机会稍纵即逝的情况下，在救亡图存的现实目标紧逼下，民主和法治国家里长久议而不决的讨论就可能导致机会的丧失。对于长期讨论可能导致机会的丧失，中国改革的总设计师邓小平非常理解，并用“不争论”“大胆尝试”和“错了就改”去应对改革中可能出现的问题和冲突。

在救亡图存和建立民主法治国家的双重任务之下，袁世凯并没有双管齐下——一方面着手建立民主和法治国家，另一方面着手建立高效而又有权威的中央政府。而是选择了试图通过恢复帝制来解决自清末以来的地方政府坐大而中央政府权威不足的问题。无论袁世凯恢复帝制是否存在私欲的考量，对于当时的中国而言，建立高效而又有权威的中央政府的确是一大历史任务。袁世凯作为清末地方实力派代表人物，是依靠武力取得天下的；袁世凯所接手的天下同样又是一个派系林立的天下，其所依凭的北洋军不过是军事实力最强的地方势力而已。袁世凯的人生经历和中国当时派系林立的现实，都要求袁世凯必须把恢复中央权威作为最紧迫的任务来完成。就当时的现实而言，解决自清末以来中央政府权威不足的问题并没有错。袁世凯的错误在于试图旧瓶装新酒，试图通过帝制来恢复中央权威。从1912年至1916年，袁世凯虽试图使用一切手段恢复帝制或曰中央权威，但他的努力却注定会成为泡影。首先，匆忙上位的袁世凯遭遇了意识形态的真空。儒家伦理教化和支持帝王统治的儒家礼教制度已经不具有开发的潜力，无法再作为权力的合法性来源，君权天授的观念已经无市场，人民是国家真正代表的理念深入人心。与此同时，民众对于近代民主制度的信仰和这样的政治制度（不论党派竞争，还是一党独裁），还尚未建立。在缺乏政治信念的支持下，袁世凯只能以近乎“法家”的权术来进行统治，因为他相信凡人都“惧刀刃而爱财货”。[①] 其次，恢复帝制的行为必然导致北洋将士离心，自溃统治根基。袁世凯所凭借的北洋军，并不是政党领导下的军队，而是袁世凯凭借拉拢手段所形成的私人情谊而捏合在一起的军事武装力量。一旦袁世凯登上皇帝宝座，放下直接掌控的军权，其所依凭的力量就会

① 费正清．中国：传统与变迁［M］．张沛，译．北京：世界知识出版社，2002：498.

转化为对其不利的因素，助袁世凯黄袍加身的北洋将领，要么面临“兔死狗烹”的历史宿命，要么学习袁世凯拥兵自重。“兔死狗烹”是北洋将领不愿看到的结局，拥兵自重又是袁世凯不希望看到的情形，于是，袁世凯与北洋将领的情谊就因袁世凯称帝而灰飞烟灭（袁世凯称帝后和段祺瑞关系的变化就是例证）。就此而论，恢复帝制的行为必然导致北洋将士离心，自掘坟墓。最后，革命党和地缘政治力量也协同反对帝制。革命党之所以拥戴袁世凯为民国总统，是希望能够凭借袁世凯的力量推翻清王朝。若袁世凯倒行逆施，则必然会受到革命党的反对。与此同时，袁世凯所领导的北洋军不过是清末众多新军中势力较大的一支而已。自曾国藩组建湘军以来，出于剿灭太平天国运动的需要，清政府同意地方政府自己组建民团保境安民。其中，湘军和淮军就是基于地缘而建立的地方武装力量的代表，到清朝末期，出于军事现代化的需要，许多地方督抚都着手训练新军。于是，在清朝末期，地方政府已经具有相当大的独立性。

袁世凯称帝失败后，中国就陷入了军阀混战（1916—1928 年）。与以往的藩镇割据不同，这些军阀实际上处于两个时代之间。他们既不能够通过武力统一来建立新王朝，又无法作为建立新秩序的领导者。与此同时，软弱的革命党人虽有建设新秩序的理想信念，却没有实力充当新秩序的领导人。于是，中国在推翻了清王朝以后，处于进退两难之境。“在 1911 年，革命党有党无兵；如今的军阀，却有兵无党。”①

军阀混战的确使中国衰落到极点，但与此同时，也是中国政党政治重建而逐渐复兴的起点。军阀混战既是乱世，也是思想富有创新精神的年代。在军阀混战自顾不暇之际，在第一次世界大战爆发之时，由于国内和国外的政治力量都放松了对中国社会的控制，于是，孕育了思想、经济和文化多元发展的态势。

在中央集权衰落之际、社会秩序加剧恶化的同时，西方国家因为忙于第一次世界大战，对中国的出口减少，在通商口岸所建立的民族工业因不受内外干扰，获得了发展机遇。与此同时，新式教育也有很大发展。北京大学则是当时学界的中心，一是因为其在中国教育界地位；二则是因为 1917 年新任校长蔡元培为北大网罗了一批知名学者；三则是因为蔡元培主张“学术应当超越政

① 费正清．中国：传统与变迁［M］．张沛，译．北京：世界知识出版社，2002：501.

治，学术不应当受制于政治”；四则是中央集权衰落，政府对教育和思想控制力下降，有了自由的思想市场。于是，一场声势浩大的思想和文化的革命在教育界展开，各种思潮涌入中国：无政府主义、社会主义、自由主义、实用主义等。这场思想文化革命是在多个维度展开的：一是对中国传统的社会秩序的反思，否定了“三纲”的合理性；二是对于文体的改革，反对文言文，提倡白话文；三是反对帝国主义，强调民族独立，如五四运动。随着这场运动的展开，思想和文化界阵营发生了分化：一些人主张从事学术研究、改革和渐进演变；另一些人倾向于投身政治行动、暴动和暴力革命。在这场思想和文化革命之中，强调如何解放个人的自由主义也一度是关注的焦点，但由于它不合时宜而被抛弃。“中国的个人主义们并无能力实施西方自由主义学说。西方自由主义学说来源于西方天赋人权和法律至上的理论，但在中国并无能够支持真正中国式自由主义类似理论传统。相反，在军阀肆虐的中国，未来的自由主义者在能‘自私地’要求获得他应得的民权之前，首先必须帮助建设一个现代化的民族国家。”[①] 以保护个体权利为核心的自由主义之所以被抛弃，并不意味着民族独立国家建立以后，中国人民就不需要保护人权，也不意味着限制政府权力、保护个体权利不是中国转型必须完成的任务，只是因为在当时的历史情境下还不具备“限制政府权力、保护个体权利”的条件。在军阀混战和列强虎视眈眈的年代，国家的统一和民族的独立是压倒一切的中心任务，个体必须勇于牺牲、众志成城，放弃个体权利和利益，为争取国家统一和民族独立而奉献一切。于是，救亡压倒启蒙，新文化运动所倡导的启蒙思想注定只能暂时流行于知识分子的圈子作为薪火留存，而难以成为燎原之势。

思想和文化革命后，中国新民主主义蓬勃发展。“这个时代具有三项主要标志：一党专政的兴起、社会主义思潮的成长以及反对帝国主义的斗争。”[②] 五四运动已经表明，当学生被组织起来他们能够取得什么样的成就。孙中山对此非常清楚，于是，他积极招募学生改组国民党，与此同时，在会党和军阀势力不可依靠的情况下，决心建立革命武装，改变“有党无军”的窘境。在改组国民党的过程中，为了改变以前革命党的涣散局面，他要求加入国民党的人

① 费正清．中国：传统与变迁［M］．张沛，译．北京：世界知识出版社，2002：522.

② 费正清．中国：传统与变迁［M］．张沛，译．北京：世界知识出版社，2002：519.

员必须向他宣誓效忠。

在中国陷入军阀混战之际，国际形势也发生了重大变化，第一次世界大战爆发，十月革命取得成功。十月革命给中国送来了马克思列宁主义，也为苦寻出路的中国人带来了希望。首先，马克思有关阶级斗争推动社会进步的学说对于青年学生很有吸引力，因为他们需要一种理论体系解释社会进步和阐明复杂的历史事件。于是，各地共产主义小组纷纷建立。其次，十月革命的胜利也表明这样的历史进步是可能的，至于如何通过阶级斗争去取得社会进步，列宁有关无产阶级政党的学说则为无产阶级如何夺取胜利提供了组织理论。此外，列宁有关帝国主义的理论将殖民帝国主义解释为垄断资本主义的结果，巴黎和会中国利益被列强出卖也证明中国的敌人是帝国主义及其在中国的代理人，而列宁则率先提出放弃帝俄时期在中国攫取的特殊利益。再次，从巴黎和会归来的梁启超也深切感受到西方文明在精神领域的破产。最后，共产国际派代表来华帮助中国人成立中国共产党。在上述因素的影响下，面对四分五裂的局面，通过建立共产党领导无产阶级革命自然也就成为中国人的一个选择。于是，中国共产党于 1921 年创立。

中国共产党成立以后不久，孙中山也在苏联①的帮助下开始着手改造国民党，提出“联俄、联共、扶助农工”三大主张。中共二大于 1922 年召开，会议同意与国民党合作。遵照共产国际的指示，中共党员应以个人身份加入国民党，同时保持自己组织的独立性，以便形成一个“党内”而“非党外”的集团。新的国民党章程、纲领和宣言于 1923 年 1 月 1 日公布，重组国民党的工作则在 1924 年的国民党一大期间完成。同时，孙中山根据共产党人的建议，于 1924 年建立了培养革命军人的学校——黄埔军校，并亲任总理，任命蒋介石为校长。孙中山不幸于 1925 年逝世，国民党也分裂为左派和右派。在共产党的帮助下，国民革命军通过“东征”和“西征”解决了广东的军阀势力。蒋介石成为国民革命的领导人。与此同时，在国共合作期间，共产党一方面发动和领导工人运动进行反帝斗争，另一方面则通过农民运动试图改变中国的乡村，并在这样的活动中事实上拥有了自己的武装力量。如在省港大罢工期间建

① 1922 年，俄罗斯联邦等苏维埃社会主义共和国组成苏维埃社会主义共和国联盟，简称苏联。1991 年苏联解体。

立的武装组织已由共产党接管，并逐步发展为在当地拥有武装和受共产党领导的政权。这种现象引起国民党右派和蒋介石的恐慌，于是，在1926年3月20日，蒋介石借“中山舰”事件将部分共产党人排挤出国民党。1926年7月开始北伐，在共产党的帮助下，北伐进展迅速，并于1927年春进军华中。此时，国共之间的裂痕开始扩大，蒋介石于1927年4月12日，公开镇压共产党领导的上海工人组织，国共合作破裂。关于国共合作的破裂，根本原因不在于反对帝国主义特权和实现国家统一，而在于共产党与国民党在组织工厂工人和乡村农民开展社会革命上存在分歧——共产党人坚定地认为封建主义的基础在于乡村地主阶级的存在，资本主义的基础则在城市的资本家阶级。

1928年，国民革命军再次北伐，占领北京，易名北平。1928年底，国民政府得到国际社会承认。随后，张学良率领东北三省易帜，中国实现了名义上的统一。

1928—1937年，是十年国内革命战争时期，同时也是蒋介石取得独裁统治地位的时期。虽然中国君主制早在20多年前就推翻了，但中国的统治者依然想当一个乾纲独断的独裁者。对于蒋介石来说，他当时要做的是进一步打倒地方割据势力、消灭共产党领导的革命武装力量。这样的领导人不可能通过总统制或主张权力制衡的立宪体制产生，必须是一位军事领导人，于是蒋介石就成为了唯一人选。作为执政者，控制军队、掌握重要战略资源和改组领导机构就成为蒋介石的必然选择。蒋介石通过蒋宋联姻，借助孔宋家族，保持与西方的联系，并取得江浙财阀的支持；通过拉拢、分化等手段，处理自己同汪精卫和胡汉民的关系，巩固和提升了自己在国民党内的地位；依赖亲信，重组党政军机构（如借助黄埔嫡系，压制其他地方武装）；在经济上，通过一系列手段，控制国家主要经济资源作为对内对外军事行动的支持。借助上述手段，蒋介石的独裁得以建立。对此，费正清有如下评价：“中国党派政治的第一次试验就显示出许多封建王朝统治的痕迹：所有基层军事和文官官僚机器在最高政治层才统一起来，一切权力集中到一个由具有延续性的政党实体选出的最高统治者手中，而后者则于各个政治层面上在或公开或秘密的监督人员协助下开展工作。”①

1937年，日本侵华战争全面爆发，中国共产党与国民党再次合作，全面抗日。1945年，抗日战争取得胜利。经过八年的全面抗日战争，一方面蒋介

① 费正清. 中国：传统与变迁［M］. 张沛，译. 北京：世界知识出版社，2002：522.

石的独裁统治进一步强化，另一方面，中国共产党实施的深入敌后建立抗日根据地的战略也使得自身力量不断壮大。与此同时，为了适应战争的需要，高度集中的权力体系也在共产党内基本形成。抗日战争胜利以后，国共之间本该一起建立联合政府共建家园，可是，《双十协定》墨迹未干，国民党军队大举进攻解放区，挑起全面内战。这场内战，最终以国民党的失败而告终。

从辛亥革命到中华人民共和国成立，救亡图存、国家统一始终是这段历史的主旋律，启蒙则是主旋律下的变奏曲。在国家分裂、民族危亡之际，如何集中所有资源去争取民族独立和国家的统一，是任何当政者或试图谋求执政的政党所必须解决的问题。为了解决这一迫在眉睫的现实问题，在核心价值观（社会秩序观的内核）层面上，则要提倡“奉献牺牲”和“国家民族利益高于个体利益”以及“大公无私”。国民党自组建黄埔军校以来，强调为革命奉献牺牲，强调忠于领袖一直是宣传的主旋律。黄埔军校大门上的对联是：“革命尚未成功，同志仍须努力”以及“贪生怕死者莫进门”之类的口号都是其标志。到全面抗战期间，则是向全民提倡“奉献牺牲”。1937 年 7 月 17 日上午，蒋介石在由各党各派、各界名流参加的“庐山谈话会”上正式发表《抗战宣言》，郑重宣布：“我们不能不应战！我们只有牺牲到底，抗战到底，若是彷徨不定，妄想苟安，便会陷民族于万劫不复之地，如果放弃尺寸土地和主权，便是中华民族的千古罪人！”“如果战端一开，那就是地无分南北，年无分老幼，无论何人，皆有守土抗战之责，皆应抱定牺牲一切之决心！”

在国家和民族危亡的关头，提倡奉献牺牲、大公无私更是共产党人宣传与行动的主旋律，而且得到彻底践行。毛泽东在《为人民服务》一文中指出：“中国人民正在受难，我们有责任解救他们，我们要努力奋斗。要奋斗就会有牺牲，死人的事是经常发生的。但是我们想到人民的利益，想到大多数人的痛苦，我们为人民而死，就是死得其所。”① 在《纪念白求恩》一文中，毛泽东则高度提倡学习白求恩大公无私的精神，“从这点出发，就可以变为有利于人民的人。一个人能力有大小，但只要有这点精神，就是一个高尚的人，一个纯粹的人，一个有道德的人，一个脱离了低级趣味的人，一个有益于人民的人。”②

---

① 毛泽东．毛泽东选集（第三卷）[M]．北京：人民出版社，1991：1005.

② 毛泽东．毛泽东选集（第二卷）[M]．北京：人民出版社，1991：660.

在具体的制度安排上，则必须采取各种统制措施集中资源、实行高度集权的管理体制。自北伐战争以后，以蒋介石为代表的国民党政权日益走上独裁专制统治不是偶然的。

在国共争夺国家政权的斗争中，共产党能够战胜国民党成为执政党，根本原因同样在于根植于人民大众的共产党比国民党更有能力、更有效率地汇聚各种资源。从国共双方汇集资源的手段和制度安排看，国民党利用执政党地位，侧重于从国家组织的上层来整合各种资源，以抓军权为核心整合“军、政、财”三个方面的权力，并在形式上达到了预期目的。但是，由于脱离广大人民群众，甚至与广大人民群众为敌，事实上并没有在全国范围内实现“军、政、财”三个方面权力的整合。共产党作为代表广大人民利益的革命党，则通过发动基层民众、再造基层组织，整合了社会下层的资源。从大历史的视角看，新中国成立以后，共产党人不仅完成了自鸦片战争以来的民族解放和独立的使命，也完成了辛亥革命以后国家统一的任务。从制度演进的视角看，社会上层组织和基层乡村的制度体系终于建立起来了，这同样是一个重大的历史贡献。在专制王朝时期，各个王朝虽然基于儒家的纲常伦理统一过中国，但权力的触角始终未能深入乡村。共产党人在发动民众革命的过程中，则通过基层组织的再造完成了整合乡村资源的目标，让浮游于乡村之上的权力架构和制度安排有了稳固的乡村基础，使得政令能够直达基层。对于再造基层组织、铲除专制基础，进而完成国民革命大业，共产党人早在国共合作时期就有非常清晰的认知：“一切革命同志须知：国民革命需要一个大的农村变动。辛亥革命没有这个变动，所以失败了。现在有了这个变动，乃是革命完成的重要因素。”[①]“宗法封建性的土豪劣绅，不法地主阶级，是几千年专制政治的基础，帝国主义、军阀、贪官污吏的墙角。打翻这个封建势力，乃是国民革命的真正目标。”[②] 革命胜利以后，共产党人则经过全国范围内的土地改革运动重新再造了中国乡村的权力架构，以乡绅、宗族和地主为主体的乡村自治则完全为国家所建立的乡村的政府机构所取代，解决了历代专制王朝“想解决而未能解决”的问题。当中国共产党成为执政党以后，通过接管国民党执政时期的现代工业

① 毛泽东．毛泽东著作选读（上册）[M]．北京：人民出版社，1986：15.

② 毛泽东．毛泽东著作选读（上册）[M]．北京：人民出版社，1986：15.

和相关的经济管理机构，中国共产党人掌握着最先进的生产力；通过革命期间所再造的基层组织则使中国共产党人具备了整合乡村资源的条件。因此，革命胜利以后，已经具备了实行高度集中的经济管理体制的制度条件和组织基础。

从制度演进的路径依赖看，中国共产党在执政以后实行高度集中的计划经济体制有其内在必然性。既然在革命的过程中，中国共产党人通过再造乡村基层组织、汇集民众力量，既抵御日本侵略者，又推翻了“三座大山”，夺取了革命的胜利，那么在革命胜利以后，中国共产党人同样有理由相信：应该在继续提倡大公无私的前提下，采用高度集中的经济体制来汇集民众的力量去建设新中国。与此同时，实行高度集中的经济管理体制也有深厚的民众基础：一曲《东方红》表达了民众对于共产党领袖的崇拜之情，也预示着新中国成立以后实行高度集中的政治和经济体制有着深厚的群众基础。

从历史演进的轨迹和社会大转型的视角看，中国人民争取民族独立和国家统一的这段历史也打乱了转型的步伐，中国社会的转型历程也因此而平添了许多曲折。按照历史演进和社会转型的内在逻辑看，用“民主、自由、法治”的中国取代专制王朝本是中国应对西方挑战的制度选择，也是中华民族复兴的必由之路。可是，由于清末宪政失败，国家内部陷入四分五裂之境，国家外部则是列强环绕，中华民族到了危机的关头，不具备从容建立“民主、自由、法治”的历史条件，只好选择革命之路来解决国家统一和民族独立这一最紧迫的现实问题。从容建立“民主、自由、法治”的中国和通过革命之路来解决国家统一和民族独立的问题虽有一致之处，但也有不兼容的一面。建立“民主、自由、法治”的中国强调的是“限制权力和保障权利”，革命则强调的是奉献牺牲、大公无私以及高度集中权力和资源，对此毛泽东有深刻的体悟：“革命不是请客吃饭，不是做文章，不是绘画绣花，不能那样雅致，那样从容不迫，文质彬彬，那样温良恭俭让。革命是暴动，是一个阶级推翻一个阶级的暴烈的行动。”[①] 建党以后，中国共产党人经过长达28年的艰苦卓绝的革命斗争方才获得执政党的地位。长达28年的艰苦卓绝的革命斗争既形成高度集权的管理模式，也在无形中培育了“重视权力和轻视个体权利”的斗争思维模式。此外，当发动群众成为获取革命胜利的重要手段和方法时，发动群众

① 毛泽东．毛泽东著作选读（上册）[M]．北京：人民出版社，1986：16－17.

也就逐渐演化和固化为解决一切问题的手段和方法，并时常越过法律的边界——矫枉必须过正，不过正不能矫枉，让法律意识和规则意识难以形成，为“瞎折腾”打开了方便之门。新中国成立以后到改革开放以前，各种重大活动如“大跃进”与“文化大革命”等都是以群众运动的模式展开的。这种现象的出现并非偶然，既可以在发动群众夺取革命胜利的结果中寻找到其生生不息的内在动力，也与中国在清末转型中未能建立法治社会以及长期的专制传统有内在关联，是转型并不彻底的中国在新的历史条件下所呈现的一种扭曲现象。

三、中华人民共和国时期（1949 年至今）

1949 年，经过长期艰苦卓绝斗争的中国共产党终于获得执政地位，成立了中华人民共和国。自鸦片战争以来，中华民族就被历史赋予了双重使命：中华民族解放和独立、中华民族的伟大复兴。中华人民共和国成立不仅标志着中国共产党人带领中国人民完成了民族解放和独立的使命，而且意味着一个高效而又拥有权威的中央政府的建立。从中华人民共和国成立到现在，从历史演进的逻辑和历史事实看，中国共产党人一直在领导中国人民去完成中华民族伟大复兴这一历史使命。中华人民共和国成立以来发展至今的这段历史，始终是围绕着中华民族伟大复兴这一主题去探索路径、方法和具体的价值目标。这段历史可以划分为两大阶段：艰难曲折的社会主义探索时期（1949—1978 年），建设中国特色社会主义时期（1978 年至今）。

1949—1978 年，是艰难曲折的社会主义探索时期。这个时期，可以划分三个阶段：1949—1957 年，全面模仿苏联式社会主义时期；1957—1976 年，以解决集权和分权矛盾为中心，试图探索具有中国特色的社会主义道路；1976—1978 年，结束“文革”，将工作重心转移到经济建设上来。

1949—1957 年，全面模仿苏联式社会主义时期。新中国成立以后，中国应该建立什么样的国家、走什么样的经济发展道路就成为摆在共和国领袖面前的最大问题。虽然毛泽东曾经设想过：中国社会主义建立之前，应该走相当长时间的新民主主义道路，但历史环境并没有赋予共和国从容过渡到建立社会主义的机会。二战结束以后，冷战格局形成。与此同时，中国共产党人是在打败美国政府支持的蒋介石政权后而成立新中国的。此外，斯大林为首的苏共虽然在国共内战期间并没有怎么支持中国共产党人所领导的人民武装力量，但毕竟意识形态相同。在此情形之下，加入以苏联为首的社会主义阵营乃是不得已为之的选择。这也是在新中国成立后不久，毛泽东马上出访苏联的原因之一。经过中苏两国谈判和商议，新中国不仅获得苏联的物质援助，而且在 1950 年 2 月 14 日，双方签订了《中苏友好同盟互助条约》。这个条约的签订不仅标志着中国开始踏上苏联模式的社会主义，也是中国社会主义建设一波三折的起点。尽管如此，在全面模仿苏联式社会主义时期所取得的成就还是有目共睹的。从中华人民共和国成立到 1952 年，中国人民在一边抗美援朝、一边恢复经济的情况下，只用了三年的时间就使国民经济迅速恢复。国民经济的迅速恢复，主要得益于：实行了土地改革，农民积极性高涨；中国共产党人有一支纪律严明、乐于奉献的干部队伍；混合经济的帮助。从 1953 年到 1957 年，中国实施“一五”计划，全面进入苏联模式社会主义时期。“一五”计划通过“一化三改造”全面集中资源发展重化工业。“一五”计划虽然使中国经济发展落入苏联模式的藩篱，但仍然需要对此加以客观评价。选择苏联模式发展经济，固然有冷战格局的因素，但与中国自近代以来走的现代化道路所形成的工业水平有内在关联。虽然早在 1860 年中国就开始了所谓的洋务运动，但由于洋务运动只是地方督抚行为、缺乏全盘规划，因而无法建立起全面的工业体系。清朝灭亡以后，因为战乱频繁，民族工业也缺乏从容发展的安定环境，因此，工业体系依然残破不全。就此而论，补好洋务运动所欠缺的课程，依然是共和国领袖们必须完成的任务。“一五”计划的实施恰好偿还了历史旧账，成为中国工业化的真正起点。在实施“一五”计划时，朝鲜战争依然硝烟未尽，可中国人民志愿军却需要苏联支援武器弹药。如此情形，对于在恶劣环境中发展壮大的中国共产党而言，对于深受缺枪少弹之苦的人民军队而言，对于长期因落后而挨打的中国人民而言，为了共和国的安全，为了不受外部势力的欺凌，为了国家和民族的发展有安宁的环境，没有什么比建立完整的工业体系是更加急迫的任务了，为此付出任何代价也在所不惜。就此而论，选择苏联模式的社会主义是特定历史条件下的一个民族的集体选择行为，我们不能用改革开放所取得的经济成就来否定当年的选择。如果没有此时奠定的工业基础，改革开放所需要的安宁的外部环境又从何而来呢？

1957—1978 年，是试图探索具有中国特色的社会主义道路时期。在 1952—1956 年间，中国在模仿苏联进行社会主义改造的过程中，建立了中国历史上最为集中的政治和经济体制。在这样的体制建立不久，毛泽东就觉察到中央集权所带来的弊端。早在1956年4月，毛泽东在《论十大关系》一文就提出：要考虑国家、生产单位与个人（工人和农民），以及中央与地方政府之间的平衡。关于国家、生产单位与个人的关系，毛泽东认为："把什么东西都集中在中央或省市，不给工厂一点权力，一点机动的余地，一点利益，恐怕不妥。中央、省市和工厂的权益究竟应该各有多大才适当，我们经验不多，还要研究。从原则上说，统一性和独立性是对立统一，要有统一性，也要有独立性。……总之，国家和工厂，国家和工人，工厂和工人，国家和合作社，国家和农民，合作社和农民，都必须兼顾，不能只顾一头。"① 关于中央与地方的关系，毛泽东认为："我们的国家这样大，人口这样多，情况这样复杂，有中央和地方两个积极性，比只有一个积极性好得多。我们不能像苏联那样，把什么都集中到中央，把地方卡得死死的，一点机动性也没有。"② 在论及整个行政机构时，毛泽东指出："中央要注意发挥省市的积极性，省市也要注意发挥地、县、区、乡的积极性，都不能框得太死。总之，可以和应当统一的，必须统一，不可以和不应当统一的，不能强求统一。"③ 从一定意义上讲，自社会主义改造完成以后，整个计划经济时代，都始终围绕如何解决集权和分权的矛盾而探索具有中国特色的社会主义道路。

为了探索具有中国特色的社会主义道路，为了解决中央集权所带来的弊端，调动地方、生产单位和个人的积极性，1957—1976年，在中国大地上展开了一个接一个的社会运动。具体而言，这些运动包括运动"反右"和"大跃进"以及"文化大革命"。

第一，由党内整风引发的"反右"运动。1957年春，在觉察到中央集权所引发的问题以后，毛泽东决定在党内展开一次整风运动，希望借助此解决政权机构集权所引发的问题。虽然是党内整风活动，但依然采取群众运动的模式来展开。广大知识分子和部分群众不仅被邀请参加讨论，而且鼓励他们畅所欲言地批评或建言，帮助党和政府更好地开展工作。虽然大多数发言都是善意的

① 毛泽东．毛泽东著作选读（下册）[M]. 北京：人民出版社，1986：727.
② 毛泽东．毛泽东著作选读（下册）[M]. 北京：人民出版社，1986：729.
③ 毛泽东．毛泽东著作选读（下册）[M]. 北京：人民出版社，1986：731.

建议和意见，但由于极少数资产阶级右派分子乘机向中国共产党和新生的社会主义制度发动进攻。对他们的反击是必要的。但由于对形势估计得过于严重，导致反右派斗争严重扩大化。一些人被错误地划成“右派分子”。扩大化的“反右”运动，使中国不少人，特别是不少知识分子长期蒙受冤屈打击，许多人失去了为社会发展作贡献的机会。多年以后，薄一波写道：“从反右派开始，直到十一届三中全会以前，长达20年的时间里，毛泽东倡导的那种生动活泼的政治局面一直未能出现，党内民主生活很不正常，‘百花齐放，百家争鸣’的方针也没有认真贯彻执行。”①

第二，“大跃进”运动。1957年，中共八届三中全会通过了旨在加强地方政府权力的改革议案。此后，地方政府不仅在资源分配、财政和税收政策以及人事管理上都获得了更多的自主权，而且掌管了绝大多数国营企业。与此同时，由于国民经济迅速恢复和实现了向苏联模式的平稳过渡使中共领导层信心大增，于是，1958年，已经拥有更多自主权的地方政府在“多快好省地建设社会主义”的号召鼓舞下，极力在自己的辖区内相互竞赛般地推行“大跃进”运动。不仅收缴农民生产工具归集体所有，让农村合作社迅速让位于人民公社，而且在农村公社范围内兴办起可以免费就餐的大食堂。与此同时，在“人有多大胆，地有多大产”的口号鼓动下，一份份浮夸的农业产量报告出台并登载在《人民日报》上。于是，在虚假信息的引导下，国家在农民手中大量征收粮食，粮食出口额从1957年的193万吨，飙升至1958年的266万吨，至1959年则高达416万吨。虽然在1961年开始进口粮食，可在此前的1960年，粮食出口依然达到265万吨。② 结果造成一边出口粮食、一边闹饥荒的匪夷所思的情况。与农村人民公社化和粮食产量浮夸风相伴而行的全民大炼钢铁则加重了饥荒的程度。1957年11月，毛泽东去莫斯科参加纪念十月革命40周年庆典。由于钢铁产量在当时是衡量工业化水平的重要指标，因此，当赫鲁晓夫宣布苏联钢铁产量在15年内超过美国时，急于改变农业大国现状力争尽快实现工业化的毛泽东便在其讲话中承诺要在15年内超过英国。为了兑现承诺，则发动了全民大炼钢铁的运动。由于全民大炼钢铁，致使农村大量精壮农业劳

① 薄一波. 若干重大决策与事件的回顾（修订版）［M］. 北京：中共党史出版社，2006：438－439.
② 孙健. 中华人民共和国经济史（1949—90年代初）［M］. 北京：中国人民大学出版社，1992：244.

动力被转移去炼钢铁，致使农活无人干，甚至在收割的季节也不管农活——彭德怀的一首词就是这种景象的写照："谷撒地，薯叶枯，青壮炼铁去，收禾童与姑，来年日子怎么过，我为人民鼓与呼。"

"大跃进"运动作为中国第一次摆脱苏联模式自主探索社会主义道路的尝试，值得反思之处固然是多方面的，但其主要在两个方面：①自主探索社会主义道路，失误在所难免，但何以会出现如此巨大的失误呢？②"大跃进"运动的失败本来应该，促使整个国家和民族对其进行深刻反省，反而导致国家和民族在错误的道路上越走越远，犯下更大的错误（即"文化大革命"）。

自主探索社会主义道路，犯错固然难以避免，但像"大跃进"这样后果如此严重的错误则不能以此作为理由简单地敷衍过去的。反思"大跃进"运动的教训，起码有以下几点是值得提及的：①下级和基层组织只向上级和上级组织汇报过滤了的好消息，致使上下级之间信息严重不对称和上级决策缺乏真实的信息。早在1959年，本来有些省（如河南省）就出现过饿死人现象，但地方领导人却知情不报，致使国家在饥荒的年份（1958—1960年）依然在大量出口粮食。之所以会出现如此现象，根本原因在于："反右运动"不仅使大批知识分子因言获罪，而且也使得中国失去了可以提出不同思想观念的市场。"反右运动"不仅使一般国民和知识分子不敢再提出意见，而且也在党和国家政府内部上下级之间形成了报喜不报忧以及浮夸不实的工作作风。在毛泽东的"多快好省地建设社会主义"号召下，当各级地方政府竞相"放卫星"（浮夸粮食产量）时，中央部门肯定会据此大规模征收粮食出口换取进口工业设备不可或缺的外汇。当中央部门根据各地浮夸报告征收粮食时，地方政府必然将压力转嫁给基层组织，基层人民公社为了完成摊派的任务，则不得不向行政村强行征收过多的粮食，致使农村余粮有限。此外，由于各地兴办公共食堂，致使为数不多的余粮没有得到有效的配置。于是，饥荒就制造出来了。当饥荒出现以后，地方政府和基层组织出于害怕追究责任的动机，则极力掩盖已经出现的饥荒。各级地方组织极力掩盖真实信息的行为不但最终酿成了全国性的饥荒，而且也错过了可以迅速解决饥荒问题的最佳时机。②通过再造农村基层组织所形成的强大的掌控能力与权力任性、不依法行政结合在一起的产物。无论是将合作社合并为人民公社，还是各地开办公共食堂，抑或是全民"大炼钢铁"，都具有一个共同的特征：不依法行政，用行政权力支配生产单位和个体的选择行为。如果法治观念已经深入人心，如果国民尤其是广大农民已经成为可以独立选择的主体，那么即使出现“大跃进”之类的运动，其损失也不会那么大。与此同时，如果中国共产党人慎用在革命期间通过再造基层组织所形成的强大控制能力，全民“大炼钢铁”的举动也难以形成。如果不是农村劳动力大量被抽去“大炼钢铁”，农业产量的下降也不至于那么严重，从而饥荒也不至于那么严重。因此，从一定意义上讲，“大跃进”是不依法治国因素与国家再造农村基层组织过程中所形成的强大控制能力结合在一起的产物。转型不彻底因素为不依法行政和权力任性提供了社会土壤，国家权力对基层的强大控制能力则使任性的权力能够在全中国的范围内支配民众的行为，进而在表象形成“心往一处想，劲往一处使”的所谓充分调动民众积极性的局面。③在毛泽东具有极高权威的条件下，毛泽东发出任何指示，地方政府都会积极跟进，不仅遵从毛泽东的指示，而且不惜通过弄虚作假来表现对领袖指示的积极执行。毛泽东指示“要多快好省地建设社会主义”，地方就会通过虚报产量来体现“多”，通过迅速组织人民公社来体现“快”，通过办食堂来体现“省”。毛泽东指示要让“钢铁元帅”升帐，地方就抽调农村劳动力“大炼钢铁”，形成“村村点火”的景象。

中央虽然也曾召开庐山会议和七千人大会之类的会议对“大跃进”运动进行过反思，可是，从历史发展和演进的视角看，整个民族从这场巨大的灾难中所获得的经验和教训却是非常有限的，只是暂时终止了解决集权和分权矛盾所进行的实验，并在保留人民公社的框架下返回到中央集权和计划经济的老路（也就是“大跃进”运动之后的调整和整顿时期）。不但如此，在对“大跃进”运动造成的巨大灾难进行反思的过程，还引发了中央领导层内部的分歧，为更大的民族灾难（“文化大革命”）埋下了伏笔。

第三，“文化大革命”时期（1966—1976 年）。“大跃进”运动失败后，中国经济在陈云的主导下，经过调整和巩固，又恢复到计划经济的轨道。对于已从哲学高度看到中央计划经济之弊的毛泽东而言，绝对不会容忍中央计划经济的长期存在。在 1966 年，以“评海瑞批罢官”为序幕，长达 10 年之久的“文化大革命”在中国大地上展开了。从“文化大革命”以“评海瑞批罢官”作为序幕来看，毛泽东并没有忘记彭德怀在庐山会议上对“大跃进”所提的意见而罢免彭德怀官职的事情，并认为吴晗的《海瑞罢官》有隐射彭德怀罢官事件的嫌疑。“大跃进”运动归因问题以及如何评价“大跃进”运动问题不仅直接导致彭德怀等在庐山会议上被打倒，而且还在1966年成为“文化大革命”的导火索，这其间的原因值得思考。在毛泽东这样的共和国领袖看来，如何评价“大跃进”运动不是一个小问题，而是一个关系中国是否应该坚持探索有中国特色的社会主义事业的大问题。在“大跃进”运动失败以后，当刘少奇等一线领导们积极支持陈云把中国经济重新引导到计划经济的道路上时，暂居二线的毛泽东就理所当然地认为，这些一线领导放弃了积极探索有中国特色的社会主义道路的尝试和努力，正在走苏联修正主义道路。于是，毛泽东就迅速走上前台，发动学生和民众，打破现存政府管理体系，并重建新的政府管理体系（在新的政府部门中，政府领导由工农兵代表、“造反派”头目和“文革”中没有被打倒的老干部组成），试图再次探索有中国特色的社会主义新路。毛泽东这次探索中国社会主义道路所造成的灾难是空前的，不仅使国民经济文化教育等领域遭到了毁灭性的打击，而且大批革命老干部被打倒。

1976年9月9日，毛泽东逝世。在共和国面临考验的时期，华国锋团结其他党和国家、军队领导干部，打倒了“四人帮”，避免了共和国的动荡。在华国锋短暂的主政期间，结束了“文化大革命”“以阶级斗争为纲”的思想路线，开始逐渐把经济建设作为党和政府工作重心，并试图通过大量引进国外先进技术把中国经济迅速发展上去。在这一段时间虽然取得了一定的成绩，但由于其坚持两个“凡是”以及纠正“文革”错误不彻底，难以带领中国人民开辟新的道路，这就注定了他只能够成为一个过渡性的领导人物。

回望新中国成立至1978年这段历史，可以用巨大的建设成就和代价高昂的不懈探索来评价。从大历史的视角看，这段历史是成就巨大的历史。在这个历史时期，中国共产党领导中国人民既完成了洋务运动希望完成而没有完成的任务——建立完整的工业体系和初步实现工业化，又在中国建立了社会主义社会，并就如何建设社会主义社会进行了一系列的艰难探索。同样无需隐讳的是，在这段时期内，为探索社会主义道路所付出的代价也是极为高昂的。探索社会主义道路付出如此巨大代价固然与社会主义道路的探索性特征有内在关联，但仅仅用“探索所支付的学费”是无法解释的。在这段历史时期，付出如此高昂成本的原因还包括以下方面：①没有及时建立民主法治社会来限制权力和保障权利，致使权力滥用和民众权利受到侵害，进而使社会主义道路探索付出了不应该支付的代价。自鸦片战争以来，由于西方列强的崛起，曾经创造过辉煌的中华民族沦落到被动挨打的境地。于是，争取民族独立和实现民族复兴就成为了中华人民的历史使命。新中国成立只是让中国暂时摆脱了被动挨打的局面，但并未从根本上摆脱落后的局面。如果新中国成立以后，不迅速摆脱落后状态，迟早还会步入落后挨打的旧辙。因此，从大历史的角度看，新中国成立以后，必须完成民族复兴的伟大使命。要完成这一历史使命，不仅要建立社会主义制度，而且要实现社会结构的大转型。建立民主和法治国家是自鸦片战争以来，经历了洋务运动、戊戌变法、清末宪政、辛亥革命和新文化运动等一系列变法图强运动的中国人民想解决而一直没有解决的问题，也是众多先贤就实现中华民族的伟大复兴所提出的治本之策。作为中华民族复兴的治本之策，本该成为新中国接手完成的历史任务。可是，这一必须完成的重大历史任务，在 1949 年至 1978 年间，因为被曲解，不仅没有建立起民主和法治社会，反而因此而产生了重大失误。① 造成民主和法治的社会没有建立起来的原因是多方面的，最根本的原因在于：新中国的领袖们以为建立了人民当家作主的共和国和社会主义制度，民主和法治的中国就自然建立起来了，忽视了建立民主和法治社会的长期性和艰巨性。在中国这样一个专制传统深厚的社会中，建立民主和法治社会不是一蹴而就的，需要进行长期艰苦的努力，不仅要在具体的制度安排层面进行大量的立法工作，而且需要通过长期的教育工作和司法实践让国民理解自己的权利与义务，让政府公职人员深刻地理解权力与责任、政府

---

① 以毛泽东为首的中国共产党是具有高度的历史意识和文化自觉性的政党。早在 1944 年 11 月 21 日，毛泽东在给郭沫若的信中就说过：“你的《甲申三百年祭》，我们把它当作整风文件看待，小胜即骄傲，大胜更骄傲，一次又一次吃亏。如何避免这种毛病，实在值得注意。”在 1945 年 7 月 4 日，毛泽东在延安窑洞与黄炎培谈到用民主解决兴亡周期率的办法；在夺取革命胜利前夕，不仅发表文章谆谆告诫党内同志，把进驻北平比喻为“进京赶考”，并在 1949 年 3 月 23 日与周恩来的谈话中，明确地说过：“我们决不当李自成。”既然中国共产党人对历史的教训有高度的警觉，那么又为什么在新中国成立后的相当长时间内又经历过那么多的曲折呢？首先，就当时中国共产党人所总结的历史的教训而论，主要是从如何建立和巩固新生政权为立足点进行总结的，因而对于如何建立和巩固新生的政权是有益的，但对于如何建立一个与以往不同的全新世界则不具备多大的借鉴意义。新中国的成立不是朱元璋建立明朝，而是翻开历史的新篇章，是在一个有悠久的专制历史的国度建立人民共和国、建立和建设社会主义。其次，虽然毛泽东提出过用民主来监督权力，但毛泽东心目中的民主是“群众运动”式的“大民主”，这是对民主的曲解。最后，无论是行政法还是民法都没有着手建立。中国共产党的宗旨是为人民服务，但并不能保证所有共产党员或所有共产党的领导干部都能做到执政为民，也不能保证在执政的过程中不会发生侵害民众权利的行为。因此，需要行政法规规范政府官员执政行为，需要民法保障民众的权利。

权力与民众权利的边界。从新中国成立到1978年，正因为在没有彻底铲除封建土壤的基础上探索社会主义道路，所以社会主义道路的探索不仅代价高昂而且充满曲折。一如马克思所言："人们自己创造自己的历史，但是他们并不是随心所欲地创造，并不是在他们自己选定的条件下创造，而是直接碰到的、既定的、从过去继承下来的条件下创造。一切已死的先辈们的传统，像梦魇一样纠缠着活人的头脑。"① 具体就中国的社会主义建设事业而言，社会主义探索也不是在"一张白纸上描绘最新最美的图画"，而是在一个封建土壤极为深厚的国家建立和建设社会主义国家，在民众权利意识普遍不强的国家建立社会主义。正因为如此，不受制约的权力在社会主义探索的道路上肆意横行，上演出一幕幕悲剧。这些悲剧的出现，既不是社会主义的错，也不是探索社会主义道路所必须支付的成本，而是民主和法治不健全的结果。因此，在强调坚持社会主义道路自信的今天，必须将社会主义道路与不立足于法治和民主的轨道去探索社会主义道路所犯的错误区分开来。毛泽东坚持不懈地探索有中国特色的社会主义道路的勇气和精神是值得继承的宝贵遗产，但脱离法治和民主的轨道去探索社会主义道路则是必须要吸取的教训。②革命成功的经验转化为建设的教训，打碎一个旧世界固然不易，建立和不断完善一个新世界则更难。革命和建设是两种性质存在着巨大差异的行为，革命是在权力高度集中的条件下汇集所有可以团结的力量去推翻一个旧世界，强调大公无私、牺牲奉献，强调心往一处想、劲往一处使。建设虽然也强调群策群力、也要汇集所有人的智慧，但建设不是通过上级命令去完成既定的目标，而是通过相应的制度安排激发民众的聪明才智。因此，一旦采用革命的经验来建设，必然会形成权力高度集中、轻视个体权利、强调发动群众运动。对此，邓小平在《解放思想，实事求是，团结一致向前看》一文中有过非常到位的总结："许多重大问题往往是一两个人说了算，别人只能奉命行事。"② "当前这个时期，特别需要强调民主。因为在过去一个相当长的时间内，民主集中制没有真正实行，离开民主讲集中，民主太少。"③ "当前最迫切的是扩大厂矿企业和生产队的自主权，使每一个工厂和生产队能够千方百计地发挥主动创造精神。一个生产队有了经营自主权，一

① 马克思．路易·波拿巴的雾月十八日［M］．中共中央编译局编译．北京：人民出版社，2015：9.

② 邓小平文选（第2卷）［M］．北京：人民出版社，1994：142.

③ 邓小平文选（第2卷）［M］．北京：人民出版社，1994：144.

小块地没有种上东西，一小片水面没有利用起来搞养殖业，社员和干部就要睡不着觉，就要开动脑筋想办法。全国几十万个企业，几百万个生产队都开动脑筋，能够增加多少财富啊！为国家创造财富多，个人的收入就应该多一些，集体福利就应该搞得好一些。不讲多劳多得，不重视物质利益，对少数先进分子可以，对广大群众不行，一段时间可以，长期不行。革命精神是非常宝贵的，没有革命精神就没有革命行动。但是，革命是在物质利益的基础上产生的，如果只讲牺牲精神，不讲物质利益，那就是唯心论。”①

回望新中国成立至1978年这段历史，同样不可抹杀的是中国共产党人为探索中国特色的社会主义道路所进行的不懈努力——无论付出多大的代价，也要杀开一条血路的精神。这期间的土地改革、抗美援朝、知识分子思想改造运动、“三反五反”、“反右”运动、“大跃进”运动、“文化大革命”、“洋跃进”等都是不懈探索的具体表现。从实际成效看，的确其中一些运动表现为“瞎折腾”。若从历史演进的视角看，则是中国共产党人在革命时期所形成的不懈追求和勇于“试错”精神在寻找中国社会主义道路过程中的体现。在创建新中国的革命道路上，中国共产党人既经历过盲从苏联革命道路而遭遇重大挫折，也身处过濒临灭亡的境地，但中国共产党人，却从来没有放弃过希望和努力，在不断地试错和创新中，走出了一条有中国特色的道路。这条革命道路不是鲜花铺就的星光大道，而是在毛泽东的领导下用牺牲奉献、敢于创新和坚持不懈的精神开辟的道路。对于具有牺牲奉献、敢于创新和坚持不懈的光荣传统的中国共产党而言，对于富有开创精神的共和国领袖们而言，在发现模仿苏联计划经济存在弊端的情况下，让他们继续因循守旧、不思进取是不可想象的。因此，不断改革按照苏联模式建立起来的中央集权的计划经济体制及其相应的官僚体系既是那段时期“不停折腾”的原因，也是共产党人不断探索精神的体现。

1978年12月，中共十一届三中全会召开，中国拉开了改革开放的序幕，自此以后，中国进入了建设有中国特色社会主义时期。这个历史时期可以划分为两大阶段：走向社会主义市场经济的时期（1978—1992年），建立社会主义市场经济时期（1992年至今）。

---

① 邓小平文选（第2卷）[M]．北京：人民出版社，1994：146.

走向社会主义市场经济的时期（1978—1992 年）。在改革开放之时，中国在经济、政治、社会、文化教育等方面都存在着一系列问题，所有这些问题的症结都可以归结为权力过于集中以及过分集中的权力阻碍了人民群众的积极性和创造性的发挥。对此，邓小平有深刻的认识："当前最迫切的是扩大厂矿企业和生产队的自主权，使每一个工厂和生产队能够千方百计地发挥主动创造精神。"[①] 因此，如何解决权力过于集中的问题是当时改革所面临的基本问题。中共十一届三中全会一结束，中国政府便采取了一系列措施解决权力过于集中的问题，并把重心集中在国营企业，让企业在"国家统一计划的指导下"有更大的经营自主权。在当时的历史条件下，选择扩大企业自主权作为改革的突破口并不是偶然的。首先，在计划经济时代选择中央与地方分权模式的探索并没有实现预期的效果，反而付出沉重的代价。其次，在计划经济体制形成不久，顾准和孙冶方就提出应该让国营企业成为自主逐利的经济主体。"文革"结束后，他们的思想获得了中国领导人的支持。最后，"文革"结束后，向国外派遣了许多代表团。这些代表团成员从所见所闻之中也深刻体会到扩大企业自主权的必要性。于是，放权让利就成为了改革国营企业的主要措施。放权让利虽然取得了不小的成绩，但并没有改善整个经济运行状况。由于企业能够保留部分利润用于生产投入和职工福利，因此，政府税收减少了。在 1979 年和 1980 年，中央财政赤字分别高达 170 亿元和 128 亿元，并引发了通货膨胀。为了稳定局面，中央被迫寻求新的改革措施，放权让利的改革被迫中止。在中央主导的国营企业改革陷入困境之时，真正有突破性的改革则在社会主义经济边缘部分异军突起，并逐步地把中国推向市场经济的轨道。具体而言，这些边缘性的力量是贫穷的农民、社队企业、涌入城市的待业知识青年和特区的建立。

在改革开放之前，就农村而论，无论是农业还是乡镇企业（社队企业）都只是国营企业的必要补充，既属于社会主义经济的边缘部分，也属于国家控制相对薄弱的部分。国家为了实现工业化，通过控制流通领域获取农业剩余来为重化工业的发展筹备资金。因此，农村经济长期处于落后停滞的状态，大批农民长期生活在贫困线以下。在改革开放之时，农村问题也引起了中央重视，中国政府在 1979 年不仅大幅度提高了对主要农产品的收购价格，而且对农民

---

① 邓小平文选（第 2 卷）[M]. 北京：人民出版社，1994：146.

使用化肥实行补助。这些措施虽然对于提高农业产量有效果，但是，与自下而上的农村改革相比较则相形见绌。农民自发改革包括实行家庭联产承包责任制和建立乡镇企业，都获得了极大成功。

家庭联产承包责任制并不是政府主导的强制性制度变迁，而是穷则思变的农民自发进行的诱致性制度变迁。1978 年底，安徽省小岗村 18 位农民秘密签订了包产到户协议，中国农村改革的序幕就此拉开。[①] 在实行家庭联产承包责任制以前，农业生产是以生产队为单位组织进行的。农民在生产队长的安排下从事农业生产活动，没有外出务工的自由。在实行了家庭联产承包责任制以后，农民不仅可以自由地安排自己的耕种时间，而且还赋予农民能够利用农闲时间从事其他职业的自由。若农民家庭劳动力富裕，则能够安排富余的劳动力从事其他行业生产。因此，家庭联产承包责任制为解放农村富余劳动力去从事其他行业生产提供了条件。与此同时，在实行家庭联产承包责任制的过程中，由于主要农产品采取了“交足国家的、留足集体的和剩下的都是自己的”分配原则，于是，也为农产品市场的兴起创造了条件。就此而论，农村家庭联产承包责任制拉开了中国走向市场经济的序幕。

乡镇企业的崛起同样对中国走向市场经济起到了巨大的推动作用。乡镇企业并不是突然出现的，它们中的许多是从原来的社队企业发展而来的。社队企业则是毛泽东时代农村多年工业化的遗产，许多都是由“大跃进”的“后院高炉”演进而来的，还有一些是由“文革”期间所建立的农机修理厂和配件厂发展而来的。到 1978 年，在社队企业工作的农民已达 2800 万人，占整个农村劳动力数量的 9.5%。[②] 到 1996 年，乡镇企业农民工已经增加到 1.35 亿人，产值在国民生产总值中所占比重也由 6% 上升到 26%。[③] 乡镇企业之所以能够在改革开放以后迅猛发展，根本原因就在于它们不是由乡镇政府经营管理的集体企业，而在于它们绝大多数本质上就是私营企业。正因为乡镇企业大多不是乡镇政府经营管理的集体企业，所以它们没有受到政府计划的控制，能够不受国家计划的影响而根据市场需求进行生产，并对不断变化的市场机会做出反

① 事实上，计划经济时代结束之后，最早实行包产到户的地方是四川省名为“九龙坡”的小山村。可以参见四川省委宣传部、四川省社会科学院及四川日报集团编著的《敢为天下先》(2008)。

② 武力．中华人民共和国经济史［M］．北京：中国经济出版社，1999：792.

③ Naughton, Barry. The Chinese Economy: Transitions and Growth. MIT Press, 2007: 274 – 275.

应。与此同时，乡镇企业的用工、酬薪和管理制度也与国营企业不同，具有自主决策权。这些优势弥补了乡镇企业在市场准入方面的缺陷，使其能够及时根据市场需要去生产有高需求的产品，并获得大量利润。在乡镇企业发展以后，它就可以利用高薪酬吸引国营企业的技术和管理人员，并迫使国营企业不得不采取相应的回应措施，进而促使国营企业制度向现代企业制度转型。因此，乡镇企业将竞争引入中国经济，“是中国经济转型的强效催化剂。”[①]

改革开放后，大量返城知识青年是推动中国市场化和城市改革的重要力量。新中国成立以后，经过社会主义改造运动，中国经济就踏上了以重化工业为中心的工业化道路。重化工业是资本密集型行业，投资周期长，需要的资金量巨大。这样的工业化道路不仅迫使国家通过获取农业剩余去筹集资金，而且要挤占与民众生活密切相关的轻工业和服务业发展所需要的资金，进而导致劳动密集型的行业发展不足。为了缓解城市就业压力，一方面，要求机关单位尽可能多地吸收劳动力；另一方面，则不得不提出城市知识青年“上山下乡”当农民。随着“文革”的结束，城市知识青年“上山下乡”运动在1978年10月正式终止。与此同时，许多被下乡的知识青年则急切地想返回城市。在20世纪70年代末和80年代初，中国各个城市突然涌现出大批返城知青，其数目估计在2000万人，约占城市人口的10%。[②] 各机关单位本来就是僧多粥少，难以安排如此众多的返城青年。由于大批返城知青无法找到工作，短期内又缺乏可行的解决方案，于是，在有些城市就引发了抗议活动。在强大的就业压力下，政府不得不迅速回应。1979年，叶剑英在庆祝中华人民共和国成立三十周年大会上发表讲话，提出要认可“个体经济”。自此以后，中国城市私营经济的大门就逐渐敞开了。

在中国市场化的过程中，深圳等四个经济特区的建立则推动了中国经济与世界经济接轨，使中国经济迅速融入世界市场。长期以来尤其改革开放前后的一段时期内，深圳地区由于毗邻香港，一直是非法偷渡香港的首选之地，有些边境村庄逃港劳力甚至过半。为了彻底解决因为经济差距所造成的逃港现象以

① 罗纳德·哈里·科斯，王宁. 变革中国：市场经济的中国之路［M］. 北京：中信出版社，2013：84.

② 马立诚. 大突破：新中国私营经济风云录［M］. 北京：中华工商联合出版社，2005：147.

及对外开放的需要，中共广东省委在1979年4月的中央经济工作会议上提出了利用广东地理优势，引进外来资金建立出口加工区的提案。该提案赢得了与会大多数代表的支持。邓小平也非常赞同广东提案，并用“经济特区”来命名出口加工区。1979年7月15日，中共中央、国务院联合发布了在广东和福建两省发展经济特区的决议。经济特区远远超出了出口加工区的范围，因为特区还提供教育、商业、法律和政府服务等各种有利于制造业和贸易发展的必要条件。除工业区以外，特区还包括科研区、住宅区、商业区和政府办公区。因此，特区一旦建成，就是一个可以自我持续的经济实体。就建立经济特区而言，尤为重要的是“利用资本主义为社会主义服务”。中央充分赋予特区自主权，并积极鼓励特区学习西方的先进技术和管理经验。随着深圳、汕头、珠海和厦门四个首批特区试验取得成效，在1984年又开放另外14个沿海城市。1992年上海浦东新区、2006年天津滨海新区加入开放行列。经过20多年的改革，特区稳步发展，逐渐从中国经济的外围区向中心区迈进。

从中国经济逐步向市场经济迈进的历程可以看出，中国的经济改革是从外围和边缘地带逐渐向中心地方迈进的，并没有突然放开政治权力对经济、社会和文化教育控制。因此，改革开放以来，中国改革开放及其模式就具有如下几个特征：实践理性、强势政府、稳定优先、民生为大、渐进改革、顺序差异、混合经济、对外开放。①

建立社会主义市场经济时期（1992年至今）。自改革开放以来，虽然有多种力量推动中国经济朝着市场经济方向转型，但由于意识形态力量的巨大惯性所产生的路径依赖，使得中国改革开放在整个20世纪80年代都始终受到意识形态的困扰，并因此出现过几次短暂的反复。面对改革开放可能受阻的状况，邓小平不顾年事已高，于1992年1月18日至2月21日视察了武昌、深圳、珠海、上海等地，并发表了著名的南方谈话。在南方谈话中，邓小平不仅深刻地揭示了社会主义本质，而且指出了计划和市场不是区分资本主义和社会主义的标志，为中共十四大提出建立社会主义市场经济的目标扫除了意识形态障碍。自从确立了建立市场经济的目标，中国就大步朝着目标迈进。不仅加入了

① 张维为．邓小平与罗林斯谈“事实求是”和“中国模式”［N］．文化艺术报，2012-02-28(4)．

WTO，积极融入世界市场，而且也以建立现代企业制度为中心重新启动了对国有企业的改革。中共十八大明确提出了社会主义核心价值观，回答了自近代以来中国转型以后应该建立什么样社会这一重大问题，为中国社会的发展和转型指明了方向。

回望自近代以来中国转型至今的历史，因为错过了一次又一次机会，可谓道路崎岖。中国社会的转型之所以那么艰难，根本原因在于：我们曾经创造过辉煌的文明和与之相配套的社会秩序观。过去的辉煌和社会秩序观则阻碍我们顺利转型，形成路径依赖。此外，复杂多变的现代化本身也使得我们一时难以弄清其复杂性——社会、经济、政治和文化之间的内在关联。转型走到今天，中国的转型目标已经不再是清末的富国强兵，而是要通过转型实现社会主义核心价值观所昭示的目标。为了实现这一目标，就中国而论，不仅要通过经济体制改革实现由计划经济向市场经济的转型，而且要通过政治体制改革打破农耕文明所形成的“圈子文化”实现由关系社会向民主和法治社会的转型。通过约束政府权力和保障民众权利，建立法治社会，让政府、社会和民众都在规则之下活动。

第三章　经济转型进程的历史评价

第一节　中国经济转型进程历史评价的基本原则

中国经济学理论体系构建工作中有一项极为重要的任务，即对近代以来中国经济转型进程作出一个科学客观的历史评价。如果不能完成这项任务，就不能对近现代以来中国经济既跌宕起伏又波澜壮阔的发展过程给出一个合理解释。本书对自晚清以来中国经济转型进程的考察，并不是仅仅停留在对历史事件进行罗列和盘点的层面上，更重要的是要努力尝试对中国经济转型进程作出历史评价。以此，为中国经济学理论体系的构建贡献一份绵薄之力。而要完成这项任务，就必须在中国经济转型进程的历史评价工作中坚持一些基本原则。具体来说，主要包括以下几点原则。

一、坚持历史唯物主义，反对历史虚无主义

所谓历史虚无主义，就是把历史视为一种无主体的偶然结果，否定历史唯物主义与历史决定论的一种历史观。历史虚无主义强调个体性叙事，通过对个案的展示，用个体历史的细节研究来演绎整体历史，其本质就是历史唯心主义。在近代中国的民族解放与民主革命历程中，可以上溯到鸦片战争时期的中国历代革命先驱，勇敢地承担起了推翻帝国主义、封建主义和官僚资本主义“三座大山”的历史重担，在一次又一次失败中总结经验教训，最终中国共产

党领导与组织全国人民以生命与鲜血为代价，换来了中国新民主主义革命和社会主义革命的最终成功。在新中国成立后的经济建设历程中，中国人民在中国共产党的领导下，坚持自力更生、艰苦奋斗的原则，在维护国家主权独立完整的前提下不断探索适合中国国情的发展道路，经过六十多年的努力取得了举世瞩目的发展成就。但当下的历史虚无主义思潮却对鸦片战争以来中国人民在争取民族独立、国家富强过程中付出的努力和取得的成就视而不见，妄图以后现代主义的叙事手法，打着“发现历史”的旗号，试图推翻对中国近现代革命史和建设史上一系列历史事件的定论，最终达到虚无中国共产党党史，[①] 否定中国共产党执政合法性，否定社会主义制度，改变中国改革开放的社会主义方向的目的。

在中国近现代经济史的研究中，历史虚无主义思潮的渗透已经造成了相关研究领域的极大思想混乱。一些学者采用看似精妙的数学模型和统计模型试图对中国近现代经济史上的诸多历史事件加以重新解构，得出不同于先前定论的所谓创新结论。客观地讲，当下中国思想界泛起的历史虚无主义思潮，实则是国际共产主义运动陷入低潮的一种历史现象，同时也是国内某些政治势力对西方国家“和平演变”中国社会主义制度的一种呼应。[②] 中国近现代经济史研究中的历史虚无主义倾向，非但不能帮助人们正确认识中国近现代经济转型进程，使人们无法准确把握中国经济发展的逻辑与方向，还会导致一种错误的认知，认为近代以来中国的一切革命与建设均是历史的倒退。显然，这种历史认知是故意忽视一百多年来中国经济发展所取得的巨大历史成就，与科学客观评价百余年来中国经济转型进程的任务要求是背道而驰的。因此，在中国近现代经济史研究中纵容历史虚无主义思潮泛滥，其最大的危害就在于将阻碍中国经济学理论体系的构建，使中国在未来很长一段时间内在国际上丧失经济学话语权。因此，反对经济学研究中的历史虚无主义，是构建中国经济学理论体系的题中之义和内在要求。

在经济学研究中反对历史虚无主义的最有力武器，就是坚持历史唯物主

① 王增智．试析中国历史虚无主义的根源、传播及克服［J］．湖北社会科学，2016（1）：14－19.

② 梁柱．历史虚无主义思潮的泛起、特点及其危害［J］．中共福建省委党校学报，2009（4）：4－12.

义。恩格斯在《自然辩证法》中就曾指出，“把历史看做一系列的阶级斗争，比起把历史单纯归结为生存斗争的一些没有多大差异的阶段，内容丰富得多，而且深刻得多。”① 在中国近现代经济史研究中，如果采用西方资产阶级经济学的所谓人性假设，就不可避免地会将中国人民为取得民族独立和国家富强的斗争和努力，视作是某些人性劣根性驱使下的“愚昧”行为，从而将一切历史事件的客观评价转变为先入为主的道德批判。历史虚无主义者不是从某个历史事件在推动中国经济转型进程中所起到的关键作用出发来对这一历史事件加以客观评价，而是别有用心地挖掘这一历史事件中某些历史人物的所谓“道德瑕疵”，借以否定历史人物通过参与历史事件而推动中国经济转型进程的历史进步性，从而对历史事件和历史进程本身加以否定和贬低。而作为历史虚无主义者最大忌讳的历史唯物主义，却始终坚持将历史进程视为阶级斗争不断推进的过程，在评价具体历史事件时并不以历史人物的所谓“道德瑕疵”为出发点，而是客观公正地评价整个历史事件对历史发展所起的重要推动作用。这就必然使得历史虚无主义者最擅长的“发现历史”、“道德解剖”都失去了科学性和客观性，其试图表露和传播的阶级和谐论调也就失去了“发声筒”。在中国经济学理论体系的构建中，也只有坚持历史唯物主义的分析方法，才能从整部历史发展的宏观视角对历史进程中的每一个历史事件进行客观科学的评价，巩固中国经济学在经济学研究中的话语权。

坚持历史唯物主义，并不是简单地喊喊口号，而是要在研究过程中始终坚持历史唯物主义的世界观、价值观和方法论，将历史与逻辑相统一的原则贯彻到研究过程之中。历史与逻辑相统一的原则，是检验经济学研究是否坚持了历史唯物主义的最好标尺。我们在研究中提出怎样的观点，进行怎样的逻辑论证，并不是以数学模型的精妙与否、形式逻辑的完善与否为标准，而是要以客观存在的历史为标准去检验我们研究中的逻辑起点、逻辑推演和逻辑结论是否符合真实的历史过程。换言之，一切科学的经济学理论，首先必须是对历史进程的真实反映，理论推演过程必须完整反映历史演进过程中的每一个细节。具体到近现代中国经济转型进程的历史评价这一问题中来，就必然要求我们对中国经济转型进程的评价不能从主观臆断出发，而必须从近现代中国经济发展的

① 马克思恩格斯文集（第九卷）[M]. 人民出版社，2009：549.

历史现实出发。对中国经济转型进程所进行的一切评价，无论是评价标准设定、评价方法选取和评价结论提炼，都必须始终坚持以近现代中国经济发展的历史为依据，不能凭空地虚构一种评价体系来对历史过程进行有偏见的评价。在历史评价的过程中，我们不是仅从某个历史事件的发生或结果出发去做评价，而是从整个中国近现代经济转型进程的宏观视角出发去对整个历史过程加以评价。即便是在对每个历史阶段的评价过程中，也必须始终清醒地意识到阶段性历史目标与总体性历史目标的内在联系，即不以阶段性历史目标来否定总体性历史目标的客观必要性，也不以总体性历史目标来否定阶段性历史目标的选择必然性。

二、总体性目标评价与阶段性目标评价相统一

在坚持历史唯物主义的基础之上，要完成本书所设定的全部工作任务，就必须对自鸦片战争以来一百多年间的中国经济转型进程做出历史评价。而历史评价本身，恰恰是全书最具有挑战性的一项工作。具体来说，对近现代中国经济转型进程的历史评价将面临以下两个方面现实困难：

一方面，近现代中国经济转型的任务复杂艰巨，导致了近现代中国经济转型的历史任务和发展目标存在多元性和复杂性。当 1840 年中国的大门被西方殖民者通过一场鸦片战争强制打开之时，中国仍延续着两千多年的封建主义生产关系，资本主义经济萌芽在大地主、大官僚和大商人的多重压迫下发展极其缓慢；已经完成或即将完成工业革命的西方列强蜂拥而至，虽在一定程度上加速了中国封建主义生产关系的瓦解，但却并没有也不可能为中国资本主义经济的发展创造良好的环境。中国民族资本主义的先天不足与后天畸形，决定了中国不能很快地转向资本主义社会，而是在封建王朝的腐朽统治和殖民主义者的贪婪掠夺下倒向了畸形的半殖民地半封建社会形态。这就决定了自 1840 年以来的整个中国近现代经济转型进程，决不是像西方国家那样简单地追求发展资本主义大工业经济即可，追求民族解放和国家富强的沉重任务摆在了中国人民面前。也正因为如此，如果要对近现代中国经济转型进程加以评价，就必须认清近现代中国经济转型进程中的历史任务与发展目标，而中国追求民族解放和国家富强的历史任务也决定了中国近现代经济转型进程中的总体发展目标具有多元性和复杂性的特点，不能简单地以一个目标来加以概括和衡量。显然，总

体性历史目标的多元性和复杂性也给近现代中国经济转型进程的历史评价带来了现实困难。

另一方面，近代以来中国积贫积弱的历史现实又决定了中国人民难以一蹴而就地完成近现代中国经济发展的多元性总体目标，在总体性历史目标之下还必须有阶段性历史目标。研究中国近现代经济转型进程，就必须认识到中国是从半殖民地半封建社会这一极其低的历史起点出发来实现中国经济发展中的转型任务的。中国极其落后的生产力状况和极其严峻的国际环境，决定了中国人民即便有良好的主观意愿，也绝不可能超越历史的、具体的物质条件，通过一次革命或变革完成经济转型的全部任务。对于近代以来的每一代中国人来说，尽管面临的任务很多，却不得不集中全部精力先去解决那一代中国人面临的最紧要的发展任务。这就决定了在总体性历史目标之下，每一代中国人都必须根据这个时代中国经济发展的客观状况制定阶段性历史目标，依靠一代又一代中国人的不懈努力最终实现总体性历史目标。由于每个时代的主要矛盾和突出问题都是不同的，这就决定了近现代中国经济转型进程中的每一代中国人虽然追求的是相同的总体性历史目标，但却有着内容呈显著差异的阶段性历史目标。在中国近现代经济转型进程的历史评价中，如果用下一代中国人的阶段性历史目标去评价上一代中国人所处的经济转型进程，是不客观的；如果以上一代中国人的阶段性历史目标去评价下一代中国人所处的经济转型进程，同样也是不客观的。在多元性总体性历史目标之下的更加复杂的阶段性历史目标的存在，是中国经济转型进程历史评价的另一个现实困难。

正是由于种种困难的存在，在中国经济转型进程的历史评价中，就必须坚持总体性目标与阶段性目标相统一的原则。具体来说，需要从两个方面入手：

第一，不能以总体性目标否定阶段性目标。由于中国是从半殖民地半封建社会起步来逐步推进中国经济转型进程，在推动经济转型进程和完成经济转型任务中就不可能像西方国家那样走平稳、渐进的改良路线。在某些特定的历史阶段，为实现这一历史阶段内的阶段性目标，就必须采取一些不得已的非常措施和手段去凝聚全国人民的力量。这些措施和手段的采取虽有助于阶段性目标的达成，却可能在一定的历史时点上表现出与总体性目标相背离的倾向。坚持总体性目标与阶段性目标相统一的原则，就必须正确把握总体性目标与阶段性目标的内在联系，不能以总体性目标去否定具体历史时期内为达成阶段性目标所采取的必要的甚至不得已的措施和手段。只有从总体性目标与阶段性目标的内在联系出发，正确看待和评价这些具体历史阶段的制度、措施和手段，才能在近现代中国经济转型进程历史评价中生动体现历史唯物主义的精髓，避免坠入历史唯心主义和历史虚无主义的陷阱。

第二，不能以阶段性目标否定总体性目标。近代以来中国人民追求民族解放和国家富强的历史进程虽然漫长，但一代又一代中国人的不懈努力之所以能够不断取得成功，恰恰是因为中国人民始终能够在经济转型进程中把握总体性发展目标，不会因为阶段性目标的完成与否而迷失发展方向。历史虚无主义者在哲学认知层面却坚持一种保守主义倾向，虽然不否定在某些具体的历史时点上阶段性目标的完成是顺利的、必要的，但却将阶段性目标虚无化和永恒化，在阶段性目标完成之后就拒绝承认根据总体性目标而制定的新的阶段性目标的历史必要性，从而彻底否定总体性目标的历史必要性。要在对近现代中国经济转型进程的历史评价中坚持历史唯物主义，就必须以发展的眼光看待从一个阶段性目标向下一个阶段性目标跃变的过程，从目标到目标的跃变过程中把握总体性目标的历史必要性。只有如此，才能正确认识到，即便是在某些历史时期内促进实现阶段性目标较为成功的制度、措施和手段，也有着客观的历史局限性，必然随着中国经济转型进程的推进而要做出相应的调整和修正。既承认阶段性目标的历史必然性，又认识到总体性目标的历史必要性，才能避免被历史虚无主义打着“发现历史”旗号的某些论调牵着鼻子走、丧失对经济转型进程进行历史评价的话语权。

三、定性评价与定量评价相统一

在经济史研究中常用的分析方法可以大致分为两类：一类是定性分析的方法；另一类是定量分析的方法。对于经济史问题的分析来说，两类分析方法各有千秋，可以相互补充。具体表现在：

一方面，经济史研究中的定性分析方法倾向于在众多历史事件中寻找相互联系，探究特定历史时期社会关系的基本特征和主要属性。按照定性分析方法的研究逻辑，经济史研究主要应从史实出发，通过考察历史事件中各历史人物的行为和思想，从中揭示具体历史事件中由历史人物之间的相互作用而表现出来的当时整个社会中包括生产关系在内的社会关系的基本主线。在此基础之上，经济史研究中的定性分析方法通过探究历史事件与历史事件之间的关联性，试图在历史演进的过程中把握历史发展的逻辑主线，并对这一逻辑主线给出定性评价。定性分析的优点主要有两个：一是能够从历史演进的宏观视角去对历史发展进程加以把握，从而能够比较准确地把握历史发展的趋势；二是能够在纷繁复杂的历史发展过程中抽象提炼出历史发展的某些逻辑主线，但又能避免在分析中使大量的历史信息被忽略。但定性分析也存在一些自身难以克服的问题，主要表现为：一是研究者本人的知识结构、价值判断等主观因素都可能对定性分析的客观性和科学性产生影响，所抽象提炼出来的历史发展逻辑主线也或多或少地存在片面性和主观性；二是定性分析得出的结论往往由于过于抽象而缺乏或难以找到足够的历史数据加以支撑，结论本身的可信度和客观性常受到其他研究者的质疑。总之，经济史研究中的定性分析方法有助于研究者提出关于历史演进过程逻辑主线的理论假说，而对这些假说的实证检验则是定性分析方法力所难及的。

另一方面，经济史研究中的定量分析方法则倾向于从历史统计数据或推算数据中发现时间序列数据之间可能存在的计量回归显著意义上的关联性，并以此揭示经济转型进程中的某些因果关系。按照定量分析方法的研究逻辑，则要求研究者将更多的精力用于历史统计数据的挖掘上；如果可以直接获取的历史统计数据是欠缺的，则要求研究者采用一些可以获得的替代性指标来推算或模拟研究所需的数据。在此基础之上，在通过计量史学①的分析方法，以统计数据回归分析的显著性检验作为判定不同时间序列数据之间存在逻辑关联性的基本依据，并在此基础上做出数量上精确的定量评价。定量分析方法的优点有两个：一是研究者选取的历史统计数据本身具有客观性，同时也包含了大量的历史信息，在史料选取的层面上能够保证资料来源的客观性；二是定量分析方法所采用的统计分析方法具有精确性的特点，能够避免研究者主观因素对研究结果产生的不利影响。但定量分析方法也存在一些显著的缺陷，主要有三点：一是定量分析高度依赖于历史统计数据的可获得性，而由于经济史研究所涉及研究对象往往年代久远，数据欠缺问题突出；二是定量分析方法在处理若干组时间序列数据时尚有可行性，如果所涉研究对象存在复杂的、非数量的关联性时，则统

① 郑备军. 论新经济史革命的启示［J］. 浙江社会科学，2002（4）：29－34.

计分析方法将难以有效处理；三是定量分析所依赖的统计分析方法存在固有的信息丢失问题，这一问题在历史信息获取难度较大的情况下显得尤为突出。

本书在对近代以来中国经济转型进程进行总体性评价和阶段性评价的过程中，也必然涉及选取评价方法的问题。在具体方法的选取中，本书坚持的是定性评价与定量评价相统一的原则，也就意味着本书对相关经济发展历史的评价必须将定性分析方法与定量分析方法结合起来。以下两个方面是本书特别注重的：

一方面，在对近现代中国经济转型进程逻辑主线的提炼过程中，必须坚持从定性分析方法出发来作出相应评价，但是定性分析方法的使用必须坚持"历史与逻辑相统一"的基本方法论。马克思在《资本论》第一卷第一版序言中就曾指出，"分析经济形式，既不能用显微镜，也不能用化学试剂。两者都必须用抽象力来代替"。[①] 必须认识到，近现代中国经济转型进程中，不仅存在产业结构、城乡结构等方面的剧变，还存在生产关系、阶级关系等方面的变革，更有经济发展理念的蜕变。要在一百多年中极其复杂的社会关系变迁中把握中国经济转型进程的逻辑主线，也就必须用到"抽象力"。而要深入进行这种逻辑抽象，就不可避免地要利用经济史研究中的定性分析方法，对近现代中国经济转型的整体过程和具体阶段进行定性评价。近现代中国经济转型的任务之繁重复杂，意味着近现代以来中国经济转型进程可能存在多条逻辑主线，多条逻辑主线之间也存在相互交织的关系。对近现代中国经济转型进程的历史评价，不能仅仅局限于发现多条逻辑主线，还必须探讨各条逻辑主线之间的关系，并在对这些相互关系演进过程的分析中说明中国经济转型进程持续推进的根本动力所在。在此基础之上，本书才能对近现代以来中国经济转型进程作出历史评价，并对未来数十年中国经济发展趋势作出预测。须着重强调的是，本书虽主张采用定性分析方法去发现近现代中国经济转型进程中的逻辑主线，但却坚决反对虚构历史的做法。对中国经济转型进程逻辑主线的发现和总结，是建立在"历史与逻辑相统一"的方法论基础之上的。从逻辑主线的认识来源方面来看，近现代中国经济转型逻辑主线的提炼过程，同时也是对近现代中国经济转型进程的感性认识上升为理性认识的过程；近现代中国经济转

① 中共中央马克思、恩格斯、列宁、斯大林著作编译局．马克思恩格斯文集（第五卷）[M]．人民出版社，2009：8.

型逻辑主线不可能凭空虚构出来，只能从近现代中国经济转型的历史中提炼出来。从逻辑主线的认识检验方面来看，近现代中国经济转型逻辑主线的检验过程，同时也是将理论化的理性认识反过来用于加深对近现代中国经济转型规律的认识和运用的过程；近现代中国经济转型逻辑主线一旦提炼出来，就必须用近现代中国经济转型进程的历史本身来对提炼出来的逻辑主线进行最严格的检验。因此，从“历史与逻辑相统一”的方法论来看，显然不是所有的定性分析方法都适用于近现代中国经济转型进程的历史评价。

另一方面，对近现代中国经济转型进程的总体性目标和阶段性目标实现程度的历史评价中，必须使用定量分析方法加以展开，但是定量分析方法的使用必须服务于以“历史与逻辑相统一”标准检验定性分析的方法和结论的目的。根据对中国近现代经济转型进程逻辑主线的把握，可以找出具有多元性和复杂性特征的总体性目标和阶段性目标，并以这些目标为标准对近现代中国经济转型进程的整体和局部都加以评价。如果仅是对发展进程整体或某些具体阶段做出定性评价是远远不够的，必须将近现代中国经济转型进程的总体性目标和阶段性目标加以分解，构建评价指标体系，挖掘历史统计数据进行定量分析。这种定量分析和评价，对于说明近现代中国经济转型进程总体性目标和阶段性目标的实现情况有着重要的意义。特别是在每个发展阶段的历史评价中，只有采用相应的评价指标体系去考察这个发展阶段中的阶段性目标是否实现，才能客观公正地评价这个发展阶段的历史功过，避免陷入历史虚无主义的陷阱。定量分析方法的运用和展开，是以通过定性分析明确了近现代中国经济转型进程的逻辑主线为基础的。定性分析为定量分析提供逻辑方向和评价依据，定量分析则反过来验证定性分析提出的逻辑方向和评价依据是否科学合理。须注意的是，在经济史研究中存在一种研究倾向，即历史定量分析方法的“喧宾夺主”，简单地将历史定量分析作为分析的全部，以计量经济学意义上的统计显著取代了对历史发展的定性分析。本书承认定量分析方法在经济史研究中的应用拓宽了经济史研究的视野，但是本书也坚定地认为定量分析方法在经济史研究中的“喧宾夺主”无助于增加研究的科学性和客观性，在经济史研究中定量分析方法应当也只能作为定性分析方法的延伸和补充。例如，自鸦片战争以来中国经济转型过程中出现了多次制度变迁，每一次制度变迁对当时人们的经济行为，进而对当时经济变量产生不同的影响。那么，简单地使用定量分析方法是否能够准确地把握每次制度变迁对经济变量产生影响的具体方式和强弱程度？事实上，历史定量分析方法本身的适用性，也是有待历史来加以检验的。本书认为，如果要在中国经济转型进程的历史评价中引入定量分析方法，那么定量分析方法最科学、最客观的使用方式就是将定量分析方法用于以“历史和逻辑相统一”为标准的定性分析的方法和结论的检验中去。一旦通过定性分析提炼出近现代中国经济转型的逻辑主线，则可以在史料可及的条件下检验提炼出来的逻辑主线是否符合中国经济转型进程的历史。

四、历史发展中的必然性与偶然性相统一

前文已经提及，对近现代中国经济转型进程的历史评价必须坚持总体性目标与阶段性目标相统一的原则，对近现代中国经济转型进程进行阶段划分和目标分解是展开研究所必需的选择。本书在对近现代中国经济转型进程作出历史评价时，也充分认识到阶段性目标选择与阶段性目标实现之间的关联性。近现代中国经济转型任务的多元性和复杂性决定了对整个发展进程中的每个发展阶段的分析，还必须坚持历史发展中的必然性与偶然性相统一的原则。正如恩格斯在《路德维希·费尔巴哈和德国古典哲学的终结》中就曾指出，“历史事件似乎总的来说同样是由偶然性支配着的。但是，在表面上是偶然性在起作用的地方，这种偶然性始终是受内部的隐蔽着的规律支配的，而问题只是在于发现这些规律”。[①] 任何一个社会的历史，既不会只表现为由偶然性历史事件所支配，也不会表现为由必然性规律支配而没有任何偶然性历史事件的发生。在阶段性制度选择的分析过程中，若要体现必然性与偶然性相统一的原则，就必须注意以下两个方面问题：

一方面，必须坚持在从诸多历史事件的逻辑主线提炼过程中发现历史进程的必然性，进而明确阶段性制度选择的必然性。纵观近现代中国经济转型进程，就会发现一代又一代中国人始终在为寻找到最适合实现中国经济转型任务的制度安排而艰难探索。在1840年至今的历史进程中，中国经济发展大致经历了晚清封建统治下的半殖民地经济、民国政府统治下的半殖民地经济，以及中国共产党领导的人民民主专政下的社会主义计划经济和社会主义市场经济这

① 马克思恩格斯文集（第四卷）[M]. 人民出版社，2009：302.

几种主要的经济制度发展阶段。而在每个具体的经济制度发展阶段，人们也根据所处时代的主要矛盾和核心任务，提出了各个阶段的制度变革主张，并通过革命或改良在一定程度上检验了各自的理念主张。本书并不准备武断地判断每个阶段的制度选择是正确或错误；而是准备从制度变迁与制度演化的视角出发，探讨以下几个问题：在中国经济转型进程中的特定历史阶段，为什么当时的人们做出那样的阶段性制度选择？特定时期内阶段性制度选择的确立对于实现当时的阶段性发展目标起到了怎样的作用？当特定时期的阶段性发展目标基本实现时，为之服务的阶段性制度选择是否能够适应实现新的阶段性发展目标的要求？显然，要回答上述几个问题，除了在每一个阶段都积极主动地探索历史进程的必然性以外，就别无他法。在中国经济转型进程中的每一个阶段，考察阶段性制度选择的必然性和合理性的标准，既不能从当下人们的道德观念出发，也不能以当下经济发展阶段较为成熟的制度安排为范本，更不能从抽象掉历史因素的某些经济学数量模型推导的结论出发。在特定时期的阶段性制度是否具有必然性和合理性，完全取决于当时人们所进行的选择与那个时期阶段性发展目标之间的关系。如果抛开偶然性历史事件对于人们制度选择行为的短暂影响，每个时期人们最终的阶段性制度选择能够促进阶段性发展目标的实现，那么这种阶段性制度选择在当时的历史条件下就具有了必然性和合理性。而阶段性制度的局限性以及对这种制度进行变革的必然性，则是由这种阶段性制度与新的历史时期内形成的新的阶段性发展目标之间的不契合状况决定的。旧的阶段性制度的局限性虽然在新的历史时期内构成了对旧的制度的否定因素，但也从某种程度上包含了对新的阶段性制度必然性与合理性的肯定因素；中国经济转型进程中每个阶段的制度变迁和制度演进，则是由肯定到否定，再由否定到否定之否定，并最终形成新的肯定的矛盾发展过程。

另一方面，必须承认经济转型进程中的一些具有偶然性的历史事件发生在推动整个发展进程中所起的关键作用，但也必须清醒地认识到这些偶然性历史事件的背后蕴含着必然性因素。强调制度变迁过程中隐含的必然性历史规律，是坚持历史唯物主义、反对历史虚无主义的基本要求，但这并不意味着在经济史研究中就必须彻底否定具有偶然性的历史事件的发生对推动历史发展所起的关键作用。在近现代中国经济转型进程中，存在多次阶段性目标的转变以及有这些阶段性目标转变所带来的历史发展进程的调整过程。而在历史发展进程不得不进行调整的过渡时期，一些具有偶然性的历史事件对推动历史进程、加速历史发展进程起到了关键作用。以辛亥革命为例，甲午战争之后洋务派所坚持的“中学为体、西学为用”的阶段性制度已经不合时宜，建立更适合民族资本主义发展的政治体制尽管日渐成为资产阶级改良派和资产阶级革命派的共识，但究竟采取何种手段去实现这一时期阶段性制度则存在争议。但辛亥革命的突然爆发以及中华民国的迅速建立，虽也是资产阶级革命派都未准备充分的历史事件，但这一事件的发生却使得阶段性制度的调整过程迈出关键一步。我们在对从晚清政府到民国政府的这一重大政治体制变革过程加以评价时，显然并不能否定具有偶然性的辛亥革命所起到的关键作用。但是，承认偶然性历史事件发生所起关键作用，是以认识到“推翻封建帝制已经成为民族资本主义发展最迫切的要求”这一必然性历史规律为前提条件的。在近现代中国经济转型进程的历史评价中坚持阶段性制度选择的必然性与偶然性相统一的原则，就要求我们既不能像历史虚无主义者那样过分加强偶然性历史事件在历史进程中的作用，将历史视为一系列偶然性事件的结果而否认历史发展规律本身；也不能过分强调历史发展规律的必然性而否认偶然性历史事件的重大意义。一方面，不能以强调历史发展规律的必然性为由，否认历史人物在推动历史进程中所发挥的重要作用和作出的杰出贡献；另一方面，不能以强调历史事件的偶然性为由，否认历史进程中的客观规律，以对历史人物的道德评判作为评价历史事件以及历史进程是否进步的依据。

可见，由于近现代中国经济转型进程中的转型任务繁重而复杂，总体性目标的多元性和复杂性决定了在每个具体历史时期阶段性制度选择必定带有每个时代的特征。而在每个阶段性目标实现与否的历史评价过程中，坚持必然性与偶然性相统一的原则的必要性也随之凸显。对这一原则的坚持，正是坚持历史唯物主义、坚持总体性目标与阶段性目标相统一、坚持定性分析与定量分析相统一原则的生动体现和具体贯彻。

第二节　中国经济转型进程历史评价的三个维度

本书在对中国经济转型进程进行历史评价时，将从三个维度对中国经济转型进程的总体性目标加以把握，并根据具体历史时期的特点将中国经济转型进程的总体性目标分解为阶段性目标。马克思在《〈政治经济学批判〉序言》中曾阐明，“人们在自己生活的社会生产中发生一定的、必然的、不以他们意志为转移的关系，即同他们的物质生产力的一定发展阶段相适合的生产关系。这些生产关系的总和构成社会的经济结构，即有法律的和政治的上层建筑竖立其上并有一定的社会意识形式与之相适应的现实基础。”[①] 本书对中国经济转型进程逻辑主线的提炼，正是根据马克思主义历史唯物主义方法的指引，从生产力与生产关系、经济基础与上层建筑之间矛盾不断发展的视角出发。由此提炼出评价近现代中国经济转型进程的产业变迁、制度变迁和理念变迁三个维度。

一、产业变迁维度

技术进步是社会生产力发展的前提，但科学技术本身并不等于现实的社会生产力。一项新的技术或发明，只有在社会生产的某些具体领域内得到大规模的运用，成功地实现技术创新成果的产业化，才能转化为现实的社会生产力并推动人类社会物质资料生产的发展。对中国经济转型进程的考察，毫无疑问地应当关注每个历史时期科学技术的最新发展成果，但是仅仅关注具体历史时期最尖端的科学技术成果，并不足以全面了解每个历史时期社会生产力发展状况的全貌。考察一个历史时期内社会生产力的发展状况，进而考察这个历史时期内经济发展的真实水平，就必须分析这一历史时期内能够大规模产业化应用的科学技术的真实水平。尽管每个历史时期内能够大规模产业化应用的科学技术往往与当时最尖端、最先进的科学技术存在较大的差距，但却是衡量一个历史时期社会生产力真实水平的最客观、最有说服力的证据。按照历史唯物主义的基本观点，要对近现代中国经济转型进程中的每个阶段都进行历史评价，那么归根结底还是要对这个阶段社会生产力的真实发展水平加以评价。每个历史时期内能够大规模产业化应用的科学技术水平如何，是由客观的历史进程所决定，完全不以人的意志为转移，更不会因某些研究者基于唯心主义信念而虚构出来的某些“历史”所改变。

社会生产力水平的高低，既然不是用最先进、最尖端的科学技术加以衡

---

① 马克思恩格斯文集（第二卷）[M]. 人民出版社，2009：591.

量，而是用那个历史时期大规模产业化应用的科学技术加以衡量，决定了近现代中国经济转型进程中的社会生产力提升过程可以用产业变迁过程来观测和衡量。于是，在中国近现代经济转型进程中的每一个阶段，产业组织的形态、产业结构的特征等资料都将成为我们考察这一时期社会生产力发展状况的有效信息。从历史唯物主义的方法论出发，要厘清近现代中国经济转型进程中最基础性的、最有决定性意义的社会生产力的发展方向和发展阶段，也就必须从产业变迁这一维度去加以分析。从产业变迁维度去切入，既不会忽略最尖端、最先进科学技术的渐进产业化应用的发展趋势，也可以全面把握每个历史时期内各种科学技术产业化应用程度的相对比较关系。既可以从使用最先进科学技术的相关产业部门的产量增长和产值比重增加来考察其产业化应用的发展状况，又可以从每个历史时期主导产业部门的产量水平和产值比重来说明这个社会平均的、一般的技术水平。从产业变迁维度进行的考察，能够更客观全面地反映长期处于赶超过程中的发展中国家普遍存在的生产力发展不平衡状况。这对于正确理解近现代中国经济转型进程中社会生产力的发展方向和发展阶段有着极为重要的意义。基于这一认识可以得出的结论是，近代以来中国产业变迁的主线是工业技术的产业化应用和工业化进程的不断推进。

结合中国的现实国情，在从产业变迁维度对中国近现代经济转型进程加以解析的过程中，有以下三个问题必须注意：

一是近现代中国经济转型进程中产业变迁目标的阶段性。中国的大门因鸦片战争的战败而被迫打开之时，西方列强已经基本完成或正在进行工业革命，工业化程度已经达到相当水平。从产业变迁的视角来看，仍处于“男耕女织”式自然经济状态下的中国已经远远落后于西方列强。彼时的中国，甚至没有经历工场手工业资本主义发展阶段，依靠小生产者的传统农业仍是国民经济中最主要的产业部门。社会生产力的落后决定了近代中国尽管已经被迫开始由农业社会向工业社会转型，但这个过程注定不会一帆风顺。对内缺少资本原始积累，对外缺少国际市场及原料产地的中国，要实现以工业化为目标的产业变迁，就不可避免地存在产业变迁目标的阶段性问题。发端于洋务运动的中国工业化进程，在不同的历史阶段有着不同的发展重点，而工业化进程中之所以有各个阶段侧重点选择的问题，也是由于中国是在半殖民地半封建社会的落后生产力条件下开始工业化进程的。要从产业变迁维度剖析近现代中国经济转型进程，就必须认识到中国不可能一蹴而就地完成以工业化为目标的产业变迁过程。中国的产业变迁必须从每个历史发展阶段的具体国情出发，找到这一时期制约中国工业化进程的瓶颈所在，并尽可能地集中全社会的力量加以突破。由此，也就形成了近现代中国经济转型进程中的目标阶段性特征。而中国特殊的国情也决定了中国的产业变迁过程并不可能像英法等西方列强那样进行从工场手工业到轻工业再到重工业的平稳产业升级，中国产业变迁阶段性目标的选择也必然有着中国特色。

二是近现代中国经济转型进程中产业变迁过程的承继性。近现代中国经济转型进程长达一百七十余年的历史，大致可以划分为两个阶段：新中国成立前和新中国成立后两个阶段。其中，新中国成立前阶段又可以细分为晚清政府时期和民国政府时期，新中国成立后阶段则可以细分为计划经济时期和改革开放时期。而在不同的历史时期，中国产业变迁的阶段性目标是存在显著差异的。但这并不意味着近现代中国经济转型进程中各阶段的产业变迁目标选择之间都是相互独立的事件。一方面，从产业变迁物质基础的视角来看，近现代中国经济转型进程应当被视作逐步积累和渐进创造中国工业化发展物质条件的过程。在这个过程中，上一代中国人为加快中国工业化进程所作出的一切选择和贡献，无论成功与否，都为下一代中国人在新的历史时期内进一步加快中国工业化进程发展创造了物质基础。如果没有上一代中国人为中国工业化进程所创造的物质基础，则下一代中国人也将缺乏推动中国工业化进程迈向新历史阶段的条件。另一方面，从产业变迁道路选择的视角来看，近现代中国经济转型进程又应当被视作一代又一代中国人探索中国工业化发展道路的过程。在这个过程中，上一代中国人基于具体历史国情所作出的阶段性产业变迁目标的选择，无论成功与否，都为下一代中国人根据新的国情作出属于自己历史阶段的产业变迁目标选择提供了宝贵的经验。如果没有这些经验教训，则下一代中国人在探索中国工业化发展道路时就不可避免地会走更多弯路，付出更多代价。因此，对于每一阶段产业变迁进程的肯定，并不能简单地视作对上一阶段产业变迁进程的否定，应当认识到近现代以来中国以工业化为核心的产业变迁过程具有历史发展上的承继性。

三是近现代中国经济转型进程中产业变迁方向的一致性。尽管近现代以来中国经济转型进程中产业变迁具有目标阶段性和过程承继性的特征，而隐藏在这两个特征之后的则是中国经济转型进程中产业变迁方向的一致性。商品经济的发展必然使商品关系向资本关系发展，而资本关系的确立与扩大则必然以工场手工业为代表的社会生产力向机器大工业为代表的社会生产力跃升。换言之，近代世界产业变迁的潮流与方向正是工业化的不断推进。近代以来中国经济发展之所以落后于西方列强，也正是因为自明朝中后期到清朝中期的漫长历史里，中国并没有把握住世界产业变迁方向转变的历史机遇，仍然固守传统农业生产方式，综合国力的发展停滞不前。鸦片战争战败之后，中国不仅被迫地向西方殖民者打开了国门，还仓促地开始了中国产业变迁方向的转变。自近代以来的中国产业变迁过程，虽然有着目标阶段性和过程承继性的特征，但始终将实现工业化作为产业变迁的方向。在近现代中国经济转型进程中，尽管在产业变迁维度方面上述两个特征较为显著，但也决不能忽视中国产业变迁的方向一致性特征。把握住近现代中国经济转型进程中产业变迁的方向一致性特征，一方面有助于理解为什么存在阶段性目标的中国产业变迁过程没有在某个发展阶段突然陷入停滞，另一方面有助于理解为什么中国产业变迁过程中阶段性目标看似南辕北辙却能够保持过程承继性。必须认识到的是，近现代以来中国产业变迁的方向一致性意味着中国产业变迁过程存在内在必然性，并不以某个人的意志为转移。从产业变迁维度对近现代中国经济转型进程加以考察的一项重要任务，就是发现导致中国产业变迁存在方向一致性的内在必然性规律所在。

二、制度变迁维度

如果仅从产业变迁维度对近现代中国经济转型进程加以考察是不全面的，除了以工业化为主线的产业变迁，以市场化为主线的制度变迁也构成了近现代中国经济转型进程的另一分析维度。近现代中国经济转型进程在本质上讲就是中国经济发展方式由传统小农经济向现代工业经济转型的过程。在这一过程中，以工业化为主线的产业变迁反映了社会生产力持续迅猛的进步过程；但与社会生产力进步相伴的必然是生产关系为适应和驾驭新的社会生产力而不得不进行的调整。近代以来，中国工业化进程先后经历了以发展军事工业为主的晚清时期、以发展民族资本主义轻工业为主的民国时期、以建立完整工业体系为目标的社会主义计划经济时期以及全面推进工业化的社会主义市场经济时期。在四个不同的时期，不仅社会生产力随着工业化的推进而不断发展，生产关系和经济体制也不得不适应工业化发展的需要而不断以革命或改革的形式加以调整。晚清政府的封建统治并不适应工业化发展的需要，建立民族资产阶级政权成为当时制度变迁的目标，并指引了戊戌变法、清末新政以及辛亥革命等制度变迁的实践行动；辛亥革命后建立起来的中华民国政权很快被封建主义、官僚资本主义和帝国主义的利益代言人所窃取，使中国通过发展民族资本主义轻工业而实现工业化的幻想破灭，通过新民主主义革命推翻帝国主义、封建主义、官僚资本主义“三座大山”成为当时制度变迁的目标；而新中国成立后必须在“一穷二白”的条件下以最快速度建成独立的完整工业体系的任务，使得中国共产党领导下的全国人民不得不借鉴苏联经验，建立社会主义计划经济体制一度成为制度变迁的唯一选择；随着计划经济体制下完整工业体系的建立，改革开放以后又不得不探索如何通过发展社会主义市场经济体制来更好地满足人民日益增长的物质文化需求，探索中国特色的社会主义市场经济体制就成为了 1979 年至今中国制度变迁的主要目标。由此可见，近代以来中国经济转型进程中的制度变迁是与以工业化为主线的产业变迁相伴的发展过程。

从制度变迁维度解析中国经济转型进程，也有三个基本问题是需要有清晰认识的：

首先，市场化是近代以来中国经济转型进程中制度变迁的基本主线。亚当·斯密在《国富论》开篇即用制针业的例子说明了劳动分工的细化对于提高劳动生产率的作用。机器大工业的发展，也同样是建立在劳动分工日渐细化的基础之上：随着劳动分工不断细化，以往需要复杂劳动的工序被简单劳动所取代，需要简单劳动的工序则可以被不断改良的机器所取代，劳动生产率才能不断提高。在劳动分工细化促进劳动生产率提高的同时，更加专业化的生产使得劳动者作为生产者的角色在越来越大的范围内与其消费者角色相分离，劳动者所消费的越来越多的产品都不再是其私人劳动的产物。这就必然使得生产者与消费者之间的供求鸿沟不断拉大，要解决生产者与消费者相分离情况下的私人劳动与社会劳动二重性矛盾，以尽可能低的成本实现社会劳动产品在全社会范围内的分配与消费，就必须依靠在资源配置方面具有效率优势的市场机制。正如前文所述，如果从产业变迁的维度加以考察，近现代中国经济转型进程可以视作以工业化为核心的产业变迁过程；建立在劳动分工不断细化基础之上的工业化进程必然要求以市场化为目标重构社会资源配置方式。随着近代以来中国经济在越来越大的范围内淘汰“男耕女织”式的小农经济生产方式，传统小农经济下以家庭为主导的分散型资源配置方式的效率劣势更加凸显。与以工业化为核心的产业变迁过程相适应的，就必然是以市场化为核心的制度变迁过程。因此，如果从制度变迁维度对近现代中国经济转型进程加以考察，则可以精炼出市场化这一制度变迁的基本主线。

其次，近现代中国经济转型进程中的制度变迁也存在目标选择的阶段性特征。马克思在《〈政治经济学批判〉序言》中指出，“无论哪一个社会形态，在它所能容纳的全部生产力发挥出来以前，是决不会灭亡的；而新的更高的生产关系，在它的物质存在条件在旧社会的胞胎里成熟以前，是决不会出现的。所以人类始终只提出自己能够解决的任务，因为只要仔细考察就可以发现，任务本身，只有在解决它的物质条件已经存在或者至少是在生成过程中的时候，才会产生。”① 对于近现代中国经济转型进程中的制度变迁来说，虽然以市场化为核心的总体性目标是显而易见的，但是近代以来生产力发展滞后的客观事实却决定了在近代以来很长一段历史时期内，直接由传统小农经济向现代市场经济转变的条件并不存在。自明朝中后期到新中国成立之前的漫长历史时期里，中国并没有像西方列强那样经历资本原始积累过程，封建专制主义的土地所有制将农民牢牢地束缚在土地之上，没有形成依靠出卖自身劳动力维生的无产阶级。客观的物质条件决定了虽然市场化是近现代中国经济转型进程中制度变迁的基本主线和主要任务，但是如果不能先通过一些暂时的制度安排加速那些物质条件的生成，市场化的主要任务就将难以实现。因此，根据市场化的物质条件生成过程中的不同阶段，也可以将近现代中国经济转型进程中的制度变迁划分为若干阶段。对每个历史阶段内制度变迁效率的考察，则可以以当时的制度安排是否满足了那个时期市场化物质条件生成（或者说工业化发展）的要求。基于此，就可以在对制度变迁路径中每个时期内的制度变迁过程加以考察和评价。

最后，近现代中国经济转型进程中的制度变迁是与中国的文化传统不可分割的，存在路径依赖性。诺思在《制度、制度变迁与经济绩效》中曾指出，“如若制度是存在于零交易费用的框架中的，那历史也就无足轻重了；相对价

---

① 马克思恩格斯文集（第二卷）[M]. 人民出版社，2009：592.

格或偏好的改变将立即导致制度的重构，从而作出有效率的调整……但倘若形成今天之制度的过程是相互关联的，并且还约束着未来的选择，那么，不仅历史是重要的，而且低水平的绩效也就能够长期驻存，不同的长期发展模式就产生了。”① 从制度经济学研究得出的共识可知，零交易费用的新古典学派分析框架在很大程度上并不适用于经济史领域关于制度变迁的研究。对于任何一个国家或地区制度变迁的研究来说，这个国家或地区的历史，以及由于这些历史而形成的文化传统，是研究中不能忽略的因素。制度变迁过程中的路径依赖性决定了如果不去分析孕育这一制度变迁路径的历史与文化传统，就难以准确把握制度变迁路径的过去、现在与未来。近代以来多次以“全盘西化”为主旨的制度变迁尝试都以失败告终的事实警示我们，在分析近现代中国经济发展金成中的制度变迁时必须认识到中国数千年历史长河中形成的文化传统对于制度变迁的影响。只有认识到这种影响的存在，才能理解为什么近代以来中国经济、政治与社会的全面转型决不可能以某个西方国家为模板，而是必须基于中国的国情探索适合中国的发展道路与发展模式。也正是基于此，对近现代中国经济转型进程的历史评价，不论是总体性评价还是阶段性评价，不能简化为计量模型为主的统计评价，还应当考察那些无法量化的历史因素在产业变迁、制度变迁以及理念变迁中所发挥的不可忽视且难以取代的作用。

三、理念变迁维度

在对近现代中国经济转型进程作出历史评价之时，不能仅限于从产业变迁和制度变迁的维度加以考察。即便是最漫不经心的观察，也会发现自近代以来每一代中国人在国民经济发展理念上都存在显著差异。这些变化，是一代又一代中国人民在中国经济发展道路的探索中经验教训的总结，是随着中国经济发展的实践不断推进而发展的动态过程。正如马克思指出的那样，“随着经济基础的变更，全部庞大的上层建筑也或慢或快地发生变革”。② 而作为上层建筑的经济发展理念的变迁，是在产业变迁和制度变迁交织前进的发展过程中也或慢或快且不可避免将要发生的变革。这种变革，虽不是一切变革的原因，而只

① 道格拉斯·C. 诺思．制度、制度变迁与经济绩效［M］. 杭行．译．格致出版社，2008：127.

② 马克思恩格斯文集（第二卷）［M］. 人民出版社，2009：592.

是“根源于物质的生活关系”,[1] 但某一历史时期发展理念的变革，也为生产力与生产关系矛盾的发展、产业变迁与制度变迁的推进提供了理论支持。从理念变迁维度对近现代中国经济转型进程加以考察的最大难度在于：近代以来中国所走过的特殊历史道路，决定了在每一个历史时期都存在两种以上发展理念的竞争，在不同的历史时期占据主导地位的发展理念也处于不断变化的过程之中；如何在经济发展理念的竞争与变革之中把握近现代中国经济转型进程中理念变迁的基本主线，就成为考察与分析得以破题和深入的关键。须认识到的是，尽管近代以来中国经济发展理念的竞争与变革异常激烈，但一切竞争与变革都是围绕着一个基本主线来展开，即中国经济发展必须以“民富国强”为总体性目标。近现代中国经济转型进程中每一个历史时期内经历的经济发展理念竞争与变革，实则是探讨如何在当时的历史条件下实现“民富国强”这一目标。

在明确理念变迁维度上所有分析的基本主线之后，仍有以下几个问题是在此维度的分析中需要注意的：

一是正确认识近现代中国经济转型进程中经济发展理念变迁与产业变迁、制度变迁的关系。正如马克思在《〈政治经济学批判〉序言》中指出的那样，“我们判断一个人不能以他对自己的看法为根据，同样，我们判断这样一个变革时代也不能以它的意识为根据；相反，这个意识必须从物质生活的矛盾中，从社会生产力和生产关系之间的现存冲突中去解释”。[2] 当我们对近现代中国经济转型进程中某一历史时期经济发展理念的竞争与变革格局加以考察时，当时那种竞争与变革格局的必然性就不能仅仅在经济发展理念本身的逻辑表述中去寻找。一旦以工业化为核心的产业变迁和以市场化为核心的制度变迁已经向前迈出了重要一步，则作为上层建筑的经济发展理念也必然或慢或快地发生一些变革。这种发展理念变革在具体的历史时期虽然总是由具体的历史人物去引领推动的，但这种变革之所以能够进行下去却必须以经济基础的变更为前提和条件。必须承认的是，经济发展理念变革的实现可能早就存在于某些天才人物的大脑之中，但经济发展理念的变迁并不是以这种观念出现在某些天才人物的

① 马克思恩格斯文集（第二卷）［M］. 人民出版社，2009：591.

② 马克思恩格斯文集（第二卷）［M］. 人民出版社，2009：592.

大脑中为目的，只有一种经济发展理念渐进地被占人口越来越多数的社会成员所接受，经济发展理念的变迁才会以意识形态的变革而得以实现并表现出来。因此，在近现代中国经济转型进程中对经济发展理念变迁加以考察时，首要的任务不是说明某种经济发展理念在逻辑上是否存在问题，而是考察新的经济发展理念取代旧的经济发展理念所需的物质条件是否成熟，即产业变迁与制度变迁究竟是否已经走到了某个临界点，以至于不加快经济发展理念的变迁，不在全社会范围内推动意识形态变革或发起思想解放运动，就会成为阻碍产业变迁与制度变迁的思想桎梏。

二是正确认识近现代中国经济转型进程中经济发展理念变迁的前瞻性与滞后性并存问题。在承认产业变迁和制度变迁对近现代中国经济转型进程中的理念变迁所起的决定性作用的同时，也必须认识到具体历史时期内具体经济发展理念的前瞻性或滞后性也将对经济转型进程中的产业变迁和制度变迁产生反作用。就如马克思在《〈黑格尔法哲学批判〉导言》中指出的那样，“批判的武器当然不能代替武器的批判，物质力量只能用物质力量来摧毁；但是理论一经掌握群众，也会变成物质力量”。[①] 或有前瞻性或有滞后性的经济发展理念在其盛行的那个历史时期也是客观的物质力量，从而对那个时期产业变迁和制度变迁的方向、速度和范围等都将产生客观的影响。在从理念变迁维度对近现代中国经济转型进程加以考察的过程中，必须认识到近现代中国经济转型进程中一直客观存在的经济发展理念的竞争性格局。不同的阶级、不同的社会阶层基于各自的立场总是提出并倡导无论是从形式还是内容上都存在差异性的不同经济发展理念，在任何一个历史时期这些相互竞争的不同经济发展理念并不都是对当时的产业变迁和制度变迁起到积极促进的反作用。从全社会范围来看，经济发展理念的变迁则是由产业变迁和制度变迁驱动下的各种经济发展理念构成的竞争性格局或慢或快地变革的过程。符合产业变迁和制度变迁发展要求的经济发展理念一旦在理念竞争中占据主导地位，则发展理念变迁也就具有了理论上的前瞻性，可以促进产业变迁和制度变迁的深入推进；反之，那些有悖于产业变迁和制度变迁发展要求的经济发展理念，如果在竞争中占据主导地位或即便已经在竞争中不占主导地位也不能彻底地退出发展理念的竞争，发展理念变

---

① 马克思恩格斯文集（第一卷）[M]. 人民出版社，2009：11.

迁则表现为理论上的滞后性，从而成为产业变迁和制度变迁的思想桎梏。而在具体的历史时点上，经济发展理念变迁究竟是有前瞻性还是有滞后性，则并不由理念变迁本身所决定。

三是正确认识近现代中国经济转型进程中经济发展理念的外来植入与本土改造之间的关系。近代以来中国经济转型进程与西方列强经济转型进程的根本区别就在于，中国是在逐渐沦为半殖民地半封建社会的过程中开始探索中国经济、政治与社会全面转型道路的。时刻面临“亡国灭种”危险的一代又一代中国人处于极端险恶的国际国内环境之中，不可能像西欧国家的全面转型那样经历了从文艺复兴、宗教改革、启蒙运动等历次思想解放运动，随着本国资本主义的发展渐进地实现经济发展理念的变迁。而中国社会从经济基础到上层建筑的落后使得近代以来很多仁人志士不得不选择学习、引进西方国家的经济发展理念，并以此指导中国经济转型进程中的产业变迁和制度变迁。在这个过程中不可避免会出现的问题是，根植于西方文化传统的那些经济发展理念与中国传统文化是存在冲突的。“全盘西化”式的经济发展理念外来植入并不能适应中国文化传统和特殊国情背景下的产业变迁和制度变迁，对外来经济发展理念的本土改造一直贯穿于近现代中国经济发展理念变迁过程。一方面，在近现代中国经济发展理念变迁维度上的分析与考察不能简单地否定经济发展理念外来植入的必要性，这是由中国与西方国家在发展程度上的相对落后决定的；另一方面，也不能把外来的经济发展理念视作“圣经”，忽视对这些经济发展理念进行本土改造的必要性。比较正确的做法是从考察外来经济发展理念本身与中国特殊国情的契合度出发，对外来经济发展理念本土改造的必要性有深刻认识之后，再考察这种改造对加快近现代中国经济转型进程中产业变迁与制度变迁的作用与意义。

第三节　中国经济转型进程历史评价的主要方法

在一切经济史研究中，研究方法的选取总是服务于研究的性质、目的和视角。这对于中国经济转型进程的历史评价来说，也是同样适用的。在对中国经济转型进程进行历史评价时，选择科学有效的分析方法是得出客观公正的结论的前提和保证。从本书对中国经济转型问题研究的性质来看，坚持历史唯物主义是贯穿整个研究的基本指导思想，这就决定了研究方法的选取不能堕入历史唯心主义的泥淖，去使用一些试图假设历史、建构历史的定性或定量分析方法。从本书的研究目的来看，本书对鸦片战争以来中国经济转型宏大历史进程的描述和分析，决定了不可能简单地采用一种具体的评价方法来试图评价中国经济转型的整个历史。从本书的研究视角来看，本书试图从产业变迁、制度变迁和理念变迁的多重视角深入分析鸦片战争以来中国经济转型进程，这就决定了要对跨越近两百年的历史过程进行评价，就必须有丰富的数据和史料来加以支撑。本书对中国经济转型进程作出历史评价所采用的主要方法有分层次多维分析方法、统计分析方法、文献挖掘和整理方法。

一、分层次多维分析方法

笔者在写作本书伊始就已经了解到，近现代中国经济转型进程不仅时间跨度很长，而且转型任务和转型目标具有复杂性和多元化特征。为此本书对中国经济转型进程的历史评价，将从产业变迁、制度变迁和理念变迁三个维度展开。但仅从上述三个维度中的任何一个维度切入分析，如果不进一步进行维度分解，分析依旧只能浅尝辄止。本书计划采取分层次多维分析方法对中国经济转型进程展开定性分析。分层次多维分析方法的基本思路是：将较为复杂的分析对象分解为多个分析维度并形成分析的最高层次，再在最高层次的每一个维度上进行维度细分，由细分维度构成分析的中间层次，以此类推直至形成的细分维度可以用一个或几个统计指标或史料来源进行定量分析为止，由此构成分析的最低层次。采用分层次多维分析方法的优点主要有：①通过分层次的维度分解，较为复杂的研究对象可以划分为一个个相对独立的简单研究对象，使每个维度上研究的难度都随着分析层次和分析维度的增加而逐步降低，有助于在每个分析层次和分析维度上都更准确地把握研究对象的性质特征和发展趋势。②通过分层次的维度分解，定性分析可以直接与定量分析相结合，在最低层次的每个细分维度上定性分析都可以直接与一个或多个的统计指标或史料来源对接，一方面定性分析的结论是对统计数据或史料的直接提炼和升华，另一方面可以很方便地利用这些统计数据或史料对定性分析的结论加以检验，从而在定性分析与定量分析的无缝衔接中贯彻“历史与逻辑相统一”的历史唯物主义原则。③通过从最低层次到最高层次的反检验，可以在把握具体细节的基础上评价研究对象整体的基本特征和演变趋势。就近现代中国经济转型进程的完成程度来说，使用分层次多维分析方法，可以在把握产业变迁、制度变迁和理念变迁每个维度下具体转型任务完成的程度，来考察作为整体的近现代中国经济转型进程的完成程度，实现了较复杂研究对象的量化。

在分层次多维分析方法的运用中，还有一些需要注意的问题：

第一，每个层次中分析维度的选择必须能准确地反映这一层次上分析对象的多元化特征。比如，在对产业变迁这一分析对象的分解中，就必须仅仅围绕产业变迁这一主题，从不同的角度去刻画产业变迁的过程并形成不同的细分维度。如果分析维度的选取不能反映本层次上分析对象的多元化特征，那么定量分析就不能支撑定性分析的结论，从而在“历史与逻辑相统一”的检验中被证伪。

第二，每个层次中不同分析维度只是相对独立，但不同维度之间还存在关联性。分层次的多维分析只是为了通过维度分解降低分析的难度，但在分层加维的过程中不可避免地会割裂研究对象的诸种构成要素中内在的联系。这就要求在分层次多维分析中，必须意识到这种内在联系的割裂现象，通过对这些内在联系的定性分析弥补分析方法本身的缺陷。

第三，在本书将要进行的总体性评价和阶段性评价中，层次的划分和维度的选取应当视具体问题而定，并不存在适用于每个历史阶段的分层次多维评价体系。近现代中国经济转型进程中的任务繁重、目标多元，即便围绕着同一个总体性转型目标，但在每一个具体历史时期阶段性转型目标的选取上也必须根据客观的历史条件进行取舍。这就决定了不仅每个历史阶段的转型目标存在差异，而且不能简单地用总体性转型目标直接对各个历史阶段的转型任务完成情况进行评判。这就决定了在每个历史阶段的分层次多维分析和总体性转型进程的分层次多维分析中，必须根据具体情况构建评价体系，不能简单地套用一种分层次评价体系。这一点，在统计数据和史料存在统计口径和历史背景上的差异性时，显得尤其需要注意。

二、统计分析方法

本书在对中国经济转型进程进行历史评价时所选用的分层次多维分析方法，要求必须以统计分析方法提供的统计数据作为定性分析的定量支撑。根据

“历史与逻辑相统一”的基本原则，对中国经济转型绩效的历史评价过程也是检验本书提炼出来的中国经济转型逻辑主线是否成立的过程。在这一过程中，统计数据的支撑是必不可少的。在统计分析方法的使用中，有以下几个方面问题是需要注意到的：

第一，统计分析方法的使用，要尽量避免对统计数据的过度加工，尽可能以“原汁原味”的历史统计数据反映经济转型的演进趋势。在经济史的计量研究中，存在一种过度依赖计量方法加工数据，以达到计量经济学意义上的统计显著的目的。在本书对近现代中国经济转型进程的历史评价中，坚信适当地采用统计分析方法有助于更直观地了解转型过程中经济变量的变化趋势，但同时也认为对统计数据的过度加工不可避免地会造成信息的丢失，这与“历史与逻辑相统一”的检验标准背道而驰。本书在使用统计分析方法对定性分析的结论提供支撑和进行检验的过程中，更倾向于通过对历史统计数据的整理，以图表方式描述经济变量的变化趋势，再通过对经济变量变化趋势的分析来把握经济转型的演进趋势。当然，在统计数据的处理过程中，不可避免地会出现统计数据所反映的变化趋势与定性分析不完全相符的问题。这些问题的出现，恰恰说明了中国经济转型的任务复杂性和目标多元性，同时也揭示了中国经济转型进程中各种矛盾的发展趋向。过度加工统计数据，则可能使这些反映中国经济转型中矛盾演变的信息丢失。

第二，统计分析方法的使用是由研究本身的需要决定的，不应当也没有必要滥用统计分析方法。本书认为，统计分析方法是一种有诸多优点的实证分析方法，但并不是唯一的实证分析方法。现实研究中是否采用统计分析方法，则视解决问题的需要而定。比如，在中国经济转型进程的历史评价中，特别是在产业变迁维度的分析中，就有必要采用统计分析方法，通过整理统计数据来直接地反映经济变量变化趋势。但是在制度变迁维度上，统计分析方法的采用就必须非常谨慎，必须检验所选取的统计指标是否能够间接地反映制度变迁的趋势。但在理念变迁维度上，由于必须对发展理念的变迁进行历史考察，此时统计分析方法的适用性就会受到一定程度的限制。强行引入不恰当的统计分析方法并不能解决发展理念变迁逻辑主线的提炼工作。

第三，必须注意到统计分析方法中的统计数据口径问题，不宜将不同历史时期不同统计口径的数据直接用于分析。从 1840 年鸦片战争算起，近现代中国经济转型进程前后经历了一百七十余年的历史跨度，从封建专制帝国到资产阶级共和国，再经过封建军阀割据、外族大规模入侵、国共内战后最终建立起人民民主专政的共和国，期间经历了多次重大的历史转折，并多次对中国经济的产业、制度和理念带来了结构性冲击。这就决定了近现代中国经济转型进程的历史评价中，存在较为严重的统计数据口径不一问题，限制了统计分析方法在研究中的适用范围。因此，在近现代中国经济转型进程的历史评价中，不能为了统计而统计，强行将缺乏可比性的统计数据直接用于分析。统计数据的错误使用带来的消极影响，甚至远大于缺少统计数据带来的消极影响。

三、文献挖掘和整理方法

作为对统计分析方法的重要补充，本书还将使用文献挖掘和整理方法对近现代中国经济转型进程进行历史评价。如前文所述，统计分析方法在具有诸多优点的同时也存在一些难以克服的问题，这就要求实证分析不能过度依赖统计分析方法，还应当有文献挖掘和整理方法加以补充。尽管近现代中国经济转型的过程漫长和任务复杂导致了统计数据口径不一的问题，但还是留下了大量可供挖掘和整理的史料文献。通过对史料文献的挖掘整理，也可以在一定程度上反映近现代中国经济转型的绩效，弥补由于统计数据缺乏和统计口径不一导致的实证分析难题。不仅如此，在理念变迁维度的分析中，由于每个历史时期发展理念也存在多样性，简单地使用统计数据不足以反映发展理念变迁的全貌。使用文献挖掘和整理方法反倒更能帮助我们厘清近现代中国经济转型中发展理念变迁的逻辑主线。由此决定了文献挖掘和整理方法在近现代中国经济转型进程的历史评价中的重要性。

第二篇

近代中国经济转型与发展

第四章　晚清时期的经济转型

第一节　晚清经济发展概况

一、世界政治经济大环境的变革

当历史的车轮行进到19世纪中期时，已经持续了一个世纪的工业革命不仅给整个欧洲大陆带来了巨大发展，也给闭关自守近一百年的大清帝国带来了巨大冲击。随着世界贸易的发展和殖民主义的扩张，晚清时期中国固守的堡垒逐渐坍塌，政治、经济、文化无不受到深刻的影响。政治上，逐渐沦为半封建半殖民地社会，客观和主观上都促进了各方面的变革；经济上，传统产业遭到了沉重打击，新型的资本主义工商业得到了一定的发展；文化、思想、教育出现了西化的倾向，借鉴西方、出国留学的人也逐渐增多。在这个全球化初期的进程中，中国不可避免地融入其中，体现出了那个时代的发展特征。

（一）工业革命与工业化

18世纪后半叶，首先在英格兰爆发的一场史无前例的革命加速了人类历史的进程。这场革命不仅仅是技术和经济的革命，而且也是复杂的政治、社会、文化的大变革，人们称之为工业革命（产业革命）。工业革命是人类历史的分水岭，是有人类以来第二次显著的变革，是“传统社会向近代社会的转变，包括经济上工业化、政治的民主化、新的国家家庭关系和价值观念的建立等诸方面”。①

在工业革命的推动下，资本主义经济在19世纪末至20世纪初取得了迅猛发展。世界工业生产在1850—1870年的20年间只增长了一倍多，而1870—1900年的30年间却增长了近两倍，20世纪初的13年内又增长了59%。世界钢产量由1870年的52万吨上升到1900年的2830万吨，增长了53倍多。同期，石油产量由80万吨升至2000万吨，增长了24倍。从19世纪70年代至20世纪初，世界的交通运输业也取得了显著的发展。全球船舶的总吨位由1870年的1680万吨上升到1900年的2620万吨，到1910年则达到3460万吨，比1870年增长了1.06倍。其中汽船的比例由16%增长到75.7%。海上运输工具基本上实现了机械化。轮船在航运中逐渐取得了优势地位，使运费由1870年至1913年下降了一半以上。这就极大地便利了国际间的经济交流。在这一时期，铁路运输业的发展更为迅速，全世界铁路总长度由1870年的21万公里增加到1913年的110.2万公里，在不到45年的时间里增加了4.2倍。环世界的铁路网初步形成，它把大多数国家纳入了世界市场，对世界经济的发展起了非常重要的作用。工业和交通运输业的发展及世界市场的扩大，使这一时期的世界贸易获得了巨大的发展。1870—1900年，世界贸易总额由455亿法郎上升到1182亿法郎，增加了约1.6倍，到1913年则增加了3.2倍，达到1924亿法郎。农业机械和化肥的普遍使用，使农业的生产效率得到极大的提高，使得农业人口大幅度减少，城市人口迅猛增加。20世纪初，英、美、德等国先后实现了农业现代化。美国西部、加拿大、阿根廷、澳大利亚等地涌现出许多机械化的大农场，成为世界的重要商品粮基地。世界粮食产量成倍增长。

在这个时期的世界资本主义经济高速发展过程中，呈现一些突出的特点。首先，资本主义各国经济发展极不平衡，由此引起它们在世界经济中地位急剧变化。美、德超过英、法跃居世界的第一位和第二位，英国降至第三位，法国仅排到第四位。俄国和日本的地位虽有显著提高，但它们在世界工业总产值中所占的比重仍然很低。其次，在19世纪五六十年代，卷入世界市场的大多是农业占主导地位的国家，它们围绕着一个巨大的经济中心——英国。英国消费它们的原料，同时供给它们必需的工业品。到19世纪末20世纪初，由于一批

① 高德步．世界经济史［M］．北京：中国人民大学出版社，2011：227.

新兴工业国的崛起，英国的贸易垄断地位被逐渐颠覆。在世界市场上，美、德成为英国强有力的竞争对手。以英国一个国家为中心的贸易格局发生变化，代替它的是欧美一系列工业化国家。世界贸易形成了多中心的新格局。再次，资本主义经济危机发生得更加频繁。由于资本主义经济发展过于迅速，工业产品的增长超过了世界市场的需求，资本主义经济危机不断发生。1873—1907 年，共发生了 5 次世界性的经济危机。同 19 世纪 70 年代以前相比，这些危机的破坏性更强，其间隔时间也在缩短。

工业革命使 19 世纪最后 30 年的世界经济发展十分迅速，不断创造新的奇迹。从总体上看，世界经济作为一个整体是繁荣的。随着工业革命的深化和世界贸易的扩大，作为工业产品的原料产地及销售市场，中国很快被卷入其中，资本主义生产方式得到一定的发展。

（二）自由贸易与金本位

工业革命的积极影响之一就是自由贸易取代了重商主义，将世界经济推向了一个新的高度。在国际贸易体制方面，由英国主导创立了自由贸易体制；在国际金融方面，各国纷纷放弃原先的复本位制或银本位制，采取了金本位制，黄金逐渐演变为单一的世界货币。

1813 年，英国率先实行了自由贸易，随后扩大到欧洲其他各国。19 世纪 60 年代的自由贸易政策更使国际贸易取得异乎寻常的增长。国际贸易在 1800—1913 年间每 10 年增长 33%，而在其间的 1840—1870 年更达到 53% 的最高增长率。自由贸易对各国经济增长产生了积极的影响，传统的观点认为自由贸易会提高参与国的整体福利水平。除此之外，欧洲国家还在贸易以外的其他一些领域进行了合作，签订了许多国际公约来促进国际铁路、运河、电报、邮政等事业的发展。

然而，对殖民地的自由贸易政策却损害了殖民地国家的利益。在欧洲与东方国家的贸易中，很多贸易条约是在非平等、非自愿互利的条件下签订的。东方国家或多或少地被剥夺了本国的关税自主权，西方国家将自由贸易原则强加给对方，又由于最惠国条款的存在，东方国家的大门向所有西方国家敞开。例如，中国和日本最初只与英国和美国分别签订过不平等条约，之后，其他西方列强利用最惠国待遇同样取得了在中日两国的特权。

在 1816 年英国实行金本位制后，其他主要欧洲国家到 19 世纪下半期才陆续采用。这一时期，中国货币主要以银、铜币为主，面临着贸易上日渐融合、金融上体制对立的局面。1840 年的鸦片战争，从经济学意义而言更多的是世界范围内的一场白银（资本）争夺战。从 1890 年到 1945 年，世界货币体系经历了金本位体系的确立和崩溃，金汇兑体系的剧烈变化及信用货币时期。当时国内学者们大都从经济学的角度积极探讨了中国应当确立什么样的货币本位和如何与世界货币体系接轨的问题。

（三）殖民主义

在市场竞争规律的支配下，资本主义不断地扩大再生产，从而要求市场不断地扩大。机器大工业不仅需要不断扩大海外销售市场，同时也需要日益扩大原料供应来源。大工业本身已成为农业原料和矿产原料的巨大销售市场。当这些原料在国内市场不能充足供应或完全不能供应时，便越来越多地转向世界市场，特别是需要到经济落后但资源丰富的国家去寻找。同时，机器大工业用廉价商品摧毁落后国家的手工产品，从而使这些国家不得不依赖于强加在它们头上的国际分工，变成西方工业国的棉花市场、羊毛市场、黄麻市场、咖啡市场等等。这时，传统的以蔗糖、烟草和奴隶为主的殖民贸易已经不再具有重要意义。由于欧洲地区的市场已经饱和，因此只能向亚、非、拉美国家寻求发展空间。从 1825 年到 1875 年这段时间，除英国和法国外，欧洲国家征服新殖民地的活动已基本停止，代之以向海外殖民地移民的运动。广大亚、非、拉国家沦为西方国家商品销售市场和原料产地的过程，也就是这些国家日益卷入世界市场的过程。

殖民活动加强了欧洲国家对世界市场的控制，比自由贸易政策的影响力还要甚之。它以强迫的手法使中国等国家以被动挨打的方式接受工业革命的洗礼，从而产生了这些国家政治、社会、经济中的剧烈矛盾和深刻危机。

二、晚清时期中国政治、经济的转变

《剑桥中国晚清史》一书认为，18 世纪发生了三个决定中国此后命运的变化：其一是欧洲人的到来，并牢牢地在这里扎下了根，这也是最为学术界注意的；其二是中国的领土扩大了一倍；其三是中国汉人人口增加了一倍。这三个因素的相互作用，便决定了近代中国历史的发展方向。在中国经济史上，晚清时期具有中西新旧杂糅的特点和承前启后的特殊意义。一方面，由于“西力东渐”的影响，传统的封建经济结构在延续的同时发生松动，无论是在生产关系还是在生产力方面都出现了新的变化；另一方面，晚清时期又是中国经济近代化的启动期，蕴含了中国近代资本主义经济发展的各种变量与潜因，中国近代经济的发展与不发展的种种问题都可以在这里探因求源。这使晚清时期成为中国经济史上最为特殊的时段。

（一）国内市场的扩大

鸦片战争后，中国国内市场逐步扩大，其扩大的程度很难做出精确计算。吴承明先生在其《论清代前期我国国内市场》一文中，曾估计鸦片战争前夕国内商品流通总额约为3.9亿两白银，合5.5亿元，其中长距离贩运贸易约占20%，即1.1亿元左右，我们一向把长距离贩运贸易作为商品经济发展的标志。只是终极产品的最大市场仍是农村。鸦片战争前国内商品流通额中，粮食居第一位，占42%，棉布居第二位，占24%，以下依次为盐、茶、丝织品等。鸦片战争后，工业品逐渐替代了占第一、第二位的粮食和棉布。

鸦片战争前，国内市场是封闭型市场，市场上进行的主要是小生产者之间的交换。在这种交换中，一方所需要的另一方的产品，多半是他自己也能生产、至少是知道怎样生产的东西。所以，尽管双方都受商人、官吏的剥削甚至欺骗，但总的说来，仍是等价交换。如最大量的长江贸易，主要是川、湘的米粮换取江、浙的布、茶、丝，交易双方基本上是平等的。鸦片战争后，由国际贸易引起的扩大了的国内市场，情况就不同了，不等价交换变成了普遍现象。

近代中国的对外贸易是一种殖民地型的贸易，本身就是不等价交换。所谓不等价交换，是指一方把价格提到商品价值以上，或促使另一方价格压到商品价值以下，或两者都有。但商品价值的绝对量是很难直接比较的，而是通过价格表现出来。因而一般也是从双方价格的相对变动中，来观察其不等价交换的发展趋势。在国际贸易上，就是进出口价格剪刀差。1896—1915年中国进出口物价指数显示，进出口价格的剪刀差在19世纪后期已经出现，并越来越严重。这种进出口价格剪刀差，首先破坏了中国国内市场价格的主动权，随即造成国内市场上工农业产品的差价，形成一种半殖民地半封建性质的价格结构。①

① 吴承明．中国的现代化：市场与社会［M］．上海：三联书店，2001：168.

（二）自然经济向商品（市场）经济的转变

近代中国商品经济有了显著的发展。“鸦片战争后半个多世纪，可以说是中国工业化的萌动时期”，[①] 以自给自足的自然经济为基本特征的传统经济结构被打破，私人资本主义生产关系在一些地区、一些生产部门中开始稀疏地出现，虽然发展缓慢且艰难，却代表了一种新的、有生命力的生产方式，预示着当时中国社会发展演进的方向。随着中外通商口岸的进一步开放，西方发达国家的文化、科技、资本、商品被引入国内，外资银行、企业的实力不断扩大。商品类别不断增加，商品化程度日益提高，无论是商品批发市场和商品零售市场，还是城市商埠和乡村集市都愈发活跃。社会生产力的提高和商品交换活动的增加使社会分工和商品货币关系产生了较大变化，推动着货币体系的深刻变革。

19 世纪下半叶，国内市场的发展是缓慢的，包括进口洋货，商品量的年增长率也不过 1.5%。这时期市场的扩大主要靠茶、丝、棉花等出口引起的农产品的商品化，城市人口的增长显然也扩大了粮食的商品量。甲午战争后，情况有所改变，1894—1908 年，市场商品量的年均增长率达 4%。一方面，洋货进口猛增；另一方面，国内有个“设厂自救”的运动，同时手工业繁荣也推动了市场的发展。然而，这时期物价猛涨，如果剔除价格因素，商品量的年增长率只有 1.12%，反而低于前期水平。不过，物价上升、市场活跃，总的来说是有利于工农业生产的。

有一种看法，认为中国是个半殖民地，国内市场的发展只是洋货的泛滥，甚至把全部进口都看作消极因素。我们认为这种看法不全面。从长期指数看，在 19 世纪后期，进口洋货的增长速度确实比埠际贸易的增长速度快，但这时候洋货在整个市场商品量中所占比重不大。洋货比重最大时是在 20 世纪初，几近 20%。不过，趋势很快就扭转过来，到 1920 年，洋货净值仅占市场商品总量的 11.7%，1936 年只占 8.74% 了。即使在 19 世纪后期，外贸的发展也会引起内贸的发展。在上海，1870—1910 年，运进上海的洋货增加了 328%，经海关运进上海的土货增加了 535%，不经海关运进上海的土货与经海关的大体相当。就是说，内贸发展快于外贸，这就是上海能够工业化、成为全国工业中

---

① 吴承明．早期中国近代化过程中的外部和内部因素［J］．教学与研究，1987（5）：48－52.

心的主要原因。到30年代，上海的贸易额约占全国1/4，而现代化工业产值占全国1/2。

通过对各类别产业资本的形成额和增长速率的统计，在1894年，中国的产业资本大于外国在华产业资本约1/4，这是洋务派创造的功绩。1894—1911/1914年这一阶段，整个产业资本的年增长率达15.5%。这期间每年平均新增资本8900余万元，合1936年币值近2亿元。只是在新增资本中，有58%是外国企业投资。洋务派的投资，合1936年币值，平均每年达5000余万元（包括铁路、实业外债）。

商业资本方面，据吴承明先生的粗略统计得出，商业资本总量（包括外商）的增长速度总是小于工业资本的增长速度。1894年商业资本总量与工业资本总量比例为9.7∶1。商业资本比重很大的原因是当时以商业资本为媒介的交易中，有70%以上是农产品和农家及个体手工业品，以后随着工业的进一步发展，商业资本的比重就逐步降低了。

（三）社会与政治的动荡

清政府在鸦片战争中战败赔款对劳动人民的盘剥，外国侵略者的经济掠夺对华南地区贸易的破坏，使社会矛盾更加尖锐。根据《南京条约》，1842—1845年，清政府需向英国侵略者支付2100万元的赔款，再加上7000万元的战费消耗，清政府财政日益困难。为了支付赔款及战费消耗，解决财政难题，清朝统治集团残酷盘剥人民以便将上述财政负担完全转嫁到人民头上。道光皇帝公开发布命令："所有各省着赔、分赔、摊赔、代赔"各款，"着各省督抚、河督于所属实缺司道府厅州县官员……勒限催追完交"。[①] 战后十年间，清政府对劳动人民的剥削与压榨空前严重。仅地丁税一项，从1841年到1849年就增加了330万两，较战前增加了3倍以上。此外，战后外国侵略者在加大向中国输入鸦片的同时，还向中国大规模倾销商品，对中国人民的经济掠夺日益加剧。鸦片战争后，鸦片进口不断增加，从1843年到1846年四年之间，中国流出的白银计3900万—4700万银元；1847年到1848年间，每年约计流出1000万银元。[②] 白银大量外流，从而使银贵钱贱的问题更为严重。与此同时，工业

---

① 王先谦．东华录（道光朝）卷五八［M］．上海古籍出版社，2008.

② 彭泽益．鸦片战后十年间银贵钱贱波动下的中国经济与阶级关系［J］．历史研究，1961（6）.

制成品使手工纺织业受到摧残，从而加剧了小生产者的困难。如广东顺德一带，织布手工业因洋布“贱售，女工几停其半”。①

各地人民不甘受压迫，广泛开展反清斗争，中国大地上农民起义运动连年不断，此起彼伏。北方，以捻军为主体的农民运动遍及山东、河南和安徽。南方，具有反清传统的天地会、斋教十分活跃。到1850年，群众反清斗争几乎扩展到全国各地。据《清实录》披露，1842年至1850年八年间，全国范围内较具规模的农民反清斗争近百次，这些武装斗争有力地打击和牵制了清王朝的力量。至1851年太平天国起义爆发，晚清农民运动达到高潮。

太平天国起义在许多方面是中国前近代史与近代史之间的转折期。它在国内引起的巨大动荡成了早期的中西沿海条约关系形成的背景，并且和条约制度本身一起宣告着中国的传统制度崩溃在即。起义的某些原因是有深刻的历史根源的，另一些原因则出自清代特有的一些问题。社会严重的不公正，朝廷和地方行政当局的衰败以及官僚政治道德的沦丧，所有这些都是历次王朝危机共有的问题。而人口剧增和人口大量内部迁移，则是清代特有的问题。从18世纪以后出现的社会混乱和国内民族间的冲突中已依稀可见这些问题的可能后果。

第二节　政府主导的工业变革——洋务运动

一个国家的工业化绝不会简单重复先前工业化国家的模式，而会形成它本身的特色。近代中国的工业是在国家逐步沦为半殖民地半封建社会过程中产生的，它不是在手工工场基础上产生的，而是在外国资本主义侵入，破坏了中国封建自然经济结构之后，由外国输入机器创办起来的，反映了当时中国社会经济的特点和规律。

中国的近代工业化始于19世纪60年代初期，是一场首先由政府主导的工业变革，从官办的近代军事工业发展到官督商办的民用工业，再到民族资本经营的近代工业。而这场变革的主体内容就是史称的洋务运动。

① 张集馨．道咸宦海见闻录［M］．北京：中华书局，1981：271.

一、洋务运动的起因

（一）“西力东渐”的影响

第一次鸦片战争的炮声，惊醒了以龚自珍、林则徐、魏源、徐继金、姚莹等人为首的地主阶级改革派。他们大都是继承中国儒学传统的经世致用学派代表，对当时趋向没落的封建社会早已不满于怀，龚自珍便发出了“万马齐谙”的愤慨声；林则徐奉命禁烟到达广东就任钦差大臣后，“日日使人刺探西事，翻译西书，又购其新闻纸”，认真研究外国情况。他们著书立说，编印出《四洲志》《圣武记》《海国图志》《流环志略》《康转纪行》等等介绍西方情况的第一批书籍，这些书籍成为中国人学习西方的启蒙读物，影响深远，他们提出“师夷长技以制夷”的学习西方的响亮战略口号。这一阶段，实际是洋务运动的启蒙阶段。

所谓“洋务”，是指诸如外事交涉、签订条约、派遣留学生、购买洋枪洋炮以及按照“洋法”操练军队（北洋、福建、南洋舰队）、学习外洋科学、使用机器、开矿办厂等对外关系以及与外洋往来的事物有关的一切事情。

（二）抵御外部侵略

洋务派提倡“中学为体，西学为用”，希望利用先进的技术维护封建统治，改革不触动封建制度。它引进了西方资本主义国家的一些近代科学生产技术，培养了一批科技人员和技术工人，在客观上刺激了中国资本主义的发展，对于外国经济势力的入侵，也起到了一些抵制作用。洋务派兴办近代工业初时是把“平中国”和“敌外国”相提的。前者反映了国内统治阶级与被统治阶级之间的矛盾，后者反映了清朝统治者同外国侵略者之间的矛盾。只是在第二次鸦片战争后，已十分腐朽的清朝统治者处在“内忧”与“外患”频仍之时，洋务派只有依靠西方列强，共同镇压人民，才能维持其摇摇欲坠的政权。如果说洋务运动是一场改革，那么它只能是沿着半殖民地化方向的“改革”而已。这一点在所有列强都愿意支持办洋务的事实上得到证明。李鸿章说淮军遇到“内地贼匪”，自信能取胜，遇到外国进攻，“胜负即不可知”。洋务大员丁日昌说，他的船炮“可以靖内匪，不能御外侮”。

二、洋务运动的主要内容

洋务运动主要包括“机船矿路”的引进与建设。当时，“机”主要指兵器，“船”主要指战船，两者都是追赶时代的工业。当时所谓“矿”，主要是煤矿；“路”指铁路。

中国的机器厂和船厂作出了努力，但是，由于缺乏基础工业，所需钢材、钢配件、铜料以至船用木料都依赖进口，制造成本要比购买外国成品高得多。造机不如买机，造船不如买船。加以在官僚体制下，管理层腐败，不能正常生产，甲午战争后即陷于停滞。追赶路线终败于进口路线。

在中国机械采矿和修建铁路22—25年之后，也出现了外国资本的煤矿和铁路，并立即打败了中国资本。这是因为，西方（这时包括日本）是通过一场西方称为“让与权之战”（Battle for Concession）取得采矿权和铁路权的，以武力为后盾。从经济上说，外国投资的矿，大都是中国资本已经开采并略有成效的矿，外国人再加入资本，并取得管理权。采矿是风险投资，这种办法最为稳妥。

上述这些新工业的出现当然是西方冲击的反应或结果。但就每项工业的产生来说，都不是来自西方的意愿，而是中国人努力的结果，尽管是失败的结果。就当时“求强”和“求富”的思想以及“机船矿路”路线来说，也不完全是“冲击—反应”模式，它们的形成，有中国传统的爱国主义，还有自龚自珍以来的“思想之解放”（梁启超语），以至可以追溯到17世纪的社会变革和“明夷”思潮。不过我们在这方面不多作探讨，而转到另一个具体内部因素，即传统经济中手工业的发展。

（一）官办军事工业

近代军事工业是在洋务派官僚曾国藩、李鸿章、左宗棠等主持下创建的。1861—1863年间，两江总督曾国藩在安庆创立了安庆军械所，制造洋枪洋炮；江苏巡抚李鸿章在上海和苏州设立洋炮局；闽浙总督左宗棠在福州马尾创办马尾船政局。接着全国许多省份，如河北、陕西、甘肃、云南、广东、山东、四川、吉林、北京、浙江、台湾、湖北等地，由各省督抚动用官款相继设立机器局，制造洋枪洋炮，到1890年张之洞创办湖北枪炮厂为止，大大小小共有十九个军工厂。其中极大部分是在19世纪六七十年代兴建的，规模较大的有江南制造局、金陵制造局、马尾船政局、天津机器局等。

近代军事工业的性质，基本上是封建的，但也包含若干资本主义元素。封建性表现在：近代军事工业的资金来源，无论是创办经费、常年经费或扩建经费，都由清政府从海关洋税和厘金的收入中拨付或由户部报销。企业的生产不是为了市场需要，产品由清政府统一调拨，因而支配生产的是产品的使用价值，而不是它的交换价值。产品不计算成本，企业不管盈亏，不用从利润中积累资金进行扩大再生产，它的生产规模取决于清政府拨款的多寡。江南制造局，“制造数目的多寡，视经费盈绌以为衡”。欲增加生产，“惟必添拨常年的款，方可举办”。[①] 马尾船政局限于经费，不能随时置设新式机器，制造新式轮船，“近年制船，新法愈巧，马力愈增，从前所置机器、厂地、船坞均不敷用，所拨制船之费以之制船，尚形竭蹶，焉能兼顾及此”。[②] 企业为封建官僚所控制，经营管理腐败，人员冗杂，营私舞弊极其严重。江南制造局的委员司事，“坐食者三之二”，“有时奉上宪裁汰冗员，总办奉文后，虽亦不无裁撤，然不旋踵即复安插其私人，甚有浮于未汰时者”。[③] 马尾船政局挂名领薪者“每年数千金，少亦数百金”。[④] 总办司事不精于制造之学而善于营私舞弊。

资本主义元素表现在：这些企业使用了新式机器，使用了大量工人，基本上仿照西方资本主义工厂的组织形式进行生产，又随时受到资本主义各国生产技术上不断革新的影响。马尾船政局，由木胁轮改为铁胁，又改为钢甲，轮机由立机改为卧机。江南制造局，由林明敦中针枪改为快利新枪，又改为小口径毛瑟枪。凡是资本主义各国在军事工业部门的每一步发展，这些军事工业都立刻仿效，购置新的机器设备进行生产。这些企业的经营方针后期也起了变化，产品收取一定的代价。马尾船政局在19世纪80年代，为南北洋和两广承造的轮船，出半价或全价代造，这与“并不索取原价分文”[⑤] 而调拨的情况就有不同。1895年两江总督刘坤一提出了今后沿海沿江各省需用船只一律由船政局代为承造，“倘不合法，即责成该船政局赔修”[⑥] 的方针，其他制造局在后期的生产中，为各省承造，不仅收取价银，并把价银作为“正款列收”[⑦] 的厂用

① 孙毓棠．中国近代工业史资料（第1辑上册）［M］．中华书局，1962：296.
② 牟安世．洋务运动（第5册）［M］．上海人民出版社，1956：293.
③ 陈真．中国近代工业史资料（第8辑）［M］．生活·读书·新知三联书店，1957：77－78.
④ 牟安世．洋务运动（第1册）［M］．上海人民出版社，1956：492.
⑤ 牟安世．洋务运动（第5册）［M］．上海人民出版社，1956：374.
⑥ 孙毓棠．中国近代工业史资料（第1辑上册）［M］．中华书局，1962：424.
⑦ 牟安世．洋务运动（第4册）［M］．上海人民出版社，1956：94.

经费。这些变化趋势是向资本主义经营方向发展。近代军事工业是资本主义近代工业生产体系中的一个部门，它和近代工矿、交通运输等工业是密切联系不可分割的。清政府为了巩固封建统治，首先建立了近代军事工业。由于军事工业的发展必然要求建立相适应的工业体系，因此，19 世纪 70 年代开始，近代工矿交通运输工业也陆续建立起来。这些工业在一定程度上与近代军事工业联系在一起，形成近代中国的大机器工业。所以，近代军事工业不仅生产力是资本主义性质的，而且经营方式也包含资本主义元素。尤其是它对中国近代工业的发展的影响更不容忽视。

（二）官督商办的民用工业

19 世纪 70 年代开始，随着近代军事工业的发展而建立的民用工业，其经营形式有官办、官督商办、官商合办三种，但在已设立的民用工业中，除基隆煤矿、湖北织布官局和官线电报以外，其他几乎都采取官督商办形式。在甲午战争前，官商合办形式的企业几乎没有，如基隆煤矿虽一度酝酿，但并未实现；湖北织布局为解决资金困难，曾一度采用，旋又废止。[①]

官督商办组织形式是在当时特定的历史条件下产生的，是封建主义与资本主义结合的产物。首先，它是在两次鸦片战争之后，外国资本主义侵略者大量倾销商品的同时又辅以资本输出，掠夺中国物产资源的情况下，迫使中国封建统治者不得不采用资本主义的生产方式。洋务派官僚鉴于“既不能禁华商之勿搭洋船，又何必禁华商之自购轮船”，[②] 所以允许商办交通运输业；但又怕完全商办“久恐争利滋弊”。[③] 于是把商办置于封建官僚监督之下。其次，近代军事工业的发展，又必须辅以近代工矿、交通运输业，但是到 70 年代初，政府财政竭蹶，兴办这种近代工业“全持官力，则巨费难筹”。[④] 而当时社会上拥有资本的买办商人“大都殷富诡寄洋行”。[⑤] 于是洋务派官僚瞩目于这些“诡寄洋行”的资本，用“商为承办官为维持”[⑥] 的办法吸引私人资本。在洋

① 张国辉．洋务运动与中国近代企业［M］．中国社会科学出版社，1979：125－126.
② 牟安世．洋务运动（第 6 册）［M］．上海人民出版社，1956：88.
③ 李忠公全集朋僚函稿（卷 15）［M］．学识斋，1868：29.
④ 牟安世．洋务运动（第 1 册）［M］．上海人民出版社，1956：538.
⑤ 牟安世．洋务运动（第 6 册）［M］．上海人民出版社，1956：88.
⑥ 牟安世．洋务运动（第 6 册）［M］．上海人民出版社，1956：39.

行企业中积累了资本的买办商人，也渴望独立经营，追求更大的利润，但是“全归商办则土棍或至阻挠，兼倚官威则吏役又多需索”，[①] 因而希冀在“官为维持”的庇护下摆脱重重的封建阻力，给投资带来优厚利润，所以乐意投资“官督商办”工业。于是“官”与“商”在互相需要、各得其利的情况下结合起来。

19 世纪 70 年代初开始，官督商办的近代民用工业，着重在交通运输、工矿、电讯、纺织部门。主要的企业有：上海轮船招商局、开平煤矿、漠河金矿、上海机器织布局和著名的盛宣怀。

官督商办企业创办目的都是为了获得利润，为市场而生产，是带有资本主义性质的企业。官督商办企业中集中了相当数量的私人资本，在 80 年代初，这种私人资本的投资，曾经出现过一个高潮。据当时报纸报道，“现在沪上股份风气大开，每一新公司起，千百人争购之，以得股为幸”。[②] 如 1882 年“自春徂冬，凡开矿公司如长乐、鹤峰、池州、金州、荆门、承德、徐州等处，已经禀准招商集股，无不争先恐后，数十万巨款，一旦可齐”。[③] 这一情况表明了近代企业的经营已经为社会所信任，私人资本对于投资近代企业已有积极性。但是，官督商办企业受到“官督”的制约，与一般资本主义企业又不完全相同。在这种企业里私人资本处于从属地位；企业的管理到产品的分配，都受到封建政府的制约；企业的领导权落在封建官僚手中，认股的商人对于企业的管理没有任何发言权，一切权利都由官方指派的总办、会办、帮办等人掌握，“商民对经入股，不啻途人，即岁终分利，亦无非仰他人鼻息；而局费之当裁与否，司事之当用与否，皆不得过问”。[④] 主事者营私舞弊，挪用资金，擅自分肥，商股更是无从过问，严重地危害企业的发展。

官督商办企业，享有某些特权，如拨借官款、免税、减税和专利垄断等等。这种情况利弊相成，往往成为企业不能摆脱封建摧残的根源之一。官掌大权，“所有盈亏，全归商认，与官无涉”。[⑤] 结果是到处创办，到处无成。许多

---

① 牟安世．洋务运动（第 1 册）［M］．上海人民出版社，1956：538.

② 《申报》1882 年 8 月 12 日，转引自：张国辉．洋务运动与中国近代企业［M］．中国社会科学出版社，1979：300.

③ 《字林沪报》1883 年 1 月 22 日，转引自：张国辉．洋务运动与中国近代企业［M］．中国社会科学出版社，1979.

④ 皇朝经世文三编（卷 26）［M］．学识斋，1868：9.

⑤ 牟安世．洋务运动（第 6 册）［M］．上海人民出版社，1956：6.

企业，亏折倒闭，有些企业虽有盈利，也很少把利润用于扩大再生产，不论亏本还是盈利，经营企业的官僚，靠着“督办”的权力从中发了大财，成为官僚资本家，其中最典型的代表是盛宣怀。他原是一个“空心大老”。到90年代，他已经是轮船招商局最大的股东，在该局的40000股中拥有11000股，[①]因此，官督商办的名声越来越坏，“人皆视为畏途，后虽有真实可靠者，人亦裹足不前矣”。[②]

官督商办企业有着官僚机构的所有弊病，裙带风盛行，官员滥用资金，贪污成风。几个所谓私营铁路公司的例子都说明，政府一直保留撤换这些所谓私人公众公司的总办及其他干涉的权力，这些干涉加上公司治理经验不足出现问题时，政府又借机实行国有化。而不受官方干涉的私人企业，如茂新面粉厂大多生机勃勃。

总的来讲，清朝末年的官督商办企业有些像近代企业。特别是清朝末期政府在多次沉重打击下规划立宪改革后，于1904年1月21日颁布《商人通例》九条和《公司商律》一百三十条，1905年颁布《公司登记法》，1906年通过《破产法》和《专利法》，终于使中国的经济制度走上了轨道。1904—1908年私人企业迅速发展，共有272家注册。但这个良好发展态势很快被随之而来的社会动乱所打断。

（三）民族资本工业

西欧的工业化，有一个长达两个半世纪的工场手工业时代（1500—1750年）。实际上，那时的工场手工业并非十分普遍，但马克思称之为“时代”并非夸大其词，而是指出其重要意义。在这种经济中，尽管生产力还是手工的，生产关系则已是资本主义的了。那时的西欧，和19世纪的中国一样，所谓近代化，就是破除封建障碍，实现资本主义化。西欧经济力量的膨胀，社会结构的变革和资本价值观念的确立，都出现在这个时代。非洲、印度的征服，澳洲、美洲殖民地的开拓，荷兰和英国的资产阶级革命，美国的独立，都是手工工厂和农场发展的结果。政治经济学的近代理论就是这时出现的，亚当·斯密的《国富论》出版时，蒸汽机尚未在实用上推广。

---

① 汪熙．论晚清的官督商办［J］．历史学，1979（1）．

② 皇朝经世文三编（卷31）［M］．学识斋，1868：12．

中国没有一个工场手工业时代，这是中国工业化迟缓的一个原因。但是，中国自16世纪就有手工工场出现，只是这种资本主义萌芽的形式在鸦片战争后才有了较大发展。这一点，迄今还未受到应有的重视。

鸦片战争后，洋货入侵，中国传统手工业受到摧残，但不像通常想象那样都成了机器大工业的牺牲品。我们考察了四十个传统手工行业（不包括艺术品行业），发现受摧残的主要是手纺纱、土钢、土针、踹布、土烛、制靛、刨烟丝、木版印刷八个行业，其余都能维持，多数并有发展，尤其是向工场手工业（包括散工制）发展。到20世纪初期，这些传统行业中都有工场手工业形式了，并且，机器大工业发展最快的时期，也是手工工场发展最快的时期，乃至在同一行业中也有这种情况发生。

鸦片战争后，从国外引进了一些新的工业，如火柴、制洋皂、制西药、铅石印刷、搪瓷、织袜、毛巾、油漆、化妆品等。它们都是中国原来没有的，堪称近代工业。但引进后，却是改用手工生产，大部分是手工工场。又因外贸出口，出现了一批新的加工工业，如肠衣、猪鬃、地毯、花边、草帽、发网等。它们或是手工工场，或是散工制。

这样，我们估算在1920年左右，工场手工业（包括散工制）的产值，比之官办的、民办的和外国资本经营的机器大工业的产值加起来，还稍大一些。因而，它们在中国近代工业化进程中的作用，不可低估。

外国资本和中国官办工业，都是从国外引进整套设备。但是，第一家外资工厂即1845年广州的柯拜船坞，仍是先用中国式的泥坞手工操作，然后机械化；上海第一家外商船厂伯维公司也是这样。第一家官办工厂即1861年的安庆内军械所，初建也是手工工厂，以后添置机器；其后上海的洋炮局也是这样。早期的民营机器厂，大半是从打铁作坊发展而来，一些有名的大厂如周恒顺等，也是这样。它们先添置一两台手摇或足踏机床，经营有利，再添设蒸汽动力。

在其他行业中，如由手摇丝车到足踏丝车、汽喉足踏丝车再到蒸汽动力丝车；由手摇轧花车到足踏车、足踏皮辊车再到蒸汽动力齿轮轧花车；由木槽楔人油榨到人力螺丝油榨、再到蒸汽动力压力油榨；由畜力石磨到火轮石磨、再到电力钢磨；由投梭织机到手拉织机、足踏铁轮织机再到电力织机；这种情况比比皆是。1886年设立的宁波通久轧花厂，有40台足踏轧花机，1888年添装了蒸汽动力，积累资本，购进纺纱机，1896年成为有17000锭的通久源纱厂。不过，在纺纱业中，这只是特例。而在矿业中，就变成通例了。绝大部分机械化的煤矿都是由手工煤窑转化而来，它们先是添置蒸汽动力吸水机，积累资本，再添置上井口卷扬机，采掘仍用手工。金属矿也是这样，先添置几架蒸汽动力的铁杆捣石机，积累资金，再添置新式冶炉，采掘仍用手工。

出口主导型的缫丝工业也有类似情况。早在19世纪60年代初，英国人、法国人即在上海创办过机器丝厂，都因与内地原料市场脱节而失败。广东陈启沅，立足于本土，利用岭南多造蚕的优势，经过短期手工工厂的过渡，建立小型为主的机器丝厂，到19世纪末发展到百余家。浙江商人，利用湖丝的传统市场，从改良土丝入手（左旋丝），在上海建立大型机器丝厂，也获得了立足点。而其进一步发展，是无锡商人利用当地桑茧业优势，在20世纪初完成的。无锡丝厂的发展得利于工农业结合，并最早改良蚕种、推进了无锡地区农业和农业生产结构的发展。

不过，在二三十年代国际市场的竞争上，中国丝仍然败北。可是，像织绸业这种完全中国传统的工业，仍然能保持比较好的优势，它自力更生，发展出像美亚绸厂这种颇为先进的工厂。这是因为，自汉代以来，中国即掌握有领先的丝织造工艺，直到现在，日本的西阵丝织业还向中国进口提花机的打孔纸带（类似计算机的软件）。在悠久的中国工艺历史中，类似的因素还大有存在。

中国没有一个工场手工业时代，这是中国的不幸。但从工场手工业向机器大工业过渡这条近代化的道路，即马克思所说资本主义发展三阶段的理论，仍是存在的。乃至在引进某些新工业时，还得回到手工工场，作为补课。到20世纪30年代，由于电力稍见普及，过渡加速，工场手工业的比重降低了。同时我们看到，手工业和机器大工业之间，劳动密集和资本密集工业之间，不仅有互相排斥的作用，还有互补作用。手工业中看来是传统的东西，同时也是进步的力量，因为它包含有能动因素，能够推动生产的商品化、社会化，成为工业近代化的积极因素。研究中国工业的近代化，显然不能只着眼于那些大烟囱工厂。同时，那种把传统经济和现代经济完全对立起来的理论，缺乏辩证思考，也是非历史的。

19世纪70年代，在兴办官督商办近代民用工业的同时，纯粹商办的民族资本主义近代工业也开始兴起。机器缫丝业是最早出现的民族资本近代工业，而最早出现机器缫丝业的地区是广东。1872 年南海人陈启沅自海外经商归来，在西樵简村的家乡，创办了继昌隆缫丝厂，使用机器生产，当时叫“机器大偈”。在陈启沅晚年所著的《蚕桑谱》一书里，还保存了他设计的机器大偈的图样，以蒸汽煮茧代替了炭火煮茧。这是生产技术上的一大进步。厂内雇工六七百人，因为使用了机器，大大提高了劳动生产率。据说“每一女工可抵十余人之工作”。[①] 同时所缫的丝质量很好，粗细均匀，丝色洁净，富有弹性，因此畅销国外，带动和促进了广东珠江三角洲机器缫丝业的发展，加速了手工缫丝业中小生产者的分化。

首先，由于高额利润的刺激，一般拥有资财的商人、地主就有投资新式工业的积极性。因此当陈启沅创办继昌隆缫丝厂两年后，便有人仿照陈启沅的机器缫丝，建立了四个缫丝厂。到 1881 年，南海附近的二三十里内缫丝厂发展到十一家，大厂工人六七百，小厂工人也有三四百。除南海以外，广州、顺德等地，也都建立了机器缫丝厂。在 19 世纪 80 年代后期，广州一地就有缫丝厂“五六十家”，进入 90 年代，顺德一地有“蒸汽缫丝厂二百家以上”。[②] 因此，广东珠江三角洲已发展成为民族资本主义缫丝的中心。

其次，由于机器缫丝提高了劳动生产率，其结果必然会使许多手工缫丝业者破产和失业。1881 年，南海等地发生了手工缫丝工人捣毁机器事件，此后这类冲突一直延续到 80 年代后半期，厂丝在市场上逐渐代替土丝，已是一种不可抗拒的趋势。据《海关十年报告》：“广州的厂丝几乎全部向欧洲大陆行销”，从广州出口的生丝，1882 年至 1883 年共计 9566 担，其中厂丝为 1254 担、占 13.2%。到 1890 年至 1891 年共计 13595 担，其中厂丝为 10317 担、占 76%。先进的机器工业比落后的手工业也具有很明显的优越性和生命力，生产率高，产品质量好，能开拓市场，获得厚利，因而当土丝在国际市场上受排挤时，厂丝代替了土丝，确保了我国丝的出口，并在国际市场上继续占有主要地位，这就体现了机器工业的优越性和生命力。

19 世纪 80 年代的中国民族资本近代工业集中地产生在上海。上海民族资

---

① 孙毓棠．中国近代工业史资料（第 1 辑下册）［M］．中华书局，1962：961.

② 孙毓棠．中国近代工业史资料（第 1 辑下册）［M］．中华书局，1962：969.

本近代工业的开办虽然比广东晚，直到80年代才开始，但是，它的特点是集中。如：缫丝、轧花、火柴、面粉、造纸、印刷、木材加工、制冰、制药、碾米、玻璃等加工工业和制造业，还有属于重工业一类的有船舶修造业和机器制造业等都相继产生。到1894年为止，大约有十几个工业部门，大小企业共三十余个。有的工业比较发达，有的已具有较高的生产水平，有的则较差。机器缫丝业产生最早，也是较发达的工业之一。1881年，南浔大丝商黄佐卿在上海创办了公和永机器缫丝厂，为上海最早的一个民族工业。开办后五六年中，丝车由一百架增至九百架。另外还有祝大椿独资创办的源昌丝厂。船舶修造业有较高的生产水平，均昌船厂，从1882年创办到1884年为止，已造船六艘，船的规模都比较大。如："淮庆"号船身铁制，长八十尺，宽十二尺，深七尺，船首吃水三尺半，船尾吃水五尺半。当时《申报》称此船"其制作之精良，装饰之时雅，卓具巧思"。足见船厂的生产技术已具有相当水平。机器制造业虽有四家，然规模小，资本少，工人仅几十个，只能修理，配制零件而已。

民族工业集中产生于上海的原因有三点：第一，鸦片战争之后，上海成为中国对外贸易的一个重要商埠，它在对外贸易中所占的比重超过了任何一个口岸。见表4－1。

表4－1　1871—1893年四大港在对外贸易总值中所占的比重
（全国各关总计＝100%）

年份	广州	上海	汉口	天津	其他
1871—1873	12.7	64.1	2.7	1.8	18.7
1881—1883	11.8	57.1	4.2	3.1	23.8
1891—1893	11.6	49.9	2.3	3.1	33.1

资料来源：严中平．中国近代经济史统计资料选辑［M］．科学出版社，1955：69.

从表中数据看，上海占最大的比重，因此上海作为繁荣的半殖民地商埠，为适应外国资本主义掠夺需要，极易兴办加工工业和交通运输业，如缫丝业、船舶修造业等。第二，上海是外国人最集中的地方，甲午战争前他们在上海非法创办了许多工厂。据统计，1880—1894年，外国资本在中国经营的近代工业企业有103个，设立在上海的有63个。[①] 外资大规模在上海经营近代工业，

① 孙毓棠．中国近代工业史资料（第1辑上册）［M］．中华书局，1962：234－241.

对中国民族资本产生了很大的影响。因此，民族资本广泛投资于各种新式工业也就很自然。第三，上海是洋行买办集中的地方，民族资本投资于近代工业，所需要的机器设备和工程技术人员问题，通过洋行买办便能得到解决，比其他地区建厂方便。由于以上原因，民族工业比较集中地产生在上海。

同时，这种情况也表现了它的特点，即一开始就受到了外资的压迫、控制，发展很困难。就船舶修造业来说，1882 年前外资在上海已创办了七个船厂，1865 年成立的耶松船厂在 80 年代已能制造二千多吨的钢壳汽船。[①] 民族资本的均昌船厂，从规模到技术都无法与之竞争。又例如机器缫丝业，1881 年公和永丝厂成立之后，1882 年外资也创立了公平、怡和两家丝厂，每厂有丝车 200 架，以比公和永大一倍的规模加入竞争。这样，民族工业在业务经营上就遭到很大的压力。同时，民族工业的技术设备和主要原料都依赖进口，在生产上受到外国资本主义的控制，这一点与广东缫丝工也完全不同。广东缫丝业产生在偏僻的乡村和县城，暂时避免了外资的压迫，机器设备技术又都是在自力更生的基础上搞起来的，不受外资的控制，能够独立发展，表现了中国独立发展的民族工业的特点，而上海则表现了半殖民地半封建口岸民族资本的特点。但是，实际上半殖民地半封建的中国，虽然产生了广东缫丝工业这样的独立发展的民族工业，然而，它不是中国民族工业发展的途径，它只是在外国资本主义侵略势力尚未深入到的空隙之地的暂时和局部的现象。

其他口岸的民族工业比上海产生得更晚些，而且是稀疏零星地产生。[②] 表 4－2 显示，每一个工业部门极大多数只在一个地区，很少出现在三个以上的地区，只有纺织业和火柴业分布较广，有六个地区。除了印刷业在广州建立三个工厂，火柴业在重庆建立三个工厂以外，几乎每一个工业在出现的地区，一般都只建立了一个工厂，可见这些地区的民族工业虽然在甲午战争前已陆续产生，但是，分布不广，也不发达。至于新式采矿业，由于中国矿藏丰富，旧有的采矿业有一定的基础，因此民族资本在原来土法开采的基础上也办起了近代矿业。从 1879 年开始开采的有山东、安徽、湖北、直隶等九个省十二个矿，其中包括煤和金、银、铜、铁矿。以山东平度招远金矿为最大，先后投资达

① 孙毓棠．中国近代工业史资料（第 1 辑下册）[M]．中华书局，1962：29.

② 孙毓棠．中国近代工业史资料（第 1 辑下册）[M]．中华书局，1962：1027.

80 万两（其中包括平度以外各县的矿）。其他的矿场规模一般都很小，使用机器不多，以人工挖掘为主。还有由于运输业跟不上，采矿业往往失败者居多数。

表 4－2　　　　1872—1894 年民族资本经营的近代工业简表

设立年	企业	所在地	创办人
1872	继昌隆缫丝厂	广东南海	陈启沅
1872	广州印刷局	广州	不详
1873	昭文新报舘	汉口	艾小梅
1874	汇报	上海	容闳、唐廷枢
1875	福建砖茶厂	福州	福建商人
1875	建昌铜铁机器厂	上海	不详
1878	贻来牟机器磨坊	天津	朱其昂
1878	高记木厂	上海	张子尚
1879	裕昌厚缫丝厂	广东南海	陈植榘
1879	上海机器织布局	上海	戴恒、郑观应等
1879	汕头豆饼厂	汕头	不详
1881	公和永缫丝厂	上海	黄佐卿
1881	合昌机器厂	上海	不详
1882	同文书局	上海	徐鸿复、徐润
1882	广州造纸厂	广州	广州商人合股
1882	广州印刷局	广州	不详
1882	上海玻璃制造厂	上海	不详
1882	裕泰恒火轮麵局	上海	上海商人
1882	均昌机器船厂	上海	李松芸
1883	源昌机器五金厂	上海	祝大椿
1884	坤记缫丝厂	上海	不详
1884	振华书局	北京	不详
188?	广德昌机器造船行	上海	何德顺
1886	中国机器轧铜公司	上海	福建商人
1886	上海制冰公司	上海	不详
1886	广报	广州	邝其照
1886	天津自来火公司	天津	杨宗濂、吴懋鼎
1887	蜚英舘石印局	上海	李盛铎
1887	通久源轧花厂	宁波	严信厚
1887	厦门自来火局	厦门	不详
1887	厦门玻璃制造厂	厦门	不详
1887	中西大药房	上海	顾松泉
1887	福州制糖厂	福州	不详

续表

设立年	企业	所在地	创办人
1887	福州机器面粉厂	福州	不详
1888	福州纱厂	福州	不详
1888	源昌碾米厂	上海	祝大椿
1888	公茂机器厂	上海	不详
1888	鸿文书局	上海	凌佩卿
1888	富文阁	上海	不详
1888	广州石印局	广州	不详
1889	宏远堂机器造纸公司	广州	钱星溪
1889	森昌泰火柴厂	重庆	卢韩臣等
1889	浙江慈谿火柴厂	浙江慈谿	宁波商人
1889	发昌煤厂	台湾基隆	台湾商人
1890	燮昌火柴公司	上海	不详
1890	广州电灯厂	广州	黄秉常等
1890	台湾制糖厂	台北	不详
1890	顺记翻砂厂	上海	不详
1890	裕慎缫丝厂	上海	不详
1891	上海棉利公司	上海	不详
1891	华新纺织新局	上海	唐松岩
1891	上海源记公司	上海	不详
1891	铁亹机器厂	上海	不详
1891	福州机器焙茶厂	福建建宁	福州商人
1891	伦章造纸厂	上海	李鸿章等
1891	森昌正火柴厂	重庆	卢韩臣等
1892	太原火柴厂	太原	胡聘之
1892	杭州石印局	杭州	不详
1893	廷昌缫丝厂	上海	不详
1893	礼和永轧花厂	上海	不详
1893	义和火柴公司	广州	不详
1893	北京机器磨坊	北京	李福明
1893	长发油房	汕头	不详
1893	重庆纱厂	重庆	黎庶昌
1893	聚昌自来火公司	重庆	不详
1894	轮华缫丝厂	上海	不详
1894	源昌缫丝厂	上海	祝大椿
1894	裕源沙厂	上海	朱鸿度
1894	华盛纺织总厂	上海	盛宣怀
1894	通久源纱厂	宁波	严信厚
1894	镇江纱厂	镇江	不详

续表

设立年	企业	所在地	创办人
1894	广州纱厂	广州	广州香港华商
1894	戴聚源铁工厂	上海	不详
1894	中英大药房	上海	上海商人合伙

资料来源：孙毓棠．中国近代工业史资料（第1辑下册）［M］．中华书局，1962：1166－1168．

三、洋务运动经济状况与绩效

洋务运动在19世纪60年代引入现代化产业后，即遇到一个总需求不旺、物价下跌的市场局面，直到世纪末才见转机，成为洋务派企业不能正常发展的原因之一。这期间，进口洋货中，占第一或第二位的是鸦片，每年价值大都在3000万两以上，加上估计的走私数，1869—1894年进口鸦片220余万担，价值9.97亿两；1895—1918年约81.5万担，价值5.72亿两。鸦片的市场作用完全是消极的，它截取了消费者十数亿两白银的购买力，成为工农业发展的一个阻力。1880年以后，国产鸦片的数量已超过进口鸦片，估计1894年其价值达到9000余万两，1919年达3.9亿两，它虽然也截取了大量消费者的购买力，但它也增加了烟农、走私者和缉私官的购买力。

四、洋务运动失败的原因

洋务运动在当时的中国，其失败命运是不可避免的。主要原因有四点：第一，在不触动腐朽的封建制度的前提下，洋务派试图利用西方资本主义的某些长处来维护封建专制统治，这种手段和基础的矛盾，使洋务运动注定是不可能成功的。同时，洋务运动处处受到顽固派的阻挠和破坏，从而加大了洋务运动开展的阻力。第二，洋务派本身的阶级局限性，决定了他们既是近代工业的创办者和经营者，也是其摧残者和破坏者，其封建衙门和官僚式的体制，必定导致洋务企业的失败。第三，洋务运动的目的之一是抵御外侮，但洋务派在主持外交活动中，坚持“外须和戎”，对外妥协投降，他们所创办的近代企业有抵御外侮和“稍分洋人之利”作用，但却不能改变中国半殖民地半封建社会地位。洋务派标榜的“自强”“求富”目标未能实现，洋务运动基本失败。第四，当时的大多数中国人对洋务知之甚少，思想还处于被愚昧迷信和封建礼教束缚的阶段。

熊彼特认定以纺织工业为主导的英国产业革命结束在1842年，而把自此至1897年作为“蒸汽和钢铁时代”。这两个年份恰巧是中国发生鸦片战争和甲午战争的时间。通过这种巧合，我们可以发现中国近代产业萌发时期的特征：这时期，西方拼命地向中国推销纺织品和鸦片，而中国人向西方寻求的却是如当时洋务派所说的“中学为体，西学为用”。然而，纺织工业后来却成为中国唯一略有发展的工业。这也许可以看作是“机船矿路”路线失败的结果，也是中国近代化步履蹒跚的原因。

洋务运动在清末经济史上是一个失败的运动。这个运动是在政治、法律制度和意识形态没有发生根本变革的约束下进行的，因此以坚持清朝政府的政治垄断，没有司法独立和保护私人企业的法律制度为基础。与日本明治维新模仿西方的政治、法律、经济制度相反，洋务运动坚持官办、官商合办、官督商办的制度，以此为基础来模仿发达国家的技术和工业化模式。这种方法使得政府垄断工业的利益与其作为独立第三方发挥仲裁作用的地位相冲突，使其既是裁判又是球员，因此利用其裁判的权力，追求其球员的利益。这种制度化的国家机会主义使得政府利用其垄断地位与私人企业争夺资源，并且压制私人企业的发展。洋务运动的特点不但是官方对大工业的垄断，也表现为亦官亦商，官商勾结。商人成功的首要条件是与官府搞好关系和得到庇护，胡光墉就是一个典型的例子。

第三节 晚清政府制度创新的尝试——戊戌变法

戊戌变法指1898年（农历戊戌年）以康有为为代表的改良主义者通过光绪皇帝所进行的资产阶级政治改革，是中国清朝光绪年间的一项政治改革运动。主要内容是：主张学习西方，提倡科学文化，改革政治、教育制度，发展农、工、商业等。

一、戊戌变法的背景

晚清时期政治统治极为腐败，1895年甲午战争战败，清政府与日本签订了丧权辱国的《马关条约》后，列强掀起了瓜分中国的狂潮，中国的大好河山被帝国主义列强分割成一块块势力范围，中国社会的半殖民地化程度大大加深了，民族危机空前严重，这是导致戊戌变法的根本原因。

这一时期，帝国主义国家加强了对中国进行的资本输出，这加剧了中国自然经济的解体，客观上为中国资本主义的发展提供了更多市场和劳动力条件。同时，清政府也适当放宽了对民间设厂的限制，更重要的是一部分地主、官僚、商人既受利润的吸引，又痛感民族危机的深重和国家力量的贫弱，提出了“实业救国”的口号。于是，中国出现了一个兴办工业的浪潮。19 世纪末，中国的民族资本主义有了初步的发展，这为戊戌变法奠定了经济基础。随着资本主义的发展，中国的民族资产阶级开始登上政治舞台，这为戊戌变法奠定了阶级基础。

19 世纪 60 年代资产阶级早期维新思想的产生和 90 年代康、梁维新思想的进一步传播奠定了变法的思想基础。维新运动也逐渐从理论宣传转到政治实践。1895 年 8 月，康有为、梁启超等人在北京出版《中外纪闻》，鼓吹变法；组织强学会。1896 年 8 月，《时务报》在上海创刊，成为维新派宣传变法的舆论中心。1897 年冬，严复在天津主编《国闻报》，成为与《时务报》齐名的在北方宣传维新变法的重要阵地。1898 年 2 月，谭嗣同、唐才常等人在湖南成立了强学会，创办了《湘报》。在康、梁等维新志士的宣传、组织和影响下，全国议论时政的风气逐渐形成。到 1897 年底，各地已建立以变法自强为宗旨的学会 33 个，新式学堂 17 所，出版报刊 19 种。到 1898 年，学会、学堂和报馆达 300 多个。

1898 年 1 月 29 日，康有为上《应诏统筹全局折》，4 月，康有为、梁启超在北京发起成立保国会，为变法维新作了直接准备。在维新人士和帝党官员的积极推动下，1898 年 6 月 11 日，光绪皇帝颁布《明定国是诏》，宣布变法，新政从此日开始。

二、变法的内容及历史意义

1898 年 6 月 11 日，光绪帝发布《明定国是诏》，变法从此正式开始，直到 9 月 21 日慈禧太后发动政变，共 103 天，史称百日维新。6 月 16 日，光绪帝召见康有为，商讨变法具体步骤和措施。光绪帝根据康有为等人的建议，在百日维新期间颁布了几十道新政诏令。新政内容主要涵盖教育、军事等多方面的政策和体制，其最终目标是推行君主立宪制。

其中经济方面主要有：设铁路矿务总局、农工商总局，并在各省设分局。广泛开设农会，刊印农报，购买农具，订立奖励学艺、农业程序；编译外国农学书籍，采用中西各法切实开垦，颁发制器及振兴工艺给奖章程。在各地设立工厂，在各省设商务局、商会，保护商务，推广口岸商埠；开放八旗经商的禁令，名其学习士农工商自谋生计；裁撤驿站，设立邮政局；改革财政，创办国家银行，编制国家预决算；倡办实业，鼓励私人开办工矿企业，促进生产。军事方面主要有：改用西洋军事训练，遣散老弱残兵，削减军饷须支，实行团练，裁减绿营，举办民兵；颁发兴造枪炮特赏章程，筹设武备大学堂，武科停试弓箭骑剑，改试枪炮。文教方面主要有：改革科举，废除八股取士制度，改试策论；设立学堂，提倡西学，首先开办京师大学堂，令各省、府、厅、州、县，将现有大小书院一律改为兼习中西学的学堂；设立译书局，翻译外国新书；允许开设报馆，举办学会；派人出国游历、游学等。政治方面主要有：广开言路，准许各级官员及民众上书言事，严禁官吏阻隔；删改则例，撤消重叠闲散机构，裁汰冗员；取消旗人的寄生特权，准其自谋生计。

由于变法的失败，中国失去了一批倾向于在原有体制内实行改革的精英和支持者；代之而起的是主张激烈变革，推翻原有制度和政府的革命者，最后造成了清朝的覆亡，中国两千年的帝制亦画上了句号。除此以外，朝庭中本来较为开明有为的大臣在政变后有些被贬，其他亦多被排挤到中央以外；间接亦造成了之后发生的义和团运动。戊戌变法是中国近代史上具有重大意义的事件，是一次爱国救亡运动。它要求发展资本主义经济和扩大资产阶级政治权力，符合近代中国发展的历史趋势，因此也是一次进步的政治改良运动。它传播了资产阶级新文化、新思想，批判封建主义旧文化、旧思想，又是一次思想启蒙运动。戊戌维新时期虽然产生了上述比较全面的现代化趋向，但是由于变法并未成功，使之大多未能推广实行，主要停留在思想理论鼓动和政策制度构想上。因此，它在中国早期现代化进程中的作用，主要不是取得了多少实际成果，而是为此后的资本主义现代化作了思想理论上的准备和初步的实践尝试，也就是进行了一次比较全面的社会动员。

三、变法的实质与失败原因

戊戌变法的实质是新兴资产阶级与封建顽固势力的斗争。戊戌维新运动是19世纪末中华民族同帝国主义矛盾激化的产物，是一场旨在挽救祖国危亡的爱国运动；又是中国近代史上第一次思想启蒙运动。它是中国人民在旧民主主义革命时期反帝反封建斗争的一个驿站，有着不可磨灭的历史功绩。但是由于两千年封建主义经济基础的牢固，封建主义政治力量的强大、封建主义思想影响的根深蒂固，非初登历史舞台的幼弱的资产阶级所能匹敌，戊戌变法的失败带有必然性。戊戌变法失败的根本原因：这是由中国资本主义发展水平决定的，在当时的情况下，中国资本主义发展水平很低下，经济基础很薄弱，资产阶级的力量相当弱小。资产阶级力量不足以同封建腐朽势力相抗衡。同时，在主观上，戊戌变法的失败也有诸多原因：

（1）资产阶级维新派的软弱性和妥协性，缺乏反封建的勇气，只采取改良的办法，而且还对封建反动势力寄予幻想。从变法诏书的内容看，具体表现为：①变法诏书没有触动封建顽固派的实权地位。政治上，取消闲散重选机构，裁汰冗员，废除旗人寄生特权，准许官民上书言事。这有利于资产阶级知识分子参与政权，精简机构，提高效率，但是没有涉及论战中君主立宪等政治主张。最突出的是慈禧太后仍然牢牢地控制着光绪帝和具有左右整个局势的权力。维新派幻想顽固派会放任他们去变法。显然，他们对资本主义制度与封建制度的严重对立性认识不足，也缺乏政治斗争的经验。②变法诏书中的军事方面，精练陆军，改习洋操，实行征兵制，添设海军。这有利于加强军队战斗力，抵抗外来侵略，加强对人民的统治，却没有采取由维新派掌管军队的措施，以致于面对政变阴谋，束手待毙，最后运动失败了。很明显地，他们对政治斗争残酷性认识不足，没有认识到军队在政治斗争中的重要作用。

（2）维新派反对帝国主义的侵略，却不明确提出反帝的具体主张，甚至还对侵略者抱有幻想。譬如：在甲午战争之前，中国人一直视日本为“蕞尔岛国”、“东夷小国”。但在历时近十个月的甲午战争中，中国却惨败于向为国人小觑的日本。而战后的康有为却喊出“不妨以强敌为师资”的口号，说“我朝变法，但采于日本，一切已足”。并邀请伊藤博文辅佐变法，还说“风闻东洋故相伊藤博文即日到京，将专政柄。臣虽得自传闻，其应如响。伊藤果用，则祖宗所传之天下，不啻拱手相让人”。

（3）维新派既没有政治实力，更没有经济和军事实力，又缺乏政治经验，却又自命清高，脱离了广大人民群众，一味依靠没有实权的光绪皇帝。

（4）维新派改革操之过急。李鸿章把维新运动的失败归咎于“变法太急，用人不当”，是很有道理的。变法中，康有为等人政治运作的最大失误，莫过于把清廷最高实权人物——慈禧太后放到了敌对的位置。光绪二十四年（1898年）六月十一日清廷颁布《明定国是诏》开始正式变法。不过，光绪皇帝推进改革的办法，是靠急风暴雨式地、毕其功于一役式地发布谕旨。有时一天竟多达十几道，反映了他变法的急切心情。据统计，在“百日维新”期间，他一共发了110道谕旨、诏令。而所有这些上谕彼此之间几乎没有相互的支持，甚至说缺乏政治上的基本章法。欲速则不达，反而适得其反，得罪了大批既得利益者。光绪帝和维新派全变、大变的急进变革主张，造成整个社会结构的强烈震荡，使许多与现存社会有利害关系的社会集团和政治势力觉得受到了威胁。百日维新期间，上谕达一百一十多件，令人目不暇接，地方官员怨声载道。光绪帝严惩阻挠变法的官员，树敌太多。至于废除八股改革科举制度这一举措，又在庞大士人群体中引起普遍的恐慌。

客观上，代表顽固思想和利益的顽固派大力阻挠。祖宗崇拜和“华夏中心”论是中国传统文化的重要特点。祖宗崇拜将祖先、祖制神圣化，使任何改革都非常困难，总被视为“数典忘祖”。“华夏中心”论认为，中国是居世界中心的“天朝上国”，只有中国文化最优秀。“祖宗崇拜”与“华夏中心”结合在一起，使学习、参考外国的任何改革都被斥为“以夷变夏”的大逆不道，因而更加困难。在古代，倡导“天变不足畏”“祖宗不足训”“人言不足恤”的王安石变法以失败告终。在近代，《海国图志》、同文馆、修筑铁路等等更是历经曲折。

从国际环境上，中国戊戌维新发生于19世纪90年代末，当时世界资本主义已经向帝国主义阶段过渡，列强通过争夺殖民地的高潮已经基本上把世界瓜分完毕。中国成了列强在东方争夺的“惟一富源”，出现了瓜分中国的狂潮。这时帝国主义列强绝不愿意中国成为一个独立强大的资本主义国家，国际环境对中国维新运动很不利。于是，维新运动在中外反动势力的共同绞杀下失败了。

第四节 晚清新政——未能拯救帝国命运的最后稻草

戊戌年的腥风血雨尚未散尽，慈禧便继承了光绪的事业，掀起了声势浩大的改革运动，妄图挽救满目疮痍、岌岌可危的大清王朝。基于百日维新的教训，也迫于清廷内部保守派的压力，且限于当时国人的认识水平，晚清新政仍不出早年戊戌变法的那些内容，基本上采取经济变革优先、政治变革滞后的方针。但是晚清新政对后变法时代的中国产生了积极的影响，包括经济快速发展、司法体系的重构以及政治体制和教育体制的改革。

一、经济快速发展

光绪二十九年（1903 年）七月，清廷应华侨资本家张振勋奏请，设立商部，以载振为尚书，伍廷芳、陈璧为左右侍郎。光绪三十二年（1906 年），清廷将工部并入商部，改设农工商部。为了促进实业发展、鼓励民间投资，商部、农工商部陆续颁布了《商人通例》《公司律》《公司注册试办章程》《破产律》《奖励公司章程》《华商办理实业爵赏章程》等等章程和条例。新政还允许商人组织各种商业团体。光绪二十九年（1903 年），商部颁布《商会简明章程》；光绪三十年（1904 年），商部颁布《试办银行章程》；光绪三十四年（1908 年），度支部颁布《大清银行则例》和《银行通行则例》，对认股、发行纸币、经营金银、外汇等问题作出相关规定。

晚清新政促进了民族资本主义的进一步发展，新政中后期，清政府基本克服了“从前各省设局厂，或官督商办，或官商合办，每因章程未善，难免有牵掣抑勒等弊，致使群情疑阻”的老问题，鼓励、支持民间投资和创业，北京多次下发上谕，命各省“一概仔细恤商”，“饬行保商之举”，甚至由官方出面组织企业考察团赴海外考察农工商业、引导办理劝业场、参加世博会，形成“民之投资于实业者若鹜”的积极景象。

在 1900 年以后的 10 年里，中国的近代工业发展很快。据《旧中国民族资产阶级》一书所统计：在 1895—1900 年的六年内，已设厂 86 家，投资合计 1767.9 万元，即平均每年增设新厂 14.3 家，新增资金平均每年 294.65 万元。

这是第一次投资设厂热潮所取得的直接经济成果。但到 1905 年后掀起的第二次投资设厂热潮期间，其投资规模和发展速度则更远远超过以往各个时期。仅在 1905—1908 年的四年内，新设厂矿共 201 家，新增资本每年达 1145.4 万元。设厂平均数超过第一次投资设厂热潮期间的 2.5 倍；每年平均投资额超过第一次投资设厂热潮期间的 2.9 倍。① 此外，到光绪三十四年（1908 年），全国各地商会发展到近三百个。

二、司法体系的重构

光绪三十年（1904 年）四月一日，修订法律馆开馆，首先翻译外国法律，如德意志《刑法》《裁判法》，俄罗斯《刑法》，日本《现行刑法》《改正刑法》《陆军刑法》《海军刑法》《裁判所构成法》等，同时，着手删修《大清律例》。该律例沿袭明律，顺治以后陆续增益，死罪竟多至八百四十余条，成为中国有史以来苛繁律例之最。光绪三十一年（1905 年）三月，沈家本、伍廷芳奏请删除凌迟、枭首、戮尸、缘坐、刺字等重刑、酷刑，并建议轻罪不准刑讯，笞杖改为罚银或劳役，都得到清政府批准。此年，沈、伍奏请试行《刑事民事诉讼法》，设立陪审员及律师。《刑事民事诉讼法》多达五章两百六十条，是此前中国不曾有过的法律。

清末沈家本等完成的另一项工作是《刑事诉讼律草案》。改稿提出，原、被告待遇同等，允许被告人用辩护人及辅佐人，审判公开，以及不服一审、二审均可上诉等现代审判原则。清廷发交宪政编查馆复核。第二年，因辛亥革命爆发，未能颁行。

晚清新政期间建立了新的独立的司法系统，另外法律体系本身也废除了原来传统的中华法系，采用了西方的大陆法系。

三、政治体制改革

光绪三十一年（1905 年）七月十六日，清政府正式宣布派遣官员出访日本和欧美等国家进行实地考察，尤其在政体方面做出了顺应民心民意、锐意改革的姿态，这道上谕后来被称为“派载泽等分赴东西洋考察政治谕”，它这样说道：

① 黄逸峰，姜铎，唐传泗，徐鼎新. 旧中国民族资产阶级 [J]. 江苏古籍出版社，1990：70.

“方今时局艰难，百端待理，朝廷屡下明诏，力图变法，锐意振兴，数年以来，规模虽具而实效未彰，总由承办人员向无讲求，未能洞达原委，似此因循敷衍，何由起衰弱而救颇危。兹特简载泽、戴鸿慈、徐世昌、端方等，随带人员，分赴东西洋各国考求一切政治，以期择善而从。嗣后再行选派分班前往，其各随事诹询，悉心体察，用备甄采，毋负委任。所有各员经费如何拨给，著外务部、户部议奏。”

后来的史实说明，此举之所以重要，不仅仅在于清政府首次正式派员就政体问题进行考察，更因为大臣据考察所得，为仿行宪政阐述了系统性的主张，提呈了方案，推动清政府作出了“预备立宪”的决定。

在经过1905—1906年的立宪筹备后，清政府于1907年9月宣布设立资政院；10月，又命各省督抚准备在省会设立咨议局。次年7月，公布《咨议局章程》《议员选举章程》《咨议院章程》的总纲及选举两章；8月颁布《宪法大纲》及《九年预备立宪逐年推行筹备事宜清单》。从此，预备立宪进入实施阶段。

《逐年筹备事宜清单》是筹备立宪的总体规划方案，有主办机构，有进度要求，有责任目标等。内容涉及咨议局的筹备和举办；咨议院的选举和开办；地方自治和户籍调查；融合满旗畛域；财政方面则涉及制定国税、地税，颁布会计法，确定皇室经费，设立审计院，以及确定预算决算等；在普及教育方面，主要是提高识字率；同时，法律、司法、官制的改革也有待进一步深化。

四、教育体制改革

教育体制改革也是晚清新政的主要内容之一，相对于政治改革，它较为容易做到深化，在很短的时间内就完全恢复了三年前被扼杀的“百日维新”的各项措施。光绪二十七年（1901年）七月，清政府下令自次年起科考取消八股文，在试题中引入对国际局势和国内政治讨论等策论内容。八月初，又下令革新整顿京师大学堂，将各地原有书院改为新式学堂，要求各省城设大学堂，各府设中学堂，各县设小学堂。

大中小学应运而生之后，各学堂的入学条件、修业年限、学校性质、课程设置以及各级各类学堂之间的统属衔接关系均没有明确规定，这样势必需要一个学制系统给予规范。张百熙被任命为管学大臣，负责设计新型教育体制构建方案。《兴学诏书》的颁布，拉开了晚清十年教育立法活动的序幕。

1902年（农历壬寅年），张百熙上呈学堂章程，即《钦定学堂章程》，在此章程下所创立的教育体制史称“壬寅学制”。第二年，张百熙、张之洞、荣庆合作又对该学制进行了修改，于1904年1月（农历癸卯年底）由清政府正式颁布，即《奏定学堂章程》，史称“癸卯学制”，这是中国开始实施的第一个近代学制。并且这些措施在此后十年中得到了切实有效的实施。

同时，各省选派学生以官费送到国外留学的规模也进一步扩大，各省派遣公费留学生，则是百日维新所没有提出过的。诏书当时计划给学成归来的留学生们分别赏进士、举人等头衔，试图把这批新型知识分子引入现行体制之内。

五、小结

从1901年“晚清新政”开始后，单纯的洋务经济改革方式被否定，宪政化逐步成为体制内改革思想的主流。在宪政运动影响下，变革的广度与深度远远超过此前历次改革，其内容相当丰富，几乎涉及社会各个层面。但这并没有挽救清廷统治，晚清新政最终输给了辛亥革命。究其原因，主要有以下几点：第一，严重的经济困难是造成改革失败的重要原因之一。洋务运动的经济建设并不是没有取得任何成绩，但是成绩不大、教训不少。且前有甲午之辱、后有辛丑之变，使得清政府陷入“天下之财，悉应赔款”的艰难境地。第二，绝大多数社会成员没有从新政中受惠。清末居民的平均生活水平甚至一直没有恢复到1840年以前。第三，新政期间整饬吏治工作完全失败，贪官污吏肆虐。地方官员借调查户口、办学等新政措施，盘剥平民、甚至激起流血民变，基层官员的滥政败坏了新政的形象，增添了新政的难度。第四，统治者不肯让渡权力，反而进一步收拢权力导致精英阶层离心离德。第五，外国列强的干涉也是套在清政府身上的枷锁。第六，新政改革错过了最佳时机，各种社会危机已达到一触即发的地步。总之，“内事不修、外事不举”是清廷最终垮台的根本原因。

第五节　晚清时期经济与制度变革的经验总结

晚清时期是近现代中国经济转型的开端，尽管这一时期中国经济转型几乎是被动的、痛苦的，但随着经济转型进程的开启，晚清时期中国经济已经开始呈现出与过去两千多年封建自然经济显著不同的特征。西方殖民者的入侵和封建统治者的昏庸无能，使得这一时期中国人民经受了深重的苦难。但是在苦难之中，中华民族中的进步分子也在孜孜不倦地探求着中国经济转型的可行道路，并取得了一定的成功与发展绩效。具体来说，主要体现在三个方面：

一、晚清时期经济转型产业变迁维度的绩效评价

晚清时期经济转型在产业变迁维度上的主要特征可以概括为：在小农经济生产力条件下被人为植入的追赶型工业化。中国的工业化进程，可以追溯到晚清时期的洋务运动。与英国等西方发达国家不同的是，中国的工业化进程并不是在中国传统小农经济的自然瓦解基础上展开的，而是伴随着西方殖民入侵、为救国自强而开始的。这就决定了作为晚清时期产业变迁核心特征的追赶型工业化，与西方国家的工业化进程有着显著的区别。具体表现在：

第一，晚清时期中国的工业化进程是在男耕女织式的小农经济没有瓦解的条件下开始的，这就决定了这一时期工业化进程的阻力异乎寻常的大。直到鸦片战争爆发之前，零星分布在江南地区手工业部门的资本主义萌芽并没有成长起来。特别是由于封建地主、高利贷者和大商人之间的利益同盟势力强盛，使得资本主义生产方式几乎没有向广阔农村地区和庞大农业部门渗透的可能性，导致男耕女织式的小农经济仍然顽固地在经济上占据统治地位。即便是在商品经济和商品农业相对发达的东南地区，幼稚的资本主义生产关系也仅仅寄生在大宗农产品的流通领域，在农业生产领域则鲜有资本主义萌芽的渗透。一家一户的农业生产方式，一方面决定了农业经济剩余非常稀少，在交付完地租和利息之后，农业家庭已经无力消费市场上的手工业产品，众多手工业产品只能由家庭成员自行生产，家庭手工业的劳动生产率极低，机械的使用非常有限；另一方面也决定了家庭要扩大生产规模，唯一可行的选择就是增加家庭人口数量，在导致新增的农业经济剩余被新增家庭人口消耗掉的同时，还导致小农经济下的工农业产业变迁始终被锁定在劳动密集型技术演化路径上，缺乏创造和发明复杂机械的经济激励。正是由于小农经济的顽固存在，晚清时期的工业化进程虽然在外力的作用下被开启，但是就广大国民来说参与工业化进程的经济激励是严重不足的，工业化进程面临极大的阻力。

第二，晚清时期中国的工业化进程是在中国生产技术水平已经远远落后于西方国家的条件下开始的，这就决定了这一时期工业化进程的第一任务是追赶。当晚清政府中的洋务派终于掌握国家最高权力开始推行洋务运动之时，英、法、美等国已经在第一次工业革命中基本实现了工业化，而后起的德、意、奥、俄、日等国的工业化进程正不断加速，工业化水准也远远超过中国。就在晚清政府试图通过洋务运动吸收西方国家在第一次工业革命中发明创造的技术成果之时，第二次工业革命已经在西方国家开始酝酿。可以说，中国生产技术水平与西方国家拉开如此大的差距，在数千年的中国经济史上也是头一遭。这一客观事实决定了晚清时期开启的中国工业化进程第一任务就是在生产技术上追赶西方发达国家，而这一产业变迁维度上的历史任务几乎贯穿了近代以来近 170 年的中国经济转型进程。在追赶型工业化道路上必然出现的两方面困难是，一方面由于缺乏生产技术的产业积淀，生产技术的追赶需要较长的历史时期；另一方面先进国家并不会主动地向中国提供最先进的生产技术以帮助中国实现跨越式的产业变迁。对于晚清时期的工业化进程来说，最需要的是时间，最缺乏的也是时间！晚清时期中国工业化进程的屡次挫折，恰恰在于当时的国内外经济政治环境决定了中国没有足够的时间与空间去选择工业化道路，只能人为植入地选择追赶型工业化道路，这就使得当时中国与西方发达国家在生产技术上的差距非但难以缩小，反倒持续扩大。

第三，晚清时期中国的工业化进程为下一阶段的产业变迁奠定了物质基础，但这一时期奠定的物质基础又是相当薄弱的。晚清时期中国工业化进程虽然屡遭挫折，但还是取得了一定的成就。诸如上海轮船招商局、汉阳铁厂等一批近代工商业企业的出现，均是近代中国工业化进程艰难起步阶段所取得的历史成就。可以肯定的是，如果这一时期中国工业化进程没有取得这些成就，那么近代中国的工业化进程就有可能彻底中断，在随后的一百多年时间里完全沦为一个为西方发达国家提供原材料的经济殖民地。晚清时期中国工业化进程所收获的成果就如同一粒种子，为后来中国工业化进程的不断加速奠定了物质基础。但也必须承认的是，这一时期中国工业化进程为下一阶段产业变迁所奠定的物质基础也是相当薄弱的，这就决定了后代的中国人民仍需要不断探索适合中国国情的工业化道路。但不论如何，这一时期中国工业化道路探索中取得的经验与教训，为后来中国工业化道路的选择和工业化进程的加快提供了一些有益的帮助。

二、晚清时期经济转型制度变迁维度的绩效评价

晚清时期经济转型在制度变迁维度上的显著特征是：封建统治下的、外力迫使的被动型市场化道路。尽管在明代中后期就已经出现了商品经济的发展和资本主义生产关系的萌芽，但是古代中国的商品经济始终没有完成由商品经济向市场经济的转型。中国的市场化进程，可以追溯到晚清时期，但这一时期中国的市场化进程与西方国家的市场化进程是有本质区别的。具体体现在：

第一，晚清时期中国的市场化进程是在封建地主、高利贷者和大商人在经济上共享统治地位的条件下开启的，决定了中国的市场化进程从一开始就必须面对来自封建统治者的极大的阻力。与西方发达国家不同，当明代中晚期资本主义萌芽开始在中国出现时，封建地主、高利贷者和大商人也形成空前牢固的利益同盟在经济上共享统治地位，在政治上则将封建专制主义中央集权推向空前巅峰。这就决定了中国的小工商业者，不可能像西方国家的早期资产阶级一样，利用封建君主与封建领主之间的矛盾，伺机壮大自身力量。在中国市场化进程的开端，中国的民族工商业者必须面对来自封建统治者的极大阻力。在经济上，民族工商业者不仅在经济实力上难以与居于统治地位的封建地主、高利贷者和大商人抗衡，还受到来自这些阶层的盘剥和压迫；在政治上，民族工商业者长期处于极其低下的政治地位，饱受来自社会各个阶层的歧视，无法动员其他社会阶层的力量。地租率、利息率以及跨境商品贩卖利润率的高昂，使得个别民族工商业者一旦有了资金积累，也会将这些资金用于购置土地、放高利贷或跨境贩卖，从而跻身封建统治阶层之列。民族工商业者的资金无法转化为资本，就使得中国的市场化进程从一开始就缺乏内生动力机制。

第二，晚清时期中国的市场化进程是在西方殖民者武力叩关的条件下开启的，决定了中国的市场化进程从一开始就是以西方国家为核心的殖民体系与世界市场扩张的组成部分。由于清代早期资本主义萌芽发展缓慢，至鸦片战争爆发之时中国民族资产阶级尚未形成，晚清时期中国市场化进程的开启并不是中国民族资产阶级推动的结果，而是西方殖民者武力叩关成功后，通过一系列不平等条约强加给中国的。晚清时期中国的市场化从本质上看是走的被动型道路，是以西方列强国家为核心的殖民体系与世界市场不断扩张的必然产物和组

成部分。客观上讲，西方殖民入侵在一定程度上为打破近代中国经济制度演化的低水平路径依赖提供了外部动力，但西方殖民入侵在此过程中给中国经济所带来的破坏和损失则要深重得多。晚清时期中国被动开启的市场化进程具有典型的半殖民地性质，这一时期市场化水平的提高，是与中国社会逐渐沦为半殖民社会、中国人民所遭受的来自列强的经济压迫逐渐加重相伴随的。而晚清时期中国市场化进程的半殖民地性质，也决定了近代中国的追赶型市场化道路是畸形的市场化道路，是一种不可持续且必须打破的制度变迁路径，并不可能沿着追赶型市场化的制度变迁路径上最终走向成熟、发达的资本主义市场经济。

第三，晚清时期中国的市场化进程的开启先于近代中国民族资产阶级产生，这决定了近代中国民族资产阶级从诞生之初就没有掌握对市场化进程的主导权。如前文所述，晚清时期中国市场化进程的开启，是在西方殖民入侵的历史背景下被动地开启的，中国民族资产阶级的诞生晚于近代中国市场化进程的开启。而中国民族资产阶级诞生之初所面临的现实状况却是：一方面，封建统治者在经济上和政治上的势力依旧强大，初生的中国民族资产阶级没有实力直接挑战；另一方面，西方殖民者代表着工业革命以来最先进的社会生产力，中国民族资产阶级同样没有实力直接挑战。中国民族资产阶级从诞生之初就是在本国封建势力与西方殖民势力的夹缝中求生存，对晚清时期中国市场化进程缺乏主导权。西方殖民者的每一次变本加厉、封建统治者的每一次权宜之计，虽在推动中国市场化进程的同时也为中国民族资产阶级提供了稍加改善的生存空间，但并不能改变中国民族资产阶级在经济上和政治上的双重被统治、被压迫地位。这意味着不仅晚清时期中国市场化进程缺乏内部动力机制，而且也无力打破带有明显殖民地性质的、沿着追赶型工业化道路的制度变迁路径。

三、晚清时期经济转型理念变迁维度的绩效评价

面对“千年未有之变革”，晚清时期经济转型也在理念变迁维度上有所体现。随着西方殖民者的入侵，越来越多的仁人志士敏锐地发现千百年中国人固守的“孔孟之道”已经无法为中国经济转型提供理论指导，中国人民迫切需要新的理念、新的理论来指导中国经济转型。这一时期经济转型在理念变迁维度上的显著特征是发展理念的近代化，主要表现在：

一方面，晚清时期发展理念的近代化是中国人民在抵御西方殖民入侵的一次又一次失败中被迫加快进行的。从《海国图志》的开眼看世界，到洋务运动的“师夷长技以制夷”，再到维新运动的“变法救国”，再到清末革命党的“驱逐鞑虏，恢复中华”，均是在中国人民抵御西方殖民入侵的一次又一次失败后，在发展理念层面上对失败进行总结的结果。从最初认识到中国落败于西方列强是“技不如人”，再到逐步认识到落后的根源不在技术、而在于制度，晚清时期发展理念近代化是中国人民以血的教训换来的。晚清时期发展理念近代化的曲折，则表现出发展理念变迁层面上的路径依赖性在一定程度上成为近代中国经济转型迟缓的重要原因，而发展理念变迁的路径依赖性则从一个侧面反映出这一时期中国人民对于民族独立与国家富强历史任务如何实现问题的迷茫与无助。

另一方面，晚清时期发展理念的近代化虽然经历了曲折的道路且付出了惨重的代价，但还是没有找到指导中国人民实现民族独立与国家富强的正确理论。这一时期中国社会各个阶层思想进步的仁人志士，既试图维持数千年来中国发展理念变迁的传统和成果，又开始试图从西方列强的发展经验中寻找实现中国民族独立与国家富强的灵感。但由于晚清时期中国工业化进程和市场化进程的艰难起步，即便是思想先进的仁人志士，其对于近代中国落后挨打的深层次原因也没有科学的认识。这就使得每一次发展理念的更新，虽对于晚清时期中国工业化进程和市场化进程的发展有所推动，但最终由于发展理念既不够科学深刻又不能与中国国情结合，一次又一次地遭遇了失败和挫折。这也就决定了中国民族资产阶级在通过辛亥革命推翻晚清政府封建统治之后，很快就遭遇了革命果实被北洋军阀集团窃取的失败。这再次证明了晚清时期发展理念近代化虽然取得有益成果，但还是未能找到指导中国人民实现民族独立与国家富强的正确理论。

四、晚清时期经济转型进程的历史局限性

综合上述的分析可以得出结论，晚清时期特殊的历史条件下虽开启了近代中国经济转型进程，但这一时期中国经济转型进程表现出明显的历史局限性，具体来看主要有两个方面：

一方面，晚清时期中国经济转型进程，无论是在产业变迁维度上，还是在

制度变迁维度上，抑或是在理念变迁维度上，都表现为外生冲击的结果，缺乏经济转型的内生动力机制。这一时期中国经济转型进程，无论是从追赶型工业化道路的选择来看，还是从被动型市场化道路的选择来看，抑或是从发展理念近代化的路径来看，都是西方殖民者入侵并通过一系列不平等条约将经济压迫强加于中国人民身上后，中国人民自发地选择反抗的结果。但是由于鸦片战争之前中国社会的超稳定结构，使得中国人民在突然遭遇西方殖民者的入侵与压迫时，并未做好反抗侵略与压迫的准备，进而所有的反抗仅仅停留在自发的层面，而未上升到自觉的层面。因此，中国人民在这一时期虽然不停地反抗，但中国社会却越来越沦为半殖民地半封建社会，中国人民所遭受的侵略和压迫越来越深重。中国人民摆脱侵略与压迫的愿望成为加快经济转型的动机和激励，但是这一时期却尚未形成经济转型的内生动力机制，中国经济转型仍处于摸索的状态。

另一方面，晚清时期中国经济转型进程虽在产业变迁、制度变迁和理念变迁三个维度上都有所成就，但产业变迁、制度变迁和理念变迁之间的关系并未理顺，相互之间的促进作用并不明显。西方列强的经济转型，无一例外地不是在某个历史节点上形成了产业变迁、制度变迁和理念变迁的相互促进关系，使得这些国家的工业化、市场化和现代化进程相辅相成、齐头并进。当鸦片战争爆发使得中国被迫开始由古代经济向近代经济转型时，原本近古中国社会的超稳定结构虽然开始崩塌，但是新的经济、政治、社会和文化结构却远未形成，产业变迁、制度变迁和理念变迁的路径依赖性导致三者之间的关系并未理顺，相互之间难以形成互相促进的作用，甚至在某些层面上还存在相互阻碍的效果。正是由于晚清时期中国经济转型在三个维度上协调不畅，决定了近现代中国经济转型的进程虽然已经开启，但是近现代中国经济转型的历程还不得不经过漫长的历史时期。

第五章 民国时期的经济

第一节 国际国内时代背景与制度特征

民国成立正值第一次世界大战前夕，这一时期，参战国无暇东顾，为近代中国经济的发展提供了一个契机。随着工业、手工业、交通运输业和金融业的发展，农村自然经济进一步瓦解，市场扩大，商品经济和商业资本有了空前的发展。

一、两次世界大战的影响及自由贸易体制的危机

（一）两次世界大战对世界经济的影响

对于中国来说，两次世界大战的影响截然不同。第一次世界大战爆发后，主要的经济变化体现在进出口贸易上，伴随着进口额的下降，除几类商品出口停滞外，其他大都出现了持续增加。战争期间，西方列强无力向中国大量倾销棉纱、棉织品、化学染料等消费品，进口额有所下降；出口品除丝、茶继续停滞外，大都增加，出口值持续增长。而第二次世界大战则造成了中国经济的全面停滞和倒退。

第一次世界大战持续时间长达 4 年零 3 个月，在这次战争中，参加国家多达 30 多个，约 15 亿人口，占当时世界人口总数的 67%。按当时的美元计算，参战国直接经济损失高达 1805 亿美元，间接经济损失也达 1516 亿美元。战争

主要发生在欧洲，有人估计，欧洲的工业生产水平至少倒退了 8 年。原来为世界金融中心及世界霸主的英国，在战后虽然领土有所增加，但其对领土的控制力却因战争的巨大伤亡与物资损失而大大削减，而其经济亦因战争大受影响，出现严重衰退，从此其世界金融中心的地位让给了美国。这场大战削弱了英、法、意；美国成为世界头号经济强国，世界金融中心也由伦敦转移到纽约；日本也由债务国变成债权国，并侵占了原属德国势力范围的中国胶州湾及山东半岛。1914—1919 年，日本企业实缴资本金额从 22.18 亿日元增加到 61.23 亿日元，工业生产力增加 4 倍以上。它的实际工业产量增加 1.8 倍，出现了以出口工业为中心的新建扩建企业高潮。造船工业 1914 年建造 79 艘，计 8.2 万吨，1918 年激增至 443 艘，计 54.05 万吨，从战前排在世界第六位上升到战后的第三位。阿根廷和巴西因为不能从英国购买到机车零件与采矿机械，于是就建立起它们自己的工业自行生产。在印度，塔塔家族控制着印度本国资本达 2.5 亿美元，发展了为数众多的制造业企业，其中就有印度最大的钢铁厂。

第一次世界大战使欧洲社会发生了许多比战争本身要持久得多的根本变化。首先正如人们早已知道的，战争深刻地影响了资本主义制度。“计划经济”的思想在第一次世界大战期间最先得到了应用，因为交战中的各个国家都试图将整个社会的财富、资源与道德意图统统引向单一的目标。早在 1914 年以前，各国政府已日益参与经济领域的活动。它们提高关税率，保护民族工业，通过帝国主义扩张活动以寻找市场或者原料，或者批准颁布有利于雇佣劳动阶级的社会保护法规。在战争期间，所有参战国政府日益不断地控制其经济体制。1916 年，各国政府都建立了一套政府部门、署局机关、政务会和专门委员会等，以便在各方面协调政府进行战争的努力。其目的是设法将所有的人都有效地利用起来，国内全部的自然资源与一切能进口的货物，都要用到能发挥最大效益的地方去。

大战期间，英、法、德等交战国对华商品输出大幅度下降，商品需求则有所增加，在一定程度上缓解了中国民族工业的市场压力，客观上促进了民族工业的进一步发展。相应地改变了甲午战争以来入超不断增长的现象，入超额由 1911—1913 年平均 12000 万关两剧减至 1915 年的 3561 万关两和 1916 年的 3461 万关两。其情况如表 5－1 所示。

表 5-1 1913—1925 年进出口净值、物量指数及进出口货物价格比值（1913 = 100）

年份	进出口净值（关两）			物量指数		进出口货物价格比值
	出口	进口	（-）入超	进口	出口	
1913	403306	570163	-166857	100.0	100.0	100.0
1914	356227	569241	-213014	91.6	83.8	96.8
1915	418861	454476	-35615	70.3	96.5	95.4
1916	481797	516407	-34610	73.7	102.3	95.6
1917	462932	549519	-86587	73.4	108.3	81.0
1918	485883	554893	-69010	66.1	105.5	77.9
1919	630809	646998	-16189	75.4	140.0	74.6
1920	541631	762250	-220619	75.9	119.3	64.3

资料来源：许涤新，吴承明．中国资本主义发展史（第二卷）[M]．人民出版社，2005：730.

相较于第一次世界大战，第二次世界大战对经济的影响面则更大。先后有 61 个国家和地区、20 亿以上的人口（占当时世界总人口的 80%）被卷入战争，战火燃及欧洲、亚洲、非洲、大洋洲和太平洋、印度洋、大西洋、北冰洋，作战区域面积达 2200 万平方千米。并且，它作为人类历史上最大的战争，具有军事行动规模巨大、军事生产空前发展、人员物资损失惨重的特点。据不完全统计，交战双方动员兵力有上亿人，直接军费开支总计约 3 万亿美元，占交战国国民总收入的 60%—70%，参战国物资总损失达 4 万亿美元。仅在欧洲，战争破坏造成的物资损失即达 2600 亿美元（按 1938 年价值）；各交战国的直接军费支出占其国民总收入的 60%—70%。军队死亡 1690 余万人，居民死亡 3430 余万人，合计死亡 5120 余万人，仅苏联就达 2000 余万人。日本侵华给中国造成的直接经济损失 1000 亿美元，间接经济损失 5000 亿美元。中国人民为世界反法西斯战争的胜利作出了巨大的民族牺牲和重要的历史贡献，可以看出第二次世界大战对世界经济造成了不可估量的惨重损失。

（二）垄断的出现与保护主义复苏

19 世纪五六十年代在工业革命取得巨大成就的基础上，欧美各国普遍经历了一轮经济高潮。在这次经济高潮中，尽管小型轻纺仍具有重要地位，但新兴的工业开始充当主要角色，生产集中和大规模生产初见端倪。

铁路公司在这些产业中是超越轻纺企业规模的典型代表。就铁路的修筑来说，资金的筹集是重要的问题。在美国，即使是经过西部、南部较偏远的一些铁路，资本限额也很少有低于 200 万美元的，一般都在 500 万美元以上。美国的一批巨型铁路公司，像中央太平洋铁路公司、联合太平洋铁路公司等，当时的资本额已达数千万美元至1亿美元之间。同一时期内，只有较大的纺织厂、炼铁厂、加工厂的资本额超过100万美元。事实上，在19世纪50年代，只有14家纺织厂的资本额超过了25万美元。为此，铁路公司提出了资本社会化的要求。另外，铁路运营管理也极为复杂、相应的管理成本也很高。随着大型铁路的出现，还要协调不同区域的分支机构，管理的成本会更大。由此，可以说大规模生产是从铁路开始的。其他迅速兴起的钢铁产业、机器制造业、石油采炼业和化学工业也都具有上述特征。

大规模生产出现以后，为垄断的出现提供了必然性，一方面，为企业联合控制市场提供了条件；另一方面也加剧了竞争。在弱肉强食的竞争中，垄断产生了。1861年，美国的铁路还未连接成网。19世纪五六十年代，美国铁路一趟运转的单位费用是7美分到25美分，并且至少耽搁一天的时间。为了减少运转和提高运速，各个铁路公司开始实施联营，原先的许多公司在协定内实现了业务内部化。这种组织将原先数百家企业的交易和活动联系起来，在运营成本和效率上实现了巨大的跨越。铁路经营逐渐被大规模的联营组织取代了。

同时，铁路运营的成败取决于运输量的多寡。为此，各个联营单位相互降低运费，并积极开展销售活动。例如，1874年宾夕法尼亚铁路、伊利铁路和纽约中央铁路正式建立同盟，组成了自己的立法和裁决机构。该同盟聘请三位熟悉铁路事务、与各公司无利害关系的绅士，每隔一段时间提出比较合理和公平的客货运费标准。铁路公司的这种联营很快就成为了正式制度。这样垄断就成为企业生存和发展的必由之路。

西方世界1873年爆发了一次规模空前的经济危机，其持续时间之长，对各国经济打击之严重，仅次于1929—1933年的大危机。这次危机的一个显著特点是大批弱小和经营不善的中小企业在长期萧条中破产。1876至1878年，资本主义国家中破产和倒闭的企业每年平均9500家，真正在竞争中站住脚并获得发展的，都是一些资本雄厚并有良好生产和销售条件的企业。这时人们似乎明白了一个道理。同时，危机中大批中小企业的破产直接导致了一个后果，也是生产和垄断的趋势大大加强。例如，美国石油大王洛克菲勒，就是利用在危机中生产过剩和中小企业的倒闭，在1870年组成了美孚石油公司。1878年，美孚石油公司变成一个强大的垄断组织，控制了全部利用铁路和管道的石油运输业和95%的石油加工业。1873年危机的到来是西方经济发展过程中的一个分水岭，它表明自由竞争体制的结束和垄断时代的到来。另外，与垄断形影相随的就是保护主义，随着垄断时代的到来，保护主义也逐渐抬头。

在战争紧迫的形势下，自由竞争是浪费的，无法指导的私人企业又太不稳定和过于缓慢。到帝国主义时代，资本主义国家实行保护主义的目的在于垄断国内的市场，并以此为基地进行对外扩张。与自由资本主义时期各资本主义国家所实行的保护主义不同，这个时期除了继续采取各种关税壁垒以外，还越来越多地采用各种非关税壁垒的措施来限制进口商品，以及由国家对本国出口商品给予各种优惠和补贴，以鼓励本国商品的出口。

二、民国政治、经济的转变

随着国际政治、经济大环境的变迁，近代中国无论从政治上还是经济上都发生了巨大的转变。政治上，资产阶级民主革命成功，清王朝灭亡，民主宪政的提出与实践在政治制度上迈进了一大步。经济上，农业、资本主义工商业都有了一定的发展，商品经济加速发展；各种经济、法律制度建立起来，为经济的发展提供了必要的条件。

（一）军阀混战与宪政的曲折

立宪的革命从清末就已开始，经过多次革命、预备立宪和《钦定宪法大纲》，虽有所突破，但直到辛亥革命胜利，民国宪政才真正提到日程上来。然而，辛亥革命胜利后，由于袁世凯窃取了革命的胜利果实，政治和军事格局陷入混乱，引发了长达十多年的军阀混战。这一时期（1916年到1928年之间）被称为北洋军阀时期，期间所涉及的军阀有曾任袁世凯政府陆军总长的段祺瑞，袁世凯新军助手冯国璋，“辫子将军”张勋，以及冯玉祥、张宗昌、陈炯明、李宗仁、吴佩孚等。主要的军阀战争有：1920年直皖战争，1922年第一次直奉战争，1924年第二次直奉战争，1929年蒋桂战争，1929年第一次蒋冯战争，1929年第二次蒋冯战争，1930年中原大战。

1928年，随着全国的统一，蒋介石宣布“军政时期”结束，“训政时期”开始。10月，召开国民党中央执委会常务会议，制定了《中国国民党训政纲领》。12月召开第一期民政会议，审议通过了《详订地方自治条例并从速实行案》要求各地按期成立地方自治组织。《训政纲领》规定了训政时期“以党治国”的原则：“（一）中华民国于训政期间，由中国国民党全国代表大会代表国民大会领导国民行使政权；（二）中国国民党全国代表大会闭会时，以政权付托于中国国民党中央执行委员会执行之；（三）依照总理建国大纲所定选举、罢免、创制、复决四种政权，应训练国民逐渐推行以立宪政之基础；（四）治权之行政、立法、司法、考试、监察五项付托于国民政府总揽而执行之，以立宪政时期民选政府之基础；（五）指导监督国民政府重大国务之施行，由中国国民党中央执行委员会政治会议负责；（六）中华民国国民政府组织法之修正及解释，由中国国民党中央执行委员会政治会议议决行之。”

1931 年 5 月，蒋介石以《训政纲领》为核心，召开国民会议，制定了《中华民国训政时期约法》，通过临时宪法的形式，肯定了训政时期由国民党全国代表大会代替国民大会行使中央统治权。五院及各部、会是直接实行“训政”的机关，而五院院长及各部、会长由国民政府提名，由国民政府任免。国民政府由主席和委员组成，主席、委员由国民党全国代表大会及其中央执委会选任。这样，便从宪法这个层面确定国民党全国代表大会及其中央执委会是国民政府的最高权力机关。国民党全国代表大会及其中执委的权力当时集中在常务会议。而常务会议的权力又集中在总裁手里。如 1938 年国民党临时全国代表大会通过的《修正中国国民党总章》中规定，国民党设总裁一人，为全国代表大会之主席，中央执行委员会主席。他对全国代表大会之决议有交复议之权，对中央执委会之决议有最后决定之权。而国民党总裁正是蒋介石。这样，蒋介石就成了集大权于一身的独裁者。至此已不难看出，蒋介石的所谓“训政”，就是一党专政、以党代政、一党包政；而党权又集于一人之手，即个人独裁。事实上，民国宪政已随着 1928 年北洋政府的倒台而宣告死亡。

宪政的尝试给近代中国带来了自由的气息，为社会、政治、经济的发展提供了思想基础和积极的环境。而其实施的曲折和军阀混战使本就飘摇的政治制度更加举步维艰。

（二）经济发展与币制改革：官僚经济与民营经济的并存，二元经济的持续

1. 民国时期经济曲折发展

受各种重大的内外政治因素的影响，民国时期经济曲折发展，呈现出不稳定的特征，大致可划分为以下五个阶段：1912—1920 年为第一阶段，受制度

初建利好及第一次世界大战的影响，呈现出民营资本为主的较快发展状态；1921—1927年为第二阶段，受帝国列强经济势力和军阀混战的影响，外国资本和本国资本并行发展；1928—1936年为第三阶段，随着国家政权的相对统一和经济政策的改善，官僚资本和民营资本并行发展、发展较快；1937—1945年为第四阶段，受抗日战争的影响，本国资本发展严重受挫和外国资本畸形发展；1946—1949年为第五阶段，随着国民政府对日资企业的接收和内战的全面发动，外国资本和民营资本衰落，国家资本急剧膨胀。为了分析方便，下面仅对1912—1936年、1937—1949年两个较大的阶段进行讨论。

据资料统计，中国发展经济的资本总额在1936年以前是持续增加的，在1936年之后大幅度跌落。1911—1914年国内资本总额计为483845万元，1920年为719882万元，年均增长5.59%；1936年资本总额为2580387万元，年均增长8.31%；1947—1948年为142518万元，增长率为-5.04%。不过，外国在华直接投资从1936年的31.273亿美元增加到1945年的55.408亿美元（按1936年的汇率计算合186.48亿元），增长部分占1936年资本总额的72.27%。东北地区、合肥西南地区和上海的本国资本这一时期也有一定的发展和恢复。[①]

外国资本在中国资本总额中占有较大的比重，1911—1914年为38.16%，1920年为33.20%，1936年为35.96%。在产业资本中外国资本所占的比重更高，这三个年度分别为57.16%、51.56%、57.23%，1945年所占的比重就更大了。[②]这反映了民国时期经济的资本主义化尤其是工业化的进程，是与外国在华投资同步发展的。

从产业资本来看，其增加的速度快于商业资本。资本数量及其所占资本总额的比重也从1920年的第二位占35.83%，上升到1936年的第一位占38.71%。工业的资本主义进度有所加快，民营资本也出现了较快增长的势头。农业、工业和交通运输业中的现代产业所占的产值比重，1920年分别为31.34%、18.19%和50.47%，1936年分别为9.63%、32.46%和57.91%。其

① 许涤新，吴承明．中国资本主义发展史［M］．北京：社会科学文献出版社，2007：731、734、727.

② 虞和平．中国现代化历程［M］．南京：江苏人民出版社，2001：917.

中交通运输业的现代化程度处于领先地位。就资本主义现代产业的产值在工农业生产总值中所占的比重而言，1920 年为 15.40%、1936 年为 23.80%。[①]

1937—1945 年，由于日本对中国的全面侵略，中国的经济建设遭受重大挫折。一方面在沦陷区内大量的华资企业生产力遭到重大伤害，甚至被劫夺，完全失去了以提高本国人民生活水平为根本要义的发展目标，沦为日本侵华战争的战时工具；另一方面在抗战后方，随着国民政府的内迁以及战争地区大量华资企业、文化教育机构的内迁，后方经济建设出现较好的发展，使西南地区的经济水平和工业布局有了明显的变化。工厂由战前的集中于上海、天津、武汉、广州和江浙等沿海沿江地区向内陆和边远的西南地区迁移。从 1937 年 8 月工厂内迁开始到 1940 年底初告结束，内迁的厂矿共 639 家，其中经国民政府工矿调整处协助内迁的厂矿有 448 家，闽浙两省自行内迁的厂矿有 191 家；拆迁机器材料总重量约 12 万吨，资本总额在 1 亿元以上。而在 1937 年时，西南地区的四川、陕西、云南、贵州、广西、湖南、甘肃七省，共计只有厂矿 237 家，资本总额仅为 1520.4 万元，[②]远不及内迁厂矿的数量和资本额。厂矿内迁使西南地区的产业资本陡然增加了数倍。可见，内迁厂矿对西南诸省工业的发展奠定了巨大的基础并带来了短暂的战时繁荣。抗战胜利后，内迁的很多厂矿企业又纷纷迁回原址或沿海沿江工业发达地区，西南诸省的工业发展遂从战时的高峰状态转入停滞和低落。显然，内迁企业发挥的作用很大，这也从另一个侧面反映了政治因素对经济的影响何其巨大。

抗日战争时期的内迁企业，通过复业、扩展并带动新企业的建立和当地旧有企业的改造发展，使西南地区的工业化程度迅速提高。1940 年已形成了重庆、川中、广元、川栋、桂林、昆明、贵阳和宁雅八个工业中心区。西南七省的工厂数及产业资本也从 1937 年 237 家、1500 多万元增加到 1942 年的 3188 家、2.9 亿元（战前币值），1944 年的 4665 家、4.55 亿元，分别是 1937 年的 19.6 倍和 30 余倍。[③]不过，需要指出的是，抗战胜利时，西南地区工厂数及资

① 许涤新，吴承明．中国资本主义发展史［M］．北京：社会科学文献出版社，2007：740、743.

② 陈真．中国近代工业史资料（第 4 辑）［M］．上海：生活·读书·新知三联书店，1957：92、95、97.

③ 陈真．中国近代工业史资料（第 4 辑）［M］．上海：生活·读书·新知三联书店，1957：101、102.

本额的较快增加，只有一小部分是由厂矿内迁直接带来的，而绝大多数是在内迁厂矿的带动下发展起来的。工厂内迁后带来了先进的管理方法和经验，使大后方工业的管理水平有了一定的提高，促进了工业生产的发展。

到 1944 年 1 月，国统区的工厂已达 5266 家，资本总额 4.87 亿元，工厂数和资本额大大超过了战前的水平。其中，西南、西北、湘、桂等 7 省工厂总数达 4665 个，占国统区总数的 88.6%，为 1937 年 7 省工厂总数的 19.6 倍；资本 4.55 亿元，占当时国统区资本总额的 93.4%，为 7 省 1937 年资本总额的 45.5 倍。从部门发展来看，到 1944 年，国统区钢产量达到 1.8 万吨，生产各种机器 3.4 万台，拥有大小轮船 100 多艘。与 1938 年相比，到 1943 年，煤的产量增加 40%，电力增加 97%，水泥增加 63%，面粉增加 172%。[①]

2. 民国时期的币制改革

民国时期是我国近现代史上的一个重要时期，它肩负着外御侵略、内行整治的重任。虽然它在国家治理方面可圈可点的地方较少，但不能否认它在中国的政治、经济、文化的现代化建设方面曾经发挥的作用，其中币制改革就是其实行近现代化的一个重要方面。

1911 年爆发的辛亥革命推翻了清政府的统治，建立起中华民国南京临时政府，孙中山出任总统。为扫除清朝残余势力，应付军政急需，发行了陆军部军用钞票和中华民国南京军用钞票。各省纷纷宣布独立，成立军政府，发行了一些带有辛亥革命标志的钞票，但大都不成功，导致货币极度混乱。1914 年，政府正式推出“国币条例”，确立银本位货币制度，银元再次作为国币出现（但事实上民国初年的货币是两、元并用。因为各地银元成色、重量稍有不同，因此大宗交易以及资本结算，仍然会使用银两为单位，而不同的银元与银两有一定的折算率。直到 1933 年，国民党政府废两改元，才规定所有交易及结账以元为单位，银元才真正成为单一的主币）。始于 1929 年的世界经济危机是资本主义历史上最深刻、最持久的一次危机。这次经济危机不仅涉及工业、农业、国际贸易领域，还扩展到货币信用领域，造成 1931—1933 年整个资本主义信用制度的危机。在这样的背景下，西方各国纷纷放弃金本位制，实行货币贬值政策，以提高本国产品在国际市场上的竞争力，从而达到倾销国内剩余

① 孟英. 浅论中国抗日战争胜利的经济基础［J］. 唐都学刊，1996（1）.

产品、转嫁危机的目的。1934 年，美国实行白银政策（所谓“白银政策”是指美国对贵金属白银所采取的一系列措施的总称，包括提高银价、收购白银、禁止白银出口、发行银券、白银收归国有等内容），其目的是要增加白银储备，并通过提高银价带动国内物价回升进而刺激生产和投资。同时，通过收购白银提高银本位国家的购买力，从而便于倾销产品。就美国而言，实施白银政策是转嫁信用危机的手段。而中国作为一个最主要的银本位大国，世界银价的变动对中国的货币和经济都会产生影响。当国际市场银价降低，白银就会涌入中国；当国际市场银价提高，白银就会大量外流。白银在国际市场上是一般商品，在中国则是通货。所以白银一旦大量外流，就会导致经济上的一系列连锁反应。而美国“白银政策”的实施就在中国造成了银根奇紧、物价猛跌、利息上涨、销路呆滞、钱庄倒闭、银行关闭等严重后果，旧的货币制度的紊乱带来的诸多弊端对商品的全国性流通和对外贸易的发展、工农业生产的发展以及对国家财政金融的稳定都是不利的。所以，改革落后的、弊端重重的旧的货币制度也是大势所趋，是国家理财的当务之急。1933 年，国民党政府实行“废两改元”，在很大程度上统一了货币。“废两改元”的成功，在技术上为法币改革铺平了道路，优化了实行法币的金融环境。旧的银元币制终于走到了尽头，永远退出了历史舞台。

1935 年 11 月 4 日，国民党政府规定以中央银行、中国银行、交通银行 3 家银行（后增加中国农民银行）发行的钞票为法定货币，简称法币。法币的发行，结束了中国实行了近五百年的银本位币制。法币改革是中国近代历史上在政府主持下的最重要的金融改革。事实上，法币币制的建立是多方面因素共同作用的结果。一方面，由于 20 世纪 20 年代与 30 年代之交，中国受国际金价、银价波动的影响，白银不断外流，银本位币制难以维持，国内的货币发行也未趋统一。国民党政府为了克服白银大量外流引起的金融危机，不受国际银价浮动的影响，维持金融体系的稳定，于 1935 年实行“法币改革”。另一方面由于 30 年代政局的变化，进一步说，就是防备日本扩大对中国侵略的战略需要。“九一八”事变后，日本对华进行以货币为中心的金融侵略。众所周知，掌握经济战主导权的关键在于控制货币，日本为实现对中国的统治，竭力阻止国民党政府形成作为近代民族国家所必须具备的统一货币体系，使国民党政府货币权的范围涉及不到国家共同体。日本的野心昭然若揭，大举侵华只是早晚的事情。蒋介石虽然强调“攘外必先安内”，将重点放在剿灭红军上，但对日本咄咄逼人的侵略之势也不能不有所准备。一旦双方开战，较量的不仅是军事上的实力，也是经济上的实力。能否在短时间内有效地调集全国的资金与物资，能否经受住长期的战争损耗是极为关键的。而法币改革则有利于从财政上提高政府的运作实力，有利于国民经济向战时经济的调整和转变。此外，还有一个重要因素是英美等西方主要国家出于种种考虑，也支持并推动了国民政府的法币改革，使这一改革得以实施。在此背景下，1935 年 11 月 3 日，国民党政府正式宣布实行法币改革。其主要内容是：（1）集中钞票发行权。宣布“自本年 11 月 4 日起，以中央、中国、交通三银行所发行之钞票为法币”。规定其他银行不再享有发行权，其正在流通的纸币逐渐收回、停止使用及流通。（2）规定法币是“无限法偿货币”，国内“所有完粮纳税，及一切公私款项之收付，概以法币为限，不再行使现金；凡银钱行号、公私机关或个人持有银币生银等类者，应即兑换法币使用”。（3）废除银本位制。全部白银收归国有以充作法币准备金，“如有故存隐匿，意图偷漏者，应准照危害民国紧急治罪法惩治”。（4）规定法币不予兑现，但可在指定的金融机关无限制买卖外汇，法币先与英镑稍后与美元实行固定汇价。法币改革的悲哀结局仿佛是注定的，它的开始已经预示着它的失败。作为中国近代史上的重大改革，法币政策的实施统一了币制，建立了新的货币制度，对社会经济的发展有一定的促进作用，对防止白银外流有一定的积极作用。但好景不长，由于法币发行量没有限制，法币逐渐变成四大家族聚敛财富并进而实现以四大家族为代表的官僚资本垄断全国金融的工具，原有的进步的金融制度改革因通货膨胀，控制权落入政府手中，实施的结果是官办的银行掠夺了民间的财富，使民众的储蓄化为乌有。其后国民党政府为了缓解财政压力，在抗日战争和解放战争期间，采取通货膨胀政策，大幅度滥发纸币，使法币急剧贬值，导致物价飞涨，法币信用完全丧失。当时美国华盛顿邮报曾说，“现在的中国百业萧条，唯一兴旺发达、开足马力工作的就是印钞机。”由此可见一般。1937 年全面抗战前夕，法币发行总额不过 14 亿余元，到日本投降前夕，法币发行额已达 5000 亿元。1947 年 4 月，发行额又增至 16 万亿元以上，1948 年，法币发行额竟达到 660 万亿元以上，等于抗日战争前的 47 万倍，而物价却比战前上涨了 3492 倍，造成法币以空前跌落势头滑向崩溃。1948 年 8 月 19 日，法币彻底崩溃，被金圆券替代。

金圆券是鉴于法币恶性膨胀、全国经济面临全面崩溃，国民党政府为挽救局面于 1948 年 8 月 19 日发布“金圆券法案”进行币制改革，开始发行的货币。银圆券是节节败退的国民党政府于 1949 年 7 月在广州等地开始发行、用以取代金圆券的“银圆兑现券”，由海口银行发行，随着 1950 年 4 月 23 日解放军进入海口市停止流通。国民党政府自 1935 年发行法币到 1948 年初的发行额已高达战前的 47 万倍，85% 的财政赤字要靠印钞机来弥补。然而内战要继续进行，没有金钱支撑万万不可，经过策划，蒋介石想出了一个杀鸡取卵的办法。1948 年，蒋介石反动政府为挽救日益恶化的军事和经济危机，强力搜刮民脂民膏。经过精心策划，于 8 月 20 日抛出了所谓的“金圆券法案”，在国统区实行币制改革，收缴金银外币，发行金圆券，把物价和薪金、工资冻结在 8 月 19 日的水平。但金圆券同样也没有逃脱和法币相同的命运，它注定只是国民党用来洗劫老百姓财富的工具。发行金圆券后，同样出现了空前的通货膨胀：通货增加了 11 倍，最大票面额提高到 60 倍。而金圆券存兑限制办法实施后，存兑人数及申请存兑人数越来越多。每日，上海外滩上中央、中国、交通三家银行门前，自清晨到傍晚群众拥挤不堪，以致发生挤毙人命的现象，使政府不得不暂停存兑数日。金圆券的贬值速度之快令人吃惊，不下于法币崩溃前两个月的情形。物价有时一天之内可暴涨到二至三成，不但早晚不同，甚至一小时之内都有不同。当时，一般人民即使凭借常识，也能算出金圆券的币值惨跌在 200% 左右。到了 1949 年 6 月，金圆券在广东、广西、江西、贵州和西北各省均被拒用，国统区经济陷入了全面崩溃。蒋介石利用“金圆券法案”上演的币制改革闹剧却搜刮了巨额财富。据资料统计，蒋介石溃逃前夕运往台湾的黄金 92.4 万两，外币 8000 多万美元，银元 3000 多万元。而此时的金圆券已成为无人要的一堆废纸，这场荒唐的金圆券币制改革出台仅仅 9 个月就宣告彻底破产。金圆券、银圆券是现代世界货币史上最短命、最无信誉、最卑劣的货币，都仅仅只流通了几个月就走到了尽头，随着国民党统治的结束在中国大陆上消失了。

第二节　北洋政府时期的经济（1912—1927 年）

北洋政府时期，是指 1912 年袁世凯任总统起，到 1927 年国民党建立南京政府止，前后不过15年。这15年，是中国历史上政治最黑暗的时期之一，军阀混战，割据一方，社会动乱，老百姓经受了无尽的苦难。这15年，又是西方列强掠夺中国、竭力扩大在华权益的15年。但是，这15年又是中国民族资本主义经济在社会的夹缝和动乱的间歇中寻求生存，并顽强地得到发展的15年。

一、传统农业的转变

北洋政府的建立，实则是民族资产阶级与封建地主阶级妥协的产物。这就决定了北洋政府虽也试图推出一些有利于农业和农村商品经济发展的政策，但并不能从根本上革除沿袭两千年之久的封建地主制经济。不得不承认的是，尽管北洋政府不能革除封建地主制经济，但也出台了一系列加速传统农业转变的经济政策，农业、农村中的商品经济因素和资本主义因素，在北洋政府统治期间有所增长。北洋政府期间传统农业的转变，主要体现在以下两个方面：

一方面，农业生产力的进步。北洋政府先后颁布了《国有荒地承垦条例》、《国有荒地承垦条例实行细则》和《修正国有荒地承垦条例》三项鼓励垦荒的政策文件，并围绕这些政策文件出台了一系列实施细则。垦荒政策的推行促进了全国特别是东北地区耕地面积的增加和农业产量的提高，并促进了人口的增加。1914年全国耕地面积为12.593亿亩，到1929年增加到14.17亿亩，年均耕地面积增长1000万亩以上。粮食产量也由1914年的2833.1亿斤增加到1931年的3037.7亿斤；同期经济作物产量也有所增长，大豆产量由109.7亿斤增加到168.5亿斤，花生产量由45.4亿斤增加到52.5亿斤，油菜籽产量由38亿斤增加到50.8亿斤，棉花产量由16.1亿斤增加到18.3亿斤。[①] 北洋政府期间农业生产力的进步还表现在农业科技的进步上。客观来讲，晚清时期就已经开始了近代中国农业科学技术的本土化改造，晚清时期已经设立高等农业学堂和农工商部农事试验场。北洋政府继承了晚清政府在近代农业科技发展方面的基础，注重农业知识的宣传和教育。在1912年的《大学令》和1913年的《大学规程》中都要求大学在专业设置上加强农科，并在1913年颁布《农业学校令》以促进农科学校专业化发展，1919年《特定教育纲要》再次强调了农业教育的重要地位。在这些政策的推动下，全国中等和初等农业学

① 王佳纬．浅析北洋时期的农业改良及其作用［J］．贵州社会科学，2007（5）：160－164.

校由 1909 年的 90 所增加到 1920 年的 400 余所。此外，北洋政府的大力提倡也使农业试验场由 1912 年的 20 个增加到 1927 年的 251 个，平均每年增加 5 个。[①] 北洋政府期间的垦荒政策和农业知识宣传，促进了近代化农业生产技术的采用，从 1914 年下半年起政府拨款开办了棉业、林业和种畜试验场 7 所，并于同年拉开了近代中国水稻良种选育工作的序幕。不仅如此，化肥、农机具等近代农业科技也开始被用于农业生产，据海关资料统计 1910—1919 年化肥进口由 52.6493 万担增加到 114.2112 万担；1918—1921 年农机具及抽水机进口由 164188 海关两增加到 2192404 海关两。种种证据表明，尽管当时大多数地区农业生产仍延续着过去千年的传统，但传统农业在生产力上正悄然发生转变。

另一方面，农业生产关系的变化。随着帝国主义殖民侵略的加深和中国社会完全沦为半殖民地半封建社会，中国农村的小农经济也加速瓦解。尽管这一过程给中国农民带来了深重的灾难，但在客观上促进了中国农业商品化程度的提高。1914 年 4 月 11 日北洋政府农商部颁布了《植棉制糖牧羊奖励条例》以鼓励经济作物的种植。在北洋政府统治时期，全国经济作物种植面积持续扩大，带动了农产品出口总值的增加，农产品出口总值在全部出口货物中的比重由 1910 年的 39.1% 增加到 1930 年的 45.1%。[②] 这从一个侧面反映了北洋政府时期农业商品化程度逐渐提高的事实。在农业商品化程度提高的同时，北洋政府时期地权集中的现象比晚清政府时期更盛。官田旗地向民田转化使得土地私有化超过晚清政府时期，军阀地主、商人、高利贷者、外国传教士和外商成为土地私有化的受益者，自耕农、半自耕农加速沦为佃农和雇农。1925 年黑龙江流域等 21 县调查表明，占地 5000 亩以上大地主在 150 户以上，超过万亩的不下 100 户。1927 年南京国民党中央农民部土地委员会的调查表明，占全国农业人口 75% 的无地农民和贫雇农仅占地 6%，而占人口总数 14% 的地主富农集中了耕地面积的 81%。[③] 迅猛的土地集中趋势也促进了北洋政府时期农业规

---

① 张玉山．北洋政府时期发展近代化农业的政策与实践［J］．河南师范大学学报（哲学社会科学版），2010（11）：162－165.

② 石军红．论北洋军阀统治时期农业中商品经济的发展［J］．河南师范大学学报（哲学社会科学版），2002（4）：124.

③ 汤红兵．北洋时期地权集中对农业发展的影响［J］．安徽农业科学，2008，36（2）：793－794.

模经济的发展。维新变法时期就已经出现的农垦公司，在北洋政府统治时期进入兴盛阶段。商人、华侨、工业资本家、军阀和官僚都参与农垦公司的投资。以买卖、租借土地为主的非生产性农垦公司在内蒙古、辽宁、吉林、黑龙江等新放垦区较为常见；资本主义性质的农垦公司则多见于商品经济发达的大城市周边，主要经营乳牛、果树、蔬菜、蜂蜜等；此外还有众多采用雇工经营、租佃制双重形式的农垦公司，主要收入是地租。这些带有浓厚封建色彩的资本主义性质农业企业反映了北洋政府时期中国传统农业向近代化过渡的特征，对当时探索农业发展道路有借鉴意义。但值得指出的是，这些资本主义性质的农业企业分布范围不广、涉及人口不多。在当时绝大多数地区的农业生产中，封建地主制经济仍占据绝对统治地位。

二、民族工商业的“黄金时代”

从 1911 年以后，中国民族资本主义工业又开始复苏；1914 年以后的数年间，进入蓬勃发展时期，这是一个空前发展的高潮，号称中国民族资本主义工业发展的“黄金时代”。从 1913 至 1920 年，历年工业投资的增加，反映了当时中国民族资本主义工业的蓬勃发展。自 1914 年开始，工业投资每年都有增加，经常占各业总投资的 60% 到 70%。1913 年工业投资为 49875 千元，1920 年增至 155221 千元，激增了两倍左右。注册工厂数的增加，也反映了当时中国民族资本主义工业的蓬勃发展。1913 年以后，注册工厂迅速增加，1916 年至 1918 年每年平均注册厂数比 1913 至 1915 年增加了 3 倍，比 1903 年至 1908 年增加了 6 倍，可见中国民族资本主义工业确实获得了很大发展。

在这次发展高潮中，以轻工业的发展最为突出，而其中又首推棉纺织业和面粉业。

棉纺织业的发展，表现为新厂的增设和老厂的恢复与扩大。据统计，1914 年至 1922 年，纯粹由民族资本所创办的纱布厂总共有 54 家，其中 1920 至 1922 年内所开设的达 39 家，三年的努力已超过 1914 年前 20 余年中外各籍纱厂的总数 31 家。老厂的恢复和扩大，如江阴利用纱厂一向出租出去，1915 年始由原股东收回自办，其后六年内拥有 720000 两的资本，15292 枚纱锭，获利达 300 余万两之多。又如恒丰纱厂，1918 年的生产设备，尚与 20 余年前华新时期相同，即纱锭为 15000 枚，布机为 350 台。至 1919 年才增加设备，纱锭增至18144枚，布机增至450台。同年开始新建第二厂及布厂，于1921年先后开工，纱锭增至41280枚，布机增至614台。新厂的建立和老厂的扩充使全国纱锭和布机数量迅速增加，据统计，全国纱锭1913年为484192枚，到1922年激增至1506634枚。布机1913年为2016台，到1922年增至6767台。棉纺织业的发展，还表现在资本的迅速积累和集中，如大生一厂，1899年开办时资本为43万两，到1921年增至250万两。1907年创办的大生二厂，资本从开办时的86.3730万两，增至120万两。1921年分设第三厂于海门，1924年分设第八厂于南通。又如申新纱厂成立于1915年，开办资本为30万两，到1922年已拥有申新二、三、四厂，纱锭由12960枚增至1922年的134686枚，增长10倍左右。如果说大生纱厂是在1914年前已初步打下了基础的老厂，那么申新纱厂则是1914年以后开设的新厂，其资本积累程度同样是如此迅速。同时，资本积累的过程也是资本集中的过程。1922年有6家纺织公司拥有18个纱厂（大生三，申新四，统益二，宝成三，华新四，缚益二）。其中只有大生纺织公司是在1914年前成立的，其余都是在这次发展高潮中兴起的。

面粉业的发展，表现在国产面粉出口数量激增，由入超变为出超；面粉工厂数量的迅速增加。我国面粉工业是在20世纪初才开始发展，基础薄弱，国内所需面粉一向多仰进口洋面。自欧战爆发后，各国忙于战争，国内粮食生产减少，不但无力输出，而且要从国外输入，包括中国面粉的输入。“统计全国销往外国的面粉数量，1914年时还不足7万担，次年就接近20万担，以后逐年上升，至1918年，已超出200万担，1920年更接近400万担，这就使我国的面粉进出口由入超一变而为出超”。并据统计，当时每“生产100担的面粉，有26担输出国外”。这一情况大大地刺激了中国面粉工业的蓬勃发展，新设立的面粉厂有如雨后春笋，迅速增加，从1896至1913年的53家，资本总额为362.2万元，到1921年，增加到123家新式面粉厂，资本总额约有4000万元，面粉厂数量增加了1倍多，资本总额增加了3倍多。面粉厂大量增加的同时，生产规模也比以前扩大。面粉厂资本在迅速积累和集中。如荣氏面粉业的发展，荣宗敬、荣德生兄弟俩于1901年在无锡投资创办保兴面粉厂，1903年改名茂新，这时仅有粉磨四套。1913年又在上海投资创办福新面粉厂，到1921年拥有12家面粉厂（茂新四，福新八），粉磨总数301套，较创办初期增加了74倍，每日生产能力为76000袋，占全国民族资本粉厂的31.4%。荣家茂新、福新粉厂系统的扩充，一般是通过收买小厂或者租办小厂的办法实现的。荣家被称为“面粉大王”。

其他如卷烟、火柴、榨油、针织等工业在原有基础上都有较大的发展。如上海的卷烟业，1914 年前只有 2 家卷烟厂，到 1919 年已有 9 家卷烟厂。1906 年创办于香港的南洋兄弟烟草公司，开办资本仅 10 万元，到 1915 年增资百万元，公司业务大为发展。1918 年总公司移至上海，除在上海设厂外，又在广州、汉口、北京等地广设分厂。1919 年增资 1500 万元，成为“中国卷烟业的巨子”。

至于重工业的发展则不是很显著。如民族资本经营的煤矿产量虽有所增长，但在全国煤产量的比重中仅占极少数。中国民族资本经营的煤矿产量，1919 年比 1913 年有所增长，但在全国煤产量的比重中，仅占 5.3%。百万吨以上的大矿全部由帝国主义控制。铁的生产情况更不妙，凡是机械开采的铁矿，全部为日本帝国主义势力所控制。土法开采的铁矿则毫无变化。

重工业的发展情况如此，轻工业也不能继续长足的发展。1923 年以后，轻工业重新进入衰退时期。就棉纺织业来说，据统计，1923 年至 1931 年，虽然还有 25 家纱厂增设，但是改租与出租者有 19 家，被债权人接管的有 5 家，停工者有 11 家，出售者有 17 家。如大中华纱厂 1922 年正式开业，还不到 3 年，这家规模宏大，设备最新，当时具有代表性的第一流“模范纱厂”，终因经营困难，忍痛出售了。正如《恒丰纱厂的发生发展与改造》一书编者所说：“要是大中华纱厂的开办是象征民族棉纺工业和聂家经济的发展，则大中华的出售又是象征民族棉纺工业和聂家经济的衰落。大中华的遭遇，正是当时许多被迫出租或出卖的华商纱厂的遭遇，也可以说是当时整个民族棉纺资本的遭遇”。棉纺织业如此，其他各业的衰落可想而知。

三、民族资本主义工业发展的第三个高潮

（一）民族工业的发展

我们注意到在 1895 年至 1913 年期间，至少有 549 家利用机械动力的制造业和矿业企业是由中国民间和半官方创办的。这些企业的创业资本共计 12028800 元。此外，同一时期，开办的 96 家外国所有和 40 家中外合资的企业中，拥有创业资本 103153000 元，这当然只是一个粗略的估计。

在民国的头十年中，外资和中外合资的企业也有增加，但在 1914 至 1918 年之间，直接投资很少。最大的一次增长出现在第一次世界大战之后。举例来时，1918 年和 1922 年中国修订关税，提高日本向中国出口的细纱的进口税，诱导日本在中国开办工厂。

同清末中国人开办的和外国人开办的工厂一样，20 世纪第二个十年中开办的工厂大都集中在上海、天津以及江苏、河北、广东、山东、湖北的一些地方。就是说，主要集中在沿海和沿江地带。

中华民国第一次也是唯一一次工业普查，是 1933 年经济统计研究所的调查者在刘大钧的领导下进行的。它根据的是直接从工厂经理收集来的统计资料。刘大钧在 1937 年发表的统计资料中记录了 2435 家华资工厂的情况：资本总额 406926634 元，总产值 1113974413 元，雇佣工人 493257 人。这些工厂集中在沿海的省份，特别是上海，在被调查的工厂中占到 1186 家，在 1933 年，华资工厂 80% 设立在东部和东南沿海地带以及辽宁。如果把外资企业也算进来，这个比例将会更大。

对于 1949 年以前的年份，得不到可以精确比较的数据，特别是没有关于总产值的数据，国民政府经济部在 1937 年报告，当年有 3935 家工厂，有创业资本共计 377938000 元。我们不清楚第一次世界大战在何种程度上影响到了中国的经济发展，但是有相当大的战争破坏，生产下降，以及 1937 年以后被日军占领的上海和天津、武汉这些制造中心新投资不景气。这些情况可以从地方的和部分定性的证据中得知。同样，对国民政府在后方发展的工业基地，主要是与战争有关的工业，有广泛但不全面的报道。

抗战期间国民党统治区战时工业化的模式，是把重点放在与战争有关的生产资料如化学产品上。1942 年以后，内地的工业速度开始放慢，新公司的数目急剧下降，产量不仅不升，而且在一些生产资料行业还有下降。所以这样，原料不足和设备缺乏是其原因之一，另外的原因是这些内地企业对战后的命运心中无数，尤其是通货膨胀。商品的囤积和投机比生产它们更有利可图。

在 1937—1945 年，沦陷区的工业产量很可能停滞或下降。但没有确凿的证据。在 1937—1939 年，生产明显地普遍下降。华北在 1939—1944 年，煤、铁、钢、水泥、电力和化学制品的产量有增加，但有些消费品工业如棉、毛织品和面粉，实际上仍低于战前水平。华北的工厂产品总值的指数经过急剧的下降之后，到 1942 年之后已恢复到 1933 年的水平。不过，中国最重要的工业企业上海的纱厂在战争时期很不好过。华资纱厂的棉纱和棉布的产量从 1937 年起就开始急剧下降，在 1941 年开始有小幅的回升，那以后就奄奄一息了。现在仍不清楚日本人控制的公司是否好一点。

与此同时，日本人控制的东北地区工业从 1936 年起就开始迅速增长，至少到 1941 年。在 30 年代中期以前，东北地区的经济增长主要依靠农业开垦土地的拓展。华资小型工厂固然引人注目，但主要的现代企业由日本人控制，企业，主要这些企业提供原料和半成品。鞍山、本溪钢铁厂和抚顺煤矿，这些垂直统一的大型企业，是其中最突出的单位。东北地区伪政权“巩固”后，日本权益集团支持建立一个生产资料联合部门的重大计划。固定资本主要由日本出口资本提供，投资率 1942 年为 5%，1934 年达到 17%，1939 年达到 23%。广义的工业在 1936—1941 年每年以 9.9% 的速度增长。与此相比，在 1924—1936 年仅为 4.4%，工业的增长甚至更快，结果是，占中国总人口的 8% 或 9% 的东北地区，工业产值占 1949 年以前全国的三分之一。制造业迅速发展，显然是以牺牲小型工业为代价。也就是说，伴随这种工业发展的是部门的现代化，这个部门的扩展速度与东北地区的生产总值的扩大速度相同，因为没有提高相对的重要性。这可以和中国本土形成一个重要的对比。1941 年后，由于从日本输入的设备、资金以及某些关键原料减少，东北地区工业的增长和多种经营都停止了。1945—1946 年，严重的战争破坏和苏军搬走最现代化的设备，大大降低了工业能力。

日本投降后，国民党接收大员的贪污腐败给中国各处工业生产造成破坏。在从前的沦陷区，生产没有合适的计划，收回的工厂被当作战利品，派系不论文武都抢着分一杯羹。在内地，战争时期建立的工厂任其破坏。从前日本人控制的厂矿，为一个正在扩大的国有工业部门提供了基础。在“资源委员会”的支持下，生产资料生产的重要部分，电力和矿业划归政府。1947 年“资源委员会”监督 291 家工厂和矿场，总就业人数 223770 人。在消费品部门，1945 年，有 69 家日本和敌伪纺织厂被没收，转入新建立的中国纺织建设公司。1947 年中国纺织建设公司控制中国纱锭的 36.1% 和织布机的 59.4%。中纺公司的纱厂由中国公司提供充足的营运资本，并为购买原棉在外汇的分配上受到优待。它们与私营纱厂相比，占有明显的优势。不同的是日本人更有效率。中纺公司的经营方针主要是为他们自己和民国政府寻求短期利益。

（二）商业的发展

市场真正发展是在 20 世纪。1908—1920 年商品量年增长率达 10.46%，其中国内增长率达 11.37%，这都是前所未有的。这时期物价变动不大，按可比价格计，亦有 8.86% 和 9.76%。这期间，包括第一次世界大战时期，是所谓中国民族资本的“黄金时代”；而据吴承明考察，中国手工业生产大约在 1920 年达于顶峰。1920 年的国内生产商品值中，手工制造的商品比现代化工厂的产品大 3 倍多，几乎与农产品的商品值相当。这种商品结构，到 1936 年才发生重要变化。

辛亥革命、第一次世界大战，以及提倡国货运动持续不断的开展，为国内商业创造了一个有利的社会环境，国内市场不断扩大，商业呈现了日益发展的趋势。

1. 商品流通数量增长

据吴半农《从工业之程度观察目前中国经济之性质》一文估算，国内生产品流通价值量 1913 年为 9.3 亿元，1920 年为 14.9 亿元，1925 年为 21.6 亿元，13 年间增加了 1.3 倍。[①]这个估算是根据海关贸易册各关之间贸易额计算，无疑是偏低的。因为手工生产物除少数特产外，一般都带有地方性，它的生产品 90% 以上都是消费于本地，乡与乡间及县与县间流通的数量较之各关之间贸易额要大好几倍。而且，海关统计仅是轮船装运的货物，经过铁路、内河小轮和帆船运输的货物，都不见于海关贸易册，因此实际的商品流通量还要大得多。据《中国资本主义发展史》的研究，轮船运输仅占全部货运的 1/4，按此推算，1920 年全国市场交易额约为 70 亿元。[②]

2. 商品流通地域扩展，地区间经济联系加强

这一时期，资本主义经济活动已不限于少数通商口岸和经济比较发达的地区，内地城市也陆续兴办了一些近代工业，加强了附近地区的工农业产品的交换。尤其是由于近代交通工具的发展，铁路的兴建及其他运输能力的增长，把原来落后地区卷进了市场活动范围，扩大了地区经济间的联系。例如：原来工

① 彭泽益．中国近代手工业史资料［M］．中华书局，1984：63.
② 许涤新，吴承明．中国资本主义发展史（第 2 卷）［M］．人民出版社，1990：996.

商业都比较落后的徐州、郑州、石家庄等地，自铁路通车后，逐步发展成为该地区商货集散中心，附近一些县镇的土产品都由此转口输往其他各地，并从这里购进必需的生产资料和消费资料。再以棉花的商品流转为例，上海、武汉、天津、青岛、无锡五大棉花市场经销的棉花都来自全国各地产棉区，由各产棉地集镇商栈向棉农收购，经中间商运到铁路沿线或沿江口岸，如汉口、济南、彰德、沙市、宁波、石家庄、九江、芜湖等中转市场，再转运上海、天津等五大市场销售，地区的经济联系甚为广阔。

3. 商业企业显著增加

我们可以从棉布商业、五金商店以及百货商业的发展来分析。第一次世界大战爆发后，进口棉货大为减少，1915 年与大战前的 1913 年比较，减少 26.4%，其中英美棉布减少 41.4%，呢绒减少 64%。1920 年，进口的机制布为 24737 千匹，下降了 8.7%，而国产机制布由 1913 年的 2129 千匹增为 4443 千匹，所占比重由 6.5% 上升为 15.2%。战时进口棉布减少，布价猛涨，棉布商业额反而大增。①贸易中心城市上海，1894 年前棉布商店不到 100 家，1900 年估计增为 130—140 家，1913 年则为 200—300 家，其中批发商已超过零售店数。据《上海商业名集》，到 1919 年，棉布商业会员户数为 514 家。其他城市如武汉、厦门、重庆等棉布商与从业人员都有所增加。甲午战争后，国内新式工业兴起，铁路建设和大城市基建规模的扩大，对钢铁五金器材的需求日多。1895 年，金属进口量为 93785 公吨（吨），1913 年骤增为 297893 公吨（吨），但第一次世界大战爆发后的 1915 年却锐减为 168912 公吨（吨），钢铁五金紧缺，价格猛涨，给我国五金业带来大好机会。上海从 1915 年到 1918 年市场生铁价由每吨 36.5 两增至 160 两，上涨 3 倍多，钢板由每老担 4 两增至 40 余两，上涨近 9 倍，旧马口铁由每老担 2 两增至 10 两左右，上涨约 4 倍。铁价由 1917 年 8 月前的每老担 4 元到春节时涨至 8 元，后又涨至 20 元。② 1918 年与 1914 年比较，上海五金行业户数由 141 家增至 253 家，从业人员由 1894 人增至 3317 人，营业额由 1062 万两增至 5076 万两，资金由不到 300 万两增至

① 许涤新，吴承明．中国资本主义发展史（第 2 卷）［M］．人民出版社，1990：1001.

② 上海社会科学院经济研究所．上海近代五金商业史［M］．上海社会科学院出版社，1990：28.

3349 万两。[①] 其他各地，如汉口、青岛、广州等地的五金行业也发展迅猛。经营日用百货的商业，主要是从杂货店逐渐发展到洋广杂货铺，再由洋广杂货铺分化为专营批发业的华洋杂货店与专营零售的小百货商店。广州、上海对外开放早，甲午战争前这一行业已具一定规模。第一次世界大战以后，行业利润不断增长，资本积累快，商店增设较多。据统计，上海在 1894 年前，南北市洋货店不过 100 家左右，1910 年增至约 200 家，1925 年达 400 家左右。广州 1918 年前，全业约有 500 户，1920 年增至 605 户。这一时期，百货商业史上的一件大事，便是股份制大型百货公司的出现。

4. 新型商业组织出现

随着我国资本主义经济的迅速发展，商业的繁荣，西方资本主义国家的各种商业组织形式，如大型百货商场、商品交易所等，也被逐步地移植到我国商业体制中来。它们的出现，标志着我国商业资本的发展进入一个新的阶段。大型百货公司，是近代资本主义商品经济发达的产物。它的特点是采用股份有限公司的形式，资金雄厚，规模大，经营范围广。大型百货公司最早先由外商在华开设，继之华商在世纪初在香港、广州、上海创设，并比较集中于上海。上海的先施、永安、新新，天津的中原等百货公司，都是北洋政府时期涌现的新型商业企业。百货公司是 19 世纪中期以后在西方资本主义国家逐步发展起来的一种完全新型的资本主义商业企业，国外有人把它称作商业的“第二次革命”。先施、永安等公司，不仅由国外引进这种商业企业模式。还全面模仿西方公司（主要是仿效英商澳洲悉尼英地海登公司）的资本组织、劳动组织、财务会计、盈余分配，以及各种经营管理制度，如售货明码标价、不二价，实行工资制、礼拜日休假制，把每人营业额的多少作为考核店员的主要内容，注重广告宣传，强调优质服务等。以大型百货公司为代表的资本主义商业组织管理制度的全面引进，提升了传统商业的素质，进一步促进了商业的资本主义化，对繁荣市场、方便消费都起到重要的作用。除了大型百货公司的兴起和发展外，这时期一些较大的近代工业企业还广设自己的发行所或营业部，建立自己的销售网点。南洋兄弟烟草公司于 1918—1919 年改组为有限公司后，陆续在 12 个大城市设立了发行所，并在许多城镇建立货仓和收烟厂。荣宗敬、荣

① 上海社会科学院经济研究所．上海近代五金商业史［M］．上海社会科学院出版社，1990：61.

德生兄弟组建的茂新、福新、申新总公司，在各地也设有原料采购和产品推销机购。同时，在“提倡国货”声中，不少地区还兴办了专销国货的商场和国货售品处等形式的商业组织。

四、交通运输业和金融业的发展

（一）交通运输业的发展

北洋政府时期，官营交通运输业有所发展，但进展并不大。

1. 铁路建设

民国成立后，孙中山曾力倡铁路国有政策，由于二次革命的失败而未能亲自实施。袁世凯掌权后，宣布统一铁路政策，逐步收回了民办铁路。民办铁路是清末“挽回利权运动”的产物，发韧于1903年的川汉铁路有限公司的成立，1905—1908年进入高潮，由于帝国主义势力和封建官府的压制、地方顽固保守士绅的阻挠及民办铁路公司内部的争权夺利、资金缺乏等种种原因，民办铁路建设成绩寥寥。进入民国后，除苏、浙、湘等省各有民办铁路一二百里外，其他各省商办铁路还处于修筑土方或购买材料阶段，且大都面临集资困难、经营亏损的问题，于是出现由商办转归要求政府收归国有的趋势。1912年8月至1915年1月，袁世凯先后将川路、湘路、苏路等收回国有，拿出6800余万元作为各民办铁路的“退还股金本息”，各铁路公司解散，其时私人资本经营的铁路只有潮汕、新宁、漳厦三路了。在这笔退款中，除豫路因属袁氏原籍，付给股款约400万元现金外，余均发给北洋债券，1924年宣布这些债券停止付现，实际归还的金额仅及一半，利息仅及三分之一。①

北洋政府在收回民办铁路上不遗余力，在铁路建筑上却进展甚慢，只是零星地修筑了一些未完成的地段及一些支线。主要有粤汉路北段（武昌—长沙）和南段（黎洞—韶州）；陇海路除原有开封—洛阳段外，西延至灵宝、东延至海城；京张路自丰镇延展至归绥（今呼和浩特），改称京绥铁路；还完成沪杭甬和东北的四（平街）洮（南）路、洮昂（溪）路、打（虎山）通（辽）路等。1912—1927年中国人自建铁路总共3605公里，其中三分之二在东北，由满铁监督下完成的约1000余公里，东北奉系军阀修建铁路约1000公里，这与

① 宓汝成．帝国主义与中国铁路［M］．上海人民出版社，1980：225.

日本对华加紧侵略有直接关系。

在修筑铁路的同时，火车机车车辆有所增加，1912 年仅 600 台，1925 年达 1131 台，客车也由 1067 辆增至 1803 辆，货车由 8335 辆，增至 16718 辆。[①] 但由于军阀割据，连年混战，铁路运输，难以畅通，即使通行的列车也成为军阀战争的工具，以至铁路运输难以发挥其促进国民经济发展的功能。如 1924 年初，直系军阀吴佩孚进攻山东，山东军阀郑士琦为抵抗吴军，将胶济铁路车辆扣作军用，客货运输全部停顿。而且大部分国有铁路都是借外债所修，权利丧失不必说，单还本付息一项，就成为铁路的沉重负担。

2. 公路建设

公路建设起步较晚，中央和各地方军阀出于军事的需要，先后修建了一些公路，至 1921 年全国公路里程 1000 公里左右。

1913 年湖南都督谭延闿为便利军事运输，开始兴修长沙至湘潭的军路，开我国按通行汽车标准修建公路之先河。由于军阀连年混战，50 公里长的长沙湘潭路几度停工，历时 9 载，延至 1921 年秋才告竣工。[②] 1916 年浙江省提出修建近代公路的具体计划，因军阀派系之间发生权力争夺而被搁置，直至 1921 年才正式设置省筹办局。同样由于军阀混战，公路建设不时为战争所阻遏，进展缓慢。1927 年全省只有筑成通车营运公路 335. 9 公里，由省道局通车营运的只有钱塘江南岸江边至绍兴一段约 48. 58 公里，只占总数的 15%，其余 85% 的里程由商人投资经营。这段路多次遭战争的破坏。[③]贵州省是军阀混战频繁的地区，且经济落后，地面崎岖不平，以至从辛亥革命至 1926 年期间，没有什么公路建设。1926 年 6 月，周西成任省长后，贵州政局稍稳，才开始成立路政局，在其主政 3 年间，给各县路政经费 45 万元，勘测路线 2500 余公里，40 余县公路分别动工，修通贵阳至安顺、贵阳至桐梓两段公路 315 公里。[④]江苏省是近代工商业较为发达的地区，其公路建设始于商人投资。1912—1927 年，全省各地由私人捐款、企业投资、地方政府筹款等集资方式修筑的主要公路共 38 条段，全长 750 公里，其中属地方官办约 617 公里。

---

① 严中平．中国近代经济史统计资料选辑［M］. 科学出版社，1955：193、196.

② 湖南省公路史志编纂委员会．湖南公路史（第 1 册）［M］. 人民交通出版社，1986：41.

③ 浙江公路运输史编写组．浙江公路运输史（第 1 册）［M］. 人民交通出版社，1988：4.

④ 贵州省交通厅公路史编委会．贵州公路史（第 1 册）［M］. 人民交通出版社，1989：3.

随着近代公路的修筑，一些官营汽车运输公司先后成立，1918 年北洋政府设立西北汽车行驶事宜处（简称西北汽车处），1924 年在淮阴成立江北路政总局附设长途汽车公司等。这些官办汽车公司在军阀混战的局势下也难以发展。西北汽车处成立后，被进驻的徐树铮军队征用，抢运士兵和物资，记账用车，不给运费，1920 年西北汽车处的汽车移交给军队，直皖战争爆发后，汽车调作军用，民营运输全部停止。

3. 航运发展

北洋政府相当重视航运业的发展，采取了一系列发展航运业的措施，大大加快了对外贸易的发展步伐。其主要措施有如下几个方面：（1）完善航业管理机构，加强对轮船的管理。1914 年交通部颁布《轮船注册暂行章程》。这些条例的颁布为航运业的科学化，规范化起了重要的指导作用。（2）鼓励和保护民族航运业的发展。1920 年，交通部总长叶恭绰拟《航业奖励十四条》，并辟邮政净余项下十分之六为奖励基金。（3）创办和发展远洋轮运企业。1915 年，设立中华邮船公司（中美线）；1919 年 4 月，由官商合办，成立中华航业股份有限公司、中澳航线的侨商轮船公司；1920 年，创立日商天华洋行（汉口—日本）；1921 年，创办中朝航线的利通轮船公司；台湾侨商筹办长安轮船公司，利万基、和丰等轮船公司（南洋线）相继成立。这些远洋轮船公司的相继成立，对发展远洋国际贸易提供了良好的海上交通条件。（4）发展铁路和轮船联运。1912 年，招商局与沪宁铁路议定联运办法，1921 年，在东三省地区开始实施东省铁路公司、戊通航业公司水陆联络运输，实行水陆联运以后，既加快了运输速度，又降低了商品的运输成本。北洋政府这一时期的船只急剧增多，在沿海沿江各口岸，川流不息，昼夜繁忙。

北洋军阀统治时期，官办、官商合办、官督商办之轮船航运企业约有 10 余家，主要有：官商合办的川江轮船公司（1907 年成立）、吉林、黑龙江两省联合官办的松黑两江邮传局（1908 年成立）、直隶省公署和大沽造船所合办的直隶内河航轮局（1914 年成立）、黑龙江省官办的广信公司轮船经理处及所属的通原林业公司船舶处（1916 年成立）、吉林中东路警备总司令部船务处（1918 年成立）、北洋政府德奥轮船管理处（1918 年成立）、由商办转变为官商合办的戊通航业公司（1921 年成立）等。另外，京奉铁路局于 1911 年、粤汉路湘鄂工程局于 1914 年、津浦铁路管理局于 1919 年、京汉铁路局于 1920

年也相继购买了一些船只从事航运事业。

北洋时期的航运业虽有相当的进步，但毕竟是在列强的侵略势力的狭隙中求得生存和发展，因此，在第一次世界大战期间，中国民族轮船航运业才出现了一段“黄金时期”，当战后列强卷土重来的时候，中国民族航运业又面临着新的压力和竞争。但不管怎样，民族航运业的兴起促进了中国航运业的近代化，对打破外国轮船公司垄断中国近代航运业起过一定的积极作用。

4. 航空事业

与其他交通运输相比较，航空运输业以快速而著称，不受天气条件和地理条件的限制和影响。与其他运输方式比航空运输的安全性和准确性较高。北洋政府清醒地认识到了这一点，故中国航空业的发展与世界发展航空的时间几乎是同步。北洋政府发展航空业的主要措施有：（1）创设航空学校，派遣人员出国留学。北洋时期创立的学校有：南苑航空学校（1913）、广东航空学校（1915）、海军航空教练所（1916）、保定航空学校（1921）、东三省陆军航空学校（1922）、山东航空教练所（1925）。这些航空学校的创立，为中国航空事业发展培养了大批人才。（2）创立飞机配件和修理厂。其规模较大之工厂从事制造而有成绩者如下：马江海军制造飞机厂（1918）、上海航空厂（1928）、广东航空修机厂（1928）。其中以北洋政府时期的马江海军制造飞机厂的成绩最为突出。这些大大小小工厂的设立为发展航空事业提供了坚强的后勤保障。（3）加强国际联系，签订国际航空条约。1920 年 10 月 27 日，在伦敦举行国际航空会议，又对条约和附约进行了修改，“除美国有保留案之声明未批准，德俄两国未参加入外，其他缔约各国多已批准”。通过参与国际航空组织的活动，不但开阔了人们的眼界，而且让中国国际航空事业得到了世界的认可，有利于发展国际对外贸易。（4）将航空业分为国营和民营航空两类。国营有利于统一计划安排运输，民用是国营的重要补充，是发展国营航空不可替代的辅助。特别是民营航空业的启动，直接解决了国际国内贸易运输的重大问题。

这些飞机除搭载乘客以外，“更载邮件、包裹及印刷品”，由于航空运输可以大大缩短货物在途时间，对于那些易腐烂、变质的鲜活商品；时效性、季节性强的报刊、节令性商品；抢险、救急品；包装、保险、利息等费用由于采用航空运输方式，货物在途时间短，周转速度快，一方面有利于资金的快速回收，减少利息支出，另一方面仓储费用也可以降低。又由于航空货物运输安全、准确，货损、货差少，保险费用较低。与其他运输方式相比，航空运输的包装简单，包装成本减少。

总之，北洋时期的以上这些发展交通运输业的政策和措施，对我国商品贸易的发展起了一定程度的积极作用，既降低了商品的生产成本，使对外贸易商人利润增加，大大提高了贸易资本周转的速度，促进了我国对外贸易业的发展；这些措施是北洋政府在一战后对外贸易迅速增长的背景下出台的，实施后对对外贸易有一定的作用，因此便构成了北洋时期对外贸易政策的重要内容，大大促进了近代物流业的发展，体现了一种难能可贵的时代探索精神；北洋政府这些政策和措施具有承前启后的过渡性质，这些措施是在总结和继承晚清时期的经验和教训，深深地打上了晚清时代的某些烙印，具有时代的局限性；北洋政府的交通运输政策的基本原则和精神为后来的南京国民政府所继承和发展，为南京国民政府实施较为成熟的交通运输政策创造了基础和条件。

（二）**金融业的发展**

北洋政府时期，中国近代资本主义性质的银行有大量增长。它的增长与公债投资不无关系，但不能忽视产业资本发展的重要条件，以及它在融通资本服务于工商企业等方面所起的推动社会经济发展的积极作用。

1. 银行业的兴盛

中国自己开办的第一家银行，是1897年由盛宣怀发起在上海成立的中国通商银行。继中国通商银行之后，1902年成立直隶省银行，1905年成立户部银行（1908年改称“大清银行”，辛亥革命后改组为中国银行）；1907年邮传部设立交通银行；同年浙江兴业银行成立，总行设在杭州，在上海、汉口等地设分行；与此同时，四明银行成立于上海，设分行于宁波。浙江兴业、四明两行是这个时期经营得比较成功的商业银行。从1897年至1911年的15年中，中国共开办了20家银行。

辛亥革命以后，第一次世界大战期间，几个主要帝国主义国家忙于战事，暂时放松了对华的掠夺，中国民族资本主义工商业进入所谓“黄金时期”，加之，孙中山等都重视金融业，这样，中国银行业有了进一步的发展。见表5-2。

表 5-2　　1912—1925 年全国华资银行概况

年份	年初实存家数	新设家数	停业家数	年末实存家数	改组家数	实收资本数	
						金额（千元）	指数（1912 = 100）
1912	16	23	2	37	1	27136	100
1913	37	11	6	42		28906	108.5
1914	42	8	3	47	1	38418	141.6
1915	47	10	4	53	1	45215	168.6
1916	53	10	4	59		51973	191.6
1917	59	11	5	65	1	55571	204.8
1918	65	16					
1919		22	22	103		88084	324.6
1920		22					
1921	103	33					
1922		36					
1923		30					
1924		13	69	158	1	169104	623.3
1925		10			1		
1921—1925 年间		2					

资料来源：唐传泗，黄汉民．中国近代经济史研究资料（4）［M］．上海社会科学院出版社，1985：63-64.

以上新设和实存银行数，既包括官办、官商合办，也包括商办银行在内。从统计上看，1916 年前是官办银行兴盛时期，1916 年后则是商办银行占主要地位。1911 年底，历年开设的官办和官商合办银行共有 11 家，商办数量甚少；1912 年底实存官办、官商合办银行共 24 家，占全国华资银行总数的 64.9%，实收资本共 1966 万余元，占全国华资银行资本额的 72.5%；1915 年底官办、官商合办银行共 25 家，占全国华资银行总数的 47.2%，但实收资本仍占华资银行资本的 72.3%；1916—1920 年，全国新设官办、官商合办银行仅 8 家，倒闭的却有 10 家，到 1920 年底实存 22 家。① 其在全国华资银行总数中的比重，骤降至 21.4%，1925 年更下降至 17.7%，其实收资本在全国华资银行中的比例，1920 年仅为 50% 左右，1925 年已减为 45%。1916—1920 年商办银行发展迅速，五年间新设银行 73 家，平均每年新设 14 家，占同期全国新

① 唐传泗，黄汉民．中国近代经济史研究资料（4）［M］．上海社会科学院出版社，1985：65-66.

设华资银行总数的90.1%，至1920年底实存商办银行81家，占全国华资银行总数的比重，亦由1912年底的35.1%上升为78.6%；实收资本为4525万余元，在华资银行资本总额中比重亦从1912年的27.5%上升到51.4%。1920年后，商办银行继续发展，1921—1925年间新设110家，倒闭61家，1925年底实存商办银行已增至130家，实收资本9300多万元，其在华资银行总数比重上升到82.3%，资本比重上升到55%。① 可见，1916年后商办银行的发展大大超过了官办、官商合办银行，在该行业中逐渐占重要地位。

在第一次世界大战后，钱庄亦出现了繁荣景象。钱庄资力似乎不及银行，但如果剔除官办中国、交通银行和省银行外，商办银行与钱庄的资力实不相上下。而且，钱庄历史悠久，适应旧有商业习惯，在外商银行支持下，早建立了汇划制度，在金融市场上地位仍优于银行。钱庄签发的“庄票”，在对外贸易中流通无阻，外商银行收受庄票，拒收银行本票；银行尚没有自己的交换机构，其收受的票据清算尚须委托钱庄代理，为此银行不得不开户存款于钱庄；更重要的是钱庄同商业关系密切，商号不同钱庄往来者少，与银行往来者则不多，银行放款一般须要抵押品，中小工商业者非出于必要，往往同钱庄往来。因此在30年代前，银行在金融市场上的势力还逊于钱庄。

2. 证券交易所的出现和“信交风潮”

交易所的出现，也是我国资本主义金融业发展中令人瞩目的新事业。它是大宗商品和证券的交易市场。以股票、公司债、公债等有价证券为交易对象者，称为证券交易所；以米、麦、杂粮、棉花、纱布等商品为交易对象者，为商品交易所。交易分现货交易和期货交易两种。现货交易有证券、商品等实物的转移；期货交易绝大部分没有实物转移，只凭先后买卖间的差价结算盈亏，因此，交易所既有便利商品买卖，平准市价，吸收游资，调剂短期金融的作用，但又是投机倒把买空卖空的活动场所。

证券交易活动，早在19世纪后半期就已在外商间进行。辛亥革命后，孙中山积极倡议成立华商交易所，1913年北洋政府召开的全国工商界代表会议，议决于通商大埠酌量分设交易所以为提倡。1914年前后，一些主要行业联合同业，开辟交易场所，订立交易章程，从事证券和货品的交易活动，先后成立

---

① 唐传泗，黄汉民．中国近代经济史研究资料（4）［M］．上海社会科学院出版社，1985：65－69.

的有上海机制面粉公会贸易所、金业公所和上海股票商业公会等，是为以后的证券、面粉、金业三家交易所的前身。1914 年 12 月，北洋政府颁布了《证券交易所法》，1915 年 5 月，又颁布《证券交易所施行细则》，于是有华商各种交易所之申请和设立。

与交易所股票业务关联的信托公司亦同时兴起。信托公司是资本主义国家经营投资信托业务的信用机构，主要是代管财产、执行遗嘱，代发股票、公司债或兼营存放款等银行业务。在股票的投机狂热中，旧中国的信托公司亦于 1912 年在上海开始诞生，至同年 7 月先后开设有 12 家。其中以绍兴帮钱庄发起组织的中央信托公司（后改为中一信托公司）稍具规模，其余大都不具备金融机构应有的条件，主要适应股票投机买卖而设立的。它们名义上从事各类信托，银行存放款业务，实际上与那些交易所一样以本公司的股票进行投机买卖，从中渔利。它们或者与交易所勾结，一面以交易所的股票向信托公司押借款项，一面以信托公司的股票充作交易所投机筹码，相互狼狈为奸，兴风作浪，哄抬它们的股票价格，使这场投机风暴刮得更为猛烈。

然而，交易所的出现毕竟是市场经济趋向近代化的一个标志。旧式的商业交易，大都各集一小团体集散于某一茶肆中交易，早晚两市，名曰茶会，实为一同业市场，由买卖双方私相成交，难保其信用，现货期货任意取巧，纠纷时起。交易所是资本主义近代化的交易场所，有组织规章，交易方式有章可循，受法律保护，可以在一定范围内避免或制裁某些欺诈取巧行为。而且，交易所对吸收游资、调节市场供需、平准市价有一定作用。企业家可以在证券交易所以极便利之方式出售其股票，吸收社会闲散资金；商人在商品交易所可以根据市场供求相应的市价抛售或购进货物。所以，交易所的设立，意味着我国旧式市场交易向近代化市场交易的转变。它是一国近代化商业中不可少之中心市场，对于繁荣工商业，活跃金融有极密切之关系。惟运用必需谨慎，需要有政府之严密之监督和管理，否则投机者兴风作浪，为害亦烈。

3. 货币本位制的确立与货币流通

北洋政府对清末遗留下来的庞杂混乱的货币制度作了初步的改革，确立了银元本位制，解决了种类繁多、成色重量不一的银元充斥市场的现象，但银两继续并存；对银辅币、铜币、纸币也作了某些整顿，成效不大，尤其是中央和地方政府发行的纸币，五花八门，紊乱不堪。

北洋政府虽然推行了《国币条例》，使国币银元（袁头币）成为主币，排除了鹰洋势力，统一了银元行市，币制改革取得了一定成效，但由于军阀割据，政令不一，财政困竭以及列强特权势力，整个货币流通很紊乱，银两继续使用，其他各类银元还在流通，纸币发行极不统一，因此这次纸币改革仅是初步的、局部的，货币流通的紊乱状况尚有待于以后的改革。

五、北洋时期经济发展的总体趋势

1911/1914—1920 年，整个产业资本平均年增 1 亿余元，折 1936 年币值约为 1.5 亿元。其中外国资本进入颓势，年增长率由 16% 降为 4.5%，到 1920 年仅略多于中国资本了。辛亥革命后，官营资本也陷于停滞，年增长率仅 3.8%。而民营资本大为兴盛，就工业资本说，年增长率达 11.9%，到 1920 年总量已超过官营，而直接与外国资本相较量了。交通运输业中，民营颇受摧残，铁路被收为国有，但在轮船业中，始终保持着 18%—19% 的增长优势。这时期，民间每年已有 4000 万元的资本形成能力，折 1936 年币值约 5000 余万元。1911/1914 年商业资本总量与工业资本总量比为 3.5∶1，1920 年为 3.0∶1。

第三节　南京政府时期的经济

一、全国性统一市场的逐步形成

1895—1936 年，进口商品净值增长 5 倍；国内生产商品流通量增长 9.78 倍；国内市场商品量增长 9.08 倍。

第一，国内贸易量增大。由于口岸的开放式由南向北和由边地向腹地扩展，特别是这个时期开放的口岸中大多数是内陆口岸，加大了外贸拉动内贸的力度，使中国国内商业由外贸拉动的特色更加突出；由于轮船、公路、铁路运输的发展，特别是通往西北、东北地区铁路修成，延长了各类商品尤其是量大价贱、易腐易损商品的运销距离；由于大批农民移居关外，蒙古、东北地区农业的加速开发，国内商业市场由沿海向内地、由关内向关外迅速扩展。东北的豆饼大量运销上海、浙江、两湖等地。东北和察哈尔、绥远一带的杂粮，沿着京奉、京汉铁路线运到南方。内蒙古、青海、宁夏等地的羊毛、驼毛和毛皮运至天津、上海等地加工或出口。华北和陕西、新疆的棉花进入上海的工厂。东北、华北、西北地区同华中、华南、华东等地的商业往来加强。全国各地市场已联系成一个整体。

第二，市场结构发生重大变化。由于现代工矿业与对外贸易的发展，市场流通的商品结构发生重大变化，进口洋货、出口土货以及国内城市工业品与工业生产原料，在市场上占有越来越大的比重。与商品结构变化相联系的，一是市场商品的运销距离明显加大，长途贩运构成商业流通的一个重要组成部分，地区之间的市场联系加强；二是城市工业品运到农村消费，农村的农副产品成为城市工业的原料和城市居民的生活必需品，城乡之间市场联系加强，性质也与过去不同。

第三，市场集中度明显。由于集镇、城市增多和彼此间联系密切，特别是全国经济中心（上海）的出现，使以往分散的、地区性的市场网联成一个全国性的市场网络。交通运输和电信业的发展，使上海的市场信息影响全国市场的变化，上海重要商品的价格、利率、汇率变动，一个小时之内，至多是几个小时，便传遍全国各大中城市，这些城市的物价、利率、汇率随即发生相应的变化，随后小城市与集镇也发生变化。

第四，各类市场发育成熟。在市场联系的空间层面上，地区之间与城乡之间交叉成网，在市场内部的垂直层面上、垂直系统上，有以集镇为中心的基层市场，以大中小城市为中心的地区市场和全国经济中心上海，形成一个金字塔形的多层次网状结构。在市场内含的横断层面上，有生活资料市场、生产资料市场、资本市场、劳动力市场、人才市场、技术市场、房地产市场等，各类市场应有尽有。

第五，市场主体已初步形成。关于市场主体与职能，按城乡分别言之。在城市中的生产者与经营者，包括资本主义性质和个体性质的工商户，都以市场需求决定自己的行为。在农村，除分成制下的佃户（在总农户中的占比小）不能独立地决定全部生产计划外，其余的农户都是独立的市场主体。其中，商品生产者已同城市的工商户一样；一般农户生产的产品，部分自给，部分出卖，其出卖部分的生产安排受市场需求与价格决定。市场的主体已初步形成。

市场已支配大部分人的经济活动和大多数资源的配置。

二、国民收入分配及对外经济关系

（一）国民收入分配的变动

对民国时期国民收入的两种主要的独立统计，分别由刘大中、叶孔佳和巫宝三做出。总计差别颇大，大的数值比小的数值约大 40%，但两者之间唯一重要的差别是农业增加值。或许更可靠的刘—叶数据可以概述如下：在 1933 年的国内净产值中，农业当然显得最大，按照 1933 年的物价占 65%；所有的“工业”（工厂、手工业、矿业、公用事业）占 10.5%；商业第三，占 9.4%。其他部门排列如下：运输占 5.6%；金融、个人劳务和房租占 5.6%；政府行政占 2.8%；建筑占 1.2%。另外一种说明 1933 年国民收入构成的方法，是现代非农业部门（很宽松地规定为工厂、矿业、公用事业、建筑、现代商业和运输、商店、饭馆以及现代金融机构）仅占总数的 12.6%。其中，传统的非农业部门（手工业、运输、行商、金融机构、个人劳务、房租）和政府行政占 87.4%。从支出上看，1949 年以前中国大陆的经济结构也是未工业化社会的典型结构。从最终用途看，1933 年国内总支出的 91% 属于个人消费，社区服务和政府消费加起来占 4%，而投资总额占 5%。

1912—1949 年间国内生产总值的增长，也来自传统部门产量的增长，主要是农业和手工业。农业生产增长慢，但由于气候和政治军事情况，在 20 世纪的头几十年中各年各地各不相同。最大的增长出现在新开发的地区，如东北和西南的一些地方。别的地方，农产品的价值由于经济作物的增加而增大。由于下面提到的原因，手工业的总产量极不可能与它的相应份额相反，在 1912—1949 年间下降。反过来似乎更有道理。

如果我们拿人口估计数——1912 年 4.3 亿人，1933 年 5 亿人，1952 年 5.72 亿人，我们发现在这几年中，每一年的人均国内生产总值（按 1957 年物价）分别为 113 元、123 元和 115 元。考虑到整个数据的潜在准确性问题，在本章涉及的几十年中，如果我们略去从 1937 年开始的 12 年战争时期，现在能得到的最好的估计是，在人均国内生产总值上没有任何明显的上升或下降的趋势。在战争时期，中国某些群体特别是教师和政府职员，他们的薪金跟不上通货膨胀；但在抗战胜利后至 1949 年新中国成立之前这段时间，城市工人相对教师、底层公务员来说生活得好一些。

日本入侵后，华北的农业生产受到打击，城乡间的商业联系被破坏。1946—1949 年的人民解放战争期间，这个地区的农业和商业状况很可能比别的地方更坏，因为这里是两军战场。1940 年后，中国未被日军占领地区的作物生产量开始下降，在剩下的战争时期比 1939 年平均低约 9%。1942 年实行田赋改征实物和粮食征购，加上引起劳动力严重短缺的征兵的加速，减少了农民的实际收入。但在国民党控制的内地，工业生产从一个低的起点开始增长，直到 1942 年或 1943 年。战后时期，1946 年通货膨胀重新开始，并在 1948—1949 年失去控制，其影响沿海城市比华南和西部内地农村更严重，后者的总产量或许很少变化，虽然流入城市的食物和农业原料由于货币的急剧贬值而减少。

一个值得注意的问题是居民的收入在下降，而人均国内生产总值保持不变或略有上升，这是可能的。但在农村地区和在大多数农业人口中间，“没有令人信服的证据表明在 20 世纪前半期，地主正在积累生产的增长份额。事实上，有资料表明，租佃率甚至略有下降，在政治混乱时期，地主收租常常有困难”。

1937—1949 年间，由于日本侵华给中国造成巨大的经济与人口损失，以及国民党政府的腐败，中国经济不能支持中国人口维持一般的或低的生活水平。然而，新中国成立后，1952 年的经济就已经恢复到 1949 年以前的最高水平，经济的迅速恢复几乎完全靠的是一个新的和有效率的政府在恢复现有企业的生产方面取得的成功，而不是靠新的投资。就 1949 年之前的 40 年的其余年份来说，20 年代和 30 年代初的内战、干旱（例如 1920—1921 年在华北）、洪水（例如 1931 年长江的洪水），以及其他自然灾害确实损害了中国人民的公共福利。在政治混乱和战争造成的人身极度不安全的情况下，收入即使略有增加也是一种可怜的补偿。相反，如果有更多的个人和国家安全，即使很低但却稳定的年均收入也可能受到欢迎。

（二）外国在华投资状况

中国国民经济的一个非常重要的特点，就是外国资本成为一种经济成分并居优势地位。1894 年前，外国对中国的经济侵略，主要是通过商品输华和从中国输出原料、土特产，是通过流通领域的活动实现的。外资企业的产品在中国工农业总产值中占的比重极小，没有形成一种经济成分。1895 年后，尤其是民国时期，外国在华产业资本大为增加，投资范围扩展到有关国计民生的工业、矿业、能源业、铁路、航运业等多个重要产业部门，目的在于生产就地销售的商品和供它们本国所需的原材料。外国在华产业资本的数量1936年比1894年增加了近105倍，同期，中国产业资本才增长62.3倍。外国在华产业资本占中外产业资本总额的57.2%，中国产业资本占42.8%。外国在华商业资本和金融资本，1936年分别为128227万元和193691万元，比1894年增长13倍和28倍，增长速度慢于产业资本。对华投资的国家中，日本上升最快，以美元计算，到1930年猛增为14.11亿美元，跃居第一。1931年日本又独占对东北的投资；1936年在华资本增至20.96亿美元，等于其他所有国家在华投资的总和。

在华外国产业资本集中在采矿冶炼业、制造业和交通运输业。采矿冶炼业中，外资集中在煤、铁矿的开采与铁矿石的冶炼部门。在中国煤矿投资总额中，外资所占比重从1906年的84.8%，逐渐减少为1926年的72.1%，1936年的29.6%。但外国资本控制的煤矿所生产的煤，占中国全部煤矿产量的比重，从1913年的55.4%变动到1937年的61.1%，是波动上升的。其中机械开采总产量中，1937年外资的比重为72.5%，始终占有优势。在铁矿开采中，日本资本最多。鞍山和本溪湖铁矿以及大冶铁矿产的铁砂，99%输往日本，供日本炼铁厂生产的需要。中国资本炼铁厂的原料，只能由土法开采的小铁矿供给。新法冶铁业几乎全部被外国资本垄断。在重要的制造业中，外国资本占的比重也不小。在棉纺厂纱锭总数中，1936年占48.2%。布机总数中，1936年占56.4%。1935年，外资在火柴、卷烟、电力总产量中所占的比重，分别为11%、58%、58%。相对于中国资本工厂，多数外资工厂有资金多、规模大、产量高的特点。在交通运输中，民国期间外国在华铁路投资主要以间接投资为主。在全国铁路里程中，有外资控制的部分，1937年为90.7%。在各通商口岸进出的轮船吨位中，1935年占到82.8%。1936年，在关内地区的国内航运吨位中，外国船占63.1%，中国船占36.9%；在远洋航运吨位中，外国船占83.8%，中国船占16.2%。无论是国内航运还是远洋航运都被外国公司所垄断。

三、产业的发展与结构调整

吴承明先生指出，1920—1936年间市场的发展是较快的，商品量的年增长率达3.6%，按可比价格为2.51%。而最大变化是在商品结构方面。现代化工厂产品增长最迅速，年增长率达7.55%，按可比价格亦有6.29%，这包括了日本在东北的工业开发。因而，现代化工厂和矿冶产品，1920年只占国内生产商品量的13%，到1936年已占20.5%。相应地，手工制造业产品所占比重降低了10个百分点，这是意中之事。农业产品的商品量这时期也颇有增长，年增长率可达4.19%。相对于1920年前的商品量情况，这一时期的年增长率有所降低，主要是受30年代经济危机的影响。较精确的1936年埠际贸易统计显示，贸易总额中手工业产品占42%，现代化工业产品占34%，而农产品只占24%。

1920—1936年间，产业投资仍是加速的。其中外国资本又占到了新增资本的59%，主要是日本在东北的投资；但如不计东北，单就关内而言，则外国资本年增长率只有4.3%。官营资本在关内也加速增长，而投资最多的是铁路、公路、电信和创办航空。在关内，增长最快的还是民营产业，尤其是工业。30年代危机主要是市场购买力紧缩，对工矿生产力影响不大。这时候，关内民间已有每年形成6000余万元资本的能力。1936年商业资本总量与工业资本总量之比为1.5∶1（不包括东北，在东北工业资本已大于商业资本）。

鸦片战争后，除土针、土钢、踹布坊、制靛几项外，绝大多数手工行业都随着市场的扩大或外贸需要而有不同程度的发展，并在发展中逐步工场手工业化。这种发展可以1920年为界分为两段。在1920年以前，手工业是与近代化工业并行发展的，近代化工业发展较快的时候，也是手工业尤其是工场手工业发展较快的时候。1920年以后，近代化工业发展速度快于工场手工业。

工场手工业在工业生产中的地位如何，素少研究。国民政府农商部1915年统计，我国工厂中使用原动力者仅488家，不用原动力者20258家。有手工作坊16140家，平均每家职工达25.2人。这些不用原动力的工厂和大部分作坊均属工场手工业。据吴承明[①]估计，1920年我国近代化工业产值约8.83亿元，工场手工业产值约85.88亿元，扣除农家自己部分外，商品生产产值约38.4亿元。1936年近代化工业的产值约28.3亿元。同年工场手工业的产值约23.7亿元，已逊于近代化工厂了。不过，工场手工业产值占到手工业商品生

① 吴承明．中国的现代化：市场与社会［M］．上海：三联书店，2001：79.

产产值的3.6%，接近新中国成立后的调查数据（47%）。

抗日战争时期，沦陷区的民族工业受到战争的摧残，手工业也难逃厄运。只有一些城市出现了大量小型厂或简易厂，属于工场手工业。抗战大后方，工业得到了一定发展，新设工厂4000余家，但多是些小型工厂，有40%的工厂雇工不到30人，也属于工场手工业。后方手工业大兴，并改良工具，工场手工业再次成为制造日用工业品的主力。已被淘汰的手工纺纱复兴，估计占后方纱产量的60%，并出现手工纱厂。又如四川的土纸生产增长了7倍，为机制纸产量的5倍。

抗战胜利后，近代化工业恢复缓慢，后又受战争破坏。而手工业所受影响则较小。新中国成立后的统计数据显示，1949年全部工业产值为人民币140.2亿元，其中现代化工业79.1亿元，个体工业32.4亿元。差额28.7亿元，可作为工场手工业产值，占全部手工业产值的47%。

1953年国家统计局开展了较详细的私营工业状况调查，辅以次年的手工业状况调查，当时4人以上的私营工厂有15万家，其中工场手工业作坊11.8万家，产值35.39亿元，占私营工业总产值的27%。

四、城市近代化进程

河北、山东、安徽、江苏、浙江、江西、广东、四川8省，19世纪下半叶有镇集15336个，1933—1934年增至33299个，增加了117%。加上其他各省的相关数据与推算，20世纪30年代全国镇集总数约64440个。① 据国民政府1931年及1932年调查统计，居住于1000人以上镇市和县城的人口，占全国总人口的42.81%。②《中国年鉴》估计，2500—10000人规模市镇的常住人口，约占全国总人口的22%，10000—50000人规模的小城市的人口，约占6%，二者合计28%。③ 30年代居住于集镇的人口比大城市的人口多。19世纪末至20世纪30年代，是中国历史上集镇人口增长最快的时期。集镇与大城市同时发展是中国经济现代化与城市化发展过程中的特点之一。

---

① 赵德馨．中国近现代经济史：1842—1949［M］．河南人民出版社，2003：201.

② 李昌熙．人口普查［R］．《服务月刊》调查统计专号，1939－12－1.

③ 孙本文．现代中国社会问题（第2册）［M］．商务印书馆，1946：118.

城市数量的增加与城市现代化的推进，主要受三个因素的影响：一是国内外贸易的增加。在国内外贸易集中进行的地点，特别是各大通商口岸，如上海、广州、汉口等，形成现代工商业城市。二是现代工业矿冶业的发展。在现代工矿业发达的地方，如太原、唐山、焦作等，形成工业城市或矿冶城市。三是交通运输业的发展。在交通枢纽地方兴起新城市，如青岛、石家庄、郑州等。

第四节　民国时期经济与制度变革的经验总结

辛亥革命推翻封建帝制，建立了东亚第一个资产阶级民主共和国，但是中国民族资产阶级在经济上与政治上的地位依旧堪忧。纵观整个民国时期中国经济转型进程，虽然较晚清时期取得了显著成就且进程明显加速，但这一时期中国经济转型依旧面临着重重困难，经济发展带有典型的半殖民地半封建性质。民国时期经济转型进程的最大成果，莫过于以中国共产党为先锋队的中国工人阶级将马克思主义与中国革命实践相结合，找到了实现中国民族独立的正确路径，也是近代中国经济转型进程成功地实现向现代中国经济转型进程的过渡。

一、民国时期经济转型产业变迁维度的绩效评价

民国时期中国经济转型在产业变迁维度上的主要特征可以概括为：尽管工业较晚清时期有较大的发展，但仍是沿着半殖民地性质的追赶型工业化道路前行，工业化水平相当低下。具体来看，主要体现在：

首先，民国时期中国民族工业有所发展，工业生产技术和工业生产能力较晚清时期有明显的进步，但这一时期中国民族工业发展主要集中在轻工业部门，已经严重落后西方国家工业化发展潮流。辛亥革命胜利后民族资产阶级地位提升、第一次世界大战期间列强无暇东顾、抗战前南京国民党政府组织的“国民经济建设运动”等因素的共同作用，使得这一时期中国民族工业的发展虽然道路颇为曲折，但在生产技术革新和生产能力提升方面都取得了相当明显的进步。但必须认识到的是，从当时全球工业化发展的潮流来看，西方发达国家通过第二次工业革命基本已经进入电气化时代，以重工业化为主要特征的工

业结构升级是这一时期西方国家工业化发展潮流。但纵观民国时期中国工业化进程，中国民族工业的发展主要集中在轻工业部门，重工业发展明显滞后。直到 1949 年新中国成立之初，就工业化发展水平来说，中国仍尚未进入以蒸汽机为代表的机械化时代，距离进入电气化时代仍相当遥远。尽管从纵向比较来看，民国时期中国工业化水平较晚清时期有显著进步；但就横向比较来看，民国时期中国工业化水平与西方发达国家的差距并没有缩小，相反却有进一步扩大的趋势。与西方列强工业化发展差距的进一步拉大，也是民国时期中国在抵御日本等军国主义国家入侵时遭遇节节败退的重要原因。

其次，民国时期中国工业化仍是沿着半殖民地性质的追赶型工业化道路发展，频繁战乱对这一时期工业化发展带来了极大的阻力和破坏，工业化水平始终处于相当低下水平。从民国时期中国工业化道路选择的视角来看，这一时期中国工业化仍是沿着晚清时期就已经陷入的追赶型工业化道路发展。近代中国是在半殖民地半封建社会的制度条件下探索工业化道路的客观历史事实，决定了这一时期中国民族工业的发展深受半殖民地性质追赶型工业化道路之苦，工业化水平很难取得质的飞跃，工业化进程屡屡因受到外部势力的干预和入侵而中断，工业化发展阻力巨大、破坏严重。比如，辛亥革命后民族工商业的“黄金时代”因一战结束后西方列强经济殖民势力的卷土重来而惨淡结束，南京政府时期刚刚启动的“国民经济建设运动”也随着日本军国主义势力扩大侵华战争而突然中断。政治上不能实现民族独立、经济上不能维护经济主权的状况，决定了这一时期中国工业化发展难以取得突破性进展，当时中国尚不具备全面加快工业化进程的时间、空间和能力。制约中国工业化进程最大的瓶颈，不是工业生产技术的落后，也不是工业生产能力的低下，而是半殖民地半封建社会的社会性质与社会制度。不改变这一社会性质与制度，那么无论是做出怎样的工业化道路选择，都根本不可能全面开启和加快中国的工业化建设。

再次，民国时期中国工业化仍主要集中在东部沿海地区少数大城市，广大内陆地区工业化程度极低，传统小农经济仍是这一时期最主要的社会生产方式。从民国时期中国工业发展的地区分布来看，这一时期中国工业化进程仍是“星星之火”，相对先进的近代工业主要集中在东部沿海地区的少数大城市，广大内陆地区工业虽有所发展，但工业化程度相当低下。虽然在东部沿海少数大城市及其周边地区的商品经济已经有较大发展，但在广大内陆地区商品经济发展程度仍较为有限，传统小农经济以及与之相联系的封建地主制经济仍是广大内陆地区和农村地区居于主导地位的社会生产方式。

纵观整个民国时期，中国工业化人口占总人口的比重相当有限，占人口绝大多数的工业和手工业人口仍固守数千年来传统小农经济生产方式，二元经济结构问题非常突出。与晚清时期类似，由于缺乏革命性的力量彻底颠覆传统小农经济和封建地主制经济，民国时期中国工业化进程加快的内生动力机制仍不具备。由于农民依旧被束缚于土地之上，也没有有效的渠道将农业经济剩余集中起来用于资本积累和工业发展，民国时期中国工业化进程仍难以摆脱劳动密集型技术变迁的路径依赖。传统小农经济与封建地主制经济已经成为阻碍中国工业化进程加速的突出因素，必须尽快通过革命性手段加以革除。

二、民国时期经济转型制度变迁维度的绩效评价

民国时期中国经济转型在制度变迁维度上的核心特征是：半殖民地半封建性质的被动型市场化道路逐渐难以为继，最终在制度变迁的过程中被彻底否定。具体来看，主要体现在：

首先，民国时期中国经济转型在制度变迁维度上延续了晚清时期形成的被动型市场化道路，但被动型市场化道路所具有的半殖民地半封建性质使得中国的市场化水平难以有质的飞跃。辛亥革命虽然推翻了封建帝制，但既没有从根本上废除延续两千年之久的封建地主制经济，也没有取缔西方列强强加于中国的一系列不平等条约。这意味着中华民国的建立虽然让民族资产阶级的政治地位有所提升，但中国民族资产阶级在封建势力与殖民势力的夹缝中求生存的经济地位并没有本质改变。民国时期仍在延续着具有半殖民地反封建性质的被动型市场化道路，其本质是在不触动封建地主阶级的根本利益的前提下，允许帝国主义势力和官僚资本主义势力扩大利益范围。一方面封建生产关系的延续使得占人口绝大多数的农民阶级仍处于封建地主阶级的剥削与压迫之下，市场化水平难以快速提高；另一方面帝国主义和官僚资本主义势力的渗透与扩张虽在一定程度上有利于市场化水平的提高，但也不断加重包括民族资产阶级在内的广大中国民众的经济负担，民族资本主义很难在这样的制度环境下成长起来。因此，并不能因为民国时期市场化水平较晚清时期有所提升来说明这一时期制度变迁维度上的经济绩效，必须认识到这一时期制度变迁维度上延续的被动型

市场化道路决定了中国不可能走向类似于西方列强的资本主义道路。

其次，民国时期中国经济转型在制度变迁维度上延续的被动型市场化道路，日渐成为导致中国工业化进程步履维艰、经济主权屡遭侵犯的制度根源，被动型市场化道路选择终被否定。民国时期延续的被动型市场化道路是半殖民地半封建社会性质下形成的一种畸形的市场化道路。这种市场化道路选择与西方发达国家市场化道路的本质区别在于，当时中国的市场化进程每向前一步，则中国越来越沦为西方发达国家的经济殖民地，越来越成为帝国主义国家掠夺资源、倾销商品和输出资本的目的地。被动型市场化道路下市场化水平的有限提高，是以中国经济主权的日渐沦丧、中国民族工业的日渐萎缩为结果的。如果不能彻底扭转沿着被动型市场化道路的路径依赖，中国工业化进程就难以加快，中国的经济主权就难以维护，在帝国主义、封建主义和官僚资本主义的压迫之下广大中国人民也难以提高生活水平。对内取缔封建生产关系，对外抵御帝国主义经济侵略，成为这一时期广大中国人民在中国经济转型制度变迁维度上的主要诉求，并使工人阶级、农民阶级和部分民族资产阶级中的先进成分日渐结成同盟，形成并壮大了否定被动型市场化道路的内生动力机制。随着新民主主义革命的不断推进和最终胜利，封建生产关系被废除、官僚资本被没收、帝国主义在华特权被取缔，以被动型市场化道路为主要内容的近代中国经济转型制度变迁路径被彻底扭转。这应该是民国时期中国经济转型在制度变迁维度上取得的最大转型成果。

再次，民国时期中国经济转型的被动型市场化道路，使得民族资产阶级无力推动制度变迁，工人阶级与农民阶级的联盟成为这一时期推动制度变迁的主导力量。如前文已述，中国民族资产阶级的诞生是晚于中国被动型市场化道路选择的，中国之所以走上被动型市场化道路完全是本国封建统治者与西方殖民者利益妥协的结果。从晚清时期中国经济转型在制度变迁维度上被迫陷入被动型市场化道路，到民国时期因旧民主主义革命的不彻底而无奈继续延续被动型市场化道路，在一百余年的时间里中国民族资产阶级从来没有在经济上居于统治地位，从而也从来没有获得过近代中国经济转型制度变迁方向选择的主导权。由于民族资产阶级一方面受到封建地主阶级、官僚资产阶级和帝国主义殖民势力的压迫而生存艰难，另一方面又试图与封建地主阶级、官僚资产阶级和帝国主义殖民势力达成妥协而谋求利益，近代中国的民族资产阶级并不能动员广大中国人民团结起来推动制度变迁朝着否定被动型市场化道路的方向发展。而在半殖民地半封建性质的被动型市场化道路中利益受损最严重的工人阶级和农民阶级因反对封建主义、帝国主义和官僚资本主义的利益诉求统一而坚定，故成为在制度变迁维度上推动近代中国经济转型摆脱被动型市场化道路的主导力量。

三、民国时期经济转型理念变迁维度的绩效评价

民国时期经济转型在发展理念变迁维度上的核心特征是：发展理念近代化明显加快，发展道路选择陷入严重分歧但最终明确方向。具体来看，主要体现为：

一方面，在发展理念近代化过程中，思想进步的志士仁人们不再试图简单复制西方国家的发展模式和发展经验，而是开始积极探索适合中国国情的经济转型与经济发展理念，并形成了能够指导中国民主革命与经济转型的理论成果。无论是太平天国晚期的《资政新篇》，还是洋务运动的“师夷长技以制夷”，或是资产阶级改良派的“变法图存”，还是资产阶级革命派的“驱除鞑虏”，均是试图简单复制西方国家发展模式和发展经验的尝试，但最终都以失败告终。民国时期发展理念近代化的一个新特征，就是各个社会阶层的进步分子都不再简单复制西方国家的经验和模式，开始探索适合中国国情的经济转型与经济发展理念。在旧民主主义革命与新民主主义革命之交，孙中山在改组国民党后提出了“新三民主义”，并联合中国共产党通过北伐战争推翻了北洋军阀集团的统治。在新民主主义革命过程中，以毛泽东为代表的中国共产党人在革命实践中总结出了适合中国国情的“农村包围城市，最后夺取全国胜利”的革命道路，并在这一战略的指引下形成了完整的新民主主义革命理论，最终成功指导近代中国民主革命与经济转型取得阶段性胜利。新民主主义革命理论的形成与实践，是民国时期经济转型在理念变迁维度上的最大成果。

另一方面，马克思主义传入中国后经济转型与经济发展理念近代化的速度加快，围绕着是否革命性地改造近代中国半殖民地半封建社会性质这一问题，出现了发展道路选择的严重分歧，但新民主主义革命的实践最终明确了近代中国经济转型的方向。马克思主义传入中国以后，特别是中国共产党成立之后，中国经济转型与发展的面貌就开始焕然一新。之所以出现这样的变化，恰恰是

当时中国的先进分子逐渐找到了导致近代中国贫困落后的根源所在，并逐步实践了打破近代中国经济转型瓶颈的道路，即通过新民主主义革命推翻封建主义、帝国主义和官僚资本主义的统治，彻底改造近代中国半殖民地半封建社会性质。民国时代经济转型在发展理念维度上的严重分歧也由此产生。作为近代中国经济制度下的既得利益者，封建地主阶级、官僚资产阶级和帝国主义在华势力是绝不允许任何会危害他们根本利益的革命发生的；而工人阶级和农民阶级如果不通过革命彻底改造近代中国半殖民地半封建社会性质，工人阶级、农民阶级以及民族资产阶级就难以改变自身经济地位。由此这一时期封建地主阶级、官僚资产阶级和帝国主义在华势力作为斗争的一方，与作为斗争另外一方的工人阶级、农民阶级以及民族资产阶级之间，存在不可调和的利益冲突。这也决定了民国时期发展理念近代化进程中出现的发展道路选择上的严重分歧，不可能通过讲坛争论的方式得到解决，只能在革命与反革命的暴力对抗中分出胜负。在这场发展道路的抉择中，工人阶级领导下的工农联盟在新民主主义理论的指引下，通过革命的胜利最终明确了近代中国经济转型的方向。

第三篇

现代中国经济转型：计划经济时期的探索与实践

第六章　计划经济体制的建立与发展

第一节　计划经济体制建立的时代背景

新中国成立后，迅速选择和建立了计划经济体制。事物存在的合理性寓于事物发展的必然性之中。这一经济体制的选择，与当时的国内外政治环境和国内经济状况密不可分。我们可以从当时的时代背景出发，分析当时选择并建立计划经济体制的历史合理性和客观必要性。

一、新中国成立之初的国际环境

新中国成立之初，在发展经济时却面对着极其险恶的国际政治环境。以美国为首的西方资本主义国家在中国周边点燃战火、制造战争紧张氛围，严重影响了新中国经济发展战略与政策的规划、制定和执行。国际上资本主义国家的制裁与封锁，再加上新中国成立之初千疮百孔的国民经济状况，险恶的国际环境决定了学习和借鉴苏联模式是当时中国唯一可行的现实选择。朝鲜战争的爆发及新中国快速卷入战争，进一步助推了新中国选择计划经济体制来配置资源。当时所面临的朝鲜战争、国内剿匪和解放台湾的多重艰巨任务，也给新中国的经济发展走向设定了一个有限的选择空间。

新中国成立初期，国际上只有苏联和东欧、亚洲的一些社会主义国家、人民民主国家和民族独立国家承认新中国。到 1950 年 10 月新中国成立一周年之际，只有25个国家承认新中国，17个国家同我国建立外交关系。而以美国为首的西方国家拒绝承认新中国，也阻挠其他国家承认新中国，阻挠恢复新中国在联合国的合法席位，并在经济上对社会主义的中国实行封锁、禁运。1951年5月，美国通过操纵联合国大会对中国实行“禁运”的提案，参加“禁运”的国家达36个。据不完全统计，仅1950—1953年，由于美国实行“封锁、禁运”造成中国直接经济损失达5691万美元。[①] 这一时期，我国不仅不能从西方引资，获得西方国家的援助，而且在严厉的封锁和禁运中，甚至无法充分发挥比较优势，利用对外贸易来恢复和发展自身经济。

1950年6月，朝鲜战争爆发，美国公然出兵干涉。6月27日，杜鲁门总统命令第七舰队进入台湾海峡。7月，美国参谋长联席会议决定增加对台的军事援助。8月，美国空军开始轰炸并扫射中国东北地区，美国海军则在公海上对中国商船进行炮击和盘查。10月，战火烧到鸭绿江边，直接威胁中国的领土与主权，我国被迫出兵参战。至此，中美两国在朝鲜进入直接军事对峙的状态，由有限的接触走向全面的对抗。在卷入朝鲜战争的同时，大陆又处于与台湾国民党政权的军事对峙状态。卷入战争之后不久的1950年11月，在第二次全国财经会议上，确定1951年的财经工作方针是：战争第一，市场第二，其他第三。所谓“战争第一”，就是一切服从战争、一切为了战争，就是要在人力、物力、财力等方面予战争以充分、优先的保证。那么，如何做到集中一切力量并优先满足战争需要呢？为此，中国领导人选择了集中动员和配置资源的制度安排，以便把有限的资源运用到以军事工业为核心的重化工业中去。也就是说，只有集中的计划配置资源才能真正应对战争的需要，而这一点对于刚刚从战争中走出来的中国共产党人是再熟悉不过的了。

新中国最紧迫的任务莫过于要恢复经济、谋求发展，然而此时正值苏联的经济建设模式蒸蒸日上。在当时中国这样一个经济十分落后的大国里，如何进行经济建设则是一个世界级的难题，在马克思、恩格斯的书本中是不可能找到具体答案的。在这样的情况下，苏联成功的经验无疑具有极大的榜样作用。毛泽东在阅读苏联《政治经济学教科书》时批注指出：“在全国解放初期，我们

① 剧锦文．中国经济：路径与政策（1949—1999）［M］．北京：社会科学文献出版社，2001：69－70.

缺乏管理全国经济的经验。因此，在第一个五年计划期间，我们只能仿效苏联的做法。”[①] 苏联在世界范围内首先建立起社会主义国家政权的胜利和在二战中战胜德国法西斯入侵所树立起来的伟大形象，使得苏共当之无愧地成为国际共产主义运动的领导者。苏联的建设模式成了各国共产党和二战后东欧及亚洲一系列新生的社会主义国家公认的楷模。加上斯大林又把苏联建设模式的作用和意义绝对化，并将其视为建设社会主义的唯一道路和普遍规律。此外，从20世纪30年代起，西方资本主义国家在凯恩斯经济理论的指导下，加强了国家对经济生活的干预和宏观调控。这一措施的实施成为资本主义世界战后经济恢复以及从50年代初到70年代初经济高速发展的原因之一。因此，当初的大多数人对计划经济体制的前景充满了信心。

在这样的国际国内政治背景下，新中国最终选择了集中动员和配置资源的制度安排，即苏联式高度集中的计划经济体制。通过建立高度集中的计划经济体制，以集中全国有限的人才（技术力量）、资金和投资品（生产资料）进行重点建设是一个合乎历史逻辑的选择。

二、新中国成立之初的国内经济状况

新中国成立前夕，社会经济处于全面破产的境地。由于帝国主义的长期侵略与掠夺，国民党反动政府的暴虐榨取，再加上日本帝国主义的侵华战争，致使新中国在经济方面极为困难，整个国民经济满目疮痍，破烂不堪。即使到1949年新中国成立前后，中国经济依然处在持续下滑中。1949年与解放前的最高年份1936年相比，农业总产值下降25%，工业总产值下降一半，其中重工业下降70%，轻工业下降30%。1949年工业产量大幅度下降，钢产量仅有15.8万吨，比最高年（1943年）产量92.3万吨，减少82.9%，原煤产量由6188万吨降到3243万吨，下降47.6%，棉纱由245万件降到180万件，下降26.5%。粮食产量从3000亿斤下降到1949年的2263亿斤，下降24.5%，棉花产量从1698万担降到889万担，下降47.6%；1949年粮食平均亩产仅137斤，棉花平均亩产仅21斤。加上无力抗拒自然灾害，1949年全国受灾面积达1.2亿亩，约4000万灾民急待救济。[②]

① 费正清．剑桥中华人民共和国史（1949—1965）［M］．上海：上海人民出版社，1990：68.

② 周洪等．中华人民共和国国史通鉴（第1卷）［M］．北京：红旗出版社，1993：14.

社会生产力极其落后，生产力结构呈现多种层次，不仅在不同地区并存着从原始生产工具到近代机器的各层次生产工具与技术，甚至在同一地区、同一行业内部情况也是如此。

在多种层次中，比重最大的是手工劳动。1949 年新中国成立前夕，农业基本上仍是以手工个体劳动为主的传统农业，劳动生产率极其低下，同古代没有多大区别。自然经济十分顽固，商品经济极不发达。1949 年，在工农业总产值中，农业总产值占绝对优势达 70%，工业总产值占 30%，而现代性工业产值只占 17%。工业不但比重小，而且基础薄弱、门类残缺不全、技术落后、生产水平低，没有形成独立的完整的工业体系。特别是生产资料工业基本上没有建立起来，机器设备大多依靠进口。生产力结构的多层次性还集中表现在工业化水平低且发展不平衡。一方面工业内部产业结构不平衡，能源、冶金、制造等重工业薄弱，而纺织、食品、火柴等轻工业相对较发达；另一方面，工业地区之间不平衡，工业的布局极不合理，70% 以上的工业集中在不到国土面积 12% 的东部沿海地带，内地特别是边远地区很少甚至根本没有现代工业。由于工业落后，现代交通工具和通讯设备极其缺乏。1949 年中国的铁路里程总长仅为 2.18 万公里，还没有英国 1880 年所拥有的铁路里程多。能通车的公路只有 8.08 万公里，而且路况极差；共有汽车 5.1 万辆，大部分破旧不堪。

经济结构的极端落后可以从当时的工农业总产值及其比重方面看出来，据统计，1949 年工农业总产值为 466 亿元（以 1952 年价格为不变价格），农业、工业产值分别为 326 亿元（占 70%）、140 亿元（占 30%）；而在工业内部，轻、重工业总产值又分别为 103 亿元、37 亿元；若将整个社会产值结构按农业、轻工业和重工业划分，其各自占总产值的份额分别为 70%、22.1% 和 7.9%。[①] 到新中国成立后大规模工业化正式发动前的 1952 年，在工农业总产值中，工业的份额为 43%；在工农业净产值中，工业的份额为 25%；在国民收入的三次产业结构中，工业的份额只有 23%，工业与服务业即全部非农产业的份额也只有 42%。在劳动力就业结构中，农业的份额高达 84%，工业只有 7%，非农产业合计只有 16%。在总人口结构中，农业人口份额高达 86%，非农业人口份额只有 14%。这些结构指标说明，新中国工业化起步时，国民

① 国家统计局．中国统计年鉴 1981［M］．北京：中国统计出版社，1982：17－18.

收入的绝大部分来源于农业，劳动力的绝大部分就业于农业，人口的绝大部分分布在农村，工业部门的相对份额以及与此相联系的城市化水平都十分低下。

与此同时，通货膨胀则如脱缰的野马。由于国民党政府滥发纸币，造成长期恶性通货膨胀，物价飞涨，投机猖撅，市场混乱，人民生活极其困苦，财政收入困难。例如上海的批发物价，如果以1937年1—6月的批发物价指数为1，则1948年8月为1.64、12月为35.84，1949年1月为128.76、2月为897.78、3月为4053.20、4月为83820.00。[①] 1950年1月19日止，全国物价平均上涨30%。1950年2月，各大城市25种主要商品价格指数比上年12月上涨103%，3月比12月上涨126%。[②] 严重的通货膨胀，使新生的共和国面临着市场动荡、人心不稳的严峻经济形势。这些状况严重影响、制约着工农业生产的正常进行，甚至威胁着新生的人民政权的巩固。

1949年新中国的诞生改变了旧中国的政治结构、政治制度，但是旧的生产关系并未立即消除，生产力水平也不可能在短时期内提高。因此，整个国家的经济状况不可能因为新中国成立就瞬间得到彻底改变。在现代工业几乎是空白、生产力发展极不平衡并且非常落后的新中国，经济建设的首要任务是恢复国民经济、增加财政收入、保障人民基本生活。必须依靠新政权的国家强制力量，必须集中一切可以集中的资源为经济建设服务，改造旧中国的经济结构，恢复国民经济，开始大规模的工业基础建设。

第二节　计划经济体制建立的前期准备

一、国民经济恢复时期的经济政策

1949—1952年，是新中国国民经济恢复时期。在此期间，政府采取了一系列的政策和措施来使得在长期战争中濒临崩溃的经济得到了全面恢复，如强化政府对经济的干预，打击投机、稳定物价，同时加强重点项目建设，统一全

① 吴冈. 旧中国通货膨胀史料［M］. 上海：上海人民出版社，1958：162-163.

② 张闻天文集（4）［M］. 北京：中共中央党校出版社，1995：17.

国的财政经济工作等，这些政策和措施使得包括工业、农业、交通运输等在内的国民经济得到了恢复。国民经济恢复时期清除了帝国主义在华经济势力，没收了官僚资本，并用社会主义国家所有制取而代之；进行了土地改革，消灭封建土地所有制，发展个体农民经济；利用和限制了民族资本主义经济。这一时期，我国新民主主义经济就由下列五种经济成分组成的：居于主导地位的社会主义国有经济、合作社经济、农民和手工业者个体经济、私人资本主义经济和国家资本主义经济。与此相适应，还制定了经济建设的根本方针，即“是以公私兼顾、劳资两利、城乡互助、内外交流的政策，达到发展生产、繁荣经济之目的”。国民经济恢复时期的经济政策主要有：

（一）平衡财政收支，稳定物价

恢复工作开始时面临着很大困难。帝国主义对新中国实行经济封锁和战争挑衅，残留在大陆上的国民党武装尚待肃清，人民解放军还在向全国进军，军事行政开支猛增。1949 年财政收入只及财政支出的 1/3，不得不靠发行货币来弥补赤字，加以私人投机资本乘机哄抬物价；1949 年到 1950 年初，连续发生四次大规模涨价风潮。在这种形势下，平衡财政收支和稳定物价，就成为当时巩固人民政权和恢复国民经济必须首先解决的问题。人民政府在进行了几次平抑物价的斗争后，1950 年 3 月采取了决定性的措施，颁布了《关于统一国家财政经济工作的决定》。要求统一全国财政收支，使国家收入中主要部分集中到中央，用于国家的主要开支，以保证财政收支平衡；统一全国物资调度，使国家掌握重要物资，物资调度由分散转为集中，以调节各地供求，回笼货币、平抑物价；统一全国现金管理，使分散在国营企业和军政机关的现金，由国家银行统一管理，减少市场通货，增加国家能使用的现金数额。人民政府这一决定迅速得到贯彻并取得成效，财政收支很快接近平衡，结束了恶性通货膨胀和物价飞涨的局面，为工农业生产的恢复和顺利发展提供了重要条件。

（二）恢复交通运输业

从 1949 年底至 1950 年初，交通运输业恢复的重点放在铁路的修复上。在全体铁路员工的努力下，1949 年年内就修复了 8300 多公里铁路和 2715 座桥梁，到 1950 年，修复的铁路达 14000 多公里。原有铁路基本畅通，公路、水运和航空也得到了恢复，对整个经济的迅速恢复起了重要作用。尽管交通运输业仍面临着基础设施严重不足的问题，但新中国成立后交通运输业的迅速恢复，一方面有助于增强中央政府集中调配物资、稳定市场供求及物价水平的能力，另一方面也为新中国成立后工业化的快速启动创造了有利条件。

（三）恢复农业生产

人民政府采取了很多措施，最主要的是实行土地改革和发展农业生产互助合作。新中国成立后，土地改革又被赋予了促进国家工业化的重要意义。1950年6月，颁布了《中华人民共和国土地改革法》。到1952年冬，除台湾省和一些少数民族地区外的全国绝大多数地区基本完成了土地改革，3亿多无地少地的农民分得了4600万公顷土地和大批耕畜、农具等生产资料，摆脱了每年向地主缴纳700亿斤粮食地租的重负，彻底改变了在中国延续了两千多年的土地租佃制度，从而在新中国农村中建立起了以农户为基本单位的“耕者有其田”的制度。土地改革真正实现了农民千百年来得到土地的奋斗目标，最深入、最广泛地调动了农民群众的革命和建设的积极性，使农业生产力获得了极大的解放。在这个基础上，又引导农民在自愿互利的基础上组织起来，走互助合作道路。1952年底，农业生产互助组达到800多万个，农业生产合作社4000多个，有力地推动了农业生产的恢复和发展。与此同时，人民政府还从贷款、价格、投资等方面帮助农民恢复生产，三年间共发放农业贷款15.7亿元；规定了一些农产品的最低收购价格和合理比价；领导农民开展群众性技术改造活动等。特别是兴修水利，起了很大作用，三年中政府用于水利建设的经费共8.8亿元，占预算内基本建设投资的13.2%，除完成了大量堤防整修、河道疏浚外，还进行了治理淮河、荆江分洪等大型水利工程建设，并且广泛发动群众兴修水利，防治灾害，三年间扩大灌溉面积约8000多万亩，初步改变了中华民国时期河堤失修、水灾频繁的状况，促使农业生产迅速恢复，三年中农业总产值平均每年增长14%。从制度演化的视角来看，土地革命在彻底废除广大农村地区盛行两千多年的封建主义土地私有制的基础上，也使得以乡绅阶层为基础的传统农村社会治理和公共产品供应体系难以为继。以农户为单位的“耕者有其田”制度，客观上要求必须在农村社会治理和公共产品供应体系的制度构建方面进行创新。由此，建立农业生产互助组织就成为农民自发的、理性的并且具有内生动力的制度演化路径。

（四）恢复工业生产

恢复工业生产是这一时期中国共产党和人民政府在城市工作的重点，其中首先要恢复通过没收官僚资本建立起来的国营工业的生产。政府依靠工人阶级迅速修复机器设备，使之尽快复工。接着在工矿企业内部进行了民主改革，改造旧的经营管理机构，废除压迫工人的管理制度和封建把头制度，深挖潜伏的反革命分子，建立社会主义的民主管理制度。在民主改革的基础上进一步发动群众进行生产改革，创造和推广先进的生产技术和工作方法，并开展增产节约和劳动竞赛运动。由于政策正确，广大工人的政治热情和生产积极性很高，这三年国营工业的恢复发展特别迅速。在三年中全国工业产值平均每年增长34.8%，而国营工业的产值平均每年增长速度达到57%，因而它在工业产值中所占比重由1949年的26.3%上升到1952年的41.5%。国营工业的迅速恢复和扩张，对于新生的人民政权来说有着极其重要的意义。一方面，随着国营工业的恢复与扩张，新生的人民政权对国民经济命脉的掌控力空前地提高了，这为人民政府平定国内各股反革命势力的政治反扑奠定了坚实的物质基础。另一方面，国营工业的恢复和扩张，也为今后新中国工业化进程的快速启动创造了良好的物质基础、技术条件和组织环境，也使得人民政府可以以国营工业为抓手，迅速地调动起当时全国相当有限的资源，集中力量加快以重工业为核心的工业化进程。

（五）调整私营工商业

1952年上半年物价稳定以后，由于虚假购买力突然消失，私营工商业遇到商品滞销的困难。政府及时合理调整工商业，根据公私兼顾的原则，在经营范围、原料供应、销售市场、财政金融政策等方面，对私营工商业进行必要的照顾，并且采用加工订货、统购包销、经销代销等方式，使私营工商业摆脱销路呆滞、生产萎缩的困境。随后又大力开展城乡物资交流运动，积极扩大农副产品的购销，为城市工商业开辟广阔的市场，使私营工商业迅速恢复发展起来。但是资本主义唯利是图的本性引导许多私营企业走上非法牟取暴利的邪路。为了保护国家利益，1951年底到1952年，开展了“三反”、“五反”运动，限制资本主义工商业的消极作用，使它们循着只能有利于国计民生的方向发展。到1952年，私营工业企业的户数比1949年增加了21.4%，产值增加了54.2%；私营商业的户数增加了7%，零售额增加了18.6%。

到1952年底，全国工农业总产值已经超过了历史最高水平，比1949年增长77.5%，工业总产值比1949年底增长了144.9%，其中轻工业增加114.6%，重工业增加229.7%。三年中，绝大多数工业产品的产量超过了历史最高水平，现代工业的比重也有所增加，工业生产的技术水平和经济效益也大大地提高了，工业布局也有了一定的改善，农业总产值则达到483.9亿元，比1949年增长了48.5%，比新中国成立前最高年产值增长了18.5%。与此同时，物价保持了稳定，人民生活得到了初步改善。全国职工的平均工资提高70%左右，各地农民的收入一般增长30%以上。国家财政经济状况根本好转，为开展有计划的社会主义建设和社会主义改造准备了条件。

通过三年的国民经济恢复，社会经济结构也发生了巨大变化，帝国主义在华特权被取消，官僚资本被没收，封建土地所有制被消灭。到1952年底，各种经济成分在国民收入生产中的比重是：社会主义性质的国营经济占19.1%，集体所有制经济占1.5%，公私合营经济占0.7%，资本主义经济占6.9%，个体经济（主要是小农经济）占71.8%，社会主义性质的国营经济的领导地位已经确立。社会经济结构的深刻变化表明，从新民主主义社会向社会主义社会过渡的条件已经成熟，社会主义改造迫在眉睫。

二、社会主义改造时期的经济政策

1953年，我国开始了以实施发展国民经济第一个五年计划为中心的大规模经济建设。这一年，党中央正式提出逐步实现国家的社会主义工业化，逐步实现国家对农业、手工业和资本主义工商业的社会主义改造的过渡时期总路线，并把这条总路线作为党和国家一切工作的指针。党中央还发出号召，要求全国人民认真学习苏联的先进经验来建设我们的国家。由此，中国进入了有计划的经济建设和全面实行社会主义改造的时期。“过渡时期总路线”的核心内容是：“在一个相当长的时期内，逐步实现国家的社会主义工业化，并逐步实现国家对农业、对手工业和对资本主义工商业的社会主义改造”（即“一化三改造”）。这就意味着，从1953年起，中国共产党就要采取“严重的社会主义步骤”① 了。

1953年起，为适应国家优先发展重工业战略和国家计划的需要，国家全面启动了对个体农业、个体手工业和资本主义工商业的社会主义改造。李富春在中共八大的发言中指出：“我国计划经济的建立过程，不仅取决于作为国民

① 曾培炎．新中国经济50年（1949—1999）［M］．北京：中国计划出版社，1999：34.

经济主体的社会主义经济的发展，而且在很大程度上取决于对农业、手工业和资本主义工商业的社会主义改造的逐步发展。”①

按照“过渡时期总路线”的要求必须立即着手进行社会主义改造，消灭一切私有制，使“资本主义绝种，小生产也绝种”。显然，这与“各种社会经济成分在国营经济领导之下分工合作、各得其所”的新民主主义经济政策相比，有了根本的变化。新民主主义经济政策，对两种私有制既不是无限制地任其发展，也不是“限制得过大过死”，更不是立即消灭，它是多重的，各个方面都有一定的度，既有区别，又相互联系，构成有机统一体。总路线只强调了对两种私有制政策的某一个侧面，把它绝对化，使政策的性质发生了变化，即由新民主主义政策变为社会主义政策。②

（一）农业合作化完成

1953年6月，中国共产党正式提出过渡时期总路线，其中将对农业的社会主义改造作为工业化的一翼，在指导思想上把农业合作化纳入了工业化战略的轨道。1953年10月，中共中央通过了《关于发展农业生产合作社的决议》。决议指出，孤立的、分散的、守旧的、落后的个体经济限制着农业生产力的发展，与社会主义工业化的矛盾日益突出。党在农村中最根本的任务，就是要教育和促进农民逐步联合、组织起来，逐步实行农业的社会主义改造，使农业能够由落后的小规模生产的个体经济，变为先进的大规模生产的合作经济，使农民能够逐步完全摆脱贫困的状况而获得共同富裕和普遍繁荣的生活。决议明确把互助组、初级社、高级社三种形式有机衔接起来，并特别强调初级社是互助合作运动继续前进的重要环节。由此，兴办农业生产合作社掀起了一股热潮。

1954年5月，中央农村工作部在关于《第二次全国农村工作会议的报告》中指出，随着国家社会主义工业化的发展，城乡人口不断增加，生活水平不断提高，以及保证工业建设所必需的农产品出口的需要，必须年年大量增产粮食、棉花、油料及其他工业原料作物。也就是说，在发展工业的同时，必须相应地按比例地发展农业。若农业的发展赶不上工业发展的需要，工农业生产之

① 中共中央文献研究室．建国以来重要文献选编（第9册）［M］．北京：中央文献出版社，1994：304.

② 虞和平．中国现代化历程（第3卷）［M］．南京：江苏人民出版社，2001：981.

间失去平衡，就势必打乱国家的整个建设计划，不能适应人民生活水平不断提高的需要，会引起人民的不满，造成严重的困难。该《报告》肯定了党在农村的基本任务是开展以互助合作为中心的大生产运动。把农村工作中心定为互助合作，而初级社又是农业互助合作的主要环节，势必引起发展初级社步伐的进一步加快。到1954年底，互助组发展到993万个，初级社发展到48万个，参加互助合作的农户达7000万户，占全国农户总数的60.30%。1955年夏季以后，合作化运动掀起了高潮。当时，由于农业的发展赶不上国家工业化的需要，特别是1954年因为自然灾害，农业发展计划没有完成，影响了工业的发展。中共中央认为当前农业增产见效最快的是合作化，因此提出了积极发展合作社的意见。1955年夏季以后，在一片反右倾的政治气氛下，农业合作化运动急速发展并迅速掀起高潮。到1956年1月，参加合作社的农户占全国农户总数的80.3%，全国基本上实现了初级合作化。1956年春，合作化运动转入以办高级社为中心的阶段。到1956年10月，全国多数省份基本上实现了高级形式的农业合作化。到1956年年底，全国一共建立合作社76万多个，入社农户有1.1亿多户，占全国农户总数的96.3%，其中参加高级社的占农户总数的87.80%，基本实现了农业合作化。①

农业合作化的完成，为开展大规模的工业建设提供了组织上的保障。使组织起来的农业生产和农业组织为国家工业化的起步作出了重大历史贡献。这主要体现在两个方面：一是组织起来的农业生产为工业建设提供了大量的粮食和生产原料。由于新中国成立之初我国面临着在战略上极其不利的国际环境，难以利用国际市场来为本国的工业建设提供粮食和生产原料。残酷的现实决定了新中国要加快工业建设，启动工业化进程，就必须充分挖掘本国农业的生产潜力，在技术水平极端落后的历史条件下通过将全国各地分散的农民组织起来，利用农业生产的合作生产力，尽可能快地提高农业生产效率，增加农产品产量，为工业建设提供粮食和原材料。二是组织起来的农业生产为工业建设提供了大量的资金支持。在经过了一百多年的帝国主义侵略和长年内战之后，新中国的国库空虚，可以用于工业建设的资金极其缺乏。同时由于帝国主义国家的封锁和制裁，新中国根本没有可能在国际资本市场上融通拆借到足够资金用于

① 孙健．中华人民共和国经济史稿［M］．长春：吉林人民出版社，1980：179.

本国的工业建设。历史条件决定了当时的中国只能从农业生产中积累工业建设所需的资金，这就必须在工业产品和农业产品的交换中形成价格剪刀差，强制性地从农业部门中划取资金用于工业建设。要建立这样的工农业产品价格“剪刀差”，就必须将农业生产组织起来。

（二）**手工业合作化基本实现**

手工业在新中国成立初期的国民经济中占有重要地位。尤其是在工业化建设初期，轻工业还远不能满足人民日益增长需要的情况下，手工业的重要性更为显著。不过个体手工业和农民个体经济一样，是以劳动者对生产资料的私人占有为基础的，它们经营分散、生产规模极端狭小、技术落后、劳动生产率很低，是落后的生产关系；同时手工业个体经济是一种小商品经济，任其自发发展最终会转向资本主义市场经济。

新中国成立以后，党和政府就积极扶持手工业生产，引导手工业走互助合作的道路。1949 年参加手工业合作社的人数为 8 万多人，到 1952 年增加为 22 万人。在国民经济恢复时期，手工业合作社还只是在试办阶段。1953 年党在过渡时期总路线中，提出了对手工业进行社会主义改造的任务。对手工业的社会主义改造，即手工业合作化的发展，是由低级形式向高级形式逐步过渡的。即从手工业供销小组开始，经过手工业供销合作社，最后发展到手工业生产合作社。1956 年初，随着农业合作化和资本主义工商业社会主义改造高潮的到来，手工业也出现了全国范围的改造高潮。到 1956 年底，全国手工业合作社已达到 10 万多个，其中手工业生产合作社达 7.4 万个，合作化手工业从业人员发展到 603 万多人，占全部手工业人员的 91.70%，其中手工业生产合作社从业人员 484 万多人，占手工业从业人员的 73.6%。[①] 这样，全国基本上实现了手工业合作化。手工业合作化的完成，适应了农民对生产资料和生活资料的需要，有力配合了国家工业建设。同时，由于将手工业生产组织起来，就更便利于手工业生产与国营企业建立经常的联系，从而增强了手工业生产的计划性，把手工业生产纳入国家计划经济的轨道中。

在当时的历史背景下，对手工业进行社会主义改造，是非常必要的。首先，对手工业的社会主义改造是服从于加快推进工业化的国家战略的需要。在

① 曾璧钧，林木西等．新中国经济史［M］．北京：经济日报出版社，1990.

一个缺少资本原始积累、生产力极端落后的人口大国启动工业化，就必须集中一切可以集中的资源用于工业建设的需要。农业合作化的推进使得国家可以利用工农产品价格“剪刀差”从农业部门中吸取工业建设所需的资金。为了加快工业建设的目的，同样也有必要通过手工业的合作化来从手工业中吸取一部分建设资金。其次，对手工业的社会主义改造，是新生的无产阶级政权防微杜渐，防止资本主义经济因素膨胀的必要选择。由于手工业经济本质上仍是依托于生产资料私有制的小商品经济，随着手工业经济的发展必然自发地转变成资本主义经济因素。这对于新生的无产阶级政权来说是个极大的隐患。通过对手工业的社会主义改造，将手工业经济纳入社会主义经济的生产体系之中，可以从根源上消除资本主义经济因素的萌芽。再次，对手工业的社会主义改造有助于把握工业化启动的有利时机，对手工业进行技术改造，使之转变为现代工业经济的组成部分。长期以来，中国的手工业经济都是作为小农经济的有益补充和组成部分而存在的，手工业经济落后的技术水平决定了其转化为现代工业经济组成部分的难度较大。通过对手工业的社会主义改造，手工业经济被纳入了国家计划经济体制下的生产体系之中，使得国家可以利用工业化的技术成果，对手工业加以改造，使之在较短的时间内转变为现代工业经济的组成部分。

（三）资本主义工商业实现全行业公私合营

新中国成立初期，党对资本主义工商业实行了限制、利用的政策。随着国民经济的恢复，在对资本主义工商业的利用、限制过程中，资本主义工商业的消极作用逐渐显现且日益严重。为解决私营工商业与计划经济间不可克服的矛盾，必须改造为公有制企业。

对民族资本主义工商业进行社会主义改造，把私人资本主义经济纳入国家资本主义道路，是过渡时期总路线规定的由新民主主义向社会主义转变的重要任务。当时的私人资本主义经济，经过了三年国民经济的恢复，经历了深刻的改组和改造，私营企业的大多数都在各种不同的方式下同社会主义经济联系和合作，已不同程度地改变了资本主义企业的生产关系，已不再是纯粹的私人资本主义性质，而是在人民政府管理之下的、同社会主义经济相联系的、并受工人监督的国家资本主义企业。国家资本主义的形式是改造资本主义工商业的道路。在1953年以前，资本主义工商业企业中的国家资本主义形式重点放在了工业中的委托加工、计划订货、统购包销和商业中的委托经销代销等初级国家资本主义形式上。

单个企业的公私合营在1949年新中国成立时就出现了，人民政府接管或没收了某些私营企业中的官僚资本和敌伪财产部分，这些企业经过清理后就成为公私合营企业了。但当时，这种高级的国家资本主义形式还没有受到重视。1954年3月，中共中央明确了关于扩展公私合营工商业的工作方针，是“巩固阵地，重点扩展，做出榜样，加强准备”，并从这年开始有重点、有计划地扩展公私合营。仅1954年一年就有905家资本主义工业实行了公私合营，经合并组成793户公私合营企业。这年合营的工厂，资金一般在100万元到500万元，职工人数在100人到500人以上。同时，中小私营企业因原料、市场等方面的限制，经营渐感困难，主动要求国家支持，实行公私合营。1956年2月，中央政治局正式通过了《中共中央关于资本主义工商业改造问题的决议》。其中指出：我们现在已经有了充分有利的条件和完全的必要把对资本主义工商业的改造工作推进到一个新的阶段，即从原来在私营企业中所实行的由国家加工订货、为国家经销代销和个别地实行公私合营的阶段，推进到在一切重要的行业中分别在各地区实行全部或大部公私合营的阶段。在《决议》的指导下，1956年，我国对资本主义工商业的改造进入了全行业公私合营的新阶段，并以出人意料的速度，迅速掀起高潮。到1956年第一季度末，除西藏等少数民族地区外，全国基本上实行了全行业公私合营。至1956年底，私营工业户数99%，总产值的99.6%，私营商业户数的82.2%，资金的93.30%，分别纳入了公私合营或合作化的轨道。[①]

1956年三大改造完成，私有经济成分被消灭，公有制占据绝对统治地位，为实行高度集中的资源计划配置奠定了经济基础。三大改造的完成，标志着我国计划经济体制的最终确立。对生产资料私有制的社会主义改造首先是为适应国家工业化和国家计划的需要而展开的，但在客观上，它的完成使个体农业、手工业和资本主义工商业已逐渐被纳入国家计划轨道，在经济制度上实现了向社会主义制度的过渡。

---

① 郭德宏，谢春涛，王海光等．中国共产党的历程（第2卷）［M］．郑州：河南人民出版社，2001：118.

第三节　计划经济体制的建立和发展

一、社会主义改造基本完成和计划经济制度的建立

1953年起，随着“一五”计划的实行和社会主义改造的推进，在资源配置方面新中国逐渐由以市场为基础的计划与市场相结合模式转向了计划经济。1956年底，我国基本完成了所有制方面的社会主义改造：把资本主义工商业经济改造成了社会主义国有经济，把城乡个体小商品经济和小农经济改造成为了集体经济，建立起了以单一公有制为基础的社会主义基本经济制度。

（一）建立以公有制为主导的所有制结构

公有制一直被认为是社会主义经济的主要所有制形态。各个社会主义国家建立计划经济体制的过程，本质上就是生产资料公有化和国有化的过程。从1952年到1956年，生产资料所有制结构发生了急剧的变革，由多种所有制并存转变为单一的公有制。对农业、手工业和资本主义工商业的社会主义改造已基本完成，生产资料的社会主义公有制已占统治地位。按照公有程度不同，城市工业经济所有制主要包括：全民所有制、国家所有制和集体所有制；农村则主要以土地国家所有和农村集体所有制为主，但必须严格执行国家下达的指令性的农产品统购计划和相应的生产计划，并不具有完整的集体产权。从国民收入中各种经济成分比重的变化来看，1956年在整个国民收入中国营经济占32.2%，合作社营经济占53.4%，公社合营经济占7.3%，个体经济占7.1%。前三种经济都属于社会主义性质的经济形态，合计所占比重是92.9%。到1957年，中国高度统一的计划管理体制已基本确立起来。1957年国务院各部门直接管理的工业企业已由1953年的2800多个增加到9300多个；国家计划管理的工业产品由1种增加到290种；国家统一分配的物资由220多种增加到530多种。[①] 公有制在社会经济中占据了绝对统治地位。

① 林中萍，黄振奇．关于由计划经济体制向社会主义市场经济体制过渡问题［J］．教学与研究，1994（3）．

（二）建立以部门管理为主的管理体制

新中国成立初期，中央人民政府政务院下设有财政经济委员会、国家计划委员会，它们是国民经济综合管理机构，负责作出相关决策，全局性地协调国民经济发展中各方面的相互关系。此外，还设有贸易部、重工业部等专门管理部门，它们既是政府管理各相关行业的职能部门，又是直接管理若干企业生产经营的管理单位。地方政府也相应设有类似的经济管理的职能机构。1954 年政务院改为国务院后，所属部、委、局的设置有所变化，其中直接主管财政经济工作的部门超过部门总数的 55%。在中央人民政府指导下，省、县级地方政府负责管理本行政区域内的经济建设工作。地方政府相应设有类似的经济管理的职能机构，如省计委、县计委、省商业厅、县商业局等。地方政府的财经工作部门还受中央人民政府主管部门的领导或者业务指导。这样，就形成了中央政府集中统一领导的、以部门管理为主的管理体制，即以“条条”为主的经济管理体制。在以部门管理为主的管理体制下，管理权限高度集中在中央机关。另一方面，中央机关管理经济的权限扩大。中央直接进行投资和经营管理，直接支配财力和物力，集中管理劳动用工和工资制度。

（三）建立自上而下的计划经济体系

第一，逐步建立起从中央到地方的各级计划机构。国务院设计划委员会；国务院各部门设计划司；各省、自治区、直辖市和地、县设计划委员会，地方各厅、局设计划处（科），企业设计划科（股）。这样形成了自上而下的比较完整的计划经济管理系统，用来调节国民经济运转，实现国民经济发展计划。

第二，国家对国营企业实行直接的计划管理。国家对全民所有制的国营企业实行直接计划管理，国家直接向企业下达指令性计划，主管部门供应生产资料，商业、物质部门收购或调拨其产品，财政部门统收统支其资金。

第三，国家对农业也采取指令性计划。从 1953 年秋到 1954 年秋，为了解决供求矛盾和打击市场投机，国家对粮、棉、油等农产品实行计划收购或征购，对城镇人口所需的粮、棉、油实行计划供应。这一政策一直延续到改革开放之后。

（四）建立中央政府主导的分配体系

在产品分配方面，主要有如下特点：

第一，财权、财力集中在中央，由中央控制财力和物力的分配。财政管理权限和绝大部分国家财力集中在中央，地方只是在中央的指令性财政计划下处理一定的收支业务，并没有真正的财权，地方的超收和结余都是很有限的，加上中央对地方机动财力使用的指令性计划控制，所以地方真正能机动的财力是不多的。

第二，关系国计民生的最重要的通用物资，即统配物资的范围不断扩大。而且重要的工农业产品通过市场进行商品交换的比重变小，采取直接的实物分配形式进行交换占的比重增大，逐渐成为主要的形式。

第三，在个人收入分配方面由中央集中管理劳动用工和工资制度。在劳动用工制度方面，职工人数计划由国家逐年批准下达，招工必须经主管部门审批，用工形式单一化。在工资管理方面，统一制定国家机关、事业和企业单位的工资标准。职工工资标准、工资增长幅度、职工的定级的升级制度都由中央统一规定，地方、企业无权决定。

二、国家"一五"计划的制定

新中国成立后，经过三年的经济恢复，国民经济得到根本好转，工业生产已经超过历史最高水平。但是我国依然还是一个落后的农业国，许多工业产品的人均拥有量远远低于发达国家。为了有计划地进行社会主义建设，我国政府编制了发展国民经济的第一个五年计划。1952 年初，根据周恩来总理的建议，中央决定成立由周恩来、陈云、薄一波、李富春、聂荣臻、宋劭文 6 人组成的领导小组，组织领导"一五"计划的编制工作。1952 年五六月间，中央财经委员会召开全国财经会议。李富春在会上报告了制定第一个五年计划的指导思想。"一五"计划先后历时 4 年，五易定稿，到 1954 年 9 月基本定案。1953 年元旦，《人民日报》发表《迎接 1953 年的伟大任务》的社论，提出 1953 年是我国进入大规模经济建设的第一年。经济建设的总任务就是要使中国由落后的农业国逐步转变为强大的工业国。

"一五"计划是根据党在过渡时期的总路线和总任务而制定的，从 1953 年开始执行，它成为我国工业化的起点。第一个五年计划开始时，我国的工业化水平是很低的，毛泽东对此有过一段形象的描述："现在我们能造什么？能造桌子椅子，能造茶壶茶碗，能种粮食还能磨成面粉，还能造纸，但是一辆汽车、一架飞机、一辆坦克、一辆拖拉机都不能造。”① 因此“一五”计划的重点是优先发展重工业。它的基本任务是：优先发展重工业，建立国家工业化和国防现代化的初步基础；有步骤地促进农业、手工业的合作化；继续进行对资本主义工商业的改造；保证国民经济中社会主义成分的比重稳步增长（即国家对农业、手工业以及资本主义工商业的社会主义改造）。

根据中国共产党在过渡时期总路线的要求，国家规定计划的基本任务是：集中主要力量进行以苏联帮助中国设计的156个建设单位为中心的、由限额以上694个建设单位组成的工业建设，建立中国社会主义工业化的初步基础；发展部分集体所有制的农业生产合作社，发展手工业生产合作社，建立对农业和手工业的社会主义改造的初步基础；基本上把资本主义工商业分别纳入各种形式的国家资本主义轨道，建立对私营工商业的社会主义改造的基础。并以此为中心，进行财政、信贷、市场三大平衡和安排人民生活。

按照这个基本任务，计划规定工业总产值每年平均增长速度为14.7%，农业总产值每年平均增长速度为4.3%，基本建设投资总额427.4亿元，1957年农村入社户数达到总户数的1/3左右，钢产量412万吨，粮食产量1.9亿吨等。这些指标既符合实际，积极可靠，又留有余地。同时，重视各部门各主要产品比例关系的协调，以及人力、物力、财力的综合平衡。到1957年底第一个五年计划超额完成，社会主义改造和社会主义建设取得了巨大的成就，国民经济发生了重大的变化。

在国民收入中，1957年同1952年相比，国营经济所占比重由19%提高到33%，合作社经济由1.5%提高到56%，公私合营经济由0.7%提高到8%，个体经济则由72%降低到3%，资本主义经济由7%降低到1%以下。在基本建设上，五年内全国完成投资总额为550亿元，其中国家对经济和文教部门的基本投资总额为493亿元，超过原来计划427.4亿元的15.3%。五年新增加固定资产460亿元，相当于1952年底全国固定资产原值的1.9倍。

五年内施工的工矿建设项目有上万个，其中大中型项目有921个，比计划规定的项目增加227个，到1957年底建成全部投入生产的有428个，部分投入生产的有109个。苏联帮助我国建设的156个建设项目，到1957年底有135

① 毛泽东选集（第5卷）[M]. 北京：人民出版社，1977：13.

个已施工建设，有 68 个已全部建成和部分建成投入生产。我国过去没有的一些工业，包括飞机、汽车、发电设备、重型机器、新式机床、精密仪表、电解铝、无缝钢管、合金钢、塑料、无线电等，从无到有地建设起来，从而改变了我国工业残缺不全的状况，增加了基础工业实力。1957 年工农业总产值达到 1241 亿元，比 1952 年增长 67.8%。1957 年的国民收入比 1952 年增长 53%。1957 年工业总产值超过原计划 21%，比 1952 年增长 128.5%。原定五年计划工业总产值平均每年增长 14.7%，实际达到 18%。1957 年手工业总产值比 1952 年增长 83%，平均每年增长 12.8%。1957 年的钢产量为 535 万吨，比 1952 年增长近 3 倍；原煤为 1.31 亿吨，比 1952 年增长 98.5%；发电量为 193 亿度，比 1952 年增长 164.4%；机床产量达 2.8 万台，比 1949 年增长 17.7 倍；棉布为 50.6 亿尺，比 1952 年增长 32%，糖 86 万吨，比 1952 年增长 92%。

农业生产获得较大的发展。1957 年农业总产值完成原计划的 101%，比 1952 年增长 25%，平均每年增长 4.5%。粮食产量 1957 年达到 3900 亿斤，比 1952 年增长 19%；棉花产量为 3280 万担，比 1952 年增长 25.8%。粮食和棉花年平均增长速度，分别为 3.7% 和 4.7%，都超额完成计划。五年内全国扩大耕地面积 5867 万亩。1957 年全国耕地面积达到 16.745 亿亩，完成原定计划的 101%。五年内全国新增灌溉面积 21.81 万亩，相当于 1952 年全部灌溉面积的 69%。

全国交通运输业也有巨大发展，到 1957 年底全国铁路通车里程达到 29862 公里，比 1952 年增加 22%。五年内，新建铁路 33 条，恢复铁路 3 条，新建、修复铁路干线、复线、支线上万公里。宝成铁路、鹰厦铁路、武汉长江大桥等项目都先后建成。到 1957 年底，全国公路通车里程达到 25 万多公里，比 1952 年增加 1 倍。康藏、青藏、新藏公路相继通车。

人民生活也得到较大改善，1957 年全国职工的平均工资达到 637 元，比 1952 年增长 42.8%；农民的收入比 1952 年增加近 30%。人民平均消费水平，1957 年达到 102 元，比 1952 年的 76 元提高 34.2%。

1956 年，中国政府宣布“一五”计划提前实现。第一个五年计划的完成，建立了社会主义工业化的初步基础，为我国的经济建设开辟了广阔前途。从指导思想看，“一五”计划有三点值得注意。一是“一五”计划的重点是集中力量优先发展重工业，同时，相应地发展轻工业、农业、交通运输业、商业和文化教育科学研究事业。二是在“一五”计划的制定和实施中，坚持了自力更生为主、争取外援为辅的方针。三是在“一五”计划的制定和实施中，注意正确地处理了积累和消费的关系，把发展生产同改善人民生活恰当地结合起来。

三、“大跃进”和“人民公社化”运动与国民经济严重困难

经过三年国民经济的顺利恢复以及国民经济第一个五年计划的胜利完成，对农业、手工业、资本主义工商业改造的成功实现，1958 年以后我国开始了“大跃进”和“人民公社化”运动。由于当时对经济发展的客观规律缺乏科学的认识，在指导思想上盲目追求高速度，提出了不切实际的高指标，“大跃进”，结果欲速不达，使国民经济遭受了巨大损失。再加上 1959—1961 年连续三年的自然灾害，以及苏联终止执行援助中国建设项目的合同，这些因素导致了严重的经济困难。1958 年至 1962 年，国民收入平均每年下降 3.1%，农业产值平均每年下降 4.5%，1962 年的粮食产量比 1957 年减少 18%，棉花和油料产量分别比 1957 年下降了 54% 和 52%；1961 年非农业居民的平均消费水平比 1957 年下降了 26.1%。

在“大跃进”和“人民公社”化运动的冲击下，使国民经济有计划按比例发展遭到严重破坏，人民群众的基本生活资料严重匮乏，生活质量下降。国民经济出现了严重的不平衡，具体表现在：首先是工农业不平衡，农业落后于工业，而农业内部又有以粮食为中心挤掉农副产品的问题；重工业畸形发展，从 1957—1960 年产值增长 2.3 倍，而农业产值却下降 22.8%，农副产品产量急剧下降，农民的劳动生产积极性受到极大的挫伤。其次是轻、重工业的不平衡，轻工业由于歉收而减产。再次是重工业内部不平衡，原材料工业特别是采掘工业赶不上需要。在国民经济的其他方面也出现了不平衡的情况，如质量、品种和数量之间不平衡，以及劳动力的使用和分配不平衡。

我国国民经济建设的经验数字表明，一般应将资本积累率控制在 20%—25%。然而 1958 年的积累率却由 1957 年的 24.9% 猛增到 33.9%，1960 年又增长到 39.6%。同时大中型工程项目由原计划的 1135 个增长到 1587 个，比上一年增加了 595 个。国家职工增长到 14532 万人，净增加 2000 万人。这三年，

重工业增长了 2.33 倍，而轻工业只增长了 47%，农业却下降了 22.7%，其中粮食产量下降了 26.4%。在工农业总值中，农业所占比重由 1959 年的 43.3% 下降为 1960 年的 21.8%，轻工业从 31.2% 下降为 26.1%，重工业则一枝独秀，从 25.5% 增长到 52.1%。“无农不稳”，这种农、轻、重的比例关系是严重失调的。

财贸方面，自 1958 年以来，由于体制改变，权力下放，一度发挥了地方的积极性，但是因为权力下放得过宽，县、社财贸工作制度紊乱。由于基本建设项目过多、规模过大，在“多快好省”建设中又强求多快，忽视好省，1958—1960 年财政连年赤字达到 169.4 亿元，为财政收入的 11.7%。为了财政收支平衡而大量发行货币。1960 年货币流通量达到 96 亿元，比 1957 年多出 43 亿元，增加发行量约 82%，形成了新中国成立后的第二次通货膨胀。

1958—1960 年，动员和组织的大炼钢铁、大办工业和大办其他事业，大量地抽调了农村劳动力，几年农业劳动力减少了 3818 万人，农副业及其粮、猪、禽、蛋等产品产量大幅度下降。轻工业和手工业在“大跃进”中要为钢铁“元帅升帐”而“停车让路”，原材料、燃料与加工能力之间严重脱节，一定程度上掣肘了轻工业生产，造成市场物资供应紧张，居民日用消费品十分困难。

由于国民经济主要比例关系遭到破坏，主要物资产品严重匮乏，城乡居民基本生活资料十分紧张。从 1957 年到 1960 年，全国人均消费粮食由 406 斤降到 327 斤，平均一天吃不到一斤粮食，平均下降 20%，其中城市下降 2%，农村下降 25%。食用油全国下降 23%，其中城市下降 32%。同时，城市实行严格的主副食品的凭票定量供应制度。商品奇缺，供应有限，消费不足，营养不良，城乡居民许多人患上浮肿病、闭经和肝炎等疾病。

四、国民经济调整

在严重的经济困难面前，党中央不得不认真分析形势，重新思考问题，采取措施纠正，并进而放弃错误的经济发展战略。为了摆脱困境，理顺国民经济的比例关系，从 1961 年下半年开始，党中央下决心对国民经济进行调整，重点是调整农业、轻工业和重工业之间的比例，把解决人民群众的吃穿用问题作为经济调整的重要目标，放慢重工业的发展速度，停建一批不具备条件的工业建设项目，加强和巩固农业的基础地位，加快轻工业和纺织工业的发展。经过几年调整，基本扭转了国民经济比例失调的状况，工农业生产得到恢复并出现了快速、协调发展的局面，市场供应状况显著好转，城乡人民的生活得到改善。经过五年的努力，国民经济调整取得了明显的成效，基本上达到了预期的主要目标。

1960 年 7 月，中共中央在北戴河召开会议，讨论了国民经济调整问题。会议期间苏联政府突然照会我国，单方面决定撤回专家 1390 人，撕毁合同 343 个，废除科技合作项目 257 个，中断在建援助项目 201 个。苏联这一背信弃义的做法，打乱了我国正常的计划经济建设工作。加上农业生产遇上的自然灾害，这样一来给整个国民经济计划发展带来了混乱、损失和灾难。为了克服和扭转这种严峻局面，国家计委于 1960 年 8 月末向国务院汇报经济计划时，首次提出了国民经济应该进行调整、巩固和提高的问题。周恩来总理在听取汇报后加上了“充实”二字，这样就形成了“调整、巩固、充实、提高”的八字方针。同年 9 月 30 日，在中央批转国家计委《关于 1961 年国民经济计划控制数字的报告》中明确提出了“调整、巩固、充实、提高”的八字方针，第二年即 1961 年 1 月，在党的八届九中全会上正式通过了这一调整方针。从此我国国民经济就由“大跃进”转向大调整。

“调整、巩固、充实、提高”八字方针，是在实事求是和尊重客观经济规律的思想指导下制定的。调整主要是按照农轻重为主要顺序安排国民经济的比例关系，压缩重工业，大力发展农业和轻工业，稳定市场供求关系，实行财政收支平衡；巩固主要是巩固经过生产力和生产关系的变革中取得的重要成果，不断地加强国民经济的物质技术基础；充实主要是充实国民经济若干薄弱的地区和部门，加强现有生产部门的填平补齐工作，使之全面综合发展；提高主要是提高国民经济各个部门的管理水平，提高产品质量和经济效益以及提高劳动生产率等。

在党中央的八字调整方针指导下，到 1962 年国民经济开始全面复苏，国民经济逐渐出现回升趋势，整个社会经济开始摆脱险境。但是冷静分析，国民经济若干痼疾尚未得到根治，经济主要比例关系远没有理顺，调整任务仍很繁重艰巨。主要是农业在国民经济体系中的基础地位仍很脆弱，远远不适应整个国民经济发展的需要，农副产品产量尚未达到 1957 年的水平；工业生产内部的各种主要比例关系还没有调整到合理程度，特别是木材、原煤、有色金属、特殊钢等原材料工业还相当薄弱，轻工业产品更加缺乏，与吃穿用等生活物资资料需要尚有较大差距，城乡市场供求关系仍然十分紧张。1957 年到 1962 年间，全国人均主要生活资料的年消费量大幅度下降，1962 年的人均粮食消费量只有 329 斤，比 1957 年减少 77 斤；人均食油消费量只有 2.2 斤，比 1957 年减少 2.6 斤；猪肉由 10.2 斤减少到 4.4 斤，比 1957 年减少 5.8 斤，人均棉布由 19.5 尺减少到 10.6 尺，比 1957 年减少 8.9 尺。

1963 年 9 月，中共中央工作会议决定再用 3 年时间，即 1963—1965 年，在国民经济调整逐步好转的基础上，继续进行调整、巩固、充实、提高工作。同时规定今后国民经济发展的主要调整方针是：实行以农业为基础、以工业为主导的国民经济方针；自力更生、奋发图强、艰苦奋斗、勤俭建国的方针；按照解决吃穿用，加强基础工作，兼顾国防、突破尖端的次序安排经济计划等方针。

我国在 1961 年至 1965 年经历了五年国民经济调整。这是一次包括增长速度、产业结构、城乡关系、经济体制的全方位调整。在调整期间，中共中央提倡调查研究和实事求是作风，再次创造了恢复发展的奇迹，使国民经济在 3 年内走出困境。到 1965 年，整体水平超过了历史上最好的 1957 年。但是，1961 年至 1965 年的国民经济调整，从一定意义上讲，又走上了一条从分权到集权的路子。这期间把关系到全局的比例关系、发展速度、发展途径、投资方向、市场供求、人民生活等重大问题，均由党和国家集中统一决策，以保证重点，渡过难关。与此同时，在国民经济“一盘棋”的思想指导下国家因地制宜、因时制宜地对各地区、部门和企业的利益给予适当照顾，同时各地区各企事业自觉地维护中央的权威，坚决执行国家政策法规，做到“令行禁止”，从而保证了调整工作顺利展开。

五、“文革”对国民经济的影响

1966 年至 1976 年历时十年的“文化大革命”运动，导致了全国性的和持续性的社会政治动乱，严重地干扰、阻碍了中国实现现代化的历史进程。这十年间，世界各国致力于经济增长、改善人民生活，科学技术飞速发展。就国民生产总值来看，美国增长了 124%，日本增长了 345%，联邦德国增长了

131%，法国增长了212%，而中国仅仅增长了57.6%，而且这一数字还总是引来人们的质疑；国民收入，美国增长了143%、日本增长了413%、联邦德国增长了141%、法国增长了238%、英国增长了239%，而中国仅仅增长了75%。① 在这十年里，中国不仅在速度和规模上都大大地落后了，经济损失除了表现为经济效益不断下降之外，甚至还表现为长远增长的基础——物质资本与人力资本的直接损失与间接损失。② “文化大革命”运动对中国经济造成的严重危害，在以下几个方面是比较突出的：

（一）工业发展的频繁波动

这一时期，中国经济的增长速度用工农业总产值和国民收入增长率来表示。1966年至1976年间，工农业总产值增长133.5%，年平均增长率为8.0%（按指数计算）。同期，国民收入增长89.5%（按指数计算），年平均增长率为6%。其中，“三五”时期工农业总产值年平均增长率为9.6%，国民收入年平均增长率为8.3%；“四五”时期分别为7.8%和5.5%。同“一五”时期工农业总产值年平均增长10.9%、国民收入年平均增长8.9%相比，这一时期的增长速度有所降低，“四五”时期降幅更大。这一时期，工业发展起伏不定，增长与波动、过急与刹车、回升与停滞频繁交替。这在很大程度上影响了发展速度。1966年至1976年间工业总产值和净产值分别增长172.6%和152%（按指数计算，下同）其中，“三五”时期平均每年分别增长9.5%和8.8%，“四五”时期平均每年分别增长11.7%和12.3%。同“一五”时期工业总产值和工业净产值年平均增长率18%和19.6%相比，这一时期二者的增长率同样呈下降趋势，“四五”时期下降幅度分别达到8.9个百分点和11.3个百分点。这首先是由于“文化大革命”动乱的影响；其次，“三线”建设的巨大投入迟迟得不到相应的回报，也严重拖累了经济发展速度。这一时期，工业增长率和工业经济效益指标都比不上1953年至1965年的前13年，工业发展波动频繁，导致增长乏力，增长经常被波动所打断，也降低了工业增长的质量。1966年至1976年的11年中，1967年至1968年两年负增长，1974年和1976年两年接

① 董辅礽．中华人民共和国经济史（上卷）［M］．北京：经济科学出版社，1999：583.

② 蔡昉，都阳．“文化大革命”对物质资本和人力资本的破坏［J］．经济学（季刊），2003（3）：795－806.

近零增长，都主要是受“文化大革命”的影响。

（二）削弱经济发展的智力基础

“文革”对我国的人力资本带来了极大的损坏。“文革”早期的严重秩序混乱，大中小学生“闹革命、大串联”，许多学校教师和学校领导、一些著名的科学家、老教授、老专家遭到批判和批斗，学校校舍和教学设施遭到严重破坏，正常的教学秩序被破坏。1965 年，高等学校工科毕业生 80294 人，1971 年至 1975 年总计仅 67408 人；中等专业学校的工科毕业生，1970 年至 1975 年合计为 96218 人，平均每年 16036 人，仅为 1965 年 40700 人的 39.4%。据估计，“文革”十年间中国少培养了 100 万大学生和 200 万中专毕业生，造成人才奇缺，后继无人的局面。①

这些毕业生接受的是亦工（农）亦读的教育格局，即缩短学制和使用以政治理论为主的教材。这些毕业生入学前的文化基础大多比较差，在校学习时间又少，与“文化大革命”前的毕业生有相当的差距。这期间工业部门的职工人数由 1965 年的 1238 万人增加到 2866 万人，增加 1.3 倍；新补充的职工绝大多数人的实际文化程度同名义文化程度有距离。“文化大革命”十年鄙视知识，鄙视知识分子，职工学习文化、技术的空气淡薄，知识青年上山下乡以及大学工农兵学员依靠单位用政治标准推荐，滋生出“读书无用论”，降低了教育激励。这些因素造成的灾难性损失，比起其他有形损失的后果更严重得多。据抽样调查资料，20 世纪 70 年代末期被调查的 2076 万工业职工中，初中以下文化程度占 77.4%，其中小学程度占 30.6%，文盲、半文盲占 7.8%，大学文化程度仅占 2.9%。

“文化大革命”使正常科研活动受到极大的干扰。机构大撤大并，科研人员不适当地下放，许多单位和企业的科研活动处于极不正常的状态。科技人员更加不足，科技队伍又开始出现老化现象，同国际上科技发展速度大为加快的情景形成了反差。例如，1965 年，全民所有制工业企业中工程技术人员占职工总数的 4.1%，1975 年降为 2.7%。

① 董辅礽．中华人民共和国经济史（上卷）[M]．北京：经济科学出版社，1999：584－585.

第七章　计划经济时期的经济发展模式

本章将对计划经济时期的我国经济发展模式的主要特征加以概括。要了解计划经济时期经济发展模式的主要特征，首先就必须了解计划经济时期经济发展模式的核心制度安排——计划经济体制的基本特征。紧接着，有必要对这一历史时期建立计划经济体制的必要性进行分析，并客观认识计划经济体制的优缺点。在此基础之上，还需要分析计划经济时期经济发展模式具有的独立自主发展、工业主导发展和城乡非平衡发展的特征。

第一节　计划经济体制的基本特征与资源配置

一、计划经济体制的基本特征

与市场经济体制相比较，计划经济体制具有十分明显的特征。①

（一）单一的所有制结构

长期以来，计划经济、公有制、按劳分配被认为是社会主义经济制度三个基本点。建立并巩固公有制，被认为是社会主义国家经济建设的战略目标和主要任务。计划经济体制下，国家所有制在所有制结构中占据了绝对统治地位，其他经济成分的规模和比重都受到了限制。过渡时期总路线的实质“就是使生

① 刘国光．中国经济的两个根本性转变［M］．上海：上海远东出版社，1996：54－58.

产资料的社会主义公有制成为我们国家和社会的唯一经济基础”。[①] 新中国单一的公有制结构是通过“三大改造”而建立起来的。农业和手工业通过改造，把小生产者组织起来，不断提高公有化程度；资本主义工商业的改造则直接将私有制经济转变为公有制经济或公私合营经济。通过“人民公社”和“大跃进”等运动，其他经济成分逐渐减少甚至取消。“一五”计划完成后形成了公有制一统天下的局面。1956 年，各种经济成分收入占国民收入的比重为：国营经济占 32.2%，合作社经济占 53.4%，公私合营经济占 7.3%，个体经济占 7.1%；1957 年，个体经济的占比又进一步下降为 2.8%。[②]

（二）高度集中的经济决策体系

计划经济体制下的经济决策体系是高度集中的。主要表现在：计划决策的范围极广，决策选择基本上集中于中央；决策过程非程序化，缺乏自我约束和自我调节，带有很大的不确定性和主观性；决策的实施采取指令性的行政强制方式。在这种决策体系中，不论是关于国民经济发展计划的宏观决策，还是关于企业生产经营的微观决策，都是由中央计划部门或各个主管部门作出的。国家不仅要负责宏观方面的资源配置，甚至对微观的企业和个人的收入和支出都做出计划，以实现资源在微观主体间的配置。导致在国家和政府之外并不存在实际的微观经济主体。企业实际上是政府部门的附属物，没有生产销售的自主权。在计划经济体制下，企业不是一个开展独立经营活动的微观经济组织，而是一个所有经济活动都受计划指标支配的被动的生产单位。

（三）经济利益分配平均化

在国际共产主义运动中长期存在的观点认为，社会主义社会的分配方式应当以按劳分配为主。这种分配方式的核心是根据单个劳动者的贡献大小决定其分配数额，按照“多劳多得，少劳少得，有劳动能力却不劳动者不得”的原则在社会主义公民之间进行分配。但由于工业革命后生产社会化程度的提高，生产行为更多地表现为一种合作的社会性生产和团队生产过程，单个劳动者的边际产出和贡献率无法作出准确测量，这给按劳分配原则的执行带来了困难。

---

① 中共中央宣传部理论局．建设有中国特色社会主义若干理论问题读本［M］．中共中央党校出版社，1998.

② 国家统计局．伟大的十年［M］．北京：中国统计出版社，1959：36.

从前社会主义国家分配实践来看，多数按劳分配实际上都是一种平均主义的分配方法。这导致苦乐不均，劳动者积极性下降，“搭便车”行为普遍化。在计划经济体制下，强调了整体利益的一致性。在强调集体利益的同时，忽视了工农、城乡、地区之间的利益差别；在承认个别利益同时，又过分强调了政治热情，而缺乏利益刺激，实际上未能充分调动广大群众的积极性。由于忽视多元利益主体或群体的存在，以行政命令为手段，往往使利益结构受到扭曲，如把个人财产局限于消费领域；加上缺乏利益约束，中央和地方政府对其计划、投资等决策的失误不承担任何责任，企业对亏损也不负责；结果是利益界限模糊，具有浓厚的平均分配倾向，突出表现为个别职工吃企业的“大锅饭”、个别企业吃国家的“大锅饭”。

（四）社会资源的计划配置

计划配置资源的一个核心机制在于行政命令手段替代价格机制。资源配置是通过一定的手段和方式把人力、物力、财力等生产要素配置在各种产品和服务的生产和流通上，实现整个经济运行的协调，以促进经济的增长与发展。传统体制下调节方式的特征是计划调节、行政调节、直接调节；不是通过市场机制调节，而是借助计划尤其是指令性计划来配置资源。在中央计划经济体制下，市场通过价格机制对资源的配置作用被压低到最小的范围。在经济运行的各个层面都充斥着政府的计划和指令。资源流向的指令刚性导致配置效率的下降，使得大量的资源都被按照政府意愿配置，资源的利用结构极不合理。在具体运行时，配置资源的权力集中于政府，企业基本无权；配置资源按行政系统和行政层次，采取行政办法；政府往往出于政治目的实施资源配置计划，生产主体的职责、权力与利益脱节，没有动力和约束；调节信息按照纵向传输，不讲时效，难免失真。这种调节体系的特征还表现在以指令性计划作为唯一的、至尊的信号上，而不像在市场经济体制下以价格（包括工资、利率、地租等要素价格）为调节信号；相反，这些价格不由客观存在的市场供求关系决定，却由有关当局的计划规定，与供求脱节，也不随供求变化而上下浮动。将经济效率的标准放在政治目标之后，这也是导致计划经济配置资源低效的一个重要原因。

（五）交易活动的非价格特征

市场经济的核心特征在于通过价格机制来实现交易，而计划体制下的交易活动则被行政指令所替代，交易对象被消除了商品本性。商品的范围本来主要限于消费品，而在凭票证供应后，部分消费品也失去了商品属性；市场的范围本来也只限于消费品，但在现实中几乎所有商品的市场活动空间都越来越小；除少数生产资料外，其他生产要素都被剥夺了商品属性，更没有相应的要素市场。在计划经济体制下，交易活动的非价格特征并不是说在交易活动中没有价格，而是价格在交易过程中并不发挥反映供求关系变化的信号传递作用。交易活动中的价格，既不反映商品供求关系的变化，也不反映商品生产成本的变化；价格的制定过程中受到很多人为的、主观的因素干扰。甚至在凭票供应的商品配额制下，即便人们手中有足够的货币，如果没有票证也不能购买商品。交易活动的非价格特征，导致在货币支付之外人们还必须寻求其他的支付方法，通过牟取权力、“搭便车”等行为进行变相支付，获得购买商品的可能。

（六）封闭型经济特征

计划经济是一种封闭型经济。对内经济活动是按照国家的行政系统进行“归口”管理，每一个经济主管单位都是一个相对封闭的系统，企业之间的横向经济联系要受纵向行政系统的支配和严格控制，任何两个企业想要发生经济联系必须得到它们各自的上级主管部门的批准，各个经济主管部门的组织范围和管辖权限把社会经济分割成相互封闭的非常庞杂的条条和块块。由于国际冷战格局，计划经济时期我国对外鲜有国际经济和贸易的合作与往来，与西方资本主义国家的经贸往来与经贸合作几乎完全可以忽略不计。在中苏关系破裂之前，我国与苏联、中东欧和亚洲的社会主义国家保持有相当规模的经济合作，但这些经贸往来多半是出于政治合作的目的而进行的。在与社会主义阵营的其他国家开展经贸往来的过程中，政治因素发挥决定性作用，商品、技术等贸易品的交易并不是按照等价交换的原则来进行的，而是出于国际政治合作的需要，汇率、价格、利率等价格信号在社会主义阵营内部的经贸往来中发挥的作用相当有限。甚至随着20世纪60年代后社会主义阵营内部发生了分裂，中苏关系的急剧降温并走向对抗，使得中国与社会主义阵营中各个国家的经贸往来也受到极大冲击，经济活动更加封闭和孤立。

二、计划经济体制下市场与政府的关系

（一）经济管理权高度集中于政府

观察新中国成立初期计划经济体制建立的历史背景可以看出，新中国成立

初期面临的国际环境和经济发展水平是决定我国计划经济体制形成的主要因素。以计划经济模式开始中国的社会主义经济发展道路是历史必然选择，具有其客观必要性和现实可能性。随着中国社会主义经济建设的全面展开，以及新中国工业化进程的不断加快，计划经济体制下经济管理权也趋向于高度集中。

1949 年新中国的诞生改变了旧中国的政治结构、政治制度，但却没有改变当时落后的生产力。新中国成立前夕工农业生产的长期衰落使新中国面临严重的通货膨胀，人民生活困苦，财政收入困难。新中国经济建设的首要任务是恢复国民经济，增加财政收入，保障人民基本生活。为迅速恢复和发展国民经济，防止两极分化，中国共产党必须集中一切可以集中的资源为经济建设服务。新中国成立之初，尽管中国共产党领导下的中国处于低收入水平，却具有相当高的社会整合能力和社会一体化水平，这是中国推进现代化的独特的组织资源和政治资源优势。与任何一个发展中人口大国相比，中国这两大资源优势十分有利于工业化与现代化建设。为迅速恢复国民经济和逐步地有计划地进行社会主义改造和建设，有必要进行集中统一的领导。这就要求建立一套中央集中统一的经济管理体制。为了稳定物价，进而稳定民心，扭转财政经济状况极端困难的局面，也有必要对全国的财政经济工作实行集中统一的管理和领导，建立集中统一的全国财政经济体制。

1953 年过渡时期总路线提出要加快社会主义工业化，实行以重工业优先发展的经济发展战略。这种发展战略需要较高的资金、技术水平，而这与新中国成立初期的经济现实是不相符合的。资源禀赋的矛盾要求中央政府为工业发展提供较多的资金、技术支持，中央必须集中全国的人力、物力、财力支持重工业的发展，这要求中央把握资源控制权，源源不断地为重工业提供资金、技术。通过怎样的途径把一个经济落后的农业大国建成工业化国家？怎样才能最有效地获取和积累工业化建设所急需的资金？是当时迫切需要解决的问题。必须选择能够迅速改变国家经济结构、能够迅速实现国家工业化的经济发展模式。而通过建立高度集中的计划经济体制，以集中全国有限的人才（技术力量）、资金和投资品（生产资料）进行重点建设是一个合乎历史逻辑的选择。

“一五”计划完成后建立了公有制一统天下的局面，与之相伴随的是政府对国民经济活动的控制力空前提高。1952 年到 1956 年，生产资料所有制结构发生了急剧的变革，由多种所有制并存转变为单一的公有制。对农业、手工业和资本主义工商业的社会主义改造已基本完成，生产资料的社会主义公有制已占统治地位。从国民收入中各种经济成分比重的变化来看，1956 年，在整个国民收入中，国营经济占 32.2%，合作社经济占 53.4%，公社合营经济占 7.3%，个体经济占 7.1%。1957 年，个体经济的比重又进一步下降为 2.8%。前三种经济都属于社会主义性质的经济，合计所占比重是 92.9%。公有制在社会经济中占了绝对的统治地位。到 1957 年，我国高度统一的计划管理体制已基本确立起来。1957 年，国务院各部门直接管理的工业企业，已由 1953 年的 2800 多个增加到 9300 多个；国家计划管理的工业生产产品由 1 种增加到 290 种；国家统一分配的物资由 220 多种增加到 530 多种。

伴随着政府对物资调配和工业生产的控制力度不断增强，建立了以部门管理为主的管理体制，国民经济管理权高度集中于中央政府。新中国成立初期，中央人民政府政务院下设有财政经济委员会、国家计划委员会，它们是国民经济综合管理机构，负责有关全局性的决策和协调国民经济发展中各方面的相互关系。之外，还设有贸易部、重工业部等专门管理部门，它们既是政府管理各相关行业的职能部门，又是直接管理若干企业生产经营的管理单位。地方政府也相应设有类似的经济管理的职能机构。这样，就形成了中央政府集中统一领导的、以部门管理为主的管理体制，即以“条条”为主的经济管理体制。在以部门管理为主的管理体制下，管理权限高度集中在中央机关。

计划经济体制下政府具有强有力的调控能力和动员能力。通过中央集权下的经济计划及经常性的群众运动，在保持社会基本稳定的情况下，可以在特定的历史时期内凝聚大多数人的力量，调动各种资源，实现国民经济的高速增长。新中国借助计划经济体制的优势，在向工业化迈进的过程中，创造了巨大的经济成就。据有关统计资料表明，1956—1976 年的 20 年间，我国的工农业生产总值几乎翻了两番。

（二）市场机制作用范围的萎缩

计划经济体制的建立的过程，实际上就是市场机制作为一种资源配置方式退出的过程。

在国民经济恢复时期，正是政府计划与政府干预的不断拓展，缩小了市场机制存在和作用的空间。政府计划开始在资源配置中发挥越来越重要的调节作用，作用的范围也越来越大。新中国单一的公有制结构是通过“三大改造”

而建立起来的。一方面，通过对农业和手工业的改造把小生产者组织起来，不断提高公有化程度，搞“一大二公”，进而实行政社合一的公社化，实际上将两种公有制实现形式（全民所有制和集体所有制）的界限也打破了。另一方面，通过对城市资本主义工商业的改造，经过短暂的全行业公私合营，基本上消灭了私有制，个体工商业缩小到无足轻重的地步；同时，对集体企业不断升级，由小集体到大集体，由大集体到国有，越来越单一化，都以最终过渡到国有企业为归宿。从生产环节看，国有企业的资源配置已经纳入政府计划。同时，逐步将私营企业的生产纳入政府计划，采用加工、订货、包销等国家资本主义初级形式的私营企业产值比重，1950 年为 29%，1951 年为 43%，1952 年达到 56%，可见，一半以上的私营企业生产已经纳入政府计划的范围。从流通环节上看，最初消费资料基本通过市场流通来实现；实行计划调拨的生产资料，1950 年为 8 种，1951 年为 33 种，1952 年达到 55 种。伴随政府计划的不断拓展，市场机制的作用空间日渐缩小，作用力度减弱。特别是要素市场逐渐萎缩，使得市场机制已经不能够通过价格信号的传递来对资源配置过程产生影响了。1952 年新中国基本完成金融业的社会主义改造，中国人民银行成为唯一的金融机构，关闭天津和北京证券交易所，证券市场消失。由于对劳动力实行“包下来”的政策，劳动力市场基本消失。随着一个个工商企业的被改造，自由竞争的市场机制开始以较快的速度向计划管理的有限市场转变，市场机制在资源配置中的作用范围呈现不断收缩的趋势。市场机制作用范围不断收缩的趋势从三个方面显示出来：一是市场主体在不断减少；二是资本市场流通的速度明显放慢，交易成本上升；三是商业的国营垄断导致商业盈利能力持续下降。对私营工商业的全面改造以及全面排斥市场的计划经济体制的建立，虽然不断增强了政府计划在资源配置中的决定性作用，但也使得在仍旧存在的有限的商品市场上，商品的日渐短缺成为一种常态。

1953—1956 年间，伴随计划经济体制的建立和扩张，市场机制最终失去存在的制度环境。一是市场联系被割裂。特别是 1953 年开始实施的统购统销制度割裂了农民同市场的联系，割裂了私营企业同市场的联系。二是市场主体消失。个体农民被纳入合作社组织；至于资本主义工商业，在全行业公私合营以后，既没有明晰产权，也没有充分的自主权。三是市场体系逐渐萎缩。资本、劳动力市场全面消失，由于统购统销政策的实施，农村初级市场出现萧条萎缩，国营商业运行机制趋于僵化，市场体系运转失去灵活性。1957—1978年，随着计划经济体制的不断巩固和加强，残存的市场因素一再被“围剿”。1958年，在破除资产阶级法权的名义下，限制集贸市场，在农村人民公社推行政社合一的自给自足经济模式。1966年，“五七指示”成为整个社会建立自给自足经济、限制商品经济的指导思想。1974年以后，更是把商品生产、工资制、按劳分配、货币交换均视为资本主义的东西。在上述指导思想的影响下，集贸市场被当作资本主义尾巴一再割除，市场场所消失了，市场活动相对集中的城镇日益萎缩。零售商业、饮食业和服务业市场主体数量由1952年的550万个下降到1978年的125.5万个，从业人数由1952年的952.9万人下降到1978年的607.8万人。在市场主体数量与从业人数总体下降的情况下，公有制性质的全民所有制和集体所有制的企业数量却在持续增长，分别由1952年的4万个、10.1万个上升到1978年的10.3万个、97.4万个，而非公有制性质的市场主体数量却由1952年的535.9万个下降到1978年的17.8万个，而且这17.8万个非公有制性质的市场主体几乎全是规模甚小的个体经济。伴随自给自足的自然经济格局的形成，与国际市场的联系也被割裂。可见，随着计划经济体制的建立，市场机制几乎完全从资源配置领域退出。

当然，中国传统计划经济体制中仍然存在着微弱的非计划经济的因素。非计划经济因素，是指计划调节以外的经济活动形式，包括市场活动及介于计划和市场之间的亚市场行为和活动。计划经济体制下的非计划经济因素在农村和城市有不同的表现形式。在农村，非计划经济因素主要表现为农村集体经济下的“小自由”，包括自留地、家庭副业和以其为基础的自由市场，农产品和城市产品收购的非计划部分，社队企业等；在城市，非计划经济因素主要表现为城镇个体经济，大量城市集体企业、小国有企业，以及“文化大革命”中由于秩序混乱而在大中型国有企业之间发生的物资串换、地下经济等。这些经济活动在计划经济体制下获得了一定的生存空间。但需要指出的是，不管是什么形态的非计划经济，即便是自由市场等“准市场”机制，都只是计划经济的附庸，而不是独立的经济成分。①

---

① 赵凌云. 1949—2008年间中国传统计划经济体制产生、演变与转变的内生逻辑［J］. 中国经济史研究，2009（3）.

第二节　计划经济体制的优缺点与建立计划经济体制的必然性

计划经济体制的建立与发展是计划经济时期经济发展模式的基本特征。要理解计划经济时期经济发展模式的基本特征，就必须理解中国在特定的历史环境下选择建立计划经济体制的必然性和必要性。为此，本节将从分析计划经济体制的优缺点入手，讨论计划经济体制建立的必然性。

一、计划经济体制的优点

客观地说，新中国成立之初确立起的计划经济体制是符合当时国情的必然选择，并对当时我国各项事业的建设发挥了不可替代的重要作用，使我国取得了辉煌的建设成就。

（一）实现了国民经济的迅速恢复和短期内高速发展

通过中央集权下的经济计划及经常性的群众运动，在保持社会基本稳定的情况下，在特定的历史时期内可以促进国民经济的高速增长。中国仅用了三年时间就恢复了国民经济。1952 年工农业总产值比 1949 年增长 77.5%，其中工业总产值比 1949 年增长 145.1%，农业总产值比 1949 年增长 53.5%。自 1956 年社会主义改造基本完成之后，新中国借助传统计划经济模式的优势，在向工业化迈进的过程中，创造了巨大的经济成就。据有关统计资料表明，1956—1976 年的 20 年间，我国的工农业生产总值几乎翻了两番。高度集中统一的计划经济体制对于新中国成立初期国民经济的恢复和发展产生了重要的历史作用。运用这一经济体制有助于在短期内医治旧中国遗留下来的经济恶性波动，顺利渡过了经济困难时期。新中国成立伊始，面对国民党政府留下的财政枯竭、通货膨胀的局面，由于国家加强了集中管理，不出一年时间，就基本制止了通货膨胀，经济初步获得稳定。当经济发展水平低下，经济极其困难或灾荒、战乱等造成物资严重匾乏，出现了与社会生产、人民生活需要的矛盾时，为了解决这些矛盾，保证急需，集中地有计划地控制、分配某些生产和生活资料就成为必然的选择。

从我国社会主义经济的发展史来看，在不到 1/4 的世纪里，依靠生产资料的公有制，运用计划经济，充分地动员和集中一切必要和剩余资源，长期保持着平均高达30%以上的积累率和年均10%左右的经济增长率是计划经济取得的成就。“一五”计划的完成标志着计划经济体制的建立。1957—1978年计划经济取得了巨大的成就，为中国的经济建设作出了贡献：国有经济领导地位得到确立。1949—1952年间，全民所有制经济成分由26.2%上升到41.5%，集体经济成分由0.5%上升到3.3%，公私合营经济由2.2%上升到13.7%。私营经济由48.7%下降到30.6%，个体经济则从23%下降到20.6%。这种经济成分的变化为迅速建立国有经济的领导地位和恢复国民经济发挥了巨大作用。这种经济比重在计划经济的演变过程中，公有成分越来越多，甚至于占据绝对统治地位，为后来的社会主义市场经济建设奠定了物质基础。

（二）**建立了完整的工业体系，为国家的现代化奠定了基础**

由农业国变成工业国需要资本原始积累，在国家工业化的初始阶段，往往出现工业化对资源的大量需求与资源短缺的矛盾。建立社会主义计划经济体制，是实现工业化的一种原始积累方式。新中国成立初期的计划经济体制保证了把有限的财力、物力和人力集中到重点建设上，建成了一大批重要项目，初步建立了比较完整的工业体系。

中华人民共和国刚成立时，重工业的基础极其薄弱，生产力水平相当低，如果不改变这种落后状况，农业、轻工业、交通运输和国防建设就不可能在现代技术的基础上发展起来。不同的国家有不同的发展道路，先行成为资本主义的国家依靠侵略和掠夺完成资本积累，发展中国家进行资本积累只能在依附型和独立型两条道路中选择。在当时的政治经济环境下，自由贸易、依附型发展方式都是不现实和无效的。必然依靠国家力量实现工业化。在生产力非常落后、与帝国主义交战、被封锁禁运的条件下，新中国毅然拒绝依附型道路，决定依靠国家力量实行内部积累，创造动态比较优势。建立社会主义计划经济体制，作为实现工业化的一种原始积累方式，集中力量做大事，是计划经济体制的优越性。计划经济发展模式奠定了国家现代化的基础。初步建立起门类比较齐全的、独立完整的工业体系和国民经济体系。同时，培养了一大批优秀的科技人才，为我国的社会主义经济建设集聚了后备队伍。这些在客观上为新中国初步奠定了现代化建设的物质技术文化基础。

（三）计划经济为市场经济发展奠基，为改革开放准备了比较扎实的物值基础

计划经济体制促进了我国的工业产量增长，生产能力扩大，石油、化工、机械等行业有所发展。到1976年，工业产值达到3158亿元，比1956年增长172.6%，年均经济增长率为9.6%；石油产量达到8716万吨，比1965年增长6.7倍；石油加工能力比1965年增长4.8倍，基本上满足了当时国内工业用石油的需要。农业生产条件得到改善，粮食产量有所增长。全国1/3的耕地实现机械耕种，排灌动力机械拥有量增长4.9倍；农业载重汽车拥有量增长3.3倍；1976年比1966年粮食产量增长47%，达到2.86亿吨。交通、运输、邮电事业有所发展。到1976年，全国兴修了多条运输干线，改变了铁路尤其是南北地区长期交通梗阻的落后状况。科学技术事业取得显著成果。1964年爆炸了第一颗原子弹；1969年首次地下核试验试制成功；1965年合成牛胰岛素；1972年研制出新型杂交水稻品种，大幅度提高了水稻产量。

人民生活水平明显提高。随着生产的发展，劳动生产率的提高，城市人民的生活水平有明显的提高。首先，就业人数增加。新中国成立初期，固定资产投资大幅度增加。固定资产的增加，必然增加就业的人员，原有企业为了充分利用设备也增加了一些工人，劳动力的需求不断增长。其次，职工工资提高。新中国成立初期，对工资制度进行了几次改革，在改革过程中，职工工资普遍提高。1957年全国职工的平均工资达637元，比1952年增长42.8%。剔除物价上涨因素后，五年间实际平均工资约提高34.3%。最后，农民生活水平也有很大改善。农业生产不断增长，同时，国家适当提高了若干农副产品收购价格，也使农民得到了不少收益。1957年全国农民的收入，比1952年提高了27.9%。

二、计划经济体制的弊端

计划经济体制的实行有利于国家集中全社会的经济资源，在一定程度上满足了国民经济进行大规模的投资、夯实工业化基础的需要，国民经济尤其是工业经济获得了快速发展。但是，随着经济的发展，经济规模的不断扩张，社会分工的不断深化，计划经济体制僵化、效率低下的弊端逐渐展现出来，给经济的进一步发展带来了巨大的障碍。

（一）计划经济体制难以有效配置资源

在计划经济体制下，所有权属于国家，经济资源的占有、支配、收益、处置等权力高度集中于国家，政府则作为国家的代表实际行使各项经济权力，经济决策权实际上变成了政府组织的行政权力。因为没有独立的产权，企业实际上变成政府的一级基层机构，成为贯彻执行政府指令计划的有限生产管理者，企业实际上变成了社会经济的生产车间。由于不存在真正意义上的市场，反映市场供求变动的市场机制与竞争机制也不复存在，因此，经济资源的市场价值无从说起，资源配置合理与否也缺失标准。

在计划经济体制下，从微观上看，企业不是独立商品生产者和经营者。从宏观上看，国家垄断了生产资料所有权，因之而生的经济决策权也就集中于国家。在现实的经济活动中，这种效率低下往往表现在产品供不应求的企业缺乏发展资金，无法扩大生产规模，而产品卖不出去的亏损的企业却照样扩大生产，社会上并存着产品短缺与产品过剩。更为严重的是，由于存在着信息误导和大量的非经济目标以及政治干扰，国民经济当中往往进行一些大规模的严重超越资源约束的投资积累和资源配置，导致生产力的巨大损失和破坏。此外，政府按照行政部门和行政区域管理国民经济也不利于地区间的资源优化配置。按部门管理是一个垂直系统，按区域管理是一个水平系统。两个系统的并存造成了严重的条块分割和互相封锁，割断了部门、地区、行业之间合理的经济联系；各部门、地区所追求的是自成体系，进行重复建设和重复生产，资源配置效率较低。

（二）计划经济体制容易造成供需脱节

计划经济体制下，企业生产的产品品种、数量都是通过政府指令性计划自上而下逐层确定下来。作为政府一级基层组织的企业无需直接面向自己的用户和消费者，只需完成上级主管部门下达的任务。企业关心的只是如何完成上级主管部门下达的任务，而不考虑社会的有效需求。企业往往安于现状，对社会需求突然变化不作出任何反应。由于计划调整的滞后性，生产计划与社会需求无法保持同步，企业的生产积极性不高，无法满足日益变化的社会消费需求，造成社会总需求与总供给的严重脱节。在计划经济下的市场中，生产者和消费者之间并没有直接的联系，企业经营者不能根据市场的需求进行生产，只能根据上级的计划指标进行生产经营活动，表现为市场供给和需求的脱节，使计划经济表现为一种“短缺经济”。此外，价格体系是计划经济体制下计划体系的重要组成部分，产品的价格由上级主管部门确定，往往长期不变，价格无法充分反映产品的社会供给与需求。企业在价格、利润和销售方面的决策很少同稀缺度相联系。既有的价格政策下，企业处于完全被动的地位，降低产品质量是有效应对成本增加的策略，结果造成消费者利益受损和“劣币驱除良币”的恶性循环。

（三）计划经济体制缺乏激励机制

计划经济体制下，国家对于经济活动的管理要求建立严格的等级管理体制。伴随着等级管理系统的固化，各层级、各部门都有了自己独立的经济利益和效用函数，形成所谓的“部门主义”和“地方主义”。面对无所不在的计划规制，国民经济各部门非但不能保证经济的协调发展，反而导致企业和职工普遍的短期化行为，持续的经济发展缺乏有效的微观基础。

一方面是企业行为短期化。由于企业缺乏内在积累机制，无法进行扩大再生产和技术升级改造，只能在原有的基础上拼设备，搞掠夺式生产。由于政治上的晋升锦标赛模式的驱动，企业目标在于按时完成上级下达的指令性计划指标，企业没有自我发展的利益驱动，这就决定了企业只求在原有基础上进行粗放经营而不求创新进取。另一方面，企业效益的好坏与职工没有直接的利益关系，职工行为存在着短期化。在计划经济体制下，企业个人收入通过行政手段确定和调整，劳动者付出的劳动不仅与收入之间没有必然的联系，还与企业经营效益无关。计划经济体制以行政权力和精神鼓励为基本动力，排斥和否定物质刺激，其结果是激励手段的内容严重脱离了劳动者现实的利益结构，这使劳动者的积极性受到极大挫伤，制约了劳动者积极性的发挥。

（四）计划经济体制的运行存在信息难题

现代生产的特点是：（1）技术飞速进步，产品结构、工艺路线、生产方案等选择的可能性极多；（2）消费结构十分复杂，而且变化极为迅速；（3）随着社会分工的不断深化，社会成员和经济单位之间必然发生日益广泛和复杂的联系。在这种情况下，就出现了有关需求和生产的信息“爆炸”的问题。为了准确、及时地取得在社会各个角落分散发生的、数以亿万计的数据，及时地加以处理，求解有几千万个未知数的均衡方程，编制出无所不包的计划，并层层分解下达到执行单位，没有一个极其灵活而又极其有效的信息系统，是根本完成不了这个任务的。

在采取计划经济制度下，生产者和消费者之间缺乏横向的联系和有效的反馈机制，经济信息要行政体系内上级对下级的命令和下级对上级的报告纵向传输，不但传输距离很大，通道狭窄，不免经常发生延误和拥塞，而且由于传输经过的环节太多，信息不免扭曲；生产单位由于不能直接取得需求和技术信息，也不能对复杂多变的需求状况和技术可能性作出灵活的反应。[①] 因此，在中央计划机关掌握和处理各种微观事务的情况下，为及时取得保证经济系统畅通运作所必需的全部信息，其成本几乎是无限大的，即便如此，其获得的信息往往要么不是其所需的要么就是无效的。

从信息的传导机制上看，计划经济体制中的信息传导机制还存在难以解决的信息失真问题。由于计划制定既不以市场为依据，也不以市场结果来检验，而是以国家的某种经济发展目标来确定，下达的指令性计划又是法定的、必须完成的，企业等微观经济单位只要上报完成了计划指标，就算履行了自己的责任和义务。这就使得企业仅为完成计划指标而奋斗，并可能造成上报信息的失真。失真的原因在于企业出于自身利益的考虑，只选择对自己有利的信息，对自己不利的信息则尽量隐瞒。计划机构再以失真的信息为依据制定的新计划就可能更加脱离实际。这种因信息失真造成的决策失误，在计划经济体制中是屡见不鲜的。

（五）计划经济体制缺乏技术进步和技术创新机制

技术进步是经济增长的基本动力，而技术创新是技术进步转化为直接的生产力必不可少的环节，但是计划经济体制存在内在的力量阻碍经济中的技术进步和技术创新。一方面，计划经济体制缺乏推进技术进步的压力和动力。从市场经济国家的技术进步史中可知，激烈的市场竞争是技术进步的强大动力。因为没有技术创新的企业、行业、产业将在残酷的市场竞争中败下阵来。但是在计划经济体制中，由于不存在市场竞争，企业不是面对市场进行生产，产品积压和库存压力也由国家统一承担，因此企业也就没有了推进技术进步和技术创新的压力和动力。另一方面，计划经济体制缺乏技术创新的主导者企业家。企业家是工业社会技术创新的主导者，没有企业家的技术创新是不可思议的。但是计划经济体制中，由于企业是政府行政机构的附属物，因此不存在真正意义上的企业家。虽然有厂长经理，但是他们只是既定计划的执行人员，只是程序

① 吴敬琏．当代中国经济改革［M］．上海：上海远东出版社，2004：23.

化的管理人员；他们无权根据自己的知识做出自主决策，不可能也不必要从事作为创新活动重要特征的判断性决策。

三、计划经济体制建立的必然性

在分别介绍了计划经济体制的优点和弊端之后，本节分析的重点转向讨论计划经济时期的特定历史背景下中国为什么选择建立和发展计划经济体制，这种经济体制的选择是否是特定经济转型阶段上内生的制度变迁选择。建立并发展计划经济体制的必然性寓于以下几个方面：

（一）社会主义经济制度的确立与计划经济体制建立的必然性

近代中国的社会性质，是半殖民地半封建社会。从1840年鸦片战争爆发到1949年新中国成立的110年时间里，一代又一代的仁人志士为使中国摆脱“亡国灭种”的民族危机而进行了一次又一次的尝试。农民阶级发动的“太平天国”运动没有成功，地主阶级发起的洋务运动也随着甲午战争的战败而惨淡收场，资产阶级改良派主张的“君主立宪制”随着戊戌变法的失败也成为泡影，资产阶级革命派发动辛亥革命建立资产阶级共和国的努力也因北洋军阀集团的窃取而功亏一篑，国民党与共产党第一次合作虽然取得北伐战争胜利，但也因国民党内蒋介石反动集团的叛变而破裂。正是在一次又一次的失败之后，不断总结经验教训的中国人民最终抛弃地主阶级、资产阶级改良派、资产阶级革命派的主张，选择了接受马克思主义，并主动将马克思主义理论与中国革命实践相结合，选择了适合中国国情的新民主主义革命道路。新中国成立之后，自然而然地进入了新民主主义社会。但是根据马克思主义的基本理论和中国革命态势的发展，新民主主义社会显然并不是近代以来中国革命的终极目标。近代以来中国革命态势的不断发展，已经决定了通过社会主义革命迈向社会主义社会，是一百多年来中国革命唯一正确的道路选择。在中国通过新民主主义革命和社会主义革命确立社会主义经济制度的过程中，建立和发展社会主义计划经济体制的必然性也不断增强和显现：

首先，随着新民主主义革命的胜利，在全国范围内开展的土地改革运动不仅彻底摧毁了持续两千年之久的封建主义土地私有制，而且摧毁了建立在封建主义经济基础之上的农村社会上层建筑。但土地改革运动将土地分给农民的政策并没有改变土地私有制的本质，如果不能在土地改革运动的基础上向前一步，通过建立农村合作社经济将土地农民所有的土地私有制转变为土地等生产资料由合作社社员集体所有的集体所有制经济，那么封建主义土地私有制就会随着农民家庭的收入与财富两极分化而死灰复燃，新民主主义革命的成果也将随之断送。中国革命形势的发展已经决定了，要在农村捍卫新民主主义革命的成果，就必须向前一步推动社会主义革命，通过建立农业合作社的办法实现对农业的社会主义改造，彻底消除封建主义土地私有制复辟的可能性。这在当时的革命形势下，是非常必要的。同时，随着传统农业社会上层建筑的摧毁，也要求建立起适应社会主义农村社会发展需要的农村社会治理方式。在合作社经济的发展过程中，通过由初级合作社向高级合作社的转变，逐步建立起农村社会治理的新组织形式，也是顺应社会主义革命要求的必然选择。随着农业社会主义改造的成功推进，中国农业经济部门在历史上第一次突破了家庭制度的束缚，生产社会化程度空前提高，这也决定了经过社会主义改造的农业部门可以纳入全社会范围内经济计划之中，具备了通过与工业经济部门的互动来加快农业现代化的可能性。

其次，随着新民主主义革命的胜利，摧毁了帝国主义和官僚资本主义对全国人民的压迫和剥削，无产阶级与资产阶级之间的矛盾则日益上升为新民主主义社会的主要矛盾。在新中国成立之前，半殖民地半封建社会下帝国主义、封建主义和官僚资本主义相互勾结，形成压在中国人民身上的“三座大山”。在畸形的社会结构中艰难诞生并缓慢成长的民族资产阶级，与工人阶级、农民阶级存在一致的利益诉求，即推翻“三座大山”的压迫。但民族资产阶级一方面对于帝国主义、封建主义和官僚资本主义的经济压迫存在不满，另一方面又在经济利益上与帝国主义、封建主义和官僚资本主义势力存在妥协和媾和的可能性，这就决定了民族资产阶级无力领导资产阶级性质的新民主主义革命，工人阶级领导的工农联盟是推动新民主主义革命取得胜利的核心力量。在新民主主义革命后，无产阶级与民族资产阶级的矛盾就迅速凸显：一方面，民族资产阶级是社会主义革命的反对者，民族资产阶级绝对不可能成为无产阶级领导下的社会主义革命的同盟军；另一方面，民族资产阶级的软弱性决定了如果政权掌握在民族资产阶级手里，民族资产阶级无力应对帝国主义、封建主义和官僚资本主义的合力反扑，必然导致新民主主义革命成果的白白断送。这就决定了掌握国家政权的工农联盟绝不可能将国家经济命脉拱手交到民族资产阶级手中，从而让国家政权逐渐移交给软弱的民族资产阶级。只有利用无产阶级已经取得的国家政权，通过对资本主义工商业和手工业经济的社会主义改造，在消除无产阶级与民族资产阶级矛盾的同时，既捍卫新民主主义革命的成果，又推动社会主义革命的前进。而在中国的社会主义革命中，由于无产阶级已经掌握了国家政权和国民经济命脉，革命的主要任务就是通过“和平赎买”和“公私合营”等国家资本主义途径将民族资本主义工商业转变为社会主义公有制经济的组成部分。而通过国家资本主义手段取得社会主义革命的胜利之后，已经全面掌控国民经济运行的无产阶级政权直接建立计划经济体制来加强对国民经济的管理，也就成为成本最低的制度变迁选择。

显然，无论是在农村还是在城市，社会主义革命的迅速胜利使得当时的党和国家只能选择建立计划经济体制来领导和管理整个国民经济。在经历了长达百年的中国革命之后，也只有通过建立计划经济体制才能在充分组织动员全国人力、物力和财力的基础上，尽可能快地增加社会生产力总量，防止帝国主义、封建主义和官僚资本主义的卷土重来。

（二）重工业优先的工业化战略与计划经济体制建立的必然性

中国承受过一百年多年的半殖民地、半封建社会的屈辱，中国人民普遍怀有赶超西方发达国家的强烈愿望。当时上至党和国家领导人，下至人民群众，大部分人都认为采取计划经济体制，依靠已经取得的国家权力，可以充分动员和集中使用人力、物力、财力，就能够在很短的时间内实现中国的工业化和现代化。具体来说，作为一个落后的大国的领导者，中国共产党在新中国成立以后面临着采取何种发展道路和经济体制组织经济建设和推进国家现代化进程的问题。近现代一百余年惨痛屈辱的历史教训和 1950 年朝鲜战争的爆发，都使中国人民感受到建立强大国防力量的必要性和紧迫性。加之当时处于冷战时期，两大阵营尖锐对立，西方资本主义国家对新中国实行禁运和封锁。而苏联模式备受世界瞩目，以及苏联和新中国同属社会主义阵营，苏联对华友好，在此背景下，借鉴苏联的工业化经验，优先发展重工业遂成为全国上下坚定不移的信念。

重工业作为资本密集型产业，具有三个特点：一是建设周期长；二是在发展的早期，大部分设备需要从国外引进；三是初始的投资规模巨大。而当时中国作为一个落后的农业国，经济发展水平很低，由于经济结构的二元性和经济体制的不成熟性，处处感到资源供给的不足（如储蓄率低、资本匮乏、外汇短缺等），呈现出一种发展性的短缺。这就使它不能按照一般工业化的典型模式发展，而必须另择它途。这个选择必须要能较好地满足三个保证条件：一是在不能利用外部积累来源的情况下，必须倚重于内部积累。因此，对外经济的统制是必要的。二是要加速工业化，有重点地选择投资领域和项目是必要的；在轻工业难以发展的情况下，要采用以重工业为先导产业，以资源引导供给推动需求的发展。三是与上述两点相联系，强制性地限制消费以扩大积累份额也是必要的。重工业的特征与当时中国经济状况相冲突，使重工业优先的工业化战略无法通过市场机制实现。只能人为地压低资本、外汇、能源、原材料、劳动力和生产必需品以降低发展重工业的资本成本，即为适应重工业优先发展战略必须形成相应的价格扭曲的宏观政策（包括低利率政策、低汇率政策、低投入品价格政策、低工资政策以及低生活必需品价格政策等）环境。由于市场机制很难保证稀缺资源流向不具比较优势的重工业部门，因此就需要借助以计划为基本手段的资源配置制度和没有自主权的微观经营制度（包括人民公社制度和国有企业制度）来提高资源的动员能力。高度集中的计划体制显然能较好地满足重工业化的道路选择。

可见，一经选择了以优先发展重工业为目标的赶超战略，扭曲的宏观政策环境、高度集中的资源配置制度和没有自主性的微观经营机制便相继形成，这种三位一体的传统经济体制是内生的，是相互依存、互为条件的。①

第三节　计划经济时期的独立自主发展模式

计划经济时期我国经济发展模式中的一个典型特征，就是始终坚持“独立自主、自力更生”的基本原则。也正是由于坚持在“独立自主、自力更生”的基本原则下发展国民经济，中国才成功地建立起了完整的工业体系，从根本上改变了近代以来中国落后挨打的被打动局面。本节主要探讨当时的中国决定选择独立自主发展模式的时代背景、经验来源和决策必要性。

---

①　林毅夫等．中国的奇迹：发展战略和经济改革［M］．上海：上海三联书店、上海人民出版社，1994：18－54．

一、选择独立自主发展模式的时代背景

新中国成立之初，除了国内落后的经济发展水平，还面临着复杂的国际环境。国际上只有苏联和东欧、亚洲的一些社会主义国家、人民民主国家和民族独立国家承认新中国。到 1950 年 10 月新中国成立一周年之际，只有 25 个国家承认新中国，17 个国家同中国建立外交关系。而以美国为首的西方国家拒绝承认新中国，也阻挠其他国家承认新中国，阻挠恢复新中国在联合国的合法席位，并在物质产品上对社会主义的新中国实行封锁、禁运。同时，朝鲜战争、国内剿匪和国家统一，也给新中国的经济发展走向规定了一个有限的选择空间。

而就发展中国家可能选择的其他发展战略而言，当时的中国并不具备利用比较优势原则实行出口导向战略的客观条件。古典国际贸易理论和俄林模型实际说明，比较优势得以发挥并通过国际贸易增加交易双方收益的条件是具有不同相对优势的国家参加国际贸易，实行比较优势战略的核心条件是发展有优势的对外贸易。而在 20 世纪 50 年代，中国大陆的对外贸易伙伴主要是苏联和东欧国家。由于经济发展水平所限，这些国家的比较优势与中国基本相同，如发展所需的资金短缺、熟练劳动力缺乏等。这样，中国实际上就无法根据比较优势实行以劳动密集型产业为主的工业化发展战略。

在这样的历史条件下，要保证中国在政治上独立自主，就必须实现经济上的独立自主。而要实现经济上的独立自主，就必须通过优先发展重工业化来加快独立的工业体系的建立。而在资本极度匮乏和生产要素不足的国情下，要建立独立的工业体系，优先发展重工业，通过建立高度集中的计划经济体制，以集中全国有限的人才（技术力量）、资金和投资品（生产资料）进行重点建设是一个合乎历史逻辑的选择。在基于比较优势原则发展以劳动密集型产业为主的轻工业化战略不可行的现实情况下，为了优先发展重工业，搞计划经济成为当时唯一正确的选择，不存在可以替代的其他道路。

二、借鉴苏联的建设经验

发展高度集中的计划经济体制，苏联是始作俑者。在新中国成立之初经济体制的选择过程中，中国充分借鉴了苏联的经验。

苏联在 1917 年十月革命建国之时，经济水平按人均国民生产总值来看是相当低的。当时同样遭到帝国主义的封锁和国内敌对分子的战争威胁。列宁在 1917 年革命后实施战时共产主义政策，取消工农产品生产和流通中的市场关系，并强制地从农民手中征收农产品。这些政策更多地是为了支持战争，维持苏维埃政权的需要。战时共产主义政策实质上就是一种更加集中的计划经济。由于这一政策实践效果不好，大多数经济指标下降，在政治上和经济上都带来了灾难性的结果，从 1921 年开始，列宁领导的苏维埃政权实行了新经济政策，其中非公有制经济和市场机制作用的恢复是重要内容。

新经济政策并没有解决当时摆在新生的苏维埃政权面前的一个重大问题，即在苏联这样一个现代工业比重很小、农业占主要比重的国度中如何搞工业化。尽管当时发生了激烈的争论，但最终苏联还是选择了以重工业主导的发展战略，并且由此确立了计划经济体制。在 1928 年，斯大林做出两项重大决策，一是实行全面的计划经济体制，取消在当时工农业产品生产和流通中通行的市场关系；二是在农业领域中实行集体化，建立了大量的集体农庄。这一决策体现在 1929 年开始的五年计划中，由此揭开了长达 60 年的苏联计划经济体制模式的序幕。其主要背景也是为苏联的工业化发展寻求体制支持。由于苏联模式在实现工业化发展目标和赢得第二次世界大战胜利中所起的巨大作用，在战后建立的社会主义国家（主要是东欧的波兰、保加利亚、捷克斯洛伐克、民主德国、罗马尼亚、匈牙利以及南斯拉夫）也模仿苏联模式，建立起中央计划经济体制，并在一段时间内使东欧诸国在建国初期较好又较快地完成了战后经济恢复和经济发展的任务，促进了这些国家的工业化进程。

新中国成立之初，帝国主义国家的封锁和工业化水平极低的国情，也让中国面临关于如何加快工业化进程的艰难选择。在那个特定的历史环境下，以苏联为首的社会主义阵营对新中国的相对友好态度和在实行计划经济体制的过程中取得的丰富经验，都使得当时的中国在经济体制选择上更加倾向于计划经济体制。从战略上讲，一方面，选择计划经济体制意味着新中国可以获得来自社会主义阵营的更多支持，有利于摆脱新中国面临的战略孤立；另一方面，社会主义阵营在与中国相类似的历史条件下实行计划经济体制的成功经验表明，中国通过实行计划体制来迅速增强自身经济上的独立自主是可行的，也是当时历史条件下唯一的选择。

三、独立自主发展模式的必要性

在当时特殊的历史背景下，中国选择了独立自主的发展模式，对于中国经济转型与发展来说具有深远的影响。独立自主发展模式的必要性，主要体现在以下几个方面：

首先，坚持独立自主的经济发展模式，是终结近代以来中华民族所遭受的各种屈辱和劫难的物质基础。在鸦片战争之前，古代中国一直走在独立自主的发展道路之上。鸦片战争战败后，西方殖民势力的入侵使中国独立自主的发展道路被迫中断，中国失去了独立自主地走向资本主义社会的可能性，转而逐步沦为半殖民地半封建社会。从鸦片战争到新中国成立的一百余年中，由于中国不能坚持独立自主的经济发展模式，在帝国主义、封建主义和官僚资本主义的压迫之下，近代中国与西方发达国家在经济发展上的差距不断拉大，中国人民的生活水平非但没有上升，反倒因为频繁的战乱和灾害而明显下降。要解救水深火热之中的中国人民，就必须推翻帝国主义、封建主义和官僚资本主义这“三座大山”；而推翻帝国主义、封建主义和官僚资本主义这“三座大山”之后，如果不能重新确立独立自主的经济发展模式，那么帝国主义、封建主义和官僚资本主义势力就会重新集结、疯狂反扑。捍卫革命果实的紧迫性决定了选择独立自主发展模式的必要性。

其次，坚持独立自主的经济发展模式，是特殊国际环境下加快中国工业化和现代化进程的唯一选择。如前文反复提到的，新中国成立之初我国面临着极为险恶的国际环境，以美国为首的西方资本主义阵营全面围堵新生的人民共和国，新中国绝无利用自身比较优势发展外向型经济的可能性。即便是以苏联为首的社会主义阵营在新中国成立之初对华友好，但仍希望从经济和政治上控制中国，使中国成为苏联在美苏争霸中的筹码和前线。如果当时的中国不选择独立自主的经济发展模式，那么中国绝无可能在美苏争霸的险恶国际环境下维持中国在政治上的独立自主。赫鲁晓夫上台后中苏关系的迅速恶化，更是证明了党和国家的第一代领导人选择独立自主的经济发展模式是极有远见的战略选择。正是由于中国始终坚持独立自主的经济发展模式，在20世纪50年代美国霸权主义咄咄逼人的形势下，苏联才会主动地向中国提供大量的援助和支持；也正是由于中国始终坚持独立自主的经济发展模式，在20世纪70年代美苏争霸中美国被迫选择战略收缩，进而选择与中国改善关系并迅速恢复对华经贸往来。如果新中国成立之初中国没有选择独立自主的经济发展模式，那么中国决不可能在美苏争霸的格局下不断改善中国经济发展的外部环境。

最后，坚持独立自主的经济发展模式，是在中国经济转型的进程中不断增强中国经济发展可持续性的战略举措。作为世界上人口最多的发展中国家，中国经济转型与发展进程中必须解决好中国人民的生存与发展问题。而要解决中国人民的生存与发展问题，不断满足中国人民日益增长的物质文化需求，绝不能依靠他国的经济援助，只能靠中国人民在独立自主的基础之上不断发挥积极性和创造力。从中国和印度的比较来看，1949 年至 1978 年期间中印两国如果仅从人均 GDP 来看相差无几，但中国通过长期坚持独立自主的经济发展模式，在 1978 年时就已经建立了完整的工业体系，但印度由于没有选择独立自主的经济发展模式，一直未能建立起完整的工业体系，本国经济依附于西方发达国家。在 1978 年以后，随着中国在拥有完整工业体系的基础上逐渐转向对外开放，中国迅速在国际产业分工中找到了适合本国的位置，并实现了经济高速增长；但缺乏完整工业体系的印度却长期在国际产业分工中处于极其不利的位置，经济增长速度明显慢于中国。从经济转型与发展的可持续性来看，在计划经济时期选择独立自主的经济发展模式，是极其高瞻远瞩的战略部署。

第四节　计划经济时期的工业主导发展模式

从技术变迁的视角来看，重工业优先发展的工业主导经济发展模式，是计划经济时期经济发展模式的一个重要特征。本节将在近代中国的历史中寻找新中国选择加快工业化进程的原因，并在分析建国初期工业化发展所面临的环境的基础上，说明新中国为什么要选择工业主导的经济发展战略，最后考察工业主导的经济发展模式下工业与农业的关系。

一、强国之梦与中国的工业化

近代以来，中国积贫积弱，受尽西方列强的欺凌。成为现代工业化国家，屹立于世界民族之林是鸦片战争以来中华民族的梦想。为此，不同的阶级或个人进行了长期的探索。洋务派提出了“自强”与“求富”的口号，建立了一批近代军事工业和民用工业；维新派以变法图强；孙中山提出了“发展中国的工业，不论如何，必须进行”,① 为此进行了不懈的努力。但他们都没有达到目的。新中国所继承的是一个贫穷落后的经济体系，从国民经济中各产业部门的比重来看，当时中国的工业化水平不仅远低于同期世界主要工业化国家，就是与新中国成立前的历史最高水平相比也存在较大差距。新中国的领导人清醒地意识到，能否迅速恢复和发展经济，建立起比较完整的、独立的国民经济体系，是关系国家和政权生死存亡的头等大事，也是尽快让中华民族自立于世界民族之林的前提条件。因此，实现国家的工业化，优先发展重工业，几乎是发展经济、摆脱贫穷落后、臻于富强的同义语，是中国共产党人和中国人民梦寐以求的目标。实现工业化，不仅是新中国领导人为了实现富民强国的伟大目标，建设一个民主、繁荣的社会主义国家，实现社会主义救中国的一个政治选择，也是中国这个半封建半殖民地的农业国家在实现社会制度变革后走向现代化的经济发展的必由之路。经过百年抗争终于赢得民族解放和国家主权的中国人民，在20世纪50年代初期面临实现国家现代化和赶超其他国家，从而实现中华民族伟大复兴的巨大压力和挑战。而要达到现代化的目标，对中国这样的发展中国家来说，除了进行工业化，别无它途。

但是，一旦中国共产党人和中国人民在20世纪50年代初作出加快工业化进程的战略决定，就会发现中国的工业化进程事实上已经严重落后于西方国家。当18世纪下半叶英国已经开始工业革命之时，中国正处于康乾盛世末期，沉浸于天朝上国思维之中的中国人尚不知道中国已经悄然落后于西方。自19世纪中叶西方殖民者通过一次又一次侵华战争叩开中国大门之时，中国人民仍停留在“男耕女织”的田园幻梦之中，但英法等西方国家已经相继完成工业革命并成为工业化国家。当遭遇“亡国灭种”危机的中国人民决定发展工业以求富强之时，中国人民才在一次又一次的失败中意识到发展工业并不是引进一些技术、兴建几家工厂那么简单，当时的中国在内部缺乏发展工业的先进制度环境，在外部缺乏发展工业的国际和平环境。于是从甲午战争惨败到新中国成立的半个多世纪时间里，中国人民一直在为本国工业化进程营造国内外环

① 孙中山全集（第6卷）［M］. 北京：中华书局，1981：397.

境。通过新民主主义革命，中国对内推翻了帝国主义、封建主义和官僚资本主义这“三座大山”，建立起能够推动工业化进程的制度环境；对外则通过驱逐帝国主义在华势力，最终在政治上实现了独立自主。也正是由于在20世纪50年代初期，中国加快工业化进程的内外部条件都具备了，选择恰当的道路加快中国工业化进程才水到渠成。

二、以工业为主导的发展战略选择

新中国要独立、富强，就要实现工业化；而中国要实现工业化，应该走什么样的道路？从18世纪英国工业革命以来，世界各国实现工业化无非有两条道路：一条是资本主义工业化道路，其中包括英国、美国从轻工业起步的发展道路以及日本、德国在英、美发展经验的基础上，实行轻、重工业并重的发展道路；另一条是社会主义工业化道路，也就是苏联工业化道路，为了在短时期内赶上发达资本主义国家，走了一条牺牲轻工业和农业的优先发展重工业的道路。

从理论上看，我国以优先发展重工业作为工业建设的基本指导思想是根据马克思的的社会再生产理论以及列宁进一步归纳和发展的“生产资料生产优先增长规律”。按照马克思的扩大再生产理论，在技术进步和资本有机构成提高的情况下，扩大再生产客观上要求第一部类的生产即生产资料的生产要优先增长，重工业即是生产生产资料的工业部门。社会主义工业和整个国民经济的发展，需要重工业提供足够的原材料、能源和技术装备。优先发展重工业，建立强大的重工业基础，对于实现社会主义工业化，提高经济建设的自力更生能力，具有决定性的意义。

从经济发展的现实情况看，1949年，中国现代工业的产值约占工农业总产值的17%左右，而农业及副业、个体手工业和工场手工业的产值约占工农业总产值的83%左右。这种状况，不仅与欧美发达的资本主义国家不能比，就是与资本主义发展比较落后的俄国和第二次世界大战前的东欧各国相比，也是远远落后的。并且在这个薄弱的工业体系中，重工业不到30%，轻工业占全部工业的70%以上。在重工业的内部，又是门类残缺不全，互不协调；多数是采矿业，或生产初级原料的工厂；除一些从事修理和装配的工厂外，没有自己独立的机器制造业。这种状况不仅极大地影响了国家经济独立和国防巩固，也严重制约和妨碍着整个工业和国民经济的发展。再从轻工业的发展状况看，1952 年，轻工业的发展遇到很大的困难。轻工业生产的增长，主要不是受基本建设规模的影响，而是受市场因素的制约和原材料供应不足的影响。其主要表现，一是城乡居民对许多轻工业产品的购买力很低，轻工业产品的销售市场狭小；二是受自然灾害的影响，农业生产不稳定，重工业基础薄弱和发展缓慢，使得农业和重工业为轻工业提供的原料不足，造成轻工业产品的原料市场狭小，限制了轻工业的发展。因此，要想发展轻工业，必须将重工业的发展摆在优先地位；否则，会使轻工业的市场和原材料供应问题更加严重。

从国家安全的角度看，优先发展重工业，是由国防建设的客观要求所决定。中国是一个幅员辽阔、人口众多的大国。国民经济和国防建设发展所需要的重工业产品，不可能完全依靠其他国家来解决，从国家和民族的长远利益出发，中国必须建立自己的重工业体系，这不仅是由中国作为世界大国的地位决定的，而且是由中国丰富的发展重工业的资源条件决定的。而且新中国成立后不久，美国发动侵朝战争，并威胁我国安全，中国被迫进行抗美援朝战争。在卷入朝鲜战争的同时，大陆又处于与台湾反动派的军事对峙状态。此外，以美国为代表的西方资本主义国家对中国实行了政治上孤立、经济上封锁和制裁的措施，切断了正常的国际经济交往和贸易。这种政治、经济、军事态势使国防安全问题更加突出，迫切要求新生政权迅速提高国防实力，建立比较完备、独立的工业体系，而重工业则是其中的关键。正如毛泽东所说：“现在我们能造什么？能造桌子，能造茶壶、茶碗，能种粮食，还能磨成面粉，还能造纸，但是，一辆汽车、一架飞机、一辆坦克、一辆拖拉机都不能造。”① “既然我们不能制造一辆坦克、一架飞机、一门高级的大炮和一辆汽车，那我们的国防力量怎么能算是强大巩固呢？是不巩固的。”② 因此，为了保障国家的独立和国防安全，为增强国防实力，必须发展重工业，建立国防现代化的物质技术基础。优先发展重工业成为必然的选择。

在这样的历史条件下，不但决定了建立独立的工业体系是中国走向工业化过程中的首要目标，而且也确定了只有通过经济体的内部循环，走优先发展重

① 毛泽东选集（第 5 卷）[M]. 北京：人民出版社，1977：13.

② 金冲及. 周恩来传 [M]. 北京：中央文献出版社，2003：7.

工业的道路来达到这一目标。而要建立独立的工业体系，优先发展重工业，在资本极度匮乏和生产要素不足的国情中，中国建立起了高度集中的计划经济体制。在“一五”计划完成时，奠定了我国工业化体系的初步框架，也逐渐改变了我国的产业结构，重工业优先发展战略由此开端。

三、工业和农业的关系

新中国成立之初，我国仍是一个自然经济占主导地位的农业大国，生产力发展水平极端落后。1952 年，工业净产值占工农业净产值的比重只有 25.3%，工业劳动者占社会劳动者的比重只有 6%。随后确立的高度集中的计划经济体制和优先发展重工业的工业化战略对我国的工农关系产生了深远的影响。我国重工业发展战略所需的资本积累，主要来自本国的农业剩余。国家在推进工业化进程扮演了决定性的角色，先将农业剩余集中到自己手中，进而转化为工业积累。中国是在“一穷二白”的家底上，进行国家工业化建设的。农业不仅为国家工业化建设提供必要的粮食、原料、劳动力、资金（来自农业的积累），而且，农业生产发展所需要的生产资料还是工业的重要市场。因此，在发展国家工业化的进程中，必须做到工农业并举，以工业为主导，以农业为基础，实现工农业的协调发展。然而，计划经济体制下，工农业之间一直未能建立起一种均衡增长和良性循环的关系。

首先，工农业之间联系松散。一方面，中国农业长期以来基本上是一种自给半自给的自然经济，农业的商品化程度极其低下，农业部门除了向工业部门提供少量的原材料和食品外，对农业生产资料和工业消费品的需求极为有限。另一方面，为了保证快速推进工业化所需要的资金，国家来取了压低农产品价格和农民消费水平的办法。这就更加限制了农业部门对工业品的购买能力。国际经验表明，在工业不发达国家，农业部门对工业部门的市场贡献能力，随着工业化的推进会明显增大。但在我国工业化急速推进的过程中，农业部门的市场贡献能力却变动不大。根源之一就在于在重工业优先发展战略下，农业部门的资金大量流向工业部门，导致农民购买力十分有限，降低了农业生产效率。1950—1978 年，农业资金净流出额达 4500 亿元，平均每年为 155 亿元，净流出率高达 18.2%。而重工业具有通过工业内部的自身循环创造出不断扩张的社会需求的特点，可以完全独立于农村市场之外。因此，我国的工业化是一种以城市市场需求独自支撑工业增长的自我循环的工业化模式，无须农业部门为其提供多大的市场支持和过剩劳动力。

其次，从工农业之间的联系方式来看，在计划经济体制下，工业部门和农业部门都被置于国家计划的直接控制之下，两大部门间的产品流动和生产要素流动，主要不是通过市场交换去实现，而是直接由政府计划调配。从1953年开始，国家相继对粮食、棉花和油料等重要农产品实行了统购统销制度，基本上实现了对所有农产品的统制。其结果是商品市场日益萎缩，市场机制的作用范围日益缩小。实行统购统销后，农产品价格基本上冻结，不能反映正常的供求关系的变动。通过低价收购农产品这种方式，国家实际上把相当一部分农业部门的资金，甚至包括一部分农民的消费基金，无偿转移到了工业部门。计划经济体制下工农业产品价格“剪刀差”的长期存在，是农民生活水平长期低于城镇居民生活水平的一个重要原因。虽然工农业产品价格“剪刀差”对于从农业部门抽取经济剩余用于城镇工业发展起到了积极作用，但价格“剪刀差”导致的农民生活水平长期低下，也不利于农民消费资料需求的增长，从而不利于工业部门的可持续发展，使得工农业之间的比例关系协调问题成为计划经济体制下一直难以解决的棘手问题。

在传统计划经济时期，我国工农业两大物质生产部门之间的这种不良循环状态，使我们付出了沉重的代价，积累了许多难以解决的矛盾。到20世纪70年代末，工农业之间的矛盾已相当突出。其中最突出的是，一方面，在工业化急速推进过程中，传统农业的改造进程受阻，生产力水平难以提高，二元经济结构呈凝固化状态。另一方面，由于在工业化过程中从农业部门抽取的资金过多，使得农业部门的资本存量严重不足，农业自身的积累能力极其低下，物质技术基础异常脆弱。工业的发展不时地超过农业的承受能力，国民经济曾出现过几次发展缓慢甚至接近崩溃边缘的现象。

第五节　计划经济时期的城乡不平衡发展模式

计划经济时期我国经济发展模式的另一个重要特征，就是城乡二元结构下的城乡不平衡发展。城乡二元结构的形成，与我国重工业优先的经济发展模式有着内在联系。随着计划经济体制下我国重工业优先的经济发展模式不断深入，我国城乡二元结构也经历了从形成到固化的发展阶段。城乡二元结构下的城乡不平衡发展对中国经济转型与发展产生的影响，直到今天也没有完全消除。

一、重工业优先发展战略与城乡二元结构的形成

新中国成立之前，中国就存在着城乡二元经济结构，这种二元经济结构体现了发展中国家二元经济结构的共同特征。但不同的是，中国的二元经济结构不是在社会内部自发产生的，而是由列强的入侵而造成的：在二元经济中城市工业现代经济由帝国主义和买办资本主义所统治；传统的农村经济由封建地主所统治。

新中国成立之后的城乡二元经济结构，则是由计划经济条件下的经济发展战略和一系列的制度原因引起的。我国计划经济体制下采取了赶超型的重工业优先发展战略，对城市工业和重工业发展投入较大。但作为一个典型的传统农业国，我国在建国初期资本积累不足，经济总量较小，这种优先发展重工业、“抽农补工”的做法使经济结构呈现明显的城乡分化和二元结构。

由于重工业具有资本高度密集性的特点，使得以重工业优先发展为特征的赶超型发展战略与我国的劳动力丰裕、资本稀缺的资源禀赋特点相矛盾。为了保证重工业的优先发展，必须依靠一系列新的制度安排——由政府统一调配资源，政府投资和资源配置等优先保证城市和重工业发展；通过统购统销、人民公社、工农业产品价格“剪刀差”牺牲农业补偿工业，以降低发展重工业的成本；通过严格的户籍制度及其相关的配套制度控制城乡间的人口流动，以减轻工业化过程中由于劳动力的转移而形成的城市化压力。这些经济发展战略和制度使得城乡成为两个分割的市场，人为地形成二元经济结构，造成城市对农村的挤压以及工业对农业的抑制。由此造成农业技术进步缓慢，农业商品化、专业化程度很低，农民收入下降，农民生活水平长时间无法得到改善；而在城市由于政府的支持和补助，工业迅速发展，扩大了城乡之间的差距。

二、计划经济时期城乡关系的演变

1. 开放的城乡结构（1949—1952 年）

从 1949 年新中国成立到 1952 年，是我国国民经济的恢复时期。这一时期

工作的重点在国民经济的恢复。中央政府采取了在经济上允许多种经济成分并存的政策，允许富农经济存在，允许农村土地、劳动力、资本等生产要素自由流动，城乡私营工商业可以自由发展。同时，在农村实行土地改革，广大农民无偿分得了土地和其他生产资料，整个农业生产得以迅速恢复和发展。这一时期国家对城乡居民之间的互相往来和自由迁徙尚无限制，有较多的农村人口迁入城市，城市人口的比重由10.64%上升到12.46%，城市人口从5765万人增加到7163万人，增加了1398万人。在这一时期，城乡结构是开放的，城乡之间的迁移相对来说比较自由，城乡关系的发展基本上是良性的。

2. 城乡二元结构的形成和固化（1953—1978年）

与此同时，1953年我国开始实施第一个五年计划并进行大规模经济建设，由于国家投资增长过快，积累与消费、市场与计划（实质上是个体农民与国家）、农业与工业的矛盾突然以农副产品供应短缺的形式表现出来，从1953年起我国出现了粮食供应紧张。为了维护社会稳定和工业化建设的需要，从当年12月初开始在全国对粮食等农副产品实行统购统销。中央政府开始限制农村劳动力、资本、土地等生产要素流动，合作化从组织上配合统购统销制度，城乡二元结构初步形成。

1958年1月，经第一届全国人大常委会第九十一次会议通过，公布实施了《中华人民共和国户口登记条例》，标志着城乡分割的二元户籍制度以法律的形式正式建立。户籍制度将居民分为农业户口和非农业户口，限制人口的自由流动，将城乡分割为两个不同的利益群体，将农民群体限制在农村、束缚在土地上。除了很少量的升学、参军、招工等形式，农民基本失去了自由流入城市的机会。户籍制度不仅有限制人口流动的功能，而且户籍制度与粮食供给制度、副食品和燃料供给制度、生产资料供给制度、住宅制度、教育制度、就业制度、医疗制度、养老保险制度、劳动保护制度、人才制度、兵役制度、生育制度等结合在一起，使不同户籍类型的人享受不同的国家社会福利，而农民是与城镇户籍居民享受的社会福利无缘的。

1958年，我国开始人民公社化运动，实行“一大二公”的所有制结构和大锅饭的组织和分配方式。在“政社合一”的人民公社制度环境下，农村生产要素在城乡之间、产业之间、农业内部不能自由流动，而代之以政府的计划调拨和交换，极大地削弱了农民的生产积极性，束缚了生产力的发展。

在统购统销制度、户籍制度及其配套的一系列制度、人民公社化制度等制度安排下，城乡之间的联系和要素流动基本被切断，城乡之间形成了相互封闭、相互隔绝的二元结构。长期实行的城乡二元体制格局、城市偏向的城乡发展战略，造成了城乡关系、工农关系严重失衡，农村处于普遍贫困状态。1978年，我国的工业总产值是1952年的12.14倍，而农业总产值仅是1952年的3.03倍，平均年增长不到5%。[①] 大量农村资金通过各种形式流向城市，支持工业发展，为工业发展提供积累。

三、城乡不平衡发展

在传统工业化发展战略和城乡分离经济体制的作用下，中国二元经济得以形成，而且城乡发展差距不断拉大。二元经济结构虽然在短时期内保证了工业体系的快速建成，但是从长期来看却造成了严重的不良后果：一方面是城市自身功能发展不足，基础设施落后，技术停滞，工业生产在低级层次上徘徊；另一方面是农村局限于以粮食种植为主的低效而单一的土地经营，甚至连口粮生产都不足，农村和城市的差距进一步拉大。从新中国成立到改革开放初期，我国城乡居民收入比例大体保持在2.5∶1左右，1978年则为2.57∶1。

城乡差距太大、城乡关系失衡，加上城乡之间体制机制性约束，被固化的城乡二元结构严重影响了我国的城镇化进程，导致城镇化发展滞后。自新中国成立到1957年，城乡之间人口的流动相对自由，城镇化水平由1949年的10.64%上升到1957年的15.39%。此后到改革放前，这一时期是以户籍制度为核心的城乡二元结构逐步形成和固化的阶段，城乡之间人口的自由流动受到限制，明显延滞了城镇化进程。20世纪60年代的疏散、下放城市人口，“文化大革命”时期的知识青年上山下乡都对我国的城镇化水平有直接影响。1961年城镇化率为19.29%，1970年为17.38%，1978年为17.92%。从新中国成立到改革开放前我国城镇化水平长期低于20%。

城乡二元社会经济不平衡发展造成的一个客观结果是：中国的计划经济成为一种不均衡的经济。城市经济以国营经济为主体，管制程度高，管理水平也相对高；农村经济则以集体经济为主体，管制程度和管理水平均较低。二元社

① 赵保佑．统筹城乡经济协调发展与科学评价［M］．北京：社会科学文献出版社，2009.

会经济结构在严重阻滞了农村经济发展的同时，又增大了城市发展的成本，导致了城乡收入差距扩大和经济发展的严重失衡。中国农村和农业处于计划经济体制的边缘，相对于同一体制内的其他领域，效益最低、收益最少，受保护也最少，因而农村和农业也就构成了中国计划体制的薄弱环节，也使得中国经济体制改革首先始于农村和农业绝非偶然。

第八章 计划经济时期经济发展的阶段性评价

第一节 计划经济时期经济发展的阶段性任务

我国现代经济发展史上的计划经济时期，可以从1953年开始实行第一个五年计划算起，到1978年底中共十一届三中全会确定“改革开放”基本国策结束，前后共经历了25年。尽管持续时间并不算太长，却在现代中国经济发展史上取得了相当辉煌的成就。如何评价我国计划经济时期的经济发展成果，总结计划经济时期经济发展的历史教训，对于现代中国经济问题研究来说有着至关重要的意义。本书反对超出特定历史阶段实际情况的历史虚无主义评价，认为应当从计划经济时期在近现代中国经济发展总体性目标之下，根据这一历史时期具体的国内外环境，明确这一历史时期经济发展的阶段性任务，在考察经济发展的历史阶段性任务完成情况的基础上，对计划经济时期经济发展的得失做出相对客观科学的评价。

本书第三章曾提出对中国近现代经济发展史的总体性目标进行多维度的分解，并认为中国近现代经济发展史的总体性目标可以具体分解为产业变迁维度、制度变迁维度和发展理念变迁维度三个维度来加以剖析。本书还强调了在中国近现代经济发展史的历史评价过程中必须坚持总体性目标评价与阶段性目标评价相统一的原则，基于此认为在每一个具体历史阶段的经济发展绩效评价中也可以从产业变迁、制度变迁和发展理念变迁三个维度来展开。本章在对计划经济时期经济发展历程进行阶段性评价时，也将坚持从上述三个维度来展开。因此，摆在我们面前的首要任务，就是从产业变迁、制度变迁和发展理念变迁三个维度入手，把握计划经济时期产业变迁、制度变迁和发展理念变迁三个维度上的阶段性任务。从中国近现代经济发展历程的总体进程考察，在我国计划经济时期经济发展的阶段性任务主要有三：

一、以基本建立工业体系为目标的重工业化

近现代中国的工业化进程，可以追溯到19世纪70年代以后兴起的洋务运动。但由于帝国主义、封建主义和官僚资本主义的重重阻挠，以民族资产阶级为主要推动者的近代中国工业化进程屡屡受阻、发展缓慢。直到新中国成立之时，中国仍是一个以传统小农自然经济为主的落后农业国，现代工业只是零星地分布在东部沿海少数大中城市之中。从近现代中国经济发展进程的总体性目标来看，在中国共产党领导下的新中国必须把加快实现中国工业化作为产业变迁的核心目标。但在当时的历史环境下，将全面建成发达的工业国作为产业变迁的阶段性目标并不适宜。这主要是由以下两个方面原因所决定的：一方面，从国内环境来看，经历帝国主义一百多年的侵略和多年国内战乱后建立的新中国经济基础极为薄弱，要想在很短的时间内在一个农业人口比重近九成的世界人口第一大国基本实现全面工业化是非常困难的；另一方面，从国际环境来看，退出中国大陆地区的帝国主义势力对新生的人民政权采取敌视、封锁的态度，当时的中国除了执行“一边倒”的外交政策之外，就再无更多机会参与国际市场并利用国际资源。

在产业变迁维度上，计划经济时期的中国只能将“以基本建立国民工业体系的重工业化”作为该历史时期产业变迁的阶段性任务。这一历史时期阶段性任务主要包含以下两个方面内容：

第一，作为一个刚刚从战乱中走出来的落后农业国，基本建立工业体系是实现全面工业化的先决条件和必经阶段。只有集中全国之力建设一个门类相对齐全的工业体系，才有可能为发展更高层次的工业化奠定经济基础。同时，作为一个受到帝国主义封锁的落后农业国，并不可能像英美等西方国家那样先从某个产业的机械化起步，在一百多年时间里缓慢地完善其工业体系；中国必须

在较短的时间内基本建立门类相对齐全的工业体系，才能具备抵御帝国主义侵略与颠覆的经济基础。这就决定了不论这一历史时期实行怎样的经济体制，都必须将基本建立门类齐全的工业体系作为产业变迁的阶段性目标。

第二，从世界工业发展的潮流来看，中国只能走“先发展重工业，后发展轻工业”的重工业化道路。率先进行工业革命的英国、法国和美国等国家，都是先发展轻工业再发展重工业，逐步建立轻重工业兼备的工业体系，并按部就班地实现工业体系的机械化和电气化。显然，作为一个赶超型后发经济体，中国不可能像西方发达国家那样有上百年的时间去形成和完善本国的工业体系，既必须也可能在吸收其他国家工业化有益成果的基础上，基本建立一个门类齐全的、实现电气化的工业体系。工业体系电气化的前提是拥有门类齐全的重工业部门，能够为社会扩大再生产提供丰富的生产资料。这就决定了这一历史时期工业体系的建立必须以重工业化为突破口。

在对计划经济时期产业变迁维度的阶段性评价过程中，必须围绕“以基本建立国民工业体系的重工业化”为核心的阶段性任务来进行。一方面考察这一历史阶段工业化进程是否朝着“以基本建立国民工业体系的重工业化”这一阶段性任务靠近，另一方面也考察这一历史阶段产业变迁阶段性任务的完成对于下一阶段性目标的确立所创造的条件和带来的影响。这两个方面因素都是计划经济时期产业变迁维度上阶段性目标评价的指标选取中应当考虑的。

二、以打破传统小生产者经济为目标的生产社会化

正如本书第三章指出的那样，如果从制度变迁维度来看，近现代中国经济发展历程的制度变迁应当是以市场化作为总体性目标。事实上，自 1840 年鸦片战争以来，逐步沦为半殖民地半封建社会的中国被动地开始了以市场化为主线的制度变迁过程。但在新中国成立以前，中国的市场化进程一直极其缓慢：一是由于封建地主制经济顽固存在，占人口绝大多数的农民被束缚于土地之上，资本主义因素向小农经济盛行的广大农村地区渗透的过程异常缓慢；二是由于帝国主义和官僚资本主义的压迫排挤，在经济上和政治上都不占统治地位的民族资产阶级根本无力主导近代中国以市场化为目标的制度变迁过程。在通过新民主主义革命建立新中国之后，如果不通过社会主义改造实现新民主主义社会向社会主义社会的过渡，依靠民族资本主义的缓慢发展来推动以市场化为

目标的制度变迁，是不行的。从近现代中国经济发展的总体性目标来看，以工业化为主线的产业变迁过程必然伴随着以市场化为主线的制度变迁过程，两者相辅相成，相互促进。但新中国成立之时在推进市场化方面遇到的困境，如不能加以解决就将阻碍当时中国重工业化的发展，寻找一条“曲线”制度变迁道路就成为了当时的唯一选择。

在制度变迁维度上，计划经济时期的中国只能将“以打破传统小生产者经济为目标的生产社会化”作为该历史时期发展理念变迁的阶段性任务。这一历史时期阶段性任务主要包含以下两个方面内容：

第一，打破传统小生产者经济是加快工业化进程的必要制度匹配，这一历史时期经济体制的选择必须以打破传统小生产者经济作为制度设计的根本原则和主要目标。纵观西方国家的工业化历程，一个国家的资本主义因素只有在农业领域打破自给自足的小农经济，在手工业领域打破封建行会制度下的小手工业经济，这个国家的工业化才能进入“起飞”阶段。近代中国经济发展走过的扭曲道路决定了孱弱的民族资本主义不可能打破在当时占据主导地位的传统小生产者经济，这也恰是近代中国工业化进程缓慢的制度根源所在。这就决定了计划经济时期经济体制的选择必须以在城市和农村打破传统小生产者经济为出发点和落脚点，同时也必须将是否成功打破传统小生产者经济作为评价这一历史时期制度设计绩效的基本标准。

第二，计划经济时期建立的计划经济体制并不违背“生产社会化”的阶段性目标，更是为实现制度变迁总体性目标而选择的阶段性曲线变迁路径。在通过“三大改造”建立起社会主义市场经济体制的过程中，不仅消灭了近代中国孱弱的民族资本主义，更打破了近代中国居于主导地位的传统小生产者经济。计划经济体制的建立看似是对以市场化为主线的制度变迁总体性目标的背离，实则是绕过了近代中国制度变迁的“死结”，通过促进生产社会化为后来推动市场化进程创造了条件。在打破传统小生产者经济之后和市场经济体制物质基础具备之前，就必然需要创造性地进行一些制度设计，建立适应不断发展的生产社会化要求的经济组织与经济体制。这就为我们客观评价计划经济时期制度变迁提供了新的视角和新的标准。

在计划经济时期制度变迁维度的阶段性评价过程中，必须围绕“以打破传统小生产者经济为目标的生产社会化”为核心的阶段性任务来进行。特别是在评价指标的选取和评价体系的构建过程中，就不能简单地以市场化程度作为评价的标准。计划经济时期制度变迁维度的阶段性评价必须以生产社会化程度作为评价标准，这恰恰是由这一历史时期制度变迁的阶段性任务所决定的。

三、以探索中国道路为目标的发展理念现代化

在漫长的封建社会中，作为统治阶级代表的封建王朝一直坚持“外儒内法，兼之以道”的统治哲学，在经济领域长期坚持“重农抑商”的发展理念。鸦片战争之后，逐渐沦为半殖民地半封建社会的中国却陷入了发展理念的混乱。“落后挨打”的境地意味着传统的发展理念已经不合时宜，而要实现“民族独立，国富民强”的目标究竟需要怎样的新发展理念，则是近代中国社会一直争论不休的问题。经过一百多年的摸索，中国共产党领导下新民主主义革命的胜利意味着社会主义发展理念脱颖而出，成为现代中国经济发展理念变迁的唯一选择。随着新中国的成立，新的问题也浮出水面，与“以基本建立国民工业体系的重工业化”为任务的产业变迁和“以打破传统小生产者经济为目标的生产社会化”为任务的制度变迁相适应的，应当是怎样的发展理念变迁道路。

在发展理念变迁维度上，计划经济时期的中国将“以探索中国道路为目标的发展理念现代化”作为该历史时期发展理念变迁的阶段性任务。这一历史时期阶段性任务主要包含以下两个方面内容：

第一，探索中国道路是这一时期乃至以后时期发展理念变迁的目标和主线。从近代中国经济发展理念变迁历程就可以看出，“西学为体，中学为用”的保守发展理念并不能推动近代中国的工业化与市场化，“全盘西化”的激进发展理念由于脱离中国实际而对推动近代中国工业化与市场化毫无裨益；在马克思主义传入中国之后，教条主义的“城市暴动”路线也没能从根本上触动封建主义、帝国主义和官僚资本主义对中国经济的扭曲统治。只有当马克思主义与中国具体国情相结合，创造性地提出“农村包围城市”的新民主主义革命路线之后，近代中国经济发展面临的政治障碍才被彻底扫除。我国计划经济时期最核心的问题是如何建设社会主义经济，而在一个人口众多、生产力落后的国家建设社会主义经济，并没有现成的经验可以照搬。计划经济时期发展理念的变迁仍要以探索中国道路为目标。

第二，发展理念的现代化是对计划经济时期经济发展理念变迁提出的新的时代要求。一方面，计划经济时期经济发展理念可以吸收西方资本主义国家以及苏联东欧社会主义国家经济发展理念的先进内容，这些先进内容集中体现在如何更好更快地实现一个国家的现代化上。另一方面，计划经济时期经济发展理念变迁对中国道路的探索，核心问题是如何实现中国的全面现代化，特殊之处则在于如何以最小的成本代价实现中国的跨越式发展。发展理念的现代化要求既不能脱离历史，又要开创新的历史。

在计划经济时期发展理念变迁维度的阶段性评价过程中，必须围绕“以探索中国道路为目标的发展理念现代化”为核心的阶段性任务来进行。不能以今天的视角来评价当时形成的发展理念是先进还是落后，是正确还是错误。一方面应当从具体历史条件出发，考察当时提出的发展理念是否对计划经济时期的产业变迁和制度变迁起到促进作用。另一方面也应从发展的视角出发，考察当时提出的发展理念对于未来历史时期发展理念的形成与演进是否起到了借鉴与启示作用。

第二节　计划经济时期的产业变迁

一、计划经济时期产业变迁的评价标准

如前文指出的那样，计划经济时期产业变迁维度上的阶段性任务主要是以基本建立工业体系为目标的重工业化。对于计划经济时期产业变迁成败的评价标准，就必须紧密围绕这一阶段性任务来设定。对计划经济时期产业变迁的评价，主要从以下四个方面来展开：

一是产业结构变迁方面。考察计划经济时期产业结构变迁是否合理，或者说计划经济时期产业结构变迁是否达到了重工业化的阶段性目标，就要从工业与其他产业之间的结构关系，以及工业内部轻重工业之间的结构关系来把握。计划经济时期产业结构的变迁直接表现为工业部门特别是重工业部门在国民经济中重要性的上升。这种产业结构关系的变化可以从两个方面观察到：一方面，第二产业以及第二产业中工业的增加值在国内生产总值的比重呈现持续上

升的态势，并伴随着第一产业增加值比重的持续下降；另一方面，在轻工业与重工业产值均持续增长的同时，重工业产值增长速度要快于轻工业产值增长速度，从而重工业与轻工业在工业产值中的比重关系发生变化。从工业与其他产业之间结构变迁的视角，可以选取国内生产总值中第一产业增加值比重、第二产业增加值比重、工业增加值比重来衡量；从工业内部轻重工业直接结构变迁的视角，可以选取重工业产值、轻工业产值、重工业—轻工业产值比来衡量。

二是产业规模变迁方面。工业化过程的一个重要特点，就是随着工业化的推进，工业产品的产量持续增长。考察计划经济时期以基本建立工业体系为目标的重工业化过程，除了观察产业结构变迁的特点，还必须观察这个时期产业规模变迁的方向和进度是否符合计划经济时期阶段性任务的要求。须注意的是，即使计划经济时期产业变迁的阶段性任务是重工业化，但也不意味着对产业规模变迁的考察可以忽略轻工业的发展。在具体考察中，一方面必须选取原煤、原油、发电量、粗钢、化肥、集成电路等生产资料产品产量指标来考察重工业规模变迁，另一方面也必须选取化学纤维、家用洗衣机、家用电冰箱、彩色电视机、房间空气调节器等生活资料产品产量指标来考察轻工业规模变迁。

三是产业基础设施方面。工业化的持续推进必须以产业基础设施的建立与完善为前提，离开了完善产业基础设施的工业化进程是不可持续的工业化进程。对计划经济时期产业变迁维度的阶段性评价中，还必须对计划经济时期产业基础设施建设进行考察。在所有的产业基础设施中，交通基础设施是最易统计和最具指示性的指标；同时，交通基础设施的完善程度既是对工业化水平的有效后验指标，也是对工业化发展潜力的重要先验指标。选取交通基础设施指标，既可以较好地反映一个时期内产业基础设施的建设与完善情况，又可以显示产业基础设施与产业变迁潜力之间的关系。本书考察产业基础设施状况所选取的指标包括：铁路营业里程、公路里程、内河航道里程、定期航班航线里程、管道输油（气）里程。

四是传统产业改造方面。仅仅建立工业体系并不是工业化的全部内容，在工业化推进过程中必须将改造传统产业作为工业化的重要任务之一。计划经济时期产业变迁维度的阶段性任务虽然是以基本建立工业体系为目标的重工业化，但这并不意味着就可以为了发展重工业而忽视对传统产业的改造。在新中国成立之初，最迫切需要改造的传统产业正是在中国已经延续了数千年的传统农业，农业机械化水平是衡量传统农业改造成效的主要指标。为全面反映计划经济时期农业机械化水平，既选取了农作物播种面积、农业机械总动力、有效灌溉面积、化肥施用量、农村用电量等绝对指标，也选取了有效灌溉面积占农作物播种面积的比重、单位播种面积农业机械总动力、单位播种面积化肥使用量、单位播种面积农村用电量等相对指标。

二、计划经济时期的产业结构变迁

我国计划经济时期产业结构变迁的方向与以基本建立工业体系的重工业化目标保持一致，但在产业结构变迁的路径上也存在发展中的曲折反复，并形成了一些经验教训：

一方面，计划经济时期工业增加值比重的上升趋势与重工业化的要求相一致，但工业增加值比重的上升趋势曾一度遭到破坏。从图 8-1 可见，在 1952—1960 年间，国内生产总值中第一产业增加值比重与第二产业增加值比重呈现出较为明显的负相关关系；从图 8-2 也可以看出，1952—1960 年间工业增加值比重与第二产业增加值比重保持了一致的上升趋势，表明 1953 年起的两个五年计划促进了我国工业体系的建立，带动了工业化水平的快速提高。但 1960 年因“大跃进”失败导致的工业增加值比重和第二产业增加值比重骤然下跌，使得工业增加值比重和第二产业增加值比重的上升趋势在 1961—1968 年间被打破，直到 1969 年以后工业增加值比重和第二产业增加值比重的上升趋势才得到恢复，第一产业增加值比重与第二产业增加值比重的负相关关系也得以重新显现。虽然在 1958—1960 年间由于“大跃进”导致国民经济比例失调，对新中国刚刚起步的工业化进程造成了一定损害；但 1978 年第二产业增加值比重上升到 47.87%，比 1952 年增加了 26.99%，工业增加值比重上升到 44.08%，比 1952 年增加了 26.44%，第一产业增加值下降到 28.18%，比 1952 年减少了 22.77%。表明计划经济时期产业结构变迁的趋势是在曲折中前行。

另一方面，计划经济时期轻重工业产值均保持了增长的趋势，重工业化趋势明显，但重工业相对于轻工业来说增长过快的问题也得到了一定程度的控制。在 1949—1960 年间，受益于新中国成立之后较为安定的经济发展环境和社会主义改造、国民经济五年计划的相继推出，中国工业经济迎来了前所未有

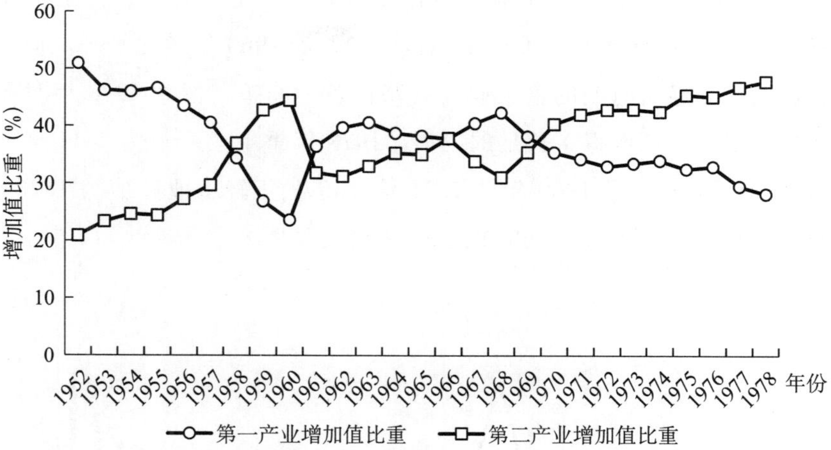

图 8－1　1952—1978 年国内生产总值中第一产业、第二产业增加值比重变化

资料来源：国家统计局．新中国六十年统计资料汇编［M］．北京：中国统计出版社，2010.

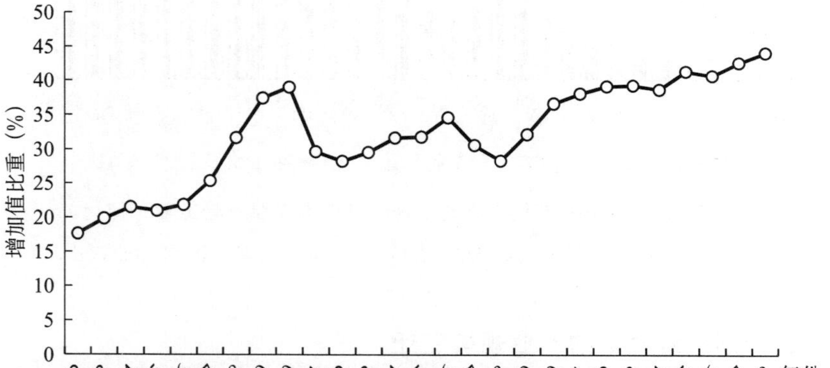

图 8－2　1952—1978 年国内生产总值中工业增加值比重变化

资料来源：国家统计局．新中国六十年统计资料汇编［M］．北京：中国统计出版社，2010.

的高速增长。但自第一个五年计划起我国就推行了重工业优先发展的工业化战略，虽然轻重工业均呈现出产值增长的良好态势，但重工业产值增长快于轻工业，这与计划经济时期以基本建立工业体系为目标的重工业化的要求一致。但 1958—1960 年间的“大跃进”中过度强调发展重工业，导致轻重工业比例关系出现失调，1960 年重轻工业产值比例达到 1.99∶1。在随后的国民经济调整时期，重轻工业产值比出现了显著的下滑，这与计划经济时期重工业化的要求有所背离。1969年后，重轻工业产值比才重新出现上升趋势，但上升速度较为缓慢，直到1978年重轻工业产值比也没有达到1960年时的水平。值得肯定的是，虽然计划经济时期的重工业发展路径较为曲折，但到1978年时无论是轻工业还是重工业都取得了长足的发展。1978年重工业产值为2411亿元，是1949年的65.16倍，是1960年的2.21倍；1978年轻工业产值为1826亿元，是1949年的17.73倍，是1960年的3.34倍（见图8-3）。

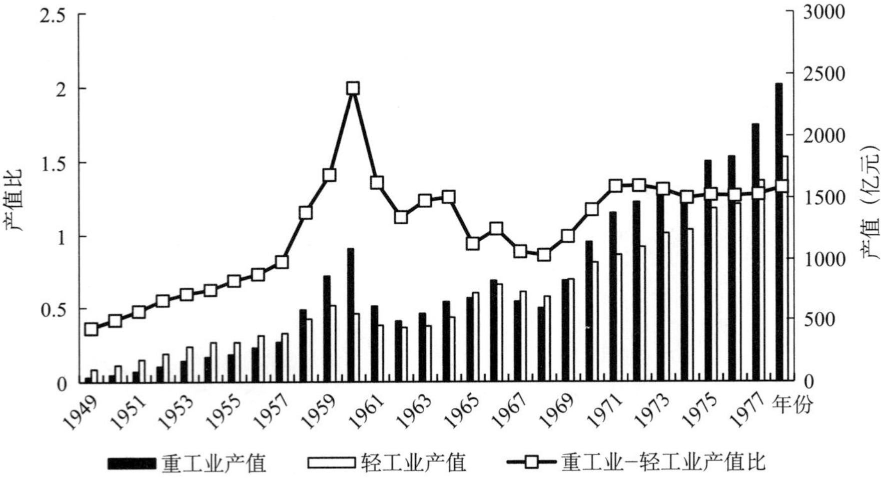

图8-3　1949—1978年轻重工业产值与重工业—轻工业产值比

资料来源：国家统计局．新中国六十年统计资料汇编［M］．北京：中国统计出版社，2010.

三、计划经济时期的产业规模变迁

计划经济时期产业规模变迁与以基本建立工业体系的重工业化目标保持了一致，不仅重工业产品产量大幅增长，而且轻工业产品产量也有明显增长。产业规模变迁还表现为与自动化相关的新兴产业开始萌芽并发展，具体表现为两个方面：

一方面，在重工业化过程中，以生产资料产品生产为主的重工业取得了长足发展，产品产量显著提高，为形成独立自主的国民工业体系奠定了基础。从表8-1可见，1940—1960年原煤、原油、发电量、粗钢、化肥这几种主要的生产资料产品都出现了产量快速增长的趋势，1960年时原煤产量3.97亿吨，原油产量520万吨，发电量594亿度，粗钢1866万吨，化肥40.5万吨，分别是1949年的12.4倍、43.3倍、13.8倍、116.6倍、67.5倍。但在随后的国民经济结构调整中，主要生产资料产品产量均有下降，经历了若干年的调整之后才再次超过1960年时的水平。但1978年时，主要生产资料产品产量都已经跨上了一个新的台阶，产量水平远远超出1960年时水平。1978年时原煤产量6.18亿吨，原油产量10405万吨，发电量2566亿度，粗钢3178万吨，化肥869.3万吨，分别是1960年的1.56倍、20倍、4.32倍、1.7倍、21.46倍。不仅如此，与自动化和信息化密切相关的集成电路工业从无到有，1967年集成电路产量为2万块，到1978年时产量已经增加到3041万块。从主要生产资料产品产量的变化趋势可以看出，计划经济时期推进重工业化所要达到的基本建立国民工业体系的目标已经达到，产业变迁的阶段性任务基本完成。

表8-1　　1949—1978年主要生产资料产品产量

年份	原煤（亿吨）	原油（万吨）	发电量（亿度）	粗钢（万吨）	化肥（万吨）	集成电路（万块）
1949	0.32	12	43	16	0.6	
1950	0.43	20	46	61	1.5	
1951	0.53	31	57	90	2.8	
1952	0.66	44	73	135	3.9	
1953	0.7	62	92	177	5	
1954	0.84	79	110	223	6.7	
1955	0.98	97	123	285	7.9	
1956	1.1	116	166	447	11.1	
1957	1.31	146	193	535	15.1	
1958	2.7	226	275	800	19.4	
1959	3.69	373	423	1387	26.6	
1960	3.97	520	594	1866	40.5	
1961	2.78	531	480	870	29.7	
1962	2.2	575	458	667	46.4	
1963	2.17	648	490	762	64.8	
1964	2.15	848	560	964	100.8	
1965	2.32	1131	676	1223	172.6	
1966	2.52	1455	825	1532	240.9	
1967	2.06	1388	774	1029	164.1	2
1968	2.2	1599	716	904	110.9	8
1969	2.66	2174	940	1333	174.9	78
1970	3.54	3065	1159	1779	243.5	423

续表

年份	原煤（亿吨）	原油（万吨）	发电量（亿度）	粗钢（万吨）	化肥（万吨）	集成电路（万块）
1971	3.92	3941	1384	2132	299.4	406
1972	4.1	4567	1524	2338	370.1	264
1973	4.17	5361	1668	2522	459.2	186
1974	4.13	6485	1668	2112	422.2	388
1975	4.82	7706	1958	2390	524.7	579
1976	4.83	8716	2031	2046	524.4	
1977	5.5	9364	2234	2374	723.8	
1978	6.18	10405	2566	3178	869.3	3041

资料来源：国家统计局．新中国六十年统计资料汇编［M］．北京：中国统计出版社，2010.

另一方面，虽然计划经济时期实行的是重工业优先的工业化战略，但生活资料工业也同样取得了可喜的成就，为后续的市场经济时期人民生活水平的快速改善打下了良好的基础。从表 8-2 可以看出，20 世纪 70 年代之前，我国部分高端生活资料产品产量增长较慢。1957 年时化学纤维产量仅 0.02 万吨，到 1970 年时产量增加到 10.09 万吨；1965 年时家用电冰箱产量仅为 0.03 万台，到 1970 年时产量增加到 0.52 万台。总体来看，这一时期高端生活资料产品产量虽有增长，但产量规模不大，对于实现提高广大人民群众生活水平的目标所起到的作用非常微弱。而家用洗衣机、彩色电视机和房间空气调节器等家电工业尚未起步。1971 年以后，我国高端生活资料工业发展速度开始加快，这主要表现在化学纤维产量从 1971 年的 11.99 万吨增加到 1978 年的 28.46 万吨，家用电冰箱产量从 1971 年的 0.61 万台增加到 1978 年的 2.8 万台，彩色电视机产量由 1971 年的 0.02 万台增加到 1978 年的 0.38 万台。家用洗衣机和房间空气调节器工业更是从无到有，1978 年时开始量产。这些成就表明，计划经济时期人民生活水平普遍偏低很大程度上是由生产力不发达造成的。随着计划经济时期以基本建立工业体系为目标的重工业化任务逐渐完成，生产资料工业的发展为生活资料工业的发展创造了物质基础和技术条件。这也是为什么 20 世纪 70 年代以后我国生活资料工业产量规模加速增长的根本原因所在。而 20 世纪 70 年代以后我国生活资料工业的兴起也表明，计划经济时期产业变迁维度上的阶段性目标已经基本完成，生产力的发展要求在产业变迁维度上确立新的阶段性目标。

表 8-2　　　　1956—1978 年部分高端生活资料产品产量

年份	化学纤维（万吨）	家用洗衣机（万台）	家用电冰箱（万台）	彩色电视机（万台）	房间空气调节器（万台）
1956			0.03		
1957	0.02		0.16		
1958	0.03		0.26		
1959	0.54		0.34		
1960	1.06		0.36		
1961	0.53		0.11		
1962	1.36		0.09		
1963	1.89		0.14		
1964	3.21		0.17		
1965	5.01		0.3		
1966	7.58		0.54		
1967	5.22		0.59		
1968	3.6		0.67		
1969	6.66		0.66		
1970	10.09		0.52		
1971	11.99		0.61	0.02	
1972	13.73		0.76	0.01	
1973	14.88		1	0.07	
1974	14.26		1.34	0.24	
1975	15.48		1.8	0.29	
1976	14.61		2.12	0.28	
1977	18.98		2.46	0.25	
1978	28.46	0.04	2.8	0.38	0.02

资料来源：国家统计局．新中国六十年统计资料汇编［M］．北京：中国统计出版社，2010.

四、计划经济时期的产业基础设施

计划经济时期我国产业基础设施建设也取得了显著成就。产业基础设施建设成就的取得，一方面有力地促进了我国计划经济时期工业化的推进，另一方面可以归因于计划经济时期我国的加速工业化为产业基础设施建设创造了良好的工业基础。从交通基础设施的建设情况来看，计划经济时期产业基础设施建设也呈现出以下两个方面特点：

一方面，现代化交通基础设施建设取得显著成就，受“大跃进”错误的影响较小。铁路、公路、航空和管道运输等交通运输方式，是两次工业革命的成果结晶，这些现代化交通运输方式的发展既是衡量某一阶段工业化发展水平的重要标尺，又是考察未来一段时期内工业化发展潜能的有效指标。在计划经济时期，我国工业化的推进为现代化交通基础设施建设提供了物质基础。1978年，我国铁路营业里程达到5.17万公里，是1949年的2.37倍；公路里程达到89.02万公里，是1949年的11.02倍；定期航班航线里程达到14.89万公里，是1950年的13.06倍；管道输油（气）里程达到0.83万公里，是1958年的41.5倍（见表8-3）。除公路里程和定期航班航线里程在1961—1963年间略有减少以外，铁路营业里程和管道输油（气）里程均保持了增长态势。这在很大程度上也是因为交通基础设施建设投资一旦完成，新的交通基础设施需要很长时间才能完成全部折旧，受短期经济结构调整的影响较小。但从1964年起，我国交通基础设施建设全面好转，维持了持续增长和积累的良好态势。

表8-3　1949—1978年我国主要交通基础设施建设情况　单位：万公里

年份	铁路营业里程	公路里程	内河航道里程	定期航班航线里程	管道输油（气）里程
1949	2.18	8.08	7.36		
1950	2.22	9.96	7.36	1.14	
1951	2.23	11.44	7.36	1.12	
1952	2.29	12.67	9.5	1.31	
1953	2.38	13.71	9.5	1.40	
1954	2.45	14.61	9.5	1.52	
1955	2.56	16.73	9.99	1.55	
1956	2.65	22.63	10.36	1.91	
1957	2.67	25.46	14.41	2.64	
1958	3.02	42.18	15.2	3.30	0.02
1959	3.23	50.79	16.3	3.72	0.02
1960	3.39	51.95	17.39	3.81	0.02
1961	3.45	47.74	17.22	3.91	0.02
1962	3.46	46.35	16.19	3.53	0.02
1963	3.5	47.51	15.72	3.58	0.03
1964	3.69	47.92	15.69	3.85	0.03
1965	3.8	51.45	15.77	3.94	0.04
1966	3.93	54.36	14.72	3.94	0.07
1967	3.86	55.75	14.78	4.45	0.08
1968	3.88	57.17	14.78	4.01	0.09

续表

年份	铁路营业里程	公路里程	内河航道里程	定期航班航线里程	管道输油（气）里程
1969	4.17	60.06	14.81	3.99	0.1
1970	4.37	63.67	14.84	4.06	0.12
1971	4.53	67.54	14.16	4.21	0.2
1972	4.63	69.99	14.06	4.25	0.23
1973	4.66	71.56	13.88	4.54	0.34
1974	4.75	73.79	13.74	8.13	0.42
1975	4.86	78.36	13.56	8.42	0.53
1976	4.91	82.34	13.74	9.78	0.63
1977	5.06	85.56	13.74	13.21	0.67
1978	5.17	89.02	13.6	14.89	0.83

资料来源：国家统计局．新中国六十年统计资料汇编［M］．北京：中国统计出版社，2010.

另一方面，传统交通基础设施有所改善，但其在产业基础设施中的重要性随着工业化的持续推进而逐渐减弱。以内河航道里程为例（见表8－3），在新中国成立初期，随着战后重建的完成和工业化的起步，内河航道里程一度呈现出上升趋势。1949年内河航道里程为7.36万公里，到1960年则增加到17.39万公里，增加了2.36倍。但随着我国铁路、公路、航空和管道运输方式的逐步发展完善，内河运输在工业原材料与制成品运输中的重要性开始下降，内河航道里程从1961年起就开始趋于萎缩。到1978年时，我国内河航道里程下降为13.6万公里，比1960年减少了21.79%；但1978年我国内河航道里程仍比1949年时要长得多。不同类型交通基础设施之间的结构关系变化也间接地表明，我国计划经济时期工业化水平的不断提高促使产业结构发生了深刻变化。

五、计划经济时期的传统产业改造

计划经济时期传统产业改造的成就集中体现在农业的机械化与现代化方面。计划经济时期农业机械化水平的提高，是与农业生产规模的扩大相伴随的，农业生产条件的持续改善，也为我国农作物产量的增长和人口的增加提供了物质条件。

一方面，我国农业生产规模扩大的同时，农业生产资料的现代化水平也在快速提高。从表8－4可见，我国农作物播种面积由1949年的142486千公顷增加到1956年的159172.67千公顷；但随后的十多年里我国农作物播种面积开始缓慢减少，到1968年时下降到139827.33千公顷；1969年以后我国农作物播种面积又开始缓慢增加，但1978年农作物播种面积为150104.07千公顷，未超过1956年的水平。这表明依靠开垦土地来扩大农业生产规模的粗放型农业经济增长方式已经触及极限，农业生产规模的进一步扩大需要由粗放型农业经济增长方式向集约型农业经济增长方式转变。要实现农业经济增长方式的转变，就必须在土地之外投入更多的现代化农业生产资料。计划经济时期，我国农业生产资料的数量也在迅速提升。1952年时，农业机械总动力为18.4万千瓦，有效灌溉面积为19959千公顷，化肥施用量为7.8万吨，农村用电量为0.5亿度；1965年时，农业机械总动力增加到1098.84万千瓦，有效灌溉面积增加到33055千公顷，化肥施用量增加到194.2万吨，农村用电量增加到37.1亿度，农业生产资料现代化水平比1952年有显著提高；到1978年时，农业机械总动力增加到11749.9万千瓦，有效灌溉面积增加到44965千公顷，化肥施用量增加到884万吨，农村用电量增加到253.1亿度，农业生产资料现代化水平再上一个新台阶（见表8-4）。

表8-4　1949—1978年我国农业生产规模与农业生产资料使用情况

年份	农作物播种面积（千公顷）	农业机械总动力（万千瓦）	有效灌溉面积（千公顷）	化肥施用量（万吨）	农村用电量（亿度）
1949	124286.00				
1950	128826.00				
1951	132860.00				
1952	141256.00	18.40	19959.00	7.80	0.50
1953	144035.33				
1954	147925.33				
1955	151081.33				
1956	159172.67				
1957	157244.00	121.40	27339.00	37.30	1.40
1958	151994.67		32791.00	54.60	2.40
1959	142404.67		35010.00	53.80	3.80
1960	150642.00		35083.00	66.20	6.90
1961	143214.00		32078.00	44.80	10.30
1962	140228.67	757.00	30545.00	63.00	16.10
1963	140218.00		30060.00	104.30	24.30
1964	143531.33		31518.00	129.00	27.80
1965	143290.67	1098.84	33055.00	194.20	37.10

续表

年份	农作物播种面积（千公顷）	农业机械总动力（万千瓦）	有效灌溉面积（千公顷）	化肥施用量（万吨）	农村用电量（亿度）
1966	146828. 67				
1967	144942. 67				
1968	139827. 33				
1969	140944. 00				
1970	143487. 33	2165. 31	36000. 00	351. 20	95. 70
1971	145684. 00		36441. 00	364. 70	104. 50
1972	147918. 67		38005. 00	420. 70	132. 80
1973	148547. 33	4782. 95	39223. 00	511. 10	139. 90
1974	148635. 33	5930. 33	41269. 00	485. 80	156. 10
1975	149545. 33	7478. 55	43284. 00	536. 90	183. 10
1976	149722. 67	8629. 61	44981. 00	582. 80	204. 80
1977	149333. 33	10261. 68	44999. 00	648. 00	221. 90
1978	150104. 07	11749. 90	44965. 00	884. 00	253. 10

资料来源：国家统计局．新中国六十年统计资料汇编［M］．北京：中国统计出版社，2010.

另一方面，随着农业生产资料投入的现代化，农业生产中生产要素投入也在发生改变。表 8 - 5 显示了 1952—1978 年间农业生产的生产要素投入的变化情况。有效灌溉面积在农作物播种面积中的比重由 1952 年的 14. 13% 提高到 1978 年的 29. 96%，单位播种面积农业机械总动力由 1952 年的 1. 3 千瓦/千公顷提高到 1978 年的 782. 78 千瓦/千公顷，单位播种面积化肥施用量由 1952 年的 0. 55 吨/千公顷提高到 1978 年的 58. 89 吨/千公顷，单位播种面积农村用电量由 1952 年的 0. 04 万度/千公顷提高到 1978 年的 16. 86 万度/千公顷。从农业生产中生产要素投入比的变化可以看出，计划经济时期农业生产资料投入的现代化对农业经济增长方式的转变和农业现代化水平的提高起到了积极作用。但是由于农村国土广阔，农民人数众多，农业经济增长方式转变与农业现代化水平提高的任务仍很繁重，计划经济时期并没有完全实现农业经济增长方式的转变和农业的基本现代化。

表 8 - 5　　　　1952—1978 年农业生产的生产要素投入情况

年份	有效灌溉面积在农作物播种面积中的比重（%）	单位播种面积农业机械总动力（千瓦/千公顷）	单位播种面积化肥施用量（吨/千公顷）	单位播种面积农村用电量（万度/千公顷）
1952	14. 13	1. 30	0. 55	0. 04
1957	17. 39	7. 72	2. 37	0. 09

续表

年份	有效灌溉面积在农作物播种面积中的比重（%）	单位播种面积农业机械总动力（千瓦/千公顷）	单位播种面积化肥施用量（吨/千公顷）	单位播种面积农村用电量（万度/千公顷）
1958	21.57		3.59	0.16
1959	24.58		3.78	0.27
1960	23.29		4.39	0.46
1961	22.40		3.13	0.72
1962	21.78	53.98	4.49	1.15
1963	21.44		7.44	1.73
1964	21.96		8.99	1.94
1965	23.07	76.69	13.55	2.59
1970	25.09	150.91	24.48	6.67
1971	25.01		25.03	7.17
1972	25.69		28.44	8.98
1973	26.40	321.98	34.41	9.42
1974	27.77	398.98	32.68	10.50
1975	28.94	500.09	35.90	12.24
1976	30.04	576.37	38.93	13.68
1977	30.13	687.17	43.39	14.86
1978	29.96	782.78	58.89	16.86

资料来源：国家统计局．新中国六十年统计资料汇编［M］．北京：中国统计出版社，2010.

六、产业变迁阶段性任务完成情况的综合评价

本书作者在前面已经从产业结构、产业规模、产业基础设施和传统产业改造四个方面考察了计划经济时期产业变迁维度上阶段性任务的完成情况。下面主要是对计划经济时期产业变迁阶段性任务完成情况进行综合评价。其内容主要有以下几个方面：

第一，计划经济时期产业变迁维度上的主要阶段性任务是以基本建立工业体系为目标的重工业化，这个主要任务基本完成。从分析中可以看出，新中国成立之初我国工业基础羸弱，虽在东部沿海城市零星分布有少量轻工业，但自然经济下的传统农业仍是第一大产业部门。整体来看，新中国成立时我国仍是一个尚未进入工业化起步阶段的落后农业国。而从当时国内国际形势来看，如果不能迅速建立起较为完整的工业体系，我国就极有可能再次沦为西方列强的经济附庸国。而要建立较为完整的工业体系，首先就必须在重工业部门取得突

破；只有建立起独立自主的重工业，才能为轻工业的发展提供充足的生产资料，在存在外部封锁的条件下才能逐步建立起完整的工业体系。经过近三十年的奋斗，在1978年改革开放之前，我国产业结构和产业规模均发生了显著变化，不仅工业增加值在国内生产总值中的比重迅速上升，重工业产值在工业总产值中的比重也明显上升；特别是在20世纪70年代以后，随着重工业部门取得突破性发展，轻工业部门发展所需的生产资料供应也日渐充足，轻工业部门开始加速发展。与计划经济时期重工业化进程相伴随，我国工业基础设施建设取得长足发展，以农业机械化为主要手段改造传统农业的能力也在不断增强。综合来看，在重工业部门的带动下，独立自主的工业体系逐渐建立起来，满足人民物质与文化需要的能力也在不断增长。

第二，从产业变迁维度主要任务的完成过程来看，计划经济时期的重工业化进程虽然基本满足了阶段性目标的要求，但也付出了较大的代价。从本章节的分析可以看出，随着1956年以后社会主义经济建设的起步，由于当时人们对社会主义社会基本经济规律认识不足，在经济计划的制定和执行过程中存在盲目乐观的情绪，致使在计划经济时期以重工业化为主的产业变迁中付出了较为沉重的代价。特别是在“大跃进”期间，由于过分强调重工业化发展速度，忽视了重工业与轻工业、农业的比例关系，导致国民经济结构严重失调，社会再生产遭到极大破坏。虽然也有自然灾害、中苏关系恶化等因素的影响，但“大跃进”时期的冒进之风、浮夸之风是造成1959—1961年国民经济出现严重困难的主要原因。“大跃进”中的一些错误做法给工业化进程带来了严重干扰，产业结构的调整一直持续到改革开放以后才逐步完成。

第三，计划经济时期建立起来的工业体系，为改革开放以后我国工业化的进一步发展奠定了良好基础。尽管计划经济时期以重工业化为主的产业变迁过程出现了一些波折并带来了一定损失，但从较长的历史时期来看，计划经济时期建立起来的扎实工业基础，是改革开放以后我国新型工业化得以迅速发展的重要原因。如果没有经过计划经济时期的重工业化进程，我国就不可能建立起独立自主的工业体系。在没有建立独立自主工业基础的前提下仓促地进行改革开放，那么西方发达国家的工业制成品倾销则会轻易地击垮我国民族工业，就极有可能使我国在改革开放中丧失经济主权，再次沦为西方发达国家的经济殖民地。换句话说，之所以改革开放以后我国工业化能够进一步取得发展，则是因为计划时期建立起来的独立自主的工业体系为我国在对外开放过程中维护经济主权、从容不迫地利用国内国外两个市场的资源，创造了极为良好的条件。从这个视角来看，如果没有计划经济时期以重工业化为主的阶段性产业变迁历程，也就不会有改革开放后新型工业化的长足发展，我国在国际经济贸易中的地位也将大打折扣。

第三节 计划经济时期的制度变迁

一、计划经济时期制度变迁的评价标准

计划经济时期制度变迁维度上的主要阶段性任务，是打破传统小生产者经济（特别是小农经济）为目标的生产社会化。计划经济时期制度变迁评价标准的选择，可以从以下几个层面展开：

一是农村劳动力转移方面。农村劳动力的转移大致可以分为两种形式：一种是“离土不离乡”，即农村劳动力虽然脱离农业生产，但不脱离农村生活环境，继续在农村从事非农产业生产活动；另一种是“离土又离乡”，即农村劳动力不仅脱离农业生产，还脱离农村生活环境，进入城镇从事非农产业生产活动。对于计划经济时期打破传统小生产者经济为目标的生产社会化来说，不论是采取哪一种形式，均有助于促进生产社会化任务的达成，但却会对城镇化进程产生不同的影响。“离土不离乡”的农村劳动力转移形式，虽有助于计划经济时期生产社会化程度的提高，但却是一种相对不稳定的农村劳动力转移形式：向非农产业转移的农村劳动力极有可能因为宏观经济形势的变化，重新转化为农业劳动力。“离土又离乡”的农村劳动力转移形式，不仅有助于提高生产社会化程度，还是一种相对稳定的农村劳动力转移形式：向城镇非农产业转移的农村劳动力重新转化为农业劳动力的可能性相对较小。为了考察计划经济时期农村劳动力转移的情况，本章选取了三个主要指标：城镇化率、非农产业就业人员比重以及乡村第一产业就业人员在乡村就业人员中的比重。非农产业就业人员比重这一指标主要考察农村劳动力转移的整体情况，非农产业就业人

员比重提高意味着小农经济范围缩减和生产社会化程度提高。乡村第一产业就业人员在乡村就业人员中的比重反映了“离土不离乡”的农村劳动力转移形式在农村劳动力转移中的地位。城镇化率则反映通过“离土又离乡”的形式转移出来的农村劳动力及家庭的数量规模。

二是非农产业就业岗位创造方面。计划经济时期对非农就业的吸纳，主要依靠的是公有制经济。劳动者身份的转变，不完全由其从事的具体工作或实际居住的地点所决定。在严格的户籍和编制管理制度下，劳动者只有获得了城镇户籍和企事业单位编制，才能完成从农民到市民的身份转变。认识计划经济时期非农就业岗位的创造过程，就必须从户籍身份和编制身份两个层面深入考察。为此，选取了职工人数、国有单位职工人数和城镇集体单位职工人数三个指标来考察公有制经济吸纳非农就业的能力和规模。上述三个指标可以反映国有经济、城镇集体经济和其他经济成分吸纳非农就业的规模。

三是经济对外开放度方面。经济对外开放度的评价主要有两个指标：第一是国民经济的贸易依存度，主要评价对外贸易活动在国民经济中的重要性；第二是对外贸易盈余，主要评价一国在对外贸易中获得的盈余规模。经济对外开放度也是对衡量生产社会化程度有意义的指标。若暂不考虑国际政治因素，仅从经济发展的规律来看，与工业化过程相伴随的生产社会化过程，一方面会因劳动生产率的提高而生产出更多可供贸易的产品，促进国民经济贸易依存度的提高；另一方面也会随着劳动生产率的提高而改善一国的贸易条件，促进对外贸易盈余的增长。为此，本章对计划经济时期经济对外开放度的考察，主要选取进出口总额占国内生产总值的比重和外汇储备这两个指标。进出口总额占国内生产总值的比重这一指标可以反映国民经济的贸易依存度，对外贸易盈余情况则可以通过外汇储备这一指标来反映。

四是社会资本积累方面。生产社会化程度提高的过程与扩大再生产过程是同一的过程。扩大再生产过程不仅仅是产品的扩大再生产，更是生产关系的扩大再生产；社会主义计划经济的扩大再生产，以及伴随着计划经济扩大再生产过程而逐步实现的生产社会化程度的提高过程，同时也是传统小生产者经济逐渐瓦解的过程。社会资本积累是社会再生产得以不断扩大的前提条件，计划经济时期制度变迁的一项重要内容，就是建立与生产社会化目标相匹配的社会资本积累机制。社会资本积累的速度与广度，是衡量和评价生产社会化程度的基本维度之一。为此，本章主要选取居民消费率[①]、居民财富—收入比[②]、居民消费—储蓄比[③]三个指标。居民消费率的变化可以反映出一段时期内资本积累速度的变化，资本积累速度的提高往往会带来居民消费率的下降；居民财富—收入比可以反映居民储蓄规模与国民收入之间的关系，居民财富—收入比会随着资本积累的持续而趋于上升；居民消费—储蓄比可以反映居民消费规模与储蓄规模之间的关系，居民消费—储蓄比会随着资本积累的持续而趋于下降。

二、计划经济时期的农村劳动力转移

计划经济时期农村劳动力转移是一个在曲折中前行的发展过程，虽然在1958—1960年的“大跃进”过程中出现了与当时经济发展水平极不相适应的农村劳动力转移，对生产社会化程度的平稳提升形成了严重干扰，但经过随后几年的调整之后农村劳动力转移过程恢复了平稳有序的发展趋势。

首先，我国非农产业就业人员比重虽在“大跃进”期间出现过快上升的问题，但计划经济时期基本保持了较为平稳的增长态势。如图8－4所示，1952年我国就业人员为20729万人，非农产业就业人员为3412万人，非农产业就业比重为16.46%；1952—1957年非农产业就业人员比重的增长态势较为平稳，生产社会化程度随着社会主义改造的推进而逐步提高。但1958年开始我国非农产业就业比重出现了与当时经济条件极不相符的过度增长，1958年全国就业人员为26600万人，非农产业就业人员却猛涨到11110万人，非农产业就业比重骤升到41.77%。国民经济比例的严重失调使得非农产业就业人员规模的增长难以持续下去，直到1962年非农产业就业人员比重才恢复到1957年时的水平，此后若干年非农产业就业人员比重都处于几乎停滞的增长状态。但须指出的是，1962—1969年期间，非农产业就业人员比重虽然没有明显提升，但却是我国就业人员规模增长较快的时期：就业人员数由1962年的25910万人增加到1969年的33225万人，非农产业就业人员数由1962年的4634万人增加到1969年的6108万人，1969年非农产业就业人员数与1952年比较增

① 计算公式为：居民消费率＝社会消费品零售总额/国内生产总值。

② 计算公式为：居民财富—收入比＝城乡居民人民币储蓄余额/国内生产总值。

③ 计算公式为：居民消费—储蓄比＝社会消费品零售总额/城乡人民币存款余额。

长了1.79倍。1970年以后，非农产业就业人员比重再次加速提升，由1970年的19.23%增加到1978年的29.47%；非农产业就业人员数也由1970年的6621万人增加到1978年的11835万人，非农产业就业人员规模超过了1958年的水平。

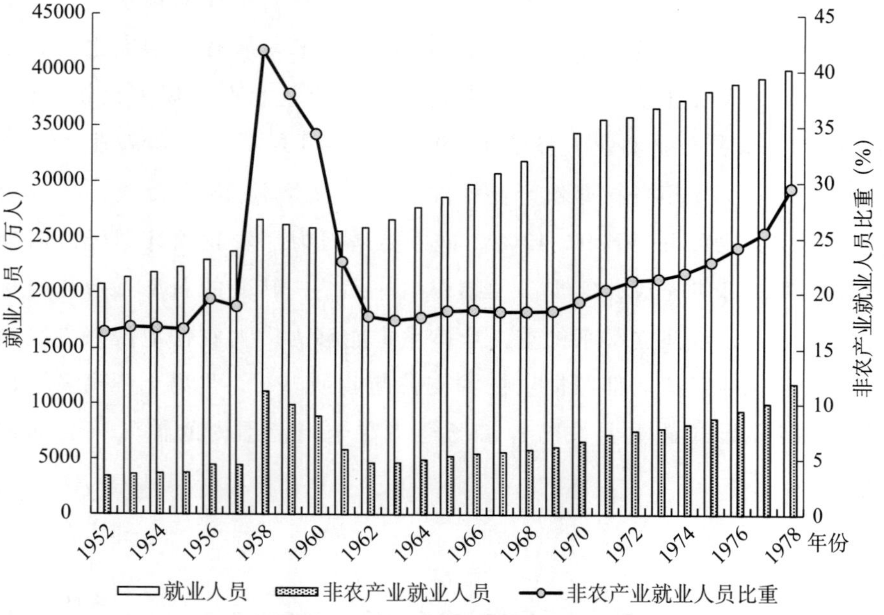

图8-4　1952—1978年我国非农产业就业情况

资料来源：国家统计局．新中国六十年统计资料汇编［M］．北京：中国统计出版社，2010.

其次，从乡村第一产业就业人员在乡村就业人员中的比重变化可以看出，计划经济时期"离土不离乡"的农村劳动力转移形式存在制度性阻碍。从图8-5可见，在1952—1957年期间，在对农业进行社会主义改造过程中，传统小农经济下遍布于农村的小手工业经济并未完全消失，而是成为社会主义合作社经济的重要组成部分，这一时期乡村第一产业就业人员比重保持在95%左右的水平。1958年乡村第一产业就业人员比重骤减到约78.3%，这种农村劳动力转移由于缺乏物质基础而难以持续下去，1959年以后乡村第一产业就业人员比重趋于上升，到1962年时已经上升到了99.55%。这意味着随着"大跃进"中人民公社制度在全国农村的推广普及，农村的传统小手工业经济几乎消失殆尽。在随后的十余年里，人民公社制度下还运用"割资本主义尾巴"的政治运动来打击残余的农村小手工业经济和小商品经济。因为“大跃进”的失败和人民公社制度下对农村小商品经济的高压，“离土不离乡”的农村劳动力转移形式，在计划经济时期的绝大多数时间里，都不是农村劳动力转移的主要形式；农村劳动力转移更多地是通过工厂招工、士兵退伍安置等渠道以“离土又离乡”的形式进行，农村剩余劳动力转移的规模依赖于城镇工矿企业就业吸纳能力提升的速度。但在1976年“文化大革命”结束之后，乡村第一产业就业人员比重加速下降，乡村非农产业就业人员规模也快速上升：1976年乡村非农产业就业人员数为699万人，乡村第一产业就业人员比重为97.68%，1978年乡村非农产业就业人员数猛增到2320万人，乡村第一产业就业人员比重下降到92.42%。这主要是因为随着我国计划经济时期重工业化任务的基本完成，实现二元结构向一元结构转变的新型工业化目标已经呼之欲出，已经建立起来的重工业体系也能够为广大农村地区兴办乡镇企业而建立起来的轻工业部门提供技术支持与物质基础。“离土不离乡”的农村劳动力转移形式的重要性随着市场经济在全国范围内的悄然兴起而趋于上升。

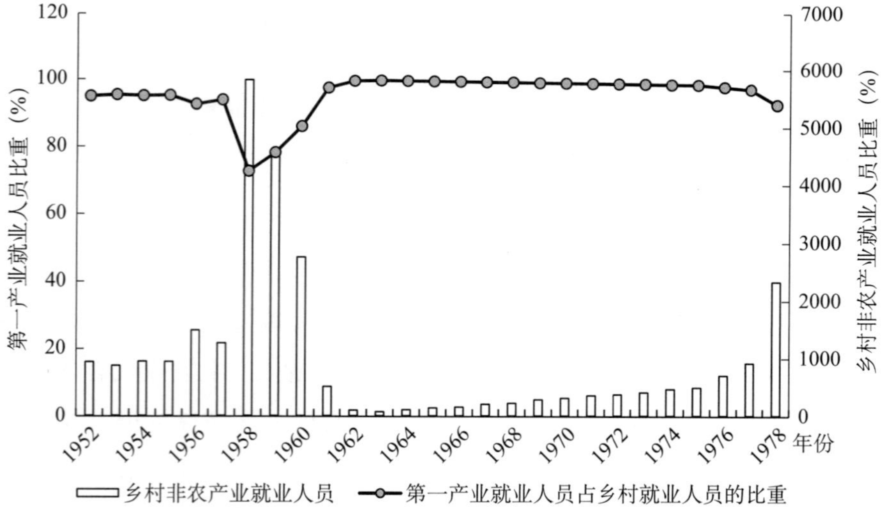

图8-5　1952—1978年乡村第一产业就业人员在乡村就业人员中的比重变化

资料来源：国家统计局. 新中国六十年统计资料汇编［M］. 北京：中国统计出版社，2010.

再次，从我国城镇化发展情况来看，计划经济时期通过“离土又离乡”

的农村劳动力转移形式实现的农村劳动力转移规模也很有限。从图 8－6 可见，1952—1960 年间，我国城镇化率处于较平稳的上升趋势中，城镇人口由 1952 年的 7163 万人增加到 1960 年的 13073 万人，城镇化率由 1952 年的 12.46% 增加到 1960 年的 19.75%。但随着“大跃进”导致的国民经济失调问题逐渐暴露，“大跃进”期间进城务工的大批职工也被遣散回农村，1960—1963 年间城镇化率明显下降。在 1965—1978 年的十余年间，我国城镇化率一直在 17.5% 的水平上下波动。在计划经济时期，由于户籍与编制的管理制度，生产社会化程度的提高并没有直接表现为就业人员实现由农民向市民的身份转变。虽然对农业的社会主义改造以及人民公社制度的建立使农村传统的小农经济转变为农村集体经济，但以合作社、人民公社为组织载体的农村集体经济也成为了农民向市民身份转变的制度性障碍。计划经济时期以打破传统小生产者经济为目标的生产社会化，是以二元经济结构问题的累积和加重为代价的。这就意味着一旦打破传统小生产者经济的目标基本实现，这种以提高生产社会化程度为初衷的制度安排就不再适应社会生产力发展的需要，迫切需要通过制度创新和制度变迁来逐步消除二元结构对生产力发展的消极作用。不论是通过“离土不离乡”还是“离土又离乡”的农村劳动力转移形式，都必须有以市场化为主要内容的制度变迁与之匹配。

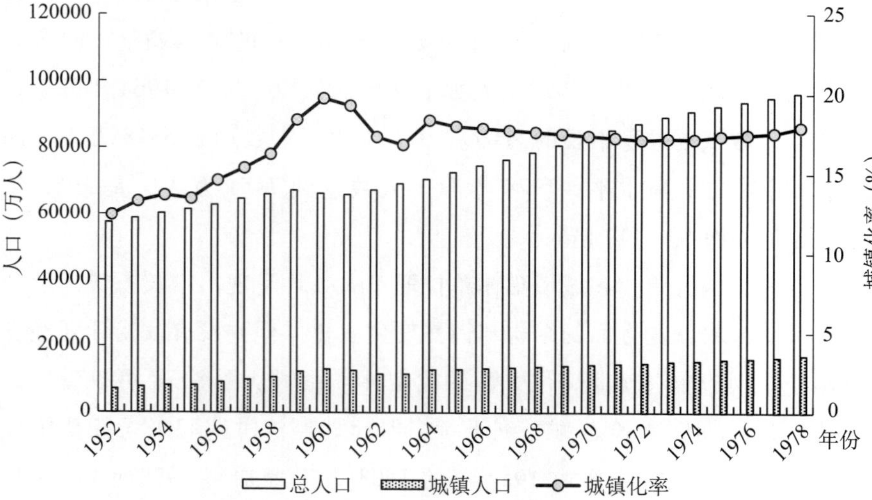

图 8－6　1952—1978 年我国城镇化发展趋势

资料来源：国家统计局．新中国六十年统计资料汇编［M］．北京：中国统计出版社，2010.

三、计划经济时期非农产业就业岗位创造

伴随着以打破传统小生产者经济为目标的生产社会化逐步推进，我国计划经济时期所有制结构也趋于单一化。城乡之间、城镇内部、乡村内部非农产业就业岗位的创造，主要依靠公有制经济的扩张和公有制经济对非农就业的吸纳能力的提升。计划经济时期公有制经济的实现形式（特别在城镇内部）主要有国有单位和城镇集体单位两种形式。公有制经济对非农就业的吸纳能力有限也是导致计划经济时期二元经济结构逐渐形成并不断巩固的重要原因。具体来看，计划经济时期公有制经济就业吸纳能力的变化有以下两个方面特征：

一方面，无论是国有单位职工人数还是城镇集体单位职工人数都保持了增长趋势，但国有单位职工人数在增长过程中有较大的波动。从图 8－7 可见，城镇集体单位职工人数基本保持了较为稳定的增长，职工人数由 1952 年的 23 万人，增加到 1978 年的 2048 万人，增加了 89 倍。国有单位职工人数的增长却经历了大起大落的过程。1952—1957 年国有单位职工人数增长速度较为平稳，职工人数由 1952 年的 1580 万人增加到 1957 年的 2451 万人。随着“大跃进”的开始，国有单位职工人数增长速度突然加快，1958 年职工人数增加到 4532 万人，一年间增加了 2081 万人，国有单位职工人数近乎翻番，到 1960 年职工人数已经达到 5044 万人。由于“大跃进”中的一些错误做法导致国民经济结构严重失调，自 1961 年起不得不开始了国民经济的结构调整，国有单位职工人数也趋于减少，1963 年职工人数下降到 3293 万人。从 1964 年开始，国有单位职工人数恢复平稳增长的态势，1971 年职工人数达到 5318 万人，超过“大跃进”时期的最高水平；1978 年职工人数达到 7451 万人，是 1952 年的 4.7 倍，是 1960 年的 1.48 倍。

另一方面，国有单位和城镇集体单位职工人数均呈现出增长态势，但公有制经济在吸纳非农就业方面的结构却悄然发生变化，但并没有改变计划经济时期公有制经在创造非农就业岗位方面的决定性作用。从图 8－8 可以看出，尽管在“大跃进”期间增长态势受到干扰，但计划经济时期职工人数整体呈现出平稳增长态势，职工人数由 1952 年的 1603 万人增加到 1978 年的 9499 万人，增长了 5.9 倍。可以观察到的是，国有单位和城镇集体单位职工人数在总职工人数中的比重关系发生了悄然变化。1952 年时国有单位职工人数比重高

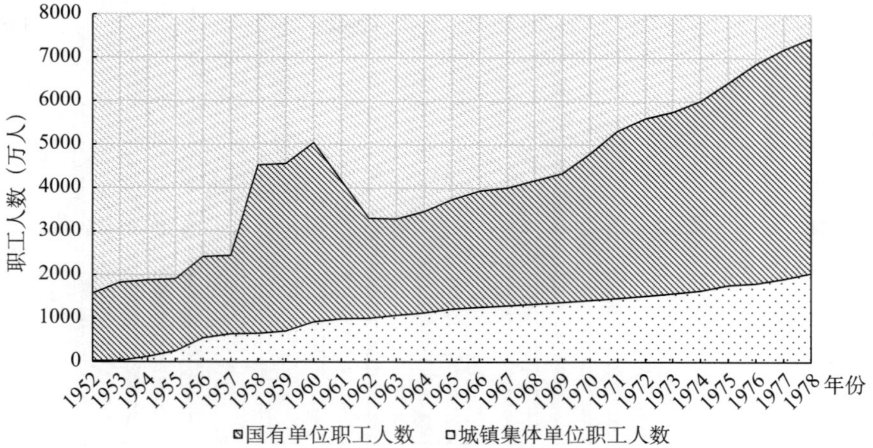

图 8－7 1952—1978 年国有单位和城镇集体单位职工人数

资料来源：国家统计局．新中国六十年统计资料汇编［M］．北京：中国统计出版社，2010.

达 98.56%，城镇集体单位职工人数比重为 1.43%；1965 年国有单位职工人数比重下降到 75.29%，城镇集体单位职工人数比重上升到 24.71%；随后十余年间国有单位与城镇集体单位在职工人数比重方面基本稳定，1978 年国有单位职工人数比重为 78.44%，城镇集体单位职工人数比重为 21.56%。还可以观察到一个基本事实是，在整个计划经济时期，国有单位与城镇集体单位职工人数比重相加为 100%，这意味着城镇劳动者要么在国有单位获得非农就业岗位，要么在城镇集体单位获得非农就业岗位，除此之外就没有其他所有制性质的非农就业岗位可以获取。与计划经济时期快速增长的就业人员规模相比，公有制经济创造非农就业岗位的能力是严重不足的，这是导致计划经济时期二元经济结构悄然形成并不断巩固的原因所在。

四、计划经济时期的经济对外开放度

新中国成立之后，西方国家对华实行封锁政策，新生的人民政权只能采取“一边倒”的对外政策。随着苏共二十大的召开和赫鲁晓夫的上台，20 世纪 60 年代初中苏关系急剧恶化，致使中国陷入被美苏两大超级大国封锁围困的局面。直到 1972 年美国总统尼克松访华之后，中国与西方国家的关系才逐渐趋于正常化。新中国成立以来较为险恶的国际环境，也对计划经济时期经济对

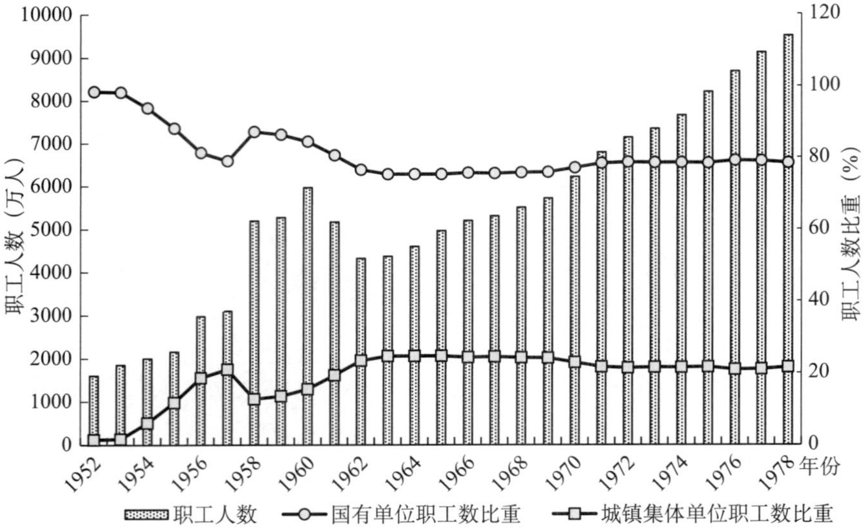

图 8－8　1952—1978 年国有单位和城镇集体单位职工人数比重

资料来源：国家统计局．新中国六十年统计资料汇编［M］．北京：中国统计出版社，2010.

外开放度产生了影响，主要体现在两个方面：

一方面，我国计划经济时期贸易依存度较低，对外经贸活动很大程度上受到国际环境的影响。从图 8－9 可见，计划经济时期我国贸易依存度长期处于 10% 左右的水平，在一些年份甚至低于 5%。计划经济时期贸易依存度的变化趋势可以划分为三个阶段：第一阶段是 1952—1959 年，这一阶段进出口总额与国内生产总值之比基本维持在 9%—10% 的水平，贸易依存度不高但相对稳定；第二阶段是 1960—1971 年，这一阶段进出口总额与国内生产总值之比呈现持续下降的态势，贸易依存度由 1960 年的 8.8% 持续下降到 1971 年的 4.96%；第三阶段是 1972—1978 年，这一阶段进出口总额与国内生产总值之比呈现波动上升的态势，贸易依存度由 1972 年的 5.8% 波动上升到 1978 年的 9.74%，恢复到 50 年代初期的水平。从计划经济时期贸易依存度的阶段划分来看，第一阶段由于我国采取“一边倒”的外交策略，中苏关系较为良好，对外经贸活动较为平顺；第二阶段由于中苏交恶的同时，中国与西方国家的关系也还没改善，美苏两大超级大国的封锁使得我国对外经贸活动遇到较大困难，贸易依存度持续下降；第三阶段由于中美关系改善，中国与西方国家开始走向关系正常化，中西方经贸往来逐渐热络，对外经贸活动打开了全新局面。

须指出的是，虽然国际环境对计划经济时期贸易依存度有明显影响，但真正决定计划经济时期贸易依存度较低的原因却在于：一方面当时较不发达的生产力状况使得我国缺乏足够产品用于对外贸易，另一方面也由于计划经济体制下我国并不需要与外国发生太多经贸往来也可以维持独立自主的经济运转，对外贸易仅仅作为经济建设的补充。

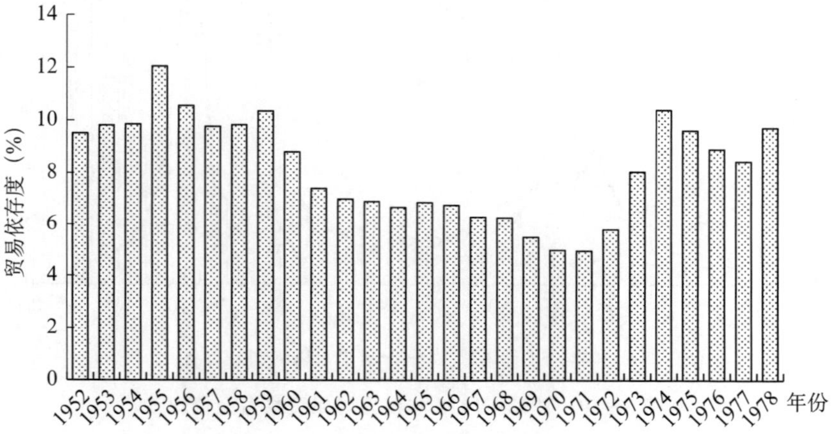

图 8-9　1952—1978 年我国贸易依存度

资料来源：国家统计局．新中国六十年统计资料汇编［M］．北京：中国统计出版社，2010.

另一方面，计划经济时期我国对外贸易盈余规模较小，外汇储备严重不足，对外经贸活动中外汇短缺是常态。从图 8-10 可见，我国计划经济时期外汇储备规模极小，这主要是作为一个刚进入工业化起步阶段的落后农业国，我国对外贸易产品结构中农产品和矿产品占比重较高，工业制成品和机械设备却大量依赖进口，这就使得我国在很长一段时间内都难以保证对外贸易盈余，外汇储备也就无从积累。从外汇储备的相对稀缺情况来看，计划经济时期我国进出口总额—外汇储备比的平均值为 28.19，这意味着每完成 28.19 亿美元的进出口贸易只有 1 亿美元的外汇储备用于资金周转。分阶段来看，1952—1959 年的第一阶段中，由于外汇储备增长极其缓慢，进出口总额/外汇储备比由 1952 年的 13.96 上升到 1959 年的 33.69；在 1960—1969 年的第二阶段，由于贸易依存度的持续下降，进出口总额—外汇储备比由 1960 年的 37.35 下降到 1969 年的 8.09；在 1970—1978 年的第三阶段，由于我国外汇储备规模波动巨大，进出口总额—外汇储备比也出现了剧烈波动，1973 年这一指标一度攀升到

132.29，表明当时出现了极度严重的外汇储备短缺问题。常态性的外汇储备短缺，也从一个侧面反映出计划经济时期我国经济开放度不高的现实。

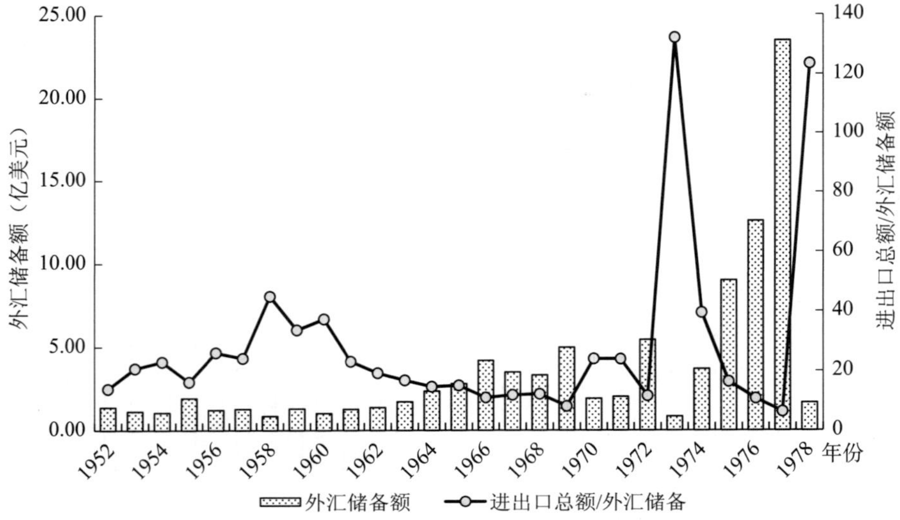

图 8-10　1952—1978 年我国对外贸易盈余情况

资料来源：国家统计局．新中国六十年统计资料汇编［M］．北京：中国统计出版社，2010.

五、计划经济时期的社会资本积累

任何一个国家工业化进程的顺利推进，都离不开社会资本积累。只有形成有利于社会资本积累的制度安排，才能加速社会资本积累。计划经济时期通过城乡产品价格“剪刀差”、低物价低工资的价格管制以及生产要素的计划配置等制度安排，形成了一套有利于社会资本积累的制度体系。但计划经济时期以政府计划为核心的资源配置方式，基本排除了市场机制在资源配置中发挥作用的空间，一旦出现政府失灵问题就难以避免资源配置效率下降和国民经济结构的失衡。计划经济时期社会资本积累有两个特征：

第一，各项制度安排加速了社会资本积累的速度，促进了以重工业化为主要内容的产业变迁，有利于生产社会化程度的提高。从居民财富—收入比和居民消费—储蓄比的变化趋势来看（见图 8-11），计划经济时期社会资本积累的速度较快，为工业化进程的推进提供了资本要素。居民消费—储蓄比由 1952 年的 32.186 下降到 1959 年的 9.34，下降了 70.98%；1960—1978 年，居民消费—储蓄比在波动中呈现出缓慢下降的趋势，1978 年居民消费—储蓄比为 7.4。居民财富—收入比则由 1952 年的 1.267 上升到 1959 年的 4.74，上升了 295.27%；1960—1978 年，居民财富—收入比则在波动中呈现出缓慢上升的趋势，1978 年居民财富—收入比为 5.78。居民财富—收入比和居民消费—储蓄比两个指标一升一降的变化趋势表明，计划经济时期前期（1952—1959 年）社会资本积累的速度较快，计划经济中后期（1960—1978 年）社会资本积累的速度有所放慢。社会资本积累速度的变化，一方面是由于计划经济时期前期社会资本存量有限，必须加快社会资本积累速度来推动工业化的起步，随着工业化进程渐趋顺利则对社会资本积累速度的要求也随着社会资本存量的增加而降低。另一方面也是由于“大跃进”期间的一些错误做法导致的国民经济结构失衡，让人们充分认识到社会资本积累速度过快反而不利于社会资本存量的增长。但从整体来看，由于形成了一系列有利于社会资本积累的制度安排，计划经济时期社会资本积累的速度和规模较之前的历史阶段都明显提高，有力地促进了我国工业化进程和生产社会化程度的提高。

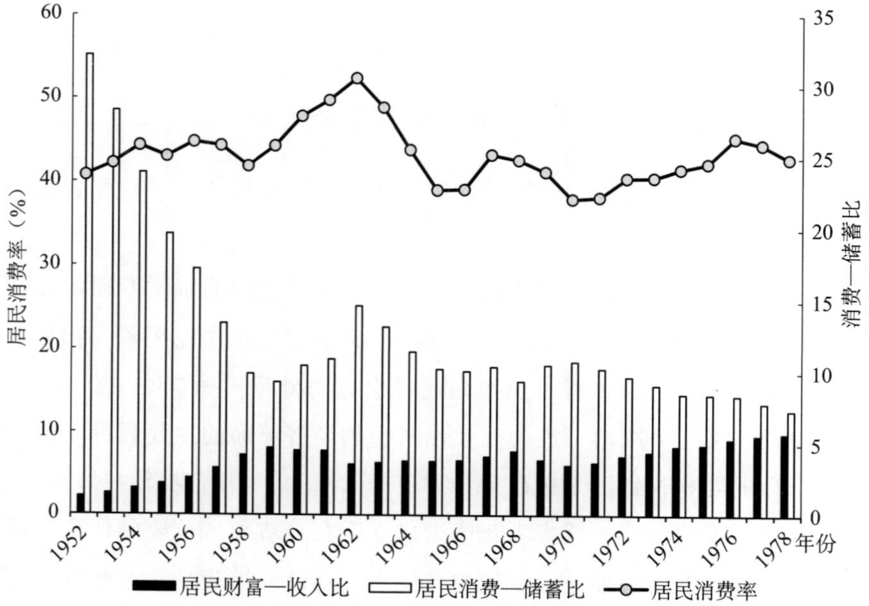

图 8-11　1952—1978 年社会资本积累情况

资料来源：国家统计局．新中国六十年统计资料汇编［M］．北京：中国统计出版社，2010.

第二，计划经济体制是一种有利于加快社会资本积累速度的制度安排，但它也基本排除了市场机制对资源配置中错配现象的纠正作用，使得计划经济时期社会资本积累的效率受到影响。从图 8－11 可以看出，虽然 1952—1959 年居民财富—收入比与居民消费—储蓄比这两个指标存在一升一降的变化趋势，表明社会资本积累速度明显加快，但从 1952—1959 年居民消费率的变化趋势来看，加速的社会资本积累却没有较好地转化为社会储蓄率的上升。1952 年居民消费率为40.76%，到1959 年时上升为44.29%，意味着 1952—1959 年社会储蓄率非但没有上升，反倒有所下降，这就意味着同期社会投资率和资本形成率没有提高。更严重的是，1959—1962 年居民消费率大幅上升，由 1959 年的 44.29%上升到 1962 年的 52.465%。这意味着“大跃进”导致的国民经济结构失衡使得社会储蓄率趋于下降，延缓了社会资本形成的速度。在经历了三年的国民经济结构调整之后，居民消费率才恢复到“大跃进”之前的水平，社会资本积累的效率才再次得以提高。计划经济时期社会资本积累的这一情况表明，资本等生产要素的配置过程不能完全依靠政府计划，有必要让市场机制在资源配置中发挥适当的作用。这也成为 1979 年以后改革开放中制度变迁维度的核心思想之一。

六、制度变迁阶段性任务完成情况的综合评价

在本部分中，作者对计划经济时期制度变迁阶段性任务完成情况的综合评价主要反映在以下几个方面：

第一，计划经济时期以打破传统小生产者经济为目标的制度变迁阶段性任务基本完成，统治中国长达两千多年的封建主义生产关系彻底瓦解。鸦片战争以后，近代中国逐渐沦为半殖民地半封建社会，对外反对帝国主义经济侵略，对内反对封建主义经济统治，成为近代以来中国经济革命的主要目标。随着新民主主义革命的胜利，帝国主义在华势力被彻底铲除，消除残余的封建主义势力对中国经济发展的束缚，就成为新中国成立后在经济领域首要的任务。随着土地改革在全国范围内的推进，封建主义生产关系已经被废除；但如果不尽快打破传统小生产者经济，迅速提高生产社会化水平，那么农村社会就会再度出现土地分配上的两极分化，封建主义生产关系也可能再度复辟。所幸的是，党中央在完成新民主主义社会建立以后迅速推动我国向社会主义社会过渡，通过

对农业、手工业和资本主义工商业的社会主义改造，将城乡小生产者经济和资本主义经济改造为社会主义公有制经济，从制度层面消除了封建主义生产关系复辟的可能性。随着我国工业化进程的起步和加速，如何设计与工业化进程相适应的生产组织形式，成为计划经济制度必须解决的问题。通过在城镇建立国有企业和集体企业，在农村推行合作社和人民公社制度，我国城乡劳动者的生产社会化程度空前提高，有效配合了计划经济时期以重工业化为主的产业变迁。

第二，计划经济体制下建立的城乡生产组织提高了生产社会化程度，但也导致城乡分割的二元经济结构形成，不利于生产社会化程度的进一步提高。为顺应计划经济时期产业变迁的需要，我国逐步建立起与计划经济体制相适应的城乡生产组织形式：在城镇，生产组织形式的创新主要采取国有或集体企业的形式，公有制经济的扩张是非农产业就业岗位创造的主要渠道；在农村，生产组织形式的创新主要是从初级合作社到高级合作社再到人民公社的变化，农业生产成为农村经济活动的主要内容。与计划经济体制相适应的，还有控制人口流动的户籍管理制度，城乡之间的人口流动也纳入了计划管理之中，城乡分割的二元经济结构由此形成，并随着计划经济时期工业化的推进而不断得到强化。从本章的分析可以看出，计划经济时期我国农村劳动力转移和城镇非农产业就业岗位创造远远赶不上农村人口的增长，加之经济对外开放度不高，社会资本积累优先用于城镇工业部门的发展，城乡之间的发展差距逐步拉大。但计划经济时期严格的人口户籍管理制度限制了人口的自由流动，并不利于生产社会化程度的进一步提高。

第三，计划经济时期制度变迁是特殊历史时期的特殊选择，为改革开放以后以新型市场化为主要内容的制度变迁创造了条件。计划经济时期制度变迁之所以以城乡分割的二元经济结构的形成为结果，是有着极为复杂的原因的。从制度体系的内在关联来看，由于对传统小生产者经济的改造，是在计划经济体制逐渐建立的制度环境下进行的，必然要求微观层面上的生产组织形式变迁和人口管理制度变迁必须顺应计划经济体制的要求。计划经济时期生产社会化程度的提高，是在不断排除市场机制作用的条件下完成的。从制度变迁与产业变迁的协同关系来看，计划经济时期虽然通过社会主义改造已经消灭了传统小生产者经济，但是建立发达商品经济的物质条件仍不具备，难以依靠市场机制来组织我国工业化进程中的资源配置。这就要求必须根据特殊历史时期的特殊要求，建立与当时生产力条件相适应的生产组织形式和生产社会化推进机制。随着计划经济时期以重工业化为主的产业变迁不断推进，建立发达商品经济的物质条件也逐渐具备，此时放弃计划经济时期的生产组织形式和生产社会化推进机制，转而逐步增强市场机制在我国工业化进程中的资源配置作用，就成为不以人的意志为转移的发展趋势。

第四节　计划经济时期的发展理念变迁

一、计划经济时期发展理念变迁的评价标准

在新中国成立之前，中国人一直在寻找实现民族独立、国家富强的发展道路。从晚清政府时期到民国政府时期，无数仁人志士在实现民族独立的斗争中做出了有益探索，也付出了沉重代价。历史告诉我们，逐渐沦为半殖民地半封建社会的近代中国，既不可能回到鸦片战争之前的封建社会中去，也无法在民族资产阶级的领导下走上资本主义发展道路。中国共产党在领导中国新民主主义革命的过程中，破除了教条主义、经验主义等错误思想的干扰，逐渐探索出一条与中国国情相适应的、以“农村包围城市”为特征的中国革命道路，成功地推翻了封建主义、帝国主义和官僚资本主义“三座大山”，实现了中国的民族独立。新中国成立，表明中国发展道路探索的焦点已经由实现民族独立转向追求国家富强。探索适合中国国情的社会主义经济建设道路，成为计划经济时期发展理念变迁的阶段性任务。这就决定了在对计划经济时期发展理念现代化的评价中，必须坚持以下三点原则：

一是必须从发展理念变迁与工业化进程的关系出发，评价计划经济时期发展理念的现代化。从某种意义上讲，近现代中国经济发展进程就是一个不断探索中国发展道路的过程，发展理念变迁过程则是对这一探索过程的经验总结。若从产业变迁视角对近现代中国发展道路加以剖析，则可以将近现代中国发展道路的选择问题理解为工业化战略的选择问题。要评价计划经济时期以探索中国道路为目标的发展理念现代化，就必须分析说明发展理念变迁过程对我国工

业化进程所起的作用和影响。在评价过程中，不能从对政策制定者个人品德的好恶出发去评价计划经济时期政策制定者提出的发展道路与发展理念。无论决策者制定相关政策时出于什么目的，在评价这些政策制定在发展理念变迁过程中的作用与影响时，首先必须考察这些政策制定是否服务于当时的工业化进程。如果政策制定者提出的发展理念（以及基于这种发展理念制定的政策）对当时的工业化进程起到了促进作用，就必须承认发展理念提出的历史必然性；反之，如果随着工业化进程的发展，提出的发展理念以及相应的政策已经不能再起到对工业化进程的促进作用，那么也必须承认发展理念变迁的历史必要性。

二是必须从发展理念变迁与生产社会化的关系出发，评价计划经济时期发展理念的现代化。在发展理念变迁的评价中，必须特别注重产业变迁、制度变迁和发展理念变迁之间的内在联系和相互作用。产业变迁的需要决定着制度变迁的方向，制度变迁的方向又形成了对发展理念变迁的引诱和牵引；发展理念变迁的成果则反过来为制度变迁提供指引，制度变迁则为产业变迁提供制度环境。在评价计划经济时期发展理念变迁的成效时，不能从诸如自由、民主之类的空泛概念出发，必须考察某种发展理念的提出是否对当时的制度变迁与产业变迁提供了推动力。如果发展理念的提出加速了制度变迁步伐，促进了生产社会化程度的提高，进而对计划经济时期以重工业化为主要特征的产业变迁过程产生积极影响，则应当承认发展理念提出的历史必然性；反之，对于那些不利于促进生产社会化程度提高和加快重工业化进程的发展理念，则必须认识到对其进行改进的历史必要性。在发展理念变迁与生产社会化关系层面的评价中，更加侧重考察发展理念的变迁是否顺应了制度变迁的需要。

三是必须从发展理念变迁过程的经验与教训入手，探讨计划经济时期发展理念现代化对市场经济时期发展理念变迁的影响。抛开具体的历史环境和历史背景，空洞地讨论发展理念科学与否、先进与否，就本质上讲是历史唯心主义和历史虚无主义的表现。发展理念变迁的经验与教训的形成，主要在于发展理念变迁是否顺应了产业变迁和制度变迁的需要：如果某一历史时期内发展理念变迁不能顺应那个时期产业变迁和制度变迁的需要，则会在发展理念变迁中产生一些教训；反之，则会逐渐积累一些经验。不论是经验还是教训，从发展理念变迁的动态历史演进过程来看，这些经验教训的主要价值在于能不能对未来一段时期内发展理念变迁提供借鉴。只要能对未来一段时期内发展理念变迁带来积极影响，则必须承认当前时期发展理念变迁中总结出来的经验与教训是具有历史进步意义的；反之，则必须承认发展理念变迁中的经验教训阻碍了发展理念变迁的历史进程。因此，在计划经济时期以探索中国道路为目标的发展理念现代化过程中，不仅要考察发展理念现代化对计划经济时期重工业化进程和生产社会化进程的影响，还必须考察发展理念现代化探索过程中经验教训对于市场经济时期发展理念变迁的影响。

二、计划经济时期发展理念变迁的基本过程

计划经济时期经济发展理念变迁大致经历了以下四个阶段：

第一阶段，过渡时期的经济发展理念（1949 年 10 月—1956 年 9 月）。这一阶段也是社会主义计划经济体制建立的阶段。在这一阶段，经济发展理念变迁的主要方向与内容可以集中地由过渡时期总路线加以概括。早在中国共产党七届二中全会上，就曾提出新民主主义革命取得胜利后国家经济发展方向的构想，即“使中国稳步地由农业国转变为工业国，由新民主主义国家转变为社会主义国家”。[①] 从当时的经济发展理念来看，新中国成立之初经济建设的主要任务可以概括为以工业化为目标的技术变迁和以社会主义化为目标的制度变迁。中国共产党七届二中全会提出的这一方向，为过渡时期经济发展理念的变迁提供了指引。1953 年 6 月 15 日召开的中共中央政治局会议对过渡时期总路线作了较为完整的概括：“党在过渡时期的总路线和总任务，是要在十年到十五年或者更多一些时间内，基本上完成国家工业化和对农业、手工业、资本主义工商业的社会主义改造。”并指出，“这条路线是照耀我们各项工作的灯塔，各项工作离开它，就要犯右倾或‘左’倾的错误。”1953 年 9 月 25 日，《人民日报》正式公布了由毛泽东提出的过渡时期的总路线，总路线内容是：“要在一个相当长的历史时期内，基本上实现国家工业化和对农业、手工业、资本主义工商业的社会主义改造。这是国民经济发展的基本要求，又是实现三大改造的物质基础；而实现对农业、手工业和资本主义工商业社会主义改造又是实现国家工业化的必要条件。两者互相依赖、相辅相成。社会主义建设和生产资料

① 顾龙生．中国共产党经济思想史（1921—2011）［M］．太原：山西经济出版社，2014：277.

所有制的社会主义改造同时并举，是这条总路线的基本特点。两者的同时并举保证了新民主主义向社会主义的顺利过渡。过渡时期总路线的实质是解决所有制问题。一方面是社会主义公有制的扩大，即国营企业的新建、扩建；另一方面，是把个体小私有制改造成为社会主义集体所有制，把资本主义私有制改造成为社会主义全民所有制。”① 根据中国共产党提出的过渡时期总路线，1952 年就开始着手编制“一五”计划，并在 1955 年提交第一届全国人民代表大会第二次会议审议通过。按照《中华人民共和国发展国民经济的第一个五年计划》② 的说明，第一个五年计划的基本任务是：集中主要力量进行以苏联帮助我国设计的 156 个建设单位为中心的、由限额以上的 694 个建设单位组成的工业建设，建立我国的社会主义工业化的初步基础；发展部分集体所有制的农业生产合作社，并发展手工业生产合作社，建立对于农业和手工业的社会主义改造的初步基础；基本上把资本主义工商业分别地纳入各种形式的国家资本主义的轨道，建立对于私营工商业的社会主义改造的基础。在过渡时期总路线和“一五”计划的指引下，我国迅速开始了工业化建设和社会主义改造。

第二阶段，社会主义建设起步时期的经济发展理念（1956 年 9 月—1966 年 5 月）。随着“一五”计划的任务超额完成和社会主义三大改造的顺利推进，我国较为平稳地实现了由新民主主义社会向社会主义社会的过渡。随着社会性质的转变，过渡时期制定的以工业化和社会主义化为主要内容的经济发展理念已经不再适应新形势下经济发展的要求。在听取了工业、农业、商业、财政等 34 个部门的工作汇报后，毛泽东等中央领导人进行了几次讨论，并在 1956 年 4 月 25 日由毛泽东在政治局扩大会议上做了《论十大关系》的报告。《论十大关系》的核心思想是“一定要努力把党内党外、国内国外的一切积极的因素，直接的、间接的积极因素，全部调动起来，把我国建设成为一个强大的社会主义国家”，③ 重点论述了如何处理好十组关系，即重工业和轻工业、

---

① 过渡时期总路线［DB/OL］. 人民网—中国共产党新闻党史百科 . http：//dangshi. people. com. cn/GB/165617/166495/10002957. html.

② 中华人民共和国发展国民经济的第一个五年计划［DB/OL］. 人民网—中国共产党新闻—党的历史文献集和当代文献集 . http：//cpc. people. com. cn/GB/64184/64186/66660/4493004. html.

③ 毛泽东发表《论十大关系》［DB/OL］. 中华人民共和国国史网—重大事件 . http：//www. hprc. org. cn/gsgl/dsnb/zdsj/200908/t20090821_ 28363. html.

农业的关系，沿海工业和内地工业的关系，经济建设和国防建设的关系，国家、生产单位和生产者个人的关系，中央和地方的关系，汉族和少数民族的关系，党和非党的关系，革命和反革命的关系，是非关系，中国和外国的关系。在十组关系中涉及经济发展理念的就有五组关系，其中重工业和轻工业、农业的关系，沿海工业和内地工业的关系，经济建设和国防建设的关系主要是对产业变迁过程的认识，国家、生产单位和生产者个人的关系，中央和地方的关系，则是对制度变迁过程的认识。在此基础之上，1956 年 9 月中国共产党第八次全国代表大会提出，生产资料私有制的社会主义改造基本完成以后，国内的主要矛盾不再是工人阶级和资产阶级之间的矛盾，而是人民对于建立先进的工业国的要求同落后的农业国的现实之间的矛盾，是人民对于经济文化迅速发展的需要同当前经济文化不能满足人民需要的状况之间的矛盾。但是“一五”计划的顺利完成助长了一些人的急于求成的心理，1958 年 5 月，中国共产党第八次全国代表大会第二次全体会议通过了“鼓足干劲，力争上游，多快好省地建设社会主义”的社会主义建设总路线。社会主义建设总路线也体现了经济发展理念的悄然变化：在技术变迁维度上，强调逐步实现技术革命和文化革命；在重工业优先发展的条件下，工业和农业同时并举；在制度变迁维度上则强调巩固和发展社会主义的全民所有制和集体所有制，巩固无产阶级专政和无产阶级的国际团结，在集中领导、全面规划、分工协作的条件下，中央工业和地方工业同时并举，大型企业和中小型企业同时并举。对社会主义总路线的错误理解和执行是导致“大跃进”口号提出的重要原因。但在“大跃进”运动导致的经济结构失调和国民经济困难等问题暴露之后，中共中央不得不着手对国民经济实行调整。1960 年 9 月 30 日，中央转发的国家计委党组《关于一九六一年国民经济计划控制数字的报告》中，第一次正式提出了“调整、巩固、充实、提高”的“八字方针”，1961 年 1 月中共八届九中全会讨论批准了这个方针。“八字方针”是对“大跃进”中出现的错误做出修正的经济发展理念纠偏。在“八字方针”的具体指导下，到 1962 年，经济逐步得到恢复和发展；1965 年，国民经济调整任务基本完成；1966 年，全国基本完成了预定的国民经济调整任务，使中国的国民经济得到了恢复和发展。

第三阶段，“文化大革命”时期的经济发展理念（1966 年 6 月—1976 年 10 月）。“文化大革命”全面爆发以后，基本推翻了中共八大关于社会主义社会主要矛盾的论断和中共八届二中全会提出的社会主义建设总路线，将当时许多工作中的问题和矛盾上纲为两个阶级、两条路线的斗争。“文化大革命”期间经济发展理念主要有三个特征：一是强调“以阶级斗争为纲”是一切工作的根本指导思想，为了实现这一指导思想则在经济工作领域提出了“抓革命、促生产”的口号；二是提出了“备战、备荒、为人民”的思想，并对“三五”计划进行修改，突出强调要立足于战争，从准备大打、早打出发，积极备战，把国防建设放在第一位，加快三线建设，逐步改变工业布局；三是追求高指标、高速度，在“四五”计划纲要中突出高速度地发展钢铁工业，大力发展地方“五小”工业，加快石油、天然气、电力工业发展，大办机械工业的重工业化经济发展思路，在农业领域则坚持“以粮为纲，全面发展”的指导思想。从经济发展理念变迁的视角来看，这一阶段在技术变迁方面在强调重工业优先发展的同时，还突出了调整工业（特别是国防工业）空间布局和优化地区经济协作的重要性；在制度变迁方面则强调以阶级斗争来维护无产阶级专政的所谓“纯粹性”。

第四阶段，徘徊前进时期的经济发展理念（1976 年 10 月—1978 年 12 月）。在粉碎“四人帮”、结束“文化大革命”之后，党中央在继续坚持“工业学大庆、农业学大寨”思想的基础之上，还在 1977 年 8 月召开的中国共产党第十一次全国代表大会将提出了“抓纲治国”的思想，提出发展社会主义经济也是无产阶级专政基本任务的观点，并强调在贯彻执行社会主义建设总路线和一整套“两条腿”走路方针的基础上，把整个国民经济纳入有计划、按比例、高速度发展的社会主义轨道，并提出科学研究工作应当走在经济建设前面。[①] 在这一阶段，国务院政策研究部门起草了《贯彻执行按劳分配的社会主义原则》一文，并以特约评论员名义在 1978 年 5 月 5 日的《人民日报》发表，关于恢复按劳分配原则的讨论全面展开。从经济发展理念变迁的视角来看，这一阶段在产业变迁方面强调产业结构的优化，在制度变迁方面则试图纠正“文化大革命”期间“以阶级斗争为纲”的错误思想。但在这一阶段，不仅延续了“以阶级斗争为纲”和“无产阶级专政下继续革命”的口号，还提出了“两个凡是”的观点，在经济建设工作方面也急于求成，延续了“文化大革

① 顾龙生．中国共产党经济思想史（1921—2011）［M］．太原：山西经济出版社，2014：277.

命”时期片面追求高速度的冒进作风。

三、计划经济时期发展理念变迁与工业化进程

从计划经济时期经济发展理念变迁过程与工业化进程之间的关系来看，计划经济时期以探索中国道路为目标的发展理念现代化的绩效表现可以从以下几个方面显现：

首先，计划经济时期经济发展理念变迁反映了这一时期以重工业化为主要特征的产业变迁阶段性任务。计划经济时期产业变迁维度上的阶段性任务，主要表现为以基本建立工业体系为目标的重工业化。产业变迁维度上阶段性任务的选择，是与当时国内外经济、政治和文化环境密不可分的。新生的人民政权对外面临着来自帝国主义国家的封锁和制裁，对内则面临着尽快发展生产、改善民生的任务。这就决定了在产业变迁维度上必须将建立独立自主的工业体系作为工业化的阶段性任务。要在工业化进程中保证国民经济体系的独立完整，从而避免新生的国家再次沦为西方国家的经济附庸，就必须集中全社会力量率先发展重工业。纵观计划经济时期经济发展理念变迁的全过程即可发现，从过渡时期总路线开始，党和人民政府就一直坚持将发展重工业作为经济工作的重要任务。尽管经历了“大跃进”的挫折和“文化大革命”的错误，积极发展重工业、努力建设独立自主工业体系的目标并没有动摇。“大跃进”遭受挫折之后的国民经济调整阶段中虽然暂时地下调了重工业发展目标，但并没有改变将重工业化作为产业变迁维度上阶段性任务的理念。因此，计划经济时期发展理念变迁过程，较好地反映了这一时期以重工业化为主要特征的产业变迁阶段性任务。值得肯定的是，在重工业化过程中出现的国民经济结构比例失调问题以及为解决这一问题而进行的尝试，也成为计划经济时期发展理念变迁的内在动力和认识来源。以毛泽东的《论十大关系》为代表的一系列理论成果和政策文件的出台，表明在探索中国道路的发展理念现代化过程中，人们对于经济发展规律的认识也是随着社会主义经济建设实践的推进而不断深入。很显然，如果没有计划经济时期以基本建立工业体系为目标的重工业化过程，那么这一时期经济发展理念现代化过程中也不可能形成如此丰硕的理论成果，经济发展理念的现代化恰恰是计划经济时期重工业化不断推进并取得丰硕成果的外在表现。

其次，计划经济时期经济发展理念变迁对这一时期工业化进程阶段性任务的完成起到了促进作用。随着计划经济时期重工业化推进而不断发展的经济发展理念现代化，反过来也以不断积累的理论成果对计划经济时期的产业变迁进程产生影响。以探索中国道路为目标的发展理念现代化取得的最重要理论成果，就是正确认识到重工业化在实现我国经济独立自主和持续发展方面所起到的重要作用。从过渡时期的总路线突出强调工业化对于国民经济的重要作用，中共八大关于我国社会主义社会主要矛盾的判断以及中共八届二中全会提出的社会主义建设总路线，也将加快工业化进程作为经济工作的核心任务。在“大跃进”遭受挫折后的国民经济调整阶段和“文化大革命”阶段，虽然经济发展理念变迁受到“左”的因素的干扰，但仍将工业化视作保证国民经济独立自主发展和国防备战备荒的重要物质基础。基本建立工业体系，实现国民经济独立自主，既是鸦片战争以来我国人民追求民族独立的精神延续，又是新中国成立后追求国家富强的必然选择。从对计划经济时期经济发展理念变迁整体脉络的把握可以看出，这一时期经济发展理念变迁基本顺应了“实现民族独立和国家富强”这一百年来中国人民最为重要的诉求，探索了在计划经济时期具体情况下如何实现“民族独立和国家富强”重要诉求的具体道路。在1978年末我国即将开始改革开放之时，中国人民在经过近三十年的奋斗之后已经基本建立了独立自主的完整工业体系，产业变迁维度上的阶段性任务基本完成；相伴随的是，在发展理念变迁维度上经过计划经济时期的实践探索逐渐形成了切合中国国情的工业化发展道路。这标志着中国人民在工业化道路的选择上，不再照搬西方国家的现成模式，而是能够结合本国国情分析中国的工业化道路选择问题，实现了经济发展理念的现代化。

最后，计划经济时期经济发展理念的执行过程中也曾出现偏差，对这一时期工业化进程产生了一定的消极影响。尽管计划经济时期我国经济发展理念变迁在整体上把握住了这一时期产业变迁的发展方向和任务要求，但在经济发展理念的执行层面也出现了一些偏差。特别是随着社会主义三大改造的结束和“一五”计划的完成，急躁情绪开始在经济工作的各个领域蔓延，社会主义建设总路线的提出在鼓舞士气的同时也将这种急躁情绪进一步放大，使得“大跃进”阶段出现了不顾客观经济规律而“大放卫星”的现象，最终导致了国民经济结构严重失调和国民经济发展的大滑坡。而反右倾斗争的不断扩大化使得“左”的倾向和做法不断扩大，对经济发展理念的纠偏工作一直不到位，也是导致“文化大革命”的重要原因。必须承认的是，虽然毛泽东在《论十大关系》中提出了正确处理经济建设中诸多矛盾的原则，但受到极“左”思想的干扰，这些正确的经济发展理念并没有得到完整的贯彻落实，特别是体现在处理重工业与轻工业、农业的比例关系等问题上。

四、计划经济时期发展理念变迁与生产社会化进程

计划经济时期经济发展理念变迁与生产社会化进程之间的互动关系，主要体现在以下几个方面：

首先，计划经济时期经济发展理念变迁反映了这一时期生产社会化的要求，是对建国以来制度变迁探索实践的总结和延伸。作为刚刚从半殖民地半封建社会中解放出来的国家，新中国并不具备直接发展市场经济的条件。一方面，封建主义生产关系基础上的小生产者经济已经成为我国工业化进程的重要制度障碍，废除封建主义土地所有制是打破小生产者经济的前提，而打破小生产者经济恰是发展市场经济的重要条件；另一方面，中国现实的工业化水平又不足以支持从封建主义土地所有制束缚中解放出来的广大农民直接转变为工人和市民。这就意味着，虽然废除封建主义生产关系对于打破小生产者经济来说是必要的，当时孱弱的工业化基础决定了中国不可能在小生产者经济瓦解的同时直接走上市场经济发展道路。必须依靠创新的制度安排将分散于城乡的小生产者组织起来，通过加快资本积累推动工业化水平的快速提高，为市场经济体制的建立创造物质条件。自鸦片战争以来一百余年的实践探索已经表明，封建地主阶级、农民阶级、官僚资产阶级和民族资产阶级提出的各种制度变迁道路都不符合中国现实国情下打破小生产者经济的要求。通过新民主主义革命取得政权的中国共产党只有依靠工人阶级，依靠工农联盟，探索适合中国国情的社会主义道路，才能解决当时摆在中国人民面前的复杂制度变迁难题。从计划经济时期经济发展理念变迁不同阶段的具体情况来看，分别反映了生产社会化不断提高对生产组织形式演进的要求。过渡时期总路线突出强调对农业、手工业和资本主义工商业的社会主义改造，反映了计划经济时期废除封建主义生产关系的要求；在三大改造推进过程中，创造性地提出的公私合营和合作社等生产组织方式，反映了在废除封建主义生产关系后加强对小生产者进行有效组织的

要求；随着社会主义经济建设的起步，不断探索出来的“鞍钢宪法”、“两参一改三结合”等经验以及“工业学大庆，农业学大寨”等提法，都是工业化进程中加强生产者组织管理的发展理念的探索。

其次，计划经济时期经济发展理念变迁也对这一时期生产社会化程度的提高起到了促进作用。计划经济时期经济发展理念的变迁，为解决这一时期复杂的制度变迁选择问题提出了创造性的方案。在过渡时期总路线的指引下，通过社会主义三大改造完成了消灭封建主义生产关系的任务，并形成了公私合营、合作社等新型的生产组织形式，实现了对小生产者的有效组织管理。在社会主义建设总路线的指引下，城镇国有单位和集体单位的增加不断增强对城镇生产者的组织管理；农村则经历了由初级合作社到高级合作社再到人民公社的生产组织形式演变过程。在发展市场经济条件暂时不具备的情况下，通过不同的生产组织形式将城乡生产者组织起来，共同为工业化进程提供物质积累，不得不说是一项制度变迁的创新。尽管计划经济时期城乡生产组织形式存在一些不利于生产效率提高的问题，但却有效实现了在没有发展市场经济的条件下消灭小生产者经济并促进生产社会化程度不断提升的目标。必须承认的是，计划经济时期没有发展市场经济条件下的生产社会化与改革开放后以市场机制为制度基础的生产社会化相比，发展程度是相对较低的。但也必须清楚地认识到，计划经济时期社会主义经济发展理念指引下的生产社会化，在彻底消除中国历史上延续了两千多年的封建主义小生产者经济的影响方面，起到了不可或缺的作用。从制度变迁的路径依赖的视角来看，延续两千多年的小生产者经济已经通过文化传统塑造了中国人的心智构念，这些心智构念会加剧制度变迁中的路径依赖，使得打破小生产者经济的过程更加困难。只有打破现存的心智构念，才能消除路径依赖对制度变迁的阻碍作用，推动生产社会化程度的提高。计划经济时期坚持社会主义制度的经济发展理念客观上促进了基于传统文化的阻碍制度变迁的心智构念的瓦解，有利于制度变迁路径的重建。这为改革开放以后通过发展市场经济来推动生产社会化程度的进一步提高奠定了基础。

最后，计划经济时期经济发展理念执行过程中的一些错误认识和错误做法，对这一时期生产社会化进程产生了一定消极影响。计划经济时期经济发展理念变迁的主线是坚持社会主义制度，不断探索社会主义经济建设规律。这一经济发展理念变迁的主线是符合我国产业变迁和制度变迁的阶段性任务要求的。但在制度变迁的执行层面中，仍然出现了一些错误的认识和做法，集中体现在“左”的错误认识不断累积方面。在过渡时期总路线的执行过程中，“左”的错误认识主要体现在追求社会主义改造的速度上；随着社会主义经济建设的起步，“左”的错误认识则主要体现在对建设规模和速度的片面追求和对经济发展规律的忽视上；在“大跃进”遭受挫折之后，“左”的错误认识并没有得到纠正，反倒在反右斗争中逐步扩大；在“文化大革命”阶段，“左”的错误认识对经济工作产生了严重干扰，“以阶级斗争为纲”的路线指导下国民经济计划过分强调高指标、高速度，造成了资源的浪费。在“左”的错误认识不断累积过程中，逐渐形成了“一大二公”的错误理念，过分强调所有制成分上的纯洁性，严重挫伤了人民群众的生产积极性。从前文的分析可以看出，“文化大革命”阶段我国城镇化发展停滞，农村劳动者从事非农产业生产活动的比重也非常小，生产社会化发展速度非常缓慢。

五、计划经济时期发展理念变迁的经验与教训

从计划经济时期经济发展理念变迁的经验与教训对未来发展理念演进的启示来看，计划经济时期经济发展理念变迁的绩效体现在以下方面：

首先，经济发展理念变迁应当循序渐进，任何发展理念的提出都必须考虑到现实生产力水平的限制和约束。计划经济时期经济发展理念变迁中一方面强调重工业化为主的产业变迁，另一方面强调社会主义化为主的制度变迁，但在经济发展方式转变方面的认识则相对浅显。诸如“人定胜天”、“人有多大胆，地有多大产”等口号曾相当盛行，反映出当时经济发展理念仍停留在肯定粗放型经济发展方式的认识层面，对于经济发展规律认识不够深化。对经济发展方式的粗浅理解，是导致计划经济时期屡犯追求速度和规模错误的认识根源所在。特别是诸如“一大二公”的提出，并没有考虑到当时我国较为落后的生产力状况；基于这一理念制定的“割资本主义尾巴”等政策，严重挫伤了人民群众生产积极性，破坏了生产力的发展。从经济发展理念变迁的总体过程来看，正是由于计划经济时期经济发展理念忽视客观经济规律的错误付出了极大代价，这也为改革开放以后逐步认识到应当加快经济发展方式转变提供了历史材料。在本书对市场经济时期经济发展理念变迁的绩效评价中，可以观察到计划经济时期获取的经验与教训对市场经济时期经济发展理念变迁的影响。

其次，经济发展理念的“落地”应当有“度”的概念，应当重视经济发展中的各种比例关系。在探索中国现代化过程中，以毛泽东同志为核心的中国共产党第一代领导集体做出了一系列有益探索。其中，毛泽东在1956年提出的《论十大关系》是计划经济时期经济发展理念现代化探索的重要理论结晶。《论十大关系》的发表表明中国共产党第一代领导集体已经意识到了在经济发展过程中应当有“度”的概念，必须处理好经济建设过程中各种人民内部矛盾。而计划经济时期那些对经济发展产生消极作用的做法，恰是因为在经济发展过程中没有坚持适度原则，而是片面地追求高指标、高速度，忽视了国民经济结构合理的比例关系对于维持社会再生产正常运转的重要性。计划经济时期经济发展正反两方面经验教训，为改革开放以后正确处理经济发展中的结构比例关系提供了启示和借鉴。改革开放以后随着市场化改革的逐步深入，我国国民经济发展过程中的“大起大落”现象也逐渐减少，经济周期性波动越来越从古典型周期向现代型周期转变。这种转变与改革开放后的宏观经济管理与调控中吸收了计划经济时期经济发展的经验教训有密切关系。

最后，经济发展理念应当摒弃“唯意识形态化”的错误，应当从实际出发去考虑经济发展中遇到的问题。受到“左”的错误认识的干扰，计划经济时期经济发展理念受到“唯意识形态化”的消极影响。在社会主义国家里坚持正确的意识形态导向是毋庸置疑的，但在经济发展中遇到的所有问题和矛盾在处理过程中过分强调意识形态因素，并不符合辩证唯物主义和历史唯物主义的观点。计划经济时期经济发展理念中的偏差，几乎都与“唯意识形态化”有关。片面地强调意识形态等上层建筑对经济基础的反作用，把本来应当遵循客观经济规律的做法视作是违背意识形态要求的“政治反动”，使得经济发展理念不能从实际出发。计划经济时期经济发展的反面教训，也为改革开放后逐步破除错误认识、推动社会主义市场经济体制的建立和完善提供了启示和借鉴。

第五节 计划经济时期阶段性任务评价的小结

本章之前的部分，分别从产业变迁、制度变迁和发展理念变迁三个维度对计划经济时期阶段性任务的完成情况加以考察。本节则将从整体的视角，重点从产业变迁、制度变迁和发展理念变迁之间的关系视角出发，对计划经济时期阶段性任务完成情况进行简要的综合评价。

首先，计划经济时期产业变迁、制度变迁和发展理念变迁基本保持了协同演化发展的关系。计划经济时期以重工业化为主要特征的产业变迁过程必然需要以打破传统小生产者经济为主要特征的制度变迁相伴随。我国在新中国成立之前的一百多年探索中得出的最重要结论就是：不彻底推翻近代中国半殖民地半封建社会的制度体系，就不可能形成促进工业化进程的制度环境，中国的现代化就将步履维艰。新中国成立之后工业化进程之所以突然加快，正是由于新民主主义革命和社会主义改造的相继推进，彻底摒弃了近代以来阻碍中国产业变迁的封建主义、帝国主义和官僚资本主义的畸形制度体系，形成了有利于工业化推进的制度环境。而随着社会主义计划经济体制的建立，我国关于社会主义经济建设的理论认识也在不断丰富积累，从而推动了经济发展理念的现代化。而经济发展理念的现代化，反过来通过改变人们的思想认识，加速了打破传统小生产者经济和建立社会主义公有制经济的制度变迁，不断为计划经济时期重工业化的推进创造更有利的制度环境。可见，在计划经济时期，产业变迁维度上的重工业化、制度变迁维度上的生产社会化以及发展理念变迁维度上的理念现代化，是一个相辅相成、协同演进的发展过程。

其次，计划经济时期产业变迁、制度变迁和发展理念变迁的整体路径之下存在局部冲突的关系。虽然计划经济时期产业变迁、制度变迁和发展理念变迁在整体路径上存在协同演进关系，但在具体的历史时点上三者存在演进速率上的不一致性，这导致三者存在局部冲突的关系。计划经济时期三者的具体冲突关系，突出反映在“大跃进”开始后极“左”思维的干扰致使发展理念变迁不能正确指导制度变迁，引起产业变迁与制度变迁关系的紧张，阻碍了社会生产力的发展。由于不能正确认识生产力与生产关系之间的矛盾，错误地把社会主义经济建设中的众多问题和矛盾都归结于阶级斗争，致使“大跃进”之后发展理念变迁逐渐偏离毛泽东《论十大关系》和中共八大确定的正确路线。发展理念的偏差致使在制度变迁中过度强调“一大二公”原则，取缔商品经济并拔高生产社会化程度，致使在产业变迁中不能正确处理重工业和轻工业、农业之间的比例关系，造成国民经济结构的严重失衡。计划经济时期产业变迁、制度变迁和发展理念变迁的局部冲突并没有彻底颠覆计划经济时期产业、制度和发展理念的整体变迁路径。党和政府也总是及时地对产业、制度和发展理念整体变迁路径中出现的问题与矛盾加以调整。

最后，计划经济时期产业变迁、制度变迁和发展理念变迁中的冲突与矛盾，成为改革开放以后三者持续深入的重要原因。计划经济时期产业、制度和发展理念整体变迁路径中的局部冲突，归根结底还在于生产力与生产关系的矛盾运动。具体表现在社会主义生产关系之下的计划经济体制与当时中国正处于工业化起步阶段的社会生产力条件极不相适应，在劳动尚未成为人的第一需要的条件下急躁且错误地以政治宣传和道德感化取代了经济激励，损害了劳动群众的生产积极性。经过计划经济时期的实践证明，错误发展理念下制定的制度变迁方向并不能很好地满足产业变迁的需要；特别是随着计划经济时期以重工业化为主的产业变迁阶段性任务的完成，产业变迁维度上面临着阶段性任务的转变，加快发展理念变迁进而加快制度变迁的需要也变得日益迫切。在计划经济时期的最后几年，实现二元结构向一元结构的转变已经成为产业变迁的新目标和新任务，这就迫切要求加快探索突破计划经济体制的制度变迁和加快探索发展方式转变的发展理念变迁。改革开放以后的历史走向也表明，市场经济时期产业、制度和发展理念整体变迁路径的形成和延伸，正是计划经济时期产业、制度和发展理念变迁中冲突与矛盾不断深入发展的结果，是由计划经济时期向市场经济时期过渡过程中阶段性任务转变的具体表现。

第四篇

现代中国经济转型：改革开放以来的探索与实践

第九章　社会主义市场经济体制的理论创新与实践探索

计划经济体制虽具有其优势，但随着经济规模的扩大，经济联系的愈益复杂，逐渐暴露出体制僵化、比例失调的弊端，严重阻碍了生产力的发展。在“文化大革命”结束以后，中国的国民经济发展依然困难重重。党的十一届三中全会以后，随着市场化改革从农村到城市的不断深入，对外开放的范围和领域的不断拓展，中国的经济建设取得了明显进步。邓小平深刻分析世界政治经济的发展变化，总结中国经济发展的历史经验，明确提出计划经济、市场经济都是一种资源配置手段，社会主义也可以搞市场经济。党的十四大确定了建立社会主义市场经济体制的改革目标，中国经济改革进入了从计划经济体制向市场经济体制这一目标模式转换的新阶段。

从整个经济体制转变的历程看，这是一个对社会主义市场经济体制的认识逐渐深入的过程。20 世纪 80 年代初提出大力发展社会主义商品经济；1984 年提出“有计划商品经济”；1987 年提出“国家引导市场，市场引导企业”；1989 年提出“计划和市场调节相结合”；1992 年提出建立“社会主义市场经济体制”的目标模式；1997 年党的十五大进一步提出公有制有多种实现形式；2002 年党的十六大提出建立完善的社会主义市场经济体制和更具活力、更加开放的经济体系的战略部署；2003 年 10 月党的十六届三中全会又总结了十四大以来我国经济体制改革在理论和实践上取得的重大进展，明确了完善社会主义市场经济体制的目标、任务、指导思想和原则；2007 年党的十七大提出健全现代市场体系，发展各种生产要素市场建设；2013 年党的十八届三中全会公报指出，经济体制改革是全面深化改革的重点，核心问题是处理好政府和市场的关系，使市场在资源配置中起决定性作用和更好发挥政府作用。

我国经济改革是从传统计划控制相对弱的农村开始的，而农村改革又直接指向农村土地集体所有制的实现形式。1978 年开始试行家庭联产承包责任制，与此同时农村工业和贸易走发展乡镇企业的道路。单一的公有制是原有计划经济体制的基础，对公有制实现形式和所有制结构的改革，既是整个经济体制改革的组成部分，也是整个改革的基础。对于其中的计划体制而言，所有制改革具有“釜底抽薪”的效果。农村经济改革的成功不仅拉开了中国 30 多年经济增长的序幕，同时也为社会主义市场经济体制目标模式的确立奠定了改革的理论基础。经过多年的改革和发展，原来只适应计划经济的全民所有制和集体所有制，已改造成为逐步与市场经济衔接的新的国有制和集体所有制，产生了像股份制那样的新的公有制实现形式，多种形式的非公有制步入较快的良性发展的轨道。中国已经形成“以公有制为主体，多种所有制经济共同发展”的所有制结构，而且被确定为国家的基本经济制度。改革大体经历了一个从存量改革到边际改革，再到确立和完善“基本经济制度”的过程。

第一节　经济体制改革的时代背景与制度选择

一、改革开放的背景：和平发展

（一）国际形势

1. 和平与发展成为时代主题

（1）世界性大战的阴云消散。20 世纪 70 年代末期，和平与发展逐步上升为时代主题的迹象已经显现，并对世界局势产生了战略性的影响。和平与发展成为时代的主题，是当代世界局势中的各种矛盾发展变化和世界范围内不断增长的抑制战争因素综合作用的结果。

从世界范围来看，维护和平的力量已经超过发动战争的力量，有能力制约战争的爆发。两次世界大战给全球人民带来了身体和心灵的极大伤害，凡是经历过战争的人都对战争深恶痛绝，不希望看到血腥的厮杀场面，全球人民的反战热潮涌起。此外，崛起的第三世界作为一支巨大的和平力量对避免战争的爆发起到了很大的作用。邓小平认为“第三世界的人口占世界人口的四分之三，是不希望战争的”。后来，他又多次讲到“我们把第三世界看成是和平力量的支柱，整个第三世界是最大的和平力量，第三世界每发展一步，和平力量就发展一步”，“第三世界国家是霸权主义的主要受害者，也是反对霸权主义和维护世界和平的主力。第三世界最希望和平，没有和平就不能发展。”

（2）20 世纪 70 年代世界经济的发展需要国际交流。二战后频繁发生的世界性经济危机给西方资本主义国家带来了严重困扰，使它们面临着严峻的挑战，它们希望开辟新的途径来缓解危机，渴望与世界上其他国家进行接触。1973 年 12 月，爆发了一场二战后规模最大、影响程度最深的世界经济危机。在美国，经济危机从 1973 年 12 月一直持续到 1975 年 5 月。期间，美国的 GNP 下降了 5.7%，工业生产总量下降 15.1%，其中钢铁、汽车、建筑三大支柱性产业受到的打击最为严重。企业与银行的倒闭双双创下二战后的空前纪录。失业人数达到 825 万人，失业率高达 9.2%。道·琼斯股票价格平均指数比危机前的最高点下跌近一半。最为可怕的是，此次经济危机造成了美国较长时间的“滞胀”。一方面，危机之后经济回升速度极其缓慢；另一方面，高通货膨胀率与高失业率长期共存。

（3）美国急需在政治上寻找合作伙伴。20 世纪 70 年代，美苏两个超级大国仍然占据世界的主导地位。它们从各自的利益以及国际形势出发，逐步改变对峙的局面，竭力宣扬世界和平，渲染太平盛世，在世界政治氛围中制造出一种“缓和已经成为主要特征”的景象。美国自第二次世界大战以后就是世界上最发达最强大的国家，在一段时期内独霸世界舞台。可是，步入 20 世纪 70 年代以后，美国国内困难日益加重，经济不景气导致国力大大下降，这样便使它在西方盟友中逐渐失去以往的那种掌控全局的能力，所以它急切需要通过缓和与亚非拉世界的关系来挽救国内危机。与此同时，苏联在 20 世纪 70 年代凭借其迅速发展的军事和经济实力，除了在欧洲和美国搞局部缓和之外，在亚洲和非洲大肆扩张。在亚洲，苏联支持越南侵占柬埔寨，力图控制东南亚；支持印度进攻巴基斯坦，深入向南亚渗透，也加强对中国的威胁，在中苏边境屯兵百万；在非洲，干涉安哥拉，打了一场“代理人”战争；对扎伊尔进行攻击，打了一场“雇佣军”战争。

基于以上情况，美国对中国的外交政策在20世纪70年代表现出了动摇的特点，想借助中国增加其对付苏联的实力，这就使中国国际地位的重要性凸显出来。在1978年7月举行的西方七国首脑会议上，美国总统卡特表示，一个强大的安定的中国是世界和平的重要因素。[①] 可见，中国在世界上的地位正在逐渐上升，已经被世界大国视为一支不可忽略的重要力量。

2. 第三次科技革命的巨大影响

20世纪70年代以后，科技革命引发了社会生产力的飞速发展。当时的科学技术如核技术、宇航技术、通信技术、电子技术、计算机技术、生物技术等都出现了新的突破。20世纪70年代以来，世界知识总量每隔5年就翻一番，并且科学技术转化为生产力的周期大大缩短，科技对经济发展的基础性作用越来越大，经济增长的60%—80%都是依靠科技进步实现的，科学技术成了名副其实的第一生产力。在第三次科技革命的影响下，世界主要资本主义国家走出经济危机并且经济稳步发展。

（二）国内环境

1. “文革”结束，百废待兴

（1）十年动乱造成的损失。“文化大革命”结束时，整个国民经济处于崩溃的边缘。在城市，大量企业停工停产，生产设备被破坏。在农村，大搞穷过渡，片面追求规模大、公有化程度高。在劳动生产方面不重实效，这些都挫伤了农民生产的积极性。很多大中专院校长期停办、停课，高考制度被废除，许多中小学设施被砸烂，人才培养被整整耽误了十年；全国许多科研机构被捣毁，科研工作停滞不前；许多文艺作品被查封，被禁止，被烧毁，极端个人主义、个人崇拜以及各种愚昧落后的思想行为泛滥开来，群众文化生活单调贫乏。

（2）居民生活水平的比较。改革开放之初我国经济发展水平相当落后，已近贫穷国家之列。世界银行于1977年对全世界近200个国家和地区做了一个统计，并按人均国民生产总值的多少分为五类，第一类叫做最贫穷国家和地区，标准是年人均产值不到200美元，这类国家和地区全世界共有21个。第二类叫做贫穷国家和地区，标准是人均产值201美元到499美元之间，这类国家和地区共有39个，我国位列其中。第三类是中等水平国家和地区，标准是

① 孙大力，黄如军．新的起点——1978年的中国［M］．北京：中国工人出版社，2000：143.

人均产值500美元到2000美元，这类国家和地区共有57个，其中包括罗马尼亚、阿尔巴尼亚、墨西哥、智利、朝鲜人民共和国、蒙古人民共和国等，也就是说，拉美一些欠发达国家和欧亚一些较小的社会主义国家都比我们要强。第四类是中等富裕国家和地区，标准是人均产值2001美元到4999美元，这类国家和地区全世界共有31个，包括英国、捷克、波兰、苏联、南斯拉夫、保加利亚、新加坡等。第五类是富裕国家和地区，标准是人均产值在5000美元以上的，这类国家和地区全世界共有29个，其中包括科威特、瑞士、美国、联邦德国、日本、加拿大、法国等。①

2. 通过真理标准的讨论，思想获得解放

（1）全国大多数人思想僵化保守。粉碎"四人帮"以后，中国并未真正走出危机。党内个人崇拜、个人迷信依旧盛行，大量的历史冤假错案尚未得到平反。特别是"两个凡是"的错误方针，既不足以维护毛泽东的历史地位和毛泽东思想的权威，更不可能使党从极"左"思想教条的束缚下解脱出来，开创新的工作局面。过去的一些错误无法纠正，人们的心理感到非常的迷惑。

（2）真理标准的大讨论。"两个凡是"一提出，尚未恢复职务的邓小平提出了旗帜鲜明的反对意见。他郑重提出："我们必须世世代代地用准确的完整的毛泽东思想来指导我们全党、全军和全国人民"。准确的完整的毛泽东思想这个提法，是全党解放思想的先导。

1978年5月10日，在中共中央党校的内部刊物《理论动态》第60期，刊登了经胡耀邦审定的文章《实践是检验真理的唯一标准》。第二天，即5月11日，《光明日报》以"本报特约评论员"为署名公开发表了这篇文章。当天，新华社将这篇文章作为"国内新闻"头条转发全国。5月12日，《人民日报》和《解放军报》全文转载。到5月13日，全国多数省级党报都转载了此文。这在中国思想界引起了极大的轰动，此后，一场轰轰烈烈的真理标准大讨论在全国范围内展开。

真理标准大讨论使中国人开始面对现实，从实际出发。由于中国长期处于封闭半封闭的状态，在共产党内部存在着固步自封、盲目自大的思想，片面强调"独立自主，自力更生"。只要有人提出向外国学习，就会被扣上"卖国主

① 金春明等．彻底否定"文化大革命"十讲［M］．北京：解放军出版社，1985.

义”、“崇洋媚外”的大帽子，严重影响了中国经济的发展。1978年以真理标准大讨论为起点的思想解放运动，解除了人们在思想上的束缚，使中国人在学习西方问题上更加客观、更加实际。

真理标准大讨论是改革开放的思想先导，为我们党重新确立了马克思主义的思想路线和政治路线奠定了理论基础，在党和国家的的历史进程中产生了重大而深远的影响。

二、经济体制改革的探索和选择

（一）社会主义初级阶段理论的提出

1. 社会主义初级阶段的基本内容

（1）社会主义初级阶段的基本特征。社会主义初级阶段不是泛指任何国家进入社会主义都会经历的起始阶段，而是特指我国生产力落后、商品经济不发达条件下建设社会主义必然要经历的特定阶段。即从1956年社会主义改造基本完成到21世纪中叶社会主义现代化基本实现的整个历史阶段。社会主义初级阶段的论断包括两层含义：一是我国已经进入社会主义，我们必须坚持而不能偏离社会主义；二是我国的社会主义社会正处于并将长期处于初级阶段，我们必须正视而不能超越这个初级阶段。

新中国成立以来，我国社会生产力已有了很大发展，初步建立了完整的工业体系和国民经济体系，但生产力还很落后。马克思主义经典作家曾预言，社会主义在消灭剥削制度的基础上，必然能够创造出更高的劳动生产率，使生产力以更高的速度向前发展。新中国成立以来，尤其是改革开放以来，我国所发生的深刻变化，已经显示出社会主义制度的优越性。人民生活水平得到很大改善，科学技术水平有了极大提高。但是，也要看到，我国经济还是比较落后的，社会生产力水平还是很低的。我国虽然进入了社会主义社会，但只是进入了建立在物质生产力不发达状态上的不成熟的低标准的社会主义，即社会主义初级阶段。所以，物质生产力的这种不发达状态，就成了我国现阶段的社会主义初级阶段的一个重要特征。

（2）基本路线。三大改造完成以后，人民日益增长的物质文化需要同落后的社会生产之间的矛盾已成为国内主要矛盾。只要这一矛盾不解决，社会主义初级阶段就不可能结束。只有到了人均国民生产总值达到中等发达国家水平或接近发达国家水平，现在的国内主要矛盾消除了，社会主义初级阶段才能结束。社会主义社会的主要矛盾决定了党在社会主义初级阶段的政治路线或者说总任务。社会主义初级阶段的基本路线，即：领导和团结全国各族人民，以经济建设为中心，坚持四项基本原则，坚持改革开放，自力更生，艰苦创业，为把我国建设成为富强、民主、文明的社会主义现代化国家而奋斗。

2. 社会主义初级阶段的长期性

决定我国社会主义初级阶段长期性的几点原因是：

（1）世界经济的发展趋势决定初级阶段的长期性。第二次世界大战后，第三次科技革命在世界范围内发展迅猛，一些发达国家如美欧日，生产力有了长足的发展，新的经济增长方式和经济增长点不断涌现。人类已经进入21世纪，知识经济已见端倪，这样我国要实现现代化就更具艰难性、复杂性和挑战性。我们无法避免地要经过相当长的时间才能建立起社会主义所需的物质基础，而在这之前，我国只能处在社会主义初级阶段。

（2）现实的国情决定初级阶段的长期性。新中国成立以来特别是党的十一届三中全会以来，我国发生了翻天覆地的变化。但总体来说，人口数量大、底子薄，区域发展不平衡，科学技术落后，人民生活水平还比较低，生产力不发达的状况没有根本改变，社会主义制度还很不完善，社会主义经济体制还不成熟，社会主义民主法制还不够健全。这表明，要实现四个现代化，把我国建设成为富强、民主、文明、和谐的社会主义国家，还有很长的路要走。

（3）我国特殊的历史决定初级阶段的长期性。我国原是半殖民地半封建社会，经济文化社会各方面都很落后，更没有经历过资本主义社会充分发展的阶段。这就使得当我国由新民主主义社会进入社会主义社会的时候，生产力的发展水平以及经济的现代化、社会化的发展程度都远远落后于先进的资本主义国家。这就要求我们，要用一个相当长的时间去大力发展社会生产力，使生产力达到应有的发达程度，以经济建设为中心，以提高经济的现代化和市场化的程度，实现工业化。这个相当长的时间就是我国的社会主义初级阶段。

（二）社会主义市场经济理论的提出

1. 市场经济的一般规律

（1）市场经济的形成与发展。人类社会最初经过相当长的自然经济阶段，自然经济是与原始的十分低下的生产力水平相适应的，其特点是自给自足，人们为满足生存需要而进行的生产基本上没有剩余产品或剩余产品很少，不存在交换关系。

在原始社会末期开始有了商品交换，之后，为了交换而进行的生产即商品生产出现了。开始只是为了满足自身需要而进行商品生产；进入资本主义之后，商品生产的性质发生了根本性变化，即生产商品不是为了换回自己所需要的物品，而是为了赚钱，为了占有剩余价值，这就是资本主义的商品生产。这时的商品生产还较落后，仍然大部分依靠手工，竞争程度也低，市场对社会资源的配置作用不是很突出。

到了19世纪上半叶，资本主义经过了产业革命，机器逐渐代替手工，生产社会化程度大大提高，竞争也日趋激烈，而且在经营管理上实行决策分散、契约自由的原则，在这种条件下，社会经济资源的配置已经完全由市场进行，由市场调节着各种生产要素在社会生产各部门间自由流动，使生产要素向着效益大、效率高的部门、企业集中。商品经济进入发达阶段。

商品经济是市场经济存在和发展的前提和基础，而市场经济是商品经济存在和发展的必然结果。如果没有商品经济，就不可能出现市场经济，更谈不上现代市场经济；而没有市场经济，则商品经济只能停留在落后的水平，而绝不能促进社会生产发展。市场经济是高度发达的商品经济，是商品经济发展到一定高度的产物。

由此可见，市场经济指以市场为基础配置社会经济资源的一种方式，是随着生产力的发展和社会经济条件的变化而发展变化的。最初的市场经济是自由的市场经济，在这种市场经济中，自由竞争是资源配置的唯一基本方式，政府的职能只是维护外部的法律秩序。随着社会化生产的发展，自由市场经济变成了国家干预下的市场经济，政府的宏观调控变成了资源配置的重要组成部分，现代市场经济就是政府宏观调控下的市场经济。

（2）市场经济的一般运行规律与运行机制。价值规律是市场经济体系中最基本的经济规律。凡是有市场经济的地方，价值规律就必然存在并发生作用。价值规律是指商品的价值由生产商品的社会必要劳动时间决定，商品按照其价值进行交换的规律。价值规律要求商品等价交换，商品的价格符合其价值，但价格与价值并不完全一致，价格受供求等因素影响时常偏离价值，围绕价值上下波动。在市场经济下，价格与价值的背离是常常发生的，价格有其相对独立性。价格在市场上既以价值为基础，又可以高于或低于价值，这是由于竞争的缘故，市场供求关系引起市场价格围绕价值上下波动。

价值规律对于市场经济有着重要意义，客观上促使每一个市场主体努力改进技术，提高劳动生产率。价值规律还起着调节作用，它利用价格与价值的矛盾，调节着社会总劳动时间在各个生产部门之间的分配，从而使市场适应人们对各种商品的需要。价值规律还起着优胜劣汰的作用，淘汰技术力量薄弱、管理不善的企业，促进生产力的提高。不同的市场主体总是要通过一定的市场行为获得最佳的经济利益，这种由经济利益激发出来的主体之间展开的利益争夺行为就是竞争。这种竞争是在市场中展开的，故称为市场竞争。竞争规律是指竞争与供求、价格、价值及市场诸内容之间的有机联系。

在市场经济条件下，只有通过竞争的外部强制作用，才能把商品的内在属性表现出来，正因为竞争，使商品的价格围绕价值波动，从而使价值规律的作用最终得以实现。竞争是推动社会生产力提高的重要因素，因为竞争使人产生压力，各市场主体在这种压力下，在优胜劣汰的法则制约下，不断进取，改善经营，培植进取心和大胆首创精神。特别是在部门内部竞争基础上，形成各部门之间的竞争，会促使各个市场主体不断开辟新的生产领域，发展新兴产业，扩大产品门类，开发新的能源，促进生产效率的提高。

2. 社会主义市场经济理论的形成与发展

（1）马克思的计划与市场思想。马克思和恩格斯虽然没有使用资源配置的用语，但他们都很重视资源的合理配置问题。马克思关于个别资本循环与周转理论、社会资本再生产理论，从本质上来说，都是揭示社会资源合理有效配置的问题。他们虽然也没有直接使用市场经济和计划经济的概念，但他们对商品经济、价值规律的详尽分析和研究，实际上回答了商品经济条件下资源配置的市场调节问题。他们对未来的社会主义、共产主义社会的设想，同样回答了在产品经济条件下资源配置的计划调节问题。

马克思、恩格斯在他们那个时代，对未来社会做了大胆的假设。他们认为，在共产主义条件下不存在商品货币关系，当然也就不存在市场机制和市场经济。共产主义实行计划经济，从而不存在资本主义的生产无政府状态和周期性的经济危机。但需要说明的是，在马克思、恩格斯看来，未来的共产主义社会是首先在发达的资本主义社会基础上建立起来的，有雄厚的物质生产基础，而实行计划经济，显然是针对资本主义自由竞争所造成的盲目生产和经济危机而提出的。

在马克思、恩格斯的论述中，并没有把资源配置方式看作是反映社会根本制度的范畴，而把它看作是同社会生产力紧密联系的范畴。他们都认为在商品经济条件下，资源配置方式是通过价值规律的作用来调节的，而不仅指资本主义制度下资源配置由价值规律进行调节。在他们对未来社会的设想中，认为在无产阶级革命胜利后，经过一个短暂的过渡时期，就进入共产主义初级阶段，即社会主义阶段，实现了全社会单一的社会所有制，到那时商品货币关系就消除了，市场和价值规律都退出历史舞台，自然进入产品经济时代，资源的配置只能是计划机制进行调节。

（2）计划经济体制的产生。计划经济体制最早是在苏联建立并实行的，这种体制的最明显特征是社会资源配置的决定权，即社会的生产、分配、交换、消费各个环节的调节权，都集中在中央，中央通过制定统一的国民经济计划来实现这些权力。后来的东欧国家在苏联的帮助下取得了反法西斯战争的胜利，在此基础上建设社会主义国家。当时的国际国内形势，使这些国家从经济到政治都只能依附于苏联，这些国家的经济体制别无选择，只能同苏联接轨，实行高度集中的计划经济体制。新中国成立后，经过三年的国民经济恢复时期，便开始从新民主主义革命转为社会主义革命，到1956年底，“三大改造”的基本完成，标志着中国进入社会主义社会，开始大规模的社会主义经济建设。当时，我国面临的国际和国内环境和巨大的经济建设任务，使得我国也只能选择集中型的计划经济体制。

一个经济比较落后的国家取得社会主义革命胜利后，靠独立自主、自力更生发展本国经济，在经济建设的规模较小、经济结构单一的条件下，集中型的计划经济体制会起积极作用。在经济比较落后的国家建立起社会主义制度后，为了保证人民群众的基本生活需要，进而保证社会的安定，计划经济体制也功不可没。但在经济比较落后的国家，要真正把经济搞上去，必须大力发展商品经济，商品经济的充分发展是社会经济发展不可超越的阶段。商品经济的发展要求发挥市场的作用，要求价值规律、竞争规律进行调节，要求市场主体自主经营、自负盈亏，在市场竞争中充满生机活力，而传统计划经济的资源配置机制恰恰限制了价值规律的作用范围。计划经济否定企业的自主经营权，无法调动企业和劳动者的积极性，经济生活缺乏竞争，排斥市场调节，使生产与需求脱节，计划价格脱离实际。

（3）社会主义市场经济体制的实现。从原有的计划经济体制向社会主义市场经济体制的转变，不是在局部经济领域修修补补，而是整个经济体制的根本性变革，是一场深刻的革命，这就决定了这一转变的长期性和艰巨性。建立和完善社会主义市场经济体制是一个长期的过程，是一项艰巨复杂的社会系统工程。社会主义市场经济体制是一个具有内在联系的完整体系。这一体系的框架是坚持公有制为主体、多种所有制经济共同发展的基本经济制度，要抓好五个环节：

①适应市场经济要求的现代企业制度。社会主义市场中的企业，无论是国有企业、集体企业、私营企业、外资企业，都应具有明确的产权关系，从而能够自主经营、自负盈亏，平等参与市场竞争，为社会主义市场经济建立富有活力的微观基础。国家对所有的企业实行一视同仁的宏观管理。国有企业要通过改革建立适应市场经济要求的现代企业制度，以便其在市场上发挥主导作用。

②统一开放的竞争有序的现代市场体系。市场体系是多元市场结构和复杂市场机制的统一，是具有不同功能的各类市场在相互关联与制约的关系中构成体现与反映各类商品经济关系动态的有机整体，本质含义是商品交换关系的组合。新体制中的市场包括商品市场、劳动力市场、资金市场、技术市场等在内的完整的市场体系。这一市场体系具有一整套完整的组织体制和法规制度，具有市场决定价格的形成机制。同时，还要改善和加强对市场的管理和监督，建立正常的市场进入、市场竞争和市场交易秩序。

③以经济手段为主的比较完善的宏观调控体系。现代市场经济以社会化大生产为基础，所以包含着国家宏观调控。没有国家宏观调控的市场经济在现实中是不存在的。我国的社会主义市场经济的宏观调控体系是综合运用各种经济杠杆，通过宏观经济环境的改变来影响微观企业的决策。只有建立起来市场经济的宏观调控体系，才能使市场对资源配置更好地发挥基础性作用，使市场经济正常发展。

④以按劳分配为主体，效率优先、兼顾公平的收入分配制度。个人收入分配要坚持以按劳分配为主体、多种分配方式并存的制度，把按劳分配和按生产要素分配结合起来，体现效率优先、兼顾公平的原则。劳动者的劳动报酬要引

入竞争机制，打破平均主义，实行多劳多得，合理拉开差距，允许和鼓励一部分地区和一部分人通过诚实劳动和合法经营先富起来。提倡先富帮后富，走共同富裕道路，体现社会主义制度的优越性。

（4）社会主义市场经济的特征。社会主义市场经济是同社会主义基本经济制度，即以公有制为主体、多种所有制经济共同发展的经济制度相结合的市场经济。由于受到社会主义基本经济制度的制约，社会主义市场经济又有自己的一些基本特征：

①市场经济赖以存在的所有制结构不同。社会主义市场经济赖以存在的是全民所有制，即以公有制为主体、多种所有制经济并存的所有制结构。而资本主义市场经济是建立在私有制基础上。在社会主义所有制结构基础上，各类经济成分都可以平等地进入市场，相互之间平等竞争。社会主义市场经济运行的本质是强化和壮大社会主义公有制经济的实力。

②市场经济运行的目的不同。在社会主义市场经济中，各个企业生产和经营的目的虽然要实现自身利益最大化，但是由于社会主义社会的本质属性，所以根本目的还是为了满足整个社会日益增长的物质文化需要，实现社会主义生产的根本目的。而资本主义市场经济运行的根本目的还是为资本家赚取利润。

③宏观调控的作用不同。在社会主义市场经济条件下，由于国家、集体和个人在根本利益上是一致的，所以有助于国家宏观调控手段的实现，有利于集中力量办大事，从而使国家的根本利益得到保证。而在资本主义私有制下，人们的根本利益对峙，国家调控的作用发挥受到一定程度的限制。

三、改革开放的实践总结与理论突破

1978 年开始的经济体制改革，经过 30 多年的努力，已经取得了突破性的进展，社会主义市场经济体制的基本框架已初步形成，市场在资源配置中的基础性作用增强。其具体表现是：

首先，在所有制结构问题上，确立了公有制为主体、多种所有制经济共同发展的社会主义初级阶段的基本经济制度和以按劳分配为主体、多种分配方式并存的分配制度。农村改革突破了高度集中的人民公社体制，实行了以家庭联产承包制为基础、统分结合的双层经营体制；突破了指令性的统购统销制度，放开绝大部分农产品价格；突破“以粮为纲”的单一结构，鼓励非农产业的

发展。推进贸、工、农一体化和产、加、销一条龙建设，农业产业化、企业化经营，乡镇企业异军突起。国有企业改革围绕增强企业活力、建立现代企业制度以重塑微观经济主体、最终建立社会主义市场经济体制这一中心展开。通过改革，国有企业的管理体制和企业内部经营机制发生了重大变化，国有企业适应和参与市场竞争的能力明显提高，国有经济总体实力进一步增强，在整个经济发展中进一步发挥主导作用。

其次，在资源配置中市场与政府关系方面，不断增强了对市场机制在资源配置中作用的认识，国民经济市场化程度有了迅速提高。改革打破了指令性计划的一统天下，市场机制成为资源配置的基础性方式。在商品市场上，绝大部分消费资料和生产资料已进入市场流通。在资本市场上，信贷市场、股票市场和国债市场从无到有，不断发展和完善。劳动力市场从无到有，越来越多的农村劳动力和城镇职工能够自由流动，各种人才交流中心应运而生。科技市场、信息市场、文化市场等也得到不断发展。市场机制不断发展和完善，并日益发挥重要作用。国家通过有计划、有步骤地对价格体系和价格体制进行改革，使得市场价格机制基本形成。各种市场中介组织也有了迅速发展。

再次，随着经济调控方式的重大转变，初步形成了适应社会主义市场经济要求的宏观调控体系，实现了从以政府直接控制为主向以间接调控为主的调控方式的基本转变。计划体制的改革基本上实现了国家计划以市场为基础，总体上是指导性计划。计划工作由原来的年度计划为主转变为中长期计划为主，突出宏观性、战略性、政策性，综合协调宏观经济政策和经济杠杆的运用。财政体制改革取得了突破性进展，通过对“划分收支、分级包干”体制的改革和分税制的实行，按照统一税法、公平税负、简化税制和合理分权的原则对税收制度的改革和完善，以及复式预算制的改革和完善，基本上确立了适应社会主义市场经济要求的财税体制新框架，保证了国家财政收入的稳定增长。金融体制改革走出了决定性的步伐，中央银行的宏观调控和监控体系初步建立，以国有商业银行为主体、政策性金融与商业性金融相分离、地方股份合作制银行和外资银行等多种金融机构并存的金融组织体系已初步形成。

再其次，随着市场经济体制的建立与完善，对外开放逐步扩大，对外贸易快速发展。进出口总额和外汇储备大幅度增加，利用外资规模扩大、效益明显，基本形成了多层次、多形式、宽领域、全方位的对外开放格局，适应国际惯例的对外经济运行机制已初步建立。实现了汇率并轨，建立了有管理的人民币浮动汇率制，实行了人民币经常项目下可兑换制度，进行了中国人民银行组织体系的改革，统一开放、有序竞争、严格监管的金融市场体系得到了稳定发展。

最后，法制建设取得了重大进展。改革开放以来，先后制定法律及有关法律问题的决定300多件、行政法规700多件、地方性法规6000多件。适应社会主义市场经济需要的法律体系框架初具规模，为宏观调控的科学化和有效性提供了有力的保证。

第二节　市场化取向的改革与市场经济体制的建立

一、计划经济体制向市场经济体制的转变

（一）从计划经济体制向社会主义市场经济体制转变的理论探索过程

随着计划经济体制弊端的逐渐暴露，人们开始思索怎样改革计划经济体制。起初，人们尝试在维持计划经济体制不变的情况下，对其进行改良或改善，以适应经济发展的需要。但实践证明，收效甚微，因此人们开始反思，对计划经济体制进行了重新认识，并最终确立了由计划经济体制向社会主义市场经济体制转变的目标。

党的十一届三中全会明确了计划经济体制的弊端，把社会主义基本经济制度和经济体制区别开来，明确了改革的方向，这是进行经济体制改革的非常关键的一环，不然的话，在当时思想认识水平上，我们很难走出改革的第一步。计划经济比较难以解决产需脱节、资源浪费、质量差、品种少、经济效益低下的弊端，这就需要商品生产和商品交换，引入市场调节。因此，1981年6月，《中共中央关于建国以来党的若干历史问题的决定》指出："必须在公有制的基础上实行计划经济，同时发挥市场调节的辅助作用，要大力发展社会主义商品生产和商品交换。"这是改革高度集中的计划经济体制的信号，也是要求理论上打破计划与市场关系旧框框的征兆。

1982年9月，党的十二大提出"计划经济为主，市场调节为辅"的原则，

即在计划经济主体框架内部分地引入市场调节，作为有计划生产和流通的补充。这一提法与当时将计划与市场视为根本对立的传统认识相比，是一个进步，初步突破了传统的计划经济理论。具体表现在：（1）承认社会主义经济也需要市场调节，虽然市场调节部分是从属的、次要的，但作为计划经济的补充，又是必要的和有益的。（2）提出作为主要部分的计划经济，除了指令性计划外，还有指导性计划。（3）主和辅不是固定的，在不同的部门可占有不同的比例，而且不一定是计划经济部分越增加，市场调节部分占绝对数额就越减少，可能都同时相应增加。当然，“计划经济为主，市场调节为辅”原则的理论创新又是很有限的，它隐含一个前提，即社会主义经济仍然是计划经济，完全由市场调节的经济是整个社会生产无政府状态的资本主义经济。

1984 年 10 月，党的十二届三中全会通过的《中共中央关于经济体制改革的决定》，系统和准确地评价了计划经济体制的历史作用及弊端，提出社会主义“是公有制基础上的有计划的商品经济”。这一提法在一定意义上是把商品经济作为社会主义经济运行的基本框架，同时给予计划指导。这是对传统计划经济理论的一次重大突破，为全面进行经济体制改革奠定了新的理论基础。首先，突破了把计划经济同商品经济对立起来的传统观念，认为在生产资料公有制基础上实行计划经济，即有计划的商品经济，同运用价值规律、发展商品经济不是相互排斥的，而是统一的，把它们对立起来是错误的。提出要“建立自觉运用价值规律的计划体制，发展社会主义商品经济”。其次，突破了把社会主义条件下的商品仅限于个人消费品，否定生产资料也是商品的狭窄观念，同时也认为社会主义商品经济关系的范围和资本主义条件下还是不同的，在我国社会主义条件下，劳动力不是商品，土地、矿山、银行、铁路等一切国有企业和资源也都不是商品。再次，没有再提计划经济为主，对计划经济也说“不等于指令性计划为主，指令性计划和指导性计划都是计划经济的具体形式”。经济体制改革是要逐步地适当缩小指令性计划的范围，适当地扩大指导性计划的范围。当然，有计划商品经济理论的突破还不是根本性的，它的主要含义在于强调建立自觉运用价值规律的计划体制，还没有摆脱“计划”对“商品经济”起决定作用的框框，而且还是笼罩在市场自发调节经济是资本主义特征的阴影下。

1987 年 10 月，党的十三大报告指出，社会主义有计划商品经济体制应该是计划与市场内在统一的体制，新的经济运行机制应当是“国家调节市场，市场引导企业”的机制，并明确提出，社会主义商品经济与资本主义商品经济的区别不在于市场与计划的多少，而在于所有制不同，社会主义市场体系不仅包括商品市场而且包括生产要素市场。这些提法大大提高了市场的地位，把市场作为新型体制下经济运行的基础，从而进一步推动了以市场为取向的经济体制改革。1989 年后，针对 20 世纪 80 年代中期的经济过热和经济秩序的混乱，开始治理整顿工作，这时直接计划调节的作用又有所加强。在制定“八五”计划时，又改用了“计划经济与市场调节相结合”的提法，这种提法与改革开放初期的“计划经济为主，市场调节为辅”的提法相似。

1992 年 1 月，邓小平在南方谈话中指出：“计划多一点还是市场多一点，不是社会主义与资本主义的本质区别。计划经济不等于社会主义，资本主义也有计划；市场经济不等于资本主义，社会主义也有市场。计划和市场都是经济手段。”这就从根本上否定了把社会主义与市场经济对立起来的传统观念，奠定了社会主义市场经济的理论基础。1992 年 10 月，党的十四大提出了“我国经济体制改革的目标是建立社会主义市场经济体制”，指明了我国经济体制改革的方向，把我国经济体制改革推进到了一个新阶段，即从开始时的“摸着石头过河”的“试错式”改革转向在明确目标和一定框架指导下有步骤的建立过程，使经济体制改革的内容从过去单纯破除旧体制转向建立新体制，使经济体制改革的方式从单向、局部渐进方式转为综合配套的阶段性的推进。1993 年党的十四届三中全会又通过了《中共中央关于建立社会主义市场经济体制若干问题的决定》，明确提出了中国社会主义市场经济体制的基本框架和构建社会主义市场经济体制的主要环节。

社会主义市场经济体制确立后，需要确立与市场经济相适应的社会主义初级阶段的基本经济制度。1997 年 9 月，党的十五大明确提出，“公有制为主体、多种所有制经济共同发展”是社会主义初级阶段的一项基本经济制度，并进一步提出到 2010 年要建立比较完善的社会主义市场经济体制的目标要求。2002 年 10 月，党的十六大提出社会主义市场经济理论，在社会主义条件下进行市场取向的经济改革，发展市场经济，是前无古人的伟大创举，是中国共产党对马克思主义的历史性贡献。2003 年党的十六届三中全会通过的《中共中央关于完善社会主义市场经济体制若干问题的决定》，明确提出了完善社会主义市场经济体制的主要任务。在这一《决定》指引下，我国将完成从计划经济体制向市场经济体制转变，建立起适合中国国情和符合世界经济形势发展要求的社会主义市场经济体制。党的十七大报告进一步强调，要“实现未来经济发展目标，关键要在加快转变经济发展方式、完善社会主义市场经济体制方面取得重大进展”。“要深化对社会主义市场经济规律的认识，从制度上更好发挥市场在资源配置中的基础性作用，形成有利于科学发展的宏观调控体系。”

（二）从计划经济体制向社会主义市场经济体制转变的实践过程

在对社会主义市场经济体制改革目标进行理论探索的同时，我国社会主义市场经济体制改革的实践也在进行，大致可分为四个阶段。

（1）第一阶段，即改革的起步阶段（或称启动和局部试验阶段）（1978年12月—1984年9月）。我国的经济体制改革是从农村开始的，并以此为突破口推进我国整个经济体制改革，这是符合中国国情的战略决策。农村改革的核心是废除人民公社制度，根据我国的国情和农业生产的特点，实行家庭联产承包责任制，并把集体经济统一经营与家庭承包分散经营相结合，解决了社会主义农村体制的重大问题。8亿农民获得了对土地经营的自主权，加上基本上取消农产品的统购派购，放开大部分农产品的价格，从而使农业生产摆脱长期停滞的困境，农村经济向着专业化、商品化、社会化迅速发展，广大城乡人民得到显著实惠。农村改革不仅对城市改革提出了要求，而且为以城市为重点的整体经济体制改革提供了极为有利的条件。城市改革千头万绪，但首先要解决改革的起点和中心问题。我国原有计划经济体制的一个突出弊端就是国家对企业统得过多过死，企业处于无权、无利、无责地位，导致企业缺乏活力。因此，在城市就从扩大企业自主权入手，进行了综合和专项改革试点，取得了初步成效。在沿海，创办了深圳、珠海、汕头、厦门四个经济特区，打破了多年的封闭状态。

（2）第二阶段，即改革的全面展开阶段（或称以城市为中心的全面改革探索阶段）（1984年10月—1992年1月）。以十二届三中全会通过的《中共中央关于经济体制改革的决定》为标志，经济体制改革进入以城市为中心的全面改革探索的阶段。在这一阶段，改革从农村扩展到城市，从经济领域扩展到政治、科技、教育及其他社会生活领域，在很多方面取得重大突破：企业改革在继续扩大企业自主权的同时，积极推行承包制；价格改革使原有不合理的价格体系和价格体制有了很大的变化；所有制结构的改革使公有制为主体、多种经济成分并存的格局初步形成；对外开放继续扩大，初步形成了多层次宽领域的对外开放格局；开始了科技体制改革的探索；政治体制改革也提到议事日程等。

（3）第三阶段，即制度创新阶段（或称以建立社会主义市场经济体制为目标的全面推进和深化改革阶段）（1992 年 2 月—2003 年 10 月）。1992 年初邓小平南方谈话和党的十四大确立了邓小平建设有中国特色社会主义理论在全党、全国的指导地位，确定我国经济体制改革的目标是建立社会主义市场经济体制。这一阶段的改革探索，取得了显著的成效：在企业改革中，提出了要进一步转换国有企业经营机制，建立适应市场经济要求，产权清晰、责权明确、政企分开、管理科学的现代企业制度，加快股份制试点；在宏观调控领域改革中，加快财政、金融、投资体制改革，有效治理经济过热，增强防范和抵御金融风险的能力；在粮食流通体制、住房制度、医疗制度、社会保障制度、政府机构等方面的改革也都取得了重大进展。

（4）第四阶段，即改革的攻坚阶段（2003 年 10 月至今）。党的十六大提出完善社会主义市场经济体制，在改革攻坚历史阶段，又顺应实际情况变化提出了构建社会主义和谐社会、贯彻科学发展观等战略目标。党的十八大之后，又提出了全面深化经济体制改革的新战略，当前我国社会主义市场经济体制下的全面深化改革正在不断推进，市场机制在资源配置中的决定性作用不断得到体现，政府职能的持续转变也为在资源配置中更好发挥政府作用不断创造条件。

二、经济活动微观基础的改造与重建

（一）社会主义市场经济条件下的市场主体

市场主体一般是指具有独立的经济地位和自我组织功能、为追求自身经济利益而实际从事或参与商品生产与交换活动的市场供给者与需求者。市场主体是相对于市场客体而言的。市场客体是市场上所有被用于交换的东西，它是市场主体作用的对象，是市场经济活动当事人之间经济关系的媒介和承担者。市场主体是一切市场客体的占有者或市场交换活动的当事人，主要表现为参与市场经济活动的商品生产者、经营者和消费者。他们以不同的经济角色支配着市场客体，成为市场交换中最活跃的因素，并推动着市场体系由低级向高级发展。

在现代市场经济中，每一种经济资源，每一项经济活动，都不可避免地融入一个统一的市场体系之中，而活跃于这一市场体系中的是各类市场主体。人们对市场主体的认识是随着实践的发展而不断深化的。在我国社会主义市场经济中，市场主体既包括自然人，也包括以一定形式出现的法人；既包括营利机构，也包括非营利机构。具体讲，社会主义市场经济中的市场主体包括企业、居民、政府和其他非营利机构等。

企业是最重要的市场主体。在市场上，企业主是作为商品的供给者和生产要素的需求者的身份出现的。企业作为最具活力和拓展力的经济实体，既是生产者团体，又是初次分配的载体，既是交换活动主体，又是消费集体。社会的一切市场经济关系，在此都可找到其存在的客观基础。

我国现阶段的农户也是市场经济的重要主体。我国实行家庭联产承包责任制后，农户具有了充分的生产经营自主权，成为独立进行商品生产和经营的农业与农村的经济实体。同时，作为市场主体的农户与企业在组织结构及其内部经济关系上有很大的区别。在企业内部，众多的企业人员按照社会化生产的要求实行分工协作与职权划分；农户则不同，在农户内部，是以家庭为单位形成简单的自然分工。农户内部的关系不是经济主体之间的利益关系，而主要是农户家庭成员之间相互作为夫妻、父子等方面的联系。农户作为市场经济主体所体现的经济关系主要是指农户家庭整体与外界发生的经济关系。

政府不仅是经济运行的宏观调控者，而且它还以种种方式介入市场活动，构成一种特殊的市场主体。政府也在市场上进行交易，其交易额占整个社会交易额的很大一部分，并且，它还是国有资产所有者和公共产品与服务的提供者。政府作为市场主体在现代市场经济中的作用越来越明显。

其他非营利机构如医院、学校等，它们以某种方式向社会提供服务，同时又是商品、劳务的购买者与消费者，从而构成市场主体。此外，市场主体还包括一些中介机构，如会计师事务所、律师事务所、资信评估机构等，它们具有独立的经济利益，以多种方式参与市场经济活动。

（二）社会主义市场经济中市场主体之间的关系

在社会主义市场经济中，作为市场主体的企业、居民与政府等，各自的经济活动以市场为纽带紧密地联系在一起。这种联系主要可分为以下三个方面：

第一，政府与企业之间的关系。一方面，企业作为纳税人，有义务按照法律向国家纳税，主要包括所得税、营业税等，同时要接受政府的约束，自觉遵守有关法规，使企业经营活动向政府引导的方向发展；另一方面，政府作为与企业地位平等的买方，用财政收入在市场上向企业购买商品与劳务，形成等价交换关系。对于国有企业来说政府可以行使国有资产所有者的一切职能。

第二，居民与企业之间的关系。一方面，居民把自己拥有的劳动力、资本、企业家才能等要素通过市场提供给企业，再用从企业得来的要素收入向企业购进商品与劳务，满足自身消费需要与要素再生产需要；另一方面，企业向居民支付生产要素的报酬，并把购买的生产要素进行有效组合，生产出商品与劳务，以满足居民和社会的需求。

第三，企业与企业之间的关系。在社会主义市场经济条件下，企业与企业之间是地位平等的相互竞争、相互合作的关系，不仅不同所有制企业之间，而且同一所有制企业之间，以及本国企业与外国企业之间，都是如此。在市场上从事生产经营活动的每一个企业，都有各自独立的经济利益，它们由利益驱动而同其他企业展开平等竞争，在某些领域合作或进行商品服务的交换。企业与企业之间的良性关系是社会主义市场经济正常运转的必备条件之一。

社会主义市场经济越发展，各市场主体之间的经济联系就越紧密，相互影响、相互制约程度也就越深，经济联系的表现形式也就越复杂。把握住了各市场主体之间的种种关系，也就把握住了社会主义市场经济的运行。

三、政府干预经济的方式转变

（一）社会主义市场经济下宏观调控的必要性

1. 加强和改善国家的宏观调控，是弥补“市场缺陷”的需要

我们要发展的市场经济，是一种要使市场机制在社会主义国家宏观调控下对资源配置起决定性作用的经济。正如资本主义市场经济一样，市场机制的调节并不是万能的。市场机制所能解决的是生产什么，生产多少，为谁生产，用什么方式生产及如何有效分配资源等这类微观经济的问题。而在国民经济发展中，除了上述通过市场机制所能解决的问题之外，还存在着由总供给和总需求矛盾而引起的经济萎缩、失业和通货膨胀等问题，存在着个人、地区、部门之间的经济利益差别、收入分配不均及公共产品生产等宏观经济问题。对于这类问题，市场调节或者鞭长莫及，或者调节效果并非很好，这就需要国家进行宏

观调控。同时，市场调节是一种事后的调节，从价格形成、信号反馈到产品生产，都有一定的时间差，具有明确的“滞后性”。因此，容易造成企业决策失误和生产的盲目性。由此可见，在市场经济条件下，单靠市场调节本身并不能完全保证国民经济总量和结构的平衡，还必须要由国家通过加强和改善宏观调控来解决。

2. 加强和完善国家的宏观调控，是社会化大生产的需要

众所周知，我国的社会主义经济制度是建立在社会化大生产基础之上的。随着社会生产力的不断发展，社会分工和协作关系也日益发展，国民经济各部门、各企业之间结合成为一个有机的整体，这就在客观上要求国家加强和完善对国民经济的组织、协调与计划指导，即对国民经济进行统一的宏观调控，以促进国民经济的顺利发展。关于这一点，马克思早就指出：“一切规模较大的直接社会劳动或共同劳动，都或多或少地需要指挥，以协调个人的活动，并执行生产总体的运动——不同于这一总体的独立器官的运动——所产生的各种一般职能。”这个指挥，实际上就是国家的宏观经济调控，它是社会化大生产的客观要求，并不因每个社会经济制度的改变而改变。社会主义国家能否正确有效地建立和完善宏观经济调控体系，是社会主义市场经济能正常运转的保证。

3. 宏观经济调控也是顺利进行改革的需要

我国正处于体制改革的重要时期，旧体制的一些弊端还未完全消除，新体制尚未根本形成，市场体系仍不够完善，市场机制尚未能有效地发挥作用。因此新旧体制之间不可避免地会产生种种摩擦。要消除这种摩擦就必然涉及不同集团的利益关系的调整。为了协调多元化、多层次的经济主体的利益关系，克服各地区、各部门经济发展的不平衡性和排他性表现，促进全国统一大市场的形成，就必须对国民经济运行进行宏观调控。而且经济体制改革需要宽松的经济条件和稳定的经济环境，而这些条件和环境的创造，同样需要国家的宏观经济调控。同时，按照市场经济要求改进和加强宏观调控本身，也是经济体制改革的一项重要内容。从以上意义上说，社会主义市场经济的宏观调控，较之发达国家的宏观调控更具必要性。只有不断加强和完善社会主义市场经济的宏观调控，才能保证市场经济的发展符合社会主义的内在要求，才能使我国的体制改革比较顺利地进行，从而使社会主义市场经济最终得以建立。

（二）宏观调控的手段

1. 经济手段

经济手段是国家或经济组织通过运用经济政策和经济杠杆，调整不同经济主体的物质利益关系，引导和调节经济运行的一种手段。社会主义国家宏观经济调控中所运用的经济杠杆，内容很多，主要有价格、财政、税收、信贷、利率、汇率、工资、奖金等，它们形成社会主义的经济杠杆体系。

在社会主义经济杠杆体系中，价格杠杆占有重要地位。价格在宏观经济调控中具有调节杠杆与核算工具两种作用。价格作为调节杠杆，其作用主要是通过价格升高和降低的变动，来调节生产和投资的方向，调节商品流通和消费结构，调节国民收入的再分配，以及促进企业改进生产技术和经营管理，增强适应市场供需变化的竞争能力。价格作为核算工具，其作用主要表现为，它是编制国民经济计划的工具，借助价格可以考核经济效益的高低，检验商品生产商的劳动耗费的多少，激励企业节约劳动时间。

财政和税收是重要的经济杠杆。财政是国家运用其所支配的国民收入对经济进行调节的手段。它可以通过财政支出和收入来调节总量平衡。对于结构性失调，财政可以通过调节税收结构和财政支出结构，限制或增加对某些产品的需求，增加或减少对某些产品的供应，以使供求结构相适应。税收是财政调节经济的重要参数。它的调节作用主要通过税种、税率、税目、减免税、纳税环节和纳税期限等来实现。税收同其他一些经济杠杆不同，它具有强制性和严格的约束力，因而更具有有效性。从对企业的作用来看，税收主要是对企业收入形成的调节，引导企业按照国家宏观经济发展要求组织生产经营。

信贷、利率和汇率作为经济杠杆，具有重要的调控作用。信贷的调控作用主要表现为，银行可通过贷款的方向、规模、期限，来影响资金的投放领域，调节生产和流通结构，使之符合宏观经济发展的需要。利率的调节作用主要是通过利息率的高低变动影响投资方向，引导投资符合经济发展的需要。汇率变化对一国经济的各个方面都会产生影响。随着国家对外经济关系的发展和经济全球化的日益加剧，汇率成为不可忽视的调节经济的手段。政府可以根据国际市场变化调整汇率的升降，以引起国际贸易、国际收支的变化，来影响和协调宏观调控的预期目标。同样，工资和奖金也是重要经济杠杆，对宏观经济的运行发挥着重要调节作用。

2. 法律手段

法律手段是指国家或经济组织运用经济法律规范调控经济的统称。它包括一系列关于经济活动的法律、法令、条例、章程等。在社会主义市场经济条件下，人们经济利益的统一性与多元性并存，这种错综复杂的利益体系和决策体系，要求国家将符合客观经济规律的现存经济关系和管理方式，把各经济主体的行为和处理各方面关系的基本原则加以系统化、规范化，以法律的形式强制人们自觉遵守。例如，我国当前市场上假冒伪劣商品屡禁不绝，只用经济手段根本无法制止，必须借助于法律的力量。法制是市场经济秩序的内在要求和有机组成部分。市场经济，从一定意义上说就是法制经济。

法律手段的内容包括保护和制裁两个方面。法律保护手段是指通过经济立法，制定和实施各种有强制性和普遍约束力的经济法规，借以保证各种经济政策、经济措施和经济合同的贯彻执行，保护市场主体的权利和利益，保护社会主义建设的顺利发展。法制制裁手段是指通过经济司法，审理各种经济纠纷案件，维护市场秩序，制止非法竞争和犯罪活动。

社会主义宏观经济调控运用法律手段，需要建立社会主义市场经济的法律体系，制定和完善有关社会主义市场经济的基本法律，包括规范市场主体的法律，如国有企业法、集体企业法、个体经济法、股份公司法等；保障市场经济秩序的法律，如合同法、社会保障法、反不正当竞争法、商标法、产品质量法、会计法、审计法等；规范政府培育和调控市场行为的法律，如预算法、计划法、税收法、银行法等；涉外经济法律，如外贸法、外国公司投资法、反倾销法、海商法等。

3. 行政手段

行政手段是在指依靠行政机构，采取带有强制性的命令、指示、规定和下达指令性任务等行政方式，来调节和干预经济的一种手段。其内容主要包括行政命令、行政制度、工作措施等。在社会主义市场经济条件下，行政手段应减少到最低限度，但必要的行政干预还是需要的。由于行政手段主要依靠行政权威发号施令，下级组织及其成员必须服从和执行，具有很强的强制性、权威性、无偿性的特点。因此，有助于弥补市场机制的缺陷，保证国民经济的健康发展，协调社会各方面的利益关系。在现实经济生活中，一些用经济、法律手段难以解决的问题，通过行政调解可以有效地加以处理。特别是对公益公用事业和市场秩序的管理，企业经济活动的监管，以及某些特殊情况（如灾荒、战争、恶性通货膨胀）造成经济困难，都可以运用行政手段。在当前我国新旧体制交替、市场机制不健全的情况下，更需要适当运用行政手段引导和组织经济运行，防止经济上的真空状态。但是，行政手段有很大的局限性。如果片面地强调或者过多地运用行政手段调控经济，忽视其他的，特别是经济的和法律的手段，就会不利于社会主义市场经济的发展，不利于企业按照市场供求的变化灵活地开展生产经营活动，不可避免地造成宏观经济管理上的主观和客观相分离，使经济失去活力。因此，在运用行政手段时，必须充分考虑经济规律的要求，并在法律的范围内进行。

综上所述，社会主义市场经济宏观调控手段包括经济手段、法律手段、行政手段等，它们共同构成了社会主义市场经济宏观调控的手段体系。在社会主义市场经济的宏观调控中，必须把各种手段有机结合、综合发挥作用。否则，孤立地强调一种手段而忽视其他手段的运用，都不可能取得好的调控效果。

第三节　社会主义初级阶段的基本经济制度与经济转型

一、社会主义初级阶段基本经济制度的主要特征

（一）以公有制为主体、多种所有制经济共同发展的基本经济制度

社会主义初级阶段多层次的生产力结构特点，客观上要求建立以公有制为主体、多种所有制经济共同发展的基本经济制度。

社会主义初级阶段的基本经济制度，就是指生产资料的所有制结构，而所有制结构是指组成社会主义初级阶段所有制体系中的各种所有制形式及其相互关系。社会主义初级阶段的所有制结构决定于社会主义初级阶段的生产力结构，一定的生产力状况必然要求建立与之相适应的所有制结构。这是生产关系一定要适合生产力发展规律的客观要求。生产资料所有制是生产关系的基础和决定性因素。某种生产资料所有制形式能不能存在的客观依据，就在于它是否同一定层次的生产力水平相适应，能不能促进生产力的发展。凡是同一定层次的生产水平相适应并能促进生产力发展的生产资料所有制形式，无论它是社会

主义性质的还是非社会主义性质，都有其存在的合理性和必然性。

在我国现阶段的生产力结构中，社会化程度高的、比较先进的生产力层次，客观上要求建立社会主义全民所有制或国家所有制与之相适应。以手工技术和手工劳动为基础的生产力层次，或一些适合于个人从事的生产经营活动，客观上要求个体所有制形式与之相适应。而处于中间层次的生产力水平则客观上要求建立集体经济、私营经济和以中外合资经营、合作经营和外资独营形式存在的外资经济。

（二）**社会主义初级阶段基本经济制度下的五种经济成分**

以我国目前具有的生产力水平和层次，必然决定我国社会主义的基本经济制度应该是：以公有制为主体、多种所有制经济共同发展。我国社会主义初级阶段存在着五种经济成分：

1. 国有经济

国有经济又称为全民所有制经济或国家所有制经济。全民所有制是指生产资料归全体劳动人民共同占有的一种公有制形式。全民所有制经济掌握着国民经济的命脉，拥有强大的经济实力和先进的技术设备，它与社会化大生产紧密结合在一起，是我国社会主义经济制度的主要经济基础，从而成为进行经济建设的基本经济条件，是整个国民经济的领导力量。由于我国的全民所有制经济主要是在新中国成立过程中，通过没收帝国主义、封建主义和官僚资本主义的生产资料所形成的。所以我国全民所有制采取了国家所有制形式，国家作为人民的代表，行使对生产资料的所有权。几十年来，我国的国家所有制经济有了很大的发展，形成了比较强大的国有经济。国有经济在我国所有制结构中占主体地位，主要体现在：国有经济在社会总资产中占优势；国有经济控制国民经济命脉，对经济发展起主导作用。这是就全国而言，有的地方、有的产业可以有所差别。公有资产占优势，要有量的优势，更要注重质的提高。国有经济起主导作用，主要体现在控制力上。

2. 集体经济

集体经济又称为集体所有制经济。社会主义集体所有制是部分劳动群众共同占有生产资料的一种公有制形式，它和全民所有制形式一样，都是劳动者共同占有生产资料的所有制形式，但两者又有明显的区别。表现在：与属于全民所有制的生产资料为社会劳动者所占有相比，属于集体所有制的生产资料只为集体范围内劳动者所共有；在单个集体经济单位内部，人们在生产资料占有关系上是平等的，但在不同的集体单位之间则是不平等的：每一个集体经济单位作为生产资料的所有者，具有独立的经济利益，是自主经营、自负盈亏的社会主义商品生产者和经营者。不同集体单位耗费等量劳动，却获得不同数量和质量的产品，即表现为劳动收入和报酬上的差别。我国的集体所有制包括农村的集体所有制和城镇的集体所有制。农村集体所有制经济是我国农业中的主要经济形式。城镇集体所有制经济广泛存在于城镇的手工业、工业、建筑业、运输业、商业和服务业等许多行业。其中一部分是在20世纪50年代对个体手工业、个体商贩进行社会主义改造时建立起来的；另一部分是由劳动群众集资，组织街道闲散劳动力兴办起来的。集体所有制经济是社会主义公有制经济的重要组成部分，对实现共同富裕具有重要作用。它是同我国现阶段生产力发展水平和生产社会化程度相适应的一种公有制形式，具有很大的灵活性，能够容纳不同发展水平的生产力和不同的生产社会化程度。集体所有制经济在促进三次产业的发展，扩大商品流通，活跃城乡市场，对外出口贸易，满足人民生活需要，扩大劳动力就业以及为社会主义现代化积累资金等方面起着重要作用。

3. 个体经济

个体经济是指劳动者个人占有生产资料并从事生产经营活动和支配劳动产品的一种经济形式。在历史上，个体经济从来没有成为独立的生产方式，它总是依附于当时占统治地位的所有制关系并受其制约和影响。个体所有制经济以手工劳动为主，生产设备落后，规模狭小，力量单薄，是一种小私有经济。但是，它在经营方式和布点方面机动灵活，适应性强，经营时间长，可以较小的规模充分利用零星资源，灵活发展生产力，扩大社会服务，促进城乡商品流通，弥补公有制经济的不足，方便群众，较好地满足人民的日常生活需要。它还可以充分利用各种闲散的、辅助的劳动力，有利于众多的剩余劳动力的安排，增加劳动者的收入。这些作用都是公有制经济在现阶段无法替代的。因此，个体经济是社会主义公有制经济的必要和有益的补充。

4. 私营经济

私营经济是指以生产资料私人占有为基础，以雇佣劳动为特征，以获取利润为生产经营目的的私有制经济。私营企业主占有和支配相当数量的生产资料和依靠雇佣劳动者进行生产经营活动。劳动者同生产资料的结合是在私营企业的意志支配下通过雇佣关系形成的。私营企业主凭借生产资料占有一定的雇佣工人的劳动成果，取得非劳动收入。私营经济的存在和发展，既是我国现实生产力的需要，也是个体经济广泛存在和自我发展的必然。生产经营好的个体经济，逐渐积累了一定量的生产资金，形成一定的经营规模，从业人员大大增加，就发展演变为以雇工经营为主的私营企业。私营经济也是我国社会主义市场经济的重要组成部分。私营经济的存在和发展，对促进生产、活跃市场、扩大就业、更好地满足人们多方面需要，有着重要的积极作用。

5. 外资经济

外资经济是指在我国开办的中外合资、合作经营所形成的混合所有制企业和外商独资企业，简称“三资企业”。这里所谈的外资，是指中国大陆以外的台港澳地区及外国资本的投资。中外合资企业，一般是指我国同外商共同投资、共同经营、共负盈亏、共担风险的企业。中外合作经营企业一般指有外商出资金、设备，我方出土地、劳力合作经营企业。这种企业，在合同期内外商一般采用提取折旧费的办法收回投资，并分享企业利润，合同期满后所有财产归我方所有。外商独资企业，指外商经我国批准，在我国境内租赁土地、独自投资、独自管理、自负盈亏的企业。经过三十多年的发展，外资经济已成为我国社会主义市场经济的重要组成部分。

二、社会主义初级阶段的经济转型

（一）社会主义初级阶段加快经济转型的必要性

新中国成立近七十年来，特别是改革开放四十年来，中国的经济总量迅速扩大，经济结构不断得到调整和优化，经济发展取得了辉煌成就。然而中国的经济增长是建立在过度依赖资源投入和投资驱动的基础之上，现在这样的增长方式已经引发了严重的问题。

从宏观经济的深层结构看，表现为内外两个方面的失衡：内部失衡主要表现为投资和消费的失衡，过度投资而消费不足。在很长一段时期内，西方发达国家每年 GDP 中只有 20% 左右用于投资，而中国却高达 50% 左右，这就导致最终需求不足，国家只好再投资，利用投资带动消费，久而久之就会进入经济发展恶性循环。外部失衡主要表现在国际贸易和国际收支的双顺差，外汇收入大量增加，这样可能会造成中国和贸易伙伴国之间的摩擦加剧，同时使国内的贸易条件变差。

内部失衡和外部失衡在宏观经济上的集中表现是货币过量供应。货币的过量供应会导致房地产、股票、收藏品等资产泡沫的形成，而且会使一国的金融体系变得非常脆弱。东南亚的一些国家就出现了这样的问题，当遇到外部或者内部冲击的时候出现了严重的系统性风险，中国应该借鉴它们的经验。这些问题的根源在于由投资和出口拉动经济的增长模式（或称经济发展模式）。所以，为了解决宏观经济中的这些问题，就必须要转变经济增长方式。

另外，当前的国际环境也是很严峻的。由 2008 年美国次贷危机引发的国际金融危机仍在持续发酵，对世界各国实体经济的影响日益加深，世界经济面临衰退的风险加大。在次贷危机发生之后，美日欧等发达经济体纷纷选择了以量化宽松为典型的极度宽松货币政策，这些国家货币政策短期内虽缓解了经济危机对实体经济的冲击，但是随着时间的持续，超发的货币也加剧了世界范围内通货膨胀压力和资产价格泡沫化的危险。随着美国逐渐退出量化宽松货币政策，全球范围内的流动性紧张正在成为各国经济复苏的主要障碍之一。加之长期经济萧条下贸易保护主义的泛起，国际经贸活动的开展正遭遇到前所未有的威胁。在国际经济环境复杂多变和日趋严峻的同时，我国经济长期积累的深层次矛盾和问题也很突出，外部冲击与内部因素相互交织影响，使得中国面临前所未有的挑战。

因此，为了应对国内和国外的挑战，中国应当加快经济转型，以实现经济又快又好又平稳地发展。

（二）社会主义初级阶段经济转型过程中遇到的障碍

中国在 1995 年编制“九五”计划的时候，就开始要求实现增长方式的根本转变。十年以后，到了 2005 年编制“十一五”规划的时候，又再次提出要把转变增长方式作为今后五年的经济工作的中心内容。到了 2007 年党的十七大再次重申必须实现经济发展模式的三个转变。不过到现在，我国一直都没有实现经济模式的完全转变，究其原因主要在于旧经济体制没有完全消除，并成为了实现经济发展模式转变的主要障碍。

具体表现主要有以下方面：首先，各级政府依然掌握着一些重要资源的配置权力，比如信贷资源方面，各级政府依然对信贷的发放有着很大的影响力；其次，把 GDP 的增长作为各级政府政绩的主要标志；最后，在资源配置上市场机制的力量受到一定程度的压制，这表现在土地、资本、劳动力等生产要素的价格没有市场化，而是由行政机关定价或者受行政机关的影响。要素价格压低有利于国有企业降低成本和增加盈利，而价格的扭曲促使了以浪费资源的方式进行生产。

总之，要靠改革开放建立一个好的体制，在这样的体制基础上实现经济发展模式的转变，建立完善规范的市场经济体系。也就如党的十八大报告所要求的那样，坚定不移地推进改革开放，让市场充分发挥其在资源配置中的决定性作用。

（三）当前中国加快经济转型的意义

首先，加快经济转型，对于优化我国产业结构、解放和发展生产力有着深远影响。加快经济转型的一项核心任务是实现经济增长方式的转变。长期以来，经济增长方式转变的目标是明确的，即要加快由粗放型经济增长方式向集约型经济增长方式的转变。要完成向集约型经济增长方式的转变，就必须通过工业化与信息化的联动加快新型工业化、新型城镇化和城乡一体化步伐，推动产业结构的升级和优化，最终起到解放和发展生产力的作用。

其次，加快经济转型，对于提高我国综合国力，增强我国在世界范围内的影响力，有着重要影响。中国的经济发展方式的转变，不仅会使中国的经济社会发展和综合国力再上新台阶，也为当前世界经济增添新的动力。作为世界第二大经济体，中国以“扩内需，调结构”为宗旨的经济转型，将增加国内市场需求，扩大进口贸易，进而对推动世界金融和贸易体系调整、生产格局变化产生积极影响。此外，中国经济转型的意义还在于，产业结构的调整升级和清洁能源的开发利用，将大幅减少碳排放量，从而为应对全球气候变暖作出重要贡献。

最后，加快经济转型，有助于探索适合中国国情的中国道路。对中国而言“转变经济发展方式”并非易事，经济转型的道路上还存在重重障碍和挑战。不过当前转变经济发展方式的新进展让人们有理由期待，中国将在不断探索和尝试中赢得“转型”这场障碍赛的最终胜利。在社会主义基本经济制度之下，中国人民完全可以通过加快经济转型，走出一条符合中国国情的中国道路，从而为广大发展中国家发展道路的探索与选择提供宝贵经验。

第十章　改革开放中经济发展模式的调整

第一节　经济发展模式的比较制度分析

一、西方发达国家的经济发展模式

（一）以美国为代表的市场导向型经济发展模式

市场导向型经济发展模式强调个人主义，注重自由、自主、创新，以市场为主导进行经济活动的协调，奉行政府不干预或少干预经济的原则。这一模式起源于英国，在美国获得发展并达到顶峰，因此又称这种模式为“美国模式”。

英美两国资本主义发展较早、较快。在美国和英国社会，强调个人作用，赞扬企业家的主动和创新精神。认为企业中股东出钱，企业家和经理出脑力，工人出劳力，三者平等结合，其中股东在企业管理方面有较大发言权，执行业务的经理绩效最为关键，以追求利润为目标，成效显著者留任，亏损者被辞退。经营管理人员年薪视利润的多少而定，按规定的百分比提成作年薪，经理、企业家年薪普遍都很高。企业筹措资金的办法，不外是靠自身积累，向银行贷款，向社会发行股票、债券集资等三种方式。美国企业筹措资金，比较侧重于发行股票、债券方式，英美两国的金融市场发育比较成熟，大多数居民手中都握有公司的股票债券，表现出较强的风险意识，追求获得丰厚的分红收益。美国企业多如牛毛，其股票价格的升降，反映企业经营的好坏，推动企业必须讲究经济效益。

虽然英美模式经过无数次反复，但是其基本趋势和框架并未发生变化，即强调市场机制在经济活动中的基础作用，追求个人主义和自主创新，依赖直接融资渠道，而政府在整个活动中奉行不干预原则，依靠货币政策调节经济方向。在英美模式中，公营部门和私人企业并存，以私人企业为主，私人企业这种主导地位不仅表现在规模上，还表现在对市场份额的控制上，尤其在19世纪末20世纪初开始的垄断资本的发展，这种市场份额的控制更加明显。在英美模式中，市场发挥了巨大的作用，因此带来了英美各自上百年的经济高速发展。另外，由于强调个人主义，使得科技的创新能够给经济注入源源不断的动力。美国十分注重法律规范在经济活动中的作用，而不制订经济计划，亦不进行行政干预，使得美国企业制度和市场运行比较成熟，进而金融等各项引致需求行业异常繁荣，成为这一模式重要的特征之一。

然而，微观经济学家早已经讨论过的市场失灵的现象在这一模式中也不断重演，这是英美模式无法克服的缺陷。尤其在2008年次贷危机爆发后，人们开始反思这一模式的局限。法国学者米歇尔·阿尔贝尔认为“美国模式的资本主义则是明显劣等的资本主义，在这种模式下，经理目光短浅、迷恋利润、薪金特高”，虽然评论略显苛刻，但是指出了美国模式自身存在的问题，即过分强调自由主义，而忽视了整体利益和市场组织性。美国安然事件、“IT泡沫”以及“次贷危机”等无一不是过分放纵市场的结果。

（二）以日本为代表的政府主导型经济发展模式

政府主导经济发展模式是以市场机制作用和自由企业制度为基础，以政府对宏观经济调节和产业政策诱导为显著特征的一种现代市场经济体制，其最大的特点是政府对经济生活进行广泛而深入的干预，日本是这一模式的典型国家。

明治维新后，日本开始建立现代资本主义经济体制，但是由于国家集中决策原则和儒家文化的精神实质，致使日本形成了中小企业和财阀垄断并存的经济“双重结构”。日本是东方单一民族国家，之所以划为西方，主要指其资本主义发展相似于西方发达国家。日本企业强调集体作用和集体决策，一般先由下而上提出经营管理中的问题，然后请有关人员参加讨论再由领导层集体作出决策，不强调个人的作用。提倡大家庭情感，劳资协调矛盾中工会不起作用，甚至不允许工会独立活动，也无全国性统一工会组织。在日本企业股东只提供资本，董事会作用不大，实际管理公司者为经理阶层，因此有人称日本为法人资本主义。日本企业筹集资金，主要依靠储蓄和银行，据有关资料统计，战后日本企业资金筹措大约有60%以上是商业银行提供，25%产生于利润留存及资产折旧，只有10%—12%来自于股票和债券的发行。企业不急于追求短期利润而着眼于长期占有市场份额。日本公司之间竞争激烈，同时它们之间也重视合作关系，尤其在国际市场上是“竞争加合作”关系。日本企业集团内部结构严密，大致包括综合商社—银行—生产厂家三部分，也就是说集信息、销售、资金周转和生产开发为一体。

在日本经济发展中，虽然是以企业集团和企业系列为微观基础，但是政府在整个经济运行过程中发挥了极为重要的作用，其手段无外乎是财政金融政策、产业政策、经济计划以及行政手段。其中产业政策是日本经济发展模式中最具有特色的手段。产业政策通常和经济计划一同使用，通常由政府提出经济的总纲领和总目标，辅之其他经济政策，而其中产业结构和产业组织调整是干预的重点。例如，在战后相当长的一个时期，政府主导的产业有钢铁、汽车、电子、重化工业等；20世纪70年代，政府开始着力于发展知识密集型产业；而到了80年代开始，日本开始将“经济大国”作为其产业目标，大力发展技术和创造产业。

在政府主导型经济发展模式下，是以新古典综合派的观点为其理论基础，一方面坚持自由市场为基础，另一方面政府对企业经济活动进行干预和调节，坚持“官民一体”的经济管理制度。而微观层面上，实行“家长”式管理方式，崇尚劳动者忠于集体和全民族目标一致原则。在宏观层面，推行贸易强国，主张制订长期经济发展计划和战略，奉行经济专制制度和经济至上原则。这一模式在经济发展的起步阶段起到了极为重要的作用，尤其对于日本战后经济恢复发展，但是这一模式也有其难以克服的问题。如日本的“终身雇佣制”、“年功序列制”使得企业发展丧失了自由市场带来的活力，造成人才的流失。又如，日本政府的强干预政策，往往造成官僚和腐败问题。再如，大型财团的存在，使得“大企业病”在日本很严重。因此，在20世纪90年代后，日本再也未能重新执掌世界经济大势。

（三）以德国为代表的社会市场经济发展模式

社会市场经济模式，一般称之为莱茵模式，因其以德国为代表，又称为“德国模式”，主要在欧洲大陆国家运作。这一模式，坚持经济自由、市场竞争和国家经济职能与社会职能这三大原则，奉行私有财产不可侵犯，注重社会保障，着力维护社会公平正义。欧洲大陆国家基本均奉行这一发展模式，其中德国最为典型。

德国是所有发达国家中公开宣称实行“社会市场经济”的国家。二战后联邦德国政府在执政党基督教民主联盟艾哈德等人领导下，对国有企业实行民营化政策，为充分调动个人积极性，优先发展私有制，实施改造国有企业，将企业股份出售给职工，使他们成为股东，成为企业的所有者，变无产者为有产者。20 世纪 90 年代开始，出售股份计划已从工业转向交通、通信等基础服务业。德国实行共同决策制度，吸收工人参与经营管理，1976 年公布工人共同决策法，用法律方式明确规定工人代表要参加讨论工厂决策，企业普遍实行监事会制度，其职权是：选举董事会成员、决定企业方针、投资方向，审查预决算、讨论工资制度。德国银行对企业大力支持。若干大公司如西门子、奔驰、大众的股东都有银行股东份额。作为中央银行的德意志联邦银行的独立性很强，执行严格的货币政策和监督商业银行的业务。德国与日本同样重视储蓄，银行在吸收居民存款和对企业放款中起关键作用，而对股票、债券市场社会集资方面比较薄弱。重视社会福利，整个国家对社会福利开支，大致占国内生产总值的 1/4 以上，这正体现它的经济体制的社会特色。

社会市场经济模式中，依然严格遵从市场经济的基本原则，国家在经济活动中的作用主要是建立和维护正常秩序，政府是作为一个立场坚定的裁判而存在的，这与欧洲的历史传统不无联系。政府极力维护竞争机制和价格机制，德国颁布了《反对限制竞争法》以使竞争和价格机制发挥最大的作用。政府同时十分重视银行体系的作用，主要依赖货币政策调节实体经济的运行。在企业层面上，德国建立了职工参与制与“共决制”，用以调节劳资关系。另外，欧洲国家都十分重视社会公平和社会保障。

社会市场经济模式是介于美国模式和日本模式之间的一种发展模式，既不像美国模式那么对经济完全放任，也不像日本政府完全控制经济。因此，这一模式能够统筹自由、效率和社会秩序三者之间的关系，对于德国的社会稳定经济繁荣起到了不可替代的作用。但是由于其对于经济的干预依然多于其他国家，因此在经济发展后期开始显现不少弊端，比如经济制度僵化，企业缺乏活力及高额的官僚机构费用等。另外，对于社会保障和社会公平的重视使得经济发展的包袱日益沉重。

二、改革开放后中国经济发展模式的总体特征

中国特色的社会主义市场经济既区别于排斥市场调节的传统计划经济，又不同于基本上缺乏政府干预的自由放任式市场经济。它实行政府调控与市场调节相结合，是以社会主义公有制为主体基础上的多种所有制经济共同发展的基本经济制度与市场作为配置资源的基础性力量的资源配置方式的统一。具体特征如下：

（一）所有制结构特征

从基本经济制度上看，中国特色社会主义市场经济始终坚持在公有制为主体、国有经济为主导、多种所有制经济共同发展的所有制结构上发展市场经济。这就决定了中国的经济发展模式与西方发达国家的各种经济发展模式都有着本质的区别。

首先，中国特色社会主义市场经济的所有制结构决定了中国经济发展模式的社会主义性质，这与西方发达国家经济发展模式的资本主义性质是截然不同的。无论是美国模式，还是日本模式，抑或是德国模式，这些西方发达国家经济发展模式的差异主要表现为“市场多一点，还是政府多一点”，但在所有制结构上并不存在任何性质上的差异。西方发达国家的所有制结构，毫无例外地都是以资本主义私有制为基础的所有制结构。西方发达国家的所有制结构已经决定了资本主义社会的基本矛盾不会因为这些国家经济发展模式的差异就不在这些国家发生作用。相反，尽管资本主义社会基本矛盾在不同国家的作用和表现形式不同，这些国家经济发展模式都因资本主义社会基本矛盾的作用而缺乏长期可持续性。在中国特色社会主义市场经济下，由于始终坚持公有制为主体、国有经济为主导的基本经济制度，这就决定了即便存在一些非公有制经济，但公有制的主体地位可以保证非公有制经济的固有缺陷被限制在可控的范围之内。尽管在短期由于经济发展模式尚处于演化发展之中，可能出现种种问题，但在长期，公有制为主体的所有制结构能够保证经济发展模式的可持续性，

也决定了中国特色社会主义市场经济在经济发展模式上与西方国家的本质区别。

其次，中国特色社会主义市场经济的所有制结构决定了中国经济发展模式决不可能是仅仅追求利润最大化目标的经济发展模式，可以更好地兼顾经济发展与社会和谐、环境友好等可持续发展的目标。西方发达国家无论在经济发展模式上存在多大的差别，但在所有制结构上都是以资本主义私有制经济为前提和基础的。这就决定了在任何一种西方发达国家的经济发展模式中，追求利润最大化目标都是微观经济主体行为的基本目标。仅有的差别无非是追求短期利润多一点，还是追求长期利润多一点。当微观经济主体将利润最大化作为行为目标时，经济发展模式就缺乏协调经济发展与社会和谐、环境友好等可持续发展目标的制度基础，必然导致经济、社会与生态的矛盾和冲突不断加剧。在中国特色的经济发展模式下，由于坚持以公有制经济为主体、国有经济居主导的所有制结构，决定了中国经济转型和发展中如果要兼顾经济发展与社会和谐、环境友好等目标，是具备制度基础的。短期内出现的经济、社会与生态之间的矛盾冲突，是可以在现有的所有制结构下通过迅速调整微观经济主体的约束和激励来加以调和的。这与西方国家经济发展模式中的制度缺陷存在本质区别。

（二）**分配制度特征**

从分配角度来看，是以按劳分配为主体、多种分配方式并存，把按劳分配和按生产要素分配结合起来，强调初次分配和再次分配都要处理好效率和公平的关系，最终达到共同富裕的分配制度。

首先，坚持和完善以公有制为主体、多种所有制经济共同发展的基本经济制度，必然要求坚持以按劳分配为主体的基本分配制度，这是避免收入差距不合理拉大的制度保障。在公有制经济为主体、国有经济居主导的所有制结构下，必然要有与之相适应的按劳分配为主体的基本分配制度。在公有制经济范畴之内，由于生产资料的私人占有已经被消灭，也就不存在经济中任何个体可以以对生产资料的私人占有为依据索取剩余产品的可能性。一旦在生产资料公有制条件下剩余产品被生产出来，所有参与剩余产品生产的劳动者在剩余产品分配中的地位都是平等的，劳动者可以根据其在剩余产品生产中所贡献的劳动，在做必要扣除之后领取与其劳动贡献成比例的消费资料，用于改善个人生活条件。由于个人收入仅是用于改善生活条件的消费资料，收入差距也就可以控制在合理的范围之内，不至于出现过于严重的贫富差距。必须承认的是，在中国特色社会主义市场经济条件下，由于非公有制经济在一定范围内还会继续存在，非公有制经济下只能实行按生产要素分配的分配制度。这正是中国特色社会主义市场经济下出现收入差距不合理拉大的制度根源所在。但只要坚持公有制经济为主体的所有制结构，按生产要素分配的范围就可以得到限制，收入差距不合理拉大问题也能够得到控制和解决。

其次，坚持按劳分配为主体、多种分配方式并存的基本分配制度是解决收入差距不合理拉大问题的正确方向。如前所述，中国特色社会主义市场经济下出现的收入差距不合理拉大，就制度根源上讲是源于现有生产力条件决定了必须在坚持公有制为主体的同时继续发展非公有制经济。非公有制经济所实行的按生产要素分配的原则和分配制度必然导致收入差距的不合理拉大。这也就决定了，要解决收入差距不合理拉大问题，归根结底还是要坚持按劳分配为主体、多种分配方式并存的基本分配制度，特别是要在收入差距不合理拉大问题较为突出的时期，在初次分配和再次分配过程中都更加突出强调公平公正原则，坚持并扩大按劳分配主体地位。即承认多种分配方式并存是由我国社会生产力尚不发达的客观现实所决定，但并不意味着允许按生产要素分配等分配方式成为分配制度的主体，必须始终保证大多数劳动者都能在按劳分配原则的指引下获得改善其个人生活水平的消费资料。

（三）资源配置机制特征

从资源配置模式来看，是在以市场机制配置资源的基础上，更多地发挥市场、价格、竞争的作用，同时注重合理地发挥政府宏观调控和战略指导的作用，坚持必要的国家管理经济的作用。

首先，中国特色社会主义市场经济体制下的资源配置机制，是既要积极发挥市场机制在资源配置中的决定性作用，又要更好地发挥政府作用，两者不可偏废。在西方发达国家的经济发展模式中，关于资源配置机制设计上究竟是坚持“大政府，小市场”原则，还是坚持“大市场，小政府”原则，一直是热门但无结果的争论。但在中国特色社会主义市场经济下的资源配置机制设计中，上述争论是毫无意义的。在中国特色的经济发展模式中，市场与政府都是可以利用的资源配置方式，并不存在孰优孰劣的问题，也不存在市场与政府二元对立的问题。中国特色社会主义市场经济的发展模式，从制度设计的角度来看，就是要实现市场与政府的有机结合。这种结合恰恰是要消除市场与政府的严格边界。

其次，中国特色社会主义市场经济下发挥市场机制在资源配置中的决定性作用，是与公有制为主体的基本经济制度和按劳分配为主体的基本分配制度相结合的。西方发达国家在资源配置机制上，是将市场机制与资产阶级私有制和按要素分配原则相结合的，这就决定了西方发达国家的市场经济中，生产的无计划性不能因生产社会化程度的不断提高而得到克服。市场机制在资源配置中发挥的作用越大，则生产的无计划性就越强，贫富分化就越剧烈，社会矛盾也越激化。在中国特色的经济发展模式下，市场机制是与公有制为主体的基本经济制度和按劳分配为主体的基本分配制度相结合的，这就意味着市场机制作用范围的扩大是与生产社会化程度的提高相适应的，市场机制作用范围越大，公有制经济的主体地位越凸显，按劳分配的原则越体现，生产的计划性就越是得到增强，收入分配关系也越和谐，社会矛盾也越缓和。中国特色社会主义市场经济下发挥市场机制决定性作用的过程，同时也是市场机制与公有制为主体的基本经济制度和按劳分配为主体的基本分配制度的结合日趋紧密的过程。

最后，中国特色社会主义市场经济下有能力更好地发挥政府在资源配置中的作用，这主要是由于以公有制为主体的基本经济制度赋予了政府更加丰富的经济调控手段。在西方发达国家，政府干预经济的调控手段是相当有限的，无外乎就是财政政策、货币政策、产业政策、贸易政策等手段。而在西方发达国家的政府宏观调控实践中，政府干预与微观主体之间的关系是冲突性的。比如，政府实施扩张性财政政策干预经济扩大内需时，却会因为市场利率的上行导致挤出效应，对私人投资和净出口造成负面影响。在中国特色的经济发展模式下，政府在资源配置中更好发挥作用的手段和工具是丰富的，政府发挥作用的行为从性质上讲与微观经济主体的关系是协同性的。这恰恰说明中国特色社会主义市场经济下必须坚持公有制为主体的基本经济制度，政府宏观调控只是政府更好地发挥在资源配置中作用的一小部分工具选择。比如，当面临外部市场冲击时，政府不仅可以选用扩张性的财政政策与扩张性的货币政策，还可以通过行政命令等手段，鼓励国有企业将资金集中投向资金需求大、建设周期长、投资风险高、外部性明显的行业和部门，为长期经济复苏奠定良好的基础。而这些恰恰是西方国家的政府在宏观调控中做不到的事情。

（四）对外经贸关系特征

从统筹国内外角度来讲，就是坚持对外开放的基本国策，坚持开放进程的主动性、渐进性和可控性，利用好两个市场、两种资源。

首先，中国特色社会主义市场经济与所有国家的市场经济一样，都是开放型经济。如前文所述，中国特色社会主义市场经济的特色在于，市场机制与以公有制经济为主体的基本经济制度和以按劳分配为主体的基本分配制度相结合。但中国特色社会主义市场经济也具有符合市场经济一般规律的特征。市场经济本质上是一种开放经济，强调以市场机制为纽带，将分散在社会各个角落的生产者与消费者连接起来，组织起来，进行分工协作，不断提高劳动生产率。中国特色社会主义市场经济与西方国家市场经济虽然在性质上有本质区别，但在市场经济的一般规律性特征上却是相同的。作为一个人口众多的发展中国家，如果中国特色社会主义市场经济的建设过程中不实行对外开放，只是一味地“关起门来搞建设”，那么就不能充分利用国内国外两个市场的两种资源，不能实现资源配置效率的改进，也难以通过参与国际产业分工最大程度地促进劳动生产率的提高。因此，中国特色社会主义市场经济条件下，必然要坚持对外开放基本国策，必然要坚持“引进来”与“走出去”并用的开放战略。

其次，中国特色社会主义市场经济下的对外开放，是在坚持“独立自主，艰苦奋斗”前提下的对外开放，是始终掌握对外开放主动权的对外开放。近代以来，由于西方殖民者的入侵，中国人民经历了长达百年的屈辱开放史，在对外开放中逐渐丧失国家经济主权，沦为半殖民地半封建社会，被帝国主义、封建主义和官僚资本主义重重压迫。新中国成立后结束了近代以来中国的屈辱开放史，也确立了“独立自主，艰苦奋斗”的对外交往基本原则。在改革开放过程中，跨国资本的涌入、对外贸易的增长对中国经济增长带来了诸多益处，但中国特色社会主义市场经济下的对外开放，仍然必须始终坚持“独立自主，艰苦奋斗”的原则，绝不能在对外开放过程中丧失本国经济主权，沦为跨国资本的“打工仔”。这就决定了在对外开放过程中，中国始终必须坚持公有制为主体的基本经济制度，既要引进外资，但又不能将本国经济命脉拱手相让。只有在对外开放中始终掌控本国经济命脉，才能掌握对外开放的主动权，使对外开放朝着对我国有利的方向发展。

三、改革开放后经济发展模式的阶段性战略选择："三步走"战略

"三步走"是中国经济社会发展长远战略的简洁而形象的概括用语。这一战略的形成与改革开放总设计师邓小平的名字是连在一起的。

在 1987 年 4 月，邓小平对"三步走"的发展战略进行了全面的阐述。他说："我们原定的目标是，第一步在八十年代翻一番。以 1980 年为基数，当时国民生产总值人均只有二百五十美元，翻一番，达到五百美元。第二步是到本世纪末，再翻一番，人均达到一千美元。实现这个目标意味着我们进入小康社会，把贫困的中国变成小康的中国。那时国民生产总值超过一万亿美元，虽然人均数还很低，但是国家的力量有很大增加。我们制定的目标更重要的还是第三步，在下世纪用三十年到五十年再翻两番，大体上达到人均四千美元。做到这一步，中国就达到中等发达的水平。"党的十三大将邓小平的"三步走"的战略构想用党的文件的形式确定下来：第一步，实现国民生产总值比 1980 年翻一番，解决人民的温饱问题。这个目标已经基本实现。第二步，到 20 世纪末，使国民生产总值再增长一倍，人民生活达到小康水平。这个目标也已经实现第三步，到 21 世纪中叶，人均国民生产总值达到中等发达国家水平，人民生活比较富裕，基本实现社会主义现代化。自此，在基本实现现代化的时间上后推了大约半个世纪，而"社会主义现代化"代替"四个现代化"提法。这样使现代化目标更加适合中国的现实，内容更加科学。

邓小平阶段性的发展目标，集中表现为"三步走"的发展目标，其中论述最为丰富的是关于第二步的小康目标。作为小康生活，是指中国广大人民群众生活状态居于温饱和富裕之间的比较殷实的生活水平。邓小平对此描述为"虽不富裕，但日子好过"。"小康"既是社会生产力和经济发展水平的反映，精神文明建设和社会进步状况的反映，也是体现我国经济、政治、文化全面发展，进一步推进现代化的重要的社会历史阶段。邓小平在 1983 年 3 月以苏州为例描绘了达到小康水平时的社会状况："第一，人民的吃穿用问题解决了，基本生活有了保障；第二，住房问题解决了，人均达到二十平方米，因为土地不足，向空中发展，小城镇和农村盖二三层楼房的已经不少；第三，就业问题解决了，城镇基本上没有待业劳动者了；第四，人不再外流了，农村的人总想往城市跑的情况已经改变；第五，中小学教育普及了，教育、文化、体育和其

他公共福利事业有能力自己安排了；第六，人们的精神面貌变化了，犯罪行为大大减少。”这种阶段性目标的设计显示我国对经济发展前景的认识更加理性，防止头脑发热。邓小平一再提醒要避免重犯过去“左”的错误。他说，尽管第一步目标可以提前完成，“这并不意味着第二步就很容易……但第三步比前两步要困难得多”。还说，现在世界市场被占得满满的，第三世界国家发展上去很不容易，而进入下一世纪我们面临的竞争相当激烈，发展上去更不容易，必须要艰苦努力、埋头苦干才行。因此，邓小平在设计第三步目标时非常谨慎，提出“还需要五六十年的时间”来实现翻两番，达到中等发达国家的水平。

中国现代化的最终发展目标是“共同富裕”，这是中国现代化的终极价值目标。它和社会主义初级阶段的总体目标、三步走的阶段目标，一起构成了一个近、中、远的三重发展目标。邓小平对中国发展目标的三重设计，不仅代表着中国现代化设计的不同角度，而且使三者之间构成了一个有机而完整的统一体，即横向的同时性目标、纵向的历史性目标和终极的价值性目标的统一。在这一目标体系中生产力的发展被置于中心位置，精神文明建设和社会进步被置于突出的地位；而民主政治建设的重要作用得到了极为充分的认识。

第二节　改革开放后的产业经济发展战略

一、“三农”问题的提出与对策

（一）解决“三农”问题的重要意义

首先，解决“三农”问题是全面建设小康社会的要求。党的十六大报告明确指出，解决“三农”问题是关系国计民生的根本性问题，必须始终把解决好“三农”问题作为全党工作重中之重。这是立足我国国情和农村实际做出的一个重大判断。在我国绝大多数群众基本解决了温饱进入小康生活以后，今后10—20年我国经济社会发展的首要任务是全面建成小康社会。完成这一伟大的历史性任务，重点难点都在农村。要全面建成小康社会，首先就必须解决好“三农”问题，增加农民收入，消除农村贫困问题。因此，能不能解决

“三农”问题，关系到全面建成小康社会的战略目标能否顺利实现。

其次，解决“三农”问题是促进国民经济持续快速健康发展的现实需要。有效需求不足是长期困扰我国国民经济快速健康发展的问题。特别是在2008年世界金融危机之后，外部需求的锐减使得我国有效需求不足的问题更加突显。进入经济新常态之后，虽然我国经济增长的目标有所下调，但考虑到我国经济规模的扩大，要完成6%—6.5%的经济增长目标，其难度也是相当巨大的。改变投资主导型经济增长方式，通过刺激消费来扩大内需，仍将是未来很长一段时期内我国宏观经济调控工作的重要目标。根据经典的凯恩斯主义经济学理论，城镇居民由于收入水平较高，其边际消费倾向相对较低，刺激城镇居民消费的难度相对较大。但我国农村居民收入水平相对较低，意味着其边际消费倾向相对较高，通过提供农民收入水平可以较好地达到刺激消费和扩大内需的目的。解决好“三农”问题，实现农民收入的可持续增长，是持续扩大内需、促进国民经济持续快速健康发展的现实需要。

最后，解决“三农”问题是确保国家长治久安的战略之举。作为一个农业大国，农业、农村、农民问题应该是我国经济与社会发展的核心问题。尽管我国城市改革在市场化方面取得了重大成就，但至今尚未解决好“三农”这一根本性的问题。历史的经验和现实的困难提醒我们：如果再不以务实创新的态度解决“三农”问题，执政党和政府最大的“问题”最终会来自农民，“三农”问题已经突破经济层面，成为一个综合性的社会问题。要保证我国社会的和谐稳定和国家的长治久安，改革开放工作的重点就不能只放在城镇。尤其是城镇经济体制改革已经取得突破性进展的客观情况下，更要回过头来关注农业、农村和农民问题，避免城乡之间出现隔阂和分裂。只有解决好“三农”问题，使广大的农村地区、庞大的农业部门和众多的农民兄弟能够分享改革开放的丰硕成果，才能保证社会和谐稳定与国家长治久安。

（二）破解“三农”问题的政策选择

中国要实现现代化、构建和谐社会，首要前提是解决“三农”问题。解决“三农”问题，就是要统筹城乡经济社会发展，协调城乡利益，缩小城乡差距，实现城乡要素的合理配置和良性互动，这是贯彻落实科学发展观的内在要求，是积极稳妥推进城镇化和扎实稳步推进社会主义新农村建设的重要举措。

1. 加大对“三农”的支持和保护力度

当前，我国总体上已进入以工促农、以城带乡的发展阶段。初步具备了加大力度扶持“三农”的能力和条件。党的十六届五中全会进一步强调，必须促进城乡区域协调发展。“要从社会主义现代化建设全局出发，统筹城乡区域发展。坚持把解决好‘三农’问题作为全党工作的重中之重，实行工业反哺农业、城市支持农村。推进社会主义新农村建设，促进城镇化健康发展。”因此，我们必须抓住机遇，加大城乡统筹协调发展的力度。在工农关系、城乡关系上，适当向农民和农村倾斜，让城市繁荣带动农村发展，努力实现城乡和谐发展、良性互动。牢固树立农村发展同样是我国社会主义建设重要组成部分的发展观念。推进社会主义新农村建设，事关我国农业和农村的长远发展，事关改革开放和现代化建设的大局，各级党委政府都应从城市中心中跳出来，从战略和全局的高度出发，把建设社会主义新农村作为一件大事，真正列入议事日程，切实加强领导。各地区各部门要建立推进新农村建设的工作协调机制，明确职责分工，搞好配合协作。特别是宏观管理、基础产业和公共服务部门，在制定发展规划、安排建设投资和事业经费时，要充分考虑统筹城乡发展的要求，更多地向农村倾斜。各级领导干部要深入农村调查研究，总结实践经验，加强指导服务，帮助基层解决新农村建设中遇到的各种矛盾和问题。同时，必须坚持发挥各方面积极性，依靠农民辛勤劳动、国家扶持和社会力量的广泛参与，使新农村建设成为全党全社会的共同行动。

2. 增加农民收入

“三农”问题的核心和实质问题是农民的增收问题。统筹城乡发展，关键是增加农民收入和缩小城乡差别，要把农民的根本利益作为全部工作的出发点和落脚点，按照全面、协调、可持续发展的要求，把工作重点放到提高农民增收上来。农民的增收取决于外部和内部两大因素，外部因素主要指宏观政策环境，而内部因素主要指农村、农民自身的条件和努力等。要以政策调整为主线，以优化农民增收环境为突破口，重点狠抓对农民减负和降税的落实工作。另外，要从根本体制改革着手，让农民的“公民待遇”真正落实，从根本上解决农民的负担问题。此外，要优化农民融资环境，加快金融工具和制度创新，建立具有中国农村特色的金融体系，解决农民创业资金短缺的“瓶颈”。国家通过增加贴息等措施，鼓励金融机构向农民提供贷款支持，加强政策调整，促进农民增收。

二、工业化与新型工业化道路

（一）工业化

工业是一个国家基本的经济部门，它不仅为国家创造财富，也为其他部门提供物质技术基础，工业化是国家富强的必由之路。但是对工业化的认识，不同的人站在不同的角度提出了不同观点。我国经济学家谭崇台认为："工业化是一国借助物质资本和人力资本，逐步增大加工原料、制成消费品和资本品以及供给劳务的能力的过程。"而文明论者则认为，工业化的重点在"化"，其含义是：现代大工业的发展，使一切非工业生产方式转化为工业生产方式；将国民经济中原来独立于工业之外的经济活动纳入工业发展的轨道，使一切不适应现代工业发展的外部条件和经济运行机制适应工业发展；将传统自给自足的农业"化"为现代市场农业。"工业化是人类社会由农业经济时代过渡到工业经济时代的一个特定历史阶段和发展过程。"有人把工业化的定义分为窄派与宽派两类。窄派认为工业化就是工业本身，特别是制造业的发展。比如巴格奇为《新帕尔格雷夫经济学大辞典》撰写的"工业化"词条是这样下的定义："工业化是一种过程。下面是一种明确的工业化过程的一些基本特征。首先，一般来说，国民收入（或地区收入）中制造业活动和第二产业所占比例提高了，或许因经济周期造成的中断除外。其次，在制造业和第二产业的劳动人口的比例也有增加的趋势。在这两种比例增加的同时，除了暂时的中断以外，整个人口的人均收入增加了。"西蒙·库兹涅茨也认为，工业化过程就是指"产品的来源和资源的去处从农业活动转向非农活动"。宽派则认为，工业化不仅是工业本身的发展，也包括农业的工业化。比如中国经济学家张培刚把工业化定义为："一系列基要生产函数连续发生变化的过程。……不仅包括工业本身的机械化和现代化，而且包括农业的机械化和现代化。""这种基要生产函数的变化，最好是用交通运输、动力工业、机械工业、钢铁工业部门来说明。"显然，宽派比窄派更有解释力。比如丹麦，它虽然仍然以农业为"优势地位"，但由于它的农业实行了机械化和现代化，所以，它仍属于工业化国家。

对比分析以上几种定义，我们认为张培刚教授的工业化定义最具有代表性和包容性，其他的几种定义都可以看成是对宽派定义的阐释，只有工业实现了机械化和现代化，它对社会的供给能力才会增强，在整个国民经济中的比重加大，并逐渐成为主导经济部门，从而实现从农业文明过渡到工业文明的社会转型。

（二）新型工业化道路

新型工业化道路的“新型”是指相对于我国原有的工业化道路是新型的，同时相对于西方发达国家走过的工业化道路也是新型的。新型工业化道路的实质是转变经济发展的模式，进行工业化路径的转换。本章从工业化路径转换的视角分析新型工业化道路的内涵，并在内涵分析的基础上，结合我国经济发展模式的转变，研究我国新型工业化道路的总体战略定位。

新型工业化标志着中国经济发展战略的创新，但是新型工业化是一个全新的概念，为此理论界对新型工业化的内涵进行了研究，形成了多种观点。从现有研究成果来看，对新型工业化内涵的认识仍然局限于信息化、技术进步、充分就业和可持续发展几个方面，这种表面的解释不利于新型工业化政策的制定。

工业化经典的内涵界定来自于发展经济学家钱纳里，他认为工业化“一般可以由国内生产总值中制造业份额的增加来度量”，他把工业化看成是制造业份额的增加和农业份额的下降。这种阐释实际上是把工业化看成是一个结构性转化的过程。中国发展经济学的奠基人张培刚教授最早把工业化定义为“国民经济一系列基要生产函数连续发生变化的过程”，用熊彼特的创新理论揭示了工业化的特征。发展经济学家是从结构转变意义上解释工业化的，他们认为经济发展的主题是结构的转变，而工业化是结构转变的一个方面。发展经济学家所揭示的工业化是一种数量型和规模扩张型的工业化。

现有对新型工业化的解释是在发展经济学的经典工业化的意义上进行的，而发展经济学家对经典工业化的解释是以一次现代化为背景，以传统工业化技术革命和产业革命为基础的，是结构转变意义上的数量型工业化，这种工业化只是新型工业化内涵的一部分。新型工业化是以二次现代化为背景，以现代工业新技术革命和产业革命为基础，是质量意义和功能意义上的工业化，表明中国的工业化已经进入到了提高工业化质量和功能的新阶段。因此，在基于科学发展观的新型工业化背景下，工业化具有了新的含义与特征，不完全是原来结构转化意义上的数量规模型工业化，而是质量和功能意义上的可持续发展的工业化。在新型工业化的研究中需要从质量意义和功能意义上加深对新型工业化内涵的研究和认识。

发展观是确立发展目标、制定发展战略和政策的依据和指导原则，在不同的发展观指导下，经济发展的目标、战略和政策是不同的，工业化的含义与目标也是不同的。新型工业化是基于新的科学发展观而提出的。从质量意义和功能意义上来看，新型工业化是在中国工业化任务还没有完成，而又遇到以信息化为主要内容的新工业革命挑战的背景下而提出的，其本质在于：中国必须在加快完成工业化目标的同时，启动和叠加信息化时代的目标，在实现经济现代化的过程中，同时完成工业化时代的目标和信息化时代的双重目标。因而新型工业化不仅是指工业本身的发展，而是代表了中国经济发展方式的转型，是与社会发展由落后到现代的转型，经济体制由计划经济体制向市场经济体制转型，经济增长方式由粗放向集约转型相联系的经济发展方式的转型。其基本内涵应当包括以下几个方面：

（1）新型工业化是以新技术革命和产业革命为背景，以信息化带动工业化的跨越式发展。它强调了信息化背景下工业化的新特点，是工业技术革命、产业革命、信息革命和产业制度的重大变革。

（2）新型工业化的动力在于工业经济领域技术贡献的提升。新型工业化的实现过程是现代自然科学技术、现代技术科学和现代社会科学在工业领域广泛地综合运用的过程，它强调提高工业领域的科技含量，以技术进步提高工业发展的质量和工业经济效益。

（3）新型工业化以可持续发展理念为指导。在人口、资源、环境协调发展的基础上实现工业化的可持续发展。

（4）新型工业化以充分就业为先导。在工业化的进程中既促进经济发展，又实现充分就业。

（5）新型工业化强调工业化的连续性和阶段性。工业化不是一次性的，而是连续不断的过程，新型工业化是连续不断的工业化过程中的一个新阶段。

（6）新型工业化强调工业经济增长方式的转变。在新型工业化道路中使工业经济由粗放型增长向集约型增长转变，由数量型向质量型转变。

三、加快第三产业发展的战略

（一）第三产业的战略地位

发展中国家在不同的发展阶段上，农业部门随着耕地减少、人口增加和农业现代化的进程，过剩的劳动力会越来越多；工业部门的一部分劳动力会随着工业资本有机构成的提高和一些产业的衰落而相对过剩，工业越现代化，其过剩的劳动力会越多。那么，剩余的劳动力转向何处呢？显然，必须转入第三产业。第三产业是一国工业化过程吸纳第一产业和第二产业过剩劳动力的部门，是平衡农业现代化和工业化带来的劳动力过剩的一个最重要的经济空间。第三产业发展程度标志着一国经济发展的水平。根据发达国家的经验，第三产业内部结构的变动趋势为：随着人均收入水平的提高，商业、旅馆、餐饮业的产出比重逐步下降，运输、仓储、通信、金融保险、房地产和产业服务业的比重较大幅度上升；当人均收入上升到较高水平之后，运输、仓储业的比重也趋于下降，而通信、金融保险、房地产和产业服务业的比重继续上升；在高收入的发达国家中，个人和社会服务业的比重也趋于上升。同时，第三产业的发展也成为经济增长和发展的重要推动因素。这是发展经济学所认为的一个国家二元结构转型期间劳动力在第一、第二、第三产业间转移、变动和配置的一个客观规律和趋势。

（二）发展第三产业的政策选择

我国第三产业亦即服务业发展滞后除了城市化滞后这个原因外，体制不顺和政策不到位也是重要的原因。因此，需要加大体制改革的力度，出台有效的政策，促进第三产业的发展。

首先，在市场准入方面，为服务业快速发展奠定体制基础，建立公开、平等、规范的服务业准入制度，适当降低服务业市场准入门槛。凡是法律法规没有明令禁入的服务领域，都要向社会资本开放。凡是向外资开放的领域，都要向内资开放。进一步打破市场分割和地区封锁，推进全国统一开放、竞争有序的市场体系建设，各地区凡是对本地企业开放的服务业领域，应全部向外地企业开放。特别是新闻、出版、文化艺术、影视等行业，应当逐步地减少管制，向社会放开。鼓励和支持各类资本进入法律、法规和规章未禁入的现代服务行业和领域。各类服务业企业登记注册时，除依据法律、行政法规和国务院有关规定外，各部门一律不得设置前置性审批事项。除国家法律、法规限制经营的服务行业和项目外，企业可根据需要自主调整经营范围和方式，工商部门可按企业要求予以核定。分步骤放松对现代服务业中投资项目的行政审批，推进投融资体制改革，以此打破市场壁垒，实现要素的自由流动。同时，改变服务业部分行业垄断经营严重、市场准入限制过严和透明度低的状况，按市场主体资质和服务标准，逐步形成公开透明、管理规范和全行业统一的市场准入制度。积极鼓励非国有经济在更广泛的领域参与服务业发展，在市场准入、土地使用、信贷、税收、上市融资等方面，对非国有经济实行与国有经济同等的待遇，形成与国有经济企业相竞争的局面，增强市场机制的作用，提升服务业产业的竞争力。

其次，调整和完善税收政策，为促进服务业发展创造良好的外部环境。一是完善所得税政策。比如，为鼓励服务业企业进行技术引进和技术改造，对服务业企业符合国家产业政策的技术改造项目，其项目所需国产设备投资，可按国家税收政策规定申请抵免企业所得税以支持服务产品的研发和生产；研究开发新产品、新技术、新工艺的服务业企业所发生的技术研发费用，除按规定在实行扣除的基础上，允许再按当年实际发生额在企业所得税前加计扣除；企业年度实际发生的技术开发费用当年不足抵扣的部分，可在以后年内的企业所得税应纳税所得额中结转抵扣。二是改革营业税。建议对于服务外包采取增值征税的方式。服务外包是服务业分工的产物，是服务业水平提升的重要标志，目前的重复征税造成服务外包的税收负担太重，不利于服务业分工的进展。因此，在确定营业税税基时，可以考虑允许服务外包企业将支付给承包方的营业额从计税依据中扣除，仅对实际取得的营业额征税。三是调整增值税。从发展服务业的角度来考虑增值税的调整问题，主要涉及服务购入的抵扣问题。制造企业在购买诸如专利等高端生产性服务时，可允许其按照一定的比例抵扣进项税额，以鼓励这些服务项目从制造企业中分离出来，从而促进制造业的服务化，增加服务供给。另外，逐步放松服务业价格管制，尽可能减少非市场定价，推进市场定价。对某些必须管制的服务价格，也要提高定价的透明度，应当允许差别化定价，或有指导性的市场定价。

第四节　改革开放后的区域经济发展战略调整

区域经济发展战略是对特定地区内的经济、社会等长远发展进行全局性的根本性的筹划和决策。它根据影响和制约经济社会发展的各种内部因素、外部因素的分析和预测，考虑和制定一定时期内的经济社会发展的指导思想、要达到的目的、要解决的重点问题、采取的步骤以及实现上述要求所要进行的资源整合、力量调配及政策措施。我国的区域经济发展战略研究，在指导思想上应是谋求经济社会的协调发展而非简单的经济增长，包括经济体制和社会结构的协调，社会发展和环境的和谐关系，自然资源和人力资源的全面开发，物质文明和精神文明的共同繁荣等。

一、区域经济非均衡发展战略

（一）区域经济非均衡发展战略实施的原因

20 世纪 80 年代以来，国内外政治、经济形势出现了一系列的新变化。国内，我国政府开始进行经济体制改革和实行对外开放；国际上，一些工业发达国家的产业结构开始进行调整、升级和转移，亚太地区，特别是“四小龙”适应当时的经济形势也加快了调整产业结构的步伐。这对我国参与国际市场竞争，进入国际经济循环，发展外向型经济既是一个挑战，也是一个很好的机遇。正是基于这种考虑，我国的区域发展战略也作了相应的调整。这集中体现在 1978 年 12 月 31 日邓小平同志所作的《解放思想，实事求是，团结一致向前看》的重要讲话之中。邓小平同志说：“在经济政策上，我认为要允许一部分地区，一部分企业，一部分工人农民由于辛勤努力成绩大而收入先多一些，生活好起来，一部分人生活先好起来，就必然产生极大的示范力量，影响左邻右舍，带动其他地区，其他单位的人们向他们学习。这样，就会使整个国民经济不断地波浪式地向前发展，使全国各族人民都能比较快地富裕起来。”正是在这一指导思想的推动下，我国开始实施区域经济非均衡发展战略。

（二）区域经济非均衡发展战略的实施

这一战略根据经济技术发展水平和地理位置的差异，把全国从东向西划分为三大地带，东部地带是我国的经济发达区域，中部地带是我国的经济正在成长的区域，而西部地带则是我国的经济不发达区域。

以此为依据，确定了不同区域经济发展梯度推移的战略思路，即“七五”期间至 20 世纪 90 年代，我国的区域经济发展是重点优先发展东部，以东部的发展带动中部和西部的发展，使生产力及区域经济布局逐步由东部作梯度推移。为此实施了一系列向东部倾斜的政策措施：

一是对外开放向东部倾斜，从设立深圳、珠海、汕头和厦门四个经济特区开始，到开放沿海 14 个港口城市和确定沿海经济开发区，形成了 32 万平方公里面积、1.6 亿人口的广大沿海开放地带，这被看作是这一时期国家在对外开放和区域经济发展上最重要的战略举措。

二是优惠政策向东部倾斜。国家对东部沿海开放地区从财政、税收、信贷、投资等方面给予了一系列的优惠政策，如扩大当地政府利用外资的审批权限和对外经济活动的自主权，减免外商投资企业的所得税和关税，扩大当地政府对外贸易的自主权和外汇留成比例等等。

三是投资布局向东侧倾斜。在全国的全社会固定资产投资中，东部地带达到 60% 以上。东部地区固定资产投资增长率也明显高于中西部地区。在基础设施建设方面，东部地区由于拥有较多的投资倾斜，与中西部地区在基础设施完善度上的差距迅速拉大，进一步加速了人口与经济活动向东部地区的聚集。

四是体制改革向东部倾斜。国家的许多改革方案和措施，或是先在东部区域试行和实施，或是较多地考虑东部区域的情况和需要。由于东部沿海地带在对外开放上的先行及享有相应的国家的政策优惠和投资倾斜、改革倾斜，以珠江三角洲、长江三角洲、环渤海地区为中心的东部沿海省份获得了大大高于全国平均速度的增长率。

（三）对区域经济非均衡发展战略的评价

我国改革开放后所实行的宏观区域经济非均衡发展战略，无疑取得了举世瞩目的巨大成效。一方面，就国民经济的整体发展而言，造就了带动国民经济整体增长的经济核心区和增长极，促进了整个国民经济的高速增长，增强了国家的经济实力，提高了宏观经济效益和人民生活水平。另一方面，就不同区域的经济发展而言，这一战略的实施，加快了东部区域经济的迅速发展，使东部区域特别是东南沿海区域成为推动我国国民经济持续高速增长的最重要的力量，使东部沿海开放地带和工业城市群成为我国经济最发达的区域。同时，通过一系列的传递、扩散机制和示范效应，也在一定程度上带动了中西部区域经济的开发和发展，促进了内地区域经济的繁荣，各区域经济都得到了快于改革前的增长。

但是，区域经济非均衡发展战略的实施也存在一些问题。一是在突出沿海重点区域优先发展的同时，也导致了我国东西部经济发展水平差距的不断扩大。非均衡发展战略的理论基础是产业梯度转移理论和雁行形态发展理论等区域经济非均衡发展理论，其指导思想是东部要与中西部形成一定的产业梯度。东部在有效地承接港澳的产业结构转移，完成了资本的原始积累后，要发展资本、技术、知识密集型等高新技术产业，而西部发展能源、原材料及传统的劳动密集型等产业，与东部地区形成明显的经济技术梯度。这种指导思想容易导致落后地区陷入“比较利益静态陷阱”。一般说来，在经济发展的初期，落后地区大规模地开发利用自然资源，将资源优势转变为经济优势作为重要的发展手段是可取的。但是，在经济发展的过程中，如果落后地区不及时地实行从比较优势到竞争优势的转换，而是单纯地根据资源禀赋原则来确定自己的贸易结构，那么落后地区就会陷入“比较利益静态陷阱”，产业在区域分工中处于不利地位。因此，基于比较优势的区域发展战略必然导致区域差异的扩大。二是在实行一系列向东部沿海地区倾斜的政策措施过程中，存在着范围上、力度上过分倾斜和时限上过长的倾斜问题，在实现发展战略的效率要求的同时，实际上对公平的要求兼顾不多。因此，我国区域经济发展应该从差距不断扩大向缩小差距过渡，战略重点也应由东部沿海向中西部转移，这样才能顺利解决沿海同内地贫富差距悬殊的问题，走上共同富裕的道路，才能保证区域经济协调发展。

我国区域经济发展的不均衡问题，到了20世纪90年代矛盾更加突出，引起了学术界和政府有关部门的极大关注，围绕着这一问题的研究不断深入。在此基础上提出了我国区域经济协调发展的新战略，试图用这个新战略解决区域经济发展的差异问题。早在1991年，国务院就组织有关专家和政府部门成立了国民经济和社会发展总体研究协调小组。小组一共选定了13个研究课题，其中之一就是“中国区域协调发展战略”。国务院发展研究中心课题组于1994年公开发表了课题研究成果《中国区域协调发展战略》。这是我国较早正式提出区域协调发展战略的研究成果。这之后，围绕着区域协调发展这一问题，各类期刊发表了不少文章，使这项研究不断深化，最终反映到政府的正式文件中。1996年，我国政府发布了《中华人民共和国国民经济和社会发展“九五”计划和2010年远景目标纲要》。在这个《纲要》中，把“坚持区域经济协调发展，逐步缩小地区发展差距”作为一条指导方针，提出“从‘九五’开始，要更加重视支持内地的发展，实施有利于缓解差距扩大趋势的政策”。这标志着国家把区域经济协调发展作为解决区域经济差距问题的新战略。

二、向区域经济发展均衡战略的转换

2001年3月15日第九届人大四次会议批准的《中华人民共和国国民经济和社会发展第十个五年计划纲要》中明确提出实施西部大开发战略，加快中西部地区经济协调发展的指导方针，并在“十五”期间调整了过去偏重于发展东部沿海地区的区域非均衡发展战略而实行注重区域经济平衡协调发展的区域均衡发展战略，力图改变过去区域经济增长不平衡的态势。在这一发展战略的指导下，国家先后制定了西部大开发、振兴东北老工业基地和中部崛起发展战略。这标志着过去实行的区域非均衡发展战略逐步转变为区域均衡发展战略。

（一）中国区域均衡发展战略的表现

在区域均衡发展战略的指导下，中央明确提出在“十一五”期间继续实施西部大开发，振兴东北老工业基地，促进中部地区崛起，鼓励东部地区发展，实现中西部地区相互促进、优势互补、共同发展的经济发展战略。此外，中央政府也逐步加大了对支持中西部地区加快改革开放的政策支持，通过在中西部地区设立众多的国家级开发区、综合改革试验区等措施，一方面逐步将东部地区改革开放的经验复制到中西部地区，另一方面也鼓励中西部地区根据地区实际情况探索新形势下加快改革开放的新举措。这一切变化都说明，区域均衡发展理论逐渐成为支配中国经济发展模式转变的重要战略思想。

（二）提出中国区域均衡发展战略的必然性

1. 构建社会主义和谐社会的客观要求

社会主义和谐社会是我国社会发展的重大战略目标和必要条件，建设社会主义和谐社会最重要的一个条件就是按照以人为本的要求，以解决关系人民群众切身利益的现实问题入手，更加注重经济社会协调发展。从改革开放以来，我国在重点发展东部沿海地区的区域非均衡战略指导下，中央在政策等方面对东部沿海地区倾斜，东部沿海地区经济取得了长足发展。而与东部沿海地区相比，中西部地区发展缓慢，几大地区之间发展极不平衡，经济、教育、科学技术和文化卫生事业有较大的差距。从国内生产总值（GDP）来看，2002年，东部沿海地区11个省市，其总和高达68289.06亿元，中西部地区10个省区则只有 16073.67 亿元，东部沿海地区是中西部地区的 4.25 倍。中西部地区国内生产总值最低的西藏自治区只有 161.42 亿元，东部沿海地区国内生产总值最高的广东省达 11769.73 亿元，两者相差 11608.3 亿元，仅为广东省的 1.37%。即使中西部地区国内生产总值最高的四川省，与广东省相比也相差 6894.61 亿元，是广东省的 41.42%。经济发展的地区差别势必会产生社会不公平，必然会导致激化矛盾，就有可能阻碍我国社会主义和谐社会建设的进程。实施区域均衡发展政策，具体实施西部大开发、振兴东北老工业基地、中部崛起战略，是在邓小平理论、“三个代表”重要思想、科学发展观指导下全面建成小康社会的伟大实践，是确保社会主义现代化建设第三步战略目标胜利实施的重大部署，是促进各民族共同发展和富裕的重要举措。它关系全国经济社会发展的大局，有利于推动经济结构战略性调整，促进地区经济协调发展。因此，只有兼顾全国各个地区均衡发展，注重社会发展中的公平和公正，中国社会主义和谐社会建设的任务才能顺利完成。

2. 社会主义现代化进程的客观需要

社会主义现代化建设关系到中华民族伟大复兴，关系到中华民族的兴旺发达。1978 年党的十一届三中全会后，党中央制定了以经济建设为中心，坚持四项基本原则，坚持改革开放的社会主义现代化建设的基本路线。对外开放加快了中国现代化进程，给东部沿海地区发展带来了机遇。但是中部西部地区由于地理位置、国家政策等原因发展滞后了。然而，对于整个国家来说，如果没有中西部地区的现代化，那就不能称之为完整的现代化。改革开放之后东部地区与中西部地区经济发展差距的拉大，虽是由特定时期内我国生产力状况决定的，但随着东部地区现代化进程取得突破性进展，如果不能反过来加快中西部地区的现代化进程，就会阻碍东部地区现代化进程的深入。特别是在 2008 年世界金融危机之后，外部市场需求的锐减使得东部地区长期依赖的外向型经济发展战略难以为继，东部地区已经形成的产能出现严重过剩。通过加快中西部地区经济发展，释放我国长期被压抑的内需，有助于解决东部地区产能过剩问题，也有助于在全国范围内加快产业结构升级优化的步伐。从这个视角来看，在 21 世纪初我国开始由区域非均衡发展战略向均衡发展战略的转变，是社会主义现代化进程进入到新的历史阶段的必然选择，是不以人的意志为转移的战略演化。要加快实现我国的社会主义现代化，就必须解放和发展中西部地区的生产力，从而促进东部地区生产力的进一步发展，形成东中西三个经济板块之间的良性循环与互动，最终推动社会主义现代化的发展。

第五节　改革开放后城乡发展战略的调整

一、城乡二元经济结构的形成与延续

（一）城乡二元经济结构的形成

我国现有的城乡二元经济结构是新中国成立后国家计划经济体制的直接产物。新中国成立之初，百废待兴。党和政府借鉴国际经验，确立了在社会主义计划经济体制下优先发展重工业的战略目标。要推行重工业优先发展战略，从投资的角度讲，意味着需要更多的资金投入。而作为一个新生的、甚至需要白手起家的国家而言，依靠重工业部门的自身能力筹资很不现实，于是农业的剩余就必然成了资本积累的一个重要来源。在当时的国际国内态势下，我国不可能采用产业自然成长型工业化模式和殖民输入式工业化模式，只能通过政府高度介入工业化模式来实现工业化，于是由国家作出的旨在压低重工业发展成本、抑制城乡资源流动的三项制度安排应运而生，即以实行对粮、棉、油等主要农副产品的统购统销政策，阻断城乡产品流通渠道；以实行人民公社制度，把农村劳动力限制在农村经济活动之中；以实行全国范围内的户籍管理制度，把农业人口固化在农村社队。

首先，以统购统销政策阻断城乡产品流通渠道，是落实国家优先发展重工业战略的第一步。为了压低工业部门职工的工资和生活成本，需要对农产品实行低价格政策。20 世纪 50 年代初，国家商业组织是与私商一道在市场上收购农副产品。当体现重工业优先发展战略的第一个五年计划开始时，国家以低于市场价格收购农副产品，是难以同非国有商业组织进行竞争的。中央政府为了破解当时出现的粮食收购危机局面，从掌控低价农副产品开始，逐步扩大对农产品流通渠道的控制，以保证工业发展和城市需要。

其次，户籍管理制度通常被认为是中国二元经济结构的标志。伴随着“一五”时期国家 156 个重点项目和 694 个大中型建设项目的陆续上马，城市

经济得到迅猛发展，城市人口的急剧增加自然引发和加重了就业、食品供应和居住条件的紧缺。1958 年 1 月 9 日中共中央和国务院要严格限制农民进城的意图在全国人民代表大会常务委员会第九十一次会议通过并当即公布的《中华人民共和国户口登记条例》中得到了确认。政府文件和户籍管理对人口迁徙的控制是被动的，真正起主导作用的是与之配套的 1955 年前后出台的粮油供应制度、就业制度和社会福利保障制度。1957 年 12 月 18 日，中共中央和国务院又联合指示，明确强调粮食部门不得把口粮供应给没有城市户口的人员，至此，粮食供应完全与户口挂钩，凭户口分配粮票并凭粮票与户口簿购买粮食的制度正式确立起来。

最后，农村人民公社是一种在农村实行的以劳动者集体所有制为基础的农村经济组织和政权组织形式，带有经济和政权的双重色彩。经济上，农村人民公社社员集体劳动，按劳分配，社员必须依赖人民公社取得粮食等基本生活资料。人民公社对成员具有行政上的约束，未经人民公社的审批及履行相应手续，农民无法自主流动。人民公社化运动的开展，使政府可以通过公社体制直接介入农业生产和农民生活的全过程，限定农村基本生产资料，即土地和劳动力的使用方式。从此，人民公社体制开始与户籍管理制度相互融合，行政控制性功能日益强化，成为维持城乡二元经济结构的两个最主要的基本制度。

（二）城乡二元经济结构的延续

20 世纪 60 年代初国民经济进入调整时期，国家以户籍制度为中心，又先后制定了一系列与户籍制度相配套的、在利益指向上向城市倾斜的成文与不成文的辅助性制度，包括城乡分治的住宅制度、副食品和燃料供给制度、生产资料供给制度、医疗制度、养老保险制度、劳动保护制度、婚姻生育制度等十几项制度，构成了维护中国特有的城乡二元经济结构的制度壁垒。同时，为了保证全国人民有饭吃，中央还提出了人民公社的社队一般不办企业的限制性政策规定。农民被限制在农村，单纯从事粮食种植业。城乡分治的二元户籍管理制度由此得到固化。农产品统购统销政策、户籍管理制度与人民公社制度“三驾马车”相互作用，为有效利用工农业产品价格“剪刀差”、完成我国工业化资本原始积累任务奠定了重要的制度基础。有资料显示，1954—1978 年我国由于统购统销政策以工农业产品价格“剪刀差”积累的资金总额达 6000 亿元，超过名义农业税的两倍。

传统经济发展战略以及相应的制度安排所造成的历史负债，就是形成了一个相对发达的工业经济与极度落后的农村经济并存的二元经济结构，其含义是：占全国劳动力较大比重的农村劳动力，仅创造全部国民收入的一个较小部分；而占较小比重的城市劳动力，却创造了较大的一个国民收入份额。二元经济结构在特定的工业化发展战略和积累模式下，必然趋向二元社会结构。因为城乡经济效益的悬殊，不仅加大了城乡人口收入上的贫富差距，而且直接导致了彼此间在社会福利和就业等方面的不平等，即非农业人口在就业、居住、教育、社会保障等方面享有大大高于农业人口的待遇。而二元社会结构的形成又进一步强化了二元经济结构，从而使二元经济结构与二元社会结构并存的状态成为改革开放前中国社会和经济发展的重要特征。

改革开放之后，随着人民公社制度的取消、户籍管理制度与人口流动管理的放开，大量农村剩余劳动力开始向城镇转移，在城镇实现就业。客观来讲，改革开放后我国工业化进程的加速，特别是劳动密集型轻工业的加速发展，使得城镇地区可以吸纳大量农村剩余劳动力。但遗憾的是，从 1978 年改革开放至今，城乡二元经济结构问题并没有得到妥善解决。户籍管理制度以及与户籍管理制度挂钩的福利制度改革缓慢，致使大量进城务工的农民虽然脱离了农业生产，却不能及时地获得市民身份，从而处在城镇社会保障与社会福利制度的覆盖圈之外。在我国劳动密集型轻工业发展之初，由于城镇工业部门无须为进城务工农民提供社会保障和社会福利，从而极大地压低了进城务工农民的劳动力价格，促进了劳动密集型轻工业的发展。但随着我国经济的发展，因制度安排而被严重压低的进城务工农民劳动力价格，使其消费欲望不能转变为消费需求，是导致我国改革开放后出现有效需求不足的重要原因。随着改革开放的不断深入和中国经济的快速发展，一直延续的城乡二元经济结构越来越成为我国经济持续快速健康发展的重大隐患。

改革开放后延续下来的城乡二元分隔管理体制，与计划经济时期的城乡二元分隔管理体制有着本质上的不同。改革开放后的城乡二元分隔管理体制，在某种程度上是牺牲农民及农民工的社会保障与社会福利权利来为工业化和城镇化提供资金。城乡二元分隔管理体制主要表现为城乡公共服务提供方面的不平等和差异化。在工业化和城镇化起步阶段，这种城乡公共服务提供方面的不平等和差异化某种程度上也刺激了农村人口及劳动力加速向城镇地区和非农产业转移。但是，如果这种城乡公共服务提供方面的不平等和差异化长期不能得到改变，则也会对农村人口及劳动力的转移产生负向激励。因此，改革开放后城乡二元经济结构的消除，其主要任务并不在于改变人口管理的户籍政策，而在于加快实现公共服务的城乡均等化提供。这就要求必须弥补过去数十年里政府在城乡公共服务提供方面的欠账，大幅提高城乡公共服务的供给水平。

二、向城乡统筹发展战略的转变

（一）城乡统筹发展战略的涵义

所谓城乡统筹是指统筹城乡社会经济发展，其主要任务是“完善公有制为主体、多种所有制经济共同发展的基本经济制度；建立有利于逐步改变城乡二元经济结构的体制”，以便发挥市场在资源配置中的决定性作用。城乡统筹的含义之一，就是要把城市和农村作为一个有机统一的整体来统筹考虑，把农村的发展放到全社会进步中统筹规划，建立城乡彼此相互推进、良性互动的机制和体制，促进城乡经济社会协调发展，打破城乡分割，扩大城乡交往，建立新型的城乡关系，缩小城乡差距，推进城乡共同繁荣，进而实现城乡一体化。这也是世界各国现代化过程的基本走向。

高度城市化是城乡一体化的前提。相对于传统的二元经济结构，城乡一体化目标与全面现代化目标是统一的，一体化是目标也是过程。在城乡一体化工作中，城乡统筹是关键。所谓城乡统筹指的是统筹城乡经济社会发展，是相对于城乡分割的二元经济结构而言的。它要求把农村经济与社会发展纳入整个国民经济与社会发展全局之中进行通盘筹划、综合考虑，以城乡经济社会一体化发展为最终目标，统筹城乡物质文明、政治文明、精神文明和生态环境建设，统筹解决城市和农村经济社会发展中出现的各种问题，打破城乡界线，优化资源配置，实现共同繁荣。统筹城乡经济社会发展的实质是给城乡居民平等的发展机会，通过城乡布局规划、政策调整、国民收入分配等手段，促进城乡各种资源要素的合理流动和优化配置，不断增强城市对农村的带动作用和农村对城市的促进作用，缩小城乡差距、工农差距和地区差距，使城乡经济社会实现均衡、持续、协调发展，促进城乡分割的传统二元经济结构向城乡一体化的现代一元经济结构转变。

（二）**城乡统筹发展战略的政策制定**

自进入21世纪以来，我国政府采取了取消农业税、建设社会主义新农村、建立农村合作医疗体系等举措，这些举措概括起来都属于城乡统筹发展战略的具体政策。从统筹城乡经济社会发展、推进城乡一体化的目标出发，归纳总结城乡统筹发展战略的政策制定规律，可以发现，城乡统筹发展战略的政策制定包括以下几个方面的具体内容：

1. 统筹城乡发展思路

统筹城乡经济社会发展，首先要转变发展战略和发展思路，从城乡分割、差别发展转向城乡互通、协调发展，把工业化、城市化与农业农村现代化紧密结合起来，走生产发展、生活富裕、生态良好的文明发展道路。树立以民生为本的新的发展观和政绩观，把改善民生作为发展的第一要义，把增加城乡居民收入、提高生活质量和健康水平、改善生态环境作为最重要的政绩，把增进最广大群众的物质利益、政治利益和文化利益作为经济发展的根本出发点和落脚点。

2. 统筹城乡产业结构

统筹搞好产业发展规划，以工业化支撑城市化，以城市化提升工业化，加快城市化与工业化进程，促进农村劳动力向第二和第三产业转移，农村人口向城镇集聚。建立以城带乡、以工促农的发展机制，加快现代农业和现代农村建设，促进农村工业向城镇工业园区集中，促进农村人口向城镇集中，促进土地向规模农户集中，促进城市基础设施向农村延伸，促进城市社会服务事业向农村覆盖，促进城市文明向农村辐射，提升农村经济社会发展的水平。

3. 统筹城乡规划建设

把城乡作为一个整体，搞好城乡布局规划和建设规划，着力形成中心城市、中心镇、中心村一体化规划体系。充分发挥城镇的集聚、带动和辐射作用，加强城镇建设，整合各种资源，推行城乡一体化协调发展。加强农村基础设施建设，促进城镇基础设施向农村延伸，着力改变农村建设滞后于城镇的状况。建立政府主导、市场运作的多元化投资机制，优先发展社会共享型基础设施，扩大基础设施的服务范围、服务领域和受益对象，让农民也能分享城市基础设施。

第十一章　市场经济时期经济发展的阶段性评价

第一节　市场经济时期经济发展的阶段性任务

自 1978 年底党的十一届三中全会确立改革开放的基本国策以来的四十多年里，中国政府解决了一个又一个发展中的问题，取得了前所未有的成就。中国已经成为世界第二大经济体、第一大工业国和第一大贸易国，“中国制造”成为中国在世界上的一张闪亮名片，“北京共识”还为广大发展中国家提供了一条与“华盛顿共识”截然不同的发展思路。本书的任务并不是简单地罗列近四十年来中国经济取得的各项成就，也不是挑剔地指出正处于高速发展之中的中国经济还存在哪些问题亟待解决。正如本书在分析中一直坚持的观点，近现代中国经济发展历程中没有哪一个历史时期是原地踏步或停滞倒退的，以至于可以从整个历史的演进过程中简单剔除也不会影响中国经济发展的方向；也没有哪一个历史时期是凭空跨越的，以至于这一历史时期取得的全部成就与先前的历史时期几乎没有任何关联。对改革开放至今的四十多年里中国在社会主义市场经济体制的探索中取得的成果和付出的代价，也必须在明确这一时期阶段性任务的基础上，给出客观的评价。

在本书第八章中曾运用第三章提出的近现代中国经济发展三维度变迁的分析框架，对计划经济时期经济发展进程给出了阶段性评价。在本章中，笔者将继续坚持运用这一分析框架，对我们正在经历的市场经济时期的经济发展进程做阶段性评价。为了展开分析，首先要解决的问题依旧是如何把握市场经济时期在产业变迁、制度变迁和发展理念变迁三个维度上的阶段性任务。从近现代中国经济发展进程中总体性目标与阶段性目标的辩证统一关系来看，市场经济时期的阶段性任务主要包括以下三个方面：

一、二元经济结构向一元经济结构转型的新型工业化

从近现代中国经济发展的总体性目标来看，全面实现工业化是近现代中国经济在产业变迁维度上一直持续的发展任务。但中国的特殊国情又决定了中国工业化的全面实现不可能一蹴而就，而需要经过较长的历史发展过程。新中国成立之前的一百多年时间里，近代中国工业化发展道路曲折，速度缓慢；直到新中国成立之时中国仍是一个落后的农业国，经济结构上表现为以农业为主的一元经济结构。新中国成立之后，经过计划经济时期仅仅二十五年的发展，中国工业化进程取得了突破性的成就，基本建立起了一个门类齐全的工业体系；但当中国进入改革开放的历史新时期时，依靠人力、畜力的传统农业部门仍是中国就业人口比重最高的经济部门，经济结构上表现为先进的现代工业部门与落后的传统农业部门并存的二元经济结构。计划经济时期形成的二元经济结构，既是那个历史时期中国工业化取得进步的结果，同时也是中国工业化亟待继续推进的表现。如果说在计划经济时期可以将二元经济结构的形成和发展视为那个历史时期阶段性任务基本完成的表现，则市场经济时期产业变迁维度上的阶段性任务也就自然而然地确立下来，即市场经济时期产业变迁的目标和任务是完成二元经济结构向一元经济结构转变的新型工业化。

市场经济时期以“二元经济结构向一元经济结构转型的新型工业化”为阶段性任务的产业变迁，可以从两个方面去理解：

一方面，二元经济结构向一元经济结构的转型是发展中国家实现全面工业化进程中必然会经历的阶段和必须要跨越的障碍。西方发达国家的工业化进程中之所以没有出现典型的二元经济结构，是因为西方发达国家普遍国土狭小、人口稀少，[①]

---

① 美国虽然国土广袤，但在美国建国初期人口却相对稀少，本国并没有太多农业人口需要转移，美国工业化进程中所需的大量劳动力主要依靠的是从欧洲国家涌入的大批移民。

并且西方发达国家在开始工业化进程前经过了充分的原始积累阶段，这些国家农业部门中转移出来的劳动力可以很快地被工业部门吸收。对于广大发展中国家来说，不仅农业人口众多，而且普遍经历了殖民地或半殖民地阶段，工业化进程是在没有经历原始积累的条件下被动开始的，孱弱的工业部门缺乏足够的能力去吸收庞大的农业剩余劳动力。因此，在发展中国家的工业化进程中，几乎都要经历一个二元经济结构向一元经济结构转型的过程；发展中国家能不能较为平稳地完成这个转变过程，决定了发展中国家能不能实现全面工业化。

另一方面，中国的工业化进程与城镇化、信息化相伴随，决定了中国的工业化不是简单地复制西方发达国家的工业化道路，必须探索适合中国国情的新型工业化道路。西方发达国家的工业化大致可以划分为机械化、电气化和信息化三个阶段，西方发达国家在20世纪80年代初已经依次完成了工业化的机械化和电气化阶段，正在迈入工业化的信息化阶段。而同一时期的中国，虽然已经基本建立了门类齐全的工业体系，但在全社会范围内尚未完全完成机械化和电气化；随着二元经济结构向一元经济结构的转型，中国还面临着极其艰巨的城镇化任务。这就决定了这一时期的中国必须在完成工业化任务的同时也完成信息化和城镇化的任务，工业化、信息化和城镇化的高度叠加决定了中国必须探索一条新型工业化道路。

因此，在市场经济时期产业变迁维度的阶段性评价过程中，一方面应当注意选取相应的指标考察二元经济结构向一元经济结构转型的进度，另一方面也应当考虑工业化进程与城镇化和信息化之间的关联度。

二、计划经济向市场经济转变的新型市场化

如果考察西方发达国家市场化的历史，就会发现西方国家的市场化是依靠商品经济的发展缓慢但直接地瓦解城乡的小生产者经济，最终逐步发展起相对成熟的资本主义市场经济。近现代中国经济发展历程的特殊性则清晰地告诉我们，自1979年开始的中国市场化进程，与西方发达国家的市场化进程有着截然不同的历史起点。中国在依靠计划经济体制的建立迅速瓦解城乡的小生产者经济的基础之上，间接地在由具备一定生产社会化程度的计划经济向市场经济转变的过程中逐步实现中国的市场化进程的。这恰恰是由于近现代中国具体国情决定了依靠民族资本主义的力量不足以推动中国的市场化进程，必须以强有

力的手段打破近代中国小生产者经济主导的落后局面。这一制度变迁路径的选择，对 1978 年以后中国的市场化进程也有深远的影响。

市场经济时期以“计划经济向市场经济转变的新型市场化”为阶段性任务的制度变迁，也可以从两个方面去理解：

一方面，计划经济体制向市场经济体制的转变是中国特殊国情下市场化进程必须完成的任务。本书第八章曾指出，打破小生产者经济、提高生产社会化水平是计划经济时期制度变迁维度上的阶段性任务；随着计划经济体制的建立和完善，小生产者经济的迅速消亡，生产社会化水平的快速提高，计划经济时期制度变迁维度上的阶段性任务也就基本完成。但是必须认识到，市场化是近现代中国经济发展总体性目标不可或缺的重要组成部分，对这一总体性目标的阶段性偏离必须以总体性目标的阶段性回归作为平衡。一旦计划经济时期制度变迁维度上的阶段性任务基本完成，则必然需要由计划经济向市场经济的转变作为新的历史时期制度变迁的阶段性任务。这一阶段性任务的确立，恰恰反映了近现代中国经济发展进程中总体性目标与阶段性目标的辩证统一关系。

另一方面，现代中国的市场化进程受到历史与现实双重因素的影响，在市场化道路的选择方面必然呈现出与西方国家市场化道路的差异，是一条新型市场化道路。首先，近代以来中国经济发展历程上的种种实践表明，资本主义道路在中国走不通，社会主义是中国经济发展的制度前提。即便是当代中国的市场化进程也必须坚持社会主义这一制度前提，探索社会主义市场经济发展道路正是当代中国新型市场化之“新”的重要表现。其次，从苏联和东欧国家的市场转型效果来看，通过“冷冻疗法”或“休克疗法”实现计划经济体制向市场经济体制的快速转型需要付出极高的社会成本，如何以较低的社会成本实现计划经济体制向市场经济体制的转型，既是当代中国新型市场化的巨大挑战，也是当代中国新型市场化之“新”的另一个重要表现。再次，从发展中国家市场化的实践效果来看，在经济实力较弱的发展中国家实现向市场化的转型，必须要跨越制度变迁中的路径依赖问题。发展中国家的市场化实践中普遍出现的问题，就是简单粗暴地将市场机制植入旧的制度体系之中，未充分考虑到市场机制与其他制度安排的契合问题，导致这些国家的市场机制无法正常运转，市场化转型趋于停滞。当代中国的渐进式市场化进程，必须解决的就是制度变迁中市场机制与其他制度安排的契合问题。这也恰是当代中国新型市场化之“新”的又一重要表现。

因此，在市场经济时期制度变迁维度的阶段性评价过程中，一方面要紧紧抓住计划经济体制向市场经济体制转变这一主线，将市场化程度的提高作为评价的基本标准；另一方面又要考虑到当代中国新型市场化所处的特殊国情，不宜简单地用西方国家惯用的那些市场化程度评价体系来评价中国的市场化进程，更重要的是考察中国市场化程度与中国经济转型整体进程契合度问题。

三、粗放发展向集约发展转变的理念现代化

在20世纪70年代石油危机之前，全世界范围内对经济增长与生态环境之间关系的认识都相对不足，经济学领域的研究更多地集中于如何加快经济增长，实现经济总量的增加和物质财富的积累。20世纪70年代石油危机之后，人们日渐认识到以自然资源的粗放投入和生态环境的粗暴破坏为代价的传统工业化进程已经难以为继，必将酿成人类生存危机。在发展理念的现代化层面，各国如何依照本国具体国情探索本国现代化道路的问题已经解决，但是新的问题却是：什么样的经济发展才算得上是现代化。20世纪80年代兴起的可持续发展理念则表明，不管是任何一个国家，必须将经济、社会和生态的可持续发展作为本国现代化的基本内容；从这个视角来看，即便是西方发达国家也处于现代化的进程之中，而非现代化的完成阶段。但中国开始改革开放之时，既要在计划经济时期发展理念现代化的基础之上继续探索适合中国国情的中国现代化道路，还必须对现代化的内涵与目标加以丰富扩展。

市场经济时期以“粗放发展向集约发展转变的理念现代化”为阶段性任务的发展理念变迁，也可以从两个方面去理解：

一方面，粗放发展向集约发展转变是由世界范围内丰富和扩展现代化内涵与目标的潮流所决定的。在每一个国家的现代化进程中，毫无疑问地可以也应当从本国国情出发选择最适合的现代化道路；但不管每个国家的现代化道路如何选择，各国现代化的内涵与目标应当是一致的。20世纪80年代以后可持续发展理念的兴起，意味着全世界范围内都不再将单纯追求经济增长作为现代化的唯一内涵和唯一目标；可持续发展逐渐成为人类社会现代化的新内涵与新目标。可持续发展所追求的经济、社会和生态的平衡发展，恰恰是对传统现代化

内涵与目标的丰富和扩展。要实现由传统发展理念向可持续发展理念的转变，在经济发展层面就必须放弃粗放发展的经济模式而转向追求集约发展的经济模式。这种经济发展理念的转变不仅适用于西方发达国家，也适用于包括中国在内的众多发展中国家。

另一方面，在经济发展理念现代化的过程中，也绝不能忽略中国经济发展进程的特殊性，必须具体地选择最适合中国国情的经济发展理念现代化目标。一是不能简单地套用西方国家在较高收入水平下制定的经济发展理念现代化标准，以此束缚住中国经济发展理念的转变过程。二是必须认识到经济发展理念的现代化也是一个长期演进的历史过程，在总体性目标之下也可以划分出阶段性目标。基于上述认识，中国就有必要根据本国实际情况选择最适合的经济发展理念现代化路径，明确特定历史阶段经济发展理念现代化的阶段性任务。从改革开放之初的情况来看，制约中国经济发展理念转变的主要物质因素还是生产力的落后和经济总量的不足。因此，在从 1979 年至今的历史时期内，加快经济增长和财富积累依旧是经济发展理念转变的重要内容，亟须解决的问题恰恰是经济增长与社会和谐、环境保护的平衡问题。

因此，在市场经济时期发展理念变迁维度的阶段性评价过程中，侧重需要考察的是发展理念的转变是否有助于中国经济发展过程中阶段性问题的解决。伴随着新问题的出现，转变中的发展理念能够提出解决这些问题的思路，则认为这种转变能够完成发展理念变迁维度上的阶段性目标。

第二节　市场经济时期的产业变迁

一、市场经济时期产业变迁的评价标准

本章对于市场经济时期产业变迁的评价标准选择，主要考虑两个因素：一方面，是市场经济时期产业变迁评价标准应与本书第八章计划经济时期产业变迁评价标准保持连续性和可比性。产业变迁评价标准的连续性和可比性，是近现代中国经济发展评价中坚持总体性评价与阶段性评价相统一原则的体现。只有保持评价标准的连续性和可比性，才能在对每个历史阶段的阶段性任务完成

情况加以考察和评估的同时，准确把握不同历史时期产业变迁的前后承继关系。另一方面，市场经济时期产业变迁评价标准的制定也应反映阶段性任务的特点，特别是着重对市场经济时期产业变迁过程中的对外开放程度和产业国际竞争力进行考察和评价。基于上述认识，市场经济时期产业变迁的评价标准将分为五个方面：

一是产业结构方面。市场经济时期产业变迁维度的阶段性目标，是推进二元经济结构向一元经济结构转型的新型工业化。处理好工业与其他产业之间的关系，以及工业内部轻重工业之间的关系，是新型工业化过程中的一项核心任务。因此，在本章中，将选取国内生产总值中第一产业增加值比重、第二产业增加值比重、工业增加值比重来衡量工业与其他产业的关系；选取重工业产值、轻工业产值、重工业与轻工业产值比来衡量工业内部轻重工业之间的关系。

二是产业规模方面。市场经济时期新型工业化的重要任务，是实现二元结构向一元结构的转变。计划经济时期以基本建成工业体系为目标的重工业化，虽然为实现二元经济结构向一元经济结构的转型打下了良好基础，但要实现二元结构向一元结构的转变，还要求工业化水平较计划经济时期有跨越式提升。在市场经济时期，仍可以通过考察生产资料产品产量和生活资料产品产量的变化，来反映产业规模的变迁。在本章中，将继续选取原煤、原油、发电量、粗钢、化肥、集成电路等生产资料产品产量指标来考察重工业规模变迁，同时还继续选取化学纤维、家用洗衣机、家用电冰箱、彩色电视机、房间空气调节器等生活资料产品产量指标来考察轻工业规模变迁。

三是产业基础设施方面。市场经济时期的新型工业化是建立在计划经济时期的重工业化基础之上，这就对产业基础设施的完善程度提出了更高的要求。产业基础设施的完善，也是市场经济时期产业变迁的重要内容之一。在本章，将顺着本书第八章评价标准的选取思路，以交通基础设施建设情况来反映产业基础设施的完善程度。为此，本章仍将选取铁路营业里程、公路里程、内河航道里程、定期航班航线里程、管道输油（气）里程四个指标来衡量市场经济时期产业基础设施完善程度。

四是传统产业改造方面。作者在第八章中指出，计划经济时期对传统农业的改造主要体现在农业机械化和现代化水平的提升，但是计划经济时期的生产力水平不足以彻底完成农业机械化和现代化的历史任务。在市场经济时期，加快对传统农业的改造是新型工业化不能绕过的坎。为此，本章中将继续选取农作物播种面积、农业机械总动力、有效灌溉面积、化肥施用量、农村用电量等绝对指标和有效灌溉面积在农作物播种面积中的比重、单位播种面积农业机械总动力、单位播种面积化肥使用量、单位播种面积农村用电量等相对指标，对市场经济时期农业机械化程度进行评价。

五是产业开放度与国际竞争力方面。由于一方面西方资本主义国家长期实施对华封锁和禁运，另一方面与苏联、东欧国家的贸易往来也相当有限，在计划经济时期产业变迁的评价过程中并未将产业开放度与国际竞争力作为产业变迁的重要考察项来评价。党的十一届三中全会之后我国制定了对外开放的基本国策，我国各个产业陆续对外开放并参与国际竞争，成为市场经济时期产业变迁的一个重要特征。本章在对市场经济时期产业变迁过程进行评价时，必须将产业开放度与国际竞争力作为一项重要内容。为此，本章选取了机电产品进口金额、机电产品出口金额、出口商品总额、工业制成品出口额、工业制成品出口额占出口总额比重等指标。

二、市场经济时期的产业结构变迁

市场经济时期产业结构变迁主要呈现以下两个特征：

一是工业化水平进一步提高，二元经济结构向一元经济结构转型的过程不断加快。从图 11 - 1 可见，1979—2014 年第二产业增加值在国内生产总值中的比重基本保持稳定，长期处于 40%—50% 的水平，但第一产业增加值在国内生产总值中的比重却持续下降，由 1979 年的 31.27% 持续下降到 2014 年的 9.06%。在二元经济结构向一元经济结构的转型过程中，第一产业增加值比重的变化趋势并没有与第二产业增加值比重的变化趋势呈现出负相关关系。相反，市场经济时期产业结构变迁的一个重要特征就是第三产业的发展壮大。这恰恰说明我国工业化进入了一个全新的阶段，以工业部门为主的物质资料生产部门劳动生产率的快速提高，使得越来越多的劳动者可以脱离物质资料生产部门，专门从事非生产性劳动。可以肯定的是，自改革开放以来，产业结构变迁朝着有利于二元经济结构向一元经济结构转型的方向持续演进；到目前，新型工业化进程中的二元经济结构向一元经济结构转型的任务已经接近完成，未来我国产业结构变迁需要明确新的目标（见图 11 - 2）。

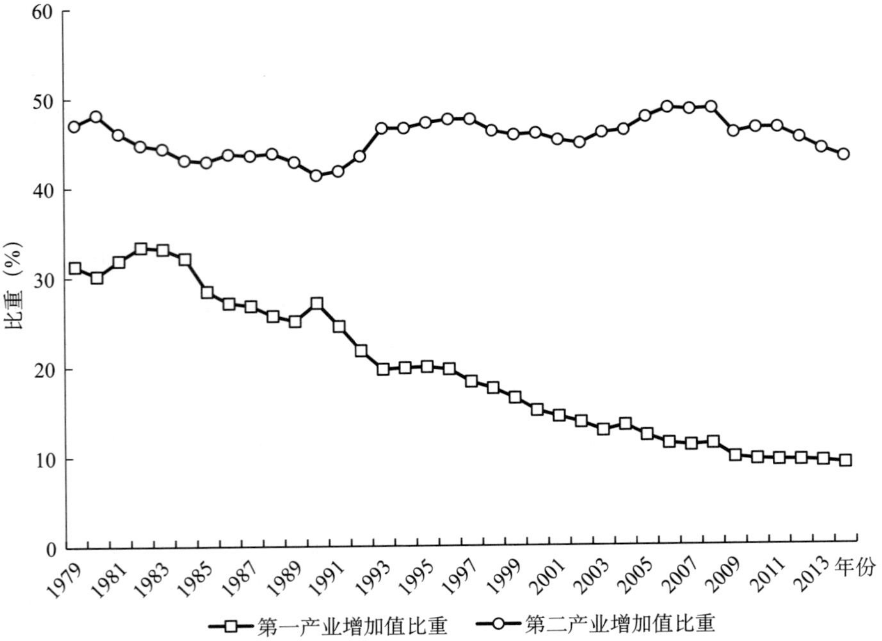

图 11－1　1979—2014 年国内生产总值中第一产业、第二产业增加值比重变化

资料来源：国家统计局．新中国六十年统计资料汇编［M］．北京：中国统计出版社，2010.

图 11－2　1979—2014 年国内生产总值中工业增加值比重变化

资料来源：国家统计局．新中国六十年统计资料汇编［M］．北京：中国统计出版社，2010.

二是自改革开放以来，产业结构变迁中的重工业化趋势一度减缓，但进入21世纪后我国产业结构变迁的重化工业化趋势再度加强，甚至超过了计划经济时期的水平。从图11－3可以看出，在1979—1999年的20年里，虽然我国重工业和轻工业产值规模都持续扩大，但重轻工业产值比却没有明显提高，长期稳定在1：1的水平。但在2000年加入世界贸易组织之后，我国又开启了新一轮的重工业化过程，重工业产值的增长速度远远快于轻工业产值的增长速度，重轻工业产值比也由1999年的1.03：1迅速增加到2008年的2.4882：1。2000年以后我国重工业化的加速，很大程度上是由于我国加入世界贸易组织之后国际市场的加速扩张所致。在加入世界贸易组织之初，我国对外贸易的比较优势主要集中在劳动密集型轻工业产品上，但轻工业部门市场规模的骤然扩张，却形成了轻工业部门对生产资料的强烈引致需求，刺激了重工业部门加速扩张。2008年之后我国重工业部门出现的产能过剩问题，很大程度上是由于世界金融危机后外部市场环境的恶化使得对生产资料的引致需求骤减。虽然加入世界贸易组织后国际市场的庞大需求促进了我国二元结构向一元结构的转型，但是随着外部环境的持续恶化，未来中国产业结构变迁过程中必须更多地挖掘内需增长潜力，经济结构的调整在所难免。

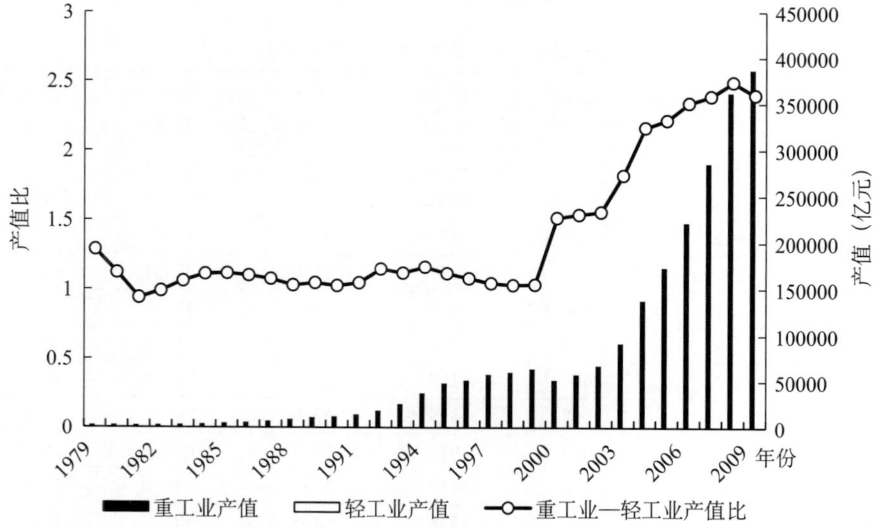

图11－3　1979—2009年轻重工业产值与重工业—轻工业产值比

资料来源：国家统计局．新中国六十年统计资料汇编［M］．北京：中国统计出版社，2010.

三、市场经济时期的产业规模变迁

经过改革开放以来四十年的发展，中国已经成为世界第一大工业国，许多工业产品产量位居世界前列。市场经济时期产业规模变迁的主要特征是生产资料生产部门与生活资料生产部门的全面扩张。

（1）生产资料生产部门的产业规模持续扩大，生产资料产品产量持续增加。从表 11－1 可见，2014 年我国原煤产量为 38.74 亿吨，是 1979 年的 6.1 倍，是 1999 年的 3.03 倍；原油产量为 21142.92 万吨，是 1979 年的 1.99 倍，是 1999 年的 1.32 倍；发电量为 57944.6 亿度，是 1979 年的 20.55 倍，是 1999 年的 4.27 倍；粗钢产量为 82230.63 万吨，是 1979 年的 23.85 倍，是 1999 年的 6.62 倍；化肥产量为 6876.85 万吨，是 1979 年的 6.45 倍，是 1999 年的 2.11 倍；集成电路产量为 10155300 万块，是 1980 年的 6030.5 倍，是 1999 年的 24.47 倍。改革开放以来，特别是加入世界贸易组织以来，我国生产资料工业的发展成就是有目共睹的。进入 21 世纪以后的新一轮重工业化过程，极大地推动了生产资料生产部门产业规模的扩大，生产资料产品产量也持续增加。特别指出的是，以集成电路产量为代表的新兴信息化产业的加速发展，表明在探索工业化与信息化相结合的新型工业化道路方面已经取得了一定成效。

表 11－1　　1979—2014 年主要生产资料产品产量

年份	原煤（亿吨）	原油（万吨）	发电量（亿度）	粗钢（万吨）	化肥（万吨）	集成电路（万块）
1979	6.35	10615	2820	3448	1065.4	
1980	6.2	10595	3006	3712	1232.1	1684
1981	6.22	10122	3093	3560	1239	1279
1982	6.66	10212	3277	3716	1278.1	1352
1983	7.15	10607	3514	4002	1378.9	2604
1984	7.89	11461	3770	4347	1460.2	4148
1985	8.72	12490	4107	4679	1322.2	6385
1986	8.94	13069	4495	5220	1395.7	5720
1987	9.28	13414	4973	5628	1672.2	9544
1988	9.8	13705	5452	5943	1740.2	13160
1989	10.54	13764	5848	6159	1802.5	13156
1990	10.8	13831	6212	6635	1879.7	10838
1991	10.87	14099	6775	7100	1979.5	17049

续表

年份	原煤（亿吨）	原油（万吨）	发电量（亿度）	粗钢（万吨）	化肥（万吨）	集成电路（万块）
1992	11.16	14210	7539	8094	2047.9	16099
1993	11.5	14524	8395	8956	1956.3	20101
1994	12.4	14608	9281	9261	2272.8	48462
1995	13.61	15005	10070	9536	2548.1	551686
1996	13.97	15733	10813	10124	2809	388987
1997	13.73	16074	11356	10894	2821	255455
1998	12.5	16100	11670	11559	3010	262577
1999	12.8	16000	12393	12426	3251	415000
2000	12.99	16300	13556	12850	3186	588000
2001	13.81	16396	14808	15163	3383	636288
2002	14.55	16700	16540	18237	3791	963101
2003	17.22	16960	19106	22234	3881.3	1483100
2004	19.92	17587	22033	28291	4804.8	2355100
2005	22.05	18135	25003	35324	5177.9	2699700
2006	23.73	18477	28657	41915	5345.1	3357500
2007	25.26	18632	32816	48929	5825	4116200
2008	27.88	19001	34669	50092	6012.7	4171400
2009	31.15	18948.96	37146.51	57218.23	6385.01	4144000
2010	34.28	20301.4	42071.6	63722.99	6337.86	6525000
2011	37.64	20287.55	47130.19	68528.31	6419.39	7195200
2012	39.45	20747.8	49875.53	72388.22	6832.1	7796100
2013	39.74	20991.85	54316.35	81313.89	7026.18	9034600
2014	38.74	21142.92	57944.6	82230.63	6876.85	10155300

资料来源：国家统计局．新中国六十年统计资料汇编［M］．北京：中国统计出版社，2010.

二是生活资料生产部门的产业规模扩张迅速，生活资料产品产量快速增长，为人民生活水平的快速提高提供了物质基础。计划经济时期人们普遍感觉生活水平提高缓慢，主要是因为重工业化过程中生活资料产品产量增长相对缓慢。由于市场经济时期产业规模变迁是建立在计划经济时期重工业化的基础之上，生活资料产品产量的提高具有了技术条件和物质基础。从表 11 - 2 可以看出，自 1979 年以来，我国生活资料产品产量的增长非常迅速。截至 2014 年，化学纤维产量达 4389.75 万吨，是 1979 年的 134.5 倍，是 1999 年的 7.31 倍；家用洗衣机产量达 7114.4 万台，是 1979 年的 3952.4 倍，是 1999 年的 5.3 倍；

家用电冰箱产量达8796.09万台，是1979年的2766倍，是1999年的7.27倍；彩色电视机产量达14128.9万台，是1979年的14872.5倍，是1999年的3.3倍；房间空气调节器产量达14463.27万台，是1979年的16817.76倍，是1999年的10.8倍。虽然在新世纪以后重工业—轻工业产值比相对于计划经济时期的水平要更高，但是由于一方面新中国成立以来数十年工业化进程已经形成了扎实的工业实力，另一方面市场经济条件下重工业与轻工业之间的关系处理得较为得当。由此可见，在市场经济时期的新型工业化过程中一个非常重要的成绩就是找到了一条重工业与轻工业协调发展的工业化道路。

表 11-2　　1979—2014 年部分生活资料产品产量

年份	化学纤维（万吨）	家用洗衣机（万台）	家用电冰箱（万台）	彩色电视机（万台）	房间空气调节器（万台）
1979	32.63	1.8	3.18	0.95	0.86
1980	45.03	24.5	4.9	3.21	1.32
1981	52.73	128.1	5.56	15.21	1.4
1982	51.7	253.3	9.99	28.81	2.44
1983	54.07	365.9	18.85	53.11	3.45
1984	73.49	578.1	54.74	133.95	6.12
1985	94.78	887.2	144.81	435.28	12.35
1986	101.73	893.4	225.02	414.6	9.65
1987	117.5	990.2	401.34	672.72	13.22
1988	130.12	1046.8	757.63	1037.66	25.91
1989	148.09	825.4	670.79	940.02	37.47
1990	165.42	662.7	463.06	1033.04	24.07
1991	191.03	687.2	469.94	1205.06	63.03
1992	213.04	707.9	485.76	1333.08	158.03
1993	237.37	895.9	596.66	1435.76	346.41
1994	280.33	1094.2	768.12	1689.15	393.42
1995	341.17	948.4	918.54	2057.74	682.56
1996	375.45	1074.7	979.65	2537.6	786.21
1997	471.62	1254.5	1044.43	2711.33	974.01
1998	510	1207.3	1060	3497	1156.87
1999	600.4	1342.2	1210	4262	1337.64
2000	694	1443	1279	3936	1826.67
2001	841.38	1341.6	1351.26	4093.7	2333.64
2002	991.2	1595.8	1598.87	5155	3135.11

续表

年份	化学纤维（万吨）	家用洗衣机（万台）	家用电冰箱（万台）	彩色电视机（万台）	房间空气调节器（万台）
2003	1181. 15	1964. 5	2242. 56	6541. 4	4820. 86
2004	1699. 8	2533. 4	3007. 59	7431. 83	6390. 33
2005	1664. 79	3035. 5	2987. 06	8283. 22	6764. 57
2006	2073. 18	3560. 5	3530. 89	8375. 4	6849. 42
2007	2413. 78	4005. 1	4397. 13	8478. 01	8014. 28
2008	2415	4231. 2	4756. 9	9033. 08	8230. 93
2009	2747. 28	4973. 63	5930. 45	9898. 79	8078. 25
2010	3090	6247. 73	7295. 72	11830. 03	10887. 47
2011	3390. 07	6715. 94	8699. 2	12231. 34	13912. 5
2012	3837. 37	6791. 12	8427	12823. 52	12398. 72
2013	4160. 28	7300. 53	9255. 74	12745. 21	13069. 3
2014	4389. 75	7114. 4	8796. 09	14128. 9	14463. 27

资料来源：国家统计局．新中国六十年统计资料汇编［M］．北京：中国统计出版社，2010.

四、市场经济时期的产业基础设施

与市场经济时期产业规模迅速扩张相伴随的，是产业基础设施的日臻完善。本章对产业基础设施的考察，仍是以交通基础设施建设情况为切入点。交通基础设施建设的成就具体表现在两个方面：

一是现代化交通基础设施进一步完善，为人民生产生活提供了更为便利的交通条件。从表 11－3 可以看出，截至 2014 年，我国铁路营业里程为 11. 18 万公里，是 1979 年的 2. 11 倍，是 1999 年的 1. 66 倍；公路里程为 446. 39 万公里，是 1979 年的约 5. 1 倍，是 1999 年的 3. 3 倍；定期航班航线里程为 4637214 公里，是 1979 年的 28. 98 倍，是 1999 年的 3. 05 倍；管道输油（气）里程为 10. 57 万公里，是 1979 年的 11. 6 倍，是 1999 年的 4. 24 倍。特别是 2000 年以后，随着我国新一轮重工业化浪潮的到来，我国现代化交通基础设施的建设规模在持续扩大，交通基础设施的完善程度明显提高。在可以预见的未来，随着我国新型工业化的进一步推进，我国交通基础设施建设还将保持可观的规模。特别是在铁路建设领域，未来一段时期内以高速铁路网络为主攻方向的铁路基础设施建设还将继续持续下去。

表 11-3　　1979—2014 年我国主要交通基础设施建设情况

年份	铁路营业里程（万公里）	公路里程（万公里）	内河航道里程（万公里）	定期航班航线里程（公里）	管道输油（气）里程（万公里）
1979	5.3	87.58	10.78	160000	0.91
1980	5.33	88.83	10.85	195300	0.87
1981	5.39	89.75	10.87	218200	0.97
1982	5.33	90.7	10.86	232700	1.04
1983	5.46	91.51	10.89	229100	1.08
1984	5.48	92.67	10.93	260200	1.1
1985	5.52	94.24	10.91	277200	1.17
1986	5.58	96.28	10.94	323100	1.3
1987	5.6	98.22	10.98	389100	1.38
1988	5.62	99.96	10.94	373800	1.43
1989	5.7	101.43	10.9	471900	1.51
1990	5.79	102.83	10.92	506762	1.59
1991	5.78	104.11	10.97	559100	1.62
1992	5.81	105.67	10.97	836600	1.59
1993	5.86	108.35	11.02	960800	1.64
1994	5.9	111.78	11.02	1045600	1.68
1995	6.24	115.7	11.06	1129000	1.72
1996	6.49	118.58	11.08	1166500	1.93
1997	6.6	122.64	10.98	1425000	2.04
1998	6.64	127.85	11.03	1505800	2.31
1999	6.74	135.17	11.65	1522200	2.49
2000	6.87	167.98	11.93	1502887	2.47
2001	7.01	169.8	12.15	1553596	2.76
2002	7.19	176.52	12.16	1637700	2.98
2003	7.3	180.98	12.4	1749500	3.26
2004	7.44	187.07	12.33	2049394	3.82
2005	7.54	334.52	12.33	1998501	4.4
2006	7.71	345.7	12.34	2113505	4.81
2007	7.8	358.37	12.35	2342961	5.45
2008	7.97	373.02	12.28	2461840	5.83
2009	8.55	386.08	12.37	2345085	6.91
2010	9.12	400.82	12.42	2765147	7.85
2011	9.32	410.64	12.46	3490571	8.33
2012	9.76	423.75	12.5	3280114	9.16
2013	10.31	435.62	12.59	4106000	9.85
2014	11.18	446.39	12.63	4637214	10.57

资料来源：国家统计局．新中国六十年统计资料汇编［M］．北京：中国统计出版社，2010.

二是传统交通基础设施建设有复苏趋势。以内河运输为例，在 20 世纪 50—60 年代的工业化起步阶段，内河航运曾发挥了重要的作用；但随着工业化的推进和现代化交通基础设施的完善，内河航运的重要性日渐下降，内河航道里程也逐渐萎缩。改革开放之初，随着我国新型工业化道路探索的逐渐深入，内河运输所具有的运量大、成本低、污染少等优点，与新型工业化目标下的集约型经济发展方式要求相符，故内河运输开始呈现出缓慢复苏的发展态势。1979 年我国内河航道里程为 10. 78 万公里，1999 年增长到 11. 65 万公里，2014 年进一步增长到 12. 63 万公里。这显示内河航运等传统交通基础设施在经过现代化改造以后，也能较好地适应新型工业化的发展需要，在未来一段时期内传统交通基础设施的建设和改造将是产业基础设施完善的重要组成部分。

五、市场经济时期的传统产业改造

市场经济时期我国农业机械化和现代化取得了新的进展，主要表现在以下两个方面：

一是农业生产规模进一步扩大，土地以外的农业生产资料投入量持续增加。从表 11 -4 可以看出，一方面，我国农业生产中土地要素投入有所增加，1979 年时农作物播种面积为 148476. 87 千公顷，1999 年增加到 156372. 81 千公顷，2014 年进一步增加到 165446. 25 千公顷。这在一个山地丘陵面积约占国土面积三分之二的国家，是非常难能可贵的成就。另一方面，我国农业生产中其他生产要素的投入也持续增加。我国农业机械总动力由 1979 年的 13379. 46 万千瓦增加到 2014 年的 108056. 58 万千瓦，增长了 8. 07 倍；有效灌溉面积由 1979 年的 45003. 13 千公顷增加到 2014 年的 64539. 53 千公顷，增长了 1. 43 倍；化肥施用量由 1979 年的 1086. 3 万吨增加到 2014 年的 5995. 94 万吨，增长了 5. 52 倍；农村用电量由 1979 年的 282. 7 亿度增加到 2014 年的 8884. 45 亿度，增长了 31. 43 倍。可以观察到的是，与土地要素投入的增长相比，市场经济时期土地以外其他要素的投入增长得更快一些。我国农业经济发展方式由粗放型向集约型的转变取得了显著成就（见表 11 -5）。

表 11－4　1979—2014 年我国农业生产规模与农业生产资料使用情况

年份	农作物播种面积（千公顷）	农业机械总动力（万千瓦）	有效灌溉面积（千公顷）	化肥施用量（万吨）	农村用电量（亿度）
1979	148476. 87	13379. 46	45003. 13	1086. 30	282. 70
1980	146379. 53	14745. 70	44888. 07	1269. 40	320. 80
1981	145157. 07	15680. 10	44573. 80	1334. 90	369. 90
1982	144754. 60	16614. 18	44176. 87	1513. 40	396. 90
1983	143993. 47	18021. 93	44644. 07	1659. 80	435. 20
1984	144221. 33	19497. 19	44453. 00	1739. 80	464. 00
1985	143625. 87	20912. 51	44035. 93	1775. 80	508. 90
1986	144204. 00	22950. 00	44225. 80	1930. 60	586. 70
1987	144956. 53	24836. 00	44403. 00	1999. 30	658. 80
1988	144868. 93	26575. 00	44375. 91	2141. 50	712. 00
1989	146553. 93	28067. 00	44917. 20	2357. 10	790. 50
1990	148362. 27	28707. 70	47403. 07	2590. 30	844. 50
1991	149585. 80	29388. 60	47822. 07	2805. 10	963. 20
1992	149007. 10	30308. 40	48590. 10	2930. 20	1107. 10
1993	147740. 70	31816. 60	48727. 90	3151. 90	1244. 90
1994	148240. 60	33802. 50	48759. 10	3317. 90	1473. 90
1995	149879. 30	36118. 05	49281. 20	3593. 70	1655. 70
1996	152380. 60	38546. 90	50381. 40	3827. 90	1812. 70
1997	153969. 20	42015. 60	51238. 50	3980. 70	1980. 10
1998	155705. 70	45207. 71	52295. 60	4083. 70	2042. 10
1999	156372. 81	48996. 12	53158. 41	4124. 32	2173. 45
2000	156299. 85	52573. 61	53820. 33	4146. 41	2421. 30
2001	155707. 86	55172. 10	54249. 39	4253. 76	2610. 78
2002	154635. 51	57929. 85	54354. 85	4339. 39	2993. 40
2003	152414. 96	60386. 54	54014. 23	4411. 56	3432. 92
2004	153552. 55	64027. 91	54478. 42	4636. 60	3933. 00
2005	155487. 73	68397. 85	55029. 34	4766. 22	4375. 70
2006	152149. 50	72522. 12	55750. 50	4927. 69	4895. 82
2007	153463. 93	76589. 56	56518. 34	5107. 83	5509. 93
2008	156265. 70	82190. 41	58471. 68	5239. 02	5713. 15
2009	158613. 55	87496. 10	59261. 40	5404. 40	6104. 44
2010	160674. 81	92780. 48	60347. 70	5561. 68	6632. 35
2011	162283. 22	97734. 66	61681. 56	5704. 24	7139. 62
2012	163415. 67	102558. 96	62490. 52	5838. 85	7508. 46
2013	164626. 93	103906. 75	63473. 30	5911. 86	8549. 52
2014	165446. 25	108056. 58	64539. 53	5995. 94	8884. 45

资料来源：国家统计局．新中国六十年统计资料汇编［M］. 北京：中国统计出版社，2010.

表 11－5　　1979—2014 年农业生产要素投入比

年份	有效灌溉面积在农作物播种面积中的比重（%）	单位播种面积农业机械总动力（千瓦/千公顷）	单位播种面积化肥使用量（吨/千公顷）	单位播种面积农村用电量（万度/千公顷）
1979	30.31	901.11	73.16	19.04
1980	30.67	1007.36	86.72	21.92
1981	30.71	1080.22	91.96	25.48
1982	30.52	1147.75	104.55	27.42
1983	31.00	1251.58	115.27	30.22
1984	30.82	1351.89	120.63	32.17
1985	30.66	1456.04	123.64	35.43
1986	30.67	1591.50	133.88	40.69
1987	30.63	1713.34	137.92	45.45
1988	30.63	1834.42	147.82	49.15
1989	30.65	1915.13	160.83	53.94
1990	31.95	1934.97	174.59	56.92
1991	31.97	1964.67	187.52	64.39
1992	32.61	2034.02	196.65	74.30
1993	32.98	2153.54	213.34	84.26
1994	32.89	2280.25	223.82	99.43
1995	32.88	2409.81	239.77	110.47
1996	33.06	2529.65	251.21	118.96
1997	33.28	2728.83	258.54	128.60
1998	33.59	2903.41	262.27	131.15
1999	33.99	3133.29	263.75	138.99
2000	34.43	3363.64	265.29	154.91
2001	34.84	3543.31	273.19	167.67
2002	35.15	3746.22	280.62	193.58
2003	35.44	3961.98	289.44	225.23
2004	35.48	4169.77	301.96	256.13
2005	35.39	4398.92	306.53	281.42
2006	36.64	4766.50	323.87	321.78
2007	36.83	4990.72	332.84	359.04
2008	37.42	5259.66	335.26	365.60
2009	37.36	5516.31	340.73	384.86
2010	37.56	5774.43	346.15	412.78
2011	38.01	6022.47	351.50	439.95
2012	38.24	6275.96	357.30	459.47
2013	38.56	6311.65	359.11	519.33
2014	39.01	6531.22	362.41	537.00

资料来源：国家统计局．新中国六十年统计资料汇编［M］．北京：中国统计出版社，2010.

二是农业部门加速实现由粗放型发展方式向集约型发展方式的转变，农业生产资料要素投入比发生显著变化。从表 11 - 5 可见，1979—2014 年我国农业生产中生产要素投入比发生显著变化，农业机械化和现代化水平持续提高。有效灌溉面积在农作物播种面积中的比重由 1979 年的 30.31% 提高到 2014 年的 39.01%，单位播种面积农业机械总动力由 1979 年的 901.11 千瓦/千公顷提高到 2014 年的 6531.22 千瓦/千公顷，单位播种面积化肥施用量由 1979 年的 73.16 吨/千公顷提高到 2014 年的 362.41 吨/千公顷，单位播种面积农村用电量由 1979 年的 19.04 万度/千公顷提高到 2014 年的 537 万度/千公顷。农业生产中生产要素投入比的变化表明土地之外的其他生产要素投入增加成为农业经济持续发展的重要原因，农业部门正在加速实现由粗放型发展方式向集约型发展方式的转变。但从我国 2014 年有效灌溉面积在农作物播种面积中的比重为 39.01% 可以看出，我国农业机械化和现代化水平还有待进一步提高，对传统农业的改造任务依旧相当艰巨。

六、市场经济时期的参与国际分工和国际竞争力

市场经济时期产业变迁的一个重要特征，是参与国际分工程度的提高和国际竞争力的增强。主要体现在以下两个方面：

一方面是我国参与国际分工程度的提高。从图 11 - 4 可以看出，自改革开放以来我国出口商品总额保持了快速增长的态势。1980 年我国出口商品总额为 181.19 亿美元，1999 年达到 1949.31 亿美元，2014 年达到 23422.92 亿美元。在产业开放度持续提高的过程中，我国出口商品结构也有了显著变化。1980 年我国工业制成品出口额为 90.05 亿美元，在出口商品总额中的比重为 49.7%；1999 年工业制成品出口额达到 1749.9 亿美元，在出口商品总额中的比重上升到 89.77%；2014 年工业制成品出口额达到 22296 亿美元，在出口商品总额中的比重上升到 95.19%。可见，市场经济时期我国参与国际分工程度的逐步提高是建立在我国工业化水平不断提高的基础之上的，工业经济对外开放度的提高是我国参与国际分工程度提高的主要动力所在。

另一方面是我国工业国际竞争力的增强。图 11 - 5 可以反映出我国工业国际竞争力的增强，1996 年我国机电产品出口金额为 482.03 亿美元，机电产品进口金额为 613.5 亿美元，在机电产品进出口领域存在约 131.5 亿美元的贸易

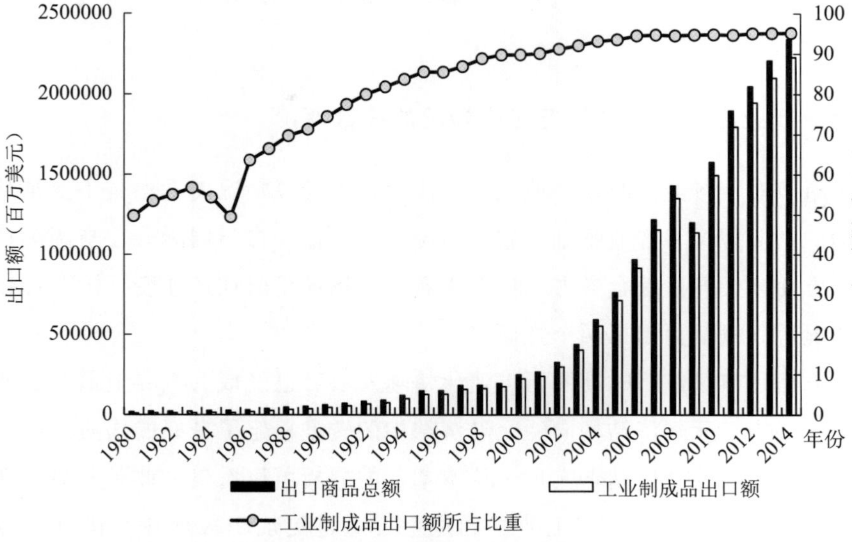

图 11－4　1980—2014 年出口商品总额与工业制成品出口额

资料来源：国家统计局．新中国六十年统计资料汇编［M］．北京：中国统计出版社，2010.

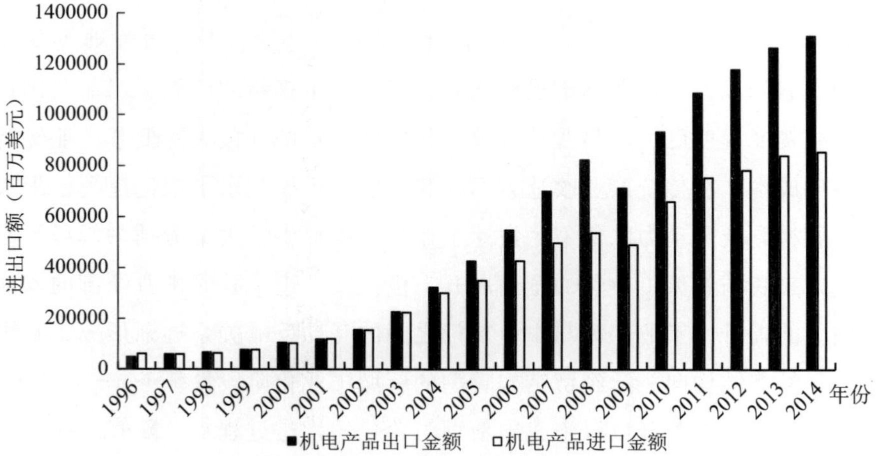

图 11－5　1996—2014 年机电产品进出口情况

资料来源：国家统计局．新中国六十年统计资料汇编［M］．北京：中国统计出版社，2010.

逆差，表明当时中国机电产品的国际竞争力较弱。但到 2014 年时，机电产品领域的贸易情况发生了巨大变化，我国机电产品出口金额为 13107.57 亿美元，机电产品进口金额为 8540.89 亿美元，在机电产品进出口领域存在约 4566.71

亿美元的贸易顺差。从贸易逆差到巨额贸易顺差，可以反映出我国机电产品国际竞争力的迅速提高。

七、产业变迁阶段性任务完成情况的综合评价

本章节对市场经济时期产业变迁阶段性任务完成情况的考察，主要是从产业结构、产业规模、产业基础设施、传统产业改造、参与国际分工与国际竞争力五个方面来展开。综合各方面情况来看，市场经济时期产业变迁阶段性任务完成情况可以概括为以下两个方面：

一方面是市场经济时期我国工业化快速发展，已经成为世界上最重要的工业国之一，为二元经济结构向一元经济结构的转型奠定了良好的物质基础，新型工业化的阶段性目标基本实现。从本章节的分析可以看出，改革开放后我国在计划经济时期形成的扎实工业基础之上，通过更加积极地参与国际产业分工，利用国内、国外两个市场，逐步建立并完善了当前世界上最完整的国民工业体系。从产业规模上看，我国众多工业产品产量位居世界前列，“中国制造”的标签在世界各地都可找到；从产业结构上看，我国第二产业增加值比重长期稳定在35%以上的水平，重工业产值比重持续上升，处于典型的工业化中期发展阶段；从产业基础设施来看，经过三十多年的建设，当前我国产业基础设施发展程度已经不是改革开放之初所能比拟的，极大降低了产业经济活动的各项成本；在传统产业改造方面，我国农业机械化水平快速提高，形成了庞大的农村剩余劳动力队伍，为快速工业化进程提供了大量劳动力。可见，改革开放以来我国新型工业化的全面展开，极大地促进了我国工业经济的发展和综合国力的提升，工业部门与农业部门之间的互动反哺关系逐渐形成，基本完成了二元经济结构向一元经济结构转型的新型工业化阶段性任务。

另一方面是改革开放以来我国新型工业化的推进过程中，随着二元经济结构向一元经济结构转型的加快，粗放型发展方式带来的问题逐渐显现，加快向集约型发展方式转变已经上升为我国工业化进程的新阶段性任务。随着我国二元经济结构向一元经济结构转型的不断加快，我国长期以来实行的粗放型经济发展方式日益成为阻碍工业化进程进一步发展的重要障碍。客观地讲，之所以出现经济发展方式转变略显滞后的问题，一方面是因为我国工业化持续时间相对较短，技术积累不够充分，缺乏实现经济发展方式转变的技术条件；另一方面则是

由于改革开放以来我国工业生产不仅要满足本国人民物质文化需要，还要通过大量出口来满足世界各地人民的物质文化需要，对产业规模的过高要求阻碍了经济发展方式转变。随着近年来城市雾霾等环境问题的出现，人们越来越意识到传统的粗放型经济发展方式已经不能适应我国工业化发展的要求，必须通过技术升级和产业结构调整，加快经济发展方式的转变。可见，我国新型工业化进程并没有因为二元经济结构向一元经济结构转型任务的基本完成就宣告结束，而是将把转变经济发展方式作为当前以及未来一段时期内新型工业化进程的新阶段性任务。

第三节　市场经济时期的制度变迁

一、市场经济时期制度变迁的评价标准

市场经济时期制度变迁维度上的主要阶段性任务，是计划经济向市场经济转变的新型市场化。我国市场经济时期新型市场化之“新”，主要体现在三个方面：第一，我国的市场化并不是由自然经济向市场经济转型，而是由计划经济向市场经济转型；第二，我国的市场化是在二元经济结构长期存在的条件下开始的，二元经济结构向一元经济转型的制度创新是我国市场化制度变迁中不可回避的问题；第三，我国的市场化是在社会主义基本经济制度已经建立的条件下开始的，如何在制度变迁中更好地体现社会主义优越性，是中国特色社会主义市场经济体制改革实践中必须解决好的问题。中国新型市场化的特殊性，决定了我国市场经济时期制度变迁评价标准的选择也有着一定的特殊性。具体来说，我国市场经济时期制度变迁评价标准包含以下几个方面内容：

一是农村劳动力转移方面。农业劳动力向非农产业转移、农村劳动力向城镇转移，是市场经济时期劳动力转移的重要途径。与之相对应的是，“离土不离乡”和“离土又离乡”均是市场经济时期农村劳动力转移的重要形式。为了考察市场经济时期农村劳动力转移的情况，本章仍选取了三个主要指标：城镇化率、非农产业就业人员比重以及乡村第一产业就业人员在乡村就业人员中的比重。非农产业就业人员比重这一指标主要考察农村劳动力转移的整体情况，非农产业就业人员比重提高意味着小农经济范围缩减和生产社会化程度提

高。乡村第一产业就业人员在乡村就业人员中的比重反映了“离土不离乡”的农村劳动力转移形式在农村劳动力转移中的地位。城镇化率则反映通过“离土又离乡”的形式转移出来的农村劳动力及家庭的人员规模。

二是非农就业岗位创造方面。在改革开放中，随着非公有制经济的逐渐发展，公有制经济不再是创造非农就业岗位的唯一形式。同时，随着户籍管理制度和编制管理制度的放松，劳动者可以更自由地选择工作地点和工作行业。劳动者身份的转变，不完全由其从事的具体工作或实际居住的地点所决定。为此，一方面仍选取了职工人数、国有单位职工人数和城镇集体单位职工人数三个指标来考察公有制经济吸纳非农就业的能力和规模，另一方面选取“职工人数—非农产业就业人数比”来衡量非公有制经济创造非农就业岗位的能力和规模。

三是经济对外开放度方面。本书第八章指出，经济对外开放度的评价可以包含两个内容：国民经济的贸易依存度和对外贸易盈余情况。在市场经济体制下，经济对外开放度也是对衡量市场发育程度的重要指标。一国市场发育程度越高，则通过国际市场获取资源和销售产品的能力和意愿也越前列，开展的国际经贸活动也更加密集。市场发育程度较高的工业化国家，贸易依存度往往相对较高，对外贸易盈余情况也相对稳定，外汇储备相对充足。[①] 为此，本章对市场经济时期经济对外开放度的考察，主要选取进出口总额占国内生产总值的比重和外汇储备这两个指标。进出口总额占国内生产总值的比重这一指标可以反映国民经济的贸易依存度，对外贸易盈余情况则可以通过外汇储备这一指标来反映。

四是社会资本积累方面。市场经济时期我国工业化进程并没有结束，而是在计划经济时期取得的工业化基础之上，进一步推进二元经济结构向一元经济结构转型的新型工业化。与我国新型工业化为特征的产业变迁相匹配的是我国以新型市场化为特征的制度变迁。这就意味着为了推进我国新型工业化的发展，市场经济时期的制度变迁中仍要形成与市场经济制度相适应的社会资本积累制度。为此，本章仍选取了居民消费率[②]、居民财富—收入比[③]、

① 本国主权货币执行了世界货币职能的国家，由于本国货币可以直接用于对外贸易结算，故并不需要足量的外汇储备。但中国的人民币长期以来并不是国际结算的主要货币之一，故外汇储备仍是考察中国对外贸易盈余状况的有效指标。

② 计算公式为：居民消费率 = 社会消费品零售总额/国内生产总值

③ 计算公式为：居民财富—收入比 = 城乡居民人民币储蓄余额/国内生产总值

居民消费—储蓄比①三个指标。居民消费率的变化可以反映一段时期内资本积累速度的变化，资本积累速度的提高往往会带来居民消费率的下降；居民财富—收入比可以反映居民储蓄规模与国民收入之间的关系，居民财富—收入比会随着资本积累的持续而趋于上升；居民消费—储蓄比可以反映居民消费规模与储蓄规模之间的关系，居民消费—储蓄比会随着资本积累的持续而趋于下降。

五是货币金融化方面。货币流通和金融活动在资源配置中发挥着越来越重要的作用，是市场化程度不断提高和市场经济体制趋于完善的表现。我国的新型市场化虽有一些不同于西方国家市场化过程的特殊之处，但建立发达的资本要素市场是由市场经济发展的一般规律所决定的，因此，也是我国新型市场化的目标之一。对一个市场经济国家货币金融化的考察，主要分为两个层面：一是考察市场货币流动性的内部结构，主要指标有 M_1/M_0、M_2/M_0 和 M_2/M_1；②二是考察不同层级货币对国民经济提供的支持，主要指标有 M_0/GDP、M_1/GDP 和 M_2/GDP。根据市场经济条件下货币金融化的一般规律，随着货币金融化程度的提高，M_2/M_0 和 M_2/M_1 两个指标的提高速度比 M_1/M_0 更快；M_2/GDP、M_1/GDP 和 M_0/GDP 三个指标的提高速度依次减缓。这就意味着，货币金融化程度越高的国家，广义货币（M_2）的供应量应当保持相对于现金（M_0）和狭义货币（M_1）更快的增长率。

二、市场经济时期的农村劳动力转移

改革开放以来，我国农村劳动力转移的规模之大、速度之快，世所罕见。更难能可贵的是，在我国探索社会主义市场经济体制的改革过程中，农村劳动力转移速度虽有波动，但整体上保持了较为平稳的发展态势。具体来看，主要体现在三个方面：

第一，我国非农产业就业人员比重呈现平稳上升态势，宏观经济形势变化对非农就业人员比重的影响主要体现在对非农产业就业人员比重上升速度的影响，并未改变其上升趋势。如图 11－6 所示，1979 年我国非农产业就业人员比重为 30.2%；1997 年首次突破 50%，达到 50.1%。受亚洲金融危机的影响，

① 计算公式为：居民消费—储蓄比＝社会消费品零售总额/城乡人民币存款余额

② M_0 为流通中现金供应量；M_1 为货币供应量；M_2 为货币和准货币供应量。

我国非农产业就业人员比重的增长过程一度停滞。但随着中国加入世界贸易组织，从2001年起我国非农产业就业人员比重呈现出长达十余年的持续上涨，到2014年我国非农产业就业人员占全国就业人员比重已经达到约70.5%。即便是2008年美国次贷危机的爆发，也没有改变我国非农产业就业人员比重的上升态势，在2008—2014年的7年里我国非农产业就业人员比重增加了10.06%。须指出的是，市场经济时期的30余年里，我国就业人员也一直在较快增长，1979年全国就业人员为41024万人，2014年则增加到了77253万人。由此可见，自从我国进入市场经济时期以来，我国农村劳动力向非农产业转移的规模是前所未有的，越来越多的农村劳动力可以进入劳动力要素市场获取工资性收入。从图11-6还可以观察到的是，我国非农产业就业人员比重的上升态势曾在1988—1991年和1998—2001年两度受到较为严重的冲击，均出现了非农产业就业人员比重小幅下降的暂时困难。但经过1992年邓小平的南方谈话和2001年加入世界贸易组织，我国均是通过加快市场化改革的进程，较为平稳地克服了农村劳动力转移过程中遇到的困难。

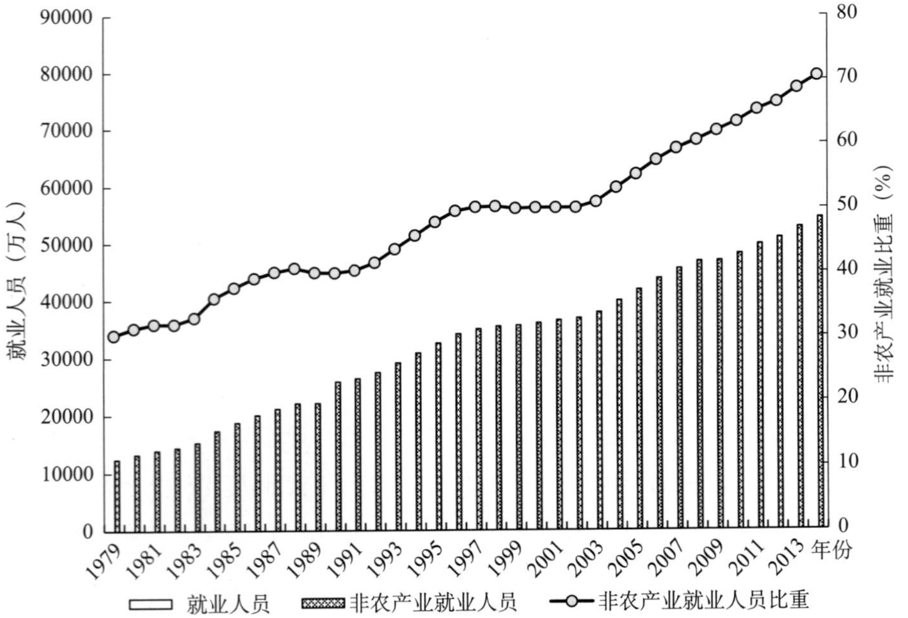

图11-6　1979—2014年我国非农产业就业情况

资料来源：国家统计局．新中国六十年统计资料汇编［M］．北京：中国统计出版社，2010.

第二，从乡村第一产业就业人员占乡村就业人员的比重变化情况来看，“离土不离乡”的形式在农村劳动力转移过程中发挥了重要作用。从图 11－7 可以看出，1979 年我国乡村第一产业就业人员占乡村就业人员的比重为 92.29%，1988 年下降到 80.49%；1989—1991 年乡村第一产业就业人员比重略有上升，但 1992 年后恢复下降趋势，从 1992 年的 80.14% 下降到 1996 年的 17.02%。1997—2002 年期间受亚洲金融危机影响，乡村第一产业就业人员比重再次上升；但 2003 年以后又重回下降趋势，从 2003 年的 74.9% 下降到 2008 年的 64.85%。受 2008 年美国次贷危机造成的全球经济不景气影响，2009 年乡村第一产业就业人员比重一度回升到 67.97%；但随着“四万亿”经济刺激计划的出台，乡村第一产业就业人员比重继续回到下降通道，2014 年下降到 60.06%。从总的发展趋势来看，改革开放以来即便是在农村，也有越来越多的农村劳动力从第一产业中转移出来；伴随着改革开放逐渐兴起的乡镇企业是市场经济时期通过“离土不离乡”的形式加速农村劳动力转移的重要渠道。也可以看到的是，通过乡镇企业实现的“离土不离乡”的农村劳动力转移，是相对不稳定的一种农村劳动力转移形式。由于乡镇企业较多地分布在劳动密集型外贸产品制造业领域，国际经济环境的变化会对乡镇企业吸纳农村劳动力转移的能力产生较大影响。1989—1991 年、1997—2002 年以及 2008 年出现的乡村第一产业就业人员比重回升，均是由于经济发展的外部环境恶化带来的冲击。市场经济时期出现的三次乡村第一产业就业人员比重回升浪潮也表明，我国家庭联产承包责任制下农民较为平均地享有耕地使用权的现实条件，使得一旦“离土不离乡”的农村劳动力转移遇到困难时，可以通过暂时减少农村劳动力向非农产业转移、促使劳动力回归农业生产的方式来缓解困难。从制度变迁形式的积极意义来看，“离土不离乡”的农村劳动力转移形式，在一定程度上避免了因外部环境恶化而导致城镇出现大批失业劳动者的危机，对控制城镇失业率水平起到了作用；但也必须看到，通过在宏观经济形势恶化时使劳动力回归农业生产的方式来抑制危机影响，不可避免地让农村劳动者及其家庭较多地承担了宏观经济形势恶化的代价。

第三，从我国城镇化发展态势来看，与计划经济时期不同的是，我国进入市场经济时期后通过“离土又离乡”形式实现的农村劳动力转移规模可观。从图 11－8 可以看出，自改革开放以来，随着户籍管理制度的日渐放松，我国

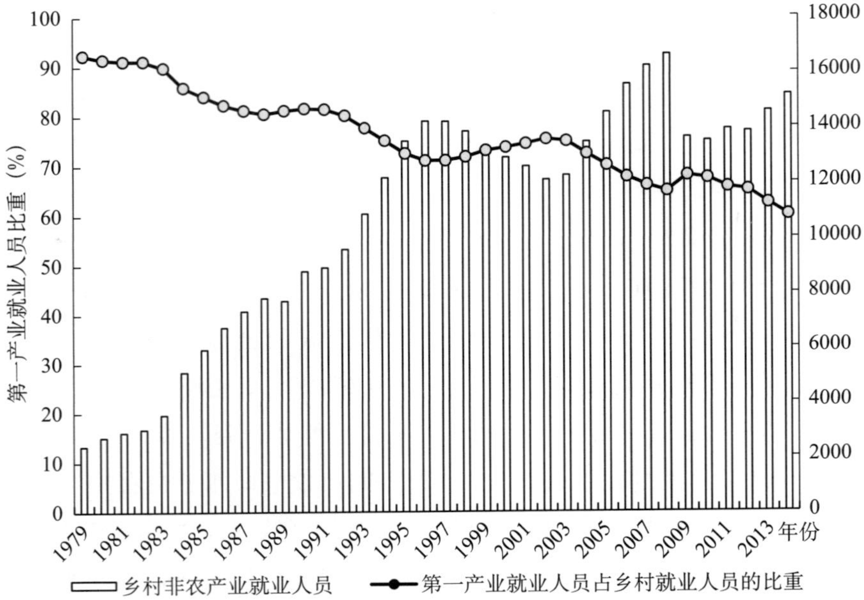

图 11－7　1979—2014 年乡村第一产业就业人员占乡村就业人员的比重变化

资料来源：国家统计局．新中国六十年统计资料汇编［M］．北京：中国统计出版社，2010.

城镇人口无论是绝对规模还是相对规模都处于明显上升趋势。1979 年我国城镇人口为 18495 万人，城镇化率为 18.96%。2001 年加入世界贸易组织前夕我国城镇人口增加到 48064 万人，比 1978 年增加了 259.87%；城镇化率增加到 37.66%，比 1979 年增加了 18.7 个百分点。2014 年我国城镇人口达到 74916 万人，是 1978 年的 4 倍多，是 2001 年的 1.56 倍；城镇化率达到 54.77%，比 1979 年增加 35.81 个百分点，比 2001 年增加 17.11 个百分点。考虑到城镇地区长期实行更为严格的计划生育政策，我国城镇人口的增长在更大程度上是由于农村人口向城镇的转移带来的。在我国现行的户籍管理制度和土地承包制度下，一旦农村人口转变为城镇人口，则这些劳动力及其家庭与土地之间的联系就被切断，通过“离土又离乡”形式转移出来的农村劳动力成为彻底脱离农业生产和农村生活的城镇劳动力，在宏观经济形势恶化的情况下也不会轻易地回归农业生产。“离土又离乡”的农村劳动力转移形式在市场经济时期发挥越来越重要的作用，意味着我国全社会范围内劳动力市场化程度的平稳提高。劳动力要素市场不断扩大且日臻完善，从一个侧面反映出我国经济市场化程度的不断提升。

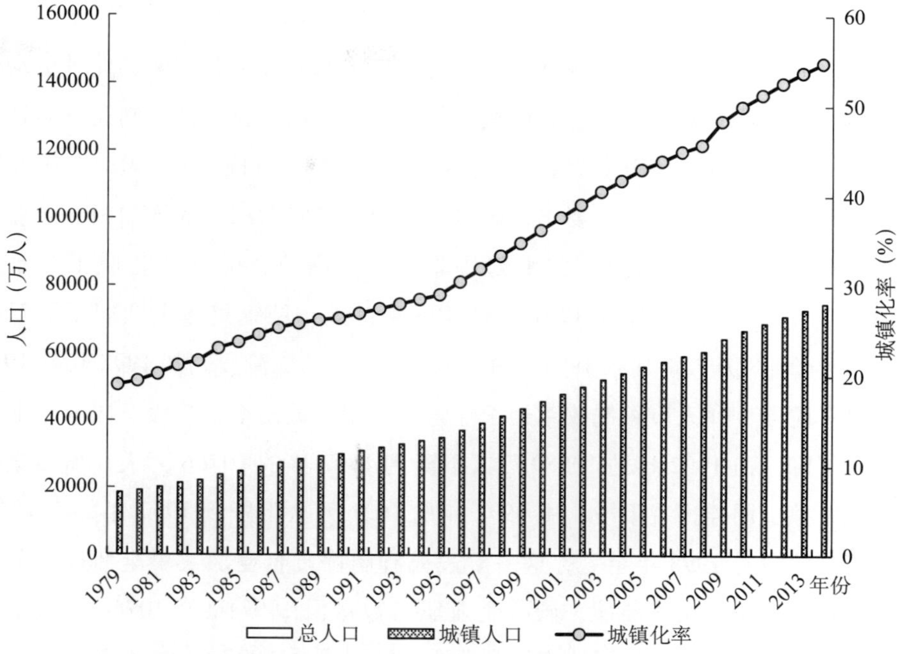

图 11－8 1979—2014 年我国城镇化发展趋势

资料来源：国家统计局．新中国六十年统计资料汇编［M］．北京：中国统计出版社，2010.

总的来看，自改革开放至今的四十多年里，我国劳动力市场化程度不断提高。在过去四十多年里，“离土又离乡”与“离土不离乡”两种农村劳动力转移形式的并存，为我国劳动力要素市场化程度的提高形成了有梯度性的制度安排：既保证了我国劳动力要素市场化程度的不断提高能够满足市场经济时期我国新型工业化不断发展的要求，又能够留有足够的制度空间来缓冲外部经济环境恶化对我国劳动力要素市场化进程的不利冲击。我国非农产业就业人员比重和城镇化率之间的差别则表明，我国劳动力要素市场化还有进一步提高的空间。但要将劳动力要素市场化的发展潜力转变为现实，则要求进一步加快制度创新和体制改革。

三、市场经济时期的非农就业岗位创造

改革开放以来，不断深入的市场化改革逐步改变了我国计划经济时期“一大二公”的所有制结构，逐步形成了以公有制为主体、多种所有制经济共同发展的所有制格局。市场经济时期我国所有制格局的调整，也通过非农就业

岗位的创造体现出来。

一方面，我国公有制经济创造非农就业岗位的方式逐渐改变，促进劳动力要素市场化程度的提高。改革开放至今的四十多年里，我国公有制经济创造非农就业岗位方式的变化可以大致分为三个阶段：第一阶段是从 1979 年到 1991 年，这一阶段公有制经济主要仍是通过与计划经济时期相同的增加国有企业或城镇集体企业职工编制的方式来创造非农就业岗位，国有企业职工数量由 1978 年的 7451 万人增加到 1991 年的 10664 万人，城镇集体企业职工数量由 1978 年的 2048 万人增加到 1991 年的 3628 万人；第二阶段是从 1992 年到 1997 年，这一阶段企业人事编制改革处于探索期，职工编制增长趋缓，国有企业职工数量下降，由 1992 年的 10889 万人下降到 1997 年的 10766 万人，城镇集体企业职工数也同样出现下滑，由 1992 年的 3621 万人下降到 1997 年的 2817 万人；第三阶段是 1998 年至今，这一阶段公有制性质企业加快了全面改革的步伐，企业职工编制快速萎缩，国有企业职工数量由 1997 年的 10766 万人下降到 2008 年的 6126 万人，城镇集体企业职工数量则由 1997 年的 2817 万人下降到 2008 年的 623.37 万人。公有制性质企业越来越普遍地采取在劳动力市场上雇用劳动力的方式来创造非农就业岗位。国有企业和城镇集体企业职工编制数量的下降，也表明我国劳动力要素市场的日趋完善（见图 11－9）。

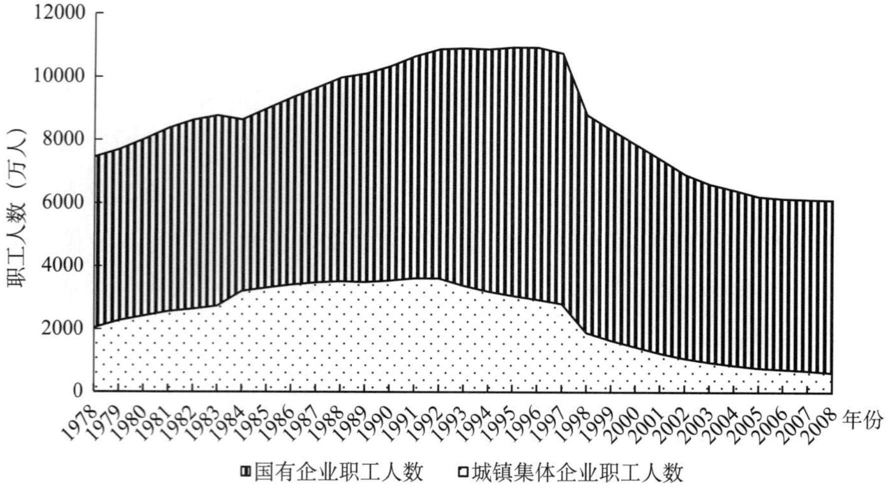

图 11－9　1978—2008 年国有企业和城镇集体企业职工人数

资料来源：国家统计局．新中国六十年统计资料汇编［M］．北京：中国统计出版社，2010.

另一方面，随着非公有制经济的发展壮大，公有制经济不再是创造城镇非农就业岗位的唯一来源。从图 11－10 可见，1978—2008 年的三十年中，我国非农产业就业人员数量持续增加，从 1978 年的 11835 万人增加到 2008 年的 46826 万人；但我国城镇公有制性质单位职工人数增长却远远赶不上非农产业就业人员数量增长，导致我国城镇公有制性质单位职工人数占非农就业人员比重持续下降。1978 年 80.26% 的非农就业人员拥有城镇公有制性质单位职工编制，但到 2008 年这一比重已经下降到 24.59%。这就意味着在 2008 年是大约每四个非农产业就业人员中仅有一人拥有城镇公有制性质单位职工编制，更多的非农产业劳动者是在劳动力市场上以雇佣形式实现就业。市场经济时期的这一显著变化表明，我国劳动力数量的增加不仅仅源自农村劳动力的转移，还有一部分源自计划经济时期形成的企业职工人事编制制度适用范围的逐步萎缩。我国劳动力数量的增加与劳动力要素市场的形成壮大，既是我国市场化改革不断推进的结果，也是我国市场化程度进一步提高的前提。

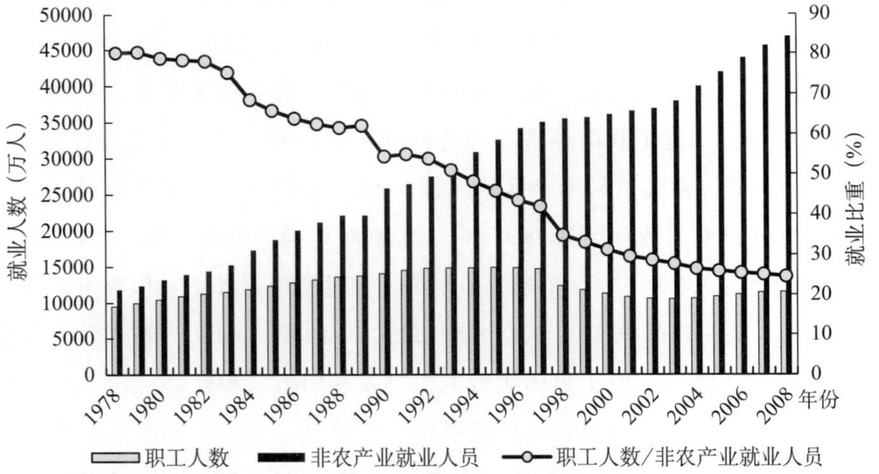

图 11－10　1978—2008 年城镇公有制性质单位职工人数占非农就业人员比重

资料来源：国家统计局．新中国六十年统计资料汇编［M］．北京：中国统计出版社，2010.

总的来看，我国劳动力要素市场的形成和壮大是伴随着我国所有制格局调整而逐渐推进的。如果说农村劳动力转移带来的劳动力数量的增加较为集中地反映了我国新型市场化过程中二元结构向一元结构转型的特征，那么城镇公有制性质单位职工人数比重的下降则更为集中地反映了我国新型市场化过程中计划经济向市场经济转型的特征。而在这个转型过程中，公有制性质单位职工人数的减少并不意味着公有制主体地位的丧失，而是公有制资本与劳动力结合的具体方式发生改变。这又反映了我国新型市场化过程中一直坚持的社会主义性质。

四、市场经济时期的经济对外开放度

随着20世纪70年代的中美关系正常化和20世纪90年代初的苏联解体，计划经济时期我国面临美苏两大超级大国制裁、封锁和围堵的恶劣国际环境逐渐消散。随着改革开放的逐渐深入，我国对外经贸活动也渐趋频繁，经济对外开放度逐渐提高。市场经济时期经济对外开放度的提高，主要表现在以下两个方面。

一方面，我国对外贸易依存度逐渐提高，但受到外部经济环境的影响也出现过明显的波动。如图11－11所示，我国对外贸易依存度由1979年的11.19%上升到1994年的42.28%，增加了31.09个百分点；但1995年起随着我国经济结构调整和亚洲金融危机的爆发，我国对外贸易依存度出现了较为明显的下滑，从1994年的42.28%下滑到1998年的31.81%，下降了10.47个百分点。面对国内外经济形势的变化，我国通过对内加快市场化改革步伐、对外加快入世谈判的策略，加速了我国经济结构的调整，从1999年起我国对外贸易依存度开始回升；但我国对外贸易依存度快速提高是以2001年加入世界贸易组织为契机，2001年对外贸易依存度为38.47%，到2006年则上升到了66.52%，提高了28.05个百分点。2001—2006年是我国市场经济时期中对外贸易依存度上升最快的一段时期，同时也是我国贸易盈余增长最快（见图11－12）、输入性通货膨胀问题最为严重的时期。由于美国次贷危机爆发并引发世界经济危机，外部经济环境迅速恶化，同时我国也主动加快经济结构调整，努力寻求扩大内需，2007年后我国对外贸易依存度出现快速下降的态势，由2007年的64.8%下降到2014年的41.03%，逐渐回落到我国加入世界贸易组织之初的水平。需要指出的是，虽然2007年以后我国出现了对外贸易依存度的下滑，但这并不意味着我国对外贸易规模有所萎缩。2008年我国进出口贸易总额为86910.6亿元人民币，2014年则达到264241.8亿元人民币，进出口贸易总额增加了3.04倍。可见，我国对外经济开放度随着我国市场经济时期改革开放的逐渐深入而相应提高，但随着我国经济规模的扩大和外部经济形势的变化，我国对外贸易依存

度有所下降。这种下降正是我国对外经济开放度扩大和国家经济实力增强的结果和表现。

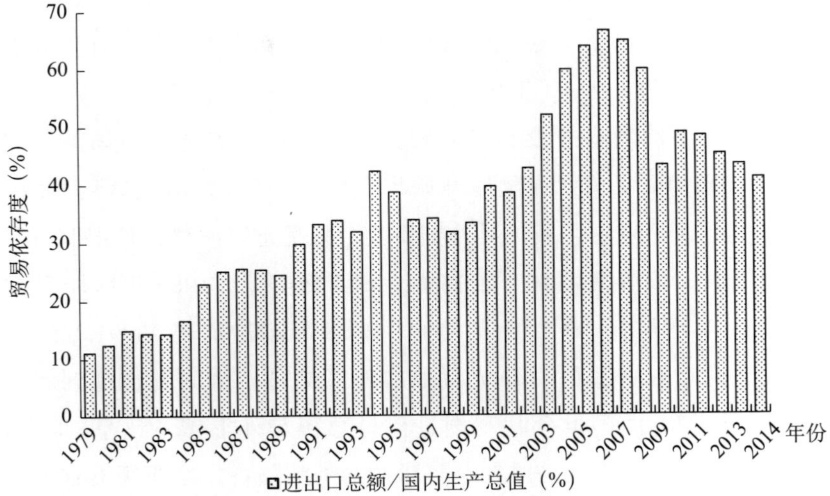

图 11－11　1979—2014 年我国贸易依存度

资料来源：国家统计局．新中国六十年统计资料汇编［M］．北京：中国统计出版社，2010.

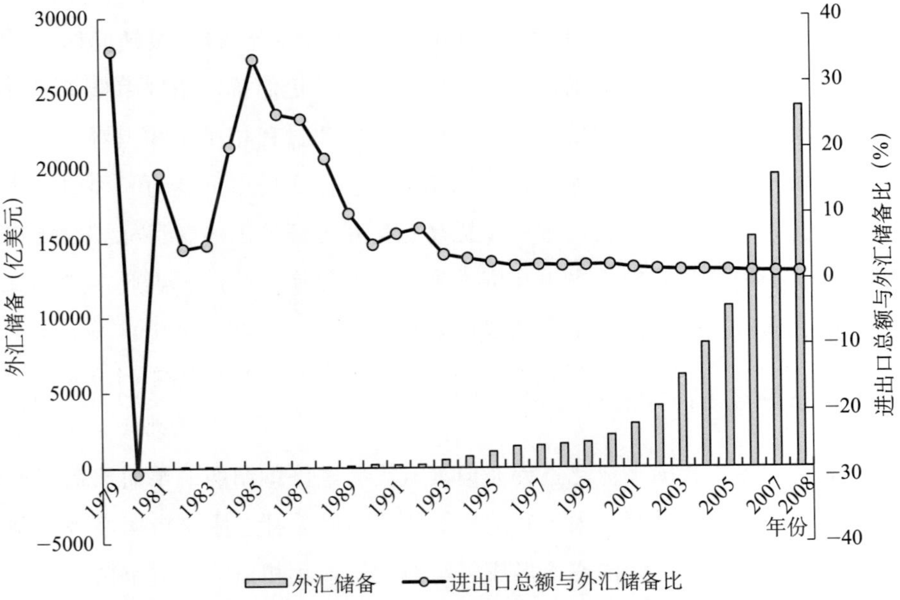

图 11－12　1979—2008 年我国对外贸易盈余情况

资料来源：国家统计局．新中国六十年统计资料汇编［M］．北京：中国统计出版社，2010.

另一方面，随着我国对外贸易盈余状况的持续改善，我国外汇储备规模迅速增长，我国改革开放之初外汇储备短缺问题在20世纪90年代以后彻底解决。虽然20世纪80年代我国逐步加大对外开放的步伐，但我国计划经济时期一直延续的对外贸易盈余不稳定、外汇储备短缺等问题一直没有得到有效解决。从1979年到1988年10年里，我国外汇储备一直没有超过100亿美元，外汇储备规模上下波动，并没有出现较为稳定的增长态势。我国外汇储备在1989年首次突破100亿美元，随后开始出现较为稳定的增长态势，直到2001年加入世界贸易组织之后，我国对外贸易盈余状况迅速改善，外汇储备以惊人的速度快速增长。1979年我国外汇储备为8.4亿美元，1989年增加到110.93亿美元，2001年增加到2864.07亿美元，2008年则增加到23991.52亿美元。随着外汇储备的增长，我国对外贸易中的外汇储备短缺问题也得到解决，从图11-12可见，20世纪80年代我国进出口总额与外汇储备比呈现出剧烈的上下波动，表明我国计划经济时期一直延续的外汇储备短缺问题没有得到有效解决，外汇储备受对外贸易盈余状况的影响极大。进入20世纪90年代以后，我国外汇储备的持续迅速增加使得我国进出口总额与外汇储备比持续下降。1991年我国进出口总额与外汇储备比为6.979：1，到2001年时下降为1.779：1，2008年世界金融危机爆发前下降到1.068：1。随着外汇储备短缺问题的彻底解决，我国经济对外开放中的新问题随之浮出：外汇储备使用效率低下。外汇储备使用效率低下的根本原因在于，人民币国际化进程相对于我国对外贸易规模的扩大而有所迟滞。提高人民币国际化水平，使人民币上升为一种国际结算中常用的世界货币，成为我国进一步提高经济对外开放度的新目标。要实现这一目标，就必须增强我国人民币在资本项目下的兑换自由度，由此在我国制度变迁维度上的对外开放形成了新的改革要求。

五、市场经济时期的社会资本积累

如前文所述，我国工业化进程非但没有因为经济体制的改革而放缓，反倒因为市场化进程的推进而进入了新的发展阶段。随着社会主义市场经济体制的基本建立和逐步完善，我国逐渐形成了与新型工业化相适应、与市场经济体制相配套的社会资本积累机制。一方面，市场机制在资本要素的配置中发挥了越来越重要的作用；另一方面也保留了政府调控资本要素配置的诸多职能。特别是在地方分权为主线的改革过程中，地方政府在获得更多的经济工作决策权的同时，也承担了地方经济发展的众多责任，形成了激励地方政府通过吸引投资来推动地方经济发展的制度激励。市场经济时期社会资本积累绩效，主要体现在以下两个方面：

一方面，市场经济时期我国社会资本积累规模迅速增加，改革开放初期资本要素相对稀缺的状况逐渐改变，甚至局部出现了资本相对过剩的现象。从图 11－13 可见，我国市场经济时期财富与收入比和消费与储蓄比的变化趋势大致可以分为两个阶段：第一阶段是 1979—2001 年居民财富与收入比快速上升与消费与储蓄比快速下降的阶段，居民财富与收入比由 1979 年的 6.916 持续上升到 2001 年的 67.267，居民消费与储蓄比则由 1979 年的 6.4 持续下降到 2001 年的 0.58；第二阶段是 2002—2014 年的财富与收入比增长放缓和消费与储蓄比下降趋慢的阶段，2002 年居民财富与收入比为 72.23，居民消费与储蓄比为 0.55，到 2014 年居民财富与收入比为 75.35，居民消费与储蓄比为 0.56。在第一阶段，居民储蓄水平随着国民收入水平的提高而提高，居民边际储蓄倾向持续上升，社会资本积累的速度较快。但随着国民收入的增长和社会资本的积累，2001 年后的第二阶段中我国居民边际储蓄倾向逐渐趋于稳定，社会资本积累的规模虽然还在持续扩大，但社会资本积累的速度有所放缓。我国生产要素市场逐渐摆脱了资本要素稀缺状况，局部出现了资本要素相对过程的问题。结合本章对市场经济时期新型工业化发展状况的分析也可以看出，在 1979—2001 年的第一阶段中，由于资本要素稀缺状况并没有得到根本改变，我国新积累的资本要素更多地投入劳动密集型的轻工业，我国重工业与轻工业产值比稳中有降；2001 年之后的第二阶段中，由于资本要素稀缺状况已经基本改变，我国新积累的资本要素更多地投入资本密集型的重工业部门，我国重工业与轻工业产值比快速上升，进入新一轮重工业化过程。前后两个阶段社会资本积累状况和重工业发展状况的比较可以看出，随着我国市场化改革的不断推进，传统计划经济时期通过政府计划主导资本要素配置的资源配置方式逐渐退出，取而代之的是通过市场机制依据生产要素稀缺程度配置资本要素的资源配置方式逐步推广。进入 21 世纪初之后逐步加快的重工业化过程也表明，与市场经济体制相配套的社会资本积累机制在促进工业化进程方面的效率值得肯定。

另一方面，尽管市场经济体制下形成的社会资本积累机制促进资本积累和

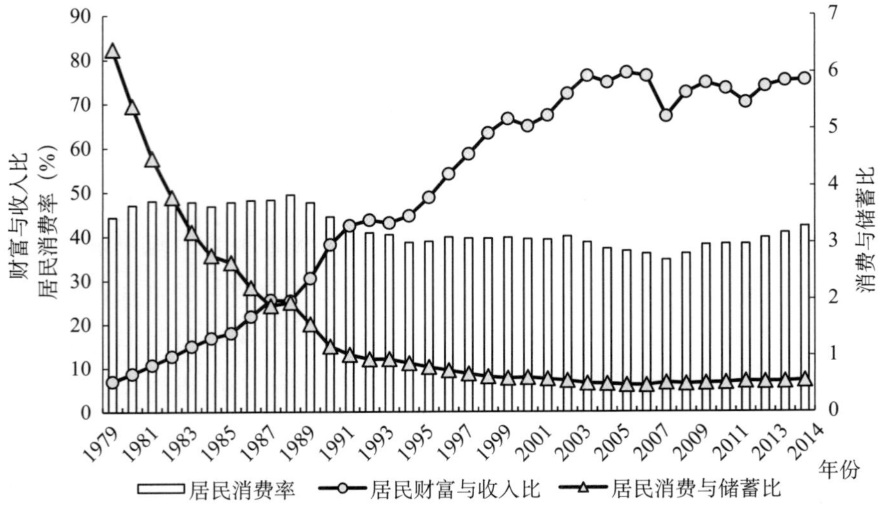

图 11－13　1979—2014 年社会资本积累情况

资料来源：国家统计局．新中国六十年统计资料汇编［M］．北京：中国统计出版社，2010.

工业化进程的效率较高，但相关分配机制的缺失或不足也是导致我国宏观经济面临内需不足问题的制度原因。从图 11－13 可以看出，1979—1991 年间我国居民消费率平均水平为 47.02%，1992—2007 年居民消费率平均水平为 38.71%。这表明随着 1992 年后我国市场化改革的加速，市场经济体制下形成的社会资本积累机制促进了社会资本积累速度的加快；但由于相关分配机制的缺失或不足，我国居民消费率出现了较为明显的持续下滑，导致我国宏观经济面临内需不足问题。回顾我国对外贸易依存度的变化趋势就可以发现，1992 年市场化改革的加速推动了我国对外贸易依存度的增长，我国形成了“国际市场需求扩大—国内资本积累—国内轻工业产值增长—国内重工业化加快—国内制造业产能扩张—对外贸易盈余提高—外汇储备积累”的经济增长循环累进过程。社会资本积累带来的产能增长很大程度上被用于满足国际市场需求的扩大，对国内居民消费水平的提高所起的拉动作用相对较小。但随着 2008 年世界金融危机的蔓延，外部经济环境的恶化使得我国依赖国际市场的经济增长循环累进过程难以持续下去，不得不更多地依靠居民消费水平的提高来解决我国制造业产能过剩问题。2008 年我国居民消费率开始缓慢上升，2008 年居民消费率为 36.08%，到 2014 年增长到 42.22%。在继续保证市场经济体制下社会资本积累机制正常运转的条件下，要进一步提高居民消费率，就必须加快相关分配机制的建立健全，由此在下一阶段为我国制度变迁维度上的深化改革提供了目标和方向。

六、市场经济时期的货币金融化

计划经济时期由于资源配置和产品调配在较大范围内是在政府计划的基础之上进行的，货币主要充当的是产品流通中价值尺度职能。在很多计划调拨的领域，货币职能基本取消。随着市场经济时期改革步伐的加快，特别是20世纪90年代以后“凭票供应”的产品计划调拨方式基本取消，在商品流通和资源配置中货币职能变得越来越重要。特别是随着我国产权制度改革的深入和产权交易活动的渐趋频繁，对货币的需求也快速增长，我国经济活动中的货币金融化趋势较为明显。这种货币金融化趋势从一个侧面也反映出我国市场发育程度的提高和市场经济体制的完善。我国市场经济时期货币金融化发展趋势，可以从两个方面得到观察和确认：

一方面，从货币供应量与国内生产总值之间的关系可以看出，我国货币金融化程度在20世纪90年代以后开始大幅提高。从图11-14可以观察到，我国货币金融化程度提高的过程可以划分为三个阶段：第一阶段是1978—1991年，货币金融化主要表现为现金供应量（M_0）相对于国内生产总值的增长，M_0/GDP由1978年的5.81%上升到1991年的14.59%；第二阶段是1992—2010年，货币金融化主要表现为货币供应量（M_1）相对于国内生产总值的增长，M_1/GDP由1992年的43.57%上升到2010年的64.55%，这一阶段中M_2/GDP与M_1/GDP均保持上升趋势，M_2/GDP由1992年的94.35%提高到2010年的175.73%，但M_0/GDP在达到峰值之后趋于减少；第三阶段是2011年至今，货币金融化主要表现为货币与准货币供应量（M_2）相对于国内生产总值的增长，M_2/GDP由2011年的174.04%上升到2014年的190.75%，这一阶段中M_1/GDP和M_0/GDP都出现了持续下降的趋势。由货币金融化的三个阶段可以看出，随着我国市场化改革的不断深入和国民经济的不断发展，货币供应量及货币流动性的提供方式也随着货币需求的扩张而改变。在1992年以前的货币供应量扩张仍很大程度上延续了计划经济时期货币职能的界定，货币流动性的提供方式以现金为主，经济货币化水平有所提高但程度有限；随着1992年以后市场化改革的加快，不仅货币供应量继续扩张，而且货币流动性的提供方式开始逐渐转向以信用为主，货币金融化水平明显提高；到 2010 年以后，社会主义市场经济体制的逐步完善使得不仅货币供应量继续扩张，而且货币流动性的提供方式完全以信用为主，货币金融化程度再上新水平。

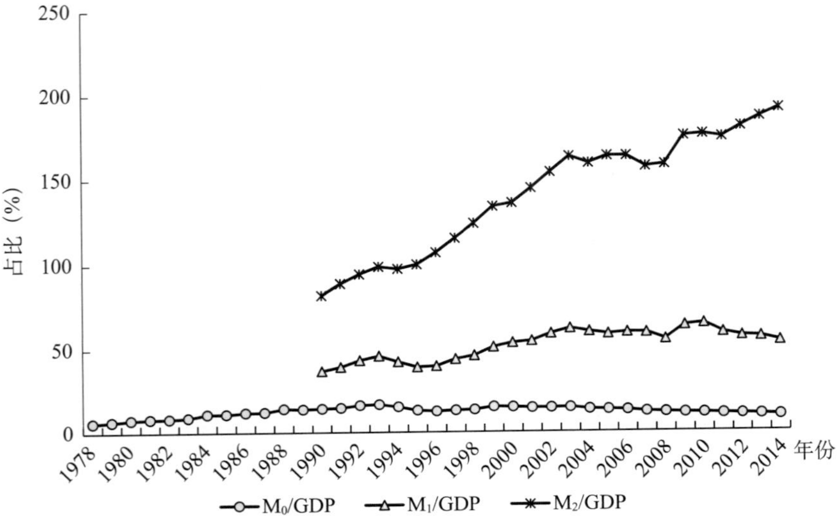

图 11－14　1978—2014 年我国货币供应量占国内生产总值的比例

资料来源：国家统计局．新中国六十年统计资料汇编［M］．北京：中国统计出版社，2010.

另一方面，从货币供应量的内部结构来看，我国货币金融化过程大致可以划分为两个阶段。从图 11－15 可见，1990—2010 年可以划分为我国货币金融化的第一阶段，主要特征是经济货币化程度的不断提高，这一阶段中尽管 M_1/M_0 和 M_2/M_0 增长较快但 M_2/M_1 的增长相对缓慢；2011 年以后可以划分为我国货币金融化的第二阶段，主要阶段特征是经济金融化程度的提高，这一阶段中 M_1/M_0 和 M_2/M_0 继续保持较快增长但 M_2/M_1 也开始加速增长。显然，随着市场化改革的不断推进，经济货币化已经不再满足市场流动性的需要，经济金融化日渐成为市场流动性扩张的主要方式。但货币流动性提供方式的改变所隐藏的一个深刻变化，就是金融资本在我国市场经济条件下的资源配置过程中将发挥越来越大的作用，实体经济与虚拟经济之间的关系将逐渐调整。在货币权力向金融权力的转变过程中，意味着只要控制金融资本就能够控制以市场机制为基础的资源配置过程，市场机制为基础的资源配置结果是否能够促进实体经济的发展进而促进国民经济的健康发展和国民收入的稳步提高，主要取决于是否能够形成对金融资本的有效制度激励。这也为未来一个阶段内制度变迁维度上的深化改革提出了新的要求。

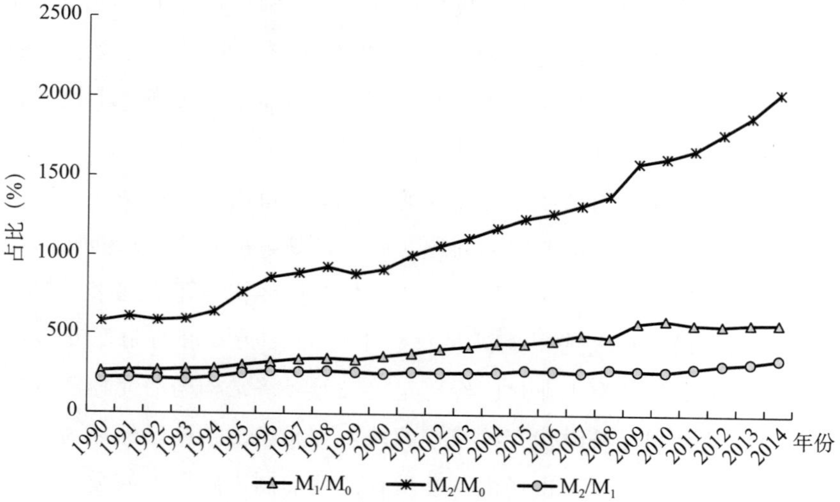

图 11－15　1990—2014 年我国货币供应内部结构变化

资料来源：国家统计局．新中国六十年统计资料汇编［M］．北京：中国统计出版社，2010.

七、制度变迁阶段性任务完成情况的综合评价

本部分主要从农村劳动力转移、非农就业岗位创造、经济对外开放度、社会资本积累和货币金融化五个方面对市场经济时期制度变迁阶段性任务完成情况进行考察。综合来看，改革开放至今我国制度变迁维度上阶段性任务的完成情况，可以概括为以下两个方面：

一方面，从计划经济体制向市场经济体制的转型过程基本完成，以新型市场化为主要特征的制度变迁顺利推进。从本章前面的分析可以看出，无论是在农村劳动力转移方面，还是在非农就业岗位创造方面，改革开放以后劳动力就业渠道不断拓宽，劳动力由农业转向非农产业的速度不断加快。与此过程相伴随的，一方面是农村劳动力脱离农业生产组织，成为产业工人；另一方面是城镇劳动力脱离国有或集体单位，成为市场上自由流动的劳动者。劳动力要素市场的形成和壮大，促进了改革开放以后由计划经济体制向市场经济体制转型的

新型市场化过程。从经济对外开放度来看，改革开放以后我国逐渐融入世界市场和国际产业分工格局，在经济体制上与西方国家的差距日渐缩小。从社会资本积累和货币金融化方面来看，随着改革开放的深入，市场机制在社会资本积累中发挥着越来越大的作用，货币权力通过市场机制对资源配置过程所起的影响越来越大。总的来看，经过了改革开放以来近四十年的制度变迁与制度创新，中国特色社会主义市场经济体制的改革目标已经基本实现，市场机制在资源配置中越来越发挥着难以替代的基础性作用。

另一方面，当前我国已经建立起来的社会主义市场经济体制并不完善，制度变迁与产业变迁存在局部冲突的问题，亟须得到解决。从本章前面的分析也可以看到，中国特色社会主义市场经济体制虽然已经初步建立起来，但是我国经济管理体制中仍存在一些不能满足社会生产力发展要求的制度安排需要改革。比如，当前我国新型工业化已经奠定了二元经济结构向一元经济结构转型的物质基础，从计划经济时代存续至今的城乡二元经济结构已经成为阻碍城乡间劳动力自由流动和劳动力市场进一步发育成熟的制度障碍。制度变迁与产业变迁之间的局部冲突表明，新型市场化过程中逐步建立起来的只是社会主义市场经济体制的制度框架，但在整个制度框架之内，还有一些受计划经济体制影响的制度安排并没有及时地响应制度框架的变化，导致整个制度框架内制度安排之间的冲突，影响了整个制度框架的执行效率。制度变迁相对于产业变迁的滞后，正是制度变迁与产业变迁出现局部冲突问题的根源所在。而制度变迁与产业变迁存在的局部冲突关系也是当前我国全面深化经济体制改革的动力所在。可以预见的是，未来一段时期内，在制度变迁维度上，以完善社会主义市场经济体制，增强国家治理能力为主题的新型市场化改革还将继续深入。

第四节　市场经济时期的发展理念变迁

一、市场经济时期发展理念变迁的评价标准

在对计划经济时期以探索中国发展道路为目标的发展理念现代化的经验与教训进行总结的基础上，我国在改革开放的历史进程中不断探索并初步形成了

有中国特色的社会主义市场经济理论体系，找到了一条适合中国国情的发展道路，“北京共识”在世界范围内得到了广泛的认可。我国在改革开放伟大实践中取得的发展理念现代化成果，并不意味着我国发展理念现代化任务的完成。事实上，随着我国新型工业化和新型市场化的推进，新问题、新矛盾也层出不穷。我国长期以来过度依赖的粗放型经济发展方式给我国经济、生态和社会的全面协调可持续发展带来了严峻挑战。加快由粗放型经济发展方式向集约型经济发展方式的转变，成为市场经济时期我国发展理念现代化的阶段性任务。为此，我国需要确立相应的标准来对市场经济时期我国发展理念现代化阶段性任务的完成情况进行评价。具体来说，主要包括三个方面内容：

一是考察我国发展理念现代化对新型工业化进程是否发挥了促进作用。如前文所述，实现二元经济结构向一元经济结构的转型是市场经济时期我国新型工业化的核心任务。作为世界上最大的发展中国家，要完成二元经济结构向一元经济结构的转型就必须推动数亿农村劳动力向非农产业、向城镇地区转移。在二元经济结构向一元经济结构的转型中，经济活动对于环境和社会的影响速度之快、强度之深，是前所未有的。稍有不慎，就会导致经济发展、环境保护和社会关系的扭曲，致使我国经济发展陷入不可持续的困境，这就要求必须以新的发展理念来指引我国新型工业化过程。对市场经济时期发展理念现代化的考察主要集中在：粗放发展向集约发展转变的发展理念现代化是否为我国新型工业化指明了发展方向，从而对新型工业化进程起到促进作用。

二是考察我国发展理念现代化对新型市场化进程是否发挥了促进作用。我国自改革开放以来的市场化进程，是在社会主义基本经济制度下实现由计划经济体制向市场经济体制的转变。这与西方国家历史上延续数百年的市场化进程有着本质的区别，西方国家的市场化进程是在资本主义制度形成与发展过程中逐步实现由封建自然经济向市场经济转变。这就决定了我国新型市场化进程中不能照搬西方国家在市场化进程中形成的经济发展理念，必须从中国的文化传统和现实国情出发，探索最适合我国新型市场化要求的现代化发展理念。因此，对市场经济时期发展理念现代化的评价，还必须将焦点集中在考察新经济发展理念的提出是否加快了制度变迁的步伐，是否对新型市场化进程起到了促进作用。

三是对我国改革开放至今发展理念现代化过程中的经验加以总结，考察市场经济时期形成的发展理念是否能对未来一段时期内发展理念的演变起到促进作用。在改革开放之初的很长一段时期内，更多地强调的是“摸着石头过河”，对于改革开放过程中新提出的发展理念并未进行全面总结。随着中国特色社会主义经济体制的建立和完善，对改革开放以来各种实践探索中形成的发展理念加以总结，为我国经济发展提供指导，已经成为一项不能再延误的工作。

二、市场经济时期发展理念变迁的基本过程

我国市场经济时期经济发展理念变迁大致可以划分为四个阶段：

（1）市场化改革方向探索阶段（1978 年 12 月—1992 年春）。1978 年 12 月召开的中国共产党第十一届三中全会标志着我国经济发展理念变迁路径上出现重大转折。党的十一届三中全会明确将工作重心转移到社会主义现代化建设上来，[①] 彻底完成了党的工作中心转变。这次会议还指出，当时“我国经济管理体制的一个严重缺点是权力过于集中，应该有领导地大胆下放，让地方和工农业企业在国家统一计划的指导下有更多的经营管理自主权；应该着手大力精简各级经济行政机构，把它们的大部分职权转交给企业性的专业公司或联合公司；应该坚决实行按经济规律办事，重视价值规律的作用，注意把思想政治工作和经济手段结合起来，充分调动干部和劳动者的生产积极性”。在 1982 年 9 月召开的中共十二大上，明确提出了“把马克思主义的普遍真理同我国的具体实际结合起来，走自己的道路，建设有中国特色的社会主义”，[②] 并强调了“正确贯彻计划经济为主、市场调节为辅的原则，是经济体制改革中的一个根本性问题”。[③] 从经济发展理念变迁的角度来看，党的十二大后已经开始探索市场化改革的可行性问题，但仍坚持以计划经济体制作为经济管理体制的核心制度要件。1984 年 10 月在党的十二届三中全会上通过的《中共中央关于经济

① 中国共产党第十一届中央委员会第三次全体会议公报［DB/OL］. 人民网—中国共产党新闻—资料中心 . http：//cpc. people. com. cn/GB/64162/64168/64563/65371/4441902. html.

② 邓小平文选（第三卷）［M］. 北京：人民出版社，1993：2－3.

③ 全面开创社会主义现代化建设的新局面——在中国共产党第十二次全国代表大会上的报告［DB/OL］. 人民网—中国共产党新闻—资料中心 . http：//cpc. people. com. cn/GB/64162/64168/64565/65448/4526430. html.

体制改革的决定》中提出，“社会主义计划经济必须自觉依据和运用价值规律，是在公有制基础上的有计划的商品经济”。[①]《中共中央关于经济体制改革的决定》的出台标志着在经济发展理念变迁中迈出了重要一步，市场化改革方向已经逐渐清晰。1987 年 10 月，党的十三大系统论述了我国社会主义初级阶段理论，指出我国所处的社会主义初级阶段是特指我国在生产力落后、商品经济不发达条件下建设社会主义必然要经历的特定阶段；我国社会主义初级阶段的基本路线是“领导和团结全国各族人民，以经济建设为中心，坚持四项基本原则，坚持改革开放，自力更生，艰苦创业，为把我国建设成为富强、民主、文明的社会主义现代化国家而奋斗”。[②] 党的十三大在继续坚持有计划商品经济理论的基础上，进一步提出“社会主义初级阶段的所有制结构应以公有制为主体”，“在不同的经济领域，不同的地区，各种所有制经济所占的比重应当允许有所不同”，“私营经济一定程度的发展，有利于促进生产，活跃市场，扩大就业，更好地满足人民多方面的生活需求，是公有制经济必要的和有益的补充”。[③] 这标志着市场化改革的思路与方向已经基本明确，党中央已经认识到所有制结构的调整是推进经济体制改革的突破口。

（2）市场化改革攻坚突破阶段（1992 年春—2002 年 10 月）。1992 年春邓小平在南方谈话中指出：“社会主义基本制度确立以后，还要从根本上改变束缚生产力发展的经济体制，建立起充满生机和活力的社会主义经济体制，促进生产力的发展，这是改革，所以改革也是解放生产力”。[④]“改革也是解放生产力”观点的提出，标志着在经济发展理念层面上已经清楚认识到了技术变迁与制度变迁的相互关系，明确了市场化改革的最终目的是促进生产力发展。1992 年 10 月召开的党的十四大系统论述了社会主义市场经济理论，指出“我国经济体制改革的目标是建立社会主义市场经济体制”，“要使市场在社会主

① 中共中央关于经济体制改革的决定［DB/OL］. 人民网—中国共产党新闻—资料中心 . http：//cpc. people. com. cn/GB/64162/64168/64565/65378/4429522. html.

② 沿着有中国特色的社会主义道路前进——在中国共产党第十三次全国代表大会上的报告［DB/OL］. 人民网—中国共产党新闻—资料中心 . http：//cpc. people. com. cn/GB/64162/64168/64566/65447/4526368. html.

③ 沿着有中国特色的社会主义道路前进——在中国共产党第十三次全国代表大会上的报告［DB/OL］. 人民网—中国共产党新闻—资料中心 . http：//cpc. people. com. cn/GB/64162/64168/64566/65447/4526368. html.

④ 邓小平文选（第三卷）［M］. 北京：人民出版社，1993：370.

义国家宏观调控下对资源配置起基础性作用，使经济活动遵循价值规律的要求，适应供求关系的变化”；“在所有制结构上，以公有制包括全民所有制和集体所有制经济为主体，个体经济、私营经济、外资经济为补充，多种经济成分长期共同发展”；“在分配制度上，以按劳分配为主体，其他分配方式为补充，兼顾效率与公平”。[①] 从“有计划的商品经济”到“社会主义市场经济体制”，我国市场化改革的方向和目标已经非常明确，市场化改革进入攻坚突破阶段。党的十四大还指出，社会主义市场经济体制建立过程中的重要环节是“转换国有企业特别是大中型企业的经营机制”、“加快市场体系的培育”、“深化分配制度和社会保障制度的改革” 和 “加快政府职能的转变”。[②] 1997 年 9 月党的十五大提出了社会主义初级阶段的基本纲领，指出“建设有中国特色社会主义的经济，就是在社会主义条件下发展市场经济，不断解放和发展生产力。这就要坚持和完善社会主义公有制为主体、多种所有制经济共同发展的基本经济制度；坚持和完善社会主义市场经济体制，使市场在国家宏观调控下对资源配置起基础性作用；坚持和完善按劳分配为主体的多种分配方式，允许一部分地区一部分人先富起来，带动和帮助后富，逐步走向共同富裕；坚持和完善对外开放，积极参与国际经济合作和竞争”。[③] 这标志着市场化改革的思路和方向得到进一步深化。党的十五大还提出，“要坚持社会主义市场经济的改革方向，使改革在一些重大方面取得新的突破，并在优化经济结构、发展科学技术和提高对外开放水平等方面取得重大进展，真正走出一条速度较快、效益较好、整体素质不断提高的经济协调发展的路子”，[④] 即积极推进经济体制和经济增长方式的根本转变。这意味着在这一阶段的经济发展理念变迁过程中，

① 加快改革开放和现代化建设步伐 夺取有中国特色社会主义事业的更大胜利——在中国共产党第十四次全国代表大会上的报告［DB/OL］. 人民网—中国共产党新闻—资料中心 . http：//cpc. people. com. cn/GB/64162/64168/64567/65446/4526311. html.

② 中共中央文献研究室 . 中国共产党第十四次全国代表大会文件汇编［M］. 北京：人民出版社，1992：24.

③ 高举邓小平理论伟大旗帜，把建设有中国特色社会主义事业全面推向二十一世纪——在中国共产党第十五次全国代表大会上的报告［DB/OL］. 人民网—中国共产党新闻—资料中心 . http：//cpc. people. com. cn/GB/64162/64168/64568/65445/4526287. html.

④ 高举邓小平理论伟大旗帜，把建设有中国特色社会主义事业全面推向二十一世纪（中国共产党第十五次全国代表大会上的报告）［DB/OL］. 人民网—中国共产党新闻—资料中心 . http：//cpc. people. com. cn/GB/64162/64168/64568/65445/4526287. html.

对以工业化为主的技术变迁和以市场化为主的制度变迁之间的关系又有了新的认识，可持续发展战略的提出标志着我国经济发展理念变迁过程中对经济转型主要任务的认识更加丰富全面。

（3）市场化改革巩固发展阶段（2002 年 10 月—2012 年 11 月）。2002 年 10 月党的十六大召开，提出“要在本世纪头二十年，集中力量，全面建设惠及十几亿人口的更高水平的小康社会，使经济更加发展、民主更加健全、科教更加进步、文化更加繁荣、社会更加和谐、人民生活更加殷实”。① 为全面建设小康社会，党的十六大也指出“实现工业化仍然是我国现代化进程中艰巨的历史性任务。信息化是我国加快实现工业化和现代化的必然选择。坚持以信息化带动工业化，以工业化促进信息化，走出一条科技含量高、经济效益好、资源消耗低、环境污染少、人力资源优势得到充分发挥的新型工业化路子”，② 明确了进入新世纪后技术变迁的主要方向。在此基础之上，2003 年 10 月党的十六届三中全会通过《中共中央关于完善社会主义市场经济体制若干问题的决定》，指出当时我国经济发展存在经济结构不合理、分配关系尚未理顺、农民收入增长缓慢、就业矛盾突出、资源环境压力加大、经济整体竞争力不强等问题，要求“按照统筹城乡发展、统筹区域发展、统筹经济社会发展、统筹人与自然和谐发展、统筹国内发展和对外开放的要求，更大程度地发挥市场在资源配置中的基础性作用，增强企业活力和竞争力，健全国家宏观调控，完善政府社会管理和公共服务职能，为全面建设小康社会提供强有力的体制保障”，③ 进一步明确了通过巩固市场化改革成果来加快经济体制和经济增长方式转变的制度变迁方向。从经济发展理念变迁的视角来看，在进一步巩固市场化改革的基础之上，经济发展理念正朝着越来越重视实现可持续发展的方向演进。2007 年 10 月党的十七大报告提出“科学发展观，第一要义是发展，核心

① 全面建设小康社会，开创中国特色社会主义事业新局面——在中国共产党第十六次全国代表大会上的报告［DB/OL］. 人民网—中国共产党新闻—资料中心 . http：//cpc. people. com. cn/GB/64162/64168/64569/65444/4429121. html.

② 全面建设小康社会，开创中国特色社会主义事业新局面——中国共产党第十六次全国代表大会上的报告）［DB/OL］. 人民网—中国共产党新闻—资料中心 . http：//cpc. people. com. cn/GB/64162/64168/64569/65444/4429121. html.

③ 中共中央关于完善社会主义市场经济体制若干问题的决定［DB/OL］. 人民网—中国共产党新闻—资料中心 . http：//cpc. people. com. cn/GB/64162/64168/64569/65411/4429165. html.

是以人为本，基本要求是全面协调可持续，根本方法是统筹兼顾”，[①] 为深入贯彻科学发展观，党的十七大报告提出要坚持“一个中心，两个基本点”的基本路线，积极构建社会主义和谐社会，继续深化改革开放，切实加强和改进党的领导。科学发展观的提出，意味着经过改革开放以来数十年的实践探索，越来越认识到技术变迁、制度变迁和发展理念变迁之间的相互关系，已经在思想认识层面上将新型工业化、新型市场化和可持续发展统筹起来。

（4）市场化改革全面深化阶段（2012 年 11 月至今）。2012 年 11 月党的十八大在全面总结中国特色社会主义道路理论的基础之上，提出“要准确判断重要战略机遇期内涵和条件的变化，全面把握机遇，沉着应对挑战，赢得主动，赢得优势，赢得未来，确保到 2020 年实现全面建成小康社会宏伟目标”。[②] 党的十八大还提出了全面深化经济体制改革的目标，强调“经济体制改革的核心问题是处理好政府和市场的关系，必须更加尊重市场规律，更好发挥政府作用”。[③] 同时，为加快经济发展方式转变，党的十八大还提出要实施创新驱动发展战略、推进经济结构战略性调整、推动城乡发展一体化、全面提高开放型发展水平。为贯彻党的十八大提出的全面深化经济体制改革目标，2013 年 11 月党的十八届三中全会通过了《中共中央关于全面深化改革若干重大问题的决定》，指出“全面深化改革的总目标是完善和发展中国特色社会主义制度，推进国家治理体系和治理能力现代化”。[④] 在坚持和完善基本经济制度方面，提出“必须毫不动摇巩固和发展公有制经济，坚持公有制主体地位，发挥国有经济主导作用，不断增强国有经济活力、控制力、影响力。必须毫不动摇鼓励、支持、引导非公有制经济发展，激发非公有制经济活力和创造

① 高举中国特色社会主义伟大旗帜 为夺取全面建设小康社会新胜利而奋斗——在中国共产党第十七次全国代表大会上的报告［DB/OL］. 人民网—中国共产党新闻—资料中心 . http：//cpc. people. com. cn/GB/64162/64168/106155/106156/6430009. html.

② 坚定不移沿着中国特色社会主义道路前进 为全面建成小康社会而奋斗——在中国共产党第十八次全国代表大会上的报告［N/OL］. 新华网 . http：//www. xj. xinhuanet. com/2012 - 11/19/c_113722546_ 4. htm.

③ 坚定不移沿着中国特色社会主义道路前进 为全面建成小康社会而奋斗——在中国共产党第十八次全国代表大会上的报告［N/OL］. 新华网 . http：//www. xj. xinhuanet. com/2012 - 11/19/c_113722546_ 4. htm.

④ 中共中央关于全面深化改革若干重大问题的决定［N/OL］. 人民网—中国共产党新闻. http：//cpc. people. com. cn/n/2013/1115/c64094 - 23559163. html.

力”；在加快完善现代市场体系方面，提出“建设统一开放、竞争有序的市场体系，是使市场在资源配置中起决定性作用的基础”；在加快转变政府职能方面，提出“科学的宏观调控，有效的政府治理，是发挥社会主义市场经济体制优势的内在要求”；此外还提出要建立发挥中央和地方两个积极性的现代财政制度，形成以工促农、以城带乡、工农互惠、城乡一体的新型工农城乡关系，以及以开放促改革的战略举措。

2017 年 10 月，党的十九大在总结十八大以来全面深化改革实践的基础上，进一步提出了新时代中国特色社会主义思想和基本方略，要求坚定实施科教兴国战略、人才强国战略、创新驱动发展战略、乡村振兴战略、区域协调发展战略、可持续发展战略、军民融合发展战略，在 2020 年决胜全面建成小康社会，并开启全面建设社会主义现代化国家新征程，在 2035 年基本实现社会主义现代化，在本世纪中叶建成社会主义现代化强国。由此明确了全面深化改革的方向。

三、市场经济时期发展理念变迁与工业化进程

我国改革开放以来经济发展理念变迁与以二元经济结构向一元经济结构转型为特征的新型工业化之间的互动，主要体现在以下两个方面：

一方面，改革开放以来经济发展理念变迁以二元经济结构向一元经济结构转型为特征的新型工业化作为物质基础和认识来源。计划经济时期我国重工业化建设虽然为我国工业化的加速发展奠定了良好基础，但重工业部门由于资本有机构成较高，创造非农就业岗位的能力也相对较弱。与计划经济时期重工业化过程相伴随的，是城乡二元经济结构的形成和固化；城乡二元经济结构的形成反过来又成为我国工业化进程持续推进的主要障碍。1979 年改革开放以来，我国工业化进程面临的阶段性任务就是在计划经济时期奠定的工业基础之上，探索适合中国国情的新型工业化道路。这其中，如何消除计划经济时期形成的二元经济结构，实现我国工业化进程的可持续发展，就成为改革开放以后我国新型工业化道路探索的重要内容。在建立和完善社会主义市场经济体制的改革实践中，二元经济结构向一元经济结构转型为特征的新型工业化进程，成为我国经济发展理念变迁的物质基础和重要认识来源。在 1978 年底至 1992 年春的市场化改革方向探索阶段，以计划与市场关系为核心的改革争论背后，是如何

通过经济管理体制的调整更好地促进社会生产力发展和工业化进程的思考。以乡镇企业和私营企业为重要载体的轻工业部门的快速发展，为市场化改革方向探索阶段加快产业结构调整、理顺重工业与轻工业、农业的关系创造了良好条件。1992 年春至 2002 年 10 月的市场化改革攻坚突破阶段，随着所有制结构调整的深入，“真正走出一条速度较快、效益较好、整体素质不断提高的经济协调发展的路子”的中国特色新型工业化道路日渐清晰。在 2002 年 10 月至 2012 年 11 月的市场化改革巩固发展阶段中，随着我国新型工业化进入重工业加速发展的新阶段，如何处理好工业化与信息化之间的关系、工业化与可持续发展之间的关系，成为我国新型工业化道路必须解决的问题。这也成为我国提出“坚持以信息化带动工业化，以工业化促进信息化，走出一条科技含量高、经济效益好、资源消耗低、环境污染少、人力资源优势得到充分发挥的新型工业化路子”的现实依据。2012 年 11 月至今的市场化改革全面深化阶段中，一方面由于加快实现二元经济结构向一元经济结构转型的物质基础和技术条件已经具备，另一方面由于实现向一元经济结构转型已经成为解决新型工业化进程中出现的产能过剩问题的必要举措，党中央不失时机地提出了要形成以工促农、以城带乡、工农互惠、城乡一体的新型工农城乡关系的新观点。可见，改革开放以来我国经济发展理念在产业变迁维度上的演进，是与我国二元经济结构向一元经济结构转型的新型工业化进程不断推进相伴随的；在不同发展阶段上经济发展理念变迁之所以各有侧重，也正是因为新型工业化的不同发展阶段面临的主要矛盾和矛盾主要方面有所不同。

另一方面，改革开放以来经济发展理念变迁顺应了新型工业化不断发展的要求，对新型工业化起到了促进作用。中国人民对新型工业化道路的探索实践，是在改革开放以来经济发展理念的持续变迁中不断找到理论依据和政策指导。如果没有适合中国具体国情的新型工业化发展道路，就不能在改革开放以来的经济发展理念变迁中取得丰硕的理论成果；反过来，如果没有这些理论成果的提出，中国人在探索适合中国国情的新型工业化发展道路上，还会遇到很多困难，付出更多代价。在 20 世纪 80 年代的市场化改革方向探索阶段，“以经济建设为中心，坚持四项基本原则，坚持改革开放”的党的基本路线的提出，为我国新型工业化道路的探索创造了良好的氛围，推动了工业化进程中的结构调整。在 90 年代的市场化改革攻坚突破阶段，“积极推进经济体制和经济增长方式的根本转变”的新提法，促使我国在新型工业化进程中将关注的重点逐步转移到经济增长方式转变上，提升了可持续发展理念在新型工业化道路选择过程中的影响力；为在我国新型工业化进程中处理好工业化与信息化、工业化与可持续发展的关系提供了积极有效的指引。在21世纪的头一个十年的市场化改革巩固发展阶段中，对新型工业化的清晰界定、科学发展观以及“五个统筹”要求的提出，都为在我国加速推进的新型工业化进程中更好地处理工业化与信息化、工业化与可持续发展的关系提供了理论依据和政策借鉴。这也是我国能在21世纪的第一个十年中实现跨越式发展，并最终成为世界第二大经济体、第一大工业国和第一大贸易国的重要原因之一。在2012年11月至今的市场化改革全面深化阶段中，根据党的十八大和十九大精神，供给侧结构性改革、建设创新型国家、乡村振兴战略、区域协调发展战略等一系列全新发展理念和战略的提出，有助于我们正确地认识经济新常态、积极适应经济新常态，并为我国加快推进供给侧结构性改革，以“去库存、去产能、去杠杆、降成本、补短板”等战略举措解决我国当前新型城镇化进程中存在的主要矛盾和突出问题提供了理论指导。可见，在改革开放以来经济发展理念变迁中，党和国家能够及时且灵活地调整方针政策，有针对性地提出解决在新型工业化的各个发展阶段中较为突出矛盾和问题的办法，体现了经济发展理念变迁对新型工业化进程的促进和指引作用。

四、市场经济时期发展理念变迁与市场化进程

改革开放以来经济发展理念变迁与以计划经济向市场经济转变为主要特征的新型市场化进程之间的互动关系，主要体现在以下两个方面：

一方面，改革开放以来经济发展理念变迁是在我国社会主义市场经济体制建立与完善的伟大实践中不断取得发展。改革开放以来我国的新型市场化进程，不仅与西方国家的传统市场化进程有本质区别，还与苏联东欧地区的激进市场化进程也有天壤之别。这主要体现在：西方国家的传统市场化进程是直接由封建自然经济向资本主义市场经济缓慢过渡，苏联东欧地区是由社会主义计划经济体制向资本主义市场经济体制急剧转型；中国则是在坚持社会主义基本经济制度的前提下，有步骤地实现由社会主义计划经济体制向社会主义市场经济体制的渐进转型。这就决定了西方国家在传统市场化进程中形成的那些理

论，并不能直接照搬照套地用于指导改革开放以来中国新型市场化进程。中国的市场化进程必须从中国的现实国情出发，逐步摸索中国特色的社会主义市场经济体制建立与完善路径，并在此基础上提出能够解释并指导中国新型市场化改革实践的理论体系。从改革开放以来我国经济发展理念变迁的历程来看，我国经济发展理念变迁与演进的全部材料都来自于中国正在进行中的社会主义市场经济体制改革实践。在1978年底至1992年春的市场化改革方向探索阶段，逐步突破传统计划经济思维定势的限制，承认并自觉运用价值规律调节国民经济，不仅是这一阶段中经济发展理念变迁的主旋律，更是这一阶段经济管理体制改革的主要内容。1992年春至2002年10月的市场化改革攻坚突破阶段中，建立社会主义市场经济体制的认识也是在我国经济管理体制改革的持续深入和我国市场经济的逐步发展过程中不断得到提炼升华。2002年10月至2012年11月的市场化改革巩固发展阶段中，也正是加入世界贸易组织后我国社会主义市场经济发展中出现的新情况、新问题，促使党和国家在深思熟虑的基础之上提出了科学发展观、新型工业化、“五个统筹”、和谐社会、社会主义核心价值观等经济、政治、社会、文化等方面的重要指导思想。2012年至今的市场化改革全面深化阶段中，也正是在全面总结过去三十多年我国市场化改革经验教训的基础之上，针对当前阶段我国市场化改革中存在的诸多问题，提出了“完善和发展中国特色社会主义制度，推进国家治理体系和治理能力现代化”的全面深化改革总目标。2017年10月党的十九大又根据国内外最新形势，提出了决胜全面建成小康社会，开启全面建设社会主义现代化国家新征程的战略目标，并明确了社会主义现代化强国建设的时间表。可见，改革开放以来我国经济发展理念的每一次创新，都是在我国新型市场化改革实践取得跨越式发展并进入新的发展阶段的关键时期。

另一方面，改革开放以来经济发展理念变迁不断加深了人们对于社会主义市场经济体制的认识，促进了社会主义市场经济体制的建立与完善。纵观改革开放以来我国经济发展理念变迁的全过程，我国经济发展理念变迁的根本动力在于解决我国新型市场化改革的每个发展阶段中遇到的重大问题和主要矛盾。经济发展理念的变迁，并不是简单地对同一阶段新型市场化改革的实践加以总结或进行合理性论证，而是为当前阶段乃至未来阶段新型市场化改革的方向选择和节奏把握提供理论指导。在市场化改革方向探索阶段，由于人们深受计划经济思维的束缚，市场化改革的推进是以上下同时推进的方式进行，一方面基层进行改革探索实践，另一方面高层确认基层的改革成果并在全国加以推广。从下放经济管理自主权到坚持计划经济为主、市场调节为辅的原则，再到公有制基础上的有计划的商品经济，这一系列经济发展理念的提出无不对当时经济管理体制改革的推进起到了把握方向、确定基调的作用。在市场化改革攻坚突破阶段，明确提出经济管理体制改革的目标是建立社会主义市场经济体制，明确定义社会主义初级阶段基本经济制度与基本分配制度的内涵，为这一阶段我国国有企业改制、收入分配改革等方面改革的推进提供了理论支持。在市场化改革巩固发展阶段，面对我国经济发展和改革实践中面临的突出问题，党和国家提出科学发展观、“五个统筹”等原则和要求，为积极巩固市场化改革成果，正确处理市场化改革中出现的问题，发挥了积极作用。在 2012 年 11 月至今的市场化改革全面深化阶段中，全面深化改革总目标的提出，也为在经济新常态下保持足够战略定力，持续平稳推进各个领域的供给侧结构性改革，奠定了良好的思想认识基础。2017 年 10 月党的十九大更是在总结自鸦片战争以来中华民族伟大复兴历史征程的基础上，指出中国特色社会主义进入新时代，明确坚持和发展中国特色社会主义的总任务是实现社会主义现代化和中华民族伟大复兴，将对社会主义市场经济体制改革的认识上升到了新的高度。可见，改革开放以来新型市场化与经济发展理念变迁之间的关系，并不是简单的决定与被决定的关系；经济发展理念变迁保持了足够的前瞻性，能够在我国社会主义经济管理体制改革中发挥方向指引和路径规划的作用。

五、市场经济时期发展理念变迁的经验总结

观察改革开放以来经济发展理念变迁的整体过程，可以发现我国市场经济时期经济发展理念变迁中有以下几方面经验：

首先，对我国具体国情下如何建设社会主义市场经济体制的认识，是随着我国改革开放的实践探索而不断深化发展的，体现了“实践是检验真理的唯一标准”原则。改革开放以来我国经济发展理念变迁，就本质上讲，是关于如何建立并完善社会主义市场经济体制的理论认识不断深化发展的过程。市场经济时期经济发展理念变迁整体过程的首要经验，就是能够从实践出发，从当代中国的基本国情出发，提出符合最先进生产力发展要求、符合最广大人民根

本利益、符合最先进文化发展方向的社会主义市场经济体制改革的政策主张。而在新型市场化改革的每个阶段提出的经济发展理念无一例外地都总结放到了我国改革开放的伟大实践中去进行检验，真正体现了“实践是检验真理的唯一标准”原则。正是由于改革开放以来经济发展理念变迁一方面是在改革实践中不断总结提炼出来的，另一方面也在改革实践中不断得到检验，市场经济时期经济发展理念变迁始终能够体现出科学性的特征。在经济发展理念变迁过程中不空谈理论逻辑，而是一切以实践作为检验真理的唯一标准，已经成为我国改革实践探索中的基本共识，必将对未来我国社会主义市场经济体制框架下的全面深化改革产生深远的影响。

其次，在我国社会主义初级阶段的经济建设与改革实践中，对中国经济转型中目标多元性和过程复杂性的认识不断深化。正如本书一直强调的那样，自鸦片战争以来的近现代中国经济转型发展历程，是一个目标多元、过程复杂的转型过程，这也构成了中国经济转型不同于任何一国或地区经济转型的特殊性。在中国经济转型的历史过程中一直存在一种急躁的想法，即想“毕其功于一役”，快速完成中国经济转型任务。但随着中国经济转型实践的推进，人们逐渐认识到中国经济转型任务的艰巨性所在。改革开放以来，在社会主义初级阶段理论的指引下，对于中国经济转型目标多元性和过程复杂性的认识也在不断深化。在 20 世纪 80 年代的改革过程中主要强调经济管理体制的转变，90 年代中后期则认识到经济管理体制和经济增长方式的根本转变都是当代中国经济转型中的重要任务；进入 21 世纪以后，随着科学发展观和“五个统筹”的提出，人们更加清晰地认识到当代中国经济转型过程是一个复合化的转型过程，既包括社会主义计划经济体制向社会主义市场经济体制的转型，还包括二元经济结构向一元经济结构的转型，更包括粗放型经济增长方式向集约型经济增长方式的转型；党的十八大召开以后，当代中国经济转型迈入新的阶段，经济转型还将持续较长一段时期，这已经成为人们新的认识。在此基础上，党的十九大提出中国特色社会主义进入新时代，深化了对经济转型的认识。可见，随着改革开放的深入发展，人们对于中国经济转型过程的认识更加客观、更加科学。

最后，我国社会主义市场经济体制的建立和完善是一个长期的发展过程，中国经济转型仍在进行之中，并且还将持续较长的一段时期。从市场经济时期我国经济发展理念变迁的全过程来看，在改革开放之初经济发展理念的演进中，并没有明确提出中国经济转型的方向之一是建立中国特色的社会主义市场经济体制。正是在我国经济管理体制改革的摸索中，才逐渐确立了我国经济体制改革的目标。1992 年春以来我国新型市场化改革进程的加快，与社会主义市场经济体制改革的目标确立有着密切联系。但随着社会主义市场经济体制基本建立，党和国家又认识到我国的社会主义市场经济体制并不完善，还需要通过全面深化改革来进一步推进我国新型市场化。为此，在经济发展理念变迁中又提出了“完善和发展中国特色社会主义制度，推进国家治理体系和治理能力现代化”的全面深化改革总目标。改革开放以来经济发展理念变迁的一个重要经验总结就是，中国经济转型不仅仍在继续，而且还将持续较长的一段时期。中国经济转型的目标趋于多元化，任务依旧艰巨。

第五节 市场经济时期阶段性任务完成情况的评价

本章对改革开放以来市场经济时期阶段性任务的考察，是从产业变迁、制度变迁和经济发展理念变迁三个维度展开。在本章最后，将从产业变迁、制度变迁和经济发展理念变迁之间的关系，来简要评价改革开放以来市场经济时期阶段性任务的完成情况。

第一，改革开放以来我国经济发展中的产业变迁、制度变迁和经济发展理念变迁从整体上看呈现出协同演进关系，新型工业化、新型市场化和发展理念现代化齐头并进。党的十一届三中全会以来，我国新型工业化、新型市场化和发展理念现代化基本上保持了比较协调的发展步伐：随着 20 世纪 80 年代产业结构调整的深入，乡镇企业、民营企业等适应商品经济发展的生产组织形式促进了我国以轻工业为主的生活资料工业跨越式发展，迅速地改善了人民群众的物质生活条件和生活消费质量，同一时期我国也逐渐提出了公有制基础上有计划的商品经济这一改革理念；进入 90 年代以后，随着我国工业经济的发展，公有制经济实现形式的调整也在加快，我国逐渐明确了建立社会主义市场经济体制的改革方向，加快推进国有企业改革；进入 21 世纪以后，我国再次进入重工业化发展阶段，为了解决工业化加速发展引起的各种问题，我国通过提出科学发展观、和谐社会等理念，进一步完善我国社会主义市场经济体制；党的十八大以后，面对产业结构调整步伐加速的局面，我国明确了全面深化改革总目标，以此为指导加快了我国社会主义市场经济体制的全面深化改革步伐。面对经济新常态下的新问题，党的十九大提出贯彻新发展理念，建设现代化经济体系，对我国产业变迁和制度变迁起到了促进作用。可见，改革开放以来我国经济发展中的产业变迁、制度变迁和经济发展理念变迁并不是相互孤立的，而是处于一种持续互动、相互促进的协同演进关系中。

第二，改革开放以来我国经济发展理念变迁具有一定的前瞻性，对制度变迁和产业变迁起到了较为良好的方向指引作用。从市场化改革实践经验来看，改革开放以来我国经济发展之所以长期处于平稳快速增长状态，与我国经济发展理念变迁的前瞻性有密切联系。每当我国经济步入市场化改革的转折点，党和国家总是能够提出明确的改革方向，制定有效的改革政策，推进我国以新型市场化为主要特征的制度变迁。正是由于 1978 年底党的十一届三中全会确定将党的工作中心转移到经济建设上来，才有了 20 世纪 80 年代市场化改革的起步和发展；也正是 1992 年春邓小平南方谈话和党的十四大的召开，才奠定了 20 世纪 90 年代建立社会主义市场经济体制的改革基调，推动了我国市场化改革的深入发展；进入 21 世纪后提出的科学发展观、和谐社会等一系列新的发展理念，为在 21 世纪第一个十年里实现我国经济跨越式发展提供了理论指导；党的十八大以后，全面深化改革总目标的提出也为我国在复杂的国内外经济形势下平稳进入经济新常态，积极适应经济新常态，稳步推进供给侧结构性改革奠定了思想认识基础。党的十九大提出习近平新时代中国特色社会主义思想，明确了到本世纪中叶建成社会主义现代化强国的目标，生动体现了改革开放以来经济发展理念变迁的前瞻性。

第三，改革开放以来我国经济发展中部分阶段性任务完成不顺利，归根结底都在于经济发展理念变迁不到位导致制度变迁滞后于产业变迁，形成制度变迁与产业变迁的局部冲突。必须承认的是，改革开放后的三十多年里我国也曾出现过制度变迁与产业变迁局部冲突较为严重的时期，从根源上讲还是由于当时经济发展理念变迁尚未到位，现存的经济发展理念不能够为制度变迁提供明确的改革方向，从而导致制度变迁滞后于产业变迁的步伐。改革开放以来的经验教训表明，但在经济发展的产业、制度和发展理念整体变迁路径中出现局部冲突时，唯有通过加快发展理念现代化，推动制度变迁，才能最大限度减少对产业变迁的负面影响，解放社会生产力。从党的十八大以后的改革实践来看，随着全面深化改革总目标的制定，我国经济发展理念变迁不到位的问题已经再次得到解决，全面深化改革的推进正在加快我国制度变迁的步伐，这将缓解我国经济发展中制度变迁滞后于产业变迁导致的局部冲突，推动我国产业变迁、制度变迁和经济发展理念变迁协同演进关系的深化发展。

第五篇

回顾与展望：中国经济转型的评价、挑战与趋势

第十二章　成就与问题——中国经济转型的总体性评价

第一节　评价对象与评价标准

本章将根据本书第三章确定的评价方法，结合本书对近代以来中国经济发展的评价，对近代以来中国经济发展的整个过程进行总体性评价。对近现代中国经济发展的总体性评价，既与近现代中国经济发展各个时期的阶段性评价有着密切联系，又必须体现出中国经济发展总体性评价所具有的宏观性、整体性和一般性特征。具体来说，中国经济发展总体性评价的特征主要体现在评价对象和评价标准两个方面。

一、评价对象——中国经济的发展道路与发展状况

本书是以中国经济的发展道路与发展状况为总体性评价对象的。中国经济发展总体性评价的宏观性、整体性和一般性特征也体现在对评价对象的聚焦之上。

首先，近现代中国经济发展总体性评价的宏观性特征，既要求评判中国经济发展道路的探索是否有助于实现近现代中国经济转型的总体性目标，又要求考察近现代以来中国经济发展的成效与中国经济转型的总体性目标是否存有距离。一方面，应当以近现代中国经济转型的总体性目标为标准，从宏观的视角

评判中国经济发展道路的探索对中国经济转型的作用与意义。在对中国经济发展道路探索的评价中，不应只从某一时期阶段性目标的要求来评判其是否具有必要性，只能从近现代中国经济转型的总体性目标来对其必要性进行评判。例如，在制度变迁维度上，晚清时期经济转型的一项阶段性目标是推翻封建专制统治，这一阶段性目标通过辛亥革命基本实现。仅从晚清时期制度变迁的阶段性目标出发，就不可能推断出“五四”运动后新民主主义革命的必然性。但从近现代中国经济转型的总体性目标来看，仅推翻封建专制统治而不彻底废除残留的封建社会生产关系，显然是不彻底的；民族资产阶级对地主阶级的软弱妥协，决定了只有将希望寄托在由无产阶级领导的新民主主义革命之上，才能向近现代中国经济转型的总体性目标继续靠近。只有站在以百年为单位的宏观视角，才能对中国经济发展道路的探索做出科学判断。另一方面，近现代经济发展总体性评价中，必须以中国经济转型的总体性目标作为评价标准。本书在对各个历史时期的阶段性评价中，始终坚持以中国经济发展的阶段性目标作为评判标准，反对忽视每个历史时期现实状况的“虚无”评价。但在中国经济发展的总体性评价中，评价对象不再是每个历史时期的经济发展状况，而是近两百年以来中国经济发展的总体状况。要对近现代中国经济发展状况做出宏观判断，则不能拘泥于某一个历史时期的评价标准，只能以中国经济转型的总体性目标作为评价标准。比如，经过四十年改革开放，中国经济发展的各个方面都有了翻天覆地的变化。可以说，成就巨大，举世瞩目。那么，是否能够因为我国市场经济时期相对于计划经济时期的巨大进步，就认为我国市场经济时期的经济发展是理想或完美的？要客观公正地回答这个问题，不论是以计划经济时期的阶段性目标为评价标准，还是以市场经济时期的阶段性目标为评价标准，都是有失偏颇的。必须从近现代以来中国经济转型的总体性目标出发，才能作出科学的判断。

其次，近现代中国经济发展总体性评价的整体性特征，既要求评判中国经济发展道路的实践是否符合近现代中国经济转型总体性目标的要求，又要求考察近现代以来中国经济发展的方向与中国经济转型的总体性目标是否存在偏差。一方面，正如本书一直强调的那样，应当将近现代中国经济发展视作一个整体，在评判中国经济发展道路的实践时，应聚焦于实践的过程和结果与中国经济转型总体性目标的契合度。由于中国经济转型的任务艰巨性和经济发展过程中的历史局限性，近现代以来的中国并不可能一蹴而就地实现经济转型的总体性目标，各个历史时期阶段性目标只是总体性目标的分解。在不同阶段的经济发展实践中，都可能存在与经济转型总体性目标要求相悖的可能性。近现代中国经济发展总体性评价的任务，则是要将近现代中国经济发展作为一个整体，考察经过各个历史阶段微调之后的中国经济发展进程是否与中国经济转型总体性目标保持一致。另一方面，对经济发展实践的评判必须与对经济发展方向的考察相结合，以中国经济转型总体性目标为标准评判近现代中国经济发展方向是否科学有效。对近现代中国经济发展方向的考察，是在对中国经济发展做出评判的基础上进行了量化分析，也是考察中国经济发展状况的重要维度。在对近现代中国经济发展方向的考察和评判中，不能以某个历史时期的阶段性目标作为标准，只能以中国经济转型总体性目标为依据。在评价过程中，承认具体历史阶段上客观因素的制约导致经济发展方向与总体性目标存在偏差。但近现代中国经济发展总体性评价的整体性特征，则要求在评价过程中辨别具体历史阶段上出现的经济发展方向偏差，是否是下一历史阶段更好地恢复到与总体性目标一致的发展方向的前提和基础。如果这种局部的偏差是可以在中国经济发展的整体过程中加以逐步调整的，那么就不能在评价过程中过分关注这些细微之处；反之，如果一些经济发展方向的局部偏差形成的累积效应不断加剧与总体性目标的偏离，则不能在评价过程中忽视这些局部偏差的消极影响。

最后，近现代中国经济发展总体性评价的一般性特征，既要求评判中国经济发展道路的特殊选择是否蕴含了人类社会经济发展的一般性规律，又要求考察近现代以来中国经济发展的趋势是否顺应社会经济发展的一般性规律。一方面，对中国经济发展的总体性评价，不宜过分强调中国经济发展道路选择的特殊性，应当充分发掘隐藏于中国经济发展道路选择特殊性之中的人类社会经济发展的一般性规律。中国长达五千年的历史文化以及近代中国经济发展相对于西方国家的落后，决定了中国经济发展道路的选择必须从中国特殊的国情出发。但这并不意味着中国经济发展道路的特殊选择就可以不受人类社会经济发展一般性规律的制约，也并不意味着中国经济发展中存在“中国例外论”。从农业社会向工业社会、从自然经济向市场经济的转变，是任何一个文明或国家都要经历的发展过程，这一过程是由人类社会经济发展的一般性规律所决定的。虽然人类社会经济发展一般性规律在各个国家的实现形式是受各个文明或国家的历史、文化、传统等因素影响的，但实现形式上的特殊性并不能否定规律本身的一般性。作为中国经济发展总体性评价的近现代中国经济转型总体性目标，必须以人类社会经济发展的一般性规律为依据。另一方面，要考察近现代中国经济发展状况，就必须评判中国经济发展的趋势是否顺应了人类社会经济发展的一般性规律。值得注意的是，要求中国经济发展的趋势顺应人类社会经济发展的一般性规律，并不意味着拒绝或否定根据本国具体国情探索一般性规律的特殊实现形式，对近现代中国经济发展趋势正确与否的评价，必须考虑到人类社会经济发展一般性规律的实现形式也存在多样性。比如，如果由自然经济向市场经济的转变是由人类社会经济发展的一般性规律所决定，那么在生产力条件还不具备的条件下强行跨越市场经济发展阶段，就会与人类社会经济发展的一般性规律相冲突。但是，如果既认识到生产力条件的客观制约，又坚持先进生产关系的科学性，并试图建立先进生产关系能够驾驭的特色市场经济体制，那么就可以在顺应人类社会经济发展一般性规律的基础之上体现国情特殊性。

二、评价标准——近现代中国经济转型的总体性目标

如前所述，由于近现代以来中国经济发展的主要任务就是实现中国经济的全方位转型，所以，必须以近现代中国经济转型的总体性目标作为中国经济发展总体性评价的标准。近现代中国经济转型具有的目标多元性、任务艰巨性和历史跨越性，共同决定了近现代中国经济转型的总体性目标是多维度的目标组合。具体来看，近现代中国经济转型的总体性目标可以概括为以下三个维度：

第一个维度是技术变迁维度，总体性目标是在生产方式上实现由农业经济主导向工业经济主导的转型。在自中华文明诞生到工业革命爆发之前的很长一段历史中，勤劳勇敢的中国人民不断开拓进取，较早地掌握了先进的农业和手工业生产技术，在以农业经济主导的时代取得了辉煌的发展成就，中国经济长期处于世界先进水平。随着工业革命率先在英国爆发并逐步在欧美国家扩散，世界经济进入了以工业经济为主导的新的历史阶段，欧美国家在这一次重大的技术变迁中占尽先机，发明并掌握了先进的工业生产技术，逐步在生产方式上实现了由农业经济主导向工业经济主导的转型。在这一次人类历史上前所未有的重大经济转型中，中国却落后了。直到 1840 年鸦片战争爆发，中国经济仍

维持着以农业经济为主导的落后生产方式，与欧美国家的发展差距迅速拉大。中国是作为一个生产方式极端落后的国家开始现代化进程的客观历史事实，决定了近现代中国经济发展的一项总体性目标，就是在生产方式上实现由农业经济主导向工业经济主导的转型，即实现国民经济的工业化。与欧美国家不同的是，近代中国已经是一个拥有占世界人口1/5到1/4的农业大国，要将数亿农业人口转变为工业人口，是一项异常艰巨的任务。这也就决定了近现代中国生产方式的转变很难像欧美国家那样一帆风顺，近现代中国也不可能简单地复制欧美国家的工业化道路。中国经济转型总体性目标的实现过程中，必须解决中国特有的问题和矛盾。在审视技术变迁维度上总体性目标的完成情况时，既要从工业化的一般性特征和要求来进行评价，又必须从中国工业化道路选择的特殊性来分析评价。

第二个维度是制度变迁维度，总体性目标是在资源配置上实现由自然经济主导向市场经济主导的转型。在漫长的农业社会里，在资源配置方面，与农业经济为主导的生产方式相适应的，是“男耕女织”或“男狩女织”式的自然经济形态。家庭既是社会生产的最基本单位，又在资源配置中占据基础性的地位。随着人类生产方式逐渐开始由农业经济主导向工业经济主导转型，与农业经济主导的生产方式相适应的资源配置方式难以为继，逐渐开始向市场经济的资源配置方式转型。在欧美国家，技术变迁维度上的工业化和制度变迁维度上的市场化是相辅相成的。在欧美国家资本主义的发展过程中，一方面工业经济的发展促进了市场经济的发育，另一方面市场经济的发育又为工业经济的发展提供环境。在制度变迁维度上，近代中国的状况与欧美国家大相径庭：一方面，近代中国在由小农经济向资本主义工业经济转型的过程中面临重重阻碍，无法为市场经济的发展提供足够的物质基础；另一方面，顽固的封建主义统治和西方殖民者的大举入侵，使得中国的资本主义难以发展起来，向市场经济的转型举步维艰，不能为工业经济的发展创造良好条件。如何实现技术变迁维度上的工业化和制度变迁维度上的市场化的有效协调和良性互动，是近现代中国经济转型中必须要解决的制度变迁难题。制度变迁维度上经济转型总体性目标的核心，正是实现技术变迁维度上的工业化和制度变迁维度上的市场化的有效协调和良性互动。

第三个维度是理念变迁维度，总体性目标是在发展理念上实现由封建主义思想体系向中国特色社会主义理论的转变。经过自春秋战国时期到近代之前的两千多年历史发展，古代中国经济思想体系在封建社会的物质基础和制度环境下不断发展完善。在古代中国经济思想体系中，宏观层面上坚持“外儒内法，兼之以道”的封建专制主义治世哲学，微观层面上则逐渐强化“重农抑商，闭关自守”的封建主义经济政策。这种典型的封建主义发展理念，虽与古代中国的生产方式和资源配置方式相辅相成，但却在思想上束缚了中国人民，阻碍了近代中国的经济转型。鸦片战争后，中国逐渐开始的工业化和市场化进程决定了封建主义思想体系成为必须摒弃的经济发展理念。随之而来的一个问题则贯穿近现代中国经济转型的全过程，即与近现代中国技术变迁和制度变迁相适应的发展理念应当是什么？近现代中国经济转型在理念变迁维度上的总体性目标，正是探索加快中国经济转型步伐的经济发展理念。正如前文所述，在技术变迁维度上近现代中国不能简单复制欧美国家的工业化道路，在制度变迁维度上近现代中国也不具备简单复制欧美国家市场化道路的条件。这就意味着在理念变迁维度上近现代中国也不具备简单复制欧美国家发展理念的物质基础和实践条件。符合中国国情的、非资本主义的经济发展理念，就成为近现代中国经济发展理念变迁的必然选择。中国特色社会主义理论体系建设的完成程度，就成为中国经济转型在发展理念维度上的评价标准。

第二节　巨大的成就

自1840年鸦片战争后中国被动地开始经济转型进程以来，经历了一百七十余年的历史，中国经济转型进程由被动转向主动、由局部转向全面、由缓慢转向快速，中国的经济转型取得了巨大的成就，为实现中华民族伟大复兴奠定了坚实基础。现代中国经济转型所取得的巨大成就，主要体现在以下三个方面：

一、技术变迁维度：工业化的加速推进

要从技术变迁维度对现代中国经济转型进行总体性评价，首先就必须明确鸦片战争以来中国经济转型在技术变迁维度上的本质特征。近现代中国经济转型进程，表现在技术变迁维度上是一个由农业文明向工业文明转型的过程，即

工业化过程。这一过程服从于人类社会发展的一般规律。但是，从各个民族和各个国家的工业化道路选择来看，不同民族和不同国家的工业化道路大致可以分为两种类型：一是开拓型工业化（或原生型工业化）道路，主要是某个民族或某个国家的工业化是在决定本国经济运动的内在矛盾的作用下，自发地开始由农业文明向工业文明转型的工业化道路选择。从技术变迁的角度来看，在开拓型工业化道路中没有外来的现成知识和技术可供直接利用，工业化所需的知识和技术都是由本国在工业化进程中自行摸索和创造出来的。一般认为，英国、法国、美国等西欧北美国家的工业化道路选择可归类为开拓型工业化。二是追赶型工业化（或外生型工业化）道路，主要指某个国家或某个民族的经济运动本身不具备诱发工业化的条件，这些国家或民族的工业化是在外来因素的冲击和影响下，被迫但有意识地开始由农业文明向工业文明转型的工业化道路选择。在追赶型工业化道路上，由于有外来的现成知识和技术可供直接利用，本国在工业化进程中所需的知识和技术并不全部都来自本国工业化进程本身。一般认为除英国、法国、美国等少数西欧北美国家外，多数国家的工业化道路选择都可以被归类为追赶型工业化。

从近现代中国工业化道路选择来看，中国的工业化道路是典型的追赶型工业化道路。首先，正如本书在第二章所论证的那样，古代中国虽在农业文明时期留下了浓墨重彩的一笔，但却因为华夏文明中的一些低效率制度变迁路径依赖，导致古代中国社会内部难以孕育出工业革命，在人类由农业文明向工业文明的转型大潮中逐渐掉队。对“李约瑟之谜”的剖析可以得出结论，尽管在鸦片战争前的很长一段历史时期里，古代中国就已经具备了孕育工业革命的一些技术条件，但是古代中国的制度环境却在抑制资本主义萌芽的同时也阻碍了孕育工业革命的制度条件的形成。在鸦片战争前后的客观历史条件下，依靠当时经济社会运行内在矛盾的自然演化而诱发工业化的条件，事实上并不具备。其次，鸦片战争后当中国开始由农业文明向工业文明的艰难转型之时，以英国为首的一些西欧国家已经完成或正在进行工业革命，已经创造了工业化所需的知识与技术。以洋务运动为标志的近代中国工业化起步，实则是在引进西方国家先进技术的基础上才得以展开的。而在近代至今的整个中国工业化进程中，中国在工业化所需的知识和技术方面一直处于相对落后的状态，中国的工业化也一直是在引进、吸收和借鉴西方国家工业化的知识储备和技术经验的基础上持续推进。最后，纵观近代以来中国工业化的历史，一代又一代的中国人都有意识地将推进工业化作为实现中国民族独立和国家富强的选择。中国的工业化从最初“为救国图存不得已而为之”的被迫选择到“实现社会主义现代化”的主动选择，不管对待工业化的态度是被动还是主动，但有意识地推动工业化进程一直都是中国国家战略的重要组成部分。综上所述，从技术变迁维度来看，中国经济转型的本质特征就是追赶型工业化。

从追赶型工业化道路的本质出发，对中国经济转型进程进行技术变迁维度上的总体评价主要考察中国工业化是否“追赶成功”。所谓“追赶成功”，则是中国距离由农业文明向工业文明转型的目标是否更为接近。笔者认为，现代中国经济转型在技术变迁维度上所取得的成就，可以概括为工业化的加速推进。具体表现为以下三个方面：

（一）工业体系的建立与完善

一个国家或民族如果不能建立起相对完善的工业体系，那么就不具备向工业文明转型的技术条件和物质基础。对于一些人口较少、疆域较小的国家来说，仅仅建立起一个或若干个具有比较优势的工业部门，就可以将绝大多数人口从农业文明中转移出来，并通过参与国际产业分工来享受工业文明的全部物质福利。但是，对于中国这样一个拥有众多人口、辽阔疆域的国家来说，零星地建立一些工业部门并不足以实现绝大多数人口向工业文明的转移，也很难生产出价值上足够的可贸易产品利用国际产业分工来为全体人民提供工业文明的物质福利。这就决定了工业体系是否建立起来、工业体系是否完善，将是中国特殊国情下考察中国工业化成就的重要标准。

纵观近代以来中国工业化全程，工业化的加速推进首先表现为工业体系的建立和完善。囿于制度和理念的限制，在从鸦片战争到中华人民共和国成立的一百年时间里，中国工业化进程缓慢。这主要表现在当时我国工业体系的极度不完善上，少数的现代工业企业和工业部门主要集中在东部沿海的若干个城市里，仅辐射相当有限的城市人口；对于当时绝大多数的中国人民来说，新中国成立前缓慢的工业化进程不足以将他们带入工业文明，他们也难以享受到现代工业文明创造的物质福利。中国工业化进程初期的缓慢，是与中国作为落后国家不得不选择追赶型工业化道路密切相关的。本书的分析也表明，尽管速度相对缓慢，新中国成立前的上百年时间里工业化还是在逐步推进的。中国工业化进程的大幅提速是在中华人民共和国成立之后。如图 12－1、图 12－2 和图 12－3 所示，无论是生产资料工业产品还是生活资料产品，在新中国成立之后都出现了几乎指数型的快速增长。新中国成立后工业产品产量的快速增长表明，中国的工业体系不仅逐步建立起来，而且还在以越来越快的速度得到完善和丰富。

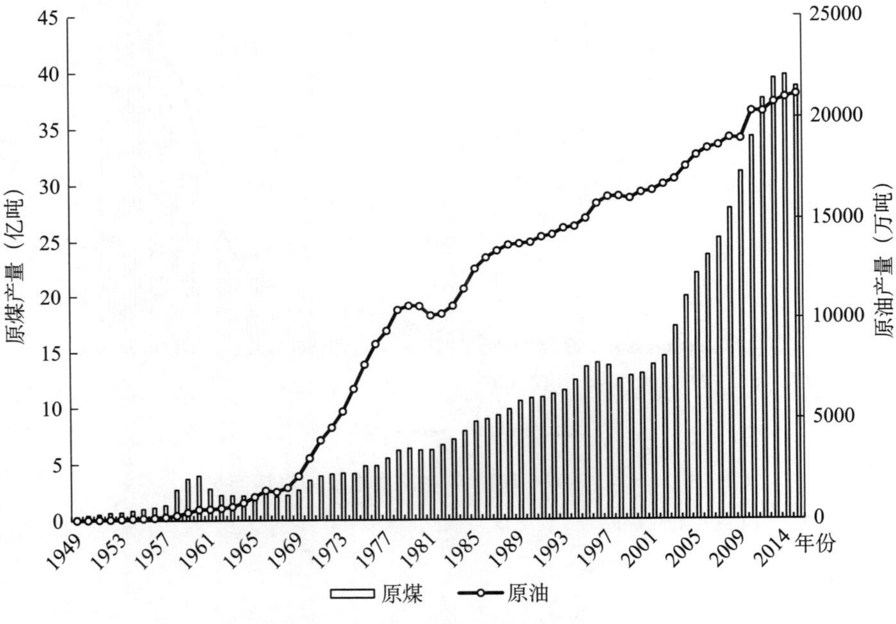

图 12－1　1949—2014 年中国原煤、原油产量

资料来源：国家统计局网站．

中国在建立和完善工业体系方面所取得的成就，比较同样实行追赶型工业化道路的其他一些国家也是较为突出的。第一，与苏联偏重于重工业和军事工业的追赶型工业化道路不同，在中国的追赶型工业化道路上虽也一度出现轻重工业比例不协调的问题，但这一问题通过改革很快地得到解决，保证了广大人民群众物质生活水平随工业化的加速推进而不断改善。第二，与拉美、东南亚等地区偏重于轻工业而忽视重工业发展的追赶型工业化道路不同，中国在追赶型工业化道路上一直将发展重工业视为建立和完善工业体系的重要任务，始于 20 世纪 70 年代末的改革开放只是改变了工业发展中的资源配置问题，但没有改变发展重工业的战略目标。第三，与日本等国家的追赶型工业化道路不同，中国的追赶型工业化道路是在没有进行对外扩张和掠夺他国人民财富的条件

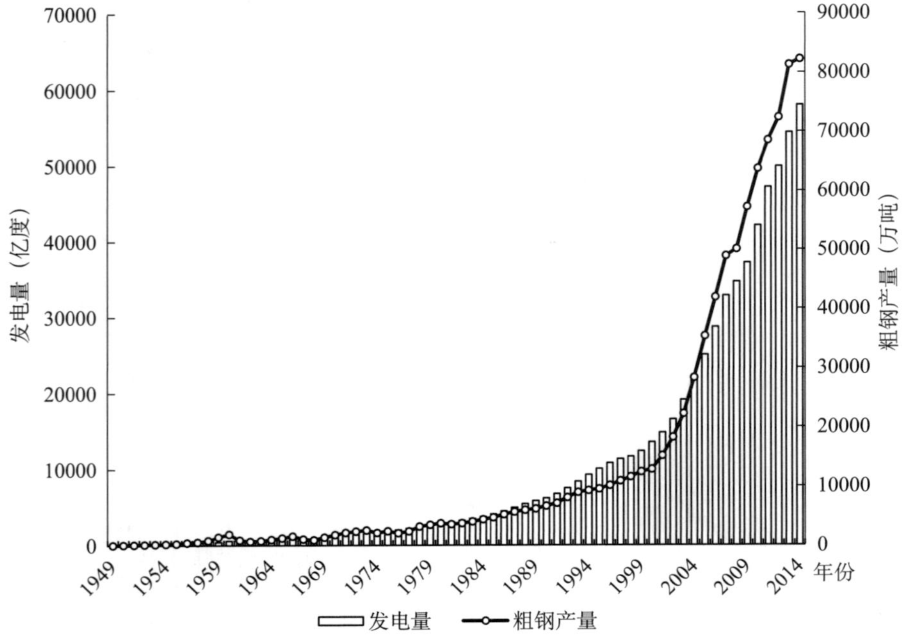

图 12－2　1949—2014 年中国发电量和粗钢产量

资料来源：国家统计局网站.

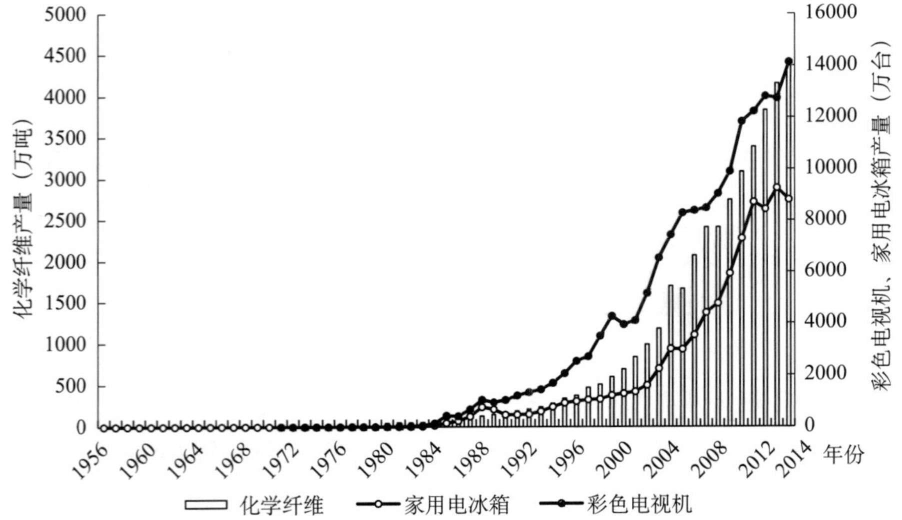

图 12－3　1956—2014 年中国化学纤维、彩色电视机、家用电冰箱产量

资料来源：国家统计局网站.

下，仅依靠本国人民的积累逐步建立起相对独立的工业体系的。除此以外，中国这样的国家农业人口之众多，国际环境之险恶，工业化任务之艰巨，更是当今世界其他国家在工业体系建立和完善过程中所不曾遇到的。

（二）产业结构的根本性变化

一个国家工业化进程是否加速的一个显著标志，就是产业结构是否发生根本性变化以及这种变化发生的快慢。所谓产业结构的根本性变化主要指的是非农产业增加值在生产总值中比重的变化和非农产业就业人口在就业总人口中比重的变化。一方面，非农产业增加值在生产总值中比重的上升，意味着农业产品在社会总产品中的比重下降，表明农业文明中农业居于主导的地位随着农业文明向工业文明的转变而发生根本变化。另一方面，非农产业就业人口在就业总人口中比重的上升，意味着越来越多的劳动力从农业生产中转移出来，农业人口的相对减少是工业文明发展的结果。对于任何一个国家来说，一旦相对发达的工业部门或者工业体系在工业化的进程中建立起来并逐步完善，那么就必然在产业结构上表现出上述两种变化。由此，在对中国工业化进程的考察中，既可以从产业结构的变化进一步反映出工业体系的建立与否与完善程度，也可以从产业结构的变化中说明向工业文明的转型到底走到了哪一步。

考察现代中国经济转型进程，工业化的加速推进也可以从产业结构的变化中得到印证。与中华人民共和国成立之前的一百余年时间里工业体系建立的不顺畅相伴随的是，产业结构的变迁尽管一直在进行，但速度非常缓慢。从图12－4和图12－5可见，1952年时[①]我国第一产业增加值在生产总值中的比重仍高达50.95%，非农产业就业人口在就业总人口中的比重仅为16.46%，劳动生产率较高但就业规模较小的现代工业与劳动生产率极低但就业规模庞大的传统农业并存，是发展中国家极为典型的二元经济结构。这也表明了如果新中国不能尽快建立起相对独立的健全工业体系，那么工业化的加速推进也就无从谈起。历史则告诉我们，随着新中国成立后大规模工业化建设的全面铺开，中国工业体系的建立和完善也带动了我国产业结构的根本性变化。从图12－4可见，我国第二产业增加值在生产总值中的比重在1970年达到40.34%，是继

① 之所以选取1952年数据，是因为1952年时我国国民经济各项指标基本恢复到新中国成立前历史最高水平，虽是1949年之后的数据，但亦可反映旧中国工业经济发展的情况。

“大跃进”之后第二次超过40%水平。但与“大跃进”时期不得不大幅压缩非农产业以求调整国民经济比例的情况不同，自1970年起直到2014年，我国第二产业增加值比重虽有波动，但一直处于高于40%的水平，并在2008年时一度上升到48.62%的历史最高水平。与第二产业增加值比重的高水平稳定不同的是，自1952年以来我国第一产业增加值呈现出在波动中持续下降的趋势。第一产业增加值比重由1952年的50.95%下降到1979年的31.27%，改革开放之后则进一步加速下降，到2014年时第一产业增加值比重已经降至9.06%。从图12－5则可见，尽管新中国成立后我国劳动人口持续增加，但我国非农产业就业人口在就业总人口中的比重总体上保持了快速上升趋势，由1952年的16.46%上升到1979年的30.2%，再上升到2014年的70.5%。纵观来看，当下中国产业结构莫要说与鸦片战争前夕相比有根本性变化，即便是与新中国成立初期相比也有翻天覆地的变化。产业结构的这种变化，也反映出我国工业化加速推进的基本事实。考虑到中国人口规模之大，由加速推进的中国工业化进程而带入工业文明的人口规模，也是前所未有的。

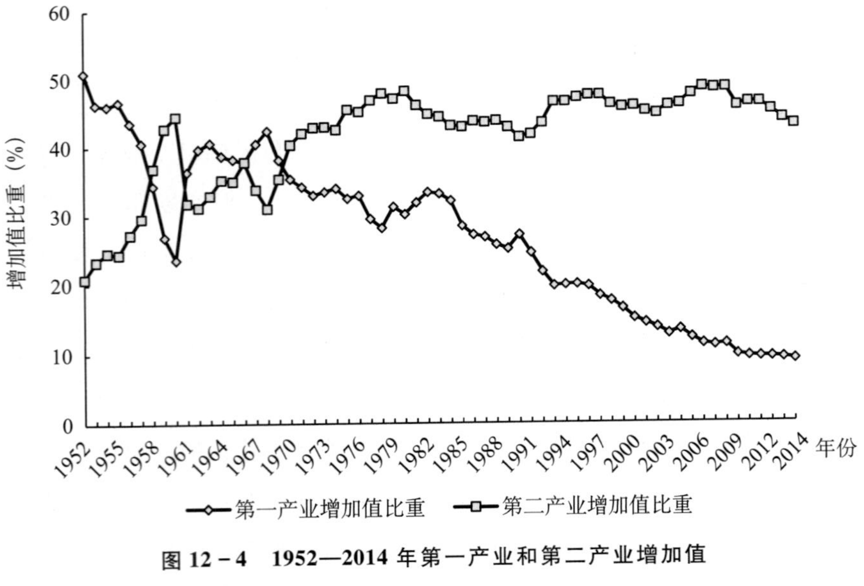

图12－4　1952—2014年第一产业和第二产业增加值

资料来源：国家统计局网站.

（三）**传统农业的改造**

本书在对计划经济时期和市场经济时期产业变迁维度阶段性评价中就曾指

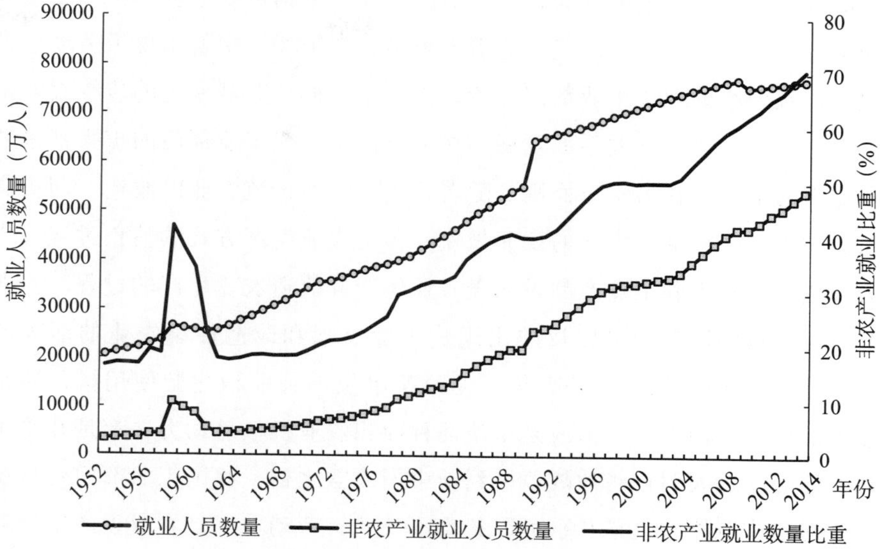

图 12－5　1952—2014 年非农产业就业人员数量

资料来源：国家统计局网站.

出，工业化不仅表现为工业经济的发展，还表现为发展起来的现代工业对传统农业的改造。对传统农业改造的成功与否，一方面决定了农业部门能否因工业反哺带来的劳动生产率提高而释放出更多的农业剩余劳动力，从而为工业的发展提供劳动力资源；另一方面也由工业反哺农业的能力从一个侧面反映出工业的发展程度。现代中国经济转型进程产业变迁维度上的总体性评价，虽突出追赶型工业化道路的本质特征，但也不能忽略对传统产业改造成败与否的分析。对于选择追赶型工业化道路的国家而言，由于本国工业化的最初动力很大程度上是来自于外部因素的冲击与影响，工业化进程中不可避免地都会遇到如何处理外部植入的现代工业与内部存留的传统农业之间关系的问题。在追赶型工业化道路中，工业化进程的顺畅与否直接取决于现代工业部门对自给自足的传统农业生产方式的破坏和改造；对传统农业生产方式的破坏越彻底，改造越深入，则现代工业部门的发展空间就越广阔。因此，如果要得出现代中国经济转型中的一大成就是工业化的加速推进，那么就必须考察工业化进程中是否对传统农业进行了深入的改造。

纵观自鸦片战争以来中国经济转型的历史，如果从传统农业改造的视角来看，这一段历史既是中国传统农业生产方式的加速消亡史，同时也是二元经济结构的加速转变史。笔者以为，中国的二元经济结构可以追溯到中国工业化起步的洋务运动时期。随着现代工业引入中国，中国经济中就出现了劳动生产率高但就业规模小的现代工业部门与劳动生产率低但就业规模大的传统农业部门的对立。这种矛盾对立关系的发展，在一方面是现代工业部门的扩张带来非农就业比重的上升，在另一方面则是随着现代工业对传统农业的改造，即提高农业的劳动生产率又减少农业的就业规模。传统农业生产方式的消亡过程，也表现为现代工业技术和工业产品投入于农业生产并改造农业生产的过程。农业生产资料使用量的增长则可以反映出现代工业反哺和改造传统农业的能力和程度。如图 12－6 所示，在 1952 年，无论是单位播种面积化肥使用量，还是单位播种面积农村用电量，抑或是单位播种面积农业机械总动力，都是几乎可以忽略不计的。这表明自鸦片战争后到新中国成立之初，我国工业部门对传统农业的反哺和改造能力也是几乎可以忽略不计的，劳动力仍是农业生产中绝对主导的生产要素投入。图 12－6 同时也反映出，经过新中国成立后六十多年的发展，特别是进入 21 世纪以后十多年的发展，我国农业生产资料的使用情况有了显著变化。单位播种面积化肥使用量、农村用电量和农业机械总动力都迅速增长。这意味着现代工业技术和现代工业产品在农业生产中的使用越来越广泛，劳动力在农业生产中所占的地位在逐年下降。农业生产资料使用量的增加与我国工业增加值的增长保持了相同态势，意味着新中国成立之后不断加速的工业化进程在推动工业体系的建立和完善，引起产业结构的根本性变化的同时，还在不断加快对传统农业的改造步伐。

二、制度变迁维度：被动型市场化向主动型市场化的初步转变

在人类社会由农业文明向工业文明的转型中，经济制度层面也相应地出现由自然经济向市场经济的转型，即市场化的过程。正如向工业文明转型中的工业化可以根据不同国家或民族的特点划分为开拓型工业化道路和追赶型工业化道路，在自然经济向市场经济的转型中，也可以将不同国家或民族的市场化划分为主动型市场化道路和被动型市场化道路。所谓主动型市场化道路，就是指一国或地区在封建社会晚期随着自然经济的逐渐瓦解，由经济体内部的矛盾演化自发地走向市场化进程，并在市场化进程中不断完善以市场机制为核心的经济制度体系。与之相对应的，被动型市场化道路则是指一些国家或地区在封建

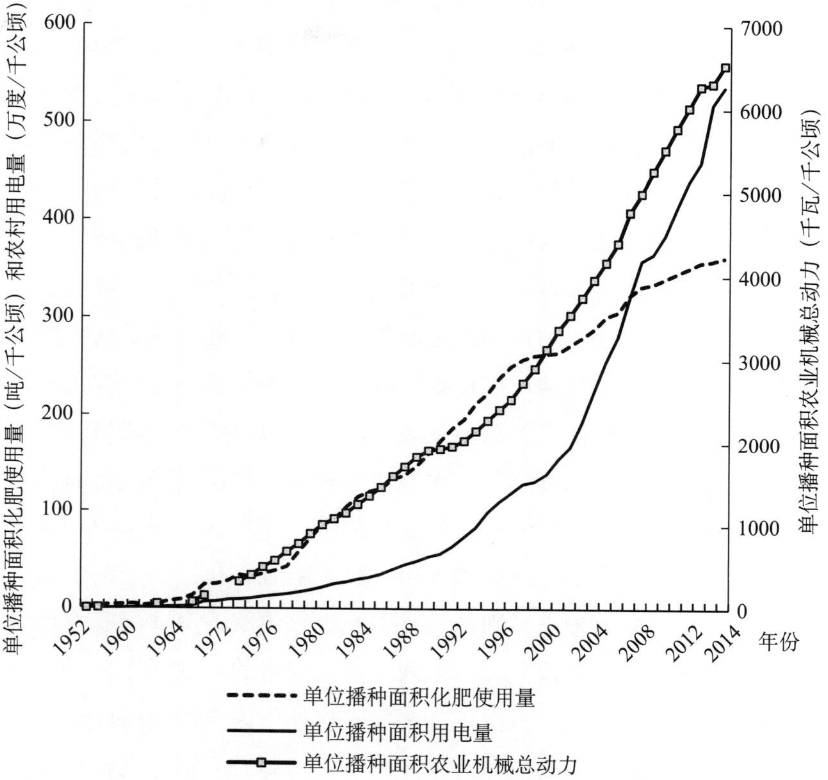

图 12-6　1952—2014 年我国农业生产资料使用情况

资料来源：国家统计局网站.

社会晚期，由于经济体内部因素导致缺乏向市场经济转型的动力和激励，只能在外部因素的冲击和影响下被动地引入市场机制及相关的制度安排。由于外部因素对经济体的冲击和影响程度有限，被动型市场化道路往往表现出市场化不彻底、不完善的特点，虽然市场机制在一定程度上发挥着重要的资源配置作用，但自然经济下形成并一直驻存的制度安排却具有强烈的路径依赖性，以至于与市场机制相关的制度安排难以建立起来，经济制度体系通常表现出“混搭”的特征。

从技术变迁与制度变迁的关系来看，走上开拓型工业化道路的国家通常在制度变迁伊始就形成了主动型市场化道路的有效制度变迁路径，工业化与市场化之间的互动关系较为融洽。与之形成鲜明对比的是，走上追赶型工业化道路的国家，在制度变迁伊始就缺乏向市场经济转型的动力和激励，不得不在外部因素的冲击下才走向被动型市场化道路；而被动型市场化道路中存在的市场化不彻底问题，反过来又会阻碍这些国家的工业化进程，可能导致“追赶失败”。对于走上被动型市场化道路的国家，如何在工业化与市场化之间形成融洽的互动关系，是一个棘手的问题。对世界各国市场化历程的考察会发现，各国的市场化进程大致可以分为三种类型：第一种类型是以英国、法国和美国等国为典型的西欧北美国家。这些国家均是在由自然经济向市场经济转型的初始阶段就在技术变迁维度上选择了开拓型工业化道路，在制度变迁维度上选择了主动型市场化道路，工业化和市场化之间较为融洽的互动关系是这些国家长期在世界范围内处于经济领先地位的重要原因。第二种类型则是以拉丁美洲、东南亚等国为典型的发展中国家。众多发展中国家在向市场经济转型中却面临内生动力不足的问题，市场化进程是伴随着西方列强的殖民侵略而被动开始，工业化和市场化之间并未形成行之有效的互动关系，导致这些国家的工业化进程中断且市场经济制度体系不完善，陷入中等收入陷阱，在世界经济中处于中等或中等偏下的地位。第三种类型则是以日本和少数中欧、南欧国家为典型的发达国家。这些国家也是在英法美等西方列强殖民侵略的刺激下才选择了追赶型工业化和被动型市场化道路，但由于这些国家在外部因素冲击前已经具备了一些向市场经济转型的动力。这些动力在外部因素的刺激下迅速成长并促使这些国家在工业化与市场化的长期互动中，在技术变迁维度上逐渐实现由追赶型工业化向开拓型工业化转变的同时，在制度变迁维度上实现由被动型市场化向主动型市场化的转变。这一类型国家在世界经济中的地位，很大程度上也是取决于这些国家向开拓型工业化和主动型市场化转变的完成程度；转变的完成度越高，则在世界经济中的地位也越高。

从制度变迁维度上评价近代以来中国经济转型进程，则可以将中国经济转型进程取得的成就概括为由被动型市场化向主动型市场化的初步转变。首先，中国与众多发展中国家一样，市场化进程只能追溯到西方列强的殖民侵略，在市场化的最初阶段本国市场发育程度的缓慢提高是与西方殖民者侵略的力度和范围相一致的。其次，在市场化进程中的较长时期内，中国也一直在摸索如何处理工业化与市场化的互动关系，甚至在一段时期内试图走一条无市场化的工业化道路。最后，随着中国市场化进程的推进，中国对于发展市场经济的态度也发生了根本性转变，对市场经济认可程度的不断提高激励人们积极探索适合本国国情的市场化道路，逐渐开始了向主动型市场化道路的转变。在这个转变过程中，中国经济所取得的成就主要表现在以下几个方面：

第一，从市场化转型的矛盾运动来看，从被动型市场化向主动型市场化的转变过程是一个持续的“否定之否定”过程，在这个过程中市场发育程度的提高促进了资本积累，加快了财富积累。近代中国的客观历史条件，决定了中国在市场化伊始只能走上被动型市场化道路，但与众多发展中国家不同的是，在鸦片战争以来一百七十余年的探索和发展中，中国人民却最终选择了向主动型市场化道路的转变。在近代中国市场化进程伊始，相对于鸦片战争之前中国封建地主制经济，即便是被动型市场化道路的选择也有一定的进步意义，并构成了被动型市场化道路的“肯定”方面。但是，随着市场化进程中中国民族资产阶级的产生与壮大，中国在半殖民地半封建社会中扭曲的被动型市场化道路不能为资本主义因素的发展壮大提供肥沃土壤的客观现实，构成了对被动型市场化道路的“否定”方面。作为对被动型市场化道路的“否定之否定”，中国人民最终选择了在中国共产党的领导下通过新民主主义革命和社会主义革命放弃了被动型市场化道路，转向了社会主义计划经济体制。相对于被动型市场化道路，社会主义计划经济体制的建立为中国摆脱帝国主义殖民侵略，实现民族经济的独立自主，创造了有益的制度环境，构成了对社会主义计划经济体制的“肯定”方面。但随着社会主义计划经济体制的建立，逐渐暴露出来的微观主体决策权不足、经济结构比例失衡等问题，则构成了社会主义计划经济体制的“否定”方面。同样地，作为对社会主义计划经济体制的“否定之否定”，中国开始了建立社会主义市场经济体制的长期探索，并在此过程中初步实现了向主动型市场化道路的转变。可见，近代以来中国在制度变迁维度上由被动型市场化向主动型市场化转变的过程，是制度变迁内在矛盾不断运动发展的过程。中国在从被动型市场化向主动型市场化转变过程中的一个重要成就，就是资本积累的能力和程度不断增强，社会财富不断累积，从而为市场化进程的持续奠定了物质基础。从图 12－7 可见，从 1952 年至 2014 年，中国居民财富与收入比持续上升的同时也出现了居民消费与储蓄比持续下降的趋势。两个数据指标的变化趋势表明，在从被动型市场化向主动型市场化转变的过程中，虽然经历了经济体制的多次重大变迁，但每一次经济体制的变迁都对社会资本积累起到了促进作用，社会财富增长的速度越来越快。根据制度经济学对制度变迁经济绩效的评判标准，制度变迁路径是否有效，最终取决于是否促进了经济增长和财富积累。纵观近代以来中国经济转型进程中制度变迁维度上的探索与实践，虽然出现了各种各样的问题，但从总体进程来看，近代以来中国由被动型市场化向主动型市场化的转变是提升了经济绩效的制度变迁。

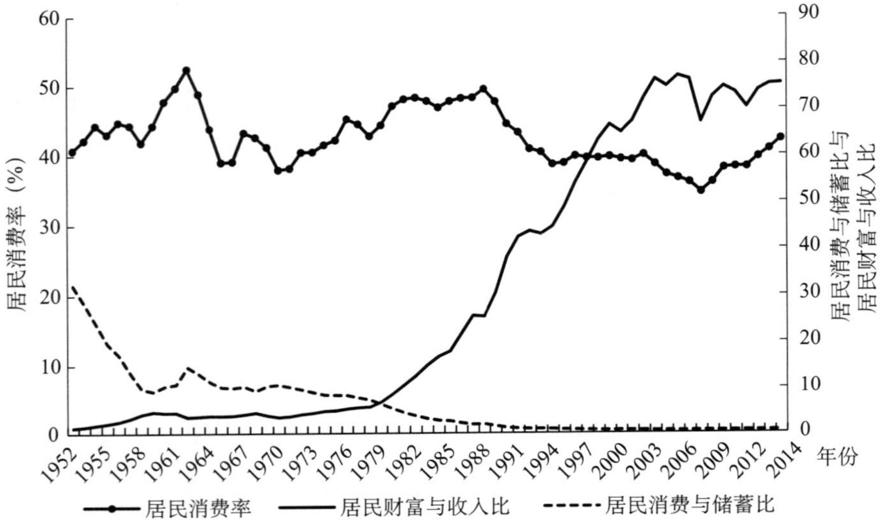

图 12－7　1952—2014 年中国居民财富与收入比和消费与储蓄比

资料来源：国家统计局网站.

第二，从市场化与工业化的关系来看，从被动型市场化向主动型市场化的转变过程是一个不断改进工业化与市场化互动关系的过程，这个过程中市场发育程度的提高促进了劳动人口的转移。自鸦片战争以来，中国人民就不得不面对一个必须解决的问题：什么样的经济制度是与工业化相适应的、是最能促进工业化进程的制度安排。古代中国延续下来的一些经济绩效较低的制度长期驻存，是近代中国逐渐落后于西方国家甚至面临亡国灭种之危机的根源所在。自洋务运动开启近现代中国工业化进程起，处理好工业化与市场化的关系，就成为近现代中国经济制度探索与实践的重要内容。从被动型市场化向主动型市场化的转变过程，也可以视作是工业化与市场化互动关系不断调整的过程。从洋务运动至新中国成立这一段时间里，中国长期实行的追赶型工业化与被动型市场化相结合的发展道路，虽在一定程度上促进了中国经济的发展，但与西方发达国家的差距非但没有缩小，反而明显扩大。一方面，追赶型工业化不能为市场化提供扎实的物质基础；另一方面，被动型市场化也不能为工业化创造良好的制度环境。作为对追赶型工业化与被动型市场化结合模式的“否定之否定”，新中国成立伊始就开始了追赶型工业化与计划经济体制相结合的制度探索。计划经济时期取得的经济建设成就表明，相较于新中国成立前追赶型工业化与被动型市场化结合的模式，追赶型工业化与计划经济体制的结合具有更高的经济绩效，显著地促进了中国工业化进程的加速和中国经济的发展。但随着工业化进程的推进，计划经济体制存在的微观经济主体自主选择权不足的问题也逐渐暴露，表明工业化与市场化之间的互动关系尚有进一步改进的空间。改革开放以后，通过逐步建立社会主义市场经济体制，中国开始形成追赶型工业化与主动型市场化结合的模式，工业化与市场化的互动关系得到改善，工业化进程进一步加速，实现了国民经济的长期快速增长。而随着工业化的推进，中国也具备了由追赶型工业化向开拓型工业化转变的物质基础和技术条件，这也预示着中国工业化与市场化的互动关系还将继续演化发展。从图 12－8 可见，自新中国成立以来，中国非农产业就业人数规模增长迅速，在世界经济发展史上也是空前的，数以亿计的劳动人口实现了由农业生产向非农产业的转移。计划经济时期劳动人口向非农产业的转移主要依靠的是公有制性质非农生产单位就业吸纳能力的增强，反映出追赶型工业化与计划经济体制结合的特征；市场经济时期劳动人口向非农产业的转移则拥有了更多渠道，非公有制经济的发展增强了非农产业的就业吸纳能力。就业结构的变化还远不止发生在城镇。改革开放后，随着乡村就业人数的减少，第一产业就业人数占乡村就业人数的比重也明显下降（见图 12－9），表明随着改革开放以后市场发育程度的提高，商品关系向农村渗透的深度和广度远远超过了新中国成立之前。改革开放后向主动型市场化道路的转轨，使得农村也不再是被动地等待着工业文明和商业文明的侵入，而是在农村内部通过加快发展商品关系，自发地加速瓦解中国农村持续数千年的小农经济。从总体来看，被动型市场化向主动型市场化的转轨过程，是加快了劳动人口迈向现代工业文明的制度变迁过程，促进了经济绩效的提高。

第三，从市场化转型中的对外经济交往来看，从被动型市场化向主动型市场化的转变过程是一个重塑中华民族对外经济交往方式与格局的过程，在这个过程中市场发育程度的提高促进了在独立自主基础上的对外开放。自地理大发

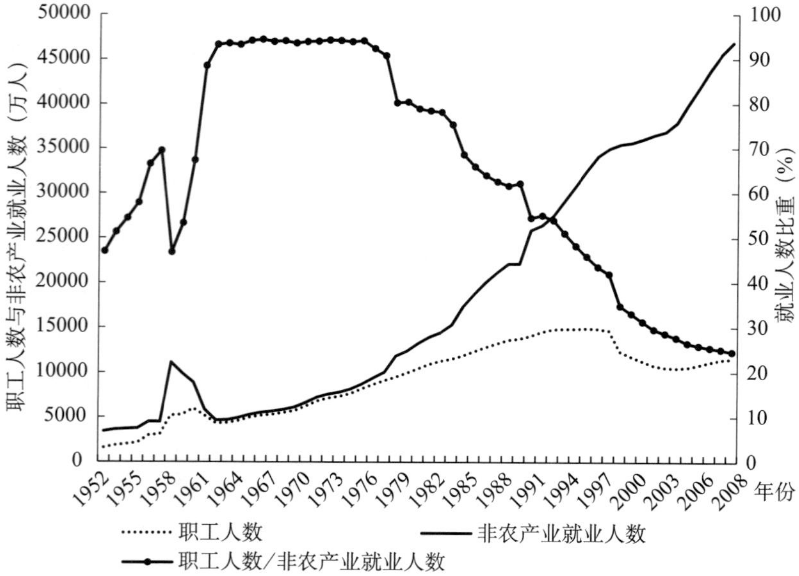

图 12-8　1952—2008 年非农就业结构变化

注：职工人数指标统计的是在国有、集体等公有制性质单位就业的职工人数。

资料来源：国家统计局网站.

现以来，人类社会就进入了全球化的发展阶段，随着市场经济体制在全世界范围的扩张与渗透，越来越多的民族、国家和地区卷入全球化的浪潮之中，对外经济交往成为各个国家与民族在向市场化转型中不可避免的经济活动。但是，并不是所有国家的对外经济交往方式和格局都是有利于本国工业化和市场化发展的，也并不是所有国家的对外经济交往方式和格局都能最大限度地实现本国人民的利益。通过将各国的市场化道路分为主动型市场化和被动型市场化两类，也可以分门逐类地考察不同国家对外经济交往的方式有何差异。西方发达国家由于在市场化之初就选择了主动型市场化道路并促进了本国资本主义的发展，在资本主义内在矛盾的驱使下西方发达国家纷纷走上对外侵略扩张的道路，对外经济交往表现出强烈的主动性和侵略性。广大发展中国家由于历史原因并未走上主动型市场化道路，本国资本主义发展滞后，既没有对外扩张的能力也没有对外扩张的动力，发展中国家大多是在西方国家的殖民侵略中被动地加入全球化进程，对外经济交往表现为被动性和屈辱性。被动型市场化在对外经济交往方面所表现出来的特性，也决定了选择被动型市场化道路的国家往往

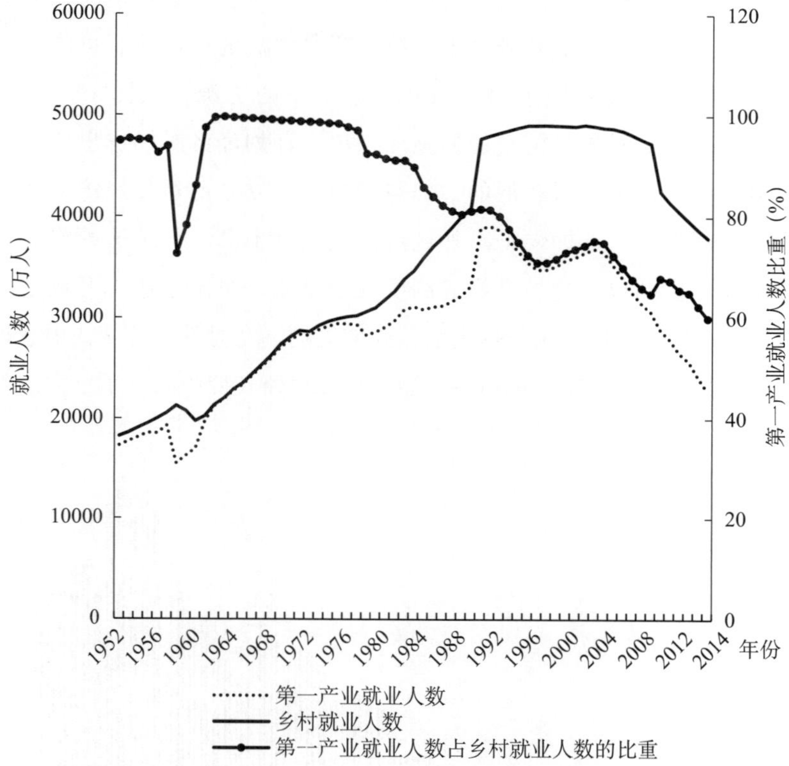

图 12－9　1952—2014 年乡村就业结构变化

资料来源：国家统计局网站．

面临市场发育程度不足的问题，在制约这些国家工业化发展的同时，也造成了这些国家工业化与市场化互动关系的不协调。纵观近现代中国经济转型进程，中国由被动型市场化向主动型市场化的转变过程同时也是重塑中华民族对外经济交往方式与格局的过程。在从鸦片战争到新中国成立前的一百多年时间里，走上被动型市场化道路的中国与广大发展中国家在对外经济交往中所表现出来的特征类似，都有明显的被动性和屈辱性。一方面，被迫与外来殖民者签订了许多不平等条约使中国不断丧失经济主权，社会财富不断受到外来殖民者的掠夺；另一方面，西方殖民者强制性引入的不平等市场交易规则，使得中国资本主义一经诞生就具有了强烈的买办性特征，畸形的市场化进程限制了中国市场发育程度的提高。新中国成立后计划经济体制的建立，尽管对外经济交往范围和深度有限，但终于结束了中国对外经济交往中的被动与屈辱，是自鸦片战争以来中国再次掌控对外经济交往主动权的关键转折。在计划经济时期重塑中国对外经济交往方式与格局的基础之上，改革开放之后的中国才有可能主动地进行对外经济交往，积极利用国内、国外两个市场的资源。从图 12 - 10 可见，相对于改革开放以后对外经济交往的强度来说，计划经济时期进出口总额与国内生产总值之比或许是相对较低的，但与新中国成立之前对外经济交往的本质区别就在于计划经济时期即便是对外经济交往强度不高，但中国始终能够掌握对外经济交往的主动权。这一良好的制度变迁基础，决定了改革开放之后中国对外经济交往的扩大是以中国掌握主动权为前提的。在对外经济交往中掌握主动权，也从一个侧面反映了中国在向主动型市场化道路转变中取得了巨大成就。

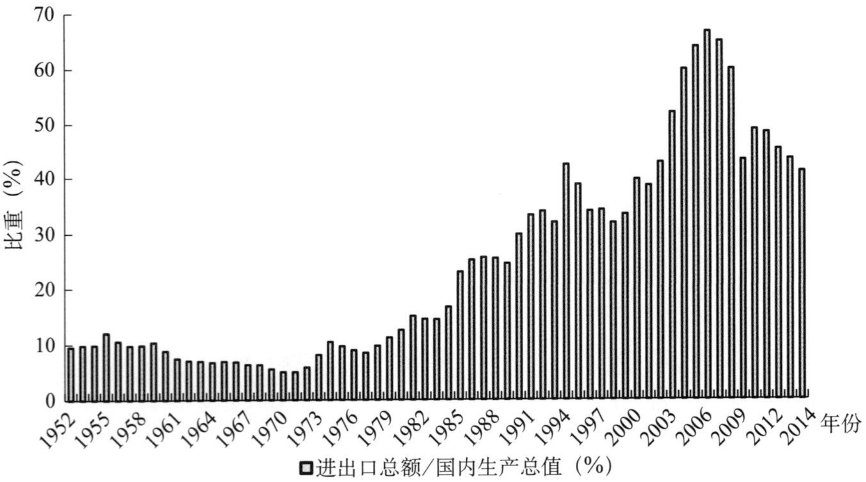

图 12 - 10　1952—2014 年中国进出口总额占国内生产总值比重

资料来源：国家统计局网站．

三、理念变迁维度：中国经济学的初创

从经济基础与上层建筑的关系来看，任何一种经济思想或经济发展理念的出现，都是这个时期经济基础发展与演化的结果；经济思想与经济发展理念也会对经济基础产生反作用。以英法早期经济思想的演进史为例，15 世纪至 17 世纪中叶的英国与法国正处于资本原始积累阶段，新兴的资产阶级为保障自身利益纷纷选择了与封建君主结盟，通过支持封建君主加强中央集权、统一国内市场、实行贸易保护等政策来谋求自身利益的实现，并在这一过程中自发地促

进了英法两国资本主义的发展。这一时期盛行于英法两国的重商主义，正是这一时期英法两国资本主义发展状况的反映；重商主义的盛行也为英法两国早期资本主义的发展提供了发展理念的支持。随着英国光荣革命的成功和工业革命的兴起，在经济上和政治上都已上升为统治阶级的英国资产阶级不再需要依靠国家的力量为其开辟市场。1776 年亚当·斯密出版《国富论》标志着古典经济学理论体系的建立，这一时期古典经济学所倡导的正是经济自由主义的发展理念。可见，倡导经济自由主义的古典经济学之所以出现在英法两国，而不是相对落后的德国与美国，正是因为当时英国和法国能够为经济自由主义理念的传播提供经济基础。反观 19 世纪 20—50 年代的德国，以李斯特为先驱的历史学派之所以强烈反对英法古典经济学，并提出主张关税保护的国民经济学，也正是由于当时德国资本主义的发展相对落后，经济自由主义发展理念并不符合当时德国资本主义发展的需要。正反两方面的案例均说明，没有一种经济思想或发展理念的出现是孤立的、偶然的历史事件，发展理念变迁的动力来源于经济基础的变革与发展。从总体性评价的视角来看，并不存在绝对好或绝对坏的经济发展理念，只能考察经济发展理念变迁与技术变迁、制度变迁之间的协同发展关系存在怎样的变化趋势。

自鸦片战争以来，为实现中华民族的独立与富强，中国人提出了许多的经济发展理念，这些经济发展理念伴随着近现代中国经济转型进程的推进而不断发展，成为了中国经济转型进程的重要组成部分。本书相关章节已经对中国经济转型进程中不同历史时期的发展理念变迁作出了阶段性评价。在此基础之上，有必要在对中国经济转型的历史评价中将发展理念变迁作为一个相对独立的维度来加以考察和评价。总的来看，经过一百七十余年的探索与总结，中国经济转型在发展理念变迁维度上取得的巨大成就可以概括为中国经济学的初步创立。

在笔者看来，初步创立的中国经济学包括以下两个重要理论基石：一是社会主义理论，二是市场经济理论。而中国经济学初创的标志，则是在马克思主义中国化的过程中，创造性地将社会主义理论与市场经济理论相结合，形成了中国特色社会主义理论体系。纵观鸦片战争以来华夏儿女的探索历程，其主旨是救亡图存与国富民强。各种发展理念的引入或提出，均是围绕这一主旨展开的：在晚清洋务运动时期，“师夷长技以制夷”的发展理念强调通过引进西方国家先进技术以达到救亡图存的目的，但由于未认识到封建主义经济制度是近代中国落后挨打之根源，最终以此理念为指导的洋务运动惨遭失败。在辛亥革命时期，孙中山领导的民主革命试图通过引入西方国家“自由民主”资产阶级发展理念，推动中国经济的现代化，但帝国主义、封建主义和官僚资本主义三座大山的压迫决定了近代中国并没有发展资本主义的土壤，具有软弱性的民族资产阶级并不能通过发展资本主义来达到救亡图存的目的。随着“五四”运动的爆发和马克思主义传入中国，中国人民最终找到了可以指导中国革命的科学理论，在马克思主义中国化的过程中推动了新民主主义革命和社会主义革命的胜利，实现了救亡图存的目标。新中国成立之后，囿于当时国内外的历史环境，中国不得不学习苏联模式，建立起社会主义计划经济体制，并在经济建设的各个方面取得了初步成就。但经济建设过程中计划经济体制的种种弊端逐渐暴露，又让中国人民不得不思考什么是社会主义、如何建设社会主义的问题。随着改革开放的逐步展开，中国人民创造性地提出了社会主义市场经济的概念，形成了中国特色社会主义理论体系，并以这一理论为指导推动中国经济建设与经济转型的持续深入。由此，笔者认为，中国经济学可以定义为：在近代以来中国经济转型进程中逐渐摸索出来的，以创造性地将社会主义理论与市场经济理论结合为主要内容的，为中国经济转型和经济发展提供理论支持的正在发展中的一个国民经济学流派。

初步创立的中国经济学对于中国经济转型进程的推动作用，主要体现在以下两个方面：

一方面是为中国工业化进程不断提供创新的理论支持。中国经济学的初创与发展是伴随着中国工业化进程的加速而不断推进的。如前文所述，近代以来中国工业化进程的本质特征是追赶型工业化，但直到新中国成立前中国与西方发达国家在工业化方面的差距是不断拉大的，经过六十余年来持续加速的工业化进程，中国的追赶型工业化道路才基本走完。从发展理念变迁视角来看，新中国成立之前经济建设领域的主流指导思想几乎都是西方国家的舶来品，对于当时中国处于封建主义、帝国主义和官僚资本主义重重阻碍之下的经济状况，来自于西方的资产阶级经济理论显得“水土不服”。新中国成立后，中国人民在中国共产党的领导下，从发展理念层面认识到了加快工业化进程对于维护民族独立、实现国家富强的重要性。尽管在过程中遭遇了种种挫折，但中国人民对如何加快中国工业化进程进行了有益的探索。对计划经济时期工业化中经验教训的总结，也成为改革开放以后中国经济学初步创立过程的重要认识来源。创立中的中国经济学能够始终把握工业化这一中国经济转型中的重要主题，将探索适合中国国情的工业化道路作为中国经济学理论体系中的重要内容。比如，中国经济学没有一味地从经典著作的本本出发，教条式地强调所有制成分的纯粹性，而是创造性地提出了社会主义初级阶段的基本经济制度理论，在坚持社会主义的基础上探索最有利于加速中国工业化进程的社会生产组织形式。又如，为解决中国工业化进程中没有现成经验可以借鉴的特殊问题，中国经济学也在实践摸索中提出了“新型工业化道路”、“新型工农城乡关系”、“五个统筹”、“乡村振兴战略”等新概念和新观点。这些概念和术语虽然在西方国家的经济学教科书中都难以找到，但却可以很好地说明中国工业化进程中出现的问题，并提出解决这些问题的理念和观点。从发展理念变迁与技术变迁的协同关系来看，中国经济转型进程中发展理念变迁与技术变迁的协同关系不断增强，经济发展理念变迁为中国工业化进程提供理论支持的能力也在不断增强。

另一方面是为中国市场化进程不断提供创新的理论支持。如前文所述，工业化进程与市场化进程存在内在关联：一方面追赶型工业化道路选择决定了广大发展中国家只能走向被动型市场化道路，另一方面被动型市场化道路下的市场发育不健全导致发展中国家追赶型工业化道路也步履维艰，在发展中遭遇“低收入陷阱”或“中等收入陷阱”而难以自拔。中国之所以在追赶型工业化道路上取得巨大成就，基本完成“追赶”任务，在一定程度上恰是由于中国经济转型中打破了追赶型工业化与被动型市场化的恶性循环关系，通过在制度变迁维度上摆脱被动型市场化道路，推动工业化进程加速发展，最终迈向主动型市场化道路，并形成工业化与市场化的良性互动关系。新中国成立之前，由于处在追赶型工业化和被动型市场化的恶性循环中，中国并没有形成适合本国的经济发展理念，西方国家舶来的经济学理论也难以有效指导中国经济发展。新中国成立以后，社会主义改造的完成和社会主义计划经济体制的建立，不仅标志着中国彻底扫除了封建主义、帝国主义和官僚资本主义的制度，还开启了摆脱被动型市场化道路的制度变迁过程。追赶型工业化道路与社会主义计划经济体制的结合，虽然推动了中国的工业化进程和生产社会化程度的提高，但是囿于计划经济体制本身的局限性，经济转型中技术变迁与制度变迁的良好匹配关系并未形成。改革开放之后，中国经济学的创立过程中充分吸收了计划经济时期经济管理方面的经验与教训，创造性地提出了社会主义市场经济理论，开启了适合中国国情的主动型市场化道路的理论探索工作。从改革之初提出“有计划的商品经济”到提出“社会主义初级阶段基本路线”，再到提出“建立社会主义市场经济体制”，又再到“全面深化经济体制改革目标”的提出，中国经济学的创立过程也是中国经济转型进程中对适合中国国情的主动型市场化道路的认识不断加深的过程。换言之，中国经济转型中发展理念变迁与制度变迁的协同关系也在不断增强。

第三节　现实的问题

本书在对中国经济转型进程的绩效进行总体性评价时，秉持“用发展的眼光看问题”的基本原则。对于中国经济转型是否已经完成的问题，笔者认为，如果以世界经济转型与发展的一般规律和历史潮流来看，在不同的历史时期和发展阶段，经济转型的阶段性任务或许已经完成；但没有一个国家或民族的经济转型是彻底完成了的，经济转型永远处于正在进行时。在经济转型的过程中，旧的问题和矛盾一旦得到解决，新的问题和矛盾又会出现。这一规律对于中国经济转型进程也是同样适用的。具体来看，当前中国经济转型过程中还面临以下几个现实问题的挑战：

一、技术变迁维度：工业化与信息化、城镇化和农业现代化的协同发展

如前文所述，在技术变迁维度上，近代以来中国经济转型的本质特征就是追赶型工业化道路。沿着这条工业化道路，经过一百七十余年的探索，中国不断加速的工业化进程已经取得丰硕成果，彻底改变了中国经济的面貌。但不可否认的是，在中国工业化进程之中，还面临着各种现实的问题与挑战。笔者认为，这些问题与挑战的本质在于：鸦片战争至今中国一直坚持的追赶型工业化道路已经难以为继，必须进行工业化道路选择的转轨。

对于众多后进国家来说，追赶型工业化道路之所以可行，正是因为已有先进国家选择了开拓型工业化道路并率先推动了人类工业文明的发展。从工业文

明在世界范围内扩散的视角来看，经济全球化过程可以视作是先进国家通过开拓型工业化道路结出的工业文明成果在世界范围内传播和复制的过程。后进国家由于种种原因不能从经济体内部的矛盾运动中演进出工业革命和工业文明，只能从先进国家引进、吸收和借鉴工业文明的技术、制度和理念成果，探索适合本国国情的追赶型工业化道路。后进国家能否通过追赶型工业化道路赶上先进国家，则归根结底取决于这些国家从先进国家引进、吸收和借鉴的那些工业文明成果，是否推动了本国经济的全面转型。对于选择追赶型工业化道路的国家，一旦工业文明成果的引进和吸收已经促使本国工业化进程走上正轨，那么这个国家的工业化进程终会在某个时点上产生质变：本国工业化已经追赶上先进国家，难以再靠引进他国成熟的技术和知识来继续推进本国工业化进程。一旦选择追赶型工业化道路的国家达到这样一个质变点，那么就必须进行工业化道路的转轨，即由追赶型工业化道路向开拓型工业化道路的转轨。如若不能完成工业化道路的转轨，选择追赶型工业化道路的国家就会出现工业化进程的推动力不足的问题，工业化进程也将陷入停滞。

本书通过从技术变迁维度对近代以来中国经济转型进程进行总体性评价，得出的最基本结论就是近代以来中国选择了追赶型工业化道路，并且在全面引进、吸收、借鉴他国工业化中形成的技术、制度和理念成果，积极使这些人类文明的有益成果与中国国情结合，在中国经济转型进程中对中国经济加以全方位的改造。基于追赶型工业化道路选择的持续加速的工业化，是中国经济转型在技术变迁维度上的主要动力。但随着不断加速的工业化进程取得巨大成就，现实的问题也就随之而来。工业体系的建立和完善、产业结构的根本性变化、传统农业改造的加快……所有这些成就都表明，未来中国的工业化进程将越来越难以直接从西方发达国家那里引进、吸收和借鉴工业文明的成果。随着中国工业化的不断推进，中国已经越来越接近当前人类工业文明的潮头；如要继续推进中国工业化，就必须掀起新的工业文明浪潮。这也就意味着，中国的追赶型工业化道路已经难以为继，未来只有转向开拓型工业化道路才能获得持续推进工业化进程的新动力。

当前中国工业化进程之所以要实现由追赶型工业化道路向开拓型工业化道路的转变，主要是因为追赶型工业化道路已经无法解决当前中国工业进程中面临的以下几个现实问题：

（一）工业化与信息化的协同发展问题

从工业文明中的技术演进路径来看，迄今为止人类工业文明经历了机械化、电气化、自动化和信息化四个比较完整的发展阶段。目前智能化初露端倪。自鸦片战争以来，中国工业化进程一直走在追赶型工业化道路之上；但囿于历史原因，直到新中国成立之初，尽管西方发达国家已经迈入自动化工业文明发展阶段，中国仍为实现工业生产的机械化和电气化而努力。新中国成立后中国工业化进程加速推进，到20世纪90年代初时中国在工业生产的机械化、电气化和自动化方面均取得了长足的进步。由于人类工业文明已经迈入信息化发展阶段，如何处理好工业化与信息化的协同发展问题就成为当前乃至未来一段时期中国工业化进程必须解决的现实问题。但是，工业化与信息化的协同发展问题并不是选择追赶型工业化道路可以解决的问题。以英、法、美等国为代表的率先走上开拓型工业化道路的西方发达国家，都是通过工业革命、第二次科技革命和第三次科技革命一步接着一步地完成了机械化、电气化和自动化的工业文明发展阶段，并且随着20世纪90年代初互联网技术的发明与推广，西方发达国家进入了以信息化为主要内容的工业文明最新发展阶段。在西方发达国家的开拓型工业化道路上并不存在工业化与信息化的协同发展问题。因此，即便选择了追赶型工业化道路，中国在工业化进程中仍不能直接从西方发达国家的工业化发展经验中找到解决工业化与信息化协同发展问题的办法。从表12-1可以发现，在20世纪90年代中国与西方国家在信息化方面的差距逐渐拉大，但进入21世纪以后中国信息化建设明显加速，虽然目前在互联网普及率方面与西方国家尚有很大差距，但考虑到中国人口基数巨大，中国已经拥有了世界上规模最大的网民群体，这为中国互联网经济的发展创造了良好条件。

表12-1　中国与部分西方国家互联网普及率的比较　单位：%

年份	中国	美国	英国	法国	日本
1990	0.00	0.78	0.09	0.05	0.02
1995	0.00	9.24	1.90	1.64	1.59
2000	1.78	43.08	26.82	14.31	29.99
2005	8.52	67.97	70.00	42.87	66.92
2006	10.52	68.93	68.82	46.87	68.69
2007	16.00	75.00	75.09	66.09	74.30
2008	22.60	74.00	78.39	70.68	75.40

续表

年份	中国	美国	英国	法国	日本
2009	28.90	71.00	83.56	71.58	78.00
2010	34.30	71.69	85.00	77.28	78.21
2011	38.30	69.73	85.38	77.82	79.05
2012	42.30	74.70	87.48	81.44	79.50
2013	45.80	71.40	89.84	81.92	88.22
2014	47.90	73.00	91.61	83.75	89.11
2015	50.30	74.55	92.00	84.69	93.33

资料来源：世界银行 WDI 数据库.

在当前中国工业化进程中工业化与信息化的协同发展问题之所以非常重要，是因为一方面中国如果不能抓住信息化的历史机遇，那么中国与西方国家的差距又会再次拉大；另一方面，中国要紧抓信息化的发展机遇，就必须夯实本国工业基础，加快工业化发展。显然，要处理好工业化进程中工业化与信息化的协同发展问题，中国就不能继续走追赶型工业化道路，不能等到彻底完成工业生产的机械化、电气化和自动化之后，再开始追求工业生产的信息化。以全球信息化发展的形势来看，即便是一直走开拓型工业化道路的西方发达国家，目前也仍处在工业文明的信息化发展阶段的初步探索之中，尚未形成工业生产信息化的科学模式和有效路径。这就决定了如果中国能够在当前工业化进程中解决好工业化与信息化协同发展问题，探索出工业生产信息化的“中国模式”和“中国路径”，就有条件实现由追赶型工业化道路向开拓型工业化道路的转轨。

2018 年春季喧嚣一时的“中美贸易战”和“中美科技战”也表明，当中国明确提出“中国制造 2025”这样一个试图夺取全球制造业领域制高点的国家战略时，以美国为代表的西方国家则感到了一种强烈的危机感。西方国家对“中国制造 2025”战略的扼制也表明，中国由追赶型工业化道路向开拓型工业化道路的转变已经不可避免且恰逢其时。

（二）工业化与城镇化的协同发展问题

从工业化与城镇化互动的一般规律来看，工业化与城镇化是相辅相成的：工业化的发展为城镇化奠定物质基础，城镇化的发展则反过来为工业化的发展创造外部环境。工业化程度的提高，一方面可以在工业生产集中的城镇中创造出更多的非农就业岗位，加速农村人口向城镇的迁移；另一方面也由于工业技术和工业产品对农业生产的改造，提升农业的劳动生产率将更多劳动力从农业生产中解放出来。城镇化程度的提高，一方面意味着越来越多的家庭摆脱自给自足的生产生活状态，城镇化进程中商品经济的发展为工业化提供了更广阔的市场需求；另一方面则意味着从农村转移到城镇的家庭必须向非农产业提供劳动力才足以维生，这就为工业化发展提供了充足的劳动力供给。因此，从工业化与城镇化互动的视角来看，并不存在工业化与城镇化的协同发展问题。在西方发达国家工业化发展过程中，工业化与城镇化的互动关系也较为和谐（见表 12－2）。

表 12－2　中国与部分西方国家城镇化率的比较　　单位：%

年份	中国	美国	英国	法国	日本
1990	26.44	75.30	78.14	74.06	77.34
1995	30.96	77.26	78.35	74.91	78.02
2000	35.88	79.06	78.65	75.87	78.65
2005	42.52	79.93	79.92	77.13	85.98
2006	43.87	80.10	80.20	77.38	87.06
2007	45.20	80.27	80.48	77.62	88.01
2008	46.54	80.44	80.76	77.86	88.91
2009	47.88	80.61	81.03	78.11	89.74
2010	49.23	80.77	81.30	78.35	90.52
2011	50.57	80.94	81.57	78.58	91.25
2012	51.89	81.11	81.83	78.82	91.90
2013	53.17	81.28	82.09	79.06	92.49
2014	54.41	81.45	82.35	79.29	93.02
2015	55.61	81.62	82.59	79.52	93.50

资料来源：世界银行 WDI 数据库.

但中国人口基数庞大、农村人口众多的特殊国情却决定了中国工业化进程中必须处理好工业化与城镇化的协同发展问题。从表 12－2 可见，与美国、英国、法国和日本等西方发达国家相比，中国的城镇化率尽管在过去的十余年里已经有显著上升，但与发达国家仍有很大差距。中国城镇化率较低的局面，虽然与计划经济时期建立起来并遗留至今的严格人口迁徙政策有一定关联，但归根结底还是由中国人口基数庞大和农村人口众多的特殊国情所决定。要将大量农村人口转移出来，就必须保持足够大的工业生产规模并创造足够多的非农就业机会。从过去十余年中国工业化与城镇化的互动来看，走追赶型工业化道路的中国工业化进程确实通过扩大工业生产规模创造了大量非农就业机会，促进了城镇化的发展。但作为副产品，拥有世界第一工业国头衔的中国却面临着日益严重的空气、水体、土壤等环境污染问题和资源耗竭问题。显然，如果中国继续走追赶型工业化道路，继续使用那些从西方国家引进并吸收的落后技术进行工业生产，那么日渐突出的可持续发展问题也将使工业化与城镇化的协同发展问题成为突出的现实问题。因此，要解决好当前工业化进程中工业化与城镇化的协同发展问题，当务之急仍是要加快向开拓型工业化道路转轨，通过创造发明更先进的工业技术来解决工业化与城镇化面临的各种可持续发展问题。

（三）工业化与农业现代化的协同发展问题

本书在对中国经济转型的技术变迁维度评价中，一直将对传统农业的改造当作评价的一项重要内容。在选择开拓型工业化道路的西方国家，工业化进程与农业现代化进程是并行不悖的。工业文明在西方发达国家的扩张是以传统农业文明的逐步消亡为配合的。一方面由于西方国家在工业革命爆发之前经过了长期的资本原始积累，传统农业生产方式在一定程度上已经被改造；另一方面西方国家人口规模普遍较小，工业化一旦发展起来就会将劳动力总量中的较高比例转化为工业劳动力，劳动力相对稀缺的局面使得农业部门不得不利用工业技术和工业产品改造农业生产，提高农业劳动生产率，自发地实现农业现代化。可见，在西方国家的工业化进程中，工业化与农业现代化的协同发展问题并不突出。从表 12－3 也可以看出，受益于本国农业生产的高劳动生产率，西方发达国家农业劳均产出处于较高水平。

表 12－3　　中国与部分西方国家农业劳均产出的比较　　单位：美元

年份	中国	美国	英国	法国	日本
1990	560.86	—	24241.65	25147.10	17701.84
1995	663.52	—	26764.54	32377.70	19997.68
2000	774.13	44136.24	31093.83	45776.83	29213.88
2005	930.09	58104.22	35418.86	55335.21	32370.99
2006	975.72	59883.94	33422.79	57913.43	33770.51
2007	1010.09	52163.28	32637.71	60054.18	38669.37
2008	1064.19	56668.41	35242.54	65674.34	44274.97
2009	1109.43	65583.13	33451.20	73187.07	42883.14
2010	1160.53	67897.97	33608.74	74181.43	45436.76
2011	1214.32	65633.06	37763.92	80882.03	49595.32
2012	1275.54	61633.82	35471.48	77603.16	53378.99

续表

年份	中国	美国	英国	法国	日本
2013	1332.80	74464.74	36185.10	79962.54	58270.60
2014	1397.62	78223.94	41776.60	94951.73	60937.38
2015	1465.22	—	42902.67	95420.29	—

注：2010 年不变价格。

资料来源：世界银行 WDI 数据库.

中国工业化进程中一直存在工业化与农业现代化的协同发展问题。从表 12－3 来看，中国的农业劳均产出水平一直与西方发达国家有较大差距；尽管在进入 21 世纪后，中国的农业劳均产出水平已经提高了一倍，但是，与西方发达国家在农业劳均产出方面的差距却没有明显缩小的趋势。由此可见，尽管新中国成立以来工业化进程中一直在努力地改造传统农业，但我国农业现代化水平与发达国家相比仍差距巨大。暂时抛开别的因素不谈，由于历史原因形成的庞大农村人口基数是导致中国工业化进程中长期存在工业化与农业现代化协同发展问题的重要原因。一方面，尽管中国工业生产规模之大已经位居世界前列，但努力创造出来的非农就业机会仍不足以在较短的时间内满足农业剩余劳动力全部转移出来的需要；另一方面，由于农业剩余劳动力大量存在，农业生产面临着极低的劳动力成本，这就使得农业生产中缺乏引进工业技术提高劳动生产率的激励，阻碍了对传统农业的改造。显然，追赶型工业化道路下以将农业劳动力转移出农村为前提条件的农业现代化，并不能有效解决中国工业化进程中的工业化与农业现代化协同发展问题。必须加快向开拓型工业化道路转变，探索适合中国国情的、农业劳动力就地（或就近）转移的新型农业现代化模式。

二、制度变迁维度：市场调节与政府调控的有机结合

在制度变迁维度上，中国经济转型的巨大成就主要体现在从被动型市场化道路向主动型市场化道路的初步转变。在这一转变过程中，不仅众多劳动人口从农业生产中解放出来，而且社会财富加速积累，对外经济交往更加密切。在以市场化为主要特征的制度变迁的保障下，中国人民享受到不断推进的工业化、城镇化和全球化带来的物质福利增进。但在制度变迁维度上，当前中国经济转型也面临着问题与挑战：如何处理好市场调节与政府调控的相互关系，实

现市场调节与政府调控的有机结合。

从人类社会经济制度发展的历程来看，各个国家和民族在不同发展阶段摸索出来的各种资源配置方式大致可以分为两类：一类是以商品等价交换为原则的市场调节机制，另一类是以权力强制分配为原则的计划调节机制。两种类型的资源配置方式在私有制与国家伴随着剩余产品出现而产生之时，就已经形成。在人类社会经济制度演变历程中，虽然两类资源配置方式在当时经济制度体系中的地位不尽相同，但仅有一类资源配置方式而没有另一类资源配置方式的情形却相当鲜见。具体历史时期中究竟是市场调节机制作用范围大一些，还是计划调节机制作用范围大一些，则是由具体历史时期的客观条件所决定。随着国家的建立与完善，计划调节越来越成为政府参与和干预经济活动的重要手段，由此市场调节机制与计划调节机制的对立统一关系越来越表现为市场调节机制与政府调控机制的对立统一。在主动型市场化道路中，各个国家往往是根据本国工业化进程和经济发展的现实需要，选择市场调节与政府调控的具体制度组合，在社会范围内提高资源配置的效率。也正是由于选择主动型市场化道路的国家拥有较为宽裕的国内、国际环境，在市场调节与政府调控制度组合的探索与实践中也积累了相当丰富的经验。因此，坚持主动型市场化道路的国家在制度变迁路径上市场调节与政府调控关系的处理也相对成熟顺畅。对于由于客观历史原因而不得不选择被动型市场化的国家来说，由于本国缺乏进行制度变迁的自发探索与实践的经济、政治与文化条件，加之这些国家自农业文明时期延续至今的各种低绩效的制度因路径依赖而长期驻留，这就使得这些国家在制度变迁中长期存在市场调节与政府调控之间关系难以协调的问题。

在当前中国经济转型的制度变迁维度上，面临的现实问题依旧是如何协调市场调节与政府调控之间关系的问题。这一问题主要表现为三个层次：

第一层次，要解决市场调节与政府调控的有机结合问题，就必须通过市场调节机制与政府调控机制的合理搭配克服两种机制固有的缺陷，提高资源配置的效率。无论是市场调节机制还是政府调控机制，都在资源配置方面存在效率损失的问题；只有将两种机制有机结合起来，才能克服两种机制固有的缺陷，达到提高资源配置效率的目的。在中国经济转型进程中，一直存在着两种极端的认识与实践误区。第一个误区是过分强调市场调节机制而忽视政府调控机制的作用。从鸦片战争到新中国成立的一百多年中，一方面是由于帝国主义的侵略和划分势力范围的行动不断通过侵犯中国经济主权削弱了当时中国政府对经济的控制能力；另一方面则是由于崛起的地方政治势力和买办资产阶级不断通过抵制中央集权体制削弱了中央政府对经济的控制能力，政府在资源配置中的作用不断被削弱。由于政府调控作用的削弱，中央政府既不能制定行之有效的产业促进政策，也不能积极抵制外国殖民势力的经济侵略，市场调节机制单方面作用的结果就是中国经济主权不断沦丧，中国新兴的工商业经济严重依附于西方帝国主义势力。第二个误区是过分强调政府调控机制而忽视市场调节机制的作用。从新中国成立之初到改革开放之前，异常严峻的国内外经济政治形势决定了新中国只有建立高度集中的计划经济体制，才能在维护经济主权不受侵犯的前提下，通过积极的产业政策加速工业化进程。但是，计划经济体制下由于微观经济主体的自主决策权和自主经营权几乎被完全剥夺，价格信号的失灵导致国民经济比例关系的失调问题突出，造成严重的效率损失。改革开放以来，随着逐渐向主动型市场化道路的转轨，中国也在吸收国外经验的基础上基本建立并不断完善社会主义市场经济体制，积极探索市场调节机制与政府调控机制有机结合的模式。但在社会主义市场经济体制的建立与完善过程中，市场调节机制与政府调控机制的合理边界在哪里，有机结合的渠道又有哪些，都是目前尚未得到很好解决的问题，市场缺位与政府缺位并存，市场越界与政府越界并存。在社会主义市场经济体制的制度框架之下，尚有很多渐进性制度变迁需要进一步探索与试验。

第二层次，要解决好市场调节与政府调控的有机结合问题，就必须在保障资源配置效率的基础上处理好效率与公平的关系，解决经济发展中的分配问题。在中国经济转型进程中，特别是在社会主义市场经济体制的探索与实践中，一直存在一种认识误区，即效率与公平是对立的，市场调节可以提高效率却不可避免地有损公平，政府调控或有利于公平却不可避免地损害效率。基于这种认识，往往主张在社会主义市场经济体制改革中尽可能多地利用市场调节机制去解决问题，至于公平问题则期待在国民收入的“蛋糕”做大之后再通过有限的政府调控去解决。但社会主义市场经济的实践却表明，效率与公平并非单纯对立的关系：一方面效率的改进有助于促进公平，另一方面公平也有助于提高效率。市场调节与政府调控的有机结合是实现效率与公平之间平衡关系的手段，但能够实现效率与公平的平衡还取决于分配制度。但从社会生产四环节的关系来看，能否形成兼顾效率与公平的分配制度，最终还取决于生产资料所有制的优劣。从近代中国经济转型进程来看，之所以新中国成立之前中国并不能处理好效率与公平的关系，甚至是严重破坏了公平反倒没有提高效率，归根结底还在于新中国成立之前中国长期驻留的封建主义土地所有制和外生植入的资本主义私有制导致收入分配公平问题长期得不到解决，占人口绝大多数的工人阶级和农民阶级在经济上长期处于极其弱势的地位，抑制了普通民众消费水平的提升，也抑制了资本主义的发展又暴露了封建主义的腐朽。新中国成立之后社会主义生产资料公有制的建立，剥削阶级的消灭与劳动者经济地位的改善为分配问题的解决创造了条件。正是在较为彻底地解决了鸦片战争以来遗留的分配问题的基础之上，新中国才能在较好地兼顾公平与效率的基础上以最快的速度推进工业化进程。改革开放以来的建设社会主义市场经济体制的实践也表明，坚持公有制为主体的基本经济制度是四十多年的经济转型中解决市场调节与政府调控协调问题的制度前提。当前中国经济转型中面临的协调市场调节与政府调控关系的问题，并不能简单粗暴地通过扩大市场调节机制作用范围来解决。当前面临的市场调节与政府调控的协调问题，归根结底还在于：能不能在坚持公有制为主体的基本经济制度基础上探索出适应社会生产力发展的公有制经济实现形式。

第三层次，要解决好市场调节与政府调控的有机结合问题，最终还是要看市场调节与政府调控结合的具体模式是否有助于改进工业化与市场化之间的互动关系。正如前文所指出的，近代以来中国经济转型进程中的一组重要关系就是工业化与市场化的互动关系。在中国经济转型的制度变迁维度上评判制度变迁经济绩效是高是低，主要是看一定历史时期的经济制度是否有助于工业化与市场化良性互动关系的形成。新中国成立前追赶型工业化道路与被动型市场化道路的紧张关系，正是那一历史时期难以协调市场调节与政府调控关系的根源所在。市场调节机制作用范围的扩大是以经济主权的沦丧和中央政府经济控制力的衰弱为代价的，而加强中央集权的政治与经济行为又因压缩了市场调节机制作用范围而在损害效率的同时破坏了公平，不利于民族工业的发展和国民财富的积累。新中国成立后追赶型工业化道路与计划经济体制的结合虽然将市场调节机制作用范围压缩到微不足道的程度，但社会主义公有制和分配制度的建立保障了经济中的公平原则，中央政府通过计划经济体制加强对经济控制力的同时也收回了沦丧已久的经济主权，为本国工业化进程的加速创造了独立自主的发展环境。改革开放后追赶型工业化道路与社会主义市场经济体制的结合，则是在保障经济主权的基础上积极主动地寻求利用好国内、国外两个市场的资源，提高资源配置的效率，制度变迁的经济绩效得到持续改善。在当前中国经济转型的制度变迁维度上，市场调节与政府调控有机结合的最终目的，是要促进与改善工业化与市场化之间的互动关系。在产业变迁维度上，由追赶型工业化道路向开拓型工业化道路的转变正在进行，这就决定了制度变迁上向主动型市场化道路的转变还须加快。由于中国开拓型工业化道路上必须解决工业化与信息化、城镇化和农业现代化的协同发展问题，这就决定了中国的主动型市场化道路也必然与西方国家的主动型市场化道路有本质区别。当前中国经济转型的制度变迁难题，恰在于通过探索市场调节与政府调控的具体结合模式，找到社会主义所有制和分配制度的有效实现形式，完善社会主义市场经济体制的基本制度框架，最终达到改进工业化与市场化互动关系的目的。

三、理念变迁维度：中国经济学理论体系的完善

中国经济学是在中国经济转型的实践中形成的，并致力于为中国经济转型提供理论支持的一种国民经济学。这就决定了不仅中国经济学的认识材料完全来源于中国经济转型的实践，而且检验中国经济学理论体系的科学性与适用性的唯一标准就是中国经济转型的实践。只要中国经济转型任务还没有全部完成，中国经济学理论体系的建立与完善过程就不会结束。从中国经济转型的总体性评价视角来看，在理念变迁维度上转型任务具体表现为中国经济学的摸索与创立，而当前理念变迁维度上面临的主要问题与挑战则表现为中国经济学理论体系的完善。由于中国经济学理论体系的完善过程在本质上只能是中国经济转型最新实践探索的理论总结，这就中国经济学理论体系完善发展既不能简单舶来西方国家的经济理论和经济思想，也不能守着中国经济学现有的理论成果而不思进取。中国经济学所要研究的问题既然全部来自中国经济转型的实践，那么当前中国经济学理论体系的主要挑战也在于能否对中国经济转型实践中的新问题和新挑战作出正确描述并给予理论解释。因此，理念变迁维度上面临的问题，不过是中国经济转型在技术变迁和制度变迁维度上所面临的种种问题的意识反映。在理念变迁维度上，问题与问题的解决方法都只能到中国经济转型

中技术变迁与制度变迁的过程中去找。

笔者认为，当前中国经济学理论体系在完善过程中面临的诸多现实问题，集中地体现在以下三个方面：

第一，要完善中国经济学理论体系，就必须对当前中国工业化进程中由追赶型工业化道路向开拓型工业化道路转变的主要任务与现实挑战给予描述和解释，在理论上论证中国特色的开拓型工业化道路的特征、矛盾与突破口。如前文所述，在技术变迁维度上，当前中国经济转型面临的现实问题本质上是追赶型工业化道路难以为继，必须尽快实现向开拓型工业化道路转变的问题。而中国的开拓型工业化道路，并不会是也不可能是简单地复制西方国家曾走过的开拓型工业化道路。中国的开拓型工业化道路必须解决工业化与信息化、城镇化和农业现代化的协同发展问题。如果未来中国能在工业化与信息化、城镇化和农业现代化协同发展方面取得突破，那么中国就将开创一条具有中国特色的开拓型市场化新道路，中国经济转型发展就有可能在更加坚实的基础上加速推进。作为中国经济学已经创立出来的一个经济学术语，工业化与信息化、城镇化和农业现代化协同发展的新型工业化道路已经在中国经济学研究中取得了一定共识；作为一个创新的经济发展理念，新型工业化道路的概念也在当前中国经济转型的技术变迁维度上提供了理论支持和指导。但是，不论是从经济转型中技术变迁与理念变迁的协同关系来看，还是从中国经济学理论体系的完善来看，新型工业化道路的概念还须进一步深化和丰富。要建立新型工业化道路的理论体系，一方面必须从历史的角度出发，分析新型工业化道路与传统工业化道路的关系，在逻辑上明晰传统工业化道路向新型工业化道路转变的必要性和可能性，说明这种转变中存在的内在规律性；另一方面则必须从这个角度出发，分析新型工业化道路中工业化与信息化、城镇化和农业现代化的具体联系，在理论上说明工业化与信息化、城镇化和农业现代化协同发展的可能性与可行性，并再次基础之上探讨工业化与信息化、城镇化和农业现代化协同发展的模式与路径。只要完成上述理论工作，新型工业化道路的概念才不至于沦为一时流行的“口号”，才能形成对中国特色开拓型工业化道路的理念认识，才能为未来一段时期内中国以开拓型工业化为特征的技术变迁提供理论支持。

第二，要完善中国经济学理论体系，就必须在当前中国被动型市场化道路向主动型市场化道路转变中积极探索与深化改革的主要任务和现实挑战给予描述和解释，在理论上论证中国特色的主动型市场化道路的本质特征与趋势。中国经济学的创立过程与中国向主动型市场化道路的转变过程几乎是同时开启的。在此之前，虽然中国各代经济学者们对中国经济转型问题有过研究，但在理论体系形成的物质基础和实践环境尚不具备的情况下，中国经济学理论体系的创立也是不可能完成的。在改革开放之初，创立中国经济学理论体系的愿景迅速转变为了现实，一方面是由于苏东国家盛行的描述计划经济体制运行的经济理论不再能够为中国经济转型提供理论支持，另一方面则是由于西方发达国家盛行的描述资本主义市场经济体制运行的经济理论也不能指导既是社会主义国家又是发展中国家的中国正在发生的主动型市场化进程。随着中国改革开放的不断深入，中国经济转型的实践也为中国经济学的不断发展提供了越来越丰富的感性材料。如前文分析的那样，当前中国经济转型的制度变迁维度上，由计划经济时期的去市场化道路向改革开放后的主动型市场化道路的转变已经初步完成，社会主义市场经济体制已经基本建立起来。但是，这并不意味当前社会主义市场经济体制中已经完全消除了计划经济时期低绩效制度的驻留问题。向主动型市场化道路转变过程中的制度变迁路径依赖问题集中体现在市场调节与政府调控的局部冲突上，而市场调节与政府调控之间的冲突则反映出效率与公平两大基本原则的内在冲突。效率与公平的冲突能否得到妥善解决，则关系到能否减少社会资源的虚耗、尽快增加社会生产力总量的问题。在当前全面深化经济体制改革的制度变迁中，中国经济学就必须从解决市场调节机制与政府调控机制的合理边界和有机结合问题入手，从理论上分析协调效率与公平两大原则的制度框架的构建与完善问题。只有完成这一理论工作，才能为未来一段时期内中国主动型市场化道路的深化提供理论支持。

第三，要完善中国经济学理论体系，就必须突破现有经济学研究范式的束缚，从技术变迁、制度变迁和理念变迁的相互关系入手，通过对整个中国经济转型历程的分析，试图从中国经济转型的具体实践中抽象出人类社会经济转型发展的一般规律。迄今为止，中国经济学也只能作为解释中国经济转型历程的一种国民经济学而出现在世人眼前。中国经济学研究中常将创新的理论和术语冠之以中国特色的头衔。这从一个侧面反映出中国经济学一直强调其作为一种国民经济学的特殊性，而鲜有指出中国经济学中所蕴含但尚未在理论上抽象出来的人类社会经济转型发展规律的一般性。随着中国经济转型的推进和中国在世界经济中地位的上升，中国经济学将要承担一项日渐紧迫的任务，即在中国经济转型的具体实践中抽象出人类社会经济转型发展的一般规律，拔高中国经济学的理论层次。要完成这样的工作，就必须以中国经济转型的整个历程为认识材料，从技术变迁、制度变迁和理念变迁的相互关系入手，打破现有经济学研究范式的束缚，重新构架主流经济学的理论框架。从中国经济转型的实践来看，中国没有像众多发展中国家一样陷入追赶型工业化和被动型市场化的静态循环关系，在技术变迁、技术变迁和理念变迁的协同发展中不断改进工业化和市场化的互动关系，最终转向开拓型工业化和主动型市场化的动态演化路径，说明人类社会经济转型发展中存在一般规律。只要发现人类社会经济转型发展的一般规律，明确加速经济转型发展的必要条件，就可以通过创造经济转型所需的那些条件，使更多的国家和民族摆脱追赶型工业化和被动型市场化的静态循环。由此，中国经济学也将逐步演化成科学性更强、适用性更广的经济学。完成这样的理论建设工作，对于形成并加强中国经济学人的理论自信有着极其重要的意义。

第十三章　中国经济的现实挑战与深度转型

第一节　中国经济转型前的世界格局与中国国情

一、中国转型前的世界格局与中国国情——基于大历史的视角

自1075年的教皇革命以来，西方社会的运行规则发生了一系列变革。到1517年的新教改革时，从市场经济运行的角度看，现代社会所需要的法律制度在这一时期已经基本形成。[①] 1517—1555年的宗教改革，则是意识形态领域的一次革命。自此以后，宗教在世俗生活中的作用则逐步转变为形塑资本主义精神的文化因素，[②] 世俗的活动在上帝面前获得了正当性。[③] 1640—1689年的英国资产阶级革命，标志着实行民主政体的资本主义国家的形成。自此以后，西方现代社会所需要的基本制度和社会结构已经形成。这些现代社会所必须具备的基本制度和社会结构经过不到100年的试运行以后，终于结出了工业革命

---

① 哈罗德·J. 伯尔曼. 法律与革命［M］. 北京：中国大百科全书出版社，1996.

② 马克斯·韦伯. 新教伦理与资本主义精神［M］. 彭强，黄晓京，译. 西安：陕西师范大学出版社，2002.

③ 吴练达，刘思良. 市场经济兴起和发展过程中的伦理转换［J］. 东北师范大学学报，2009（2）：63－67.

的硕果。自此以后，经济领域的现代化进程被开启，并立即显现出巨大的威力。[①] 1860 年，仅占世界人口总数 2% 的英国生产了世界工业品产量的 45%，拥有世界出口总额的 25% 和进口总额的 34%，另外还占有世界商船舰队总吨位的三分之一。这基本上是清王朝在鸦片战争前后所面临的世界格局。

19 世纪后期，德国、法国等欧洲国家和美国也通过工业化赶超进入先进国家行列。[②] 日本通过明治维新的政治经济改革奠定了工业化运动的基础。应该说，在鸦片战争爆发后，若清王朝锐意改革，则时机并不晚。可是，清王朝直至灭亡也没有完成转型的任务。原因何在呢？要探究原因，我们必须从历史深处揭示根源。首先，西方古代社会向现代社会转型的时期恰恰是中国的专制王朝制度日趋完善的时期。自北宋以来，中央日益集权，通过削弱地方政府的军权、财权和行政权，解决了自汉代以来的藩镇割据的局面；君主日益独裁，明代通过废丞相设六部，解决了王权与相权之争；官员选拔制度日益完善，通过改革科举制以及将科举制与学校教育联系在一起，使得整个中国的知识阶层的注意力都集中于儒家经典并以此作为步入仕途的阶梯；通过引礼入法和礼下庶人，儒家纲常伦理成为整个社会的运行规则和乡村自治的原则。其次，商品经济虽然有所发展，但占主导地位的依然是自然经济，并且始终没有出现过类似于西欧中世纪城市那样的市民阶层主导的自治城市。再次，自明朝中后期以来，闭关锁国的倾向日趋严重，严格限制与西方的交往。与此同时，天朝上国的心态使得清政府不能够以客观的视野对待西方世界的兴起，丧失了理解世界趋势和进行变革的机会。其实，早在鸦片战争以前，西方世界的兴起已经以种种迹象展示在国人面前：明末之际的葡萄牙占据澳门、荷兰人侵占台湾，康熙年间的中俄边界之争，乾隆年间的马嘎尔尼代表英王觐见乾隆皇帝。最后，鸦片战争前夕的中国也恰恰处于王朝兴衰周期的衰退期，因而也缺乏强有力的中央政权推行自上而下的强制性制度变迁的能力。总之，历史必然性和偶然性的交汇注定了中国转型的仓促和艰难。

---

① 大卫·兰德斯．解除束缚的普罗米修斯——1750 年迄今西欧的技术变革和工业发展(第二版)［M］．谢怀筑，译．北京：华夏出版社，2007．

② 张蕴岭．亚洲现代化透视［M］．北京：社会科学文献出版社，2001：59．

二、中国转型时期的世界格局与中国国情

从清朝灭亡前夕至改革开放，发达国家在现代化的道路上又有了长足的进步。具体而言，表现在以下几个方面：首先，一系列因经济发展而产生的制度得以形成，即现代企业制度、社会保障制度的建立以及解决人与环境关系的环保制度。其次，发生了两次科技革命，即19世纪末以电气、有机化学和汽车工业为标志的第二次科技革命和20世纪中期以计算机、原子能和航天为中心的第三次科技革命。再次，经济增长方式发生了根本转换。西方发达国家的这一转变是从20世纪50年代开始。根据统计，美国在1950—1960年GDP的年平均增长率为3.3%，全要素生产率的贡献占53%，表明经济增长方式转变为集约型。联邦德国于20世纪60年代，英国、法国和日本则于20世纪70年代实现了这一转变。① 最后，东亚地区的“四小龙”，利用西方发达国家产业转移的机会也相继实现了现代化，这对于中国而言也是巨大的外在压力。在二战以前的两个世纪中，西欧和北美相继实现了工业化，环大西洋地区成为世界经济的中心，高踞现代工业文明的顶峰。而整个亚洲，只有日本勉强搭上了西方工业化的快车。战后初期，亚洲仍然是世界上最贫困的地区之一，被称为“停滞的亚洲”。20世纪60年代以后，亚洲掀起了一场世界经济史上罕见的工业化浪潮，亚洲经济增长率领先于世界经济水平。尤其是东亚地区保持了长达30多年的增长。日本的工业化从明治维新时开始起步，明治维新的政治经济改革奠定了工业化运动的基础，但是，真正取得经济现代化跃迁还是二战以后。从20世纪50年代中期至70年代中期，日本经济以10%以上的高速度增长，完成了对欧美先进国的工业化的赶超。到80年代末90年代初，日本的国民生产总值仅次于美国居世界第二位，人均国民生产总值一度超过美国。亚洲“四小龙”在二战前或是帝国主义长期统治的殖民地，或是殖民者在远东商品的周转站，其资源贫乏、经济结构落后。战后，它们先采取进口替代战略推动工业化，使主要工业消费品达到基本自给。但是，进口替代战略的发展带来市场饱和，外汇严重短缺等问题。从20世纪60年代起，它们抓住了美、日产业

① 张蕴岭．亚洲现代化透视［M］．北京：社会科学文献出版社，2001：84.

结构由劳动密集型向资本和技术密集型转变之机，利用自己的劳动力资源优势，大力发展出口加工业，开始了经济起飞。从20世纪70年代起，它们再次抓住了美、日等国将部分重化工业转移的机遇发展了重化工业，提升了产业结构，使竞争力大幅度加强并迅速成为富裕的和有国际竞争力的新兴经济体。[①]就世界政治格局而论，美苏争霸虽然激烈，但和平与发展已经成为世界的主流。与此同时，中美在1979年正式建立外交关系，国际环境朝着有利于中国的方向变化，无形中为中国对外开放创造了条件。这大体就是中国改革开放时所面临的世界经济和政治格局。

从清王朝灭亡一直到中华人民共和国成立前夕，由于缺乏稳定的社会环境，中国不具备现代化所需要的内外部条件，中国现代化进程异常缓慢，基本处于停滞状态。中华人民共和国成立以后，中国获得了重启现代化的稳定的国内环境。这次现代化历程是以重化工业为中心的赶超战略为指导。虽然实施重化工业为中心的赶超战略使中国迅速建立了比较完整的工业体系，但付出的代价也是巨大的。以重化工业为中心的赶超战略，不仅扭曲了价格体系，而且造成了高度集中的资源配置制度和缺乏激励的微观经营机制。效率低下、寻租泛滥等又最终阻碍产业结构的升级，使长期发展受到影响。与此同时，由于没有消除传统观念的影响，高度集中的计划经济体制无形中又加重了权力控制社会的程度。

值得指出的是，尽管计划经济体制存在着经营方式粗放、经济效益低下和容易滋生官僚主义等制度性缺陷，但是，应当认识到计划经济体制的形成有着深刻的历史背景，并不是某个人的权威和意志所能决定的，而是在特定历史背景下不得已而为之的集体选择。概括来说，我国计划经济体制的形成，具有以下三个原因：

首先，政府控制经济活动的文化传统是计划经济体制形成的思想文化基础。在中国古代社会中，虽然私有现象长期存在，但一直没有形成完整的私有产权概念。“普天之下，莫非王土”的观念，使得即便地主也不拥有对土地的完整私有产权。以皇权为代表的政府拥有干预和控制经济活动的合法性。在经济转型的过程中，这种落后思想的延续使得通过干预和控制经济活动来推进转

① 张蕴岭．亚洲现代化透视［M］．北京：社会科学文献出版社，2001：62－63.

型的政府行为拥有广泛的群众思想基础。公众倾向于认为政府应承担实现经济转型目标的“责任”，政府是否能够承担这种“责任”直接关系到政权的合法性。因此，为维护政权合法性，政府只能承担起实现经济转型目标的“责任”，并通过干预和控制经济活动，来履行这一“责任”。因此，新中国成立之后，许诺实现国家繁荣富强的人民政府自然而然地选择通过加强对经济活动的干预和控制来履行政府的“责任”。而私有产权保护观念的缺失和绝对平均主义思想的盛行，使得当时中国具备了改造私有经济和建立高度集中的计划经济体制的思想文化基础。即便以新制度经济学的制度变迁理论来解释，由中国传统文化中民众对政府“责任”的界定所形成的“心智构念”，不可避免地会对近代中国经济转型中的制度变迁路径产生形塑效应。

其次，加速资本积累的历史任务是计划经济体制形成的经济根源所在。在资本原始积累严重不足的条件下，要快速推进工业化进程，赶超发达国家、并最终实现中华民族伟大复兴的目标，必然面临严重的资金匮乏问题。百余年的殖民入侵和数十年的连绵战乱，已经使得中国经济千疮百孔、一穷二白。在封建压迫和殖民入侵的夹缝中畸形成长的民族资产阶级，无力完成快速实现国家工业化的历史任务。与此同时，人民政府通过没收“四大家族”的官僚资本，掌握了大量的经济资源，控制了国民经济命脉。因此，人民政府理所当然地选择利用其掌握的各种经济和政治资源，通过强制储蓄的手段集中全国人力、物力与财力，加速资本积累过程，加快工业化步伐。事实上，在实施计划经济的前二十余年中，虽然出现了一些政策失误，但中国还是成功地建成了遍布全国的一大批农田水利设施，建立了一套独立而完整的工业体系，取得了以“两弹一星”为标志的一系列国际领先科研成就。这些成果的取得，都为改革开放后中国工业化和城市化的快速推进奠定了基础。从某种意义上讲，计划经济时期完成的资本积累，是中国经济由未经过资本原始积累的封建自然经济向高度发展的工业经济转变的必要条件。而新中国成立后，要迅速完成资本积累和工业化起飞的历史任务，除了选择计划经济体制，也别无其他体制可选。

最后，中国当时所处的国际环境是计划经济体制形成的国际背景。新中国甫一成立，就面临着非常严峻的国家安全形势：国内各种反动力量伺机破坏，败退台湾的国民党残余军事力量图谋“反攻大陆”，以美国为首的西方阵营对中国实施全面封锁。在这种严峻的国家安全形势下，中国不可能走一条对外开放、利用外资的开放型工业化道路。而新中国成立初年中国实行的“一边倒”外交政策，使得中国在国民经济的恢复和建设过程中深受苏联计划经济体制的影响。苏联计划经济模式，是当时中国对经济体制的实践探索过程中唯一可以直接借鉴学习的对象。因此，虽然国家领导人已经隐约认识到苏联计划经济体制存在弊端，但仍不得不选择学习苏联计划经济体制，试图构建具有一定中国特色的计划经济体制。

第二节　改革开放以来中国经济所面临的现实挑战

一、面对西方挑战，如何通过制度变迁迈向现代化

鸦片战争以后，国门已经洞开，关门演唱“王朝更替”的大戏已经落幕。中国社会所面对的问题是基于自给自足的自然经济的封建专制社会如何应对以现代大工业为基础的民族国家的挑战，已经不能够通过王朝周期性的更替来进行消解，而必须通过社会结构的再造实现现代化。

（一）改造传统社会结构依然是未竟的事业

所谓改造传统社会结构依然是未竟的事业主要包括两个方面的含义：传统社会结构在改革开放以前并没有得到根本改造；传统社会结构依然制约着中国的改革开放。下面对此进行详细阐述。

1. 从改革开放前的转型的历程看，传统社会的结构依然没有得到彻底改造

自鸦片战争以来，中国就处于社会转型之中。中国所面临的问题是中国如何进行现代化的问题，如何在兴起的西方挑战下的大转型，如何在社会结构再造基础上实现民族独立和民族的复兴。但是，自洋务运动至改革开放以前，中国传统社会的结构（权力支配社会）依然没有得到根本改造，反而因为曲折的转型历程和计划经济的推行而得到加强。

鸦片战争以后，中国之所以必须转型，原因在于这场战争不是野蛮部族入侵中原，而是一个更先进的社会与落后社会之间的战争。这场战争实质是三个不同层面竞争的交会：从最表层看，只是近现代的军队与中世纪军队之间的战

争；从较深层面看，则是基于市场经济而形成的强大综合国力的国家与基于自然经济而经济实力弱小的国家之间的竞争——1860 年，仅占世界人口总数 2% 的英国生产了世界工业品产量的 45%，中国的洋务运动才开始起步；从最核心层面看，则是基于不同社会秩序观而形成的社会之间的竞争，亦即不同制度体系之间的竞争——从 1075 年到 1689 年，西方社会基本完成了现代社会的制度建设，在此期间中国的专制王朝的制度则日趋完善。由于制度体系间的竞争外在表现是以经济实力为核心的综合国力的竞争和军事竞争，因此，本该以制度重建为中心的社会，反而从军事与经济层面来着手进行转型。清朝以洋务运动为起点的转型并不比日本的明治维新迟，但两者绩效却截然不同，根本原因不在于洋务运动有没有一点经济成就，而在于洋务运动只是器物层面或者说是技术层面的改革，而不是在社会秩序观更新基础上的制度重建。辛亥革命的成功，只是推翻了帝制，真正义意上的民主政治并没有建立起来——自然经济没有得到根本改造和深厚的专制土壤并没有被彻底铲除；军阀混战、外敌入侵和内战也没有为建立现代化提供外部环境。中华人民共和国成立以后，虽然解决了民族独立和祖国大陆统一的问题，但民主建设和法治建设依然长期滞后于经济转型与经济发展的需要。中华人民共和国的成立，也只是暂时缓解了外部制度竞争的压力，而没有从根本上解决外部压力。外部压力依然以经济压力的表象形式呈现在国人面前。因此，新中国成立以后，我们一直在寻找通往经济增长的路径，甚至在“文革”时期，也还有“抓革命，促生产”的口号。“文革”结束后，以经济建设为中心的提法逐渐深入人心。于是，我们进入到以经济建设为中心开始的经济转型路径中。

从历史的经验和社会转型的使命看，改革开放是否最终取得成功依然取决于我们能否成功地解决制度重建问题，说得更加直接一点就是，能否通过制度变迁限制国家权力的滥用和保障公民的权利——这是我们面对西方制度的冲击至今正在解决，或者说尚未完全解决的历史遗留问题。

2. 传统观念和社会结构依然对改革开放产生消极影响

所谓传统观念与社会结构对于中国的重大影响主要是指它们依然对当今中国社会转型具有阻碍作用，具体表现在人治和权大于法的现象依然大量存在。具体表现在以下几个方面：首先，约束权力的制度体系依然不完善，权力约束主要依靠更大的权力制约；其次，一些公务人员没有树立为人民服务的宗旨，依然存在贪图享乐、作威作福的思想和行为；再次，少数政府部门利用改革之机，不是通过规则的制订谋求部门利益，就是利用权钱交易谋求个人私利，使“权为民所用，利为民所谋，情为民所系”流于口号；最后，敬畏规则的信念还没有普遍形成。时至今日，对权力的崇拜仍然在人们的语言和行动中有下意识的流露。如亲戚朋友犯了罪，不是期盼公正的裁决，而是希望通过“找人”达到“大事化小，小事化了”的目的。10 年间为 50 个贪官做过辩护律师的钱列阳曾指出，贪污腐败惩治不尽的原因就在于：贪官对法律缺乏敬畏。在贪官看来，有权就不用害怕法律，因为少数政府官员滥用职权干预司法已成习惯。[①] 就此而言，权力支配社会和权大于法的意识和行为依然没有得到根除。中共十八大召开以后，中共中央直接推动的整治“四风”运动，一方面遏制了各种不良风气的进一步蔓延，另一方面也试图通过建立和完善巡视制度以及其他制度来加强对权力的约束。法治观念得到弘扬，权大于法的现象在很大程度上就会得到遏制。但在中国经济转型与经济发展的进程中，弘扬法治、扭转权大于法的意识的工作仍然任重而道远。

（二）传统的道德信念制约着市场经济所必需具备的普适的道德信念的形成

社会中流行的依然是与农耕社会紧密关联的“内外有别”小团体道德，对因分工而联系在一起的他人的责任意识依然没有形成——“为了赚钱，没有不敢造的假”就是具体体现。费孝通在《乡土中国》里曾经指出，传统中国的乡村社会中是差序格局，在这个格局中，从己向外推以构成的社会范围是一根根的私人联系，每根绳子都被一种道德规范维持着。也就是说，传统的中国是典型的熟人社会。当山坳上的中国向都城化的中国发展时，这些维持人与人之间联系的道德之绳大多数都断掉了。以一定价值观念为核心的社会秩序观为人的行为提供内在激励。虽然制度与经济发展的关系是政治经济学最激动人心的研究项目，但是，许多政治、制度或经济结果却很难单纯地用分配冲突和经济激励来解释。在经济环境中，经济激励的确能够解释大部分行为；可是，在产出难以衡量和缺乏竞争的官僚系统和政府组织中，个体激励就非常弱。[②] 在这种情况下，价值观和道德因素就是必须考虑的因素。许多研究已经证实，奉行广义道

① 钱列阳．制度缺失导致贪官多［N］．人物周报，2009－08－17（1－2）．

② 圭多·塔贝里尼．制度与文化［J］．吴敬琏，主编．比较，2010（1）．42．

德的社会（亦即个价值观支持良好的行为规范在一个抽象个体被赋予具体权利的社会中得到广泛应用的社会）能够产生更佳的集体结果；奉行狭义道德的社会（亦即强调小团体内道德的社会）则很难产生较好的集体结果。[①] 以一定价值信念为内容的道德规范之所以能够对行为者构成内在激励，是因为它可以通过代际传递的方式构成行为者行为的习惯，协调行为者的身心。只有依规范而行，行为者才能够获得宁静平和的心境。如腐败在许多发展中国家异常盛行，固然与权力没有得到限制有关，根本原因还在于在这些国家普遍盛行的道德观念是异常狭隘的道德观念：帮别人忙，应当获得回报。易言之，钱权交易在这些国家具有道义正当性。因此，在传统社会的道德体系已经“礼崩乐坏”的情况下，需要重建与市场经济相适应的道德体系。

就一个稳定的社会秩序而言，协调主体身心的道德规范虽并不直接指向“我与他者”之间的关系，但的确是稳定的社会秩序的必要条件。人类社会没有一定数量的“有德之人”，肯定会陷入“霍布斯丛林”世界。从这个意义讲，正是因为规范被行动者内化以后，一定社会秩序才是可能的。因此，协调主体身心的规范同样是形塑稳定社会秩序不可或缺的一部分。中国儒家则走得更远，完全从行为主体的德性的培育出发来型构社会秩序。“修身齐家治国平天下”就是儒家试图从个体德性出发来型构社会秩序的基本理念。其中，修身就是“内圣”之学，故《大学》云：“大学之道，在明明德，在亲民，在止于至善”；“齐家治国平天下”则是“外王”之学，是“内圣”之后的结果。因此，儒家强调“从天子到庶民，一以修身为本”，目的在于“以德持家”，“以德治国”，“以德平天下”。儒教学说之谬，不在于强调行为主体应该修身，不在于儒家没有看到一定数量的有德之人的存在是稳定的社会秩序的必要条件，而在于修什么和过于关注行动主体自身，[②] 而在于将治理社会的权力毫无制约地上交给以帝王为首的官僚集团。对于王权可能产生的危害，儒家也有清醒的认识。[③] 基于个体修养的视角来型构社会秩序本也不是什么错误，但过于

① 圭多·塔贝里尼. 制度与文化［J］. 吴敬琏，主编. 比较，2010（1）. 43.

② 儒家强调的是“三纲五常”，而不是人作为一个平等的行动主体具有什么样的权利和义务。

③ 程颐言：“人主居崇高之位，持威福之柄，百官畏惧，莫感仰视，万方奉承，所欲随得。苟非知道畏义，所养如此，其惑可知。中常之君，无不骄肆；英明之主自然满假，此自古同患，治乱所系也。”程颢，程颐. 二程集［M］. 北京：中华书局，2004：537－538.

强调个体修养自然不会注重约束行为的外在规则——人皆为尧舜，都能“从心所欲而不于逾矩”，需要什么外在的规则来协调彼此互动呢?[①] 过于强调个体修养，还可能导致个体对“我与他者”关系视而不见，走向过于自私的境地——“两耳不闻窗外事，一心只读圣贤书”。这一点，马克斯·韦伯在对基督教和儒教比较时对此做过深刻的阐述：个体的本分不是去承担别人的责任，也不是去关心整个社会的状况，而是专心于他自己有利害关系的事。这包括两个主要的成分——他作为一个受过教育的君子的自我发展和他与其他人的关系。在与他人的关系方面主要强调的是与某种特定的个人关系，不是对父母的孝顺，就是对上司的忠诚。因此，儒家追求的秩序是一种确定的具体的秩序。[②] 中国著名史学家陈寅恪也表达过类似的见解：“中国古人，素长政治及实践伦理学。……其言道德，惟重实用，不究虚礼。其长处短处均在此。长处即修齐治平之旨；短处即实事利害得失，观察过明，则乏精深远大之思。……夫国家如个人然。苟其性专重事实，则处世一切必周备，而研究人群中关系之学必发达。故中国孔孟之教，悉人事之学。而佛教则未能大行于中国。尤有说者，专趋实用者，则乏远虑，利己营私，而难以团结、谋长久之公益。即人事一方，亦有不足。今人误谓中国过重虚理，专谋以机械之事输入，而不图精神之救药，势必至人欲横流，道义沦丧。”[③] “人欲横流，道义沦丧”在走向市场经济的中国已经有足够多证据——政府官员的腐败；为了私利，没有不敢造的假；“乏远虑”在政府官员和企业家身上同样也有体现，就政府官员而论，为追求 GDP 所带来的政绩，什么污染的项目都敢引进；就企业家而言，则只对赚钱感兴趣，不愿在形成核心竞争力上下工夫。[④] “市场的规模越大，参与交

---

① 不注重协调人与人之间横向互动的制度建设，对于传统中国而言是内生的。

② T. 帕森斯．社会行动的结构［M］. 张明德，夏遇南，彭刚，译．南京：译林出版社，2003：611－612.

③ 吴学昭．吴宓与陈寅恪［M］. 北京：清华大学出版社，1996. 9－10.

④ 日本管理学家大前研一指出：“中国的一些企业家对赚钱感兴趣，而日本企业家对生产产品感兴趣，这是很大的区别，像丰田公司永远是汽车、汽车、汽车。”他又以日本任天堂公司为例，指出：“如果你成长为全球范围的游戏强者，市场就会有许多钱赚。那么在中国，如果你是任天堂的山内傅就会开始用这笔钱做其他行业了，因为中国国内有太多机会，会导致有些企业家失去了视野，不再为国际化努力。他们也不为在美国市场打造品牌而投入，这就是为什么他们只能是中国企业的原因，他们只能做出口。绝大多数日本企业都会在自己领域做深做强，这就意味他们必须创新，……因此唯一的途径，就是生产更好的产品。”（参见彭红军：《跨越中国制造，我们该向日本取什么经——专访日本战略之父、管理学家大前研一》，《南方周末》，2009 年 10 月 8 日，第 C15 版）

易的人越多，市场的分工就会越细，技术进步就会越快……但是另一个问题出现了，市场的范围越是宽广，越多的人可能互不认识。我们今天所用的消费品的生产者中的99.9%，相信大家是不认识的。好比我手中的矿泉水是谁生产的我不认识，老板我不认识，管理层我也不认识，生产工人我更不认识；但我可以很放心地喝。市场中充斥着陌生人之间的交易，陌生人之间的交易中信任是第一重要的，尤其当涉及生命攸关的事时。”① 概而言之，市场经济不是不需要道德，而是比熟人社会提出了更高的道德要求——对陌生的他者负责的精神。就此而论，这对于奉行“内外有别”小团体道德的国人不能不说是极大的挑战。

二、转型时机会的丧失和转型中的错误引发的新问题

现代化的实质是经济、政治、社会体制和运行方式的不断更新。对于现代化的先行者而言，它是在一个较高的起点上不断推进，即通过不断创新使自己走向新台阶的过程——早在1848年，资本主义社会尚处于蓄势待发阶段，马克思和恩格斯就惊叹资本主义在不到100年时间内“所创造的生产力大于其前期人类所创造的生产力总和”；今天，面对知识爆炸的年代和发达国家的景象，尚若马克思和恩格斯在天国有灵，又该发出什么样的赞叹呢？对于后进国家而言，它是一个不断追赶的过程，通过在经济和社会生活中推广和使用更新的技术，引进和创造新的体制，使自己不断提高，逐步拉近与先行者的距离，从而使经济社会不断更新前进的过程。现代社会与传统社会有本质的区别，传统社会是在“马尔萨斯陷阱”中长期处于停滞不前的状态，可以保持千年不变的田园牧歌，而现代社会则是迅速变化的社会，一日千里。现代社会的变动性和传统社会的停滞性，对于转型社会而言是极大的挑战。不赶超，差距会越来越大，面临出局的风险；若赶超，传统社会的惰性又会拖住赶超的脚步，也可能因此加大追赶的难度而丧失赶超的机会。从一定意义上讲，这正是中国改革开放之时所面临的困境。从鸦片战争以来至中国改革开放以前，中国就因现代社会的变动性和传统社会的停滞性而丧失了最佳的转型机会，并使改革开放面临着许多挑战。

---

① 张维迎．市场的逻辑与中国的变革［J］．探索与争鸣，2011（2）：8－11．

第一，改革开放的中国面临后现代化的冲击。一般而言，真正意义上的现代化是从工业革命开始的，此后，这个进程不仅在现代化的国家继续发展而且不断向其他地方扩展，体现为不断的深化和扩大。从科技革命的维度看，后现代化在发达国家仍在不断深入。

经济增长方式发生了根本转换。西方发达国家的这一转变是从20世纪50年代开始的。经济增长方式的转变是现代化进程中发生的重要现象，也是现代化走向深入的表现。具体而言，经济增长方式的转变表明了人类社会后现代化三个方面的趋向。首先，它宣告了发达国家以殖民掠夺发展中国家财富为主要形式的野蛮扩张式的现代化已经走到尽头。二战以后，发达国家的殖民地纷纷获得独立且实行进口替代战略，于是，以发展中国家和地区作为原料基地和商品市场的粗放式市场扩张模式难以为继。其次，随着发达国家法律法规的完善以及工会之类组织的完善，在面对社会主义国家竞争的条件下，发达国家依靠压低工人工资和延长劳动时间的生产模式难以为继。最后，粗放式生产所引发的环境问题已经威胁到发达国家的生存环境和人类生存环境。

第二，改革开放的中国要完成现代化的使命——清晰界定政府权力和国民权利。制度是以社会秩序观为核心而共同形塑具有某种整体特征的规则系统，是一个社会奉行的基本价值原则。它包括两个含义：一是社会关于制度的信念，即回答一个社会中的人相信什么是制度的问题；二是指关于社会秩序应该如何建立的程序性基本原则，即回答一个社会的制度经由何种程序建立才具有合法性和正当性的问题，回答一个社会“因何而建”、“如何建立”和“应如何建立”的问题。

中国转型前的社会秩序观可以概括为：在天道观下，思考人间秩序问题。天与君王之间是委托代理关系，天委托君王治理天下，君王是天道的承担者，君王对于治下的土地与子民拥有完全的治理权；君王应该遵循天道（即儒家所阐释的纲常伦理）治理天下，否则，天就会重新选择“天子”。君王又分设百官治理子民，官作为君权的代表，对于民又具有绝对的权威性；此外，由于“皇权不下郡县”，因此，聚族而居的村落里的家族和家庭事务由家族和家庭自治。作为社会治理原则的三纲五常原则，赋予了“上、尊、长”者绝对的权力，因此，传统中国自上而下有一系列权力中心，整个社会的治理结构就是命令控制——王对官的控制，官对民的控制，族长对族下的控制，家长对家庭成员的控制。其中，王权高居于权力结构的顶端，既具有控制官员权力，又具有控制家族和家庭的权力，因此，转型前的中国是王权支配社会，基于天道观而衍生的“三纲”则为权力支配社会提供合法性和正当性证明——王道三纲可求之于天。

社会秩序观具有“变形金刚”特性，能够在社会转型过程中通过意识形态的修改使作为认知模式内核的社会秩序观得到维护。比如，在中国的封建王朝时期，天道观为帝王为首的官僚集团控制社会提供了正当性证明；当王朝崩溃以后，进入民国时期，袁世凯就打着“国有即民有”的旗号为国家权力侵占民营经济作借口。从专制王朝到民国再到新中国成立，意识形态的确经历了沧海桑田的变化，但就权力支配社会而言却基本上没有什么变化；就国家权力与个人权利的界定而言，基本上还是模糊不清的。究其思想观念原因就是社会秩序观具有“变形金刚”的特性。社会秩序观具有“变形金刚”特性对于转型社会而言是一个极大的挑战。社会转型就其根本而言就是社会秩序观发生根本转换，而社会秩序观的“变形金刚”特性又阻止一个社会转型的彻底性。[①] 因此，树立文化自觉性对一个转型社会而言刻不容缓，即社会大众必须知道“我们从何处来，向何处去”。[②]

社会秩序观的“变形金刚”特性对近代中国社会现代化进程具有非常大的阻碍作用。这种阻碍作用的突出表现就是国有经济与民营经济在转型过程中形成倒 U 形曲线，严重制约经济体制的转型。所谓倒 U 形曲线是指在中国近代经济转型过程中，国有经济总是先占据很大比重，当其难以为继之时，就有限地退出，一旦经济状况好转，国有经济又借助国家的力量扩展范围。与新中国成立后在社会主义经济制度下建立的国有经济不同，近代中国半殖民地半封建社会性质下的国有经济，实则是阻碍近代中国经济向工业化、市场化转型的

① 制度经济学中有制度路径依赖这一术语，笔者觉得其很难传神地表达一个转型社会的特点，故采用社会秩序观具有“变形金刚”的特性的提法。路径倚赖是意指过去制度如何影响当前制度的一个重要概念。为什么会产生路径依赖呢？在格雷夫看来，是因为过去的制度要素和技术上可行的备选制度要素之间存在一个根本的不对称。由于这种不对称，由于存在这种不对称，由过去传承下来的信念、规则和组织，在新的情形下会作为默认的情形来影响后续的制度，它们作为部分的初始条件影响各种新的备选制度的选择过程。至于制度为什么会产生路径依赖，究竟依赖什么。在笔者看来，就是社会秩序观具有“变形金刚”的特性，也就是说，一个制度体系可以在不触及核心社会秩序观的情况下发生变迁。正是社会秩序观的核心不变，所以才能够出现路径依赖现象。

② 吴练达．制度、行为与经济发展［D］．东北财经大学博士学位论文，2010.

消极因素，并不能对近代中国经济转型起到加速作用。

在具体阐述国有企业在中国近代发展的历程时，我们必须消除一个误区——国有制在中国历史上只是社会主义制度建立以后的事情。首先，国有制在中国历史上有悠久的历史。早在周朝，就有“率土之滨，莫非王土”的说法；专制王朝时期的皇粮国税，同样是基于天下资源是王朝私产的理念；至于盐铁之类的重要资源始终控制在国家手中。其次，国有企业占优势地位，也不是1949年之后的现象，是从洋务运动以来开始的。中国的洋务运动就是搞官商，那时有很多说法，官商合办、官督商办。官督商办有点像我们的承包制，官商合办像我们的合资，官是国营企业。所以，国民党政府从清朝接过来的50%—60%的国民产值来自国有企业，国民党政府从清朝接手后没有一下子私有化，还是叫官商。[①] 但在新中国成立之前的整个中国经济发展史中，国有经济实则是对私有制经济的补充和巩固。国有经济的膨胀，实则是封建主义生产资料私有制下统治阶级与被统治阶级之间矛盾不可调和的产物。在新中国成立前的中国农业社会中，土地兼并导致的自耕农沦为佃农、土地集中于少数人手中的现象越是严重，大地主阶级就越是倾向于通过加强中央集权、膨胀国有经济，来试图调和、镇压被统治阶级的反抗。尽管直到新中国成立以前中国都未形成完整意义上的私人产权，但事实上的土地私有制决定了土地兼并现象不可避免。在不消灭土地私有制的情况下，仅仅加强中央集权、膨胀国有经济也不可能解决土地兼并带来的财富占有两极分化和阶级矛盾激化问题。一旦专制王朝不能很好地代表地主阶级的利益时，地主阶级就会毫不留情地抛弃他们的皇帝，转而通过改朝换代、扶植新的皇帝来试图缓和阶级矛盾。之所以晚清政府、民国政府在近代中国社会中打着各种旗号培植起来的国有经济和国有企业非但没有加速近代中国的经济转型，反倒成为阻碍近代中国经济转型的消极因素，恰是因为半殖民地半封建社会中统治中国的封建主义、帝国主义和官僚资本主义都是建立在生产资料私有制基础之上的。建立在生产资料私有制基础之上的国有经济，恰是市场化转型的最大敌人。

市场经济就其本质而论，就是在规则平等的条件下，普通民众运用自己的

---

① 杨小凯．杨小凯谈经济学［M］．北京：中国社会科学出版社，2004：7.

聪明才智和资源禀赋去捕捉那无处不在、无时不在的市场机会。因此，普通民众有权利自由地支配自己的聪明才智和资源是市场经济赖以建立的前提。普通民众要能够根据市场机会进行自主决策，一个社会必须在价值理念上承认这样自主决策行为是正当的。个体自主决策行为要具有正当性，社会中的每一个个体在身份上必须是平等的，面对的规则应该是彼此共识的演绎而不是任何单边的强加，即规则本身应该是普适的。易言之，理想状态下的市场经济是只有一种风险的经济——即市场风险，任何在此之外所出现的风险（政府的掠夺和黑帮的勒索等）都应该被排除掉。因此，自由、平等、民主、法治、公平、正义、人权等这些普世的价值观念构成了市场经济的基石。

市场经济所要求具备的这些普世价值观与依靠儒家的纲常伦理所建构的等级观念、专制制度是直接对立的。这注定了近代中国在应对外来挑战、发展经济富国强兵的过程中，要走一条漫长而又曲折的道路。国门没有洞开时，当社会处于承平之际，统治者可以根据儒家的纲常伦理玩百姓于股掌之中；当社会状况极端恶化时，就通过“王朝更替”的战争来化解剧烈的社会矛盾，因此，始终难以逃脱“兴，百姓苦；亡，百姓苦”的怪圈。国门洞开以后，关门唱了两千多年的“王朝更替”的大戏无法再上演了，掌握权柄的清朝统治者则处于两难的境地中——若放弃纲常伦理，接纳普世价值观，放手让普通民众发展经济，无异于主动告别既定的社会秩序；若不发展经济，不富国强兵，则面临着被开除“球籍”的风险。这种尴尬的处境，通过以国家为主体兴办企业的方式惟妙惟肖地折射出来——不发展经济不行，但又不放心让普通民众通过自主决策担负发展经济的任务，那最好的办法就是自己来发展经济。于是，中国文化中最核心的价值理念（纲常伦理），在新的历史条件下，就演化为以政府为主体兴办国有企业的“御外之策”，并随着历史的演进逐渐形成路径倚赖。

第二次鸦片战争以后，“师夷长技以制夷”的思想才开始落实到具体的行动中。洋务派先是兴办军工企业，后来才开始兴办民用企业，因为他们已经认识到：西方国家的富强，除了船坚炮利的“长技”外，还在于它们拥有雄厚的经济实力。李鸿章云：“中国积弱，由于患贫。西洋方圆千里、数百里之国，岁入财赋以数万万计，无非取资于煤铁五金之矿，铁路、电报、信局、丁口等税。酌度时势，若不早图变计，择其要者逐渐仿行，以贫交富，以弱敌强，未有不受其弊者。”在这样的思想指导下，洋务派兴办了一些以“求富”为目的的民用工业企业。这些民用工业企业主要包括工矿业、轮船航运业、电话电报业、纺织业。这四大类民用工业有三种形式即官办、官督商办、官商合办，其中官办、官督商办是最主要的形式。

所谓官督商办，就是将原来由官府经办的企业改为由商人出资，由政府监督管理，企业的决策、监督、高级管理人员的任免等都操于政府之手，“由官总其大纲”。因此，所谓官督商办的企业就其本质而言，就是官办企业，因为除了“所有盈亏，全归商人，与官府无涉”外，企业的经营与管理商股股东基本上处于无权过问的地步。在“本集于商，利散于官”的情境下，官督商办的企业在19世纪80年代的后半期出现了“商股难招”的窘况——商人不愿意再拿自己的钱陪官府玩。此时此地，本是改弦易辙之际——商人的企业就该让商人自己经营，可洋务官员们为了继续控制这些企业，不惜以高昂的代价向外国金融机构乞求贷款。“各大型洋务企业到19世纪80年代后期几乎都与外国资本发生了借贷关系，就是明证。”此时此地，也不可能改弦易辙，有着两千多年专制传统的中国，在基本的理念上还没有理清国家与人民的关系，或者更准确地说只理清了王朝与子民的关系——即“普天之下，莫非王土；率土之滨，莫非王臣”与“君为臣纲”之类的等级关系。靠四书五经而掌权的王朝官员们，所谓的见识以及价值观念也不能够超越“三纲五常”和“官山海”铁器国营之类的思想，并以人民的父母官自居。因此，在这样的价值理念支配下，整个专制统治阶层是不会放手让人民有权充分利用市场机会去发财致富的。于是，由此就生出了“官督商办”的怪胎，并导致了普遍的低效率。

面对普遍低下的企业效率，洋务派内部展开了争论。以郑观应、盛怀宣为代表的洋务经办人，主张民用企业应该由民营，可他们为企业的民营化所列举的理由却是不堪一击的——要么借助于“不与民争利”，要么列举“官督”的种种弊端，要么列举西方国家由民间办企业的证据，因为这些理由都没有提升到普通民众有权根据市场的机会自主创办企业、自主进行经营决策。没有这样的提升，企业民营就失去了正当性，民营企业家就失去了兴办企业的自豪感和积极性，正如约瑟夫·熊彼特所言：“企业的成功显然并非在任何地方都是社会显赫名望的唯一来源，只有在生产手段所有权能够决定一个集团在社会结构中的地位的地方才是这样。”[1] 可是，在权力支配一切的社会里要进行这样的提升，又必然冲撞以“三纲”为内核的“专制等级秩序”的基本原则，因为“小民”有权根据市场的机会自主进行决策是有条件的——这个条件就是所有国民一律平等，没有君与臣之分，也没有父母官与其治下的子民之别；这个条件就是：国家为人民而设，只是一个为民众提供服务的组织，而不是凌驾于人民之上的“君王”。这样的条件是任何专制社会都不能应允的，因为答应了这样的条件就意味着专制社会的解体，就意味着依靠纲常伦理所建构的王朝基石的动摇。

事实上，生在专制社会长在专制社会的郑观应和盛怀宣们也作不出这样的论证，一是在我们的传统价值体系里，个体是从属于国与家，根本就没有人权的概念；二是洋务派出于功利的冲动，只积极引进自然科学理论与实用的知识，对社会科学则极端地轻视，因而缺乏可资利用的价值观念。洋务派创立的江南制造局于1868年设立了翻译馆，李鸿章后又将于1862年设立的广方言馆移入厂内。到19世纪90年代末，翻译馆共译书121种，其中自然科学类书籍有66种，军事和军事工程类书籍有41种，史地和社会科学书籍有14种。从该翻译馆所翻译的书的结构可以看出，洋务派对于自然科学与军事是相当重视的，从史地和社会科学书籍只有14种也可以看出洋务派对于不能够直接产生效果的社会科学的轻视和冷漠。这一轻视和冷漠实际上反映的不只是洋务派的短视，也同样反映了一个民族的浮浅。自秦至清朝终结，中国几乎没有出现一个可以与洛克、霍布斯等比肩的政治理论家，也没有出现一个可以与孟德斯鸠相提并论的法理学家。这种情况的出现与专制者的打压以及通过科举制对知识阶层的诱惑有直接的联系，儒家的纲常伦理为这种打压提供了道德正当性，致使整个知识阶层基本上丧失了对社会治理的反思能力。因此，中国近代以来的落后，不只是科学技术的落后，更是社会科学的落后——自秦以来，治理社会的思想就是先秦所形成的儒法两家的那点思想。

既然不能够在价值观层面驳倒“中学”这个“体”，那么“民用企业应该由民营”就自然站不住脚。于是，李鸿章的“官为维持”的思想以及张之洞的“利权分开论”的办企业的思想就有了稳固的价值根基。李鸿章的“官为

① 约瑟夫·熊彼特．资本主义、社会主义与民主［M］．北京：商务印书馆，2006：62.

维持”的思想以及张之洞的“利权分开论”实际上就是“中学为体，西学为用”的观念在兴办近代民用企业中的具体演绎，差别只在于两者强调的重点以及理论化的程度有所不同。张之洞的“利权分开论”直接从“权”与“利”这两个基本概念出发进行立论，主张权与利分开，规定商民只能够得“利”而不能够得“权”。他说：“盖国家所宜与商民公之者利，所不能听商民专之权。”原因何在呢？原因在于张之洞认为只有将企业的经营和管理权操之于官府之手，才能够保障商人的利益——如可以防止集资办企业时的“欺骗”行为，可以使企业的专利权得到保护，可以防止工人罢工等，更重要的是在于企业之权操之于官府之手可以维护社会秩序，如果听任商人开办企业，就会导致“愚民必喜，乱民比作，纲纪不行，大乱四起”。概而言之，对于商人自主开办企业，洋务派的核心人物是既担心又不放心。担心的是能否办好，不放心的是有了自主权的商人是否因自由的获得而犯上作乱。办得好不好还在其次，若因此“大乱四起”就动摇了国本——等级秩序。张之洞的这种担心又不放心的心理典型地表现在湖北汉阳铁厂的选址上。为了节省运输费用，铁厂之类需要铁矿石做原料的企业一般都设在靠近铁矿的地方。可是，张之洞为了便于就近监督、管理，以防主管糜费、员司舞弊、匠役懒惰，居然“舍近求远”，没有将铁厂设在湖北的大冶县，而设在与省府对江的汉阳。汉阳铁厂是官办的，连官办的都不放心，民营的又怎么能够放心呢？因此，张之洞的所言所为折射出中国在迈向现代化过程中的死结。为了抵御西方的挑战，中国必须发展经济。如何发展经济呢？靠民间办企业，政府不放心，担心社会因此而失控；那么就只剩下一条路了，依靠国家发展经济，可是靠国家办企业也走不通——因为靠国家办企业面临着多重困境。第一，国家办企业往往不计成本，用张之洞之言也就是“本为炼铁利用，塞漏卮以图自强，原非为牟利起见”。第二，办了企业之后，国家难以监控企业管理者的“道德风险”行为。如果不能够顺利解决这些困境，国家就不可能把企业办下去；纵然企业能够顺利办下去，国家办企业的思路依然不可取，原因在于市场信息的分散化要求有多个自主决策中心，没有这样的自主决策中心，就堵塞了市场不断扩展的创新之路。

在历史的演进中，专制秩序下的官僚阶层的心态与其他历史偶然因素结合在一起，形成了带有浓厚封建主义色彩的经济发展思想，致使近代中国在维护封建官僚阶层利益的“国有”或“国营”的道路上渐行渐远，严重阻碍了民族资本主义的发展。

从甲午战争以后到北洋政府执政结束，由于时局的动荡不安，国有经济的发展实际上处于停滞时期。“所谓停滞，一方面是指与1894年以前官办企业不断涌现的情况不同，政府新办的企业很少，有些官办的企业还转为民营；另外一方面，与民营企业蓬勃发展的局面相对照，官办企业几乎是停滞不前的。”但是，就是在所谓的停滞期内，北洋政府在处置清政府的官办企业时，大多是把它们收归国有继续维持，而不是将其转为民营。北洋政府收归国有企业时，“并不局限于清末官办企业主体的‘机、船、路、矿’，还包括其他官办企业如中国银行、交通银行，甚至连有些效益比较好的商办企业也不放过如轮船招商局、汉冶萍公司、南洋兄弟烟草公司、永利制碱公司等。”“此外，许多地方政府官夺民业的情况也是屡见不鲜的。”虽然北洋政府将许多企业收归国有是基于解决财政困难，是为了通过加强控制集资敛财，而不是为了经济发展的考虑，但在收购的过程中，高举的旗帜却是“共和时代，国民一体”、“国有即民有”。民国初年，袁世凯就是打着这样的旗号，于1915年1月将铁路收归国有的，完成了连清政府都无法完成的大业。“按照北洋政府交通部与各省铁路公司达成的协议，收归各省民办铁路公司，总计须付铁路股本息共6800余万元，但在事实上，直至1926年底，仍欠近3600万元，占应付款额的52%以上，而同一时期从铁路提取的特别解款却高达11045万元。同时以铁路财产和收入为担保，大举借债，共计各种铁路借款39宗，金额3.89亿余元。”上述这些情况，就是北洋政府时期国有化的实际状况的概述。与清王朝时期相比较而言，北洋政府在两个方面更胜清政府一筹：一是清政府未能够实现国有化的企业如铁路，北洋政府将其国有化了；二是北洋政府借“共和”以及“国有即民有”旗号，为国有化找到了更加精美的外包装，从此以后“君王至上”就顺理成章地转化为“国家至上”了。

到了南京国民政府时期，多重因素的作用使得中国在国有化道路上走得更远。此时，西方自由竞争的市场经济的弊端已经全面显露出来，国家干预经济几乎成为一种世界性的潮流；邻国苏联经济在高度中央集权的情况下取得了较大的成就，这无疑对国民政府具有较大的吸引力；出于工业化、内战和抗日的需要，国家对经济必须控制；此外，孙中山强调“发达国家资本”也为南京国民政府主张国家控制经济提供了理论基础。1935年8月蒋介石倡议“国民经济建设运动”，并提出“建设国民经济为施政唯一之要务”。对于如何进行“经济建设”，当时的学术界积极参加了讨论，形成了两点比较普遍的看法：一是认为“经济建设”的主要内容就是工业化，二是认为搞经济建设和实现工业化必须依赖国家资本的途径。作为一个善于利用各种机会的政治人物，蒋介石利用了这些对于国家控制经济的有利因素，通过控制经济强化了专制主义的统治。

南京国民政府的国有经济发展大体经历了三个阶段：1927 年至 1937 年全面抗战爆发前夕，是南京国民政府国家经济垄断的形成期。南京国民政府实现对国家经济的垄断是从金融垄断开始的，其中最重要的一步就是组建和改建“四行二局”，即设立中央银行，控制中国银行和交通银行，增设中国农民银行，设立中央信托局与邮政储金汇业局。此外，对中小商业银行和钱庄进行控制，南京国民政府就曾经采用“官商合办”的形式先后控制了新华信托储蓄银行，收买和改组了广东银行，利用上海的中国通商银行、中国实业银行、四明商业储蓄银行现银准备不足的机会，中央银行、中国银行和交通银行大批积聚这三家银行的钞票，然后突然袭击，挤兑这三家银行，这三家银行出于无奈，只好接受“官商合办”的要求。通过这些办法再加上币制改革，国民政府基本上控制了整个金融系统。国民政府不仅在此期间内建立了金融垄断，而且开始试图为全面垄断经济做准备。国民政府成立不久，就通过了《建设大纲草案》，规定交通、具有独占性质的公用事业以及基础工业和矿业由国家经营，此外，还通过制定一系列行业法规为国家资本的扩张提供合法性和设立行政机构管理经济活动。最后，还通过接受北洋政府的官办企业、掠夺和兼并民营企业以及兴办新的工矿交通业等方式扩展国家资本的势力。概而言之，这十年国家资本虽然有所壮大，但其发展毕竟有一个过程，由于其主要投资于建设周期长、见效慢的重工业和基础产业，因此，在轻纺这些传统工业上它没有占优势，甚至在工矿业上也还没有占垄断地位。“据估计，1927—1937 年国民政府官营工矿业资本总额约 20600 万元，占同期全国工矿业总资本 137600 万元的 15%，民营资本 117000 万元，占总额的 85%。”

1937 年至 1945 年抗战胜利前夕，是国家垄断经济的强化时期。1937 年抗日战争全面爆发，国民政府一方面调整经济政策，实行全国总动员，大力发展后方的国防、能源、交通等行业，并实行工矿、交通、金融、贸易、物价、物资等方面的经济统制和田赋征实等方面重大举措，为抗战提供了物质保障；另一方面，国民政府借经济统制之机，加强对经济的控制，从而使国家资本的垄断地位得以形成。这一时期国家垄断经济的强化是从两个方面进行的，一是经济统制体制的形成，为经济统制提供合法性的基础；二是借助这一体制所进行的垄断强化活动。经济统制体制包括两个方面的内容：①改组政府机构，适应抗战需要。1937 年 8 月，全面抗日战争爆发不久，国民政府为了适应抗战的需要，设立了最高国防会议，由蒋介石任主席，可以对党政军一切“不依平时程序，以命令为便宜之措施”。1939 年 1 月，最高国防委员会成立，成为最高权力机构和经济决策机构。在这种情况下，其他的经济机构也作了相应的调整。1940 年 3 月，成立了战时经济会议，由行政院长为主席，作为原有经济行政机构之上设立的最高机构。1942 年 3 月，又改为国家总动员会议，成为经济上执行刚颁布的《国家总动员法》的最高机构。②制定和颁布一系列法律、法规作为战时经济建设的基本纲领和政策方针。1938 年 3 月，国民党在武汉召开临时全国代表大会，制定并通过了《抗战建国纲领》作为战时的施政方针。与此同时，还通过了《非常时期经济方案》，提出战时一切经济设施“应以助长抗战力量，求得最后胜利为目标”；对于战时的生产事业，“应以供给前方作战之物资为其第一任务”。1939 年 1 月国民党在重庆召开五届五中全会，正式宣布“依于战时人民生活之需要，分别轻重，斟酌缓急，实行统制经济”。这标志着统制经济政策的确立。1941 年 3 月国民党在重庆召开五届八中全会，为了保证一切人力物力都用于战争，决定对人民的经济活动从生产到消费进行统制。1942 年 3 月国民党颁布《国家总动员法》，规定对物资甚至日常用品的交易、价格、数量都实行管制。抗战时期形成的统制经济，在经济生活的方方面面都使国家资本加强了对社会经济的控制，使国家资本的垄断地位得到了强化。就金融而论，由于抗日战争爆发，人心浮动，纷纷向银行挤兑提存，国民政府于 1937 年 8 月 15 日颁布了《非常时期安定金融办法》，明令限制取款；同年 8 月，出于战时需要一个能够处置金融事宜、事权高度集中的权威机构，成立了由中央、中国、交通和农民四家银行组成的“四行联合办事处”，并于 1939 年 10 月将其改组为“四行联合办事总处”，由蒋介石兼任联合办事总处主席，于是该机构就演变为银行的银行，随着中央银行在 1942 年取得“央行”的地位，该机构作用下降并于 1948 年撤销。从“四行联合办事处”到“四行联合办事总处”再到中央银行取得“央行”的地位，国民政府的金融终于改变了群龙无首的状况。此外，还通过颁布法令实现了对地方银行的监管。总之，国民政府在金融上的垄断地位在抗战中得到了加强。国家银行的存贷所占的比例也由1937年的66.3%提高到90%以上。就国营工矿业而论，国民政府利用抗战时机扩大了规模。从资本总量看，1935年国营企业资本总额为30198万元、1941年达8亿元、1942年增至13.49亿元；同期国营企业资本占全国工业资本总额的比例分别为12%、50%和69.58%。这些数据表明，国家资本在国统区已经取得了垄断地位。

1945年至1949年，随着抗战的胜利以及对日本在华企业的接收，国家资本空前庞大起来，达到垄断程度的最高点。随着国民党在大陆军事与政治上的失败，这些由国民政府所经营的工矿业就被中国共产党接收，形成最初的国有企业。随着计划经济的实行和社会主义改造的实施，在改革开放以前，民营经济几乎在中国绝迹。与此同时，中国经济也再次走向崩溃的边缘。巨大的经济压力和政府财政困难又迫使中国开始市场化改革。

以上所述，就是国有经济在近代中国演进的大体线索。通过梳理这条线索，大致能够得出如下结论：国有经济在近代中国的兴起是统治者不相信人民和抵御外来竞争的产物，是在没有理清国民的权利与国家权力关系的前提下仓促应战的结果。因此，就其产生而言是一头怪胎；就其进一步发展而言，则有多种因素的共同作用的结果——如市场经济的弊端、抗战需要、计划经济思想。究其根本原因就在于我们始终没有厘清作为个体的国民的权利与国家权力的关系，始终没有真正认识到唯物史观的基本观点——人民只有人民，才是创造世界历史的动力。人民创造历史要有平台，市场经济则为个体的国民运用自己的聪明才智和资源禀赋去捕捉那无处不在、无时不在的市场机会提供了平台。“不是说国营企业效率低，而是说国营企业使政府不能发挥当裁判的功能，国营企业效益越高越不好办事，因为国营企业效益越高，政府就越不想放弃其当球员的作用，这个作用与他当裁判的功能是矛盾的。游戏不公平，经济怎么发展？所以，这不是一个效率问题，是一个根本的游戏规则是否合理的问题。”①

① 杨小凯．杨小凯谈经济学［M］．北京：中国社会科学出版社，2004：7.

存在市场失灵的市场经济虽然需要国有企业作为补充，但国有企业存在的理由是市场经济的失灵，而不是民众无权运用自己资源去发展经济。我们的国有企业的存在及其建立的基础则不是因为市场会出现失灵，而是因为没有厘清作为个体的国民的权利与国家权力的关系，以及误解了马克思的社会主义思想的结果。[①] 改革开放之时，中国面临了双重任务，既要现代化，又要避免西方发达国家在现代化进程中野蛮的市场扩张式和粗放的生产模式。“我们时代的挑战是对价值体系的彻底改革，打造新的认知。我们不能在旧思维上建立新国家……一个国家，最好的投资是自由和法治，以及对于人类尊严的敬意。”[②] 在社会主义市场经济条件下，作为社会主义公有制经济重要实现形式的国有经济虽然是维护中国经济主权的核心力量，但在社会主义初级阶段，仍必须处理好国有经济与民营经济等非公有制经济之间的关系。如果不能处理好国有经济与非公有制经济之间的关系，社会主义市场经济体制就不能得到完善和巩固。

三、改革开放过程中产生和累积的新问题——经济社会发展的全面失衡

改革开放以来，中国社会取得了巨大进步，但累积的问题也不少。这些累积的问题可以总体称为经济社会发展的全面失衡问题。所谓全面失衡问题，包括两个维度的问题，系统之间的失衡（经济系统与其他系统之间的失衡）和系统内部的失衡（经济系统内部的失衡）。

（1）经济发展不平衡。经济发展不平衡包括：城乡发展不平衡、区域发展不平衡、内外经济失衡等方面。从一定意义上讲，对一个转型社会而言，经济发展不平衡具有必然性，因为经济现代化本身就不是一个平衡发展的过程，市场自发扩张的过程也是一个不断向前演化的过程，推动经济不断发展的创新行为本就是从无到有不断向前演化的进程。就中国经济发展不平衡性而言，当然也存在上述因素。就此而论，中国经济发展不平衡存在一定程度的合理性。

① 在马克思看来，取代资本主义社会的社会主义社会应该是这样一种社会，即劳动者与劳动条件相结合的社会，这种社会是“个人所有制”，是在共同占有生产资料基础上的“个人所有制”。私有制和团体所有制（如国有）均不是社会主义社会的所有制。具体可以参见：韩立新．关于“个人所有制”解释的几个问题——兼评李惠斌《对马克思关于“私有制”、“公有制”以及“个人所有制”问题的重新解读》［J］．马克思主义与现实，2009（2）：25－30.

② 梅德韦杰夫主持的自由主义智库——当代发展学会2011年2月发表的一篇文章［N］．南方周末，2012－02－09（17）.

但是，就中国经济发展的失衡而言，主要有以下两个方面原因：

首先，出口导向战略下人为压低生产要素价格是造成目前中国经济出现多方面问题的主要原因之一。改革开放之初，为了发展经济，中国学习亚洲“四小龙”的经验，实施“借船出海”的出口导向战略：即大力引入外资，发展出口加工工业，打入国际市场。在吸引外资和扩大出口的过程中，不仅出台各种优惠政策吸引外资，而且人为压低各种生产要素价格以产品价格优势扩大出口。出口导向战略的实施，一方面有力推动了中国经济的发展，另一方面也造成了中国经济发展的不平衡。为了配合出口导向战略的实施，沿海、沿边和沿江开放就是辅助的策略。一旦沿海、沿边和沿江地区获得了开放的机遇，那么国家政策和资金的支持就随之而来，外资也随之跟进。于是，获得开放机遇的地方，就成为各种经济要素的集聚地，并因此而迅速腾飞，进而形成经济发展的区域不平衡。与此同时，沿海、沿边和沿江许多地区本就是中国经济发达地区，开放和开发的机遇获得使这些地区进一步拉大了发达地区与落后地区的差距。至于城乡发展不平衡和内外失衡，也与出口导向战略有内在关联。

其次，计划经济下形成的一些制度没有及时调整，同样也是制造经济发展不均衡的重要原因。如户籍制度所造成的农民非国民待遇，就是加大城乡差距和贫富分化的重要原因。从制度体系的协调性视角来看，在某一制度体系下并不会导致经济发展不平衡的制度安排，有可能在新的制度体系下会导致经济发展不平衡。在制度变迁过程中，究竟要不要推动某一项制度安排的变迁，并不能从这项制度安排本身的内容来讨论，还必须从这项制度安排与整个制度体系的协调性来考察。当某一项制度已经明显不适合在现有的制度体系下存续，就有必要及时改革制度安排。改革的不及时，必然导致整个制度体系的协调性下降，最终加剧经济发展不平衡。

（2）经济系统与其他系统之间的失衡。经济系统是嵌入在自然界和社会政治系统之间的一个子系统。其中，社会政治系统由政府组织和各种社会中介组织所组成，其职能在于为经济系统的稳定运行提供相应的服务。自然界不仅为经济系统提供资源，还能消解生产和消费过程中的废弃物，使之进入物质循环。经济系统则通过为社会政治系统提供资源维持其正常运转，通过利用自然资源和向自然界排泄废弃物与自然界发生相互作用。因此，嵌入视角下完整的国民经济系统应有社会政治系统和自然资源系统，如图 13 - 1 所示。

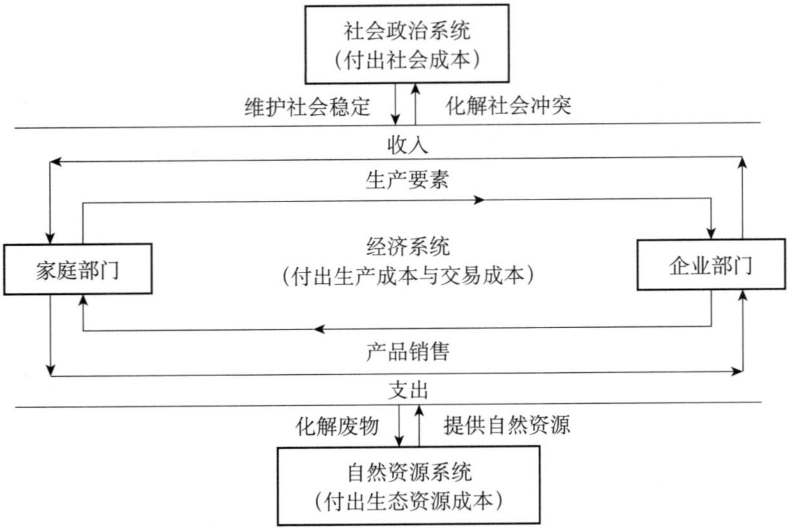

图 13－1　完整的国民经济循环示意图

资料来源：吴练达，甘晗．市场经济下的增长值量评价［J］．财经科学，2011（8）．

市场经济与其他系统之间的失衡关系可以表现在两个方面：一是市场经济由于自身的矛盾性对自然资源系统和社会政治系统的巨大冲击，二是社会政治系统和自然资源系统影响经济系统的正常运行。

市场要能够正常运行和扩展，必须将本不应该成为商品的生产要素必须成为生产要素，并按照利益最大化原则运转。根据卡尔·波兰尼的观点，市场体系本身把本不是商品的东西如劳动力、土地、货币等生产要素变成了商品。“劳动力仅仅是与生俱来的人类活动的另外一个名称而已，就其本身而言，它不是为了出售，而是出于完全不同的原因而存在的，并且这种活动也不能分离于生活的其他部分而被转移或储存；土地不过是自然的另一个名称，它并非人类的创造；最后，实际的货币仅仅是购买力的象征，一般而言，根本就不是生产出来的，而是经由银行或者国家金融机制形成的。”① 显然，没有要素市场的存在，就没有市场经济的存在；可是，要素存在的依据却不是市场，而市场却要求要素按照市场的逐利原则作为可以买卖的商品加入市场系统的运转。阻止生产要素成为商品市场经济无法建立，可是“如果允许市场机制成为人的

① 卡尔·波兰尼．大转型：我们时代的政治与经济起源［M］．杭州：浙江人民出版社，2007：33.

命运，人的自然环境，乃至他的购买力的数量和用途的唯一主宰，那么它就会导致社会的毁灭”。[①] 这就是市场经济的内在矛盾性。

市场经济的内在矛盾性，要求市场要素在市场化过程中必须有相应的保护措施，市场化的进程必须同社会政治系统和自然资源系统协同发展。市场化进程过快，会对社会和自然界造成巨大冲击，并通过社会不稳定和自然环境恶化影响经济系统的运行。在中国市场化改革的进程中，尤其是在20世纪90年代后期进行国有企业、卫生医疗、教育和住房改革时，变迁的速度明显地快于调适的速度，致使改革的成果没有得到普遍的分享，贫富差距扩大。之所以会产生这样的局面，根本原因就在于对市场经济本身以及市场的边界没有清晰的认识——以为只要市场化了，就有了效率，就自然而然地有了经济增长，就自然而然地有了人民的幸福生活。于是，在“效率优先，兼顾公平”，“下岗分流，减员增效”的口号下，向市场经济迅速变迁。在社会保障机制尚未健全的情况下，在极不合理的补偿条件下，甚至在不补偿的条件下，把大批工人推向社会。与此同时，在企业改制的过程中，由于缺乏公平公正的监控机制，许多人借机以极低的价格获得了大量的优质资产。在大力推进企业市场化的过程中，又大力推进卫生医疗、教育和住房的市场化改革，造成卫生医疗、教育和住房方面的费用大幅度增加。

自然资源系统和社会政治系统同经济系统不协调还表现在两个方面：一是自然资源系统已经无法承载中国的经济模式；二是社会政治系统与经济系统的不匹配，使得市场体制呈现破碎化趋势，市场的效率功能难以发挥。到目前为止，改革历程大体包括三个阶段：20世纪70年代末至80年代初的改革启动阶段。该阶段所进行的工作主要包括两个方面，告别过去以阶级斗争为纲的时代和重新确立经济建设的核心地位。当时称为拨乱反正，也就是在基本体制上回到改革前的17年，并对体制的弊端进行一定程度的修复——在经济上引入一定的商品经济因素，赋予居民（尤其是农民）一定程度的经济自由。从20世纪80年代中期到20世纪90年代中后期，是市场化进程大力推进的时期：确立了市场化改革的目标；民营经济有了很大发展，国有经济进行了大规模重

① 卡尔·波兰尼．大转型：我们时代的政治与经济起源［M］．杭州：浙江人民出版社，2007：33.

组。20 世纪 90 年代中后期至现在，则是国家权力对市场控制进一步加强的时期。随着分税制的建立、国有企业治理结构调整，银行、资本市场领域的金融改革等措施的施行，地方政府在城市化过程中对土地资源再配置过程的深度介入，一种权力与市场相结合的体制在 21 世纪初逐步定型。“这个新体制的基本特征是权力和市场结盟，在行政能力继续强化的前提下，把市场体制打碎为市场因素，通过权力重组市场因素，实现对资源的高度垄断。”① 在这种体制形成以后，国有企业不仅能够享受从国家权力中控制资源的利益，同样还能基于其市场垄断地位获取垄断利益；与此形成对照的，则是民营企业获取资源的困境——如中小企业缺乏资本支持，地下融资盛行。因此，打破权力与市场结合所形成的利益格局关系到中国未来发展和转型深入。

经济系统和社会政治系统之间的不协调，使中国改革日趋停滞，有陷入转型陷阱的危险。所谓转型陷阱，即在改革和转型过程中形成的即得利益格局阻止进一步变革，要求维持现状，希望某些具有过渡特征的体制因素定型化，形成最有利于其利益最大化的“混合型体制”，并由此导致经济社会发展的畸形化和经济社会问题的不断积累。② 造成转型陷阱的因素来自两个方面：一是既得利益集团的阻碍；二是既得利益集团败坏了改革的名声——如国有企业重组变成瓜分国有资产的盛宴，听证会变成了涨价会，使得改革失去了民众基础。

总之，中国经济的增长模式并没有跳出以日本和“四小龙”为代表的“东亚模式”：凭借资源成本优势和人口红利，大力发展出口导向型制造业，政府主导和政府的高投资则是这一模式最大的推手。日本经济的长期衰退和 1998 年的东南亚金融危机，说明“东亚模式”必然会面临终极挑战：逐渐丧失人口红利和成本优势；流动性过剩导致的资产泡沫化；制造业发达而服务业相对落后。就中国的经济发展模式而言，也必将面临这样的挑战。目前，日趋上升的人口抚养比和超出环境承受能力的资源耗费和环境破坏，已经是中国经济发展模式的硬约束。房地产市场已经存在资产泡沫化现象。

① 张墨宁，孙立平：用公平正义打破转型陷阱 [J]. 南风窗，2012 (4)：82 - 84.

② 张墨宁，孙立平：用公平正义打破转型陷阱 [J]. 南风窗，2012 (4)：82 - 84.

第三节　中国经济当前发展阶段的深度转型：四重转型的叠加与共振

当今中国所面临的问题和挑战，就其性质而言，就是社会大转型。社会大转型本身就是多种问题耦合在一起的复杂问题，涉及经济、社会、政治和文化等诸多方面。若能够保证转型顺利进行，则各个领域必须协调发展。因此，中国的改革开放，不仅是社会主义制度的完善问题，也不单纯地是从计划经济转向市场经济的问题，更是自清末以来社会大转型的继续。就此而论，中国所面临的问题是多种问题耦合在一起的复杂问题。具体而言，这一复杂问题可以分解为紧密相联的四个子问题。

一、转型 I ——计划经济向市场经济转型

计划经济体制在中国的出现和实施虽然在特定的历史条件下有其合理性，但因其存在经营方式粗放、经济效益低下和滋生官僚主义等制度性缺陷，必然难以长期实行。因此，自 20 世纪 70 年代末，中国又开启了向市场经济转型的历程，并在 1994 年确立了建立社会主义市场经济的转型目标。

（一）计划经济向市场经济转型的必要性

要加快实现中国的现代化建设，就必须实现计划经济体制向市场经济体制的转型。这是由市场经济的优势和计划经济缺陷决定的。具体而言，包括以下几个方面：

首先，实现计划经济体制向市场经济体制的转型，是实现经济生活民主化的重要基础。计划经济本质上是一种指令经济。计划经济体制下，交换活动（特别是生产资料的交换活动）能否顺利完成，主要取决于行政命令，而非市场需求。交换双方缺乏足够的自主权和选择权，是一种并不民主的交换关系，很容易滋生官僚主义思想，进而导致整个社会的民主倒退。市场经济体制则要求交易活动必须是交易双方法律地位平等的等价交易。消除各种经济特权，实现经济生活的全面民主化，是市场经济体制的内在要求。而且从长期来讲，只有实现经济生活的民主化，尊重公民的各种经济权利，才能保证全体民众利益

福祉的最大化，才能实现人的全面发展。因此，实现计划经济体制向市场经济体制的转型，不仅是提高资源配置效率、转变经济发展方式的必然选择，更是实现经济生活民主化的必然要求。经济生活民主化，是形成高度发展的社会主义物质、精神和政治文明的前提和基础。

其次，市场经济是以创新为内驱力的经济。在市场经济条件下，由于存在众多的掌握可以自由支配经济资源的经济主体，由于每个经济主体都对市场状况持有自己的主观判断和认知，于是，主观判断和认知加上可以自由支配的经济资源就可能形成创新，并因经济主体众多而形成许多创新点。市场经济内生的创新特性，正是步入现代社会的国家和地区不断发展的初始源头。市场经济的创新特征暗合了现代社会不断变动的特性，并构成现代社会不断发展的初始源头。在市场经济盛行的现代社会，计划经济的存在之所以具有一定的合理性，原因恰在于市场经济的创新性及其成果为落后国家模仿提供了可以借鉴的目标，后进国家可以通过集中国内资源引进发达国家的先进技术和管理。一旦失去这样的既定目标，计划经济就失去可以追赶的目标，并因此而停滞。市场经济则不然，以市场经济作为经济体制的现代化也不然，人类思想能够走多远，它们就能够走多远。人类思想的丰富性和深刻性是约束市场经济广度与深度的唯一资源。

经过四十年的探索与尝试，“摸着石头过河”的中国经济体制改革已经取得丰硕成果，初步建立了有中国特色社会主义市场经济体制。但是，当前有中国特色社会主义市场经济体制仍存在一些亟待解决的问题。第一，市场发育程度有待提高。虽然经过近四十年的实践探索，我国市场化程度已经显著提升，市场机制已经成为基础性的资源配置方式，但是我国市场发育程度仍有待提高。市场秩序不规范、交易主体不成熟、交易信息不对称和垄断行为得不到制约等问题，严重制约着我国市场经济的健康发展。只有进一步完善我国社会主义市场经济体制，提高市场发育程度，才能实现我国市场经济的健康发展。第二，政府调控经济的手法有待改进。不同于计划经济体制下政府直接控制企业的管理方式，市场经济体制下政府参与经济活动的方式与之存在天壤之别。在成熟的市场经济体制下，政府更多的是通过宏观调控手段指导并参与经济活动。然而，我国虽已初步建立市场经济体制，但计划经济体制下的惯性思维仍然存在，政府仍有直接运用行政命令干预经济活动的“冲动”。这种干预手法并不利于市场机制发挥其资源配置作用，是导致资源配置效率损失的重要原因。规范政府行为，形成科学的政府调控政策体系，是完善我国市场经济体制的重要任务。

（二）中国市场化转型的特殊性

须明确的是，中国的市场化转型不同于西方国家曾经经历的市场化转型。西方国家的市场化转型，是单纯由封建主义的自然经济向资本主义的市场经济转型；中国的市场化转型，则是在社会主义基本经济制度不变的前提下，由计划经济体制向市场经济体制转型。这就决定了相对于西方国家的市场化转型，中国的市场化转型实则是一种前无古人的制度创新。在中国的市场化转型中，必须要完成的首要任务是建立社会主义市场经济体制，使之成为与西方国家的资本主义市场经济体制相竞争的一种制度选择。而中国市场化转型与西方国家市场化转型在社会性质上的区别，决定了中国的市场化转型不可能也没必要照搬西方国家市场化转型的教条，必须从中国的国情出发，从社会主义经济的发展规律出发，探索中国特色的社会主义市场经济发展路径。中国市场化转型的特殊性，具体表现在两个方面：

一方面，中国市场化转型的目的是巩固社会主义经济制度。自我国经济改革伊始，就一直存在一种错误的认知倾向，即认为中国经济体制改革的目标既然是建立市场经济，就应当全方位地导向西方国家的市场经济模式，将西方国家的资本主义市场经济体制作为经济体制改革成败的标尺。这种错误的认知常打着推进改革的名义，明目张胆地反对社会主义经济制度，并试图论证社会主义经济制度是中国市场化转型的最大障碍，必须彻底推翻社会主义经济制度才能实现他们心目中的市场化目标。这种错误认知完全忽略了一个基本事实，即近代以来中国经济转型的历史探索中，中国人民是在付出了惨重代价之后才最终选择社会主义经济制度；如果没有选择社会主义，中国经济转型与经济发展也不可能取得今天丰硕的成果。因此，在中国市场化改革中，首先必须正确认识近代以来中国经济转型的历史，正确理解中国经济转型中选择和坚持社会主义经济制度的必要性。在肯定中国市场化改革必须坚持社会主义经济制度的前提下，中国市场化转型的目标和任务也就随之明确：中国的市场化改革必须以巩固和创新社会主义经济制度为出发点和落脚点。判断中国市场化改革的方向是否正确，必须以社会主义经济制度是不是得到了巩固、得到了创新为标准。

在中国市场化转型中，一切有利于巩固社会主义经济制度的制度创新都应当积极鼓励和大胆实践。

另一方面，中国市场化转型是近代以来中国实现由被动型市场化向主动型市场化转变的制度变迁的重要内容。如前文所述，从鸦片战争到新中国成立的整个近代中国经济转型进程中，在制度变迁维度上的典型特征就是半殖民地半封建社会下的被动型市场化。看似随着帝国主义的入侵和买办资本主义的兴盛，近代中国经济的市场化程度不断提高，但近代中国的被动型市场化对于中国经济转型与发展、对于中国人民的福祉来说却是影响相当消极的。近代中国经济市场化程度越高，则帝国主义、封建主义和官僚资本主义的勾结就越紧密，对中国人民的剥削与压迫就越深重。被动型市场化路径下，中国经济不可能完成工业化和市场化的转型任务，只会作为一个殖民地或半殖民地纳入帝国主义的世界体系，民族的解放与富强则无从谈起。新中国成立后逐步形成的社会主义计划经济体制，虽然存在这样那样的问题，但从中国经济转型史来看，计划经济体制的建立成功地终止了近代以来中国的被动型市场化制度变迁路径，使得中国可以对本国的制度变迁路径做出重新选择。在近三十年的计划经济体制下，由于中国基本建立起独立自主且相对完整的国民工业体系，中国才具备了转向主动型市场化道路的技术条件和物质基础。从这个视角来看，改革开放以来中国市场化转型并不是心血来潮的产物，而是中国经济转型进行了一定历史阶段的必然选择，是实现由被动型市场化向主动型市场化转变的重要制度创新。

二、转型Ⅱ——二元经济结构向一元经济结构转型

所谓二元经济结构，是指一国经济包括两个部门，即传统部门和现代部门。传统部门主要是指自给自足的农业以及简单的、零星的商业和服务业，劳动生产率非常低，边际劳动生产率接近零甚至小于零，存在隐蔽性失业。因此，传统部门只是“维持生计”的产业。现代部门是指基于近现代以来先进的生产方式而逐渐兴起的生产和服务产业，劳动生产率比较高，工资水平也高于传统部门。现代部门是以投资获取利润为导向的。从现代化的进程看，造成二元经济结构的原因包括以下三个方面：第一，产业自然成长而形成的二元经济结构，如英美等国。在这些国家，二元经济结构不具有刚性，随着经济的发

展，二元经济结构会逐渐消失，很快恢复经济一体化。第二，殖民输入形成的二元经济结构。发达国家资本进入高生产率企业，但是，农村还是处于贫困状态，如巴西。由于没有建立起一个巨大的国内市场，农村贫民大量涌入城市，农业进一步衰落，城乡二元经济结构转变为城市二元经济结构。第三，政府高度介入而形成的二元经济结构。在此种模式中，农业与工业、城市与农村经济发展都表现出两个互不相关的过程，两者之间市场机制实现的要素转换值低。农业开始是被剥夺的产业，随后又成为被拯救的产业，农业始终处于经济的“瓶颈”部门。中国在实行市场经济以前的工业化正是采取政府高度介入的形式，并因此而产生了具有刚性的二元经济结构。由此可以看出，二元经济结构的出现是步入现代化过程中必然产生的现象。只有消除二元经济结构，一个国家的经济才能步入现代化之路和城乡一体的市场经济。因此，由二元经济结构步入一元经济结构是经济现代化的需要。

首先，由二元经济结构向一元经济结构转型既是经济体制转变的需要，也是缩小城乡经济发展不平衡的需要。在工业化初期，工业部门比重较小，单纯依靠工业部门自身的积累来筹积发展资金是远远不够的。因此，规模巨大的农业部门必然成了资本积累的一个重要来源，把资本从农业部门转移到工业部门有两种方法：一种是市场性的资源转移；另外一种是政策性的资源转移。前者取决于金融发展和该地区商业集团的起源与行为；后者主要采取净直接税、净间接税等手段。中国在进行工业化的初期阶段，由于不具备市场性的资源转移的条件，则主要求助于政策性的资源转移。中国政策性的资源转移是以具有巨大“剪刀差”的价格为手段、集体化农业为制度支持取得成功的。通过集体化使农业部门劳动者只能得到一个维持生计的费用，抑制了农民的消费。又通过统购统销、高估汇率、有“剪刀差”的价格等方式进一步对农业剩余进行了转移，为中国在很短的时间内建立了完整的工业体系特别是重工业体系。无论采用何种方式进行资源转移，传统部门都会因为资源转移而呈现衰败的景象，进而拉大与现代部门之间的差距，造成城乡经济发展的不平衡。为了使经济协调发展，必须解决二元经济结构问题，以消除城乡经济发展的不平衡。

其次，改造传统产业，使其现代化，是中国经济进一步发展的动力。比较劳动生产率，也称为相对国民收入，是指一个部门产值对总产值之比，与该部门劳动力占总劳动力之比间的比率。它反映1%的劳动力在该部门创造的收入比重，可以作为二元经济结构度量的一种方式。一个部门的相对收入比重越高，劳动相对比重越低，比较劳动生产率就越高；经济中两部门的比较劳动生产率的差别越大，二元性就越强。对比较生产率的国际比较表明：农业比较劳动生产率低于1，非农业比较劳动生产率高于1；两者的变动趋势是，在二元经济结构加剧阶段，农业比较生产率逐渐降低，非农业的逐渐升高；在二元反差达到最高点后，农业的比较劳动生产率转而逐渐升高从低于1的方向向1接近，非农业的越来越低，从高于1的方向向1趋近。我们将农业与非农业的比较劳动生产率作对比就能很好地反映二元化强度。因此，二元对比系数越小，就表明两部门的差别越大，二元性越强。二元对比系数在理论上的最大值为100，通常总是低于100，发展中国家二元对比系数通常在31—45，而发达国家的则一般在52—86。表14-1列示了中国1957—1999年中的一些年份的农业、非农业比较劳动生产率和二元对比系数。

表14-1　1957—1999年中国农业、非农业比较劳动生产率和二元对比系数

年份	农业比较劳动生产率	非农业比较劳动生产率	二元对比系数
1958	0.676	1.451	46.6
1960	0.414	2.122	38.49
1962	0.585	2.902	34.04
1970	0.5	3.105	16.1
1975	0.49	2.729	18
1978	0.463	2.295	20.2
1979	0.523	2.106	24.8
1980	0.522	2.059	25.4
1985	0.566	1.723	32.8

资料来源：陈宗胜．经济发展中的收入分配［M］．上海：上海三联书店，上海人民出版社，1994；国家统计局．中国统计年鉴［M］．北京：中国统计出版社，1989、1998.

中国经济二元性在1970年达到最大，因为此时二元对比系数最低，为16%；改革以后系数的上升意味着二元经济结构有所改善，但是改善的速度缓慢，并且有再度拉开的趋势。这都表明中国经济的二元结构并不是一直朝着一元化的方向迈进。

二元经济结构的存在，是资源过度向工业倾斜的结果，成为中国经济发展的一个严重阻碍。中国的资源倾斜主要是资源在工业与农业间分配的严重不均，这样导致农业发展严重滞后于工业的发展，难以与工业发展相适应。纵观中国经济发展历史，由于资源过度倾斜于工业，对农业投资严重不足，引起粮食产量急剧下降，造成全国性的粮食短缺，中国经济曾几度陷入“李嘉图增长陷阱”。中国于 1958—1963 年、1969—1975 年、1978—1981 年、1987—1989 年四次出现过全国性的粮食紧张，这都是由于资源过度倾斜于工业造成的。其中前两个时期是由于政策所导致的资源过度倾斜于工业，后两个时期是因为市场的进入导致资源向工业的过度倾斜。1978 年以后中国农业收成的较大提高得益于家庭联产承包责任制的实施，减少了农业生产中的 X—非效率，加快了分工和专业化的进程，发挥了现有资源配置下的生产力潜力。自 1984 年以后，农业增长速度明显放慢，主要原因是改革所产生的激励增加具有的潜在收益已经竭尽。农业的进一步增长取决于物质资本、人力资本的投入。但是，由于粮食需求弹性在中国随着经济发展逐渐变小，增产并不能带来增收，再加上土地使用权的不稳定等一系列原因，农民在土地上的投入大大减少，造成农业生产力进一步的衰落。例如，在改革开放以来曾一度消失的农产品价格“剪刀差”在 20 世纪 80 年代中期以来又重新开始扩大，以粮食为例：以上年价格为 100，1988 年、1989 两年粮食贸易价格指数为 124.2% 和 136.6%；而同期粮食收购价格指数为 114.6% 和 126.9%。反映了中国经济积累形成机制上，再次形成“以农补工”的格局。因此，如何加大农业投入，使其现代化，既是调整经济结构使工业获得稳定的基础，也是经济增长的源泉。

最后，打破制度樊篱，推进城市化建设，是解决二元经济结构向一元经济结构转型的必由之路。根据刘易斯模型，一国经济发展必然伴随着农业剩余人口向非农业的转移。因为只有农业剩余人口向非农业转移才会使农业生产规模化和现代化，才能加速二元经济结构向一元经济结构的转型。因此，推进城市化建设和加快传统农业改造是一枚硬币的两面。改革开放以来，中国的农业剩余人口转移主要是通过发展农村工业和促进跨地区流动来实现的。但是，就目前经济发展形势而言，这两种模式都遇到了瓶颈。

农村工业发展遇到效率瓶颈。中国农村工业的初始形态是公社工业企业，它产生于 1958 年全国性的公社化运动之中，在 1959 年达到高潮。这个时期的农村工业主要服务于农业，为农业提供较为短缺的物资（如化肥、农药、水泥等）以及农业机械服务，在很大程度上依赖当地的需求，带有很强的原始工业烙印。1978 年的改革为农村工业的发展提供了契机，为中国经济作出杰出贡献的乡镇企业在那个时候异军突起，中国农村劳动力迅速出现了大规模的转移。从 20 世纪 80 年代到 90 年代中期乡镇企业总数由 1978 年的 152 万家增加到 1994 年的 2494 万家，从业人员由 1978 年的 2827 万人增加到 1994 年的 12017 万人，增加了 3 倍。从 1978 年到 1994 年，在乡镇企业从业的农村劳动力已由占劳动力总数的 9.2% 到 27% 。但是，从 1996 年起乡镇企业的效率开始下降，吸纳劳动力能力巨减，1997 年首次出现吸纳劳动力数量负增长，其趋势还在加强。

从表层看，乡镇企业效率下降是由于市场由短缺转向买方市场的结果，但是从深层看，乡镇企业的亏损有其必然性：乡镇企业的社区性质决定了其效率。企业的社区所有制壁垒严重限制了生产要素和资产存量的跨地区流动，既不利于生产性资源在更广阔的空间配置，也容易使生产要素价格发生扭曲。

人口地区流动遇到制度瓶颈。中国农村剩余劳动力转移的另一种方式是跨地区流动，也就是农民进城打工。改革以来，市场机制对劳动力配置的作用日益增强，农民进城干的一般都是重活、累活，主要分布在城市非正规部门。城市非正规部门是由一大批小规模生产和服务活动构成，它们或者是个体所有或者是家庭所有，采用的技术简单而且劳动密集。由于城市正规部门吸纳劳动力有限，非正规部门成为吸纳劳动力的一大途径。据统计，在非正规部门从事经济活动的劳动力在城市总劳动力中所占的比重达 20%—70%，创造收入大约为城市总收入的 40% 。但是，中国城市非正式就业空间相对狭小，在 1998 年中国城市非正规部门就业占城市就业总数的 13% ，远低于发达国家的 50% ，甚至低于一般发展中国家水平。特别是在 21 世纪初，随着国有企业改革的深入，出现大量的下岗职工。并且下岗职工的再就业也主要集中在城市非正规部门，这就与进城务工农民形成了竞争。城市劳动力素质普遍高于农民，再加上目前仍维持中国城乡分离格局的户籍制度、城市部门歧视性的劳动用工制度、教育制度以及社会保障制度，对农民的自由流动有一定的限制，这些因素使农民在城市打工的处境更加不利。此外，由于土地流转制度还不健全，中国农业剩余人口转移都具有一定的兼职性质，亦即部分转移的农业剩余人口并没有完全脱离土地，对土地的依赖性还是很强，造成农业剩余人口转移的不稳定性。

中国农村劳动力转移障碍严重制约了中国城市化水平，中国城市化水平远远低于世界平均水平就是具体表现。城市化水平的低下不能实现生产要素在城市的聚集效应，限制分工和专业化发展，不能发挥规模经济效益和聚集经济效益，严重制约第三产业的发展。2000 年世界第三产业增加值占 CDP 的比重约 50%，而中国只有 32%，中国第三产业发展明显落后。第三产业主要是劳动密集型行业，吸收劳动力能力强，并且第三产业中的大量服务业的增长对刺激经济增长起到较强作用，其对国民经济增长的弹性达到 1.78。因此，打破制度樊篱，建立适应市场经济的制度，是推动城市化发展的必由之路。

总之，实现二元经济结构向一元经济结构的转型，是中国经济发展的必然方向。国家之间的竞争，已经不再是军事力量的竞争，而是综合国力的竞争和价值观念的竞争。一国若要在日趋激烈的国际竞争中取胜，除了努力提升本国综合国力，还必须有先进的价值理念。中国二元经济结构的现实状况，难以支撑中国的崛起。因为二元经济结构既是造成中国综合国力不强的原因，又是农民没有获得国民待遇的结果——以户籍制度为核心的城乡二元分割管理体制，业已成为实现中国二元经济结构向一元经济结构转型的最大障碍。城乡二元分割管理体制的存续，导致了公民与公民之间的权利不平等，是对社会主义“公平正义”的最大违背。此外，实现二元经济结构向一元经济结构转型的条件已经具备。经过数十年的新民主主义革命，中国成功地废除了封建生产关系，驱逐了外国殖民势力，实现了国家的政治独立；经过计划经济体制下近三十年的艰苦奋斗，中国逐步建立起独立完整的现代工业体系，巩固了国家的经济独立；经过四十年的改革开放，中国初步建立了社会主义市场经济体制，综合国力显著增强，各项事业取得了突飞猛进的成就。中国已经具备了完成由二元经济结构向一元经济结构转型的历史条件。一方面，中国的现代制造业和现代服务业已初具规模，可以吸纳更多从农村转移出来的剩余劳动力，并实现工业对农业的反哺；另一方面，随着现代城市文明和工业文明向广大农村地区的扩散，实现农业生产方式和农村生活方式的历史性变革已经成为农民的最迫切要求。加快二元经济结构向一元经济结构的转型，是先进生产力发展的必然要求，是先进文化普及的必然要求，是维护最广大人民根本利益的必然要求。

三、转型Ⅲ——传统发展模式向可持续发展模式转型

提高经济效益、改进资源配置效率，是实现计划经济体制向市场经济体制转型的目的所在；加快工业化进程、完善现代工业体系，则是实现二元经济结

构向一元经济结构转型的主要目标。然而，在推进工业化进程、创造物质财富的同时，我们不应该忽视经济活动对生态环境和社会发展产生的消极影响。纵观历史，可以发现西方发达工业化国家均不同程度地选择了“先污染，后治理”和“先积累物质财富，再促进社会和谐”的传统发展模式。经过数百年的努力，尽管西方发达工业化国家顺利完成了经济、政治、文化和社会结构的全方面转型过程，并创造了大量物质财富，但却在生态环境和社会发展方面付出了沉重的代价。作为一个发展中国家，中国在未来相当长的一个时期内仍需要坚持“赶超”战略，努力缩小与西方发达工业化国家的差距。但在实施“赶超”战略的过程中，中国面临着一道严肃的选择题：是否选择西方发达工业化国家所走过的传统发展道路。

（一）中国经济向可持续发展模式转型的必要性

对中国而言，选择传统发展模式显然是不可行的。这主要是因为：

第一，传统发展模式已被时代潮流所淘汰。积累物质财富并不是经济发展的唯一目标。实现生态资本、社会资本与物质资本共同增值的可持续发展观，已成为世界范围内的共识。以牺牲生态环境和破坏社会和谐为代价来实现经济规模扩张的发展思路，已经为现代经济伦理所不容。“先污染，后治理”和“先积累物质财富，再促进社会和谐”的传统发展模式，显然已是昨日黄花，正被时代潮流所抛弃。对发展中国家来说，仅仅实现经济规模的“赶超”是远远不够的。只有当发展中国家在发展观念和经济伦理等方面实现了对发达国家的全面超越，才意味着发展中国家真正完成了其“赶超”任务。实现对发达国家的“赶超”，仍是中国未来一段时期内经济发展的主要任务，要尽快完成“赶超”过程，加速中国经济发展，就不能走西方发达工业化国家“先污染，后治理”和“先积累物质财富，再促进社会和谐”的老路，必须在发展观念和经济伦理等方面超越发达国家，以先进的发展观和文明的经济伦理为指导，探索紧跟时代潮流的可持续发展模式。

第二，面临内部条件限制——传统发展模式不适合中国国情。“人口多，底子薄，发展不平衡”是中国基本国情。以仅占世界耕地总面积7%的耕地养活全世界五分之一的人口，是一项艰巨的任务。要不断满足全体中国人民日益增长的各项需求，唯有加快改革经济体制，全力推进工业化进程。然而，中国的基本国情决定了中国不能选择“先污染，后治理”和“先积累物质财富，再促进社会和谐”的传统发展模式。一方面，选择“先污染，后治理”的发展模式，极有可能对中国本来就不丰富的可开发国土资源造成不可逆转的破坏，加剧可开发国土资源短缺的状况。中国虽然国土广袤，但真正适宜大规模开发利用的国土资源却并不丰富。一旦国土资源遭到破坏，就难以在短时间内恢复，势必极大地压缩全体国民的生存空间。这种“断子孙饭碗”的发展模式，不仅难以实现对发达国家的赶超，更会对中华民族的繁衍生息带来空前威胁。另一方面，“先积累物质财富，再促进社会和谐”的发展模式，会严重地破坏中国传统文化，导致各种社会矛盾，甚至引发社会动荡。中国基本国情决定了中国各种社会问题的复杂性。即便是很小的问题，乘以十三亿人口，也会变成一个很大的问题。维持社会稳定，是压倒一切的中心要务。这种“向钱看”的发展模式，虽能积累起可观的物质财富，却不利于保持社会稳定，会对最广大人民的根本利益带来严重损害。因此，中国应当摈弃传统发展模式，探索既紧跟时代潮流又适合中国国情的可持续发展模式。

第三，面临外在资源约束——国际政治环境和世界资源无法支持传统发展模式。当前，发达国家仅以全世界四分之一的人口占据了全世界近四分之三的财富；除此以外，发达国家还是各种污染物的主要排放国，是导致全球环境恶化的主要责任方。传统发展模式，实质上是让少数人以极低的成本享用了全世界人民所公有的资源。这种发展模式必然造成了富裕的“少数人”和贫困的“多数人”之间的对立，是在世界范围内产生各种不稳定因素的根源所在。与此同时，处于赶超地位的中国，已经不具备牺牲他国利益发展自己的外部条件。要具备这样的条件，必须以称霸世界为前提。这样的前提条件，对于中国而言，一直就不具备。在面临着极为严苛的外在资源约束条件下，中国要实现现代化，就需要另辟蹊径。这也就决定了中国现代化的全路径必须以资源节约为前提。中国的现代化就不得不在保护环境和节约资源方面承担相对于西方国家来说更重的责任。

第四，实现向可持续发展模式的转型是实现“赶超”战略的需要。发展中国家对发达国家的赶超不应仅仅局限在经济规模方面，更应体现在发展观念、经济伦理和发展模式等各个方面。中国若能探索出一种适合中国国情的可持续发展道路，将意味着中国可以在发展观念、经济伦理和发展模式等方面成功超越西方发达工业化国家，走在世界前列。目前，中国已经是世界第二大经济体，国民收入水平也迈入了中等收入国家的行列；而在发展观念、经济伦理和发展模式等方面，中国与西方发达国家相比还存在明显的差距。因此，中国积极探索可持续发展道路，加快由传统发展模式向可持续发展模式的转型，就是要在发展观念、经济伦理和发展模式等方面实现对发达国家的全面超越，这是完成中国“赶超”战略的必经阶段和必然选择。

（二）**中国经济向可持续发展模式转型的必然性**

当前中国经济深度转型过程中，加快由传统发展模式向可持续发展模式的转型具有客观的必然性与可行性：

第一，加快由传统发展模式向可持续发展模式转型，是社会主义经济发展规律的内在要求。传统发展模式走的是“先污染，后治理”和“先破坏，后治理”的发展道路，在追求经济总量高速增长的同时，未考虑到生态的承载力和社会的承受力，导致经济增长与生态保护、社会和谐之间的关系紧张，甚至为了经济增长而舍弃生态保护和社会和谐目标，最终导致了经济增长的不可持续。一般认为，传统发展模式的缺陷是由市场机制下的经济外部性导致的。但从经济行为激励的角度来讲，外部性之所以会导致市场机制失灵，归根结底还在于资本主义生产方式下个体的行为目标是个体利益最大化（效用最大化或利润最大化）。而个体所追求的个体利益最大化又具有一种短视性，并不能厘清整体利益的增进在长期有助于个体利益增进的道理，导致在短期出现整体利益与个体利益不一致时，整体利益不得不为了个体利益最大化目标而做出牺牲，最终导致在长期所有个体的利益最大化潜力被限制和降低。社会主义生产方式的建立，是对资本主义生产方式的彻底扬弃，也就必然要求在对个体经济行为的激励过程中，必须在短期处理好个体利益与整体利益的协调性问题。为了保证在长期个体利益能够得到持续增进，就有必要在短期抑制个体利益最大化行为，避免为了个体短期利益而牺牲整体利益。因此，社会主义生产方式已经决定了传统发展模式并不适应社会主义经济发展的需要，必须实现由传统发展模式向可持续发展模式的转型，才能顺应社会主义经济发展的要求。

第二，加快由传统发展模式向可持续发展模式转型，是当前加快推进中国开拓型工业化和主动型市场化的必然选择。如前文分析已经得出的结论所示，当前中国经济转型在技术变迁维度上已经转向了开拓型工业化道路，在制度变迁维度上则转向了主动型市场化道路。在中国的开拓型工业化道路中，必须处理好工业化与信息化、城镇化和农业现代化的关系；在中国的主动型市场化道路中，则必须处理好社会主义市场经济体制的建立和完善问题。从技术变迁、制度变迁和理念变迁的协同发展视角来看，传统发展模式并不适应当前中国加快推进开拓型工业化和主动型市场化的需要。一方面，从技术变迁维度来看，传统发展模式是建立在高度依赖化石能源的生产技术之上的，这种生产技术选择必然导致严重的生态环境破坏，不能帮助中国处理好工业化与信息化、城镇化和农业现代化的关系，也必然不是中国开拓型工业化道路的最优生产技术选择。另一方面，从制度变迁维度来看，传统发展模式是与资本主义市场经济体制相关联的，这种制度选择也与近代以来就经历了特殊经济转型历程的中国经济转型格格不入，不能帮助中国加快推进主动型市场化。综合来看，也只有加快向可持续发展模式的转型，在技术变迁维度上通过建立以可再生能源为基础的生产技术体系，在制度变迁维度上建立和完善社会主义市场经济体制，来加快中国的开拓型工业化和主动型市场化，最终实现技术变迁、制度变迁和理念变迁的协同发展。

四、转型Ⅳ——从关系型社会向规则型社会转型①

党的十九大报告指出，全面依法治国是中国特色社会主义的本质要求和重要保障。坚定不移走中国特色社会主义法治道路，完善以宪法为核心的中国特色社会主义法律体系，建设中国特色社会主义法治体系，建设社会主义法治国家，发展中国特色社会主义法治理论，坚持依法治国、依法执政、依法行政共同推进，坚持法治国家、法治政府、法治社会一体建设。依法治国，就是要以法治取代人治，使社会成员依照社会公认的规则与他人发生各种社会关系。

社会是通过行为主体间各种交往活动而形成的网络，与此同时，作为社会结构的制度是交往活动的平台。因此，如何进行交往活动反映了一个社会的制度特征。既然交往活动能够反映一个社会的特征，既然转型就是大规模制度变迁，那么有必要基于交往活动模式的视角对中国传统社会的制度特征进行一番考察，回答“从何而来”的问题。既然我们要迈向现代社会，我们也必须基于交往活动模式的视角对现代社会的特征进行分析。只有进行了这样的分析，

① 吴练达．制度、行为与经济发展［D］．东北财经大学博士学位论文，2010.

我们才能够回答“向何而去”的问题。

（一）拓展交易概念，划分社会类型

康芒斯在《制度经济学》一书中对交易进行了界定：交易是所有权的转移，是人类经济活动的基本单位和制度经济学的最小单位，而且对交易活动的具体类型进行了划分，指出交易可以划分为三种类型：买卖的交易，管理的交易，限额的交易。[①] 格雷夫认为：“所谓的交易是指某种实体，如商品、社会态度、情感、观点或信息从某个社会单位转移到另一个社会单位时所采取的行动。这些社会单位可以是个体行为者、组织或其他实体（如上帝或祖先的灵魂），他们都是我们考察的行为者。因此，交易可以是经济性的（如提供经济奖励），政治性的（如议会中的投票）或社会性的（如提供社会支持），交易也可以包含遭受痛苦或分享情感。”[②]

通过比较格雷夫和康芒斯关于交易概念的界定，可以认为，康芒斯的界定过于狭隘，只涉及经济交易，格雷夫的界定外延要宽泛得多，能够将具体的行为者置于具体的时空之中，置于具体的制度环境之中。采用格雷夫的概念，可以揭示社会交往活动的丰富性和多维性，能够体现制度研究的嵌入视角。只有将经济交易嵌入在各种交往活动之中，才能够很好地理解经济活动，因为经济交易毕竟只是人类交往活动的一个方面。在对交易进行了上述分析以后，可以根据格雷夫的观点划分社会类型。在各种交往行动中，人们普遍相信什么是达成彼此交易的连接点，才能够真正反映一个社会的本质特征和该社会的制度特性。达成彼此交易的连接点只有两种方式：直接互动中所建立的人际关系和外在于行动者的规则。因此，据此可以将社会划分为关系型社会和规则型社会。所谓关系型社会是指在该社会里人们普遍相信人际关系是人们进行交往活动的连接点；所谓规则型社会是指在该社会里人们普遍相信规则是交易的连接点。因此，在关系型社会里，人们行事的基本原则是对人不对事，根据互动对象所处的位置、人际关系的远近而区别对待即施加不同外部性；在规则型社会里，人们行事的基本原则是对事不对人，只要互动对象没有依照规则而行动，互动

① 康芒斯．制度经济学（上）［M］．于树生，译．北京：商务印书馆，1997：74.

② 阿纳夫·格雷夫．大裂变——中世纪贸易制度比较和西方的兴起［M］．郑江淮，等，译．北京：中信出版社，2008：33.

的另外一方就会根据规则要求对方基于规则行事，并根据违规的情况要求施以不同的处罚。概而言之，关系型社会是一个可以随意施加外部性的社会，而规则型社会则不是一个可以随意施加外部性的社会。

值得指出的是，关系型社会与规则型社会只不过是为了表示具有不同制度特征两种社会类型的抽象而已。在现实的社会中，完全只讲人际关系而不讲规则的社会毕竟是不存在的，完全只讲规则不讲关系的社会也是不存在的。同样值得指出的是，对不做出这样的抽象也是有依据的。因为做出这样抽象的理由不在于现实社会中既存在关系又存在规则，而在于在现实的社会中，人们在进行交易时究竟是以何者作为彼此互动的基本原则。在一个有法不依的关系型社会中，若有某人触犯法律而受到了处罚，那么生活在该社会中的人，绝对不会认为是规则在起作用，而是认为他“摆不平关系”。生活在关系型社会中的人，若亲朋触犯了规则，第一反应绝对不是如何找律师去获得公正的处罚，而是试图通过关系把犯罪的亲朋“捞出来”。因此，关系型社会的主要特征不是没有规则，而是人们普遍不相信规则。在一个规则型社会中，也可能存在所谓战略联盟之类的组织，但前提是不能够触犯反垄断法，不能够随意地给别的行动者施加负的外部性。因此，规则型社会不是指该社会没有人际互动所自然形成的人际关系，而是指该社会中的人普遍信奉规则。

（二）**传统中国是典型的关系型社会，而现代社会则是规则型社会**

自周朝以来，数千年来中国社会的发展演化史，实质上是关系型社会不断发展完善的历史。在中国社会，所有社会成员都生活在各自的社会关系网络之中。社会成员具体属于哪一个社会阶层，完全取决于其所生活的社会关系网络，并具有如下特征：首先，社会平等主体的经济交往或其他互动，不仅存在显而易见的封闭性，而且是基于熟人关系而进行的，纯粹的陌生人之间的市场交易并不普遍。交易活动能否顺利完成，并不完全取决于交易活动是否具有等价性，而主要取决于交易双方的社会关系网络是否存在重合之处。因此，社会关系网络不仅是同一阶层中社会成员间相互交往的平台，更是一种资源配置方式。其次，在中国传统社会中，所有社会成员都对社会关系网络具有人身依附性。这种人身依附关系，虽然是隐性的、非正式的，但是任何社会成员都难以挣脱社会关系网络的影响。社会成员仅有的自由是：通过个人努力实现由某一社会关系网络向另一社会关系网络的转移。再次，社会关系网络之间具有或强或弱的成员可流动性，这是决定中国古代社会稳定的关键因素。当社会关系网络之间的成员可流动性很弱时，由于无法充分吸收社会资源来维持既定的社会秩序，因此，社会趋向于动荡，甚至走向社会秩序的全面崩塌；而动荡之后，社会关系网络重新建立起来，社会关系网络之间的成员可流动性也得到增强，社会秩序又重归稳定。最后，权力是资源配置的核心机制，是关系型社会的基础，也是数千年来我国关系型社会一直牢不可破的根源。在关系型社会中，是否拥有权力、拥有多大权力，是决定某个社会成员可得经济资源数目多寡的关键因素。作为天子的帝王或党派政府（如曾经统治中国的国民党独裁政府），有权支配全国资源；作为某个部门或组织的领导，则有权处理本部门的资源；作为一家之主的“父或夫”则有权支配家庭资源。

现代社会则是规则型社会。规则型社会是以规则为基础而建立的社会。在这样的社会里，人与人是平等的，每个人都应该享有与生俱来和奋斗得来的各种公民权利。享有各种公民权利，意味着个人拥有对自身权利的合法处置权。当个人希望得到一项他人拥有而自己并不拥有的权利时，可以通过契约交易方式，将自己享有的权利与他人享有的权利进行等价交换，并由此形成双方对等的权利义务关系。显然，规则型社会中的交易活动可以不依赖于社会关系网络而独立存在。交易的直接目的，只是提高交易双方的利益，与双方各自所处的社会关系网络无关。在规则型社会中，所有社会成员均面临一种强烈的激励：可以通过为他人提供某种服务或为社会作出某种贡献而获得更多的权利，获得的权利可以从他人那里换取自身所需的服务或权利。这一激励的意义在于形成一种社会价值观，即个人只要为他人或整个社会提供服务，那么就可以获得成比例的回报。规则型社会中，没有个人对社会关系网络的人身依附关系，也没有权力干预导致的付出与回报不成比例的分配关系。因此，规则型社会，是比关系型社会更自由更平等的社会组织形式。

规则型社会是公民社会。规则型社会必须建立在民主法治的基础之上，也必须将“人人生而平等”的理念作为社会意识形态的基础。与关系型社会不同，规则型社会中的社会关系网络仅仅是满足社会成员某些需要的一种手段，不存在社会成员对社会关系网络的人身依附关系。虽然规则型社会并不能消除不同社会阶层之间的客观差异性，但是规则型社会中各阶层之间具有更良好的可流动性。公民处于哪个社会阶层，完全取决于其所拥有的权利多寡。公民完全可以通过为他人或社会提供服务，获得更多的权利，进而改变其所处的社会阶层。此外，规则型社会中，不同社会阶层之间的权利差距呈现不断缩小的趋势。尽管社会阶层的差异仍旧存在，但是不同于关系型社会，在规则型社会中公权力并不被任何一个社会阶层所垄断。公权力的执行者，并不拥有对公权力的占有权，仅有对公权力的执行权。公权力执行者所获得的与公权力相关的权利，也必须与一定的义务相关联。公权力执行者与全体社会成员之间存在的是权利义务相统一的契约交易关系，而非上下级之间的命令与被命令关系。因此，与关系型社会相比，规则型社会是更有生命力和竞争力的一种社会组织形式。

（三）向规则型社会转型的必要性

向规则型社会转型，是对社会组织方式的根本性变革，是实现经济、政治、文化和社会结构全方面转型的重要环节。其重要性自然不言而喻。具体来说，实现关系型社会向规则型社会转型的必要性包括以下方面：

首先，实现关系型社会向规则型社会转型，是人类社会发展的必然趋势。数千年的人类文明发展史，是一部人性不断得到解放和发展的历史。摆脱愚昧和无知的束缚，摆脱权力和各种制度的樊篱对人的约束，肯定人自身的价值，不断挖掘人的潜能，实现人的全面发展，是人类社会发展的主流。站在人类社会发展的视角来看，加快关系型社会向规则型社会的转型有着特别重大的意义。以承认和保障公民权利为基础的规则型社会，更有利于肯定和尊重人自身的价值，更有利于挖掘人的各种潜能，更有利于实现人的全面发展。关系型社会向规则型社会转型，符合人类社会发展的基本规律，是人类社会发展的必然趋势。虽然在历史上关系型社会的组织形式也创造了璀璨的文明成果，但是关系型社会组织形式本身却存在着难以克服的制度缺陷。以权力为核心的资源分配机制，是一种原始的野蛮的资源分配机制，是对人自身价值的否定，限制了人的潜能的发挥和人性的发展。只有实现关系型社会向规则型社会转型，才能从根本上克服关系型社会的制度缺陷，使人性得以进一步解放和发展，赶上人类社会发展的潮流。

其次，实现关系型社会向规则型社会转型，是社会主义的必然要求。我国是社会主义国家。实行社会主义社会制度，就必然要求构建一个“自由民主，公平正义”的社会。由于关系型社会组织形式具有与生俱来的制度缺陷，这种社会组织形式与社会主义的价值观和意识形态存在不可调和的冲突。一方面，关系型社会中，社会成员总是依附于某一张社会关系网络；社会关系网络的封闭性和弱流动性，使得社会成员难以挣脱社会关系网络的束缚去实现自身价值，这与“自由民主”的理念是明显相悖的。另一方面，以权力为核心的资源分配机制往往导致社会成员的付出与回报不成比例；这样的资源配置机制显然是不公平的，与“公平正义”理念的冲突是不可调和的。可见，关系型社会组织形式必定不是社会主义社会可以接受的社会组织形式。规则型社会本质上是公民法治社会，社会关系网络具有开放性和强流动性的特点，以权利为基础的资源分配机制也是一种更为公平正义的资源分配机制。规则型社会中“天赋人权，民主法治”的价值观和意识形态，也与社会主义“自由民主，公平正义”的价值观和意识形态有着异曲同工之妙。因此，加快关系型社会向规则型社会转型，是构建和谐社会的必然选择，是建设社会主义物质、精神和政治文明的必然要求，更是全面践行中国特色社会主义法治的重要举措。

最后，实现关系型社会向规则型社会转型，是全面实现我国经济转型的关键环节。中国经济转型的目标是多元化的、复合式的。计划经济体制向市场经济体制的转型，是实现资源配置方式的转型；二元经济结构向一元经济结构的转型，是实现工业化和现代化的转型；传统发展模式向可持续发展模式的转型，是经济发展模式的转型。这三重转型是我国经济转型进程中相辅相成、齐头并进的三个重要经济转型目标。然而，三重经济转型若要顺利推进，则必须有一定的社会组织方式作为保障。以权力为基础的资源分配机制必然导致要素价格的扭曲和市场机制的失灵；只有建立以权利为基础的资源分配方式，才能保证作为基础性资源配置方式的市场机制得以正常运转。社会成员对社会关系网络的人身依附阻碍了劳动力的跨行业自由流动；只有建立开放式和强流动性的社会关系网络，才能促进劳动力向城市和工业部门自由流动。忽视民主法治的社会组织形式必然造成全社会整体利益被小集团私利侵蚀的现象，进而导致经济发展模式的不可持续；只有形成民主法治的社会氛围，使不同社会群体的利益诉求都得到尊重，才能保证经济发展模式的选择符合最广大人民的根本利益。可见，加快关系型社会向规则型社会转型，是实现其他经济转型目标的重要保障，是全面完成我国经济转型的制度保证。

当前，我国正处于由关系型社会向规则型社会转型的关键时期。民主法治观念虽已广为传播、渐入人心，但是特权思想仍顽固地残留在一些人的思想意识之中，公民民主法治素养亟待提高。如何消除公民对社会关系网络的人身依附关系，增强社会阶层之间的流动性，是摆在我们面前的一道难题。实现这一转变，不仅要在制度建设上取得突破，更要开展一场深刻的思想解放运动，引发社会价值观和意识形态的革命性变化。关系型社会向规则型社会转型的突破口在于社会主义政治文明的建设。必须加快政治体制改革，完善社会主义政治制度，规范公权力的运用，保证公民各项权利，才能彻底消除封建残余思想的影响，形成社会主义物质文明、精神文明和政治文明高度发展、协调发展的良好局面。保持社会稳定，是实现我国关系型社会向规则型社会转型的重要前提，更是我国关系型社会向规则型社会转型能够顺利完成的根本保障。在维护社会稳定方面，必须创新“维稳”工作的思路，意识到不稳定因素产生的根源，将加快经济转型步伐作为消除各种不稳定因素、维护社会稳定的重要途径。总之，我国关系型社会向规则型社会转型依旧任重而道远。

第十四章　未来 20 年中国经济发展趋势的预测

第一节　预测的依据与方法

一、预测的依据

在对自鸦片战争以来一百七十余年的中国经济转型与发展历程进行梳理和分析之后，本章将对 2015—2035 年的 20 年中国经济发展趋势进行预测。值得一提的是，经济学中的预测无不例外地都是建立在解析历史的基础之上的。只有从经济史中发现历史演进的逻辑主线，才能在这些逻辑主线的指引下预测未来一段时期内的发展趋势。本书以 2015 年为时间起点和预测基期，对 2015—2035 年之间的 20 年里中国经济转型和经济发展趋势进行预测。对中国社会主义现代建设而言，2035 年恰是一个重要的时间节点。按照党的十九大报告作出的战略安排，中国要在 2035 年基本实现社会主义现代化。本章的内容就是预测中国在基本实现社会主义现代化的道路上，中国经济转型与经济发展将呈现哪些变化趋势。本书对 2015—2035 年的 20 年中国经济发展趋势的预测，也是建立在对近现代中国经济转型历程的解析基础之上的。而本书进行预测的逻辑依据，也正是本书在对近现代中国经济转型与发展历程的解析中发现的逻辑主线。具体来说，2015—2035 年的 20 年中国经济发展趋势的预测依据主要包括以下三个方面：

（一）当前中国经济转型的历史任务

对于经济发展趋势的预测来说，对经济发展的历史和现状的了解是把握经济发展趋势，进而做出科学预测的关键所在。虽然经济发展中会出现各种新情况、新问题，但这些新情况和新问题的出现都是受经济发展规律所决定和制约的。把握经济发展趋势的核心在于正确理解经济发展规律。只要正确理解经济发展规律，就有可能根据经济发展规律了解经济发展中可能出现的种种问题，由此可以对经济发展趋势做出科学预测。本书对中国经济发展趋势的预测，正是建立在对自近代以来的一百七十余年里中国经济发展规律的认识基础之上的。本书前面的分析已经得出结论，自鸦片战争以来中国经济发展规律的核心是中国经济的全面转型，并且中国经济转型虽然已取得重大成就，但距离彻底完成全面转型的目标尚有一定差距。这就决定了未来20年内中国经济全面转型仍是中国经济发展中的首要历史任务。因此，只要明确了当前中国经济转型的历史任务，也就等于把握了未来一段时期内中国经济发展的趋势性特征。对未来20年中国经济发展趋势的预测问题也转变为当前中国经济转型的历史任务能否完成的现状分析问题。

本书第十三章将当前中国经济转型的历史任务概括为计划经济向市场经济转型、二元经济结构向一元经济结构转型、传统发展模式向可持续发展模式转型、关系型社会向规则型社会转型的“四重转型”。未来20年将是决定中国能否完成四重转型的关键时期，也是决定中国经济发展长期走向和“三步走”战略能否顺利实现的关键时期。预测未来20年中国经济发展趋势，则可以通过分析“四重转型”的历史任务能否完成来进行。每一重转型任务的完成，都将对经济中个体的行为产生持久性的影响，这种施加在个体之上的影响最终则将带来经济体制、经济规模和经济结构等方面的变化。而经济体制、经济规模和经济结构等方面的变化正是经济发展趋势预测的具体内容。以当前中国经济转型历史任务为依据，就可以在对当前中国经济发展中的矛盾与问题进行把握的基础上，分析经济体制、经济规模和经济结构等方面的变化趋势，实现对未来20年中国经济发展趋势的预测。显然，这样的预测并不是凭空的臆想，而是基于对当前中国经济转型情况的总结和概括。当前中国经济转型的历史任务及其将会面临的问题与挑战，应对这些问题与挑战的各种基础和条件，都会成为对未来20年中国经济发展趋势进行预测的可靠材料。

（二）当前中国经济转型的矛盾运动

本书在对近代以来中国经济转型进程的考察和评价中，将中国经济转型概括为技术变迁、制度变迁和理念变迁三个维度，并认为在中国经济转型中追赶型工业化道路向开拓型工业化道路的转变、被动型市场化道路向主动型市场化道路的转变以及中国经济学的初步创立是相互交织、相辅相成的关系。近代以来中国之所以会经历如此剧烈的经济转型进程，也正是由于技术变迁、制度变迁和理念变迁三个维度上矛盾关系的不断运动发展。在“救亡图存”和“国家富强”的时代主旋律下，一代又一代中国人不断探索中国经济转型与经济发展的道路和模式，并在这一过程中不断加深对中国经济全面转型任务的认识，寻找最适合中国国情的技术变迁、制度变迁和理念变迁路径。中国经济转型之所以可以以1949年新中国成立为界限分为两大历史时期，而在每个历史时期中也可以划分为几个小的历史时期，正是由于不同历史时期内技术变迁、制度变迁和理念变迁之间的矛盾运动表现出不同的特征，从而决定了每个历史时期经济转型的阶段性任务也有很大不同。

本书对未来20年中国经济发展趋势的预测，将主要集中在经济体制、经济规模和经济结构等几个方面。正如前文所述，这几个方面的变化趋势特征将取决于当前中国经济转型历史任务的完成情况。具体来说，取决于计划经济向市场经济转型、二元经济结构向一元经济结构转型、传统发展模式向可持续发展模式转型和关系型社会向规则型社会转型的“四重转型”任务的完成情况。对未来中国经济发展趋势的预测可以转变为对当前中国经济转型历史任务完成情况的分析与考察。一旦预测的任务和目标完成转变，为了深入分析当前中国经济“四重转型”任务是否能够完成、将会多快完成，就必须对当前中国经济转型的内在矛盾运动规律有更深刻的认识。如果不能把握当前中国经济转型的内在矛盾运动，那么对未来一段时期内经济发展趋势的预测也就失去了根据。在具体的预测过程中，也只有把握当前中国经济转型的矛盾运动特征，才能科学判断当前中国经济“四重转型”任务是否能够完成。当前中国经济“四重转型”任务，仍可以视作是技术变迁、制度变迁和理念变迁三个维度上的经济转型进程的延续。这就意味着可以通过考察和分析当前中国经济转型在技术变迁、制度变迁和理念变迁维度上存在的突出问题和主要矛盾，以及经济中是否具备了解决这些问题和矛盾的基础、条件和能力，来判断当前中国经济转型的“四重转型”任务是否能够完成。在此基础之上，则可以对未来20年中国经济发展趋势做出科学合理的预测。

（三）当前中国经济转型的外部环境

纵观近代以来中国经济转型进程，一个不能忽略的事实是：中国经济转型并非是完全由中国经济内在矛盾决定的孤立事件，必须将中国经济转型放在经济全球化的大视角下来仔细审视。在鸦片战争之前，处于自给自足的自然经济状态的中国对外经济交往活动相当有限，中国经济基本处于孤立或半孤立的状态，对外经济交往主要依靠朝贡体系进行。随着地理大发现后资本主义生产关系在西方国家的兴起，西方列强的殖民扩张活动客观上加强了世界各地人们的经济联系，各个国家和各个民族纷纷卷入到世界市场中来。近代中国经济转型的开启与中国经济在西方殖民者的侵略下逐步卷入世界市场和摆脱孤立状态是同一过程。每个历史时期经济发展外部环境的变化，也会对中国经济转型进程产生影响。比如，正是由于西方殖民者的入侵加重了中国人民的困苦与灾难，激化了地主阶级与农民阶级的矛盾，引发了太平天国运动；而太平天国运动反过来沉重打击了封建王朝的统治，使得出于维持自身统治地位需要的封建统治者不得不发动洋务运动，试图以引进西方技术来增强对国家的控制力；洋务运动的发起客观上开启了中国近代工业化进程，中国近代经济转型进程也随之逐步铺开。再比如，新中国成立之后西方国家对中国的重重封锁，使得当时的中国完全没有可能在独立自主的前提下与西方国家平等地进行贸易并利用世界市场的各种资源；当时的中国唯有实行“一边倒”的外交政策，全面借鉴苏联经济管理体制和经济建设的经验。可见，中国经济转型发展是经济全球化的组成部分。

在对未来20年中国经济发展趋势作出预测时，考察和分析当前中国经济转型的外部环境也就具有了重要的意义。当前中国经济“四重转型”任务能否实现，不仅取决于当前中国经济的内在矛盾运动，还受到当前中国经济外部环境的影响和制约。当中国经济的外部环境不具备时，中国完成经济转型的任务就将面临更大的困难，很有可能导致经济转型任务的延迟和停滞；反之，中国经济外部环境的刺激也有可能转化为中国经济转型加速实现的动力。随着中国工业化和城市化进程的空前加速，传统二元经济结构已经越来越成为阻碍工业化和城市化的制度。迅速发展起来的城市非农产业部门对劳动力的强劲需求将加速吸收农村农业部门排斥出来的剩余劳动力，实现二元经济结构向一元经济结构的转型是使剩余劳动力转移过程更加顺畅的必要条件。随着全世界最完整工业体系的建立，中国社会总产品的数量、质量和种类都空前丰富，残留的计划经济体制下的制度安排将成为阻碍这些产品在全国乃至世界范围内高效配置的重要原因，加快完成由计划经济体制向社会主义市场经济体制的转型，就成为迫在眉睫的事情。除此以外，随着中国已经成为仅次于美国的世界第二大经济体，中美两国的竞争与合作关系进入新的发展阶段，合作虽然仍是构成中美两国关系的重要因素，但中美两国关系中的竞争因素将会持续加强。这种竞争甚至不仅仅是中美两国的竞争，更是两种经济制度、两种文明形态的竞争。

二、预测的方法

学术界对未来经济发展趋势进行预测有许多方法。而本书将主要使用两种方法对未来 20 年中国经济发展趋势进行预测。

（一）矛盾运动分析方法

所谓矛盾运动分析方法，就是将中国经济发展的历史过程视为矛盾不断运动和发展的过程。分析中国经济发展的历史和现状，可以发现中国经济发展的主要矛盾和矛盾的主要方面，并在主次矛盾和矛盾主次方面的转化过程中探讨中国经济发展的规律。近代以来中国经济发展的主线是中国经济的全面转型，在中国经济转型进程中技术变迁、制度变迁和理念变迁相互交织、相辅相成，这正是生产力与生产关系、经济基础与上层建筑的辩证统一关系的具体体现。在中国经济转型进程中的不同历史阶段，一方面，生产力与生产关系、经济基础与上层建筑的矛盾关系的发展，推动着中国经济转型进程的不断向前发展；另一方面，不同历史时期经济转型的任务不同，也决定了生产力与生产关系、经济基础与上层建筑的矛盾关系在中国经济转型进程中不同历史阶段有着不同的表现形式，也呈现出不同的发展趋势。如前文所述，未来一段时期内中国经济发展进程仍是近代以来中国经济转型进程的延续和发展。这也就决定了在近代以来中国经济转型进程中适用的矛盾运动分析方法在对未来中国经济发展趋势的预测中也就有效。把握当前中国经济转型的历史任务、面临的主要问题和解决问题的条件，就可以分析和判断当前中国经济转型的历史任务是否能够完成。对于未来20年中国经济发展趋势的预测，并不是简单地说明趋势本身，更重要的是要揭示中国经济发展目标将会最终实现的原因。要完成这项工作，就必须利用矛盾运动分析方法。

（二）统计趋势分析方法

对未来一段时期内中国经济发展趋势的预测，也必须利用统计趋势分析方法。统计趋势分析方法的优点在于：可以利用基于历史统计数据的外推预测分析，直观地显示中国经济发展的一些趋势特征。在对中国经济发展趋势的预测中，矛盾运动分析方法与统计趋势分析方法的结合，有助于实现定性分析和定量分析相结合。如果对未来一段时期内中国经济发展趋势的分析仅能从定性分析视角明确中国经济发展的方向，那么预测的精确度可能显得不足。如果能够在定性分析的基础上运用定量分析，则既可以明确未来一段时期中国经济发展的方向，也可以更加直观和精确地预测出中国经济发展的速度和比例关系的变化。这对于加深对未来中国经济发展的信心是有重要意义的。因此，本书将尝试对未来20年中国经济发展趋势进行初步的统计趋势分析。

第二节　趋势Ⅰ：经济体制健全与国家治理能力提升

基于本书对当前中国经济转型历史任务、矛盾运动和外部环境的认识，笔者认为，未来20年中国经济发展的一个鲜明趋势将是经济体制日趋健全和国家治理能力明显提升。须指出的是，未来20年经济体制的日趋健全和国家治理能力的明显提升，并不是在制度变迁层面上进行推倒重来式的制度变革，而是在总结近代以来一百七十余年中积累的制度变迁规律的基础之上，不断探索并积极完善当前已经初步形成的中国特色社会主义道路，通过渐进性的制度变迁推动当前中国经济“四重转型”任务的完成。具体来说，未来20年中国在经济体制和国家治理能力方面的变革将体现在三个方面：

一、坚持基本经济制度，创新基本经济制度实现形式

当前我国社会主义初级阶段的基本经济制度是坚持公有制为主体、多种所有制经济共同发展。在公有制为主体的所有制结构基础之上，我国坚持按劳分

配为主体、多种分配方式并存的基本分配制度。在中国经济转型中是否坚持基本经济制度，是判断中国经济转型能否沿着中国特色社会主义道路继续前行的基本标准。中国特色社会主义道路的形成是近代以来中国经济转型进程不断推进的结果。鸦片战争之后，中国的社会性质由封建社会向半殖民地半封建社会转变，即便是封建统治者也意识到要维持自身统治就必须进行变革，由此地主阶级推动的洋务运动应运而生。甲午战争的惨败则让当时的人们意识到，仅仅引进西方国家的先进技术而不变革落后的经济制度，那么中国将面临越来越严重的“亡国灭种”危机。戊戌变法的失败则让新兴的民族资产阶级彻底失去对制度改良的信心，转而选择通过暴力革命来推翻封建统治，以图建立资产阶级共和国。辛亥革命的爆发成功推翻了清王朝的封建统治，但革命成果被北洋军阀集团篡夺以及随之而来的连年军阀混战，也让当时中国最先进的知识分子们意识到民族资产阶级的软弱性。随着五四运动中马克思主义传入中国，新生的中国共产党将建立社会主义制度作为中国革命的目标；但早期的中国共产党也为教条主义付出了惨重代价，不得不开始探索基于中国国情的革命道路。以遵义会议为标志，在确立毛泽东的领导地位的同时，中国共产党也从教条主义中解放出来，真正从中国国情出发探索中国的革命道路。随着新民主主义革命的胜利和新中国成立，在特殊的历史环境下中国不得不选择了借鉴苏联经验，建立起高度集中的社会主义计划经济体制。尽管计划经济时期中国在经济建设方面取得了巨大成就，但计划经济体制固有的缺陷也给中国经济带来了经济结构比例关系失衡等问题。中国人民不得不继续探索适合中国国情的发展道路，并通过改革开放四十年的实践，初步形成以社会主义市场经济体制为基础的中国特色社会主义道路。由此可见，中国特色社会主义道路的形成与发展，并不是中国人民一时心血来潮的产物，而是在近代以来的中国经济转型进程中不断摸索、不断总结的结果，更是近代以来中国经济社会矛盾不断运动发展的产物。在近代以来中国经济转型进程中，主要矛盾与矛盾的主要方面在于实现民族独立和国家富强。为了实现这一目标，近代以来一代又一代中国人进行了大胆的尝试，最终得出的结论即是：封建主义经济制度不能拯救中国，资本主义经济制度也并不适合中国国情，只有与中国国情相结合的社会主义经济制度才是实现民族独立和国家富强的有效制度。在未来 20 年中国经济发展中，维护民族独立和实现国家富强的历史任务并没有改变，中国经济转型进程还将持续推进。这就决定了坚持基本经济制度、坚持走中国特色社会主义道路仍将是中国经济转型和经济体制改革的基本点。

但是，坚持基本经济制度、坚持走中国特色社会主义道路，并不意味着教条地坚持当前基本经济制度的实现形式。经过改革开放四十年的探索，中国特色社会主义道路初步形成，但这也意味着中国特色社会主义道路并不是一个已经完全成熟的发展模式，还有待在发展过程中不断探索和完善。这也就决定了作为中国特色社会主义道路中一项重要制度基石的基本经济制度，其实现形式也是可以随着中国经济发展而有所创新。近代以来中国经济转型进程中的主要特征，可以从三个维度加以归纳：在技术变迁维度上必须实现由追赶型工业化道路向开拓型工业化道路的转变，在制度变迁维度上则必须实现由被动型市场化道路向主动型市场化道路的转变，在理念变迁维度上建立和完善中国经济学。在当前中国经济转型中，技术变迁维度上正在加快向开拓型工业化道路转变，制度变迁维度上则已经初步完成并将深入推进向主动型市场化道路的转变。这也就决定了在改革开放以来的技术变迁与制度变迁中形成的基本经济制度，也必然随着当前中国经济转型的推进，随着技术变迁与制度变迁互动关系的不断发展而在实现形式上有明显的创新。特别是在开拓型工业化道路的探索中，工业化与信息化、城镇化、农业现代化的协同发展要求，意味着未来20年中国工业化进程将面临更多的外在约束。新型工业化道路的发展过程中，要求以主动型市场化为特征的制度变迁必须跟上技术变迁的步伐。而中国的主动型市场化道路与西方国家走过的主动型市场化道路的本质区别，就在于中国的市场化是以坚持社会主义基本经济制度为前提的市场化，而不是简单地倒向资本主义市场经济体制。在当前中国经济的“四重转型”任务中，实现由计划经济向市场经济的转型，正是要求在坚持社会主义基本经济制度的前提下实现经济体制的变革。由于改革开放以来中国现实的生产力条件限制，中国在向市场经济转型的过程中就不能片面追求公有制经济的比重，只能在坚持公有制经济主体地位的前提下倡导不同所有制经济共同发展。一方面，具体历史时期内公有制经济与非公有制经济的比例关系，是由这一时期生产力发展水平所决定的；另一方面，具体历史时期内公有制经济的实现形式也是由这一时期客观的生产力条件所决定的。随着新型工业化道路的不断推进，特别是以工业互联网、共享经济为代表的新兴经济形态的出现，决定了不仅公有制经济与非公有制经济的比例关系需要调整，而且公有制经济的实现形式也须适应时代发展而创新。新兴经济形态下公有制经济的实现形式将是未来20年中国经济体制改革和基本经济制度完善的重中之重。

二、市场与政府更加融洽，经济治理体系更加健全

资源配置中市场与政府的关系如何处理，是当前我国全面深化经济体制改革的重要问题。从近现代中国经济转型的视角来看，资源配置中市场与政府之间关系的处理问题一直是经济转型中的重要命题，贯穿中国经济转型之始终。在鸦片战争之前，中国长期处于自给自足的封建小农经济中，商品关系的极度不发达决定了在当时市场与政府在资源配置中的关系并不是经济生活中需要解决的主要问题。鸦片战争之后，西方殖民者的经济侵略在给中国人民带来深重灾难的同时，客观上也加速了封建小农经济的瓦解，商品经济迅速发展，市场在全社会资源配置中的作用迅速上升；也正是因此，处理市场与政府关系的重要性才日渐凸显。在近代中国的被动型市场化道路中，一方面帝国主义殖民侵略导致资本主义生产关系的畸形发展，市场机制在资源配置中的作用受到限制；另一方面从晚清政府到民国政府的所有政权从性质上都是半殖民地社会的低控制力政府，在主权不断受到侵犯的情况下政府在资源配置中的作用也受到限制。这就决定了近代中国经济转型的很长一段时期内，处理市场与政府关系的突破口，并不在于简单地扩大市场作用范围或是扩大政府作用范围，而是要先将全国人民组织起来通过斗争驱逐帝国主义在华势力，维护国家主权的独立完整。随着新中国成立，帝国主义在华势力被全面驱逐，但帝国主义对华全面封锁也使得中国人不得不实行“一边倒”的外交政策，在经济上也只能选择借鉴苏联计划经济体制，试图以重化工业化为突破口带动中国的工业化进程。但与苏联不同的是，中国是在相当羸弱的工业基础上建立计划经济体制的，这就决定了中国计划经济体制下的工业化并不能迅速将庞大的农业人口转化为工业人口，中国工业化进程中必将长期出现城乡二元经济结构的问题。因此，计划经济时期市场与政府关系的矛盾主要体现在过度强调政府在资源配置中的作用，忽视市场机制可以发挥的作用，最终导致中国出现了市场缺位与二元经济并存的独特状况。改革开放以来中国经济转型进程在技术变迁和制度变迁维度上所取得的进步，都是围绕着如何解决市场缺位与二元经济并存问题而展开

的。在技术变迁维度上，中国通过加快工业化建设逐步显示出追赶型工业化道路的后发优势，并逐渐积攒起向开拓型工业化道路转型的物质基础和技术条件，二元经济结构向一元经济结构的转型在加快；在制度变迁维度上，中国通过改革开放实现了由计划经济体制向市场经济体制的转变，初步转向了主动型市场化道路，市场缺位的问题得到了解决。

在当前中国经济“四重转型”任务中都要以处理好资源配置中市场与政府之间关系为出发点和落脚点。从这个角度来看，当前中国经济体制改革中市场与政府关系的处理问题，仍属于近代以来中国经济转型进程的延伸和拓展，经济治理体系也将会在中国经济转型进程的不断延伸中得到健全。第一，“四重转型”任务中计划经济向市场经济的转型要求在让市场机制发挥资源配置中的决定性作用的同时，也要更好地发挥政府作用，但政府在资源配置中发挥作用的方式也将有明显转变。计划经济体制下政府可以直接通过行政命令来控制微观经济主体的行为，但在市场经济体制下政府行政命令手段的使用将受到明显限制，政府更多地是通过以宏观调控为主的经济手段和经济法规为主的法律手段来规范和引导微观经济主体的行为。第二，“四重转型”任务中二元经济结构向一元经济结构的转型要求逐步改造传统小农经济，消除城乡二元分割，建立城乡一体化的全国性市场体系。这就在一方面要求进一步扩大市场机制在资源配置中的作用范围，特别是在农村经济中的作用范围；在另一方面要求加快转变政府职能，特别是转变城乡二元分割的政府管理体制。第三，“四重转型”中由传统发展模式向可持续发展模式的转型，则要求建立起与可持续发展理念相匹配的经济制度体系。由于可持续发展模式下要求实现经济、生态和社会的全面协调可持续发展，这就意味着在我国的工业化进程中将面临更加严苛的生态约束和社会约束条件，也为我国市场与政府关系的处理提出了新的挑战。由于市场机制本身并不能为微观经济主体行为添加生态约束和社会约束，这就要求政府必须更好地发挥作用以规制微观经济主体的行为，这就决定了可持续发展模式下市场与政府的边界还须重新界定。第四，“四重转型”中关系型社会向规则型社会的转变，归根结底还是要以正确处理好市场与政府的关系为条件。如果不能解决当前中国经济转型中的市场缺位、政府缺位、市场越位、政府越位并存的问题，必然会在经济中形成大量的寻租空间，为关系型社会的延续创造条件。要实现关系型社会向规则型社会的转变，还必须厘清市场与政府的边界，正确搭配使用市场与政府两种资源配置方式。可见，如果能够正确处理好市场与政府关系，就必定能够完成当前中国经济“四重转型”的历史任务，使得国家经济治理体系更加健全。

三、民主与法治更加完善，国家治理能力全面提升

当前改革经济体制和健全经济治理体系，最终都服务于国家治理能力的提升。民主与法治的日趋完善，是国家治理能力得到提升的外在表现。近代以来中国经济转型的进程同时也是国家治理能力不断提升的过程，这一过程表现为一代又一代中国人民为探索中国的国家治理体系、追求民主与法治付出巨大努力。当西方殖民者用坚船利炮敲开中国大门之时，曾经辉煌的中国文明正处于历史低谷，晚清政府的专制统治下极端落后的民主和法治程度对商品经济的发展起到了阻碍作用。随着近代中国社会半殖民地性质不断加深，推翻封建帝制的呼声逐渐深入人心。辛亥革命的爆发与晚清政府的倒台，将近代中国民主与法治进程大幅向前推进，为民族资本主义的发展提供了更好的社会环境。但是北洋军阀集团对辛亥革命成果的篡夺以及随之而来的军阀混战，使得建立资产阶级共和国的设想沦为泡影，国家治理能力并没有因为清政府的垮台而得到提升。中国共产党领导的新民主主义革命成功地将占人口绝大多数的农民组织动员起来，最终建立了工农联盟为基础的新民主主义社会，并通过社会主义改造建立了世界上人口最多的社会主义国家。新中国推翻了封建主义、帝国主义和官僚资本主义的三座大山，使得中国的民主与法治进程大大前进，国家治理能力空前提高。但新中国成立以来的一些错误做法也对我国民主与法治建设造成了消极影响，不利于国家治理能力的持续提高。改革开放以后，随着我国由计划经济向市场经济转型、二元经济结构向一元经济结构转型的进程不断加快，民主与法治建设拥有了更为广阔的物质基础，国家治理能力也得到不断提升。

在当前中国经济的“四重转型”任务中，加快民主与法治建设成为我国经济全面转型的重要制度匹配项。可以预计的是，随着我国“四重转型”的不断推进，一方面将为民主与法治建设提供更加坚实的物质基础，另一方面也会产生对民主与法治建设的现实需求。这就形成经济体制改革与民主与法治建设的良性循环，不断促进民主与法治的完善，推动国家治理能力的提升。首先，由计划经济向市场经济的转型要求为市场机制在资源配置中发挥更大作用

提供一个良好的社会环境，加快完善民主与法治是构建与市场经济体制相匹配的良好社会环境的必要制度举措。市场经济的发展客观上要求在全社会范围内弘扬民主与法治，使“法律面前人人平等”的基本原则成为人与人之间经济交往的基本原则。其次，由二元经济结构向一元经济结构的转型将极大提高劳动者的个人素质，使民主与法治理念根植于广大劳动者心中。向一元经济的转型意味着传统小农经济下自给自足的劳动者将成为机器大生产环境下精细分工与密切合作的劳动者，要使众多的劳动者被组织起来，就必须依靠民主与法治的力量来协调劳动者之间的各种利益关系。再次，由传统发展模式向可持续发展模式的转型也要求通过弘扬民主与法治来实现经济、生态和社会的协调发展。在可持续发展模式下，微观经济主体不能仅仅追求自身利益最大化，还必须考虑到自身行为对生态、对社会的影响，这就使得有必要通过民主制度和法治建设来规范微观经济主体的行为，协调微观经济主体的利益。最后，由关系型社会向规则型社会的转型必然要求民主与法治建设的加速。规则型社会中个体与个体的联系不能再以亲缘关系为渠道，只能通过民主与法治来将个体联系起来。由此可见，民主与法治的完善是当前中国经济转型中“四重转型”任务得以实现的重要制度匹配。

第三节　趋势Ⅱ：经济规模扩张与国民生活水平提高

在未来20年里，随着中国经济体制改革的不断深入和中国特色社会主义道路的不断扩展，中国经济仍将保持较高速度的增长，经济规模还将持续扩张。本书将对未来20年中国经济规模扩张的程度做简要预测，并将分析这一预测终将成为现实的客观条件。

一、经济规模持续扩张

如果以购买力平价法计算，中国早在2013年就已经超越美国，成为世界上第一大经济体（见图14-1）。在2015年时，按照不变价格计算的中国GDP总量已经相当于美国GDP总量的109.85%。自1995年以来，由于中国GDP增长率一直远远高于美国，因此即便在未来20年内中国GDP增长率出现下降，但按照不变价格计算的中国 GDP 总量还将保持较快的增长，中美两国经济规模上的差距还会进一步拉大。但是，如果以汇率法计算中国经济总量，则会发现尽管 1995 年以来中国经济总量持续扩张，但距离美国仍有一定差距（见图 14－2）。按照汇率法计算，1995 年时中国 GDP 总量为 7345. 48 亿美元，美国 GDP 总量为 76640. 6 亿美元，中国 GDP 总量仅相当于美国 GDP 总量的 9. 58%；到 2007 年美国次贷危机爆发之时，中国 GDP 总量达到 35521. 83 亿美元，美国 GDP 总量则已达到 144776. 4 亿美元，中国 GDP 总量相当于美国 GDP 总量的 25. 53%；到 2015 年时，中国 GDP 总量达到 110077. 2 亿美元，美国 GDP 总量达到 180366. 5 亿美元，中国 GDP 总量约相当于美国 GDP 总量的 61. 03%。可见，不论是购买力平价法计算还是汇率法计算，中国在经济总量上与美国的差距不断缩小，是一个不争的事实。并且，中国 GDP 增长率长期大幅高于美国的情况在短期内不会改变。未来 20 年中国在经济总量上与美国的差距将不断缩小，中国经济总量赶上并超过美国只是一个时间问题。

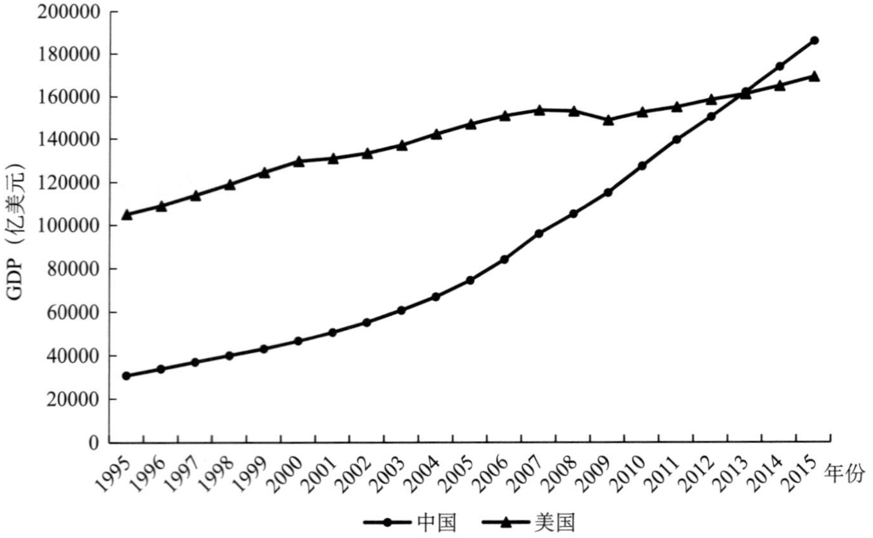

图 14－1　购买力平价法下 1995—2015 年中美两国 GDP 比较（2011 年不变价格）

资料来源：世界银行.

为了反映未来 20 年中国经济总量的变化趋势，笔者根据中美两国 GDP 增长率的不同假设，预测中国在经济总量上赶超美国的时间节点。

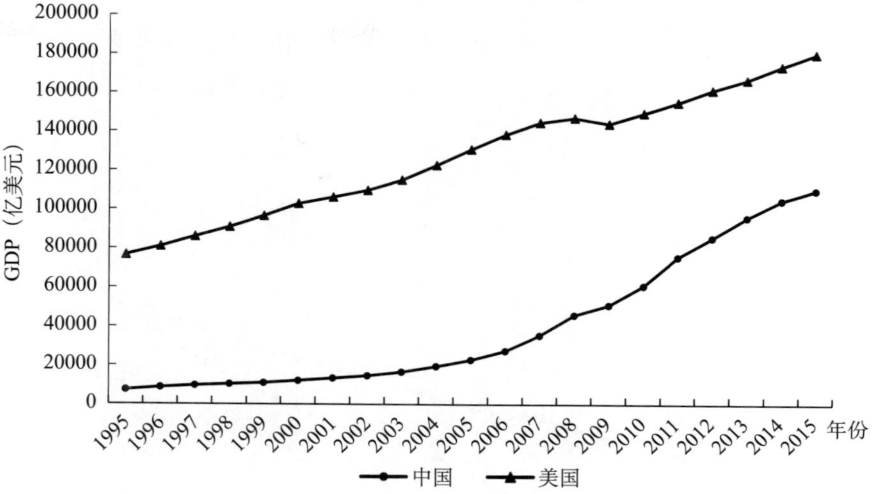

图 14－2　汇率法下 1995—2015 年中美两国 GDP 比较（现价）

资料来源：世界银行.

情形Ⅰ：假定从 2016 年起，中国保持 6% 的 GDP 年均增长率，美国保持 3% 的 GDP 年均增长率

根据情形Ⅰ的假定，从 2016 年至 2035 年的 20 年中，中国保持 6% 的 GDP 年均增长率，美国则保持 3% 的 GDP 年均增长率。从假定条件来看，对于中国经济总量扩张速度持有相对保守的估计，同时对美国经济总量扩张的速度则持有相当乐观的估计。现实情况是，1995 年至 2015 年中国 GDP 年均增长率为 9.48%，美国同时期 GDP 年均增长率仅为 2.44%。显然情形Ⅰ中对美国经济增长速度的预期明显比对中国经济增长速度的预期要宽松得多。但即便在这种情况下，由图 14－3 所示，在忽略汇率变动的情况下，中国经济总量也将在 2032 年赶上美国，从 2033 年起成为世界第一大经济体。从情形Ⅰ中中美两国经济增长速度的可能性来看，即便在进入新常态之后，中国仍保持了 6.5% 以上的经济增速，但 2015 年美国 GDP 增长率虽是 2007 年以后较高水平，但仍不到 2.6%。在从 1995 年至 2015 年的 21 年间，美国仅有 7 个年份 GDP 增长率高于 3%。显然，对于中国来说，保持 6% 的 GDP 年均增长率是较容易实现的，但美国要在未来 20 年内保持 3% 的 GDP 年均增长率，主要取决于是否有重大技术创新的产业化引起一场新工业革命。但即便乐观地认为这样一场新工

业革命很快就会到来，那么根据技术外溢特性和中美经济联系之密切，能够加速美国经济总量扩张的新工业革命也同样会加速中国经济总量扩张。因此，在较为乐观的估计中，中国经济总量赶超美国的时间节点应该在 21 世纪 30 年代初。

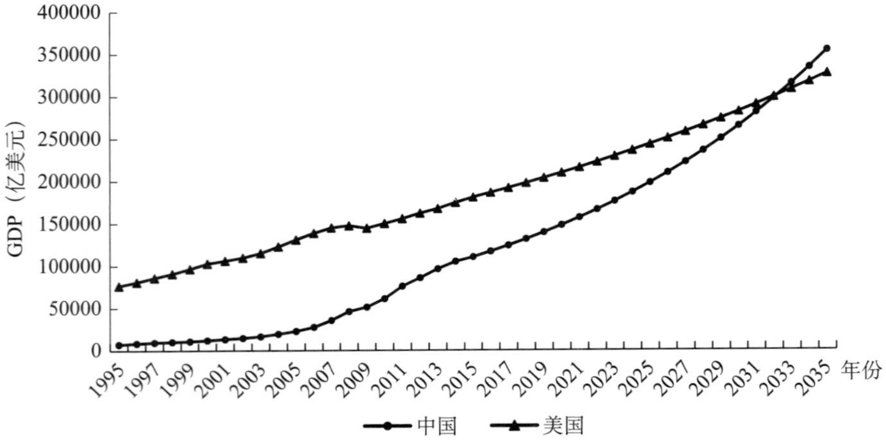

图 14－3　1995—2035 年中美两国 GDP 比较

注：2016—2035 年为预测值，假定中国 GDP 年均增长率为 6%，美国 GDP 年均增长率为 3%。

资料来源：世界银行.

情形Ⅱ：假定从 2016 年起中国保持 5% 的 GDP 年均增长率，美国保持 2.5% 的 GDP 年均增长率

鉴于情形Ⅰ中所依赖的重大技术创新引起的新工业革命本身具有不确定性，情形Ⅱ中笔者假定自 2016 年起中国保持 5% 的 GDP 年均增长率，美国则保持 2.5% 的 GDP 年均增长率。在这样的假定之下，图 14－4 表明，中国经济总量仍将在 2035 年左右赶上美国，成为世界第一大经济体。从情形Ⅱ中的假定条件来看，假定美国在 2016 年至 2035 年保持 2.5% 的 GDP 年均增长率，对美国来说尚有实现的可能。尽管在 2007 年至 2015 年的 9 年中，美国 GDP 年均增长率仅为 1.3%，但从 1995 年至 2015 年的 21 年中，美国 GDP 年均增长率则达到 2.44%。这意味着如果忽略经济周期对美国经济总量增长速度的短期影响，那么在 20 年的较长时期内，2.5% 的经济增速仍是有可能实现的。但情形Ⅱ中对中国经济增长速度的假设则相当悲观，仅假定中国保持 5% 的 GDP 年均增长率。5% 的 GDP 年均增长率水平大致相当于 1995 年至 2015 年的 21 年间

中国 GDP 年均增长率的一半。这意味着即便对中国经济增长的前景作出极其悲观的预测，中国经济总量的持续扩张仍会保证中国在 21 世纪 30 年代中期实现对美国经济总量的赶超。

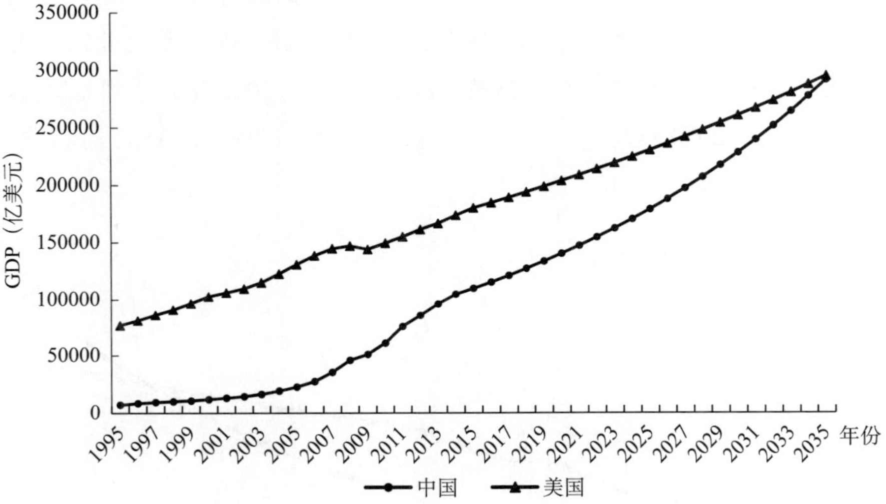

图 14－4　1995—2035 年中美两国 GDP 比较

注：2016—2035 年为预测值，假定中国 GDP 年均增长率为 5%，美国 GDP 年均增长率为 2.5%。

资料来源：世界银行.

情形Ⅲ：假定从 2016 年起中国保持 5% 的 GDP 年均增长率，美国保持 1.5% 的 GDP 年均增长率

如果假定重大技术创新引起的新工业革命没有发生，世界经济长期处于低增长状态，那么情形Ⅱ中对美国经济 2% 的 GDP 年均增长率将是过于乐观的。在情形Ⅲ中，笔者仍旧维持对中国经济极度悲观的 5% GDP 年均增长率预期，但根据 2007 年至 2015 年美国 GDP 年均增长率数据预期美国在 2016 年至 2035 年间仅保持 1.5% 的 GDP 年均增长率。那么，这种对世界经济均相当悲观的估计下，中国经济总量则有望在 2030 年甚至更早的某个时间节点上实现对美国经济总量的赶超。到 2035 年时，中国经济总量将有望达到美国的 120%。显然，情形Ⅲ中对美国经济总量扩张速度的估计仍是基于现实作出的估计，并没有刻意地低估美国长期经济增长速度；情形Ⅲ还依旧维持了对中国经济增长速度的悲观估计，但这并没有改变中国经济总量赶超美国的发展趋势，唯一改变

的只是中国经济总量赶超美国的时间节点。图 14 - 6 则显示了根据情形Ⅲ假定的中国保持 5% GDP 年均增长率、美国保持 1.5% GDP 年均增长率的条件，按照购买力平价法计算中美两国经济总量的大致变化趋势。根据购买力平价法计算的 GDP，中国经济总量在 2013 年就已经超过美国成为第一大经济体，而外推预测则表明中国与美国在经济总量上的差距将会进一步扩大。到 2020 年时，购买力平价法下中国经济总量将是美国的 130%，到 2025 年则达到美国经济总量的 154.2%，2030 年时达到美国经济总量的 182.67%，2035 年时达到美国经济总量的 216.4%。

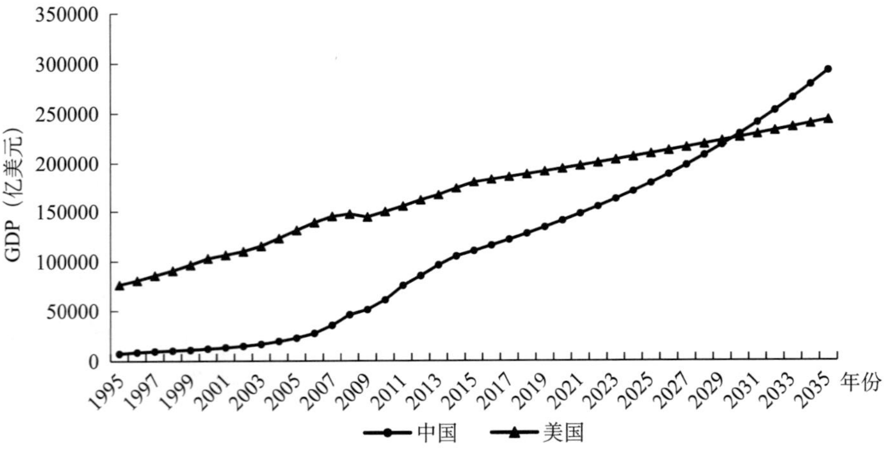

图 14 - 5　1995—2035 年中美两国 GDP 比较

注：2016—2035 年为预测值，假定中国 GDP 年均增长率为 5%，美国 GDP 年均增长率为 1.5%。

资料来源：世界银行.

综上所述，即便对未来 20 年中国经济增长速度作出较为保守的估计，中国经济总量持续扩张的趋势也不会改变，中国经济总量赶超美国也仅是时间问题。根据预测可知，在 2035 年前后，即在中国基本实现社会主义现代化之时，中国经济总量就有望超过美国。在 2050 年中国建成社会主义现代化强国之时，中国经济总量将有望长期处于世界第一水平，从而再度实现古代中国在世界经济中曾保持千年之久的领先地位。但本书对中国经济总量扩张趋势的预测，并不仅仅是要预测中国经济总量赶超美国的时间节点，更重要的是要说明中国经济总量必然赶超美国的现实基础。

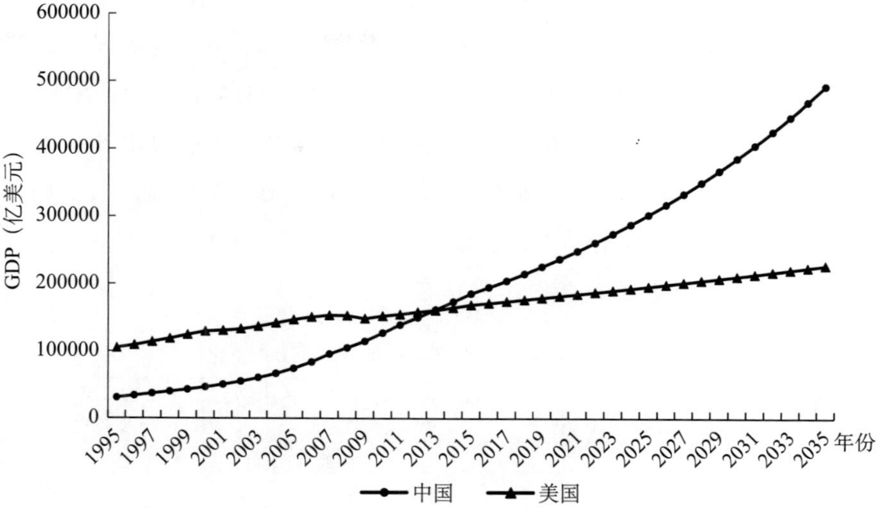

图 14－6　购买力平价法下 1995—2035 年中美两国 GDP 比较（2011 年不变价格）

注：2016—2035 年为预测值，假定中国 GDP 年均增长率为 5%，美国 GDP 年均增长率为 1.5%。

资料来源：世界银行.

二、中国经济总量持续扩张的现实基础

笔者认为，未来 20 年中国经济总量将持续扩张是一个大概率事件。这主要是由于当前中国经济转型与发展中积累的各种现实基础所决定的。具体来说，中国经济总量持续扩张的现实基础主要体现在以下几个方面：

首先，虽然中国已经是公认的世界第二大经济体，但中国人均收入水平较低，劳动生产率还有很大的提升空间。从表 14－1 可见，尽管自 1995 年至 2015 年的二十余年里，中国人均 GDP 增长率一直是美国的数倍，但由于中国人口总量数倍于美国，中国人均 GDP 数量与美国仍有较大差距。1995 年时中国人均 GDP 为 609.66 美元，美国为 28782.18 美元，中国人均 GDP 仅为美国的约 2.12%；到 2015 年时，中国人均 GDP 增加到 8027.68 美元，是 1995 年的 13.17 倍，同年美国人均 GDP 达到 56115.72 美元，尽管只比 1995 年时增加了 1.95 倍，中国 2015 年人均 GDP 仍仅相当于美国的 14.3%。可以预计的是，即便在 21 世纪 30 年代的某个时间节点上中国经济总量赶上美国，但是由于中国人口基数庞大，人均 GDP 水平在较长的时期内仍与美国有较大差距，这意

味着中国经济总量扩张尚有巨大潜力。从劳均 GDP 来看，1995 年中国劳均 GDP 为 4435.78 美元，美国为 80831.93 美元，中国劳均 GDP 为美国的 5.5%；2014 年中国劳均 GDP 为 21630.08 美元，美国为 109314.1 美元，中国劳均 GDP 为美国的 19.78%。在未来 20 年中，中国还可以通过加快由外延型经济增长向内涵型经济增长的转变，加快劳动生产率的提高，积极缩小与美国在劳动生产率方面的差距。在劳动人口总量没有较大变化的情况下，劳动生产率提高必然带来经济总量的持续扩张。

表 14-1　1995—2015 年中国人均 GDP 和劳均 GDP 变化

年份	人均 GDP（当前价格/美元）		人均 GDP 增长率（%）		劳均 GDP（2011 年不变价格/美元）	
	中国	美国	中国	美国	中国	美国
1995	609.66	28782.18	9.75	1.50	4435.78	80831.93
1996	709.41	30068.23	8.78	2.60	4867.81	82477.69
1997	781.74	31572.69	8.12	3.24	5299.59	84177.02
1998	828.58	32949.20	6.81	3.24	5740.82	86259.32
1999	873.29	34620.93	6.74	3.49	6121.80	88847.97
2000	959.37	36449.86	7.64	2.94	6501.06	91076.13
2001	1053.11	37273.62	7.56	-0.02	6977.73	91986.00
2002	1148.51	38166.04	8.40	0.85	7532.39	94143.15
2003	1288.64	39677.20	9.35	1.93	8201.91	96471.34
2004	1508.67	41921.81	9.46	2.83	8952.92	98915.92
2005	1753.42	44307.92	10.74	2.40	9872.00	100622.40
2006	2099.23	46437.07	12.09	1.68	11024.14	101399.80
2007	2695.37	48061.54	13.64	0.82	12479.05	102313.00
2008	3471.25	48401.43	9.09	-1.23	13689.42	102207.30
2009	3838.43	47001.56	8.86	-3.62	14893.19	103084.50
2010	4560.51	48374.09	10.10	1.68	16368.01	106148.60
2011	5633.80	49781.80	9.01	0.83	17722.96	107168.80
2012	6337.88	51433.05	7.33	1.45	18927.82	108350.00
2013	7077.77	52749.91	7.23	0.93	20246.58	109210.60
2014	7683.50	54539.67	6.76	1.57	21630.08	109314.10
2015	8027.68	56115.72	6.37	1.79		

资料来源：世界银行.

其次，当前中国正处于城镇化中期阶段，人口结构相对于美国也比较年轻，在维持较大规模劳动力总量的同时，以加快资本积累的外延型经济增长潜力依旧广阔。由图 14-7 可见，1995 年时中国城镇化率仅为 30.96%，但美国城镇化率已经达到77.257%。中国城镇化率虽然以年均1.174个百分点的高速度增长，但2015年时中国城镇化率仅为55.614%，美国虽然城镇化率上升缓慢，2015年时城镇化率达到了81.617%。这意味着目前中国城镇化水平尚不及美国20世纪90年代中期水平，城镇化的空间和潜力还很巨大。此外，从表14－2可见，尽管自1995年以来中国人口老龄化程度不断提高，但与美国相比人口结构依旧较为年轻，同时，由于计划生育带来的巨大人口红利还在持续，在1995年至2015年的21年中中国社会抚养比远远低于美国。在可以预计的未来20年中，随着计划生育带来的人口红利逐渐耗尽以及人口老龄化的加速，中国社会抚养比将会出现上升趋势。但考虑到美国人口老龄化趋势也在持续中，预计未来20年中国社会抚养比仍难以迅速赶超美国。仍将高速推进的城镇化和相对年轻的人口结构，意味着未来中国仍可以依靠资本广化来实现外延型经济增长。从表14－3来看，1995—2015年，中国资本形成率和国内储蓄率均出现了较为明显的上升趋势，但美国资本形成率基本保持稳定，国内储蓄率则出现了明显下降。从资本积累与外延型经济增长的关系来看，中国较高的资本形成率和国内储蓄率意味着中国能够通过资本广化来推动外延型经济增长，美国较低的资本形成率和国内储蓄率则意味着美国缺乏外延型经济增长的持续动

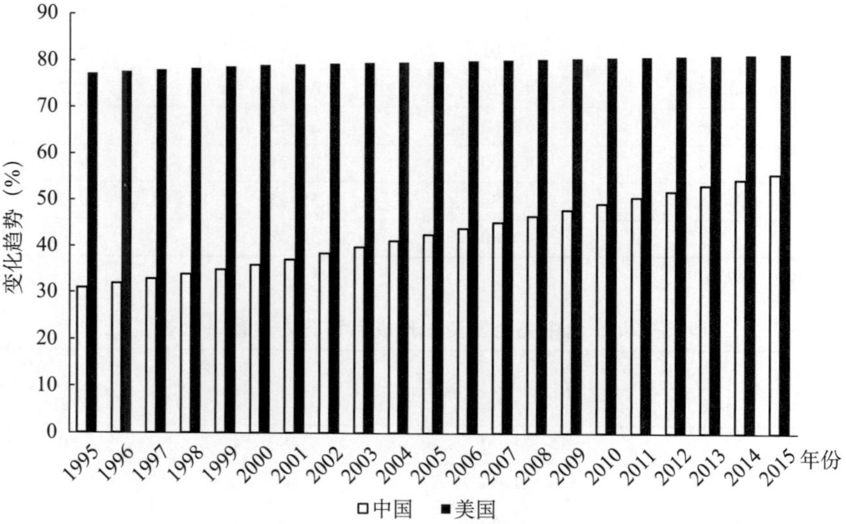

图14－7　1995—2015年中美两国城镇化率变化趋势

资料来源：世界银行.

力。因此，未来20年内中国仍有较强的资本广化潜能去实现外延型经济增长，并在必要的时候通过刺激投资来保证GDP增长率的稳定；而美国则难以依靠资本广化带来的外延型经济增长去保持GDP增长率的稳定。

表14-2　1995—2015年中美两国人口老龄化比较

年份	65岁以上人口比重（%）		人口抚养比	
	中国	美国	中国	美国
1995	5.85	12.59	50.73	52.30
1996	6.02	12.55	49.73	52.18
1997	6.18	12.49	49.14	51.86
1998	6.34	12.43	48.64	51.43
1999	6.49	12.37	47.79	50.98
2000	6.65	12.32	46.45	50.55
2001	6.83	12.30	45.00	50.11
2002	7.01	12.28	43.27	49.76
2003	7.18	12.28	41.40	49.46
2004	7.34	12.29	39.62	49.11
2005	7.49	12.32	38.09	48.70
2006	7.63	12.39	37.05	48.72
2007	7.77	12.49	36.08	48.65
2008	7.91	12.61	35.29	48.57
2009	8.07	12.79	34.76	48.58
2010	8.25	13.01	34.52	48.73
2011	8.45	13.29	34.49	48.91
2012	8.65	13.62	34.74	49.21
2013	8.89	14.00	35.21	49.67
2014	9.18	14.39	35.85	50.26
2015	9.55	14.79	36.58	50.91

资料来源：世界银行.

表14-3　1995—2015年中美两国资本形成率和国内储蓄率比较

年份	资本形成占GDP比重（%）		国内储蓄率（%）	
	中国	美国	中国	美国
1995	39.68	21.20	41.80	20.03
1996	38.37	21.63	41.13	20.44
1997	36.34	22.36	39.84	21.18
1998	35.68	22.85	40.36	21.06
1999	34.96	23.32	38.28	20.66

续表

年份	资本形成占 GDP 比重（%）		国内储蓄率（%）	
	中国	美国	中国	美国
2000	34.43	23.57	37.15	19.92
2001	36.42	22.05	39.05	18.58
2002	37.08	21.58	39.97	17.69
2003	40.63	21.66	43.58	17.28
2004	42.89	22.53	46.23	17.48
2005	41.39	23.22	47.53	17.72
2006	40.93	23.33	49.66	17.77
2007	41.46	22.35	50.70	17.39
2008	43.27	20.79	50.36	15.87
2009	46.44	17.51	50.65	14.77
2010	47.61	18.39	51.26	14.97
2011	47.69	18.54	50.07	14.81
2012	47.23	19.35	49.94	15.85
2013	47.39	19.76	49.83	16.81
2014	47.01	20.01	49.52	17.09
2015	45.67	20.35	49.17	17.45

资料来源：世界银行.

再次，中国在科技创新方面的资金和人员投入还有较大的增长空间，可以通过加快技术创新来提高劳动生产率，并推动内涵型经济增长的实现。以美国的情况来看，经济增长主要依靠内涵型经济增长来实现，这就意味着科技创新成果转化的顺畅程度将在很大程度上决定美国 GDP 增长率。从表 14－4 可以看出，美国在科技创新方面的资金和人员投入力度一直很大，但相比之下中国在科技创新方面的资金和人员投入都相对不足。1996 年时中国研发支出占 GDP 的比重仅为 0.57%，每百万人中科研人员数仅为 442.57 人，同期美国研发支出占 GDP 比重达到 2.44%，每百万人中科研人员数达到 3122.4 人。科技创新方面资金和人员投入的巨大差距，可以解释为什么长期以来中美两国在劳动生产率上存在巨大差距。表 14－4 还显示，在过去的二十余年里中国在科技创新方面的投入迅速加大，与美国在科技创新投入上的差距也在不断缩小。2013 年中国研发支出占 GDP 的比重上升到 2.05%，美国则上升到 2.73%，科技创新资金投入方面的差距正在迅速缩小；2012 年中国每百万人中科研人员数达到 1035.88 人，美国则为 4018.63 人，科技创新人员投入方面的差距也明

表 14-4　　1996—2014 年中美两国科技创新投入比较

年份	研发支出占 GDP 比重（%）		每百万人中科研人员数（人）	
	中国	美国	中国	美国
1996	0.57	2.44	442.57	3122.40
1997	0.64	2.47	471.99	3224.05
1998	0.65	2.50	386.77	3388.01
1999	0.75	2.54	420.60	3445.10
2000	0.90	2.62	547.30	3475.52
2001	0.95	2.64	581.53	3545.56
2002	1.06	2.55	631.08	3630.32
2003	1.13	2.55	667.53	3870.21
2004	1.22	2.49	713.28	3764.84
2005	1.32	2.51	856.85	3718.05
2006	1.38	2.55	932.31	3781.64
2007	1.38	2.63	1078.63	3757.78
2008	1.46	2.77	1200.29	3911.75
2009	1.68	2.82	863.93	4071.79
2010	1.73	2.74	902.96	3866.96
2011	1.79	2.76	977.68	4010.84
2012	1.93	2.70	1035.88	4018.63
2013	2.01	2.73	1089.19	—
2014	2.05	—	1113.07	—

资料来源：世界银行.

显缩小。随着当前中国经济发展中面临的生态破坏、社会和谐等方面问题日渐突出，实现外延型经济增长为主向内涵型经济增长为主的经济增长方式转变，已经成为中国社会的普遍共识。由此可以预计中国在未来 20 年中还将进一步加大科技创新方面的资金与人员投入，以科技创新促进劳动生产率提高和内涵型经济增长。同时，中国庞大的人口基数意味着，只要教育水平能够得到提升，中国可以用于科技创新和实现内涵型经济增长的人力资源总量是世界上其他国家难以比拟的。尽管中国每百万人中科研人员数仅为美国的 1/4 左右，但中国人口总量是美国的 4 倍多，这就意味着在 2012 年前后中美两国在科技创新方面的人员投入绝对量基本相当。从图 14-8 也可以反映出中国巨大人力资源优势对缩小中美两国在科技创新产出方面的意义和作用。1995 年时中国专利申请量仅为 18699 件，美国专利申请量则达到 228142 件，中国专利申请量仅为美国的 8.2%；但 2011 年时中国专利申请量增加到 526412 件，美国专利申请量则为503582件，中国专利申请量成功超越美国；到2014年，中国专利申请量已经达到928177件，美国则仅增加到578802件，中国专利申请量为美国的160%！从科技创新产出方面的逆转可以看出，只要中国能够持续增加科技创新方面的资金和人员投入，那么中国科技创新产出就将持续增长，也就意味着未来20年内中国将拥有更多的可以用于加速内涵型经济增长的智力成果和知识产权，中国内涵型经济增长的动力可能比美国更加深厚。

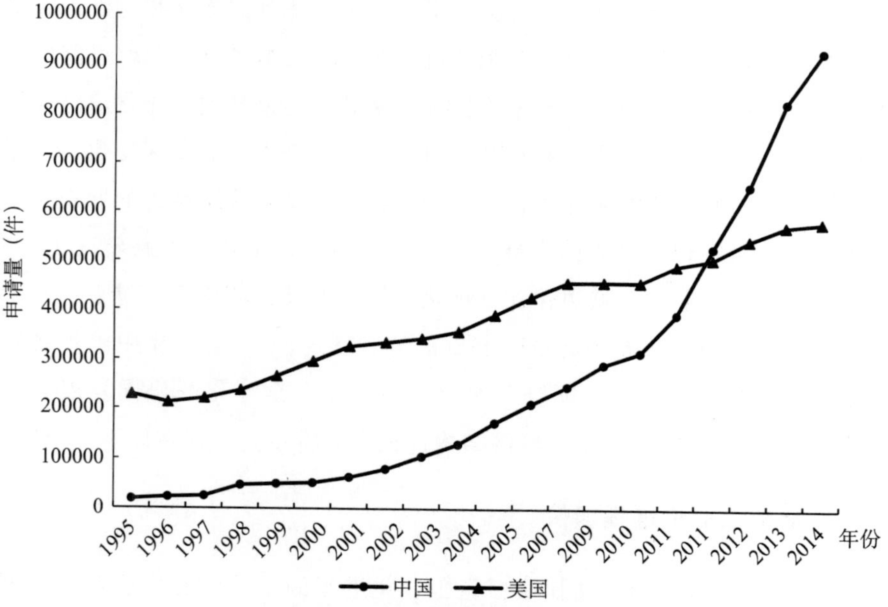

图14－8　1995—2015年中美两国专利申请量比较

资料来源：世界银行.

由此可见，无论是在外延型经济增长方面，还是在内涵型经济增长方面，中国都具有比美国更强劲的增长潜能。随着人均收入水平的提升，中国经济总量持续扩张有着坚实的物质基础，这就决定了中国经济总量最终超越美国也只是一个时间问题。

第四节　趋势Ⅲ：经济结构优化与国际竞争力增强

前文的分析已经含蓄地表明，随着未来20年中国经济体制改革的不断深入和中国经济规模的持续扩张，当前中国经济结构已经难以支撑未来20年中国经济的可持续发展。经济体制改革和经济规模扩张必须以经济结构优化升级为前提，同时经济结构优化升级也会反过来巩固并加快经济体制改革和经济规模扩张。事实上，在过去20年中国经济的转型与发展进程中，已经可以观察到未来20年中国经济结构优化升级的一些苗头。自改革开放以来，中国经济高速发展的支点在于：理念变迁维度上中国经济学的不断开拓进取为经济转型提供理论指导，制度变迁维度上社会主义市场经济体制的建立和完善为经济转型提供组织框架，产业变迁维度上则通过加快实现由追赶型工业化道路向开拓型工业化道路的转变来为经济转型提供物质基础。在追赶型工业化道路向开拓型工业化道路的转变中，中国经济结构也发生了三个方面的显著变化：一是中国经济转型中不断加速的工业化，二是中国经济转型中持续推进的城镇化，三是中国经济转型中积极融入的全球化。换句话说，以工业化道路转变为主线，技术变迁维度上工业化、城镇化和全球化的协同发展不断构筑了过去三十余年里中国经济转型与发展的经济结构基础。笔者认为，未来20年中国经济转型与发展的持续推进，仍然必须以工业化、城镇化和全球化的协同发展为突破口。具体来说，未来20年中国经济结构优化升级将主要体现在以下三个方面：

一、新型工业化进程加快

未来20年将是中国不断加快新型工业化进程的重要历史机遇期。新型工业化对中国经济结构也将产生深远的影响。具体体现在：

首先，产业结构将发生深刻变化，制造业与服务业的协同发展和融合发展将成为未来20年中国产业变迁的一个显著特征。从表14-5可见，从1996年至2015年的二十年里，伴随着中国工业化的不断发展，服务业也取得了前所未有的发展。1996年第二产业增加值比重为47.1%，第二产业对GDP的贡献率达到62.2%，同期第三产业增加值占比为33.6%，第三产业对GDP的贡献率为28.5%。但到2015年时，第二产业增加值占比降至40.9%，第二产业对GDP的贡献率降至42.4%，同期第三产业增加值占比增加到50.2%，第三产业对GDP的贡献率达为52.9%。工业化过程带来的物质产品极大丰富，使得人们生存需要得到基本满足，发展需要和享乐需要日益成为人们迫切需要满足的需要，由此刺激第三产业以比第二产业更快的速度发展起来。伴随着产业结构随着工业化推进而发生深刻变化，新的问题也随之出现，即中国能否在不发展制造业的条件下只靠服务业支撑中国经济可持续发展。西方国家 20 世纪 70 年代以来出现的去工业化和经济服务化历程，最终导致服务业经济的发展失去物质基础和技术支持，陷入经济发展的高收入陷阱，包括就业问题、债务问题在内的诸多经济问题长期得不到有效解决。作为一个拥有近 14 亿人口的发展中国家，中国不可能在第二产业长期萎靡不振的情况下光靠服务业满足全国人民的生存、发展与享受需要。未来 20 年要实现中国经济的可持续发展，仍需要通过加快新型工业化进程来推动制造业的发展。这就意味着未来 20 年中国必须解决好新型工业化进程中制造业与服务业的协同发展与融合发展问题。随着以共享经济为代表的新兴经济业态的崛起，新的技术手段和物质基础决定了中国新型工业化进程中完全可以通过制造业与服务业的融合来实现制造业与服务业的协同发展。一方面可以通过制造业服务化来实现制造业价值链的延伸，另一方面可以通过服务业制造化来增强供给响应需求变化的能力，由此实现制造业与服务业的融合与协同，并最终消除制造业与服务业的产业部门分割。

表 14－5　　1996—2015 年中国二三次产业结构变化情况

单位：%

年度	第二产业增加值占比	第三产业增加值占比	第二产业对 GDP 的贡献率	第三产业对 GDP 的贡献率
1996	47.1	33.6	62.2	28.5
1997	47.1	35	59.1	34.5
1998	45.8	37	59.7	33
1999	45.4	38.6	56.9	37.4
2000	45.5	39.8	59.6	36.2
2001	44.8	41.2	46.4	49
2002	44.5	42.2	49.4	46.5
2003	45.6	42	57.9	39
2004	45.9	41.2	51.8	40.8
2005	47	41.3	50.5	44.3
2006	47.6	41.8	49.7	45.9
2007	46.9	42.9	50.1	47.3
2008	46.9	42.8	48.6	46.2
2009	45.9	44.3	52.3	43.7
2010	46.4	44.1	57.4	39

续表

年度	第二产业增加值占比	第三产业增加值占比	第二产业对GDP的贡献率	第三产业对GDP的贡献率
2011	46.4	44.2	52	43.8
2012	45.3	45.3	49.9	44.9
2013	44	46.7	48.5	47.2
2014	43.1	47.8	47.8	47.5
2015	40.9	50.2	42.4	52.9

资料来源：国家统计局网站.

其次，随着新型工业化的推进，工业部门的内部结构也将发生深刻变化，工业部门的科技含量正在不断提高，产业链不断向价值高端延伸。表14－6显示，2003年到2015年，石油加工、炼焦和核燃料加工业的规模以上工业企业销售产值比重从4.45%下降到3.11%，但与此同时，化学原料和化学制品制造业、医药制造业、通用设备制造业、专用设备制造业、电气机械和器材制造业、交通运输设备制造业等技术含量更高的制造业部门都出现了规模以上工业企业销售产值比重的持续上升趋势。计算机、通信和其他电子设备制造业规模以上工业企业产值比重的下滑，则很大程度上是由于这一行业大幅技术进步引起成本下降，并在竞争中导致价格的大幅下降。图14－9则显示，尽管计算机、通信和其他电子设备制造业规模以上工业企业销售产值比重下滑明显，但中国计算机等电子产品产量却持续扩张。更值得注意的是，在计算机、通信和其他电子设备制造业中，微型计算机和笔记本计算机的生产和组装是技术含量相对较低的制造环节，而集成电路、显示器等核心零部件技术含量较高。图14－9也表明，在2013年和2013年中国微型计算机和笔记本计算机产量达到峰值并逐渐回弱的同时，中国集成电路、显示器等高技术含量零部件的产量却在快速增加。这从一个侧面反映出中国制造业部门正在经历科技含量不断提升的深化发展过程，随着制造业技术含量的不断提高，中国工业部门产业链将不断向价值高端延伸。可以预见，在未来20年中，随着中国新型工业化的持续推进，中国工业部门技术含量提升和产业链延伸的过程还将继续下去。中国制造业的劳动力成本竞争优势的消失并不意味着中国制造业就将陷入发展停滞，相反随着中国工业部门内部结构的深刻变化，中国制造业将逐步形成新的技术优势和产业链集成优势，这对于中国制造业的可持续发展将起到积极作用。

表 14－6　2003—2015 年部分行业规模以上工业企业销售产值比重　单位：%

年度	石油加工、炼焦和核燃料加工业	化学原料和化学制品制造业	医药制造业	通用设备制造业	专用设备制造业	电气机械和器材制造业	计算机、通信和其他电子设备制造业	交通运输设备制造业
2003	4.45	6.49	1.95	3.97	2.67	5.49	11.13	7.90
2004	4.47	6.38	1.55	4.18	2.49	5.54	11.03	6.85
2005	4.81	6.49	1.62	4.18	2.39	5.49	10.69	6.32
2006	4.83	6.44	1.53	4.33	2.49	5.72	10.41	6.42
2007	4.46	6.59	1.51	4.52	2.59	5.88	9.69	6.68
2008	4.51	6.68	1.51	4.85	2.83	5.99	8.68	6.64
2009	3.96	6.71	1.68	4.98	3.05	6.07	8.15	7.61
2010	4.22	6.84	1.63	5.00	3.05	6.14	7.91	7.96
2011	4.41	7.19	1.72	4.83	3.06	6.06	7.56	7.52
2012	4.29	7.30	1.86	4.16	3.12	5.96	7.64	7.27
2013	3.94	7.43	1.97	4.25	3.18	6.03	7.68	7.39
2014	3.74	7.54	2.12	4.32	3.21	6.13	7.81	7.78
2015	3.11	7.54	2.33	4.27	3.28	6.30	8.28	8.17

资料来源：国家统计局网站.

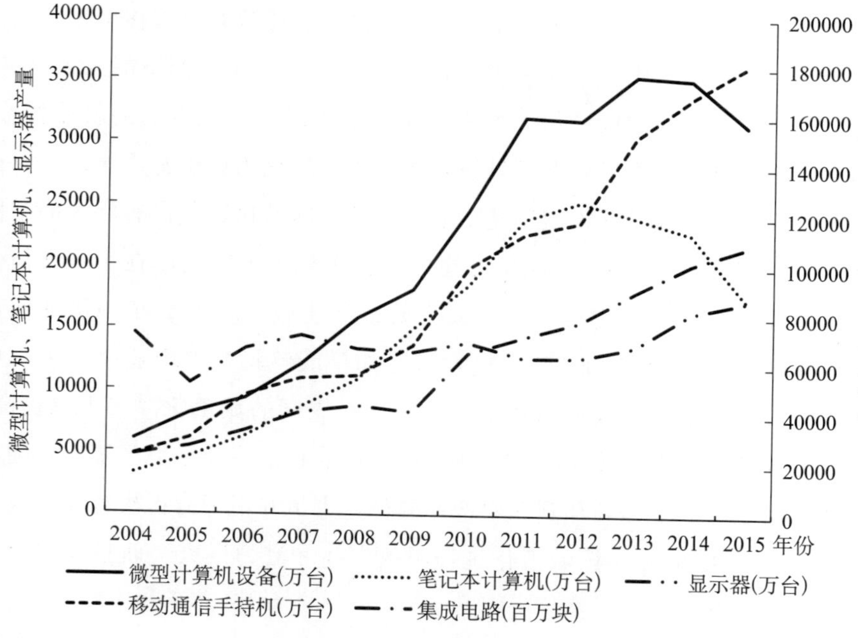

图 14－9　2004—2015 年中国部分电子产品产量

资料来源：国家统计局网站.

二、新型城镇化进程的推进

未来20年将是中国城镇化模式创新的关键时期，中国的新型城镇化将极大地改变中国经济的面貌和中国经济的结构。具体体现在以下几个方面：

第一，未来20年中国城镇化进程还有广阔的空间和巨大的潜力，加快城镇化进程是难以逆转的发展趋势。图14－10显示，中国城镇化率由1996年的30.5%上升到2015年的56.1%，20年中增加了25.6个百分点，是人类有史以来速度最快、规模最大的城镇化进程。又如前文所述，尽管中国城镇化速度极快，但与美国等西方发达国家相比，中国城镇化水平不高，尚有很大的提升空间。由图14－10可以看出，1996年至2015年的20年间，中国非农产业就业人员比重一直明显高于中国城镇人口比重，这意味着在中国人口结构中存在一个数以亿计的社会群体。他们虽然从事着与农业生产无关的各种非农产业工作，但在身份属性上却不属于城镇居民。在改革开放初期，中国非农产业就业人员比重与城镇人口比重的差额，很大程度上是由于农村非农产业发展带动农业剩余劳动力转移的结果。但随着改革开放的深入和工业化进程的推进，越来越多的农业剩余劳动力不仅从农业生产中转移出来，还从农村转移出来，成为城镇农民工群体。由于中国户籍制度的限制，农民工群体长期不能融入城镇，只能游离于城镇与乡村之间。一方面农民工只能在城镇找到合意的就业机会；另一方面农民工却不能在所就业的城镇定居下来，转化为城镇常住居民。农民工群体的存在，正是城镇化发展不足的表现，也意味着城镇化尚有巨大的空间和潜力。可以预计的是，未来20年中国城镇化进程的关键问题在于，如何使农民工及其家庭在城镇中定居下来，成为城镇常住居民。2015年中国非农产业就业人员比重已经达到71.7%，这意味着如果能够将非农产业就业人员中的非城镇常住居民都转变为城镇长期居民，那么中国的城镇化率将大幅提高，城镇化人口比重长期低于非农产业就业人员比重的状况将会一去不复返。随着工业化进程的推进，已经转移到非农产业的就业人员并不可能再次转移到农业产业。因此，未来20年中国城镇化进程不仅空间和潜力巨大，而且还将是不可逆转的发展趋势。

第二，未来20年中国城镇化进程中的主要问题是加快“人的城镇化”，城镇化进程将面临更加严格的资源与环境约束。由表14－7可见，中国城市建

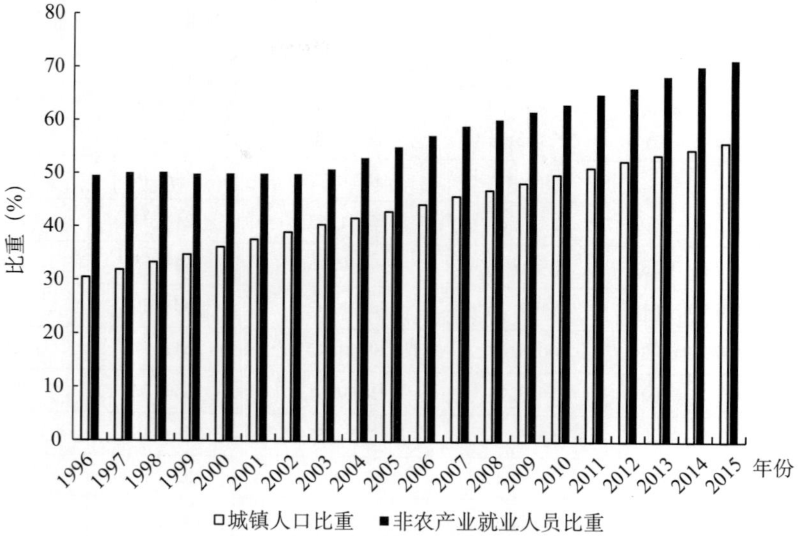

图 14－10　1996—2015 年中国城镇人口比重与非农产业就业人员比重

资料来源：国家统计局网站.

成区面积在 2006 年时为 33659.8 平方公里，到 2015 年时达到 52102.31 平方公里，增长了 154.79%；城市建设用地面积由 2006 年的 31765.7 平方公里增加到 2015 年的 51584.1 平方公里，增长了 162.39%；征用土地面积则长期保持在每年 1200 平方公里以上的高水平，2012 年甚至达到 2161.48 平方公里的峰值。但与快速的土地城镇化形成鲜明对比的，却是人口城镇化的迟滞。2006 年中国城市人口密度为 2238.15 人/平方公里，2015 年则为 2399 人/平方公里，城市人口密度并没有显著的提高。这表明在 2006 年到 2015 年的十年中，中国城镇化具有典型的土地城镇化特征，人口城镇化进展相对缓慢，城镇化进程中土地资源浪费比较严重。与中国城镇化中土地城镇化快于人口城镇化的状况相伴随，中国城镇化进程中已经出现了较为严重的资源耗竭与环境污染问题，对城镇化进程的可持续发展带来了巨大的挑战，也限制了城镇居民生活质量的进一步提高。这一切都表明，由土地城镇化为主导的传统城镇化道路已经难以为继，未来中国城镇化进程必须实现由土地城镇化主导向人口城镇化主导的转变，城镇化进程必须以资源节约和环境友好为约束条件。正如前文所述，未来 20 年中国在城镇化方面尚有巨大的空间与潜力，而城镇化的深入就必须将解决人口城镇化作为城镇化进程中的主要问题，这恰是充分挖掘中国城镇化的空间与潜力的前提所在。

表 14 - 7　　2006—2015 年中国城市建设基本情况

年份	城区面积（平方公里）	建成区面积（平方公里）	城市建设用地面积（平方公里）	征用土地面积（平方公里）	城市人口密度（人/平方公里）
2006	—	33659.8	31765.7	1396.48	2238.15
2007	—	35469.65	36351.65	1216.03	2104
2008	178110.28	36295.3	39140.46	1344.58	2080
2009	175463.61	38107.26	38726.92	1504.69	2147
2010	178691.73	40058.01	39758.42	1641.57	2209
2011	183618.02	43603.23	41860.61	1841.72	2228
2012	183039.42	45565.76	45750.67	2161.48	2307
2013	183416.05	47855.28	47108.5	1831.57	2362
2014	184098.59	49772.63	49982.74	1475.88	2419
2015	191775.54	52102.31	51584.1	1548.53	2399

资料来源：国家统计局网站.

第三，未来 20 年中国城镇化进程将面临道路选择问题，小城镇化道路难以为继，大城市化和城市群的发展将是中国城镇化的新方向。对于中国究竟是应当走中小城镇为主的小城镇化道路，还是应当走大城市为主的大城市化道路，长期以来学者们一直存在较大的争议。从西方国家城镇化的发展经验来看，西方国家无一例外地是在优先发展大城市的情况下实现本国城镇化进程的。但是，西方发达国家中人口最多的美国也只有三亿多人口，这与中国城镇化进程中要形成十亿以上城镇人口的特殊国情有着巨大的差别。从中国的基本国情来看，要彻底完成中国的城镇化就必须利用城镇化中的规模效应，在节约资源、保护环境的情况下实现人口的快速集中，这也就决定了资源利用率较低的小城镇化道路并不能解决中国的城镇化问题，大城市化将是中国城镇化道路的必然选择。中国与西方国家迥异的国情则意味着，仅有大城市化可能仍不足以完成将十亿以上人口集中到城镇的任务，必须发展城市群来推动城镇化进程。由此可以预见，未来 20 年中国城镇化道路的核心特征，既不是中小城镇化，也不是大城市化，而是城市群化。从表 14 - 8 可见，从 2000 年至 2015 年，在中国地级及以上城市数不断增加的同时，中国城市市辖区年末总人口为 20 万人以下的地级及以上城市数增长不明显，城市市辖区年末总人口在 20 万—100

万的地级及以上城市数却在不断减少；与此形成鲜明对比的是，中国城市市辖区年末总人口在100万以上的地级及以上城市数却有显著增加。这表明在过去15年中中国城镇化的大城市化特征明显。未来20年中国城镇化率要达到75%以上至少还需要新增三亿城镇人口，仅靠大城市化可能难以完成这一任务；要更好地利用城镇化中的规模效应，就必须通过城市群化来吸纳更多的新增城镇人口。

表14－8　　2000—2015年中国地级及以上城市人口分布

年度	地级及以上城市数（个）	城市市辖区年末总人口为400万人以上的城市数量（个）	城市市辖区年末总人口为200万—400万人的城市数量（个）	城市市辖区年末总人口为100万—200万人的城市数量（个）	城市市辖区年末总人口为50万—100万人的城市数量（个）	城市市辖区年末总人口为20万—50万人的城市数量（个）	城市市辖区年末总人口为20万人以下的城市数量（人）
2000	262	8	12	70	103	66	3
2001	269	8	16	69	105	64	7
2002	278	10	21	71	109	63	4
2003	284	11	21	73	111	63	5
2004	286	12	23	73	111	63	4
2005	286	13	25	75	108	61	4
2006	286	13	24	80	106	59	4
2007	287	13	26	79	111	55	3
2008	287	13	28	81	110	51	4
2009	287	14	28	82	110	51	2
2010	287	14	30	81	109	49	4
2011	288	14	31	82	108	49	4
2012	289	14	31	82	108	50	4
2013	290	14	33	86	103	52	2
2014	292	17	35	91	98	47	4
2015	295	15	38	94	92	49	7

资料来源：国家统计局网站.

三、新型全球化进程的积极参与

改革开放以来中国经济面貌的极大改变，很大程度上是因为中国加入了经济全球化进程，能够较好地利用国内国外两个市场的资源。经过近四十年的发展，中国在世界经济中的地位已显著提升。然而，2008 年世界金融危机的爆发对经济全球化进程产生了持久的消极影响，反全球化的呼声渐长。作为世界第二大经济体和第一大货物贸易国，中国迫切需要加强对外经济交往来推动经济转型与经济发展。但二战以来的经济全球化是建立在不合理的国际经济与政治秩序基础之上的，全世界都在呼唤新型全球化进程的开启。未来 20 年，中国将有机会、有动力、有能力参与到新型全球化进程中来，具体表现在：

第一，中国在国际产业分工中的地位迅速提高，将沿着国际产业链迅速向价值高端攀爬，中国有望成为全球产业分工的重要参与者。从表 14－9 可见，1996 年中国出口商品总额为 1510.48 亿美元，工业制成品出口额为 1291.23 亿美元，工业制成品出口比重为 85.48%，同年进口商品总额为 1388.33 亿美元，工业制成品进口额为 1133.92 亿美元，工业制成品进口比重为 81.68%，1996 年商品进出口贸易顺差为 122.15 亿美元，其中工业制成品进出口贸易顺差为 157.31 亿美元，占比 128.78%；到 2015 年，出口商品总额增加到 22734.68 亿美元，工业制成品出口额增加到 21695.41 亿美元，工业制成品出口比重上升到 95.43%，进口商品总额增加到 16795.65 亿美元，工业制成品进口额增加到 12075.07 亿美元，工业制成品进口比重下降到 71.89%，同年商品进出口贸易顺差为 5939.04 亿美元，工业制成品进出口贸易顺差为 9620.34 亿美元，占比 161.98%。可见，随着 1996 年至 2015 年的 20 年间中国工业化进程的不断加速，中国在国际产业分工中的地位迅速改善。工业制成品出口比重和工业制成品进口比重的一升一降，反映出中国产业经济正在沿着国际产业链迅速向价值高端攀爬。同时，中国工业制成品进出口贸易顺差在商品进出口贸易顺差中的比重不断提高，也意味着中国在工业制成品贸易上具有较强的竞争优势。未来 20 年中，虽然随着收入水平的提高，中国将逐渐失去劳动力成本低廉的竞争优势，但是随着国民素质的提高，中国将会逐渐在制造业领域形成技术优势和组织优势，这将有助于中国沿着国际产业链进一步向上攀爬，形成更强的国际竞争力。未来 20 年中国将有望成为国际产业分工的重要参与者甚至主要引领者之一，将有能力对国际产业链的延伸方向产生影响。

表 14－9　　1996—2015 年中国商品进出口和工业制成品进出口情况

年度	出口商品总额（百万美元）	工业制成品出口		进口商品总额（百万美元）	工业制成品进口		商品进出口贸易顺差（百万美元）	工业制成品进出口贸易顺差（百万美元）	工业制成品进出口贸易顺差占比（%）
		出口额（百万美元）	占比（%）		进口额（百万美元）	占比（%）			
1996	151048	129123	85.48	138833	113392	81.68	12215	15731	128.78
1997	182792	158839	86.90	142370	113750	79.90	40422	45089	111.55
1998	183712	163220	88.85	140237	117288	83.64	43475	45932	105.65
1999	194931	174990	89.77	165699	138853	83.80	29232	36137	123.62
2000	249203	223743	89.78	225094	178355	79.24	24109	45388	188.26
2001	266098	239760	90.10	243553	197810	81.22	22545	41950	186.07
2002	325596	297056	91.23	295170	245899	83.31	30426	51157	168.14
2003	438228	403416	92.06	412760	339996	82.37	25468	63420	249.02
2004	593326	552777	93.17	561229	443962	79.11	32097	108815	339.02
2005	761953	712916	93.56	659953	512239	77.62	102000	200677	196.74
2006	968978	916017	94.53	791461	604332	76.36	177517	311685	175.58
2007	1220060	1156267	94.77	956115	712865	74.56	263945	443402	167.99
2008	1430693	1352736	94.55	1132567	770167	68.00	298126	582569	195.41
2009	1201612	1138483	94.75	1005923	716119	71.19	195689	422364	215.83
2010	1577754	1496069	94.82	1396244	962394	68.93	181510	533674	294.02
2011	1898381	1797836	94.70	1743484	1139215	65.34	154898	658621	425.20
2012	2048714	1948156	95.09	1818405	1183471	65.08	230309	764685	332.03
2013	2209004	2101736	95.14	1949989	1291909	66.25	259015	809828	312.66
2014	2342293	2229601	95.19	1959235	1312295	66.98	383058	917306	239.47
2015	2273468	2169541	95.43	1679565	1207507	71.89	593904	962034	161.98

资料来源：国家统计局网站.

第二，中国在对外贸易中始终坚持独立自主原则，能够通过本国贸易政策的调整在新型全球化进程中引导国际经济秩序的重构。在中国改革开放之初，由于资金短缺、技术落后且缺乏国际营销渠道，中国进出口贸易在很大程度上受到外国资本的控制，外商投资企业在中国进出口贸易中具有很大发言权，众多中国本土企业一度沦为外国资本和外商企业的“打工仔”。随着改革开放后中国资本积累、技术改进和营销渠道拓展，中国本土企业在进出口贸易中逐渐赢回主动权。从表 14－10 可见，外商投资企业进出口总额在中国进出口总额中的占比，已经由 2005 年的 58.49% 下降到 2015 年的 46.38%，外商投资企业出口总额在中国出口总额中的占比也由 2005 年的 58.3% 下降到 2015 年的

44.19%，外商投资企业进口总额在中国进口总额中的占比则由2005年的58.72%下降到2015年的49.35%。外商投资企业在我国进出口中的比重下降，表明中国在对外贸易中的独立自主原则越来越好地得到了贯彻，中国贸易政策的自主性也在不断增强。这意味着中国在新型全球化进程中具有了越来越强的影响力，可以对国际经济秩序重构过程加以影响和引导。可以预计的是，在未来20年中，随着中国工业化进程的推进和中国制造业技术水平的提升，外商投资企业在中国对外贸易中的影响力还将进一步下降，中国对外贸易将具有越来越强的主动型和自主性，这就使得中国有能力也有必要参与到国际经济秩序重构的工作中去，积极推动新型全球化进程。

表14-10　　2005—2015年中国外商投资企业进出口情况

年度	进出口总额（百万美元）	外商投资企业		出口总额（百万美元）	外商投资企业		进口总额（百万美元）	外商投资企业	
		进出口总额（百万美元）	占比（%）		出口总额（百万美元）	占比（%）		进口总额（百万美元）	占比（%）
2005	1421910	831700	58.49	761953	444200	58.30	659953	387500	58.72
2006	1760440	1036269	58.86	968978	563779	58.18	791461	472490	59.70
2007	2176180	1255164	57.68	1220060	695371	56.99	956115	559793	58.55
2008	2563255	1409921	55.01	1430693	790493	55.25	1132567	619428	54.69
2009	2207535	1217478	55.15	1201612	672074	55.93	1005923	545404	54.22
2010	2973998	1600615	53.82	1577754	862229	54.65	1396244	738386	52.88
2011	3641860	1859899	51.07	1898381	995227	52.43	1743484	864672	49.59
2012	3867119	1894120	48.98	2048714	1022620	49.92	1818405	871500	47.93
2013	4158993	1918315	46.12	2209004	1043724	47.25	1949989	874590	44.85
2014	4301527	1983558	46.11	2342293	1074620	45.88	1959235	908938	46.39
2015	3953033	1833481	46.38	2273468	1004614	44.19	1679565	828866	49.35

资料来源：国家统计局网站.

第三，中国已经从净资本输入国转变为净资本输出国，能够通过本国资本输出重构国际产业分工格局，帮助广大发展中国家加快发展。在改革开放以来的很长一段时期内，中国对外开放的一个重要原因和一项重要任务，就是吸引他国对华进行投资，通过增加对外资的利用，弥补中国改革开放之初的资金短缺短板。随着改革开放后中国经济持续快速增长，中国要素市场上要素密集度已经发生极大改变，资本稀缺状况得到极大缓解，甚至在局部出现了资本过剩现象。为解决中国业已出现的资本过剩苗头，中国对外直接投资也迅速增加，中国在资本项目上逐渐由改革开放之初的资本单向输入转变为资本双向流动。图 14－11 显示，2007 年中国对外直接投资净额为 265 亿美元，实际利用外资额为 783.89 亿美元，对外直接投资与实际利用外资之比为 33.84%；到 2015 年，中国对外直接投资净额大幅增加为 1456.67 亿美元，实际利用外资额增加为 1262.67 亿美元，对外直接投资与实际利用外资之比上升到 115.36%；这标志着不仅在资本项目上资本双向流动的规模在不断扩大，而且中国在很短的时间内由资本净输入国转变为资本净输出国。可以预计的是，随着中国经济规模持续扩张和中国对外开放的不断深入，中国在资本项目上资本双向流动的趋势和规模不会改变，中国对外投资和资本输出的规模还将进一步扩大。为落实"一带一路"倡议，中国可以通过本国资本输出重构国际产业分工格局。特别是可以通过在发展中国家基础设施项目上的投资和建设，帮助发展中国家降低非农产业的流通成本，促进这些国家非农产业的发展与升级，带动全球产业分工格局的调整。

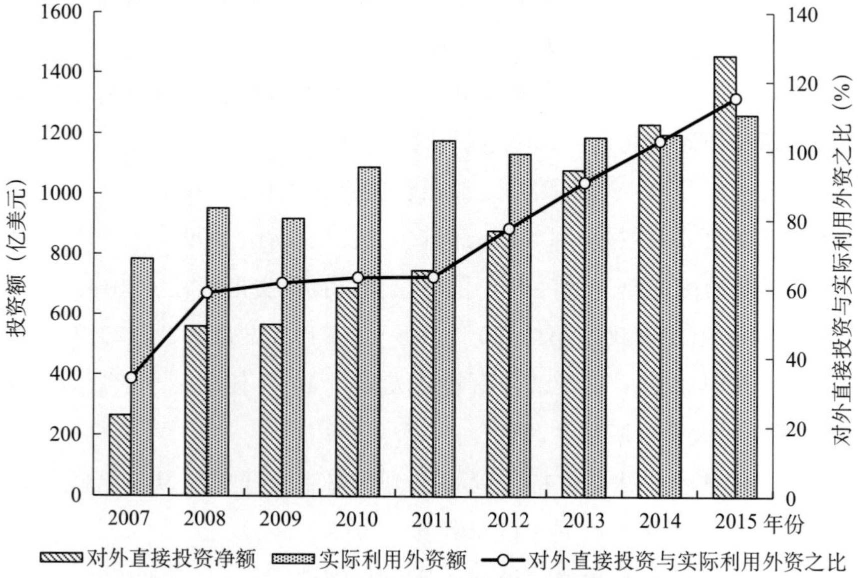

图 14－11 2007—2015 年中国实际利用外资和对外直接投资情况

资料来源：国家统计局网站.

参考文献

[1] 马克思恩格斯文集（第一卷）[M]．中共中央马克思恩格斯列宁斯大林著作编译局，译．北京：人民出版社，2009.

[2] 马克思恩格斯文集（第三卷）[M]．中共中央马克思恩格斯列宁斯大林著作编译局，译．北京：人民出版社，2009.

[3] 马克思恩格斯文集（第五卷）[M]．中共中央马克思恩格斯列宁斯大林著作编译局，译．北京：人民出版社，2009.

[4] 马克思恩格斯文集（第七卷）[M]．中共中央马克思恩格斯列宁斯大林著作编译局，译．北京：人民出版社，2009.

[5] 列宁专题文集·论资本主义 [M]．中共中央马克思恩格斯列宁斯大林著作编译局，译．北京：人民出版社，2009.

[6] 列宁专题文集·论社会主义 [M]．中共中央马克思恩格斯列宁斯大林著作编译局，译．北京：人民出版社，2009.

[7] 毛泽东选集（第一卷）[M]．北京：人民出版社，1991.

[8] 邓小平文选（第三卷）[M]．北京：人民出版社，1994.

[9] 习近平谈治国理政（第一卷）[M]．北京：外文出版社，2014.

[10] 习近平谈治国理政（第二卷）[M]．北京：外文出版社，2017.

[11] [印] 阿马蒂亚·森．以自由看待发展 [M]．任赜，于真，译．北京：中国人民大学出版社，2012.

[12] [英] 安德罗·林克雷特．世界土地所有制变迁史 [M]．启蒙编译所，译．上海：上海社会科学院出版社，2016.

[13] [美] 贾雷德·戴蒙德．枪炮、病菌与钢铁 [M]．谢延光，译．上海：上海译文出版社，2016.

[14] [英] 罗杰·奥斯本．钢铁、蒸汽与资本：工业革命的起源 [M]．曹磊，译．北京：电子工业出版社，2016.

[15] 苏小和．百年经济史笔记 [M]．北京：东方出版社，2016.

[16] 顾龙生．中国共产党经济思想史（1921—2011）增订本（上册）[M]．太原：山西经济出版社，2014.

[17] 顾龙生．中国共产党经济思想史（1921—2011）增订本（下册）[M]．太原：山西经济出版社，2014.

[18] [德] 贡德·弗兰克．白银资本：重视经济全球化中的东方 [M]．刘北成，译．成都：四川人民出版社，2017.

[19] [美] 林肯·佩恩．海洋与文明 [M]．陈建军 罗燚英，译．天津：天津人民出版社，2017.

[20] 刘日新．新中国前三十年的经济：1950—1980 年的国民经济计划 [M]．北京：中国经济出版社，2016.

[21] 陈东林．1966—1979 年中国国民经济概括 [M]．成都：四川人民出版社，2015.

[22] 钱穆，叶龙．中国经济史 [M]．北京：北京联合出版公司，2014.

[23] [美] 彼得·A. 霍尔，戴维·索斯凯斯．资本主义的多样性：比较优势的制度基础 [M]．王新荣，译．北京：中国人民大学出版社，2017.

[24] [美] 赫伯特·西蒙．基于实践的微观经济学 [M]．孙涤，译．上海：格致出版社，2009.

[25] [美] 曼瑟尔·奥尔森．集体行动的逻辑 [M]．陈郁，郭宇峰，李崇新，译．上海：上海三联书店，2011.

[26] [美] 道德拉斯·C. 诺思．制度、制度变迁与经济绩效 [M]．杭行，译．上海：上海人民出版社，2008.

[27] [美] 奥利弗·E. 威廉姆森，西德尼·G·温特．企业的性质 [M]．姚海鑫，邢源源，译．北京：商务印书馆，2016.

[28] [美] 罗纳德·H. 科斯．企业、市场与法律 [M]．盛洪，陈郁，译．上海：格致出版社，2014.

[29] [美] 奥利弗·E. 威廉姆森．资本主义经济制度：企业、市场和关系合同 [M]．孙经纬，译．上海：上海财经大学出版社，2017.

[30] 中共中央党史研究室．中国共产党的九十年 [M]．北京：中共党史出版社，党建读物出版社，2016.